霍州年鉴

2016

霍州市地方志编纂委员会 编

方志出版社

图书在版编目（CIP）数据

霍州年鉴. 2016 / 霍州市地方志编纂委员会编. —北京：方志出版社，2016.11

ISBN 978—7—5144—2222—1

Ⅰ. ①霍… Ⅱ.①霍… Ⅲ.①霍州—2016-年鉴
Ⅳ. ①Z522.53

中国版本图书馆CIP数据核字（2016）第299978号

霍州年鉴（2016）

编　　者：霍州市地方志编纂委员会
责任编辑：徐　宏

出 版 人：冀祥德
出 版 者：方志出版社
地址　北京市朝阳区潘家园东里 9 号（国家方志馆 4 层）
邮编　100021
网址　http://www.fzph.org
发　　行：方志出版社发行中心
电话（010）67110500
经　　销：各地新华书店
承　　印：山西省史志印刷厂

开　　本：889×1194　1/16
印　　张：30
字　　数：707 千字
版　　次：2016 年 11 月 第 1 版　2016 年 11 月第1次印刷
印　　数：001～500 册

ISBN 978—7—5144—2222—1　**定　　价**：218.00 元

《霍州年鉴》编纂委员会

名誉主任　崔山原

主　　任　黄晓君

顾　　问　陈占平　薛泽会

副 主 任　郭宏生　刘元建

委　　员　王英才　计军亚　张卫东　张建军　宋根宝
　　　　　赵记红　杨　军　王晓明　李新平　乔桂平
　　　　　赵　波　刘怀忠　侯晋川　杨　华　杨永才
　　　　　孙杏锁　王林锁　张建民　贾亚龙　朱壮军
　　　　　郭建国　赵建荣　张云峰　杨令平　张凤梅
　　　　　李国忠　朱壮平　赵学惠

办公室主任　赵学惠（兼）

《霍州年鉴》编辑部

主　　编　赵学惠

副 主 编　晋从华　乔小安　李亚平

责任编辑　郭秀东

编　　辑　赵　捷　曹荣华　王晓英　张　峰

排版校对　王晓英

摄　　影　李达鹏

秋醉七里峪

陶唐峪玉柱峰

七里峪翠屏瀑

陶唐峪雄狮崖

陶唐峪槐树沟瀑布

霍州署廉政教育基地

鼓楼夜景

七里峪山门

贾村娲皇庙壁画

2015 年 10 月 28 日，山西省委常委、组织部长盛茂林（左三）在霍州调研

2015 年 6 月 12 日，山西省、临汾市领导在霍州市调研信访维稳工作

2015 年 1 月 9 日，临汾市人大主任徐树荣（左二）在霍州市财政局调研

2015 年 7 月 1 日，临汾市政协主席乔成家（左三）在职业中专学校新校区视察

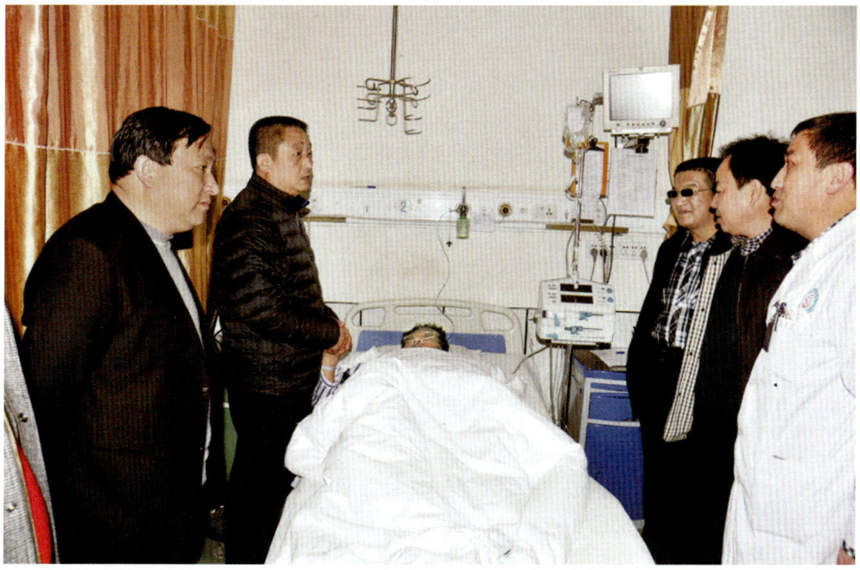

2015 年 12 月 24 日，霍州市委书记陈纲看望环卫公司经理贾六忠

2015 年 2 月 12 日，中国共产党霍州市六届五次全委（扩大）会议召开

2015 年 6 月 5 日，霍州市第六届人民代表大会第五次会议召开

2015 年 2 月 14 日，霍州市三级干部大会召开

2015 年 6 月 5 日，中国人民政治协商会议第六届霍州市委员会第五次会议召开

2015 年 4 月，霍州市住建系统城乡规划建设管理专题第二期培训会

2015 年 9 月 11 日，霍州市庆祝第三十一个教师节暨表彰大会

2015 年，霍州市人民医院一届职代会

2015 年 4 月 24 日，全市城乡爱国卫生清洁运动启动仪式

2015 年 4 月 24 日，霍州市领导带头清洗街道

2015 年 6 月 30 日，霍州市市级领导重温入党誓词

2015 年 7 月 28 日，霍州市“坚守精神家园践行三严三实”主题演讲比赛

2015 年 11 月 16 日，国家教育部督导组在霍州检查工作

2015 年 4 月 24 日，庆“五一”职工表演阅读大赛

2015 年 8 月 21 日，霍州市四类贫困家庭救助暨爱心助学大会

2015 年 12 月 11 日，霍州市首期电子商务培训班开班仪式

2015 年 8 月 12 日，霍州市领导参观纪念抗战 70 周年书画展

2015 年 9 月 28 日，梁衡研究会在霍州市一中成立

2015 年 2 月 3 日，山西省新闻出版界为霍州捐赠图书仪式

2015 年 9 月 11 日，霍州市新兵欢送大会

2015 年 3 月 12 日，霍州市领导参加植树劳动

2015 年 6 月 2 日，霍州市首届预防职务犯罪书画展开幕仪式

2015 年 3 月 10 日，“中国梦霍州情”千名干部越野赛

2015 年 3 月 21 日，霍州市文化科技卫生“三下乡”启动仪式

2015 年 3 月 20 日，霍州市老干部及社会各界代表座谈会

2015 年 5 月 15 日，华润风能发电项目落定霍州洽谈会

2015 年 6 月 12 日，世界环境日“六·五”宣传活动

2015 年 6 月 26 日，霍州市国土资源局纪念第 25 个全国土地日

2015 年 11 月 20 日，霍州联社“送温暖 献爱心”捐助活动

2015 年 5 月 15 日，霍州市抗震救灾应急拉练现场

2015 年 11 月 27 日，霍州市食药监局在实验小学宣传食品安全知识

2015 年 6 月 1 日，庆六一文艺汇演

国电霍州发电厂

霍州市职业中专学校机电操作实训课

2015 年，退沙街道
退沙村文艺汇演

序

古人云："治天下者，以史为鉴；治郡国者，以志为鉴"。地方综合年鉴，是以全面、系统、准确地记述上年度事物运动、发展状况为主要内容，汇辑一年内重要事件、文献和统计资料，按年度出版的资料性工具书。因此，它不仅能够存史，而且能够服务现实，具有重要的资政作用和史料价值。

霍州历史悠久，是华夏文明发祥地之一。据考证，早在旧石器时代，就有先民在此繁衍生息，辖区内唐尧遗址遗风随处可闻可见。从西周始称霍国，历代设县置邑，设郡置州，一直被视为宝地要地。霍州物华天宝，人杰地灵。从古到今，勤劳淳朴的霍州人民开拓进取，艰苦拼搏，励精图治，敢为人先，创造了辉煌的成就。2015 年，是霍州市国民经济和社会发展"十二五"规划的收官之年。霍州市委、市政府团结带领全市党员干部群众，认真贯彻中央、省、市有关会议精神，坚持以科学发展观统揽经济社会发展全局，紧紧围绕"建设三晋经济强市，实现整体率先发展"目标，大力弘扬"团结奉献、敢于担当、实干践诺、拼搏争先"的霍州精神，解放思想，凝聚共识，抓住机遇，开拓创新，全市经济社会发展取得了显著成效。

《霍州年鉴》凝聚了采编人员的心血和汗水，体现了方方面面的支持和关爱，我们谨向参与编纂的全体工作人员表示衷心的感谢，并希望各级领导和广大干部认真通览，从中汲取启迪与借鉴，建设和迎接霍州更加美好的明天！

中共霍州市委书记

霍州市人民政府市长

二〇一六年十月六日

编纂说明

一、《霍州年鉴》是中共霍州市委霍州市人民政府编纂的资料工具书，是本市唯一的综合性年鉴，旨在全面记载霍州市自然、政治、经济、文化、社会各方面的新成就、新进展、新经验，充分反映霍州市地方特色，为社会各界了解霍州、认识霍州、研究霍州、建设霍州提供丰富、准确、翔实的市情信息。

二、《霍州年鉴》以马列主义、毛泽东思想、邓小平理论、“三个代表”重要思想和科学发展观为指导，遵循真实、准确、客观、公正的修志原则，致力科学、严谨、细致、规范的编撰方法，体现存史、资政、育人、服务的志书功能。

三、《霍州年鉴》记事断限为2015年1月1日至2015年12月31日。

四、本年鉴采用分类编排法，设类目、分目、条目，少数内容在分目和条目之间增设副目，不同层次的标题用不同的字号、字体和辅助标志区别。条目为全书基本记述实体，个别条目由于内容较多分若干层次。

五、本年鉴的稿件资料均由市直有关部门、驻霍单位和各乡镇（街道）组织专人提供年鉴资料，市地方志办公室负责审核。所有数据由于统计来源、口径、方法、时间不同而有差异，以统计局提供的资料为准。

六、本年鉴图文并茂，插有部分彩页图片。

七、本年鉴采用的稿件，供稿者署名在文尾，有的稿件因供稿者不详，未作署名，谨致歉意。

八、本年鉴的编纂得到了全市各级领导、各部门负责人及撰稿人员的大力支持和帮助，在此深表谢意。由于编者水平有限，书中难免有错漏之处，敬请指正。

目　录

文　献

大事记

自然概况

中国共产党霍州市委

霍州市人大常委会

霍州市人民政府

政协霍州市委员会

民主党派　工商联

群众团体

武　装

法　治

经济管理

财政税收

金　融

农　业

工　业

住建　环保

交通·邮电·通信

商业贸易

教育科技

文化旅游

医药卫生

社会生活

乡镇工作

驻霍单位

附 录

文　献

〔2015.2〕中共霍州市委六届五次全会文件

适应新常态　谋求新作为
奋力开创弊革风清富民强市新局面

——在中共霍州市委六届五次全体（扩大）会议上的报告

（2015年2月12日）

陈　纲

各位委员、同志们：

下面，我代表市委常委会向大会作工作报告，请各位委员和同志们提出意见。

一、迎难而上，奋力攻坚，经济社会发展取得新成绩

2014年，面对复杂严峻的经济形势，市委团结带领全市人民，迎难而上，共克时艰，紧紧围绕“建设三晋经济强市、实现整体率先发展”总体目标，深入开展“改革创新年、转型攻坚年、环境提升年、服务群众年”四个年活动，工业引深转型升级、农业建设三大基地、旅游实施联合开发、城市构筑五大板块、环境开展四城联创、民生提升五好标准，奋力实施了总投资达200亿元的80项重点工程，经济社会呈现出稳中有进、稳中向好、稳中提质的发展局面。

1. 不断加快产业转型，发展后劲明显增强。全面引深工业转型，新产业聚集区霍东新型工业园区9家公司投产达效，液化天然气调峰储气一期进入试运营阶段，霍化公司恢复生产，华润风能发电稳步推进，霍煤、霍电、兆光等骨干企业转稳趋增，工业基础不断夯实、蓄势待发。巩固提升农业三大基地，新增无公害蔬菜2000余亩、核桃林2000余亩、优质苹果3000余亩，新建续建规模养殖场20个。特别是西张垣现代农业生态循环示范园区，完成投资700余万元，建成大型蓄水池、控制室、观景台等设施，300栋温室安装了水肥一体化设施，万隆蔬菜、兴龙芦笋分别成功创建部级和省级蔬菜标准园，特色农业示范引领、成效初现。发展壮大旅游商贸，七里峪景区入口引导区、上霍线尉候段改线等工程有序推进，林溪晋茶精品酒店具备营业条件，商务服务中心、镇山文化博物馆等项目进展顺利，景区建设初具规模；陶唐峪景区开发、贾村娲皇庙修缮稳步推进；州里商业文化街全面完工，美华购物中心、万佳福超市投入运营，旅游商贸业势头迅猛、蓬勃发展。尤其是获批资源枯竭城市5年来，共争取到国家补贴资金7个多亿，为我市的转型发展提供了强大的财力和政策支撑。

2. 着力狠抓扩容提质，发展基础更加坚实。以建设区域性中心城市为目标，坚持旧城改造和新区开发双轮驱动，加快了霍州署文化产业示范园、水榭花都、橡胶厂棚户区改造、东关赵家庄城中村改造等项目建设，完成了人防地下商业街、中镇国际花园等项目主体工程，打造了一批高端示范小区，改善了人居环境，扮靓了城市形象。建成了大西高铁霍州东站，完善了霍东大道地下管网，完成了“8+2”城市道路改造、经三路北段、冯霍线、义邢线、上霍线至霍州东站连接线、新建南路及南涧河桥等工程，两年来全市新建改造道路总里程达88.7公里，累计投入资金3.4亿元，道路交通提质升级，城市品位大幅跃升。

3. 巩固提升四城联创，发展环境不断优化。强力整治城乡环境卫生，实施了乡村清洁工程、农村连片整治、“百日会战”环境执法专项行动，全市共清运垃圾6万余方，清理“四堆”2000余处，清扫面积360万平方米，城乡环境明显改善。市委、市政府专题召开城乡环境卫生整治现场会，并拿出80万元重奖先进单位。加大了汾河、南涧河、对竹河治理力度，完成了生态富民林业、市乡通道绿化、永和采摘园三期等工程，打造了“一街一道一园”精品工程。投资2.2亿元，推进了热电联产、天然气扩户，全市集中供热面积达到420万平方米，完成天然气扩户1.7万户，市区集中供热供气实现全覆盖，蓝天碧水得到强力支撑，生态霍州基础更加坚实。

4. 不遗余力改善民生，发展成果人民共享。大力发展社会事业，加快了职教中心、公办幼儿园、新医院等工程，完成了市三中运动场改造、基础教育信息化建设项目，中高考成绩稳步提升。连续六年举办爱心助学活动，累计筹款1200余万元，1万多名贫困学生得到资助。不断强化社会保障，制定出台了《霍州市社会救助实施办法》、《霍州市交通肇事逃逸补偿办法》，提高了四类困难家庭学生、农村80岁以上老人救助标准，超额完成了新农合、新农保参保任务，社会保障覆盖率达到98%，按照政策，及时补发了行政事业单位人员津补贴6600万元，“五有”“五好”的长效机制不断完善。全力维护社会稳定，着眼建设平安霍州、法治霍州，切实加强信访稳定、安全生产、综合治理等工作，开展了矛盾纠纷排查、安全隐患整治、“六打六治”、打黑除恶等专项行动，全年事故起数、死亡人数均下降43%，确保了社会大局和谐稳定。

5. 始终坚持从严治党，组织建设全面加强。按照习近平总书记从严治党的“八项要求”，全面加强党的建设。深入开展了党的群众路线教育实践活动，狠刹形式主义、官僚主义、享乐主义和奢靡之风，全市共建立健全规章制度1180项，完成惠民实事1000余件、整改任务3000余项，切实提高了广大党员干部服务基层、服务群众、服务发展的能力。扎实开展了学习讨论落实活动，坚持边学习、边讨论、边落实，强力推进6大方面、23项任务，着力打造了革弊立新、激浊扬清的政治生态。强化基层组织建设，大力整治基层组织“三不”问题，圆满完成了农村“两委”换届选举工作，基层党组织的凝聚力、战斗力、影响力明显增强。切实加强党风廉政建设，全面落实党委主体责任和纪委监督责任，召开了不同层次、不同范围的强化政治纪律、预防职务犯罪专题会议，推行了“四述两谈”、廉政公开承诺等制度，建成了党纪教育基地，加大了案件查办力度，营造了风清气正的社会环境。

一年来，我们积极应对经济下行的巨大压力，精诚团结，攻坚克难，风雨兼程，砥砺奋进，在困难之年仍取得了有目共睹的成绩。最令人骄傲的是，我们持之以恒抓信访，全力推动事要解决，三级书记开门接访，乡镇部门齐抓共管，一大批疑难信访案件有效化解，连续三年实现重大节点赴省进京集体“零上访”。中央政法委书记孟建柱、国务院秘书长杨晶、省委副书记楼阳生等领导作出批示，国家信访局综合指导司莅临霍州专题调研，并在全省推广了霍州经验。最令人满意的是，我们扎实开展党的群众路线教育实践活动，超前谋划早部署，立足实际选载体，领导带头作表率，旗帜鲜明反“四风”，广大党员干部坚持深入基层，推门进屋、盘腿上炕，与群众同吃、同住、同劳动，打通了联系服务群众“最后一步路”，党风政风清新扑面，人民群众得到了更多实惠。最令人称道的是，我们咬定创建国家级计划生育优质服务先进单位目标不放松，锲而不舍，久久为功，经过五年的不懈努力，2014年一举荣获国优、省先“双料冠军”。至此，我市计生工作经历了由戴黄牌到摘黄牌，再到创省优、国优的不断跨越，实现了浴火重生、凤凰涅槃。最令人鼓舞的是，我们大力培育和弘扬社会主义核心价值观，深入开展“德润霍州、共筑梦想”主题活动，涌现出一大批霍州好人和道德模范，在全市唱响了主旋律，弘扬了真善美，鞭笞了假丑恶，凝聚起了“人人争做霍州好人”的强大正能量。最令人感动的是，许多老领导、老干部退而不闲、离而不休，主动担当社会主义核心价值观宣讲员、城市道路改造监督员，不畏酷暑、不惧严寒、不分昼夜、不辞辛劳，进村入户搞宣讲，一丝不苟严监督，为霍州的事业发挥余热、贡献力量，不愧为全市干部永远尊敬和学习的榜样。最令人欣慰的是，我们举全市之力办好人民满意的教育，广大教育工作者埋头苦干，负重拼搏，教育教学质量一步一个脚印，一年一个台阶，连续三年实现了稳步提升，步入了良性发展轨道，兑现了市委、市政府的郑重承诺，霍州教育重拾信心，既赢得了掌声，更赢得了民心。最令人难忘的是，在“8＋2”城市道路改造中，面对资金短缺、工期紧张、任务繁重等困难和群众出行不便的压力，市四大班子领导亲自上手、一线指挥、现场办公，相关部门顶住压力、抢抓工期、昼夜奋战，对市区十条道路统一进行了设施配套、管网入地、美化亮化、标准提升，彻底消灭了近几十年来盘绕在城市上空的“蜘蛛网”，最终得到了广大市民的理解、支持和点赞。最令人羡慕的是，我们坚持整体率先不动摇，拼搏争先不松劲，成功创建省级文明城市，霍州署廉政文化馆被命名为“山西省廉政教育基地”，退沙办许村入选第三批中国传统村落。更难得的是，我们还连续三届蝉联中国民间文化艺术之乡，连续六年成功创建省级卫生城市、临汾市平安县市，连续七年荣获临汾市安全生产先进市，各项工作实现了持续向好、整体跃升。

这些成绩的取得，得益于临汾市委、市政府的正确领导；归功于霍州历届市委、市政府打下的坚实基础；凝聚着全市30万干部群众的辛勤汗水；离不开各民主党派和社会各界的鼎力支持。在此，我代表市委常委会，向过去一年为全市经济社会发展做出突出贡献的广大干部群众和各级党组织，向所有关心支持霍州发展的人大代表、政协委员、各民主党派、工商联、各人民团体、各界人士，表示衷心的感谢并致以崇高的敬意！

成绩值得肯定，问题不容忽视。客观审视我市发展现状，还存在许多困难和不足：一是项目签约多、落地少，产业结构单一的局面还未从根本上转变，资源枯竭城市转型发展任重道远；二是生态环境亟待优化，二级天数虽然基本稳定，但空气质量标准不高，环境卫生还需继续加以巩固，一些地方脏乱差现象依然严重；三是基础设施欠账较多，城乡面貌急需改善，群众的生产生活水平有待于进一步提高；四是新形势下不确定因素增多，信访问题仍有发生，安全工作压力加大，社会管理任务艰巨；五是党的建设存在薄弱环节，干部队伍的思想观念与当前形势还有许多不适应，主动履职、敢于担当、依法办事、服务群众的能力和水平有待增强。这些问题制约着我市发展进程，必须在今后工作中积极应对、认真解决。

二、把握形势，顺势而为，开创整体率先新局面

2015年是全面完成“十二五”规划的收官之年，是全面深化改革的关键之年，是建设法治霍州、推动“六大发展”的开局之年，做好今年工作意义重大。当前，世界经济仍处在国际金融危机后的深度调整期。中央连续四年将经济工作定调为“稳中求进”，首次阐释“新常态”九大特征，指出“认识、适应、引领新常态，是当前和今后一个时期经济发展的大逻辑”。省委审时度势，提出推进“六大发展”，深入做好煤与非煤两篇大文章，力争走出一条“革命兴煤”新路。临汾市委出台了推进“六大发展”的系列举措，划出了改革、发展的“路线图”。审视我市市情，市委、市政府连续四年实施了百亿重点工程，产业结构不断优化，为加快资源枯竭城市转型奠定了基础。同时，经过党的群众路线教育实践活动和学习讨论落实活动的洗礼，全市党员干部精神面貌为之一新，敢于担当、干事创业的氛围更加浓厚。这些都是我们推动整体率先发展的积极因素。新常态意味着新挑战，更蕴含着新机遇。2015年我们必须坚定发展信心，增强危机意识，主动把握形势，做到观念上适应、认识上到位、方法上对路、工作上得力，努力保持经济社会平稳健康持续发展。

2015年工作的指导思想是：全面贯彻落实党的十八大、十八届三中、四中全会和习近平总书记系列重要讲话精神，按照中央、省、临汾市经济工作会议安排部署，主动适应发展新常态，坚持稳中求进总基调，紧紧围绕“建设三晋经济强市、实现整体率先发展”总体目标，牢牢扭住全面深化改革、推进依法治市两大重点，着力狠抓产业转型、城市建设、环境整治、民生改善、安全稳定五项工作，深入推进廉洁发展、转型发展、创新发展、绿色发展、安全发展、统筹发展，加快推动资源枯竭城市转型取得更大成效，奋力开创弊革风清、富民强市新局面。概括起来就是“1256”的发展战略，即“围绕一个目标，扭住两大重点，狠抓五项工作，推动六大发展”。

实现上述目标，我们必须继续坚持一要吃饭、二要建设，量力而行、尽力而为，干好现在的事、替未来负好责的工作原则，以项目建设为引领，以提升发展质量和效益为核心，真抓实干，久久为功，推动经济社会实现新发展。

（一）扭住两大重点

全面深化改革和全面推进依法治国，二者是统一的整体，犹如鸟之双翼、车之两轮，共同推进国家治理体系和治理能力现代化。要统筹谋划、协调推进、狠抓落实，确保深化改革和法治建设双轮驱动，不断开创霍州经济社会发展新局面。

1. 全面深化改革。深化改革是顺应时代要求的重大抉择，是推动经济社会发展的不竭动力。我们要把全面深化改革作为当前和今后一个时期的首要政治任务，在关键之年实现关键之为。要认真对照全省转型综改试验区建设“5111”重点任务和临汾市六个专项小组《实施方案》要求，加快制定我市各领域《实施方案》及《2015 年行动计划》，明晰改革的战略重点、优先顺序和主攻方向，划定时间表和路线图。要贯彻中央、省市的安排部署，积极行动、稳步推进，一步一个脚印抓好各项改革。加快行政审批制度改革，推行“两集中、两到位”和首席审批员制度，确保行政审批事项统一在大厅办理。进一步精减和清理行政审批事项，简政放权，把该放的权力放下去，把该管的权力管住、管好。推进农村土地制度改革，做好土地的确权登记工作，引导农村土地依法有序流转。同时，努力完成政府机构改革、政府预算管理、工商登记制度便利化改革、户籍制度改革等任务。市深改办和六个专项小组要加快制定“1＋4”改革工作落实机制，确保改革任务层层落实，不留盲点、不留死角。

2. 全面推进依法治市。加快全面建成小康社会进程，解决霍州发展中遇到的各类问题，迫切需要全面推进依法治市。要认真落实《加快推进法治霍州建设的实施意见》，坚持严格执法、公正司法、全民守法，不断提升社会治理法治化水平。推进依法行政，根据“六权治本”的要求，全面厘清“权力清单”和“责任清单”，推进机构、职能、权限、程序、责任法定化，切实做到法定职责必须为、法无授权不可为。依法强化监督，全面加强党内监督、人大监督、民主监督、行政监督、司法监督、审计监督、社会监督和舆论监督，不断完善监督形式和办法，实行立体式、全方位监督。推进公正司法，全面推行审判公开、检务公开、警务公开制度，解决好“诉讼难”“执行难”等实际问题，提高司法公信力。增强全民法治意识，深化法制宣传教育，广泛开展“法律六进”活动，着力解决群众信权不信法、信访不信法的现象，形成全社会学法尊法守法用法的鲜明导向。加强法治队伍建设，以坚定理想信念为根本，以提高职业素养为核心，以培育优良作风为保证，以“零容忍”态度严厉惩治法治领域的腐败，建设一支素质过硬的法治队伍。

（二）抓好“五个着力”，实现“五大突破”

1. 着力转变发展方式，在产业转型上实现新突破

新常态下，发展仍然是第一要务。发展不足、发展不快、发展不优仍是当前我市面临的最大问题。我们必须坚定不移的推进产业转型、动力转换、方式转变，促进三次产业协调发展，不断增强发展的后劲与活力。

一要紧紧抓住工业这个强市之基。工业是经济发展的“牛鼻子”，工业强则霍州强。必须综合施策、精准发力，打好“组合拳”，切实提高发展的质量和效益。要加快工业园区建设，新产业聚集区要按照“一核双轴四区”的整体规划，加快水、电、路、网、气等配套。既要栽下梧桐树，更要引得凤凰来。必须主动捕捉、敏锐抢抓各类项目、资金、信息，吸引更多企业入驻，培育战略性新兴产业，尽快充实园区建设。霍煤新型工业园区，要抓紧完善园区道路、绿化等扫尾工作，完成总投资 4 亿元的机电设备制造续建项目，不断扩大产值、创造效益。要推进传统产业改造升级，全力服务霍煤、霍电、兆光等企

业达产达效，做好力拓煤业、化工公司等企业的帮扶，促进“老树发新芽”。尤其是在煤炭行业萎靡的情况下，要不断优化服务，帮助企业抵御风险，为企业健康运行提供最宽松的环境。要大力发展新兴产业，强力推进总投资16亿元的华润风能发电项目，完成前期工作，尽早开工建设，加快实施天然气加气站、三胜铝矾土深加工、丰阳肥业等项目，为转型升级“添柴加薪”。

二要紧紧抓住农业这个立市之本。抢抓农村土地制度改革的历史机遇，着力发展高效农业、生态农业、品牌农业和高端农业。要继续推进“三大基地”建设，整合涉农部门资金、技术、力量，重点扶持规模大户，促进“三大基地”上规模、上档次。西张垣现代农业生态循环示范园区要继续完善设施、提高标准，打造临汾市一流的农业示范园区。大力发展核桃、花卉、芦笋、苗木等特色经济林，探索出台覆盖更多品种的补贴政策，“逼”着农民致富。大力发展各类规模养殖，扶持壮瀚养殖、玮丰养殖、富康养猪、聚盛牧业、霍润达种羊等企业发展壮大。各乡镇要因地制宜，因势利导，至少新上一个功能完备、设施先进、环境优美的龙头产业项目。要加快农田水利基础设施建设，实施东王片和马刨泉灌区高标准农田建设、什林垣生态农业示范园等项目，提高农业生产水平。要建立农业科技服务体系，推进农产品地理标志保护、名牌产品、著名商标的认定和申报工作，提升霍州特色农产品的质量和品牌效应。

三要紧紧抓住三产这个富市之要。发展壮大第三产业，是推进经济结构调整、加快转变发展方式的捷径。要大力发展旅游业，七里峪景区要加快镇山博物馆、景区客运站、上霍线尉候段改线、七里峪景区漂流、商务服务中心等工程，不断提升景区功能，丰富旅游项目，着力打造集观光、休闲、度假于一体的精品景区。陶唐峪景区要加快开发步伐，突破难点，取得实质性进展。加快许村国家级传统村落建设、贾村娲皇庙文物修缮等工程，打造一批新的旅游景点。要扩大对外宣传推介力度，通过与知名景区的联袂对接、捆绑发展等方式，争取纳入“大西游记”主题旅游线路，实现旅游人数和综合收入的大幅提升。要加快发展现代服务业，制定全市商贸物流发展规划，帮助扶持中镇商贸城、华怡商场、美华购物中心、现代家俱城等做大做强，培育一批服务本市、辐射周边的现代商贸物流企业，打造晋南地区商贸中心和综合物流服务枢纽。

四要紧紧抓住招商这个兴市之举。新产业项目不足，是制约霍州可持续发展的最大短板。要主攻大招商，实施“1/3”工作法，拿出1/3的时间，安排1/3的人员去招商，积极争取一批国家、省市重大基础设施建设项目落地，形成跟进一批、签约一批、落地一批、投产一批的产业发展格局。要抓好项目储备，推出一批精品项目，积极参加“山西品牌中华行”、中博会、西洽会等会展，引进一批战略投资者。要优化投资环境，牢固树立善待企业就是善待发展的理念，建立市级领导牵头协调、招商部门对接洽谈、所在乡镇跟踪落实的联合推进机制，为企业提供优质便捷的服务。同时，要大胆探索、试点先行、科学规划、积极引导，盘活民间资本，激活民营经济，扶持壮大一批民营企业，带动全市民营经济上规模、上档次、上水平。

2. 着力推进新型城镇化，在统筹城乡上实现新突破

新型城镇化，是扩大内需、发展转型的最大潜力，是拉动我市经济持续增长的重要

一极。要坚持规划先行、建管并举，着力打造设施齐全、功能完备、产业发达、特色鲜明的现代化城镇。

一要在扩容提质上下功夫。统筹推进五大板块，实施新一轮城市功能提升战略，实现古典与现代、人文与自然的完美融合。要稳步推进城镇扩张，老城区要加快城市棚户区改造，完成后塞路、麻铺巷、秀才巷、文庙巷、三中巷、人大西巷等16条背街小巷的下水改造和路面硬化，彻底改善旧城面貌；新城区要加快推进中镇国际花园、东关赵家庄城中村改造等工程的配套完善，打造一批精品示范住宅小区，着力提升城市品位和档次；霍东新区要完善基础设施，完成霍东新区供水、霍东大道污水管线铺设等工程，加快开元小区设施配套、橡胶厂整体搬迁，尽快形成新的城区。要不断提升城市功能，优化人居环境，大力推进水网电气等基础设施建设，完成北涧河排水、城区路灯照明安装等工程，加快霍东新区水源地东移，加大城市广场、公园、绿地、公共卫生间等建设力度，规划建设一批市区停车场，构建覆盖城乡、功能完备、支撑有力的现代化基础设施体系。继续推进集中供热、供气扩户，热电联产要在对老旧管网全面改造的同时，逐步消除市区盲点，新建换热站7座，新增供热面积100万平方米；天然气要向城市郊区及偏远农村辐射，做到住宅小区建到哪里，配套管网就铺到哪里，管理服务就跟到哪里。要完善市区道路建设，按照3纵12横的城市框架，实施总投资约1亿元的东门桥改造、经三路、纬三路、纬五路、迎宾南路、前进南路等工程，完成新建南路扫尾、工业路西段道路贯通、霍侯路后湾桥至退沙段改造等工程，真正打通断头路，联通外环路，形成东西南北四通八达的路网结构，切实提高通行能力。尤其是东门桥改造工程，要充分吸纳霍州年馍、威风锣鼓等传统文化元素，打造一座具有浓郁地方特色的标志性建筑，展现霍州风貌和文化品位。

二要在管理服务上下功夫。坚持一手抓建设、一手抓管理，使城市运营、管理、服务更加规范、更加科学、更加高效。加强城市管理，提升城市环境，对市区街道进行高标准的绿化、美化、亮化，这是今年的一项重要工作。进一步细化管理办法，严格落实门前“三包”制度，规范各类广告牌匾，对市区道路进行统一规划，加大清扫，整治街景，包装建筑，营造整洁、舒适、靓丽的环境。进一步规范市场秩序，加大临街商铺、临时摊点、农贸市场、马路市场的管理力度，重点规范南门外市场、赵家庄农贸市场、大张集贸市场的经营秩序，彻底杜绝店外经营、占道经营、乱摆乱放等现象。逐步规范交通秩序，开展专项整治行动，巩固“8＋2”城市道路改造成果，制定出台针对性的管理方案，优化城市公交线路，推进道路精细化、常态化管理，引导车辆有序通行、合理停放，对不遵守交通规则的严查重处，打造一批高标准示范街。强化社区服务，发挥职能作用，推进社区网格化管理，规范社区物业，提高社区公共服务水平。注重服务型管理队伍建设，住建、人社、交运、工商、交警等部门要明确职责，加强配合，严格执法，不断加大对劳务、客运、房地产等市场的监管力度，实现秩序井然，维护城市的良好形象。

三要在统筹城乡上下功夫。加快建设“物的新农村”和“人的新农村”，以乡镇机关所在地为节点，以城乡结合部为重点，加快辛置、白龙、大张、李曹、退沙等特色小城镇建设，推进城镇化步伐。着力改善农村人居环境，抓好完善提质、农民安居、环境整治、宜居示范四大工程，打造1个省级、2个市级、7个县级美丽宜居示范村；加大农村教育、公共卫生、医疗服务、社会事业投入，完善12个乡镇（办）综合文化站、175个村级文化站（室）的设备配送和服务功能，实施农村“广播电视卫星户户通提质工程”，建设10个县级文化示范村，促进城乡基本公共服务均等化；全面落实户籍制度改革意见，加强农民转移就业和农民工工资支付保障工作，有序推进农业转移人口市民化。

3. 着力推进生态文明，在创优环境上实现新突破

建设生态文明，关乎人民福祉。要把生态文明建设放在突出位置，树立尊重自然、顺应自然、保护自然的理念，全面优化发展环境，建设绿色霍州、生态霍州、美丽霍州。

一要持续推进环境整治。坚持源头预防，严格环保准入条件，认真执行“三同时”制度，鼓励发展低碳经济、绿色经济等新兴产业，坚决杜绝污染项目立项上马。坚持过程严管，加大工业污染治理力度，监督重点企业节能减排，确保达标排放；强力整治大气污染，全面加强雾霾治理，切实减少烟煤污染、秸秆焚烧、二次扬尘、机动车尾气等污染源，大幅增加一级天数，持续改善空气质量。坚持后果严惩，认真落实新《环保法》，加大对环境违法行为的打击力度，健全完善环境网格化监管体系。

二要着力加强生态修复。加大城乡造林绿化，实施总投资4500余万元的通道绿化、荒山绿化、村镇绿化、城市绿化、企业绿化、校园绿化、矿区绿化、农田林网绿化等八大造林工程，完成霍永高速霍州段、108国道霍州段、上霍线至霍州东站连接线、义邢线道路两侧绿化任务，加大城市绿化力度，力争城镇居民人均绿地面积达到9平方米以上，小区庭院绿地覆盖率达到35%以上。推进生态修复，实施总投资1.8亿余元的汾河中下游河道人工湿地、对竹河治理、七里峪水库等工程，高标准完成汾河生态治理，打坝蓄水、绿化两岸、巧布游园、点缀花草，让汾水再现碧波，让两岸再生苍翠。

三要继续引深四城联创。在连续六年成功创建省级卫生城市的基础上，按照创建国家级卫生城市的指标要求，成立机构，明确责任，细化措施，扎实推进，力争两年内完成创建任务。省级文明城要巩固成效、提高标准，确保再上新的台阶。省级特色园林城、环保模范城要强力攻克绿化覆盖率、城市环境综合质量考核等硬指标，细化任务，责任到人，主动作为，早见成效，确保2016年完成创建。

4. 着力推进民生改善，在共建共享上实现新突破

保障和改善民生只有起点，没有终点。要认真总结近年来我市民生工作的好经验、好做法，按照制度化安排、长效化推进、项目化落实的思路，继续实施民生工程，加大民生投入，确保民生支出占到财政总支出的80%以上，让改革发展成果更多地惠及人民。

一是群众就业要“多渠道”。实施更加积极的就业政策，坚持以创业促就业，扩大职业技能免费培训的覆盖面，全年培训达到1万人次以上，加大小额贷款扶持力度，搭建信息平台，鼓励和支持全民创业和自主就业。进一步完善就业服务和援助体系，定期举办大型招聘活动，扎实做好高校毕业生、城镇就业困难人员、农村转移劳动力、失地农民等群体就业工作，帮扶5000人实现就业。公开招聘一批大中专毕业生充实到教育科技、医疗卫生和基层乡镇等单位，招聘大学生村官进入事业单位，让霍州籍大学毕业生有更

多的就业机会！

二是民生保障要“多层面”。完善提升“五有”“五好”长效机制，持续引深集中供养、爱心助学、困难家庭救助等政策，提高各类补助标准，不断扩大覆盖面，在“四类困难家庭学生”救助的基础上，将重病重残、特困人员纳入固定救助范围，出台对应的办法，确保民生政策持续稳定发挥作用。全力保障财政供养人员工资和津补贴，按照政策，及时兑现。启动儿童福利中心建设，确保残疾人服务中心投入使用，完成廉租房、公租房、棚户区改造、经济适用房等1600套保障性住房建设任务，加紧实施沉陷区治理、地质灾害治理等系列民生工程，让全市各类弱势群体得到更多保障！

三是公共服务要“多样化”。坚持科教兴市、人才强市战略，加快新医院、职教中心、劳动技校改建、市二中运动场、基础教育信息化等工程建设，进一步提高我市医疗卫生、教育科技、劳动就业等方面的服务水平。巩固提升国家级计划生育优质服务先进单位创建成果，全面提高人口服务和管理水平。深化教育教学改革，促进义务教育均衡发展，推动中高考成绩稳步提升。完善市乡村三级文化网络，建立健全各类文体协会组织，指导群众开展文体活动，丰富群众文化生活。大力发展文化产业，深度挖掘传统文化精髓，整理申报霍州三弦书、霍州莺歌等非物质文化遗产，扶持壮大门神、剪纸、锣鼓、年馍、木版印制等文化产业，推动文化产品产业化发展。继续开展社会主义核心价值观系统工程，积极举办道德模范、杰出青年等先进人物评选活动，宣传他们的感人事迹，学习他们的优秀品质，让霍州大地到处充满积极向上的正能量！

5. 着力维护安全稳定，在社会管理上实现新突破

安全稳定是发展的根本前提，必须把维护安全稳定作为第一责任，不断加强和创新社会管理，促进社会和谐。

一要着眼“大稳定”，全力化解矛盾纠纷。加强矛盾纠纷大调解工作，各乡镇（街道办）建立矛盾纠纷调解中心，所有农村（社区）建立矛盾纠纷调解室，统一标识、统一制度，配备专职调解员随时为群众服务。健全信访工作机制，继续推行领导包案、固定接访、带案下访等制度，畅通群众诉求渠道，切实把上访群众吸附在当地，把信访问题解决在基层。加强信访群众的法制教育和思想疏导，积极引导群众养成办事依法、遇事找法、解决问题用法、化解矛盾靠法的习惯，依法依规打击缠访、闹访、非法上访，形成“非访不但无助于问题解决，而且要受到依法追究”的正确导向，推动信访秩序持续好转。

二要围绕“大安全”，深入开展专项整治。严格落实“党政同责、一岗双责、齐抓共管”的安全责任制度，扎实开展安全隐患排查整治活动，全面加强煤矿、非煤矿山、燃气管网、道路交通、学校医院、食品卫生、危险化学品、民爆物品、烟花爆竹、防火防汛、人员密集场所等方面的安全工作，减少一般事故，防范较大以上事故，遏制和杜绝重特大事故，创造良好的安全生产环境。建立隐患排查治理体系和安全预防控制体系，健全安全生产监管机制和突发事件应急救援机制，进一步夯实安全监管基础，确保安全生产形势持续向好。

三要开展“大防控”，持续推进平安创建。引深“平安霍州”创建，着力构建专群结合、网上网下联动、打防管控一体化社会治安防控体系。完善网格化管理、“一村一

警”和社会化服务等工作机制，推进基层综合服务管理平台机构、资源、职能整合，建立部门联动、职能下沉、协调有力、服务高效、保障到位的科学化运行机制。深入开展平安乡镇、平安村（社区）、平安单位、平安校园、平安家庭、平安医院等六安联创活动，形成打击各类违法犯罪的高压态势，确保人民安居乐业、社会安定有序。

三、党要管党，从严治党，形成作风建设新常态

党要管党、从严治党是我们义不容辞的政治责任。要结合党的群众路线教育实践活动“回头看”和学习讨论落实活动，依规管党治党建党，努力形成惩治腐败不松手、作风建设不松懈、干事创业不松劲的良好局面。

1. 严格遵守党的纪律。党的纪律是铁的纪律，是带电的高压线，必须严格遵守，坚决维护。一要严明政治纪律。把严守政治纪律和政治规矩摆在更加重要位置，教育引导广大党员干部不听谣、不信谣、不传谣、不造谣，切实增强政治敏锐性和政治鉴别力。对上级党委的决策部署，坚决执行、不打折扣，任何情况下始终做到政治信仰不变、政治立场不移、政治方向不偏，做政治上的“明白人”。二要严明组织纪律。加强组织纪律教育，强化广大党员干部的组织意识，正确处理个人与组织的关系，自觉按照党的组织原则和党内政治生活准则办事，做到相信组织、依靠组织、服从组织。严格落实领导干部重大问题和重要事项请示报告制度、领导干部个人有关事项报告制度、新提任领导干部有关事项公开制度，维护党的权威和统一，坚决克服组织涣散、纪律松弛等问题。三要严明执纪监督。纪律失去外在监督，就会成为软约束。要聚焦主业主责，对违反政治纪律、组织纪律、财经纪律的行为，坚持有纪必执、执纪必严、有违必查，不搞“网开一面”和“下不为例”，让党员干部知纪、懂纪、明纪，人人敬畏纪律，自觉遵守纪律，严格执行纪律。

2. 全面落实“两个责任”。落实党风廉政建设主体责任和监督责任，是推进党风廉政建设和反腐败斗争的重要政治任务。一要落实主体责任。各基层党组织要定期听取党风廉政建设工作情况汇报，研究解决重大问题，确保工作有人抓、问题有人管、责任有人担。各基层部门主要负责人要认真履行党风廉政建设“第一责任人”职责，管好班子、带好队伍，对党风廉政建设常研究、常部署，抓具体、具体抓。各级班子成员要认真落实“一岗双责”，切实抓好分管范围内的党风廉政建设工作。二要落实监督责任。加强廉政文化建设，深入开展廉政文化“八进”活动，充分发挥霍州署廉政文化馆、党纪教育基地的作用，大力开展示范教育、警示教育、岗位廉政教育，让广大党员干部受警醒、明底线、知敬畏，筑牢拒腐防变的思想道德防线。完善监督机制，巩固深化“12388”工作法、“四述两谈”、廉政承诺等制度，对党员干部中的不良苗头早打招呼、扯袖提醒、教育帮助。坚持铁面执纪，加大案件查处力度，以无禁区、全覆盖、零容忍的态度坚决惩治腐败，保持反腐败高压态势。积极推进“六权治本”，加快惩防体系建设，铲除滋生腐败的土壤，让权力在阳光下运行，把权力关进制度的笼子，探索建立不敢腐、不能腐、不想腐的有效机制。三要严肃责任追究。对“两个责任”落实不力，致使发生重大腐败案件和严重违纪行为的单位，坚持“一案三查”，既要追究当事人责任，又要倒查追究发案单位党组织的主体责任和纪检组的监督责任。

3. 持续改进干部作风。党员干部作风好

坏，关系党的肌体健康，关系党的生死存亡。一要强化思想教育。深入开展学习讨论落实活动，认真学习党的十八届四中全会、中纪委十八届五次全会、习近平总书记系列重要讲话、省委王儒林书记重要讲话等内容，使广大党员干部全面掌握核心要义和精神实质，切实增强法治思维、纪律观念和规矩意识，解决好思想上“贫血”、精神上“缺钙”、行动上“乏力”等问题。二要狠刹“四风”顽疾。通过教育实践活动的深刻洗礼，“四风”蔓延势头得到遏制，但“树倒根存”，基础还不稳固。要认真组织教育实践活动“回头看”，进一步加大整改力度，明确责任，限期整改，确保责任到位、措施到位、落实到位。要狠抓节点，正风肃纪，对新出现的“四风”隐形、变异问题，重拳出击、露头就打，持续巩固教育实践活动成果，绝不能让“四风”反弹回潮。三要树立正确导向。落实习近平总书记提出的好干部“二十字”标准，教育引导每一名党员真正做到心中有党、心中有民、心中有责、心中有戒。匡正选人用人风气，坚持以工作论英雄，用发展比高低，凭实绩定升迁，严把选人用人动议关、考察关、程序关，真正使想干事、会干事、敢干事、能干事、不出事的干部得到提拔重用。特别是认真做好“三个一批”工作，坚决甄别处理一批不廉洁、乱作为的干部，调整退出一批不胜任、不作为的干部，掌握使用一批敢担当、善作为的好干部，切实纠正为官不为、为官不易、为官不廉的错误倾向，引导党员干部积极作为、干事创业。

4. 不断提升基层党建。基础不牢，地动山摇。要坚持眼睛向下、重心下移，凝心聚力抓基层打基础，不断巩固党的执政地位。一要强化干部队伍建设。做好党员发展工作，严格标准程序，严把入党关口，坚决杜绝家庭垄断、家族垄断现象。加强“领头雁”队伍建设，对农村（社区）“两委”主干、党员干部进行全面培训，切实提高村级班子领导发展、依法办事、维护稳定的能力。继续推行干部包片、党员包户的农村党员联户制度，激励和动员广大党员干部进村入户，充分发挥好政策法规宣传员、社情民意收集员、安全维稳管理员、矛盾纠纷调解员、环境卫生监督员、文明新风示范员、致富发家指导员、急难险重突击员的作用，形成联系服务群众的长效机制。二要夯实基层组织建设。不断引深“定查评”“四议两公开”工作法，健全完善基层党组织学习、工作和管理制度，深入推进“三不”问题专项整治，确保整顿一个转化一个，转化一个合格一个。深入开展机关党建“走在前头”、非公党建“双强六好”等活动，加强机关、学校、企业、社区等领域党建工作，推广党员示范岗、党员责任区、党员承诺践诺等活动，不断扩大基层党组织的凝聚力、战斗力、影响力。三要落实党建工作制度。推行乡镇、街道党代会年会制，引导党代表充分发挥参政议政、桥梁纽带、民主监督和示范引领作用。完善年度目标责任考核机制，注重考核结果运用，发挥好年度目标责任考核的“风向标”“指挥棒”作用，坚决防止干与不干一个样、干好干坏一个样，凝聚推动发展的强大合力。健全和完善基层党建工作述职、评议制度，加大对抓基层党建工作的考核力度，确保党建责任落到实处。

同时，要进一步加强和改进对人大、政府、政协工作的领导，认真做好宣传、政法、统战、党校、人武等方面的工作，充分发挥好工、青、妇、科协、老干部、老促会、关工委等群团组织作用。宣传工作要抓好十八大、十八届三中、四中全会和习近平总书记系列重要讲话精神的学习宣传，加强新闻舆论监督，营造率先发展的浓厚氛围。政法工作要服从服务于全市发展大局，推进依法治市，发挥保驾护航作用。统战工作要重点做好党派和宗教工作，深入推进“五个统一”合署办公新模式，不断巩固爱国统一战线，为率先发展凝聚最广泛的力量。人武工作要发扬优良传统，深入推进军民融合发展，继续保持全省先进。科普工作要巩固已有成效，争取蝉联全国科普示范市。

同志们，蓝图已经绘就，号角已经吹响，关键在于落实。让我们以习近平总书记系列重要讲话精神为根本指针，在省委、临汾市委的坚强领导下，继续发扬团结奉献、敢于担当、实干践诺、拼搏争先的霍州精神，适应新常态，谋求新作为，实现新发展，奋力开创弊革风清、富民强市新局面！

〔2015. 2〕霍州市三级干部大会文件

提振精气神适应新常态 为全面推进整体率先发展而努力奋斗

——在全市三级干部大会上的讲话

（2015 年 2 月 12 日）

陈　纲

同志们：

这次全市三级干部大会是在经济社会发展进入新常态的形势下，我们召开的一次重要的全局性会议，目的就是要进一步贯彻落实市委六届五次全会精神，全面安排部署 2015 年各项工作任务。按照有关规定，今年三干会我们没有安排表彰，但为了客观全面地反映各乡镇、各部门的工作实绩，市考核办将针对考核结果进一步核实情况、综合意见、甄别优劣，力求做到实事求是、公平公正、实至名归。明年开春后，市里将在适当规模的会议上进行通报，充分发挥考核的“指挥棒”作用，确保产生好的反响、形成好的导向。刚才，崔市长作了很好的安排，目标明确，任务具体，措施得力，我完全同意，希望大家认真抓好落实。下面，我讲三方面意见。

一、坚定信心，奋发有为，努力适应新常态

能识大局，方能谋大事；善观大势，才能成大业。当前，我国经济正处于增长速度换档期、结构调整阵痛期、前期刺激政策消化期“三期叠加”阶段，出现了趋势性、不可逆的新常态。全市上下必须认识新常态、适应新常态、引领新常态，牢牢掌握经济发展主动权，奋力开创整体率先新局面。

一是面对成绩不骄傲，始终保持奋发有为的精神风貌。2014 年面对复杂严峻的经济形势，我们迎难而上，奋力拼搏，实施了总投资达 200 亿元的 80 项重点工程，经济社会发展取得了明显成效。新产业聚集区霍东新型工业园区、液化天然气调峰储气、华润风能发电等项目稳步推进，工业转型步伐全面加快。特色经济林、无公害蔬菜、规模养殖

等产业发展壮大，西张垣现代农业生态循环示范园区进一步巩固完善，农业三大基地的示范引领作用不断提升。七里峪、陶唐峪等景区开发纵深推进，美华购物中心、万佳福超市等一批大型商场超市投入运营，三产服务业势头迅猛。大西高铁霍州东站、“8＋2”城市道路改造全面完成，环境整治工作成绩显著，城乡面貌焕然一新。党的群众路线教育实践活动、学习讨论落实活动扎实深入，“德润霍州、共筑梦想”深得民心，凝聚起了推动发展的强大正能量。一年来，我市还先后荣获了国家级计划生育优质服务先进单位、中国民间文化艺术之乡、省级文明城市等多项荣誉。之所以能取得这样的成绩，得益于省委和临汾市委的正确领导，更凝结着全市30万干部群众的辛勤汗水。在此，我代表市委、市政府，向一年来为全市经济发展和社会稳定做出积极贡献的广大干部群众，致以崇高的敬意和衷心的感谢！

应该说，经过近几年的持续努力，我们打造了一批亮点，取得了一些成绩，不少工作在临汾市乃至全省、全国处于领先，整体工作实现了质的跃升。面对成绩，可能一些同志产生了松松气、歇歇脚的想法，甚至开始沾沾自喜、自我满足，盲目乐观、不求上进。这些思想都是错误的，甚至是可怕的。跳出霍州看霍州，我们与其他兄弟县市相比，还有不小差距。从2014年我市的主要经济指标完成情况来看，虽然绝对额在临汾市排名靠前，但增速排名相对滞后，尤其是地区生产总值、工业增加值、农村居民人均可支配收入3项指标，增速排名已跌至临汾市后三名，再不努力，就会继续滑落，甚至垫底。如果把霍州放到全省全国的大视野来审视，我们的差距就更大了。可以说，前有标兵，后有追兵，稍不留神，我们就会在激烈的竞争中落伍、掉队。我们一定要做到成绩面前不骄傲，差距面前不气馁，变压力为动力，化挑战为机遇，积极谋划霍州发展的新篇章。

二是面对困难不退缩，始终保持勇往直前的昂扬斗志。当前，世界经济仍处在国际金融危机后的深度调整期，经济下行还未见底，对“资源型经济”的压力持续加大，这种严峻形势前所未有。加之，我市产业结构相对单一，生态环境基础薄弱，公共设施欠账较多，城乡面貌亟待改善，安全维稳任务艰巨，资源枯竭城市转型任重道远。前进中的困难，发展中的矛盾，无处不在，无处不有。在困难面前，不能止步不前，不能绕道而行，更不能半途而废。全市上下必须保持勇往直前的气势、攻坚克难的斗志、苦干实干的毅力，以饱满的热情、无比的干劲、必胜的信心、务实的作风，推动各项工作提档、升级、进位，实现更高层次的整体率先。

三是面对机遇不犹豫，始终保持坚决果敢的拼抢意识。错过一次机遇就可能落后一个时代。应该看到，霍州发展面临着许多难得的历史性机遇，我们有国家资源枯竭城市、晋陕豫黄河金三角区域合作、全省综改试验区、临汾市百里汾河经济带建设等诸多利好政策；有天然气接入、大西高铁设站、霍永高速建成通车等便利条件；有连续四年实施百亿重点工程奠定的坚实基础；有全市干部群众团结奉献、敢于担当、实干践诺、拼搏争先的浓厚氛围，等等。这些都为我们适应新常态，实现新发展，创造了更加广阔的空间，提供了难得的历史机遇。面对机遇，按部就班是庸人，不争不抢是废人，错过机遇是罪人。全市各级干部一定要以等不起的紧迫感、慢不得的危机感、坐不住的责任感，牢牢抓住每个发展机遇，借助区域发展之力、“国字号”政策之势，推动霍州持续健康发展。

二、突出重点，精准发力，努力落实新举措

新常态下，发展仍然是第一要务。发展不足、发展不快、发展不优仍是当前我市面临的最大问题。加快整体率先发展必须突出重点，精准发力，创新举措，全面推进。下面，在崔市长安排部署的基础上，我再强调四个方面的重点：

1. 坚持以项目建设为核心，全力推动转型升级。项目是拉动经济增长的“火车头”，推动产业升级的“发动机”，增强发展后劲的“聚合器”。提高发展的质量和效益，必须有一批大项目、好项目做支撑。要切实加大招商引资。加强与长三角、珠三角、黄河金三角等发达地区的交流与合作，立足东部沿海产业转移的承接地，以产业招商、园区招商为重点，争取引进更多的好项目、大项目，形成加快发展的接替产业，增强发展后劲。各乡镇、各部门要把招商引资作为硬杠杠、死任务，作为考核部门工作和干部业绩的一项重要内容，广泛发动，全员招商，全民招商。要大力发扬钉钉子精神，拿出更大的韧劲和钻劲，以“人一之我十之”的劲头，积极跑部跑省，争取更多的项目落户霍州。要着力狠抓项目落地。项目引得进，还要落得下。对引进的项目，必须责任到人，盯紧看牢，主动服务，积极协调，全力确保项目落地。全市上下要树立“一盘棋”思想，市级包联领导必须亲自协调，主动对接；相关部门要开通绿色通道，积极服务；每个工作人员都要听从指挥，抓好落实，决不能因为细节问题、服务问题导致项目流产。对于阻碍项目落地的钉子要拔、拦路虎要打、绊脚石要踢开，无论是谁胆敢吃拿卡要、胡作非为，都要坚决打击，严查重处，不仅要追究当事人责任，而且要追究相关单位领导的责任。要全力加快项目建设。今年我们要继续坚持有多大能力办多大事情的原则，不刻意追求项目规模和数量，把重点放在项目的落地、建设、投产、达效上，切实提升发展的质量和效益，确保稳中求进、稳中有增、稳中提质。对全市确定的70余项重点项目，相关部门要倒排工期，挂牌督办，提高效率，抓好落实。具体工作中要做到“三个快”，即：前期工作快启动、工程建设快推进、资金筹措快运作，千方百计加快项目进度。发改部门要全力做好项目的申报、立项等工作，积极谋划一批基础性、生产性的重大项目，列入国家、省市计划的“大盘子”。国土部门要坚持“特事特办、急事急办、难事巧办”，依法从速从快办理重点项目的土地手续。环保部门要着力解决制约项目的瓶颈问题，加快新水源地建设，为项目立项、开工创造条件。财政部门要加强项目资金的筹措力度，发挥财政资金的应有效益，全力保障项目实施。在霍州“不重视项目的领导是失策的领导，不抓项目的领导是失职的领导，抓不好项目的领导是无能的领导”。市级包联领导、责任单位“一把手”、项目负责人，务必做到情况在一线掌握、问题在一线解决、工作在一线创新、难点在一线突破，全力推进项目建设。

2. 坚持以扩容提质为抓手，着力打造宜居霍州。要坚持扩容和提质并重、外延与内涵并举，着力打造靓丽宜居、功能完备、充满活力的区域性中心城市。要完善城市基础设施。坚持五大板块齐头并进，稳步推进“旧城改造、新区开发”，强力打造州署文化产业示范园、中镇国际花园、开元小区、水榭花都等一批精品示范小区，打造城市亮点，提升城市品位。要按照3纵12横的城市框架，实施东门桥改造、经三路、纬三路、纬五路、迎宾南路、前进南路等工程，完成新建南路扫尾、工业路西段贯通等工程，真正打通断头路，联通外环路，拓展城市空间，提高通行能力。要完善水暖电气等基础设施，继续推进热电联产、天然气扩户，尽快消除市区盲点，向城郊乡镇和偏远山区延伸，增强服务能力，保障基本供给。要加大城市广场、公园、绿地、停车场、公共卫生间等建设力度，着力构建覆盖城乡、功能完备、支撑有力的现代化基础设施体系，彰显城市符号，体现城市素质。要全面优化城乡环境。城乡环境是事关霍州形象的大事，一定要认识到位、责任到人、整治到底。要再掀环境整治新高潮，拔掉黑烟囱、停用小锅炉、搬走污染源、治理臭水沟、增加新绿地，确保环境质量持续稳定好转。要加快生态修复，实施汾河、南涧河、对竹河治理和八大造林工程，进一步改善人居环境。要不断引深四城联创，对照创建指标体系要求，划定时间表和路线图，集中精力，全面整治，确保早日创建成功。要切实提升城市管理。突出治堵、治乱、治脏“三大环节”，全面加大交通秩序、市场秩序、市容环境等方面的整治力度，科学规划，统一管理，打造整洁靓丽、秩序井然、文明和谐的魅力城市。要继续实施社会主义核心价值观系统工程，广泛开展道德模范和最美公民评选活动，讲好霍州故事，传播霍州声音，扮靓霍州形象，营造“人人争做霍州好人”的浓厚氛围。

3. 坚持以改善民生为重点，着力增进人民福祉。民之所望，政之所向。我们要坚持民生优先理念，不断提升“五有”“五好”标准，完善保障机制，确保财政总支出的80%用于民生，每年解决一批群众最关心、最直接、最现实的利益问题，每年办好一批顺民意、解民忧、惠民生的实事，让群众丰衣足食、幸福美满、安居乐业。要全力保障“底线民生”。加快推进覆盖城乡的社会保障体系建设，提高各类补助标准，不断扩大覆盖面。在实施四类困难家庭学生、贫困大学生、80 岁以上老人固定救助的基础上，今年要把全市重病重残特困人员纳入固定救助范围，让更多的弱势群体得到基本保障。各乡镇、各部门要摸清本辖区、本部门困难群众底数，拿出有效办法，主动进行救助，做到村不漏户、户不漏人，让广大群众共享改革发展成果。要积极推进“基本民生”。全力推进各项民生工程，加快新医院、职教中心、劳动技校改建、市二中运动场、基础教育信息化等工程，加紧实施沉陷区治理、地质灾害治理，全面完成 1600 套保障性住房建设任务，适时启动儿童福利院建设，尽快使残疾人服务中心投入使用，切实满足群众物质文化需求。要切实解决“热点民生”。实施更加积极的就业政策，扎实做好大中专毕业生、城镇就业困难人员、农村转移劳动力、失地农民等群体的就业工作，公开招聘大中专毕业生、大学生村官充实到事业单位，让更多的人才有舞台、更多的家庭有希望。要巩固提升教育教学质量，持续用力，一鼓作气，乘势而上，力争中高考成绩再创新高，让霍州的教育重铸辉煌。要认真落实有关政策，全力保障财政供养人员各项待遇，让广大干部有尊严、有干劲、有盼头。

4. 坚持以安全稳定为前提，着力促进社会和谐。习近平总书记指出，发展决不能以牺牲人的生命为代价，这必须作为一条不可逾越的红线。尽管我们连续六年蝉联临汾市平安县市，连续七年蝉联临汾市安全生产先进市，全市安全稳定形势持续好转，但越是在这个时候越容易麻痹大意、思想懈怠、放松警惕。我们必须警钟长鸣、常抓不懈，时刻绷紧安全稳定工作这根弦，努力维护来之不易的和谐稳定局面。要狠抓安全生产。坚持用良心抓安全，时刻保持如履薄冰、如临深渊的心态，切实抓好煤矿、非煤矿山、燃气管网、道路交通、学校医院、食品卫生、烟花爆竹、人员密集场所等行业和领域的安全工作，有效遏制安全生产事故，维护人民群众生命财产安全。要维护信访稳定。把抓好信访稳定作为分内之事、应尽之责，继续推行领导包案、定期接访、带案下访等制度，做到诉求合理的解决问题到位，诉求无理的教育稳控到位，生活困难的帮扶救助到位，行为违法的依法处理到位，实现解决一案、带动一片、稳定一方，促进信访形势持续向好。要创新社会管理。深入推进“平安霍州”建设，完善社会治安防控体系，保持打黑除恶的高压态势，营造安定有序的社会环境。加快法治霍州建设，坚持依法行政、严格执法、自觉守法，不断提高司法公信力，努力形成办事依法、遇事讲法、解决问题用法、化解矛盾靠法的社会氛围。

三、敢于担当、改进作风，努力实现新作为

完成全年任务，根本在人，关键在干。各乡镇、各部门要以昂扬向上、奋发有为的精神状态，一以贯之、一抓到底，确保全年目标圆满完成，实现新常态下的新作为。

一要解放思想，引领发展。思想的贫穷是最大的贫穷，观念的落后是最大的落后。面对新形势、新任务，我们只有不断解放思想，才能摆脱传统观念的束缚，冲破利益固化的藩篱，解决前进中遇到的问题。全市各级干部要进一步增强开放意识、创新意识、改革意识，坚决破除过去的路径依赖、思维定势和工作惯性，在发展理念、发展定位、发展目标上向新常态聚焦，勇于创新、敢于突破，抢抓新机遇，探索新路径，挖掘新优势，以思想的大解放推动经济社会的大发展。

二要勤学善思，提高本领。新常态下面临的诸多挑战，说到底是对我们能力的挑战，唯有勤学善思，学以致用，才能有效克服。全市各级党员干部要大力发扬刻苦钻研的精神，不断强化理论联系实际的学风，把政策学深、把市情吃透、把民意摸准、把规律认清，真正成为推进工作的行家里手。特别是要围绕建设区域性中心城市、加快资源枯竭城市转型、深入推进“六大发展”等战略任务，认真学习城市管理、产业发展、招商引资、依法行政等领域的新知识、新方法，找准结合点、牵住牛鼻子，使谋事兴业的思路和措施更加符合规律，更加切合实际，更加顺应民意。

三要敢于担当，迎难而上。学习讨论落实活动中，通过认真查摆问题，我们就发现在整肃干部、惩贪治腐的高压态势下，一些党员干部思想上出现了畏难情绪，存在为官不为、不敢担当的问题。甚至，连交警队查扣违章车辆、派出所拘留不法人员、城管队制止私挖路面等，本来是分内之事、应尽之责，都要给当事人说是某某领导安排的，自己没有秉公执法的勇气，没有敢于担责的决心。如果大家都是这样一种态度，那我们的工作怎么落实，霍州怎么发展？所以“为官不为、不敢担当”是制约霍州发展的拦路虎和绊脚石，必须大力整治。全市各级干部都要强化舍我其谁的担当意识，实干践诺的责任意识，创先争优的拼抢意识，对职责范围内的事情，该拍板拍板，该落实落实，该推进推进，真正做到问题不上交、困难不下转、矛盾不外推，全力抓好各项工作落实。市委始终坚持注重实绩、崇尚实干、群众公认的选人用人导向，对为官不为、不敢担责的干部，将按照“三个一批”办法，认真甄别，严肃处理，绝不姑息。

四要强化责任，狠抓落实。再宏伟的蓝图，如果不去落实也只是水中月、镜中花。市委的决策部署，既是工作安排更是政治纪律，作为党员干部，必须无条件执行，做到有令则行、有禁即止。市级领导和各乡镇、各部门“一把手”，要进一步强化责任意识，按照今年确定的各项目标任务，主动承接、对号入座、全力以赴、抓好落实。全市广大党员干部都要听指挥、懂规矩、守纪律，认真做好本职工作，确保市委、市政府决策部署不折不扣落到实处。要细化任务分解，明确每一项工作的目标任务、进度安排、完成时限、验收标准，以项目化的思路推进工作。要严格督促检查，不能只听汇报、看资料，更要实地查、细算账，抓住关键，突出重点，跟踪督导，务求实效。要依法依规追究责任，结合“六权治本”的要求，厘清权力清单和责任清单，针对不落实的事、退出不落实的人，推动形成层层抓落实的良好局面。

同志们，美好蓝图令人向往，宏伟目标催人奋进。站在新的历史起点，我们踌躇满志、豪气满怀、意气风发。让我们以高度的政治责任感和历史使命感，团结带领全市30万干部群众，振奋精神，真抓实干，克难攻坚，锐意进取，奋力开创弊革风清、富民强市、率先发展的崭新局面。

最后，在传统的新春佳节来临之际，我代表市四大班子恭祝全市30万人民新春快乐、工作顺利、阖家幸福、羊年吉祥！

祝霍州的明天更加美好！

霍州市人大常委会工作报告

——2015年6月3日在霍州市第六届人民代表大会第五次会议上

霍州市人大常委会副主任　安志勇

各位代表：

我受市人大常委会委托，向大会报告工作，请予审议。

过去一年的主要工作

过去的一年，在中共霍州市委的领导下，市人大常委会深入学习贯彻党的十八大、十八届三中、四中全会精神和习近平总书记系列重要讲话精神，扎实开展党的群众路线教育实践活动和学习讨论落实活动，围绕“建设三晋经济强市、实现整体率先发展”总目标，认真履行宪法和法律赋予的各项职责，共召开主任会议15次、常委会会议13次，开展视察、调研、执法检查4次，听取和审议“一府两院”专项工作报告20项，作出决议和决定8项，依法撤销国家机关工作人员职务5人，圆满完成了市六届人大四次会议确定的各项任务。

一、坚持正确政治方向，紧紧围绕推进依法治市、实现弊革风清履行职责

2014年，面对严峻复杂的形势和艰巨繁重的任务，市人大常委会始终保持鲜明的政治态度、坚定的政治定力、正确的政治立场，自觉在思想上、政治上、行动上与以习近平同志为总书记的党中央保持高度一致，落实省委、市委重大决策部署，充分发挥市人大在实

现“中国梦、兴霍梦”中的重要作用，努力促进全市大局稳定、政治稳定、社会稳定。

（一）坚持以“为民务实清廉”为主题，扎实开展党的群众路线教育实践活动。

常委会党组以高度的政治责任感，认真开展党的群众路线教育实践活动，全力聚焦“四风”，坚持问题导向，列出问题清单，突出责任清单，坦诚开展批评，不避不遮不掩，红脸出汗治病，立说立行立改，建章立制践行，抓常抓细抓长，保证了教育活动高起点开局、高标准推进、高质量收官，取得了阶段性成果，全体人员普遍接受了一次马克思主义群众观教育和严格的党性锻炼，思想得到了净化，灵魂得到了洗礼，宗旨观念进一步筑牢，为推动人大工作与时俱进奠定了坚实的思想基础和政治基础。

（二）坚持以“制度自信”为宣传重点，努力营造全社会重视、关心和支持人大工作的氛围。

去年是全国人民代表大会成立60周年和我市人大设立常委会35周年，为了认真贯彻落实十八届三中全会精神，进一步宣传人民代表大会制度，促进社会主义民主政治建设，市人大常委会举办了“纪念全国人民代表大会成立60周年暨地方人大设立常委会35周年”书法展览活动，活动共展出作品400余件。同时，组织精干力量认真开展《霍州人大志》编修工作，目前进展顺利，初稿完成。

（三）坚持以“实现弊革风清”为目标，切实强化地方国家权力机关职能作用。

面对我省系统性、塌方式腐败，省委提出了“净化政治生态、实现弊革风清”的反腐目标，并组织开展“学习讨论落实”活动。市人大常委会按照省市要求，认真贯彻落实，着力探究推进“六权治本”的措施和办法，作出了《关于进一步加强和改进人大监督工作的决定》，着力加大源头监督、重点监督、跟踪监督力度，推进监督工作全程公开、全面提效。对违纪违法的人大代表及常委会选举任命人员，及时启动法律程序，依法罢免4名临汾市人大代表，依法确认罢免6名霍州市人大代表资格，依法撤销了国家机关工作人员职务5人，积极支持配合党风廉政建设和反腐败斗争深入开展。

二、主动适应经济发展新常态，紧紧围绕全市工作大局、推动转型跨越发展履行职责

市人大常委会始终坚持围绕中心、服务大局，立足推动霍州转型跨越发展，主动适应新常态，不断加大监督力度，推进工作持续发展。

（一）注重“三账”监督工作，力促全年各项目标任务圆满完成。

进一步引深年初建账、年中查账、年末交账的“三账”监督机制，与“一府两院”各部门科学“建账”，采取视察、调研、听取报告等方式认真“查账”，进行满意度测评，并向市委报告，向“一府两院”进行通报，推动了全市各项工作扎实有序开展。

（二）注重加强预算和审计监督，提高财政资金使用绩效。

听取审议批准了2013年财政决算及2014年上半年财政预算执行情况的报告，听取审议了2013年度预算执行和其他财政收支的审计工作报告，听取审议了2013年度预算执行和其它财政收支审计查出问题的整改报告。推进了“阳光财政”，严肃了财经纪律，提高了财政资金使用效益，确保财经秩序的持续好转和各单位财务管理水平的提高。

（三）注重农业产业结构调整，加快推进特色农业发展。

听取审议了特色现代农业进展情况的报告。促进市政府持续大力发展特色农业，力求在龙头企业及规模化、品牌等重点工作和关键环节取得突破。听取审议 2012 年至 2014 年重大动物疾病防控工作情况报告，要求强化基础免疫，加强应急管理，做好预警预测，确保全市无重大动物疫情发生，为畜牧业健康发展创造良好环境。同时，要大力发展农村专业合作经济组织，扎实推进家庭农场这一新型主体的培育和发展，壮大农业品牌和发展农业龙头企业。

（四）注重推进以煤为基、多元发展，加快转变经济发展方式。

听取审议中小微企业发展情况的报告，建议进一步优化中小微企业发展环境，提升综合服务能力，用足用活国家、省、市一系列政策措施，加大改革力度，推行“一站式”服务，切实减轻企业负担，解决“两高两难”问题，培育一批环保、节能型产品，推进提升一批发展潜力大的阳光产业，引进一批特色品牌和知名企业。促进中小微企业发展跃上新台阶。

三、着眼统筹经济社会和人的全面发展，紧紧围绕保障改善民生、维护公平正义履行职责

（一）践行党的群众路线，着力推动群众最关心、最直接、最现实问题的解决。

针对全市公办幼儿园数量少、无证幼儿园多及部分民办幼儿园投入少、条件差、“小学化”教育突出的问题，听取审议了学前教育工作报告，要求整合资源，促进学前教育均衡发展，加大投入、加强培训、强化管理，促进学前教育持续发展、优质发展、规范发展；听取审议了法律援助工作开展情况报告，要求以“应援尽援，应援优援”为目标，进一步加大宣传力度，夯实基层基础，完善组织机构，健全经费保障机制，完善援助便民措施，切实提高援助质量；听取了环保局就市人大常委会工作评议整改落实情况报告和农村环境连片整治示范项目工作情况报告。建议农村环境连片整治示范项目工程要在环保体制建设、政策机制创新、农村环保实用技术推广等方面，真正起到示范作用，为全市促进清洁家园、清洁田园的社会主义新农村建设奠定坚实的基础；听取审议了“8＋2”城区道路改造工程情况报告，建议在实施“8＋2”城区道路改造工程基础上，高标准绿化、亮化、美化，实施管网入地、人车分流、标准提升，改善了城市面貌，提升了城市品位。

（二）强化法律工作监督，着力推动各项法律规范实施。

听取审议了市公安机关执法规范化建设工作情况报告。建议市公安机关要继续强力推进执法制度建设，促进执法流程标准化、制度化、程序化，不断完善内外监督制约机制，强化监督管理，落实“两个责任”，不断创新执法为民服务方式，为全市建设小康社会营造公平正义的法治环境；着力加大执法检查力度，先后对《中华人民共和国河道管理条例》和《山西省河道管理条例》《中华人民共和国社会保障法》等法律法规的贯彻实施情况进行了执法检查，促进了有关法律法规在我市的贯彻实施。进一步将涉法涉诉信访纳入法治轨道，除正常转办外，对重要信访案件加强跟踪监督，信访问题化解率、人民群众满意度进一步提升。

（三）加强司法工作监督，着力维护社会公平正义。

听取审议了市法院民商事审判工作情况报告，要求市法院进一步提升审判质量和效率，积极构建大调解工作机制，把矛盾纠纷化解在基层，解决在诉前。进一步完善便民诉讼机制，强化“立案窗口”的功能，引导当事人依法正确主张诉求，有效维护其合法权益，进一步加强法官队伍建设，确保民商事审判队伍政治坚定、业务过硬、司法公正；听取了市检察院反贪污贿赂工作情况报告。建议市检察院加强和改进查办预防贪污贿赂犯罪工作，为我市反腐败斗争深入开展做出积极贡献，要进一步加大重点领域、重要案件查办力度，促进全市反腐倡廉建设。

四、充分发挥代表主体作用，紧紧围绕强化服务效能、提升保障水平履行职责

人大代表是人民代表大会的主体，代表工作是人大工作的基础，常委会认真落实《代表法》，进一步加强代表的学习培训，加大代表建议意见督办力度，开展以“办一件为民实事、提一条务实建议、帮助一户困难群众”为主要内容的“人大代表在行动”活动，努力增强人大工作的生机和活力。

（一）加强代表培训，不断提升代表履职水平。

举办驻霍省、临汾市和霍州市及乡镇四级人大代表学习培训，深入学习党的十八大、十八届三中、四中全会精神，学习习近平总书记系列重要讲话精神和有关法律法规知识，增强了代表履职意识和责任意识，提高了代表履职水平和能力。

（二）密切联系代表，强化代表闭会期间活动。

密切联系代表是常委会自觉接受代表监督的重要措施，也是保障代表履职的重要平台，常委会通过邀请代表列席常委会会议，参加常委会视察、调研、“三账”监督和执法检查，组织代表征求对常委会工作报告、政府工作报告等意见建议，为常委会总结经验、查找不足、改进工作提供了有力帮助和重要参考。一年来，共邀请 82 人次列席常委会会议，组织 360 人次参加了常委会视察、调研、“三账”监督和执法检查。

（三）回应代表期盼，加大代表建议督办力度。

立足解决实际问题，认真办理市六届人大四次会议期间代表提出的意见、建议，筛选确定 5 件重点建议，由常委会领导牵头，强化跟踪督办，改进办理结果征询意见工作，督促承办单位与代表进行沟通，确保代表及时了解掌握建议办理进程和办理结果。通过跟踪督办，代表建议办理质量进一步提高。

五、深入开展学习讨论落实活动，紧紧围绕自身建设持续改进人大工作

常委会始终高度重视自身建设，把深入开展党的群众路线教育实践活动和学习讨论落实活动作为加强自身建设的重要载体，注重从思想、组织、作风、制度和能力素质等方面打牢基础，提升能力。

（一）加强履职能力建设。

深入学习习近平总书记系列重要讲话精神和党的十八届三中、四中全会精神，自觉与党中央在思想上、政治上、行动上保持高度一致，党组全年共学习 32 次，机关党支部组织学习 41 次。全面提升筑牢了组成人员和机关干部的思想基础，提高了法制素养和履职能力。

（二）提升服务保障水平。

从构筑程序规范、运转高效和运转机制入手，补充完善机关制度 18 项，基本形成涵盖机关运行各方面的制度体系，靠制度管人管事管权的工作格局进一步强化，充分发挥党组的领导核心作用、党支部的战斗堡垒作用、党员的先锋模范作用，严格落实“两个责任”，按时印发《霍州人大简报》和《人大常委会会刊》，完善人大信息网站，形成务实高效、管理有序、风清气正的良好局面。

（三）强化联系指导工作。

自觉接受省、临汾市人大常委会的指导，积极配合上级人大开展的视察、调研和执法检查工作，加强对乡镇（街道）人大的工作指导，推进了全市人大工作水平的整体提高。

各位代表，过去一年常委会工作取得的成绩，得益于市委的正确领导、“一府两院”的积极配合，得益于常委会组成人员和机关工作人员的共同努力、全体代表和乡镇（街道）人大的共同努力，得益于广大人民群众的大力支持。在此，我代表市人大常委会表示崇高的敬意和衷心的感谢！

各位代表，我们清醒看到，常委会工作与新形势、新任务的要求相比，与广大代表和人民群众的期望相比，还存在不少差距，主要是机关自身建设亟待加强，代表履职能力有待提高，跟踪监督力度不够，监督工作实效性不强，督促政府各部门整改效果还不明显等，我们将自觉接受人大代表和人民群众的监督，虚心听取各方面意见，认真研究新情况、新问题，主动适应经济发展新常态，把常委会工作做得更好。

2015年工作任务

2015年是全面完成“十二五”规划的收官之年，是建设法治霍州、推动“六大发展”的开局之年。面对新常态、新使命和新任务，市人大常委会工作的总体要求是：以党的十八大和十八届三中、四中全会精神为指导，全面贯彻落实市委六届五次全会精神，坚持党的领导、人民当家作主和依法治国有机统一，以促进改革发展和推进依法治市为主题，紧扣“六权治本”“六大发展”，围绕中心，服务大局，突出重点，务求实效，切实加强监督工作，认真履行宪法和法律赋予的职责，为全市经济发展、民生改善和社会稳定做出积极贡献。

今年常委会工作的主要任务是：

一、信仰宪法，维护法律，加快推进法治霍州建设

今年我们要全面贯彻落实市委《关于加快推进法治霍州建设的实施意见》，以法治霍州建设新成效推动社会各项事业取得新进展。一是要全面贯彻实施宪法。常委会今年将在全社会普遍开展宪法教育，对人大常委会任命人员进行宪法知识考试，在机关、学校、企事业单位、社会组织中广泛开展宪法知识竞赛，大力开展好“国家宪法日”活动，真正让人民群众内心拥护、真诚信仰。二是要认真落实宪法宣誓制度。凡是经人大及其常委会选举或者决定任命的国家机关工作人员，正式就职时公开向宪法宣誓。三是要促进依法行政。认真推进“六权治本”，用法治的“金箍棒”划定权力边界，管住权力“任性”，监督政府及工作部门，厘清权力清单、责任清单、负面清单，做到法定职责必须为，法无授权不可为，大力消除懒政惰政、为官不为。四是要推进公正司法。监督司法机关遵循法律程序，守住法律底线，严格司法，依法办案。五是要认真贯彻执行《山西省各级人民代表大会常务委员会规范性文件备案审查条例》，加强法律监督，维护法制统一。

二、围绕中心，服务大局，全力推动市委重大决策实施

紧紧围绕市委“建设三晋经济强市，实现整体率先发展”总体目标，切实履行宪法和法律赋予的职责，全面贯彻落实市委“扭住两大重点、狠抓五项工作、推进六大发展”的重大决策部署，引导全市各级人大代表在重点项目建设、民生改善、民主政治建设等方面依法履职，加大工作力度，增强监督实效，助推全市经济社会科学发展、转型发展、跨越发展。

围绕市委重大决策部署，围绕全面深化改革和依法治市工作中的重要事项，围绕群众关注的热点问题和民生改善中的突出问题，及时开展工作调研，适时作出决议、决定。密切关注经济运行，强化预算监督。专题听取财政、发展及审计工作报告。贯彻落实新《预算法》，加强部门预算审查工作，扩大审查范围，拓展监督深度，推进部门预算的规范和细化，提高预算编制的完整性和科学性。

三、完善措施，务求实效，进一步加强监督工作

认真贯彻落实监督法。依法监督“一府两院”开展工作，特别是对“一府两院”贯彻实施有关法律法规的薄弱环节以及人民群众关注的热点难点问题，运用听取审议专项工作报告、工作评议、专题调研、执法检查等方式，开展扎实有效的监督。要在增强监督实效上下功夫，跟踪监督“一府两院”落实市人民代表大会及其常委会的决议、决定和审议意见情况。强化对权力运行的监督，督促和支持“一府两院”依照法定职权和程序开展工作，转变职能，改进作风，优化发展环境，促进依法行政，公正司法，执政为民。

听取和审议市政府关于市容环境整治、农业合作社建设、职业教育、大病救助及城乡低保、残疾人救助、人才培训及引进等方面的专项工作报告；听取和审议市法院司法公开专项工作和民事案件执行情况的报告，市检察院贯彻落实加强对诉讼活动法律监督决定实施情况和贯彻执行预防职务犯罪工作条例工作情况的报告。加强调查研究，完善监督方式，适时开展专题询问。加强“三账”监督，完善监督程序，不断提高“交账”满意度测评的科学化、公开化，提高监督工作透明度，促进“一府两院”全年工作任务圆满完成。对《环保法》《职业教育法》贯彻实施情况进行执法检查。对市政府实施的重点民生工程、项目建设、城市配套设施建设进行视察；对“十三五”规划纲要编制和创业及投资环境进行专题调研。

进一步加强和改进信访工作。认真办理群众来信来访，加大信访督办力度，促进信访问题依法解决。

四、加强培训，丰富活动，积极发挥代表作用

突出代表主体地位。深入贯彻代表法，切实落实代表工作各项制度，进一步拓宽代表知情知政、议政督政渠道，支持和保障代表依法行使职权，积极为代表履行职责创造条件。进一步提高代表建议办理质量。严格落实市人大常委会办理市人大代表建议、批评和意见办法，逐步实行代表意见、办理过程和办理结果三个环节通过媒体公开，办理过程和办理结果至少面对面征求代表两次意见的“三公开两见面”制度，加大督办工作力度，切实提高问题解决率和代表满意率。组织好代表闭会期间活动。扩大代表对常委会工作的参与度，继续邀请代表列席常委会会议、参加常委会组织的执法检查、专题调研和集中视察等活动。加强代表履职培训工作。建立健全代表履职培训制度，加强代表政治纪律要求和业务培训，提高履职能力和水平。深入开展“霍州要发展，代表带头干”的代表议政日活动，围绕经济转型、城市建设、民生改善、生态文明等事关霍州发展的重点难点工作，建言献策，集思广益，充分发挥人大代表的模范带头作用和桥梁纽带作用。加强代表活动阵地、代表小组的规范化建设，完善代表联系走访群众制度，加强代表履职管理，开展代表述职活动，增强代表履职责任，提升代表履职实效。

五、提升素质，转变作风，不断加强自身建设

常委会党组要坚持“党要管党”“从严治党”，严格落实“两个责任”，牢固树立“抓党建就是抓关键”的理念，积极探索在人大工作中发挥政治核心作用的实现途径；常委会机关要严格落实中央八项规定，认真开展“三严三实”专题教育活动，巩固和拓展党的群众路线教育实践活动成果，坚持为民务实清廉，持续转变作风。实行人大常委会组成人员会前学法制度和定期调研制度，不断提高常委会组成人员及干部职工政治素质，丰富业务知识，增强履职能力，切实打造“学习型、勤廉型、创新型、服务型”机关，树立人大机关依法办事、务求实效、积极作为的良好形象。加强对人大制度和人大工作的宣传。加强对乡镇人大工作的联系与指导。充分发挥乡镇人大在加强基层民主政治建设中的重要作用，积极推进市、乡人大工作联动，提升全市人大工作整体水平。加强与兄弟县市区人大工作的联系，总结工作经验，积极沟通交流，探索提高人大工作实效的新方法。

各位代表，全面深化改革、全面推进依法治国是时代赋予我们的光荣使命。让我们在市委的坚强领导下，更加求真务实，奋力开拓创新，为推进我市民主法治进程，加快建设幸福美丽新霍州作做新的更大贡献！

政府工作报告

——2015 年 6 月 3 日在霍州市第六届人民代表大会第五次会议上

崔山原

各位代表：

现在，我代表市人民政府向大会报告工作，请予审议，并请市政协委员和其他列席人员提出意见。

二〇一四年工作回顾

一年来，我们深入学习党的十八大、十八届三中、四中全会和习近平总书记系列重要讲话精神，认真贯彻落实山西省、临汾市工作部署，主动适应经济新常态，全力稳增长，积极促转型，倾心惠民生，经济社会发展呈现出良好态势。全市生产总值完成 89.03 亿元，同比增长 1.7%；工业增加值完成 47.6 亿元，增长 0.6%；固定资产投资完成 151.67 亿元，增长 26.9%；社会消费品零售总额完成 28.63 亿元，增长 11.8%；城镇居民人均可支配收入完成 23594 元，增长 7.8%；农村居民人均可支配收入完成 10868 元，增长 9.8%；公共财政预算收入完成 7.2 亿元，增长 1.5%。

（一）稳促改革，发展活力有效释放。

以“六权治本”为统领，以行政审批制度改革为切入，力促资源枯竭城市转型。行政审批事项由200余项精简到106项。清理规范了涉煤收费项目，撤销了7个煤炭运销站点。有效推进食药卫生管理体制改革和工商、质监管理体制改革工作。圆满完成了农村土地确权登记颁证试点任务。配套制定了土地预征、留地安置等用地制度。通过狠抓落实，改革的红利得到释放，经济发展持续向好。2014年我市荣获临汾市重点项目建设一等奖。

（二）精准发力，工业转型成效初显。

霍东新产业聚集区霍煤机电制造一期9个公司已投入生产。液化天然气调峰储气项目成功运营，成为我市新能源领域的标杆。华润霍州七里峪10万千瓦风能发电项目全面启动。中冶公司煤泥再选项目顺利实施。霍煤、兆光积极应对经济下行压力，总体向好。国电运行平稳，即将进入税收贡献期。

（三）持续投入，现代农业发展加快。

农业三大基地财政投入由少到多，建设规模由小到大，农副产品由低到优，生产技术由粗到精，实现了质的飞跃。特别是核桃基地、芦笋基地、霍山兔业、同兴种鸡、壮瀚养殖、绿源农牧、聚盛牧业、肥水一体技术等已成为我市现代农业的标志。农田水利基本建设持续加强，农业综合生产能力不断提高，全年粮食总产量达到7597万公斤。

（四）内联外引，旅游三产繁荣壮大。

七里峪景区人工湿地、滨水游憩区、入口换乘区等项目全面启动，上霍线尉候段改线、商务服务中心、镇山文化博物馆等工程加快推进，林溪晋茶精品酒店全面完工。陶唐峪景区项目总规、详规和征地拆迁方案编制完成，山内建设开工实施。霍州署廉政文化教育基地宣教功能日益突出。我市全年共接待游客10多万人次。州里商业文化街商户入驻。美华购物中心成功运营。万家福超市、中影国际影城等知名商企落户我市。积极开展招商引资工作，全年共签约项目24个，签约资金达141.35亿元。

（五）克难攻坚，城乡面貌日新月异。

经三路北段基本建成，纬三路启动征地。橡胶厂棚户区改造主体完工。开元小区项目即将交付。大西客专连接线投入使用。霍州东站广场已成为我市东部地区的一大亮点。州署文化产业示范园、中镇国际花园、东关城中村改造等项目快速推进。新建南路即将贯通。“8＋2”道路改造全面竣工。人防地下商业街已成为老城区的一道风景。热电联产新建换热站6座，新增供热面积90万平米，天然气完成扩户1.7万余户，实现了城区供气供暖全覆盖。完成霍冯线、义那线等市乡公路建设。扎实推进饮水安全、电网改造、绿化亮化等工程，农村公共基础设施建设进一步加强。

（六）标本兼治，生态环境明显改善。

汾河、对竹河生态综合治理项目顺利推进。永和采摘园三期基本完工。玉霍线、霍冯线、霍侯一级路等市乡通道绿化全面完成。兆光、霍煤年度环保工程建设任务全部完工。开展“百日会战”环境执法专项行动，取缔非法洗煤加工点9个。圆满完成了黄标车及老旧车治理淘汰急难任务。以“环境提升年”为抓手，不断引深乡村清洁工程，投资200余万元为全市乡镇、街道办购置垃圾清运设备，配备保洁人员，修建环保设施。全市城乡环境综合治理成效显著，再次摘取省级卫生城市桂冠。

（七）倾情倾力，惠民工程提升扩面。

市三中运动场改造全面完工。市职教中

心、公办幼儿园建设、基础教育信息化工程加快实施。高考二本达线847人，创历史新高。城乡低保、医疗救助、困难家庭大学生救助、“四类”困难家庭学生救助、农村80岁以上老人救助等制度不断完善。医疗、失业、工伤、城乡养老等社会保险的覆盖面不断扩大。连续6年开展爱心助学活动，累计筹资1200余万元，受惠学生万余人次。全年新增就业岗位5800个。建成各类保障性住房1200余套，超额完成上级下达任务。

（八）统筹兼顾，文卫事业亮点纷呈。

霍州书、霍州莺歌、威风锣鼓等申遗工作有效推进。年馍、粗布、小吃、剪纸等传统文化产业发展壮大。《霍州市志》出版发行。退沙办许村被评为“山西省文化古村”，荣登全国传统村落名录。新医院建设启动前期。医卫综改进入尾声。成功创建国家级计生优质服务先进单位，并荣获省级“计生工作目标责任考核先进县市”称号，是临汾市唯一同时获得两项殊荣的县市。

（九）多管齐下，社会秩序和谐稳定。

按照“党政同责、一岗双责、齐抓共管”的安全工作要求，引深隐患排查，开展打非治违，安全事故起数、死亡人数均下降43%。广泛开展“六五”普法和“一村一警”联系走访活动，突出抓好“打黑除恶”专项行动。打击非法集资，维护金融秩序，保护人民利益。信访工作“霍州经验”得到中央、省各级领导的充分肯定。

（十）求真务实，作风建设全面加强。

市政府扎实开展党的群众路线教育实践活动和学习讨论落实活动，严格执行中央“八项规定”，坚决反对“四风”。全面贯彻省委“六权治本”要求，广大干部勤政为民的意识、市直部门服务发展的职能得到提升和加强。市政府自觉接受市人大及其常委会的法律监督和市政协的民主监督，全年共办理人大议案52件，政协提案131件，办复率100%。扎实推进依法行政，审查规范性文件和各类合同240余件。引深政务公开，力推反腐倡廉，全年“三公”经费同比下降22.6%。

同时，财税部门加大征管力度，创新理财方式，实现了收支平衡。审计部门强化对政府投资工程的审计。政府采购中心严格集中采购。金融、供电、气象、邮政、通讯等部门积极服务地方发展，做出了新贡献。工商、质监、统计、档案、残联、老龄、老促、宗教、地震、史志、人防、人武等各项事业都取得了新成效。各乡镇、街道办围绕中心，服务大局，都为我市整体率先发展不懈努力，做出了新成绩。

各位代表，过去的一年，虽然困难重重，但我们上下齐心，克难攻坚，各项工作均取得了丰硕成果。这是市委总揽全局、坚强领导的结果，是市人大、市政协大力支持、有效监督的结果，是全市干部群众团结一心、顽强拼搏的结果，凝聚着全市人民的智慧、心血和汗水。在此，我代表市政府向各位代表、各位委员及全市广大干部群众，表示衷心的感谢并致以崇高的敬意！

客观总结成绩的同时，我们更要清醒地看到，我市发展还存在不少问题和薄弱环节：一是由于传统产业市场持续疲软，我市经济下行压力继续加大，各项经济指标的增幅不容乐观。二是新增产业周期较长，见效缓慢，对我市整体经济拉动不够明显。三是受经济大形势的影响，新引商家谨慎惜投，有意向难落地，项目建设势头减弱。四是房地产、融资等领域应对经济新常态的能力不强，抗风险能力较差，引发的社会矛盾未能及时化解。五是干部作风问题有待加强，懒政、怠政、滥政等现象仍未根除等，这些制约着我市经济社会发展的重大问题，必须在今后的工作中认真解决。

二〇一五年工作安排

2015年是按照“四个全面”战略布局开拓前行的重要一年，是决胜“十二五”、谋划“十三五”的关键之年，也是全面推进“六权治本”“六大发展”的开局之年，改革发展稳定的任务艰巨而又繁重。

今年政府工作的总体思路是：深入贯彻党的十八大、十八届三中、四中全会精神，按照“四个全面”的总体要求，认真落实山西省、临汾市和市委的决策部署，紧紧围绕“建设三晋经济强市，实现整体率先发展”的战略目标，坚持稳中求进总基调，立足新常态，谋求新发展，深化改革，大胆作为，全力抓好工业转型、农业增效、三产提质、城乡一体、环境治理、民生改善、社会稳定等七个方面工作，奋力夺取转型发展、富民强市新胜利。

基于对当前形势的分析研判，今年经济社会发展的预期目标是：全市生产总值增长7%；工业增加值增长7%；固定资产投资增长15%；社会消费品零售总额增长10%；城镇居民人均可支配收入增长8%；农村常住居民人均可支配收入增长9%。全市公共预算收入增长6.2%。居民消费价格涨幅控制在3.5%以内。

约束性指标：万元GDP能耗降低4.38%；化学需氧量、氨氮、二氧化硫、氮氧化物、烟尘、工业粉尘分别下降4%、6%、0.6%、25%、0.5%和0.5%，城镇登记失业率低于4%，确保完成省、临汾市下达的年度任务和“十二五”目标任务。

实现上述目标，要重点做好七个方面工作：

（一）狠抓转型升级，加快工业发展

我们要按照稳固基础、发展新型、激活小微的战略思路，抢抓政策机遇，构建以煤炭、电力、燃气、化工、制造为支柱，大中小微企业相互依托、竞相发展的新型工业体系。

提升传统产业。充分发挥霍煤、国电、兆光等重点骨干企业对经济的支撑作用，推进煤电改革，做好协调服务，确保产能不减，财税稳定，就业充分。利用好闲置土地，引进先进技术，延伸产业链条，尽快形成新的经济增长点。

扩展新型产业。霍东新区煤机制造一期工程要完善手续，健全配套，提高能力，达产达效。天然气调峰储气项目要尽快办结手续，投入运营，并加快推进加气站的建设。华润霍州七里峪风能发电项目年内开工建设。要大力开展招商引资，推进新型材料、医药轻工、清洁能源等新产业、大项目落地我市，使其早日生根、开花、结果。

壮大中小微企业。认真落实中央、山西省、临汾市关于扶持中小微民营企业发展的一系列政策措施，在产业政策、协调融资、审批服务、学习培训等方面给予民营企业更多的支持和帮助。今年重点帮扶好粉煤灰综合利用、丰阳肥业等民营企业启动建设，确保年内建成运营。

（二）狠抓现代农业，增加农民收入

我们要坚持夯实基础、突出特色、深化改革的发展要求，推动规模经营，提升质量效益，促进农民增收，努力在农业现代化建设上取得新突破。

提升“三大基地”。特色经济林，新栽植优质核桃6000亩，优质苹果1000亩，广泛推广农业高新技术，提高品质和产出率。规模养殖，继续加大对壮瀚、恒晟、富康、

绿源等养殖企业的扶持力度，扩大养殖规模，提高建设标准，发挥龙头作用。无公害蔬菜，要在扩大面积、提高品质的基础上，发展连片种植和联合经营，进一步提升市场竞争力。巩固提升西张垣现代农业生态循环示范园区建设标准。启动什林垣生态农业示范园建设项目。积极扶持十里铺甜瓜、城南大葱、东湾芦笋、霍山兔肉、开元豆腐等特色农产品发展，扩大产业规模，发挥品牌效应。

夯实农业基础。以提高粮食生产能力为总目标，继续加强农田水利基础建设。完成东王片高标准农田建设项目。实施马刨泉灌区高标准农田建设和段庄坝滩联合整治项目。启动小型农田水利重点县建设、农村电网升级改造、七里峪水库建设等项目。广泛推广测土配方施肥、地力培肥、机械化生产、病虫草害综合防治等先进农业生产技术，提高粮食产量。认真落实粮食直补、农机具补贴等强农惠农政策，大力开展基本农田保护工作，确保稳粮增收。

深化农村改革。全面落实中央一号文件精神。扎实开展土地承包经营权确权登记颁证工作，推进所有权，稳定承包权，放活经营权。继续推进农村人居环境改善。认真抓好农村公共服务、文化建设、生态文明、医疗服务等方面工作，完善12个乡镇、街道办综合文化站、175个村级文化站（室）设施配套，实施农村“广播电视卫星户户通提质工程”。推进新农村建设向更高层次迈进。

促进农民增收。充分利用我市职业中专、劳动技校、农村远程教育等平台，有针对性地开展农业科技培训，使农业科技成果直接与农民见面，使先进的实用技术与农业生产对接。进一步提升农民创业就业能力，造就一大批懂技术、会经营、善服务的新型农民，在其引领下，促进广大农民群众自主创业，增收致富。

（三）狠抓文旅挖潜，提高三产比重

我们要以打造旅游精品、挖掘文化潜力、提升服务水平为核心，推动旅游、文化、商贸相互促进、相得益彰，实现三产服务业不断发展壮大。

做精旅游景点。霍州署景区，围绕打造“全国廉政文化教育基地”目标，进一步挖掘官衙文化、廉政文化的厚重底蕴，扩大知名度和影响力。要积极引入市场机制，创新投资方式，推进东西辅线修缮工程。七里峪景区，围绕建设“华北避暑圣地”目标，强化运营管理，年内完成游客服务中心、景区客运站、镇山文化博物馆布展等项目建设，加快实施人工湿地、滨水游憩区、西部换乘区、山谷漂流等工程，全面完成上霍线尉侯段道路改线工程。陶唐峪景区，围绕构筑“江南水乡”的目标定位，进一步完善详规，尽快解决环评、征地、拆迁等前置问题，确保山内循环步游道路和景区河道修整等项目年内基本建成。实施娲皇庙文物保护修缮工程和许村国家级传统村落建设工程。推进对观音庙、祝圣寺、霍州瓷窑等旅游资源的保护和开发。通过打造精品，强化宣传，争取线路，把我市旅游业推向一个崭新的阶段，使其早日成为我市的支柱产业。

做强文化产业。积极发掘整理镇山文化、匾额文化、锣鼓文化、门神文化等传统文化精髓，建立宣传网络，扩大影响范围，彰显霍州文化实力。扶持壮大年馍、剪纸、布艺、传统小吃等民俗文化产业发展，制定生产标准，注册商业品牌，促进规范运营。做好威风锣鼓、霍州莺歌、霍州书等传统文化申遗工作。通过对文化资源的挖掘整合与创新提升，增强我市文化产业的软实力。

做活商贸服务。充分发挥我市交通区位优势，新上一批高品质、高效益的物流、餐饮、商场等三产项目。今年重点推进南街农贸市场、怡泓健身综合服务中心等项目建设。同时，进一步加大招商引资力度，吸纳更多的客商来霍投资兴业，促进我市经济繁荣。

（四）狠抓功能完善，改变城乡面貌

我们要以完善功能、增加内涵、提升品位为中心，加大投入，加长补短，努力建设宜居宜业的魅力家园。

强化规划引领。加强市、乡、村规划的整体性和协同性，注重详规和专规的个性特色，调整生产空间，优化生活空间，整治生态空间，提高土地利用效率。今年编制完善城乡总体规划、城市绿地系统专项规划和东城区、霍东新区控制性详规。同时，加强规划监管，严格落实城乡建设审批制度，坚决打击各类违法违规建设行为，维护规划的严肃性和权威性。

加快城乡建设。积极推进霍煤开元小区设施配套、橡胶厂棚户区改造等项目。全面完成经三路、霍东大道地下污水管线铺设工程。继续推进中镇国际花园、州署文化产业示范园、东关城中村改造等城市建设项目。实施纬三路、纬五路、迎宾南路建设。全面完成新建南路、退沙至许村段景观大道及下马洼至圣佛道路改造等工程。推进涉及5个乡镇、街道办，15个行政村的农村公路完善提质工程。启动东门桥改造、前进南街建设、城市公交站建设、北涧河排水三期、城区街巷硬化改造等建设工程。进一步完善城乡建设基本功能，向全国模范城市迈进。

规范城镇管理。建立科学、规范、可行的城市管理长效机制，打造一支过硬的城市监察管理队伍，通过教育、管理、惩戒三措并举，形成市区人人遵规、户户文明、院区整洁、街巷靓丽的城市风貌。加强对乡镇村集市、街面、学校、道路等公共场所的管理，制定村规民约，规范行为举止，建设村容整洁、淳朴和谐、富有乡愁的文明村镇。推进城乡公共资源配置，构建以城带乡、城乡统筹、共同发展的新格局。

（五）狠抓生态文明，改善人居环境

我们要紧紧围绕节能减排、治污增绿、生态修复三项工作，加大环保投入，强化执法监管，倡导绿色低碳，构建资源节约、环境友好的和谐社会。

强化污染防控。深入推进污染物防控工作，建立健全污染物回收处理机制。加大环保执法力度，严厉打击随意排放和倾倒污染物行为。严控工矿废渣、建筑垃圾、医疗废弃物、农业生产垃圾、重金属废料和放射性物质等污染物扩散，保证土地、水系的清洁安全。

狠抓节能减排。严格落实节能目标责任制，健全和规范污染减排制度。加强对重点行业和重点企业的减排监管，继续推进兆光电厂环保设施改造工程，确保完成节能减排任务。新建7座换热站，热电联产新增供热面积100万平米。天然气继续增容扩户，向城区周边及农村延伸。进一步强化公共机构节能工作，推进化工小区、聚祥小区建筑节能改造工程。倡导节约型的生产方式、消费模式和生活习惯，实现绿色发展。

加快生态修复。继续推进汾河生态治理和汾河中下游生态修复工程，力争年底全面完工。加快推进对竹河治理工程，年内完成堤防修建、河道疏浚及拓宽等工程。实施霍永高速霍州段、霍州东站连接线、义邢线、108线等通道绿化。推进沿河沿线荒山绿化工程。全面做好水源地东移及东区供水管网工程前期准备工作。继续实施乡村清洁工程，持续推进农村环境卫生连片整治，全面改善城乡居民生存环境。

（六）狠抓制度建设，提升民生保障

我们要围绕吃好饭、上好学、看好医、就好业、居好家的“五好”目标，紧抓教育、卫计、就业、社保等民生事业不放松，让人民群众共享改革发展成果。

提高教育质量。积极推进义务教育均衡发展，确保顺利通过国家验收。启动市劳动技校建设工程。年内完成市二中运动场改造、辛置镇中心幼儿园建设、市职教中心设施配套等工程。狠抓教育管理，规范民办教育，深化教育改革，提高教学质量，办好人民满意的教育。

提升医疗水平。全面加快新医院建设。积极推进卫生、计生体制改革。不断深化医药卫生综合改革，努力做到小病不出乡、大病不出城、费用可保障。巩固提升计划生育“国优”成果，坚持计生国策，稳定低生育水平，落实优生优育政策，提高人口综合素质，争创全国计划生育优质服务示范市。

拓宽就业渠道。完善就业援助制度和创业带动就业的相关措施，强化技能培训，提高劳动者职业技能。重点抓好下岗失业人员、大中专毕业生、农村富余劳动力、复转军人等重点人群的创业就业工作。挖掘市内就业岗位，拓展市外就业渠道，全年新增就业岗位5000个，力争更多的人谋生有手段，创业有平台。

完善保障体系。继续做好以社会保险、社会救助、社会福利为基础，以基本养老、基本医疗、大病救助、最低生活保障制度为重点的社会保障体系建设。加大对城乡“四类”困难家庭学生、农村80岁以上老人、贫困大学生等弱势群体的帮扶救助力度。推行好四大班子包联孤儿、爱心助学、优抚安置、集中供养等制度，扩大城乡居民社会保障覆盖面。启动市儿童福利院建设工程。推进保障性住房建设工程，年内新建、续建各类保障性住房1600余套，有效解决困难群众的住房问题。

（七）狠抓治理创新，维护大局稳定

我们要以化解矛盾、保障安全、创新管理为治理目标，坚持依法治市，维护公平正义，保障人民利益，构建平安、和谐、稳定的社会秩序。

抓好安全生产。严格落实新《安全生产法》要求，履行政府监管责任，加强部门、乡镇、村居对安全生产的监督管理，做到“管行业必须管安全，管业务必须管安全，管生产经营必须管安全”。严格落实企业生产安全主体责任，督促企业加大安全投入，加强教育培训，排查治理隐患，从根本上提升安全生产水平。进一步健全应急管理体系，加强应急队伍建设，全面提升应急救援和处置突发事件的能力，形成“党委统一领导、政府依法监管、企业全面负责、职工积极参与、社会支持监督”的安全生产工作新格局。

化解社会矛盾。完善信访工作长效机制，实行重点信访案件领导包案、挂牌督办、分级办理责任制。扎实开展“六五”普法和“百案评查”活动。完善人民调解、行政调解、司法调解“三调联动”工作机制。坚持问题导向，主动深入基层，努力化解涉法涉诉、征地拆迁、劳动就业、社会保障等方面的热点、难点问题。引导群众通过法律手段维护自身合法权益，坚决打击带头闹事、无理取闹、堵门缠访等行为，把矛盾纠纷最大限度地化解在基层、解决在萌芽状态。

创新社会治理。持续推进“平安霍州”建设，构建立体化、全天候的社会治安防控体系。深入开展“打黑除恶”专项行动，加强对流动人口、刑满释放人员、吸毒人员等特殊人群的教育管理，做到不漏管、不失控。严厉打击“两抢一盗”等违法犯罪活动。加强城中村、学校周边等重点区域治安管理，维护社会秩序，增强人民群众的安全感。同时，进一步加大对金融市场的监管力度，防范和打击非法集资行为，全力维护金融秩序。

加强政府自身建设

各位代表，面对发展的重任、人民的期盼，我们要进一步加强和改进政府自身建设，努力建设负责任、有作为、人民满意的政府。

依法行政，规范政府行为。坚持把“六权治本”作为加强和改进政府工作的长效机制。牢固树立依法行政理念，用法治思维履行好政府职能。加快建设职能科学、权责法定、执法严明、公开公正、廉洁高效、守法诚信的法治政府。自觉接受市人大及其常委会和市政协监督，认真办理人大代表议案、建议和政协委员提案。广泛听取社会各界人士的意见建议，主动接受公众监督和舆论监督。深化政务公开，逐步建立“权力清单”“负面清单”“责任清单”制度，让政府的权力更加规范，让行使权力的责任更加明确，让权力的运行更加透明。

为民理政，提高服务水平。坚持把人民满意作为政府工作的永恒主题。健全领导干部带头深入基层调查研究制度，完善直接联系和服务群众机制，及时解决群众难题，打通服务群众的“最后一公里”。继续深化行政审批制度改革，进一步减少审批事项，优化审批流程，压缩审批时限，提高审批效率。加强事中、事后的服务和监管，逐步实现“审管分离”。全面加强市、乡、村政务服务网络体系建设，营造便捷规范的服务环境，为人民群众和市场主体提供优质高效的服务。

务实勤政，改进工作作风。坚持把为民谋利作为对公职人员的根本要求。巩固党的群众路线教育实践活动和学习讨论落实活动成果，坚持反对“四风”，推进作风建设制度化、常态化。不断改进文风会风，严控会议和文件数量。坚持勤俭办事，严格执行公务接待、公务用车、办公用房等管理规定。积极推进公车改革，严控“三公”经费，加强政府绩效管理，降低行政运行成本。从严管理干部队伍，加大对“不敢当、不作为”的干部的整治力度，切实增强政府的公信力和执行力。

廉洁从政，提升政府形象。坚持把清正廉洁作为党员干部的为政准则。全面落实党风廉政建设“两个责任”和“一岗双责”，健全惩治和预防腐败体系建设。认真执行“八项规定”，严格遵守“约法三章”，深入践行“三严三实”。持续引深“12388”工作法，认真落实“四述两谈”制度。加大专项治理力度，坚决纠正损害群众利益的不正之风，严肃查处各类违法违纪案件。始终做到勤勉尽责，秉公用权，清正廉洁。

各位代表！霍州的发展，我们重任在肩，责无旁贷。让我们在霍州市委的坚强领导下，牢记人民的期盼和重托，牢记新的使命和责任，团结拼搏，求真务实，锐意进取，为实现我市弊革风清、富民强市而努力奋斗！

[2016.3] 全市三级干部大会文件

立足新常态描绘新蓝图 奋力开创霍州经济社会发展崭新局面

——在全市三级干部大会上的讲话

(2016 年 3 月 11 日)

崔山原

同志们:

今天,我们市乡村三级干部齐聚一堂,召开一年一度的全市三级干部大会,共商霍州发展大计。这是在我们霍州市政治、经济、社会发展迈入新阶段、面临新机遇的关键时期,召开的一次意义重大的会议。政治方面,全国"两会"正在召开,"两学一做"学习教育全面启动,市县乡三级换届工作即将铺开等等,这些都将对我市今后的发展产生深远影响。经济方面,"十二五"规划圆满收官,"十三五"规划全面启动,供给侧改革、金融振兴、科技创新等工作拉开序幕,我市改革发展已经步入新的阶段。尤其是在全国经济下行仍未触底的情况下,今年1—2 月份,临汾市 17 个县市区的财政收入,只有 9 个实现了正增长,我市以绝对值 8685 万元、增速 41.98%的成绩位列全市第三,这个成绩来之不易,令人振奋。社会方面,我市政通人和、大局稳定,广大人民群众安居乐业;全市弱势人群生活救助实行政府"兜底",保障有力、惠及更广;机关工作人员工资待遇全面落实、及时兑现;教育、医疗、就业、养老等社会事业健康发展、成绩斐然。这些都为我市今后发展奠定了坚实的基础。因此说,这次全市三级干部大会,既是总结成绩、放眼未来的鼓劲会,又是认清形势、共谋发展的推进会,更是奋勇争先、再创佳绩的誓师会。

刚才,五位职能部门的负责同志就我市部分重点工程和重要工作向大会做了庄严承诺,标志着今年我市经济社会建设的序幕已经拉开,寓意着广大干部咬定目标、干事创业的劲头有增无减,鼓舞着同志们积极投身到我市全面建设的洪流中去。几位同志承诺表态,接受大家的监督,希望同志们言必行、行必果,马上就办,真抓实干。

过去的一年,市委、市政府团结带领全市干部群众,深入贯彻落实党的十八大、十八届三中、四中、五中全会和习近平总书记系列重要讲话精神,按照"四个全面"战略布局和中央、山西省、临汾市的各项决策部署,主动适应经济发展新常态,以"六大发展"为统领,坚持稳中求进总基调,扎实推进"稳增长、调结构、惠民生、防风险"等各项工作,经济社会发展稳中有进、稳中向好,各项目标任务较好完成。全市生产总值完成 74.55 亿元,工业增加值完成 31.65 亿元,固定资产投资完成 164.86 亿元,社会消费品零售总额完成 31.23 亿元,城镇常住居民人均可支配收入完成 25446 元,农村常住居民人均可支配收入完成 11488 元,财政总收入完成 14.4 亿元,特别是公共预算财政收入完成 6.7 亿元,总量、增幅、增速排名均为临汾市第四,实现了位次大幅前移。

财政综合绩效管理评估，我市在山西省排名第九，位列临汾市第一。这些指标的顺利完成，标志着“十二五”的圆满收官，为“十三五”良好开局打下了坚实基础。

2016年是全面建成小康社会决胜阶段的开局之年，也是推进我市经济社会转型发展的攻坚之年。今年全市经济工作的总体要求是：以党的十八大、十八届三中、四中、五中全会和习近平总书记系列重要讲话精神为指导，深入贯彻中央、山西省、临汾市经济工作会议和我市六届六次全委会议精神，牢固树立创新、协调、绿色、开放、共享、廉洁和安全的发展理念，扎实做好去产能、去库存、去杠杆、降成本、补短板等工作，统筹协调改革、稳定、发展各方面关系，瞄准转型突破口，培育增长新动能，打造双创汇集地，描绘发展新蓝图，努力实现“十三五”良好开局。

综合考虑目前经济形势和我市发展条件，市委、市政府经过反复研究，确定了今年的经济社会发展主要目标：全市生产总值增长6.5%；工业增加值增长4%；固定资产投资完成150亿元；社会消费品零售总额增长6%；城镇常住居民人均可支配收入增长6.5%；农村常住居民人均可支配收入增长7%；全市公共预算财政收入完成6.77亿元。节能减排等约束性指标，要确保全面完成省市下达的年度任务，继续完成好我市自加压力确定的各项任务目标。

实现上述目标，需要各级各部门坚定信心，真抓实干，需要全市上下众志成城，共同努力，全力做好以下十个方面的工作：

一、稳增长，调结构，打造工业发展新引擎

2015年，面对工业主导产品价格下降、市场疲软、企业资金紧张的严峻形势，我们认真贯彻中央、省、市一系列稳增长政策，深入推进税费减免工作，积极组织霍煤、国电、兆光等重点企业参加工业经济调度会，努力为企业排忧解难。先后为霍煤集团、兆光发电厂在兴业银行融资30亿元，与侯马车务段协调，为霍化公司解决了发货专线问题，促进了传统骨干企业的平稳运行。特别是国电、霍化等企业开始贡献税收，成为财政收入新的增长点。霍东新型工业园区一期投产运营，液化天然气调峰储气项目运行良好，华润10万千瓦风能发电项目有序推进，新型产业投资比重不断加大，工业经济下行压力得到有效缓解。

我们也要清醒的看到，我市工业经济下行压力仍然较大，特别是煤炭价格持续走低，对我市煤炭产业的影响不容忽视。新型产业规模不大、带动效应不强的问题依然凸显，工业经济面临着稳增长与调结构的双重挑战。

今年，我市工业经济要突出供给侧结构性改革主题，着力做好“煤与非煤”两篇文章，积极推进稳增长、调结构、促转型各项工作，进一步壮大我市的工业经济。

一要推动传统工业优化升级。重点关注霍煤、国电、兆光、霍化、液化天然气等骨干企业的运营状况，认真贯彻落实中央、省、市关于企业减负的政策要求，健全完善收费清单制度，确保涉煤收费清理规范和企业税费减免等工作落实到位。强化工业经济运行监测，及时的、尽可能地为企业协调解决所遇到的问题和困难，帮助企业减负排难、走出低谷。按照“六型转变”[①]工作要求，落实“三去一降一补”[②]政策，促进和引导企业转变发展理念，加快转型升级，实现我市工业经济再次崛起。

二要增强新型产业发展活力。加快霍煤

煤机制造、天然气液化调峰储气、华润10万千瓦风能发电等项目建设，尽快形成规模效益，发挥产业带动作用。大力实施颐高电子科技、铝土矿综合利用、粉煤灰综合开发、常鑫公司陶瓷生产线升级改造等项目，优化工业结构，增强发展后劲。同时，要积极对接国家产业发展战略，依托资源枯竭城市优惠政策，引进和培育一批涉及新型建材、装备制造、电子器材、新能源汽车等方面的优质项目，进一步促进我市工业经济多元发展，形成更多更优的经济增长点。

三要提升工业园区管理水平。新产业聚集区，要按照“一核双轴四区”的整体规划，建成连通道路，配齐水暖电气，以良好的环境、优质的服务，吸引更多企业尽快入驻。要注重规划管理，用足用活工矿废弃地增减挂钩政策，推进土地的集约高效利用，保障新建项目的用地需求。

二、强基础，提效益，挖掘农业增收新潜力

2015年，我们紧抓“三农”工作不放松，不断加大农业投入力度，持续推进三大基地建设，新增无公害蔬菜种植2000亩，总面积达到3.5万余亩；特色经济林新栽植优质核桃5700亩，总面积达到3.55万余亩；新建、续建规模养殖场10个，累计达到290余个。西张垣现代农业生态循环示范园区建设标准、科技水平和经济效益稳步提升。大力实施小型农田水利重点县建设工程和东王片、马刨泉灌区高标准农田建设等农业基建项目，全市农业综合生产能力不断提升。全面开展农村土地确权登记颁证工作，深入推进农村集体“三资”清理和精准脱贫工作，有效激发了广大农民的生产积极性。

同时我们也要看到，我市在农业生产上还存在规模不大、效益不高、产业化程度低等问题，特别是特色农产品同质化竞争严重，缺乏精深加工和品牌化发展，现代农业建设依然是我们的“短板”。

农业是经济社会发展的基础。我们要从提高农业供给体系的质量和效益出发，着力夯实农业发展基础，加快农业产业化发展步伐，努力形成适应市场、规模经营的农产品有效供给。

一要全面提升综合生产能力。大力实施马刨泉灌区和李曹柏乐片区高标准农田建设项目，继续推进小型农田水利重点县建设工程，进一步改善农业生产条件。全面推广节水灌溉、机械化耕作、测土配方施肥等农业技术，积极引进优质高产农作物品种，深入探索“互联网＋农业”、智能农业、绿色农业、生态农业等发展模式，全面提升科技对农业的贡献率。执行最严格的基本农田保护制度，严打违法占地，严守耕地红线，稳定粮食生产面积，确保基本农田面积不减、质量不降，真正实现藏粮于地、藏粮于技，为实现稳农增收创造良好条件。

二要持续推进“三大基地”建设。引导社会资金参与“三大基地”建设，推进土地适度流转，扩大产业规模，发展精深加工，打造产业品牌，促进农业产加销紧密衔接、农村一二三产深度融合，构建市场主导、良性互动、多元发展的农业产业化发展模式。大力推进西张垣现代农业生态循环示范园区和什林垣生态农业示范园建设，完善基础设施，提高园区生产能力和科技水平，培育发展特色花卉、精品干果、观赏苗木、高效养殖等产业，真正树立起全市农业产业化发展的标杆。

三要不断拓宽农民增收渠道。以职业中专学校、劳动技术学校为平台，全面加强农民实用技能培训，提高农民群众的就业创业能力。积极搭建就业服务平台，引导农民参与农村人居环境改善和产业扶贫项目建设，增加务工收入。鼓励农民进城创业，及时为他们解决户籍、教育、医疗、就业、住房、社保等方面问题。加大政策和资金扶持力度，大力扶持家庭农场、专业大户、农民合作社、农业产业化龙头企业等农业经营主体，培育一批职业农民和农村致富带头人，实现农民群众就业有渠道、创业有门路。

四要坚决打赢精准脱贫攻坚战。全面落实中央、省、市脱贫工作会议精神，认真做好摸底排查、建档立卡等工作，按照“六个精准”③要求，制定好精准脱贫规划。建立干部驻村帮扶工作制度，按照“因户施策、因人施策”的原则，针对不同家庭、不同人群，采取发展生产脱贫一批、生态补偿脱贫一批、发展教育脱贫一批、社会保障“兜底”一批的办法，帮助贫困户尽快脱贫，坚决完成2000多人口的脱贫任务。

三、创品牌，塑亮点，激发三产服务新活力

2015年，我们扎实推进商贸服务、旅游开发等现代服务业发展，着力打造新的经济增长点。南街农贸市场主体建设基本完工，今年可投入使用。鼓楼地下商业街、万家福超市等商贸企业运营规范、效益初显，商贸服务业繁荣发展。我市《2014—2020年电子商务发展总体规划》全面实施，电子商务蓬勃兴起。山西供销农芯乐商城霍州服务中心成功运营，电子商务孵化园全面开园，全国电子商务进农村综合示范县申报工作扎实推进，我市电子商务指数全省排名第七，发展潜力巨大。七里峪景区游客服务中心、景区停车场、上霍线尉候段改线等基础设施建设全面完成，景区功能进一步完善。七里峪滑雪场投入运营，弥补了我市冬季旅游“短板”。陶唐峪、娲皇庙、祝圣寺等景区开发全面启动。全市旅游综合收入达23亿元，同比增长16.3%。第三产业完成115.2亿元，同比增长14.9%，远远高于GDP增速。三产发展日益繁荣，成为我市转型发展的主要动力。

同时也要看到，当前我市服务业发展的根本瓶颈不是需求不足，而是供给不足。尤其是在教育、金融、旅游等领域，大有文章可做，深有潜力可挖。

今年，我们要把现代服务业放在优先发展的位置，加快培育文化旅游、商贸物流、电子商务等现代服务业，形成三产发展新动力。

一要打造精致旅游品牌。继续推进“一署两峪”旅游品牌建设。加快七里峪景区客运站、商务服务中心、山谷漂流、镇山博物馆等工程，完善景区功能，丰富游乐项目，着力打造集观光、休闲、度假于一体的精品旅游度假区。陶唐峪景区要尽快启动一期工程建设，年内完成河道、游步道、餐厅等建设项目。霍州署要进一步突出廉政文化教育基地特色，创新投资方式，积极推进整体修缮工程。同时，继续实施许村国家级传统村落、娲皇庙、祝圣寺等修缮工程，尽快成景，丰富我市的旅游资源。

二要做强传统文化产业。持续挖掘镇山文化、匾额文化、锣鼓文化、门神文化等特色传统文化内涵，扩大影响范围，彰显霍州文化旅游大市实力。积极扶持霍州豆腐、年馍、碗托和剪纸、布艺等民俗文化产业发展，认真做好威风锣鼓、霍州书、霍州莺歌等非物质文化遗产的申报工作，整合资源，打造龙头，做强品牌，真正把我市的民俗文化亮出来、打出去。

三要提升服务行业档次。积极培育中镇

商贸城、华怡商场、现代家具城等商场做大做强，向现代商贸企业迈进。加快推进南街农贸市场项目配套建设。依托山西供销农芯乐商城霍州服务中心和电子商务孵化园，加快区域电子商务平台建设，积极引进网上销售平台企业，大力发展农村电子商务，拓展电子商务发展领域。

四、重规划，强管理，建设宜居宜业新家园

2015年，我们全力推进城市扩容提质，宜居新城更加靓丽。《霍州市城乡总体规划(2014—2030)》通过评审，绿地系统专项规划编制完成。经三路、纬三路即将竣工，纬五路建设已经启动，新建南路南段高标准建成，霍东新区配套工程全面推进，霍煤开元小区开始入住，橡胶厂棚户区改造主体完工，新区面貌焕然一新。全面完成后塞路、麻铺巷、秀才巷等19条旧城街巷的升级改造，州署文化产业示范园、中镇国际花园、东关、赵家庄城中村改造等项目稳步推进，城市功能日趋完善。冯霍线、义邢线等市乡公路的扫尾工程全面完成，城乡交通网络更加通畅。扎实推进饮水安全、电网改造、村庄绿化、污水治理等城乡人居环境改善工作，统筹城乡发展成效显著。

但是，应该看到，我市城市建设历史欠账仍然较多，城市功能还不完善，城市管理仍不到位，改善人居环境的工作任重道远。今年，我们要以“完善功能、深化内涵、优化环境”为目标，努力建设宜居宜业魅力新家园。

一要尊重城市规划的严肃性。按照“五大板块”总体部署，全力推进城乡扩容提质，加快辛置、白龙、大张、李曹、退沙等特色小城镇建设，提升新型城镇化水平，力争到“十三五”末，全市城镇化率达到60%以上，户籍人口城镇化率达到45%以上。加强规划监管，严格落实城乡建设审批制度，坚决制止各类违法违规建设行为，切实维护规划的严肃性和权威性。强化房地产市场监管，严厉打击违法建房、非法售房等行为，注重政策引导，扩大有效需求，打通供需通道，减少房地产库存，促进房地产市场健康稳定发展。

二要遵循城市建设的功能性。加强城市地下和地上基础设施建设，抓好管线入地，推进海绵城市[4]建设。加快棚户区和危房改造，有序推进老旧住宅小区综合整治，今年重点抓好华翰瑞府、开元名都、清雅苑住宅小区、李诠庄美景一号、州署文化产业示范园、东关城中村改造、山西橡胶厂棚户区改造等项目建设，要完备前期手续，加快建设步伐。同时，要按照“提升标准、完善设施、绿化美化”的标准，重点推进东门桥改造、安民路、迎宾南路、前进南街、纬五路等道路的配套建设。全面完成下马洼至圣佛道路、农村公路村通水泥油路等农村道路改造工程，畅通城乡交通。加快城市公交站、第二消防站等城市设施建设，完善城市功能。推进红崖堡紫薇园等小游园、小广场建设，提升城市品位，创造宜居环境。

三要注重城镇管理的科学性。坚持建管并重原则，大力推进城市精细化、标准化管理。深入推进省级园林城创建，坚持问题导向思维，对照创建标准补短、补软、补缺。继续深入推进城乡人居环境改善工程，大力开展城乡环境整治行动，努力解决“脏乱差”问题。建立市政管理长效机制，严格落实门前“五包”制度，规范各类广告牌匾，推动城乡环境面貌尽快有一个大的提升，努力实现城市规模与管理层次的同步提高。

五、强整治，抓长效，实现环境质量新提升

2015年，我们全力推进节能减排工作，生态环境明显改善，环境质量持续好转。全市新增供热面积50万平方米，达到450万平方米；天然气扩户6000余户，达到32000户。城郊绿化和干线公路绿化工程全面完成，汾河两岸生态屏障初步形成，城周荒山绿化基本覆盖。辛置矿和李雅庄矿矿井水深度处理站建成运行。全年化学需氧量、氨氮、氮氧化物排放量分别下降5.8%、3.5%、8.1%，节能减排任务圆满完成。全市二级以上天数达301天，其中一级天数73天，连续7年成功创建省级卫生城市。但也要看到，我市生态环境仍很脆弱，节能减排、环境保护等工作面临的形势依然严峻。

今年，我们要以“生态立市、绿色崛起”为目标，把生态文明建设摆在突出位置，大力推进环境保护和生态建设，让人民群众享受健康绿色生活。

一要强化污染防控。全面贯彻落实新《环保法》和《大气污染防控法》，建立完善应对雾霾重污染天气长效机制。加大环保执法力度，加强重点行业污染治理，严厉打击随意排放和倾倒污染物行为。建立健全污染物回收处理机制，严控工矿废渣、城市废弃物、医疗废弃物、农业生产垃圾、重金属废料和放射性物质等污染物扩散，保证土地、水系的清洁安全。落实上级关于推广电动汽车的相关政策，着力加快我市公交车辆更新步伐，年内完成6辆新能源纯电动公交车购置及站场建设。加大黄标车及老旧车淘汰力度，确保圆满完成上级下达任务。

二要狠抓节能减排。严格落实节能减排目标责任制，健全和规范污染减排制度，加强对重点行业和重点工程减排监管，全面完成国电和兆光电厂发电机组超低排放改造项目。新建热电联产换热站7座，完成天然气扩户2000户，切实减少煤烟污染。加大对建筑工地扬尘、渣土车路面抛洒、焚烧建筑垃圾和机动车尾气等污染源的整治力度，持续改善空气质量。进一步强化公共机构节能工作，积极倡导节约型的生产方式、消费模式和生活习惯，实现绿色发展。

三要加快生态修复。巩固提升汾河、南涧河、对竹河生态综合治理成果，实施七里峪水库建设、南涧河治理二期工程。大力开展植树造林，推进荒山荒坡、矸石山治理、工业废弃地和老矿区环境治理。全力做好城市水源地保护工作，加快实施源头水源地建设。巩固提升乡村清洁工程、农村环境卫生连片整治工作成果，不断提升全市生态环境质量，为群众提供更加良好的生活环境。

六、破壁垒，重实效，优化经济发展新环境

2015年，我们以综改试验区建设为统领，加快法治政府建设，稳步推进重点领域改革。按照“六权治本”的要求，严格落实行政审批“两集中、两到位”和“首席审批员”制度，优化审批流程，提高审批效率，行政审批事项由220余项精简到106项。扎实推进行政管理体制改革，“两单两图”⑤全面公开，部门权责进一步明确。深入推进部门整合，市卫计局、商务粮食局、工商质监局、农林委、金融办等部门相继成立，行政效能明显提升。农村土地经营权、煤炭运销体制、煤炭资源价款、企业营改增、财税体制、医疗卫生体制等改革成果显著，转型发展环境更加优良。今年，我们要继续深化改革，不断增强经济发展的动力活力。

一要加快改革步伐。围绕推进综改试验区建设，制定实施转型综改“十三五”方案和2016年行动计划。有序推进行政审批、煤炭销售体制、城乡户籍、土地管理制度、供销合作社等多项改革。重点抓好农村改革，基本完成农村土地承包经营权确权工作，建立农村产权交易市场，积极探索农村集体土地、宅基地、房屋入市交流机制。加快实施农村集体产权制度、集体林权配套制度、水权制度等多项改革，进一步活跃农村集体经济。

二要推进“六权治本”。及时调整充实政府部门权力清单和责任清单，做到动态管理，真正实现“政府权力进清单，清单之外无权力”。充分发挥“市长热线”作用，反映群众诉求，解决民生难题，方便基层群众办事创业。

三要实行精准招商。巩固招商引资成果，着力解决制约项目落地、建设、发展的各种问题，为企业发展提供优质环境。大力开展精准招商，积极承接发达省市产业转移，深入挖掘符合国家产业政策和我市发展规划的优势项目，组团参加省、市组织的各种招商活动，力争引进更多的大项目、好项目，全面增强我市经济发展后劲。

七、抓创新，求突破，培育经济增长新动能

2015年，我们紧抓金融振兴、科技创新和民营经济发展三项工作，健全完善工作机制，不断推进改革创新，为我市经济社会转型发展增添了新动能。金融创新方面，成立金融工作办公室，加强对全市金融工作的管理、指导和监督。设立战略新兴产业、文化和旅游产业投资基金，成立中小企业融资担保公司和建设投资有限公司，为我市企业发展和重点项目建设提供融资和担保服务。同时，高度重视金融稳定，集中开展打击非法集资专项行动，深入推进农村信用社改制，全市金融产业服务能力有效提升。科技创新方面，《霍州市低碳创新行动计划》编制出台。中国科技流动馆走进霍州等科普活动广泛开展，受教育群众万余人次。知识产权保护各项法规得到全面落实，全年申报专利134项。民营经济发展方面，设立中小微企业扶持基金和中小微企业贷款中心，严格落实小微企业“六补一缓”政策，全面开展营改增和小微企业税费优惠减免工作，切实减轻了企业负担，促进了民营企业发展。

今年，我们要继续把金融振兴、科技创新和民营经济发展放在重要位置来抓。

一要促进金融产业振兴。推进金融创新，支持银行业发展，加快农村信用社改制，规范和壮大融资担保公司、小额贷款公司等法人机构规模，稳步推动第三方支付、P2P贷款模式、众筹融资等互联网金融发展。完善政银企沟通对接机制，建立金融信息交流平台和企业资金需求项目库，召开政银企对接会、座谈会、联席会，加强银企合作，拓宽合作途径，增强银企互动，着力破解新型产业项目和中小企业融资难题。发挥政策性、开发性金融的作用，运用好城投公司担保融资平台，加强对接，抢占先机，为我市争取更多的政策性贷款。强化对上市企业的培育引导，力争实现我市企业在“新三板”⑥上市、挂牌、融资的“零突破”。加强金融风险监测与防范，积极探索建立民间融资监测、评估、预警和处置机制，严厉打击非法集资，确保金融安全和社会稳定。

二要推动民营企业发展。认真落实中央、省、市关于扶持中小微民营企业发展的一系列政策措施，扎实开展送政策、送专家、送服务“三送”活动，帮助企业解决创业难、融资难、用地难等发展难题，鼓励民营企业做大做强、做精做细，着力提升中小微企业发展能力，为民营经济特别是小微企业创造良好的发展环境，加快形成大众创业、万众创新热潮。积极支持民营经济转型发展，引导民营企业进入非煤产业、新型产业、民生事业，增强经济发展的内在活力。

三要增强科技创新能力。加快培育科技创新企业，引导霍煤、国电、兆光、霍化等企业加大技术创新力度，建立科技研发平台，增强企业核心竞争力。创新文化建设，健全完善科技创新激励机制，大力表彰和鼓励发明创造，激发群众创新热情。实施人才强市战略，加大招才引智力度，引进高层次科技人才，推进人才创业工程，为我市转型发展提供强大的智力支持。加强与省内外高校和科研院所的科技交流，引进先进实用技术，进一步增强先进科技对我市经济发展的带动能力。

八、谋福祉，惠民生，共享改革发展新成果

2015年，我们坚持把改善民生作为政府工作的出发点和落脚点，财力持续向群众关心的教育、卫生、就业、社保等方面倾斜，民生支出占到全市财政支出的70%以上，广大群众得到了更多的实惠。成功创建“全国义务教育发展基本均衡市”。高考二本达线突破千人大关，再创历史新高。连续7年开展爱心助学活动，累计筹资2000余万元，受惠学生达13000余人次。高度重视创业就业，全年新增就业岗位5086个。建成各类保障性住房849套，在临汾市排名第一。卫生计生职能优化合并全面完成。社会保险覆盖面不断扩大，各类保障制度强力实施并得到持续巩固。

面对财力进一步吃紧的严峻形势，今年我们更要发挥好社会政策的“托底”和政府财政的“兜底”作用，把更多的财力用于民生改善，切实增强人民群众的幸福感和获得感。

一要提高教育教学质量。巩固和提升义务教育均衡发展水平，统筹推进学前教育、义务教育、高中教育、职业教育均衡协调发展。持续加大投入，完成市二中多功能田径运动场、辛置镇中心幼儿园和职教中心建设项目。加强教师队伍管理，全面开展校长、教师交流任职工作，探索教师全员聘任、择优上岗的激励竞争机制，全面优化师资结构，提升全市教育教学质量。

二要抓好卫生计生工作。全面深化医药卫生体制综合改革，积极推进公立医院改革，巩固完善基本药物制度。全面建设城乡统筹的医疗卫生保障体系，有效解决群众“看病难、看病贵”问题。积极稳妥推进计生工作改革，不断提高计生管理服务水平，确保人口素质持续提升。进一步加强流行性疫病防治，大力普及疫病防控知识，提升公共卫生和卫生应急工作水平，坚决杜绝各类突发公共卫生事件。

三要强化社会保障机制。按照“广覆盖、保基本、多层次、可持续”的方针，不断扩大社会保险覆盖面。城镇医保参保率达到97%，城乡养老保险覆盖面达到100%，新农合参合率达到97%。加快推进社会保障体系建设，加大弱势群体帮扶力度，推动社会福利和慈善事业发展。不断完善大病救助、市级领导包联孤儿、四类贫困家庭学生救助、爱心助学、特困家庭救助、80岁以上老人救助等多种机制。大力实施就业优先战略，鼓励以创业带动就业，全年新增就业岗位5000个。完善公共就业服务体系，落实大学生就业促进计划和创业引领计划，做好退役军人转业安置、就业困难人员托底帮扶、残疾人就业援助等工作，全面清除“零就业”家庭，切实保障人民群众基本生活，让广大人民群众更好地享受改革发展成果。

九、尽职责，促和谐，开创社会管理新局面

2015年，我们按照“安全第一、预防为主”的安全工作原则，加大对各行业、各领域的隐患排查整治力度，深入开展打非治违专项行动，全年安全生产事故起数、死亡人数均下降25%，安全形势持续向好，连续8年荣获临汾市“平安县市”称号。全力推进社会综合治理，持续开展“六五”普法、“一村一警”等工作，建成霍州市社会服务管理指导中心，人民群众的社会安全感和满意度明显提高。严格落实四大班子领导包案和轮流接访制度，市、乡、村三级信访网络体系日臻完善，群众诉求渠道进一步畅通，基层矛盾排查调处力度全面加强。

安全信访稳定工作责任重大，任重道远，我们必须警钟长鸣，常抓不懈，久久为功。

一要紧抓安全生产。按照“党政同责、一岗双责、齐抓共管”的要求，切实履行党委政府的领导责任、单位部门的监管责任和经营企业的主体责任，切实做到“管行业必须管安全，管业务必须管安全，管生产经营必须管安全”。深入开展安全生产专项排查整治工作，严格落实生产经营企业“五落实、五到位”安全责任机制，强化安全教育，加强队伍建设，健全应急预案，不断提高应对突发事件的能力，确保全市安全生产形势持续向好。

二要维护社会稳定。健全信访工作长效机制，继续推行领导包案、固定接访、带案下访等制度，畅通群众诉求渠道。发挥乡村两级矛盾纠纷调解中心作用，把矛盾纠纷最大限度地化解在基层、解决在萌芽。围绕信访积案，加大处置力度，因案施策，逐案化解，维护群众权益。加强信访群众法制教育和思想疏导，坚决打击缠访、闹访、非法上访，推动信访秩序持续好转。

三要创新社会综治。不断引深“平安霍州”创建，实施城市视频监控系统建设项目，构建立体化、全天候的社会治安防控体系。深入开展“打黑除恶”“两抢一盗”等专项行动，加强对流动人口、刑满释放人员、吸毒人员等特殊人群的教育管理，做到不漏管、不失控。强化网络监管，深入开展打击网络谣言、网络敲诈等专项整治行动，加快推进网络空间法制化进程。全面加强城中村、学校周边等重点区域治安管理，全力维护社会秩序，切实增强人民群众的社会安全感。

十、严治党，树新风，掀起干事创业新高潮

2015年，我们坚决贯彻“党要管党、从严治党”要求，坚持从严导向、问题导向、目标导向，排查整治不严不实问题，切实提高了党员干部服务基层、服务群众、服务发展的能力。推行了“四述两谈”“清单定责”“廉情预警”“约法三章”等制度，开展了20余次廉政宣教活动，组织百名科级干部赴贵州接受革命传统教育、赴曲沃监狱开展警示教育，市级领导带头公开承诺、签字背书，从严查处干部违纪问题，广大干部的纪律观念和规矩意识进一步增强。坚决贯彻落实省委巡视组提出的意见要求，常委班子带头整改落实，逐项拉出清单，逐一认领、认责、认干。

但也要清醒地认识到，我们在干部管理、基层党组织建设等方面与上级要求和群众期盼仍存在一定差距。今年，我们要进一步加强对全市各级党员干部的教育、管理和监督，以严的要求、实的作风，全面健全完善党建工作责任制，不断提高我市党建工作科学化水平。

一要强化思想意识。全市各级党组织要以“两学一做”学习教育为抓手，认真学习党章党规和习近平总书记系列重要讲话，提高理论素养和党性修养，补足“精神之钙”，做合格党员。广大党员干部特别是领导干部要牢固树立“规矩面前没有特权、纪律约束没有例外”的意识，在守纪律、讲规矩上做表率，自觉做政治上的明白人，以优良的党风带政风、促民风。要继续开展“领导干部大讲坛”和外出学习活动，解放思想，开拓视野，增强创新意识，提升工作水平，把学习成果转化为推动工作、解决问题的实践能力。

二要坚持从严治党。要强化日常监督，从严管理干部，充分运用谈心谈话、民主生活会、诫勉谈话等形式，对干部苗头性、倾向性问题及时提醒纠正，架设“警戒线”，通上“高压电”，打好“预防针”，避免违规违纪问题发生。要严格落实领导干部重大问题和重大事项请示报告、领导干部个人有关事项报告、新提任领导干部有关事项公开、重大决策终身责任追究等制度，真正使制度成为干部行为作风的“硬杠杠”。今年适逢县乡换届，我们要在工作中坚持“德才兼备、以德为先、以廉为基”的用人导向，充分发挥党组织选人用人的领导把关作用，扎实推进“三个一批”和“一倒查六整治”工作，从源头上预防和遏制“带病提拔”“带病在岗”等问题，真正把想干事、能干事、干成事的干部选出来、用起来。

三要夯实基层党建。基层党组织是我们党的基础和支撑。各级党组织要始终把抓基层、抓基础作为固本之策，认真落实山西省、临汾市农村基层党建工作会议精神和市委工作要求，眼睛向下，重心下移，抓好基层班子和队伍建设，重点解决好基层党组织工作经费、报酬待遇、活动阵地等问题，着力夯实基层党建工作。要坚决整顿软弱涣散党组织，不断加强党员干部的教育和管理，真正使基层干部树立起服务群众的意识，化解干群矛盾，提升自身威信，争做群众信赖的好干部。要大力开展农村集体经济“破零”行动，结合农村“三资”清理整治工作，盘活现有资产，拓宽增收渠道，力争实现集体经济“空壳村”全部“破零”。

四要加强廉政建设。各级党组织要切实把党风廉政建设当作份内之事、应尽之责，认真履行好党风廉政建设“两个责任”，围绕《中国共产党廉洁自律准则》和《中国共产党纪律处分条例》，在全市广大党员干部中开展示范教育、警示教育和岗位廉政教育，坚决反对“七个有之”，严格执行“五个必须”，真正做到讲政治、顾大局、守纪律、懂规矩。纪检监察机关要围绕履行监督责任，加大“三转”力度，突出主业主责，敢于亮剑出招，实践好“四种形态”，切实执好纪、问好责、把好关。要继续保持反腐高压态势，严格执行“八项规定”，贯彻落实“三严三实”，大力推行“12388”工作法、“约法三章”“四述两谈”等廉政制度，持续狠刹“四风”，坚决整治不作为、乱作为、慢作为等现象，切实形成风清气正、干事创业的良好氛围。

今年是“十三五”规划的开局之年，五年看三年，三年看头年。做好今年的工作，任务艰巨，责任重大，不容我们有丝毫的懈怠和放松。全市广大党员干部要把思想和行动统一到市委、市政府的决策部署上来，进一步强化实干意识、担当意识、执行意识，在其位、尽其责、谋其事，全面抓好经济社会发展各项工作。各部门、各单位要按照山西省、临汾市“冬季行动”的部署要求，认真抓好重点项目建设，尽快启动东门桥改造、陶唐峪开发、七里峪三期、水源地建设等一批重点项目，全面掀起项目建设高潮。要紧盯主要经济指标，尤其是财税任务，进一步强化税收征管，实现均衡入库，严防跑冒滴漏，做到应收尽收，确保实现首季“开门红”。同时，要毫不松懈地抓好安全生产和信访维稳工作，保障“两会”和换届工作期间社会和谐稳定。

同志们，方向已明，行动跟进，目标必成。转型发展的宏伟目标召唤着我们，后发赶超的历史使命激励着我们，30 万霍州人民期待着我们。让我们在市委、市政府的坚强领导下，振奋精神、适应新常态，敢于担当、勇有新作为，稳中求进、争创新业绩，奋力开创霍州经济社会发展的崭新局面！

附：注释

①六型转变：省委要求着力推进煤炭行业向“市场主导型、清洁低碳型、集约高效型、延伸循环型、生态环保型、安全保障型”转变。

②三去一降一补：去产能、去库存、去杠杆、降成本、补短板。

③六个精准：扶贫对象精准、项目安排精准、资金使用精准、措施到户精准、因村派人精准、脱贫成效精准。

④海绵城市：是新一代城市雨洪管理概念，是指城市在适应环境变化和应对雨水带来的自然灾害等方面具有良好的“弹性”，也可称之为“水弹性城市”。

⑤两单两图：行政职权权力清单和责任清单，行政职权运行流程图和廉政风险防控图。

⑥新三板：新三板是继上交所、深交所之后由国务院批准，证监会统一监管的第三家全国性中小企业股权交易平台。

中国人民政治协商会议
第六届霍州市委员会常务委员会工作报告

（2015 年 6 月 2 日在政协第六届霍州市委员会第五次会议上）

薛有生

各位委员：

我代表中国人民政治协商会议第六届霍州市委员会常务委员会向大会报告工作，请予审议，并请列席会议的同志提出意见。

2014 年工作回顾

2014 年，在中共霍州市委的领导和市政府的支持下，市政协坚持团结和民主两大主题，切实践行党的群众路线，认真履行政治协商、民主监督、参政议政职能，在推进改革发展中献计出力，在改善民生中积极作为，在促进和谐中发挥作用，各项工作取得了新进展。

一、围绕中心，建言议政，全力助推科学发展

献计全市发展大局。一年来，市政协常委会坚持政协工作与市委重大战略部署同向同步，与政府工作重点合辙合拍的指导思想，以全会协商拓展广度，以常委会议协商挖掘深度，以专题协商提升力度，以提案办理协商增加密度，动员各界别委员围绕市委、市政府提出的各项改革任务，为促进党政科学民主决策贡献智慧和力量。一年里，委员们围绕增强社会治理能力、提升城市综合功能、完善医疗卫生体制、打造旅游品牌、优化现代服务业以及建设幸福社区等方面，提出对策建议 50 多条。各党派团体、委员活动小组深入调研，积极通过大会发言、集体提案议政建言。

聚焦经济转型升级。一年来，市政协紧紧围绕全市经济社会发展重大问题和人民群众普遍关心的实际问题，聚焦经济转型，助推社会发展，积极建言献策。2014 年 5 月，对我市餐饮业的发展状况及存在的问题进行了视察调研。委员们深入到我市部分餐饮服务企业视察调研并召开了协商座谈会，提出了建立餐饮协会、提高厨师素质，改变经营模式、搞特色经营等有建设性的建议。6 月，市政协组织委员对我市的中小微企业发展状况及存在的问题进行了视察调研，实地查看了博胜家具厂，阳光建材有限公司等小微企业，召开了专题座谈会，就目前我市中小微企业存在着规模较小、科技含量不高、个别职能部门收费较混乱等问题，从加大扶持力度、加强产业规划、促进服务到位等方面提出了意见和建议。

共谋城市安全发展。安全发展是社会焦点，委员广泛关注。2014 年 5 月，市政协对我市一些商场和小区的消防设施配备情况进行了调研视察，调研组一行先后前往部分商业经营场所、住宅小区进行实地查看，重点对华怡商场、开元盛典、河畔丽景、中镇广场、新天地等地方的消防设施情况进行了详细了解，就如何做好消防工作从完善消防基础设施、公共消防设施建设滞后，加大督查检查力度等方面提出协商建议，同时以社情民意形式反映上报到临汾市政协，被临汾市政法委陈小洪书记批示。6 月，市政协组织部分驻霍临汾市政协委员及市政协委员，深入部分学校认真调研了中小学校安全工作，围绕加强“中小学校安全教育及管理”工作咨政建言，献计出力。

二、关注民生，反映民意，倾情维护民生福祉

调研视察关注民生。2014 年，市政协扎实开展了“反映社情民意信息月”活动，以开展委员活动小组专题视察为载体，185 名政协委员齐参与，聚焦环境污染治理、教育卫生改革、交通建设管理等群众最关心的热点难点，通过走访、视察、座谈形式开展了有针对性、富有界别特色的视察活动，在推动改革、促进发展、服务民生中发挥了积极作用。

提案工作落实民生。一年来，市政协加大提案办理力度，开拓督办思路，改进督办方式，有针对性地把改善民生作为提案督办和调研视察的重点，促进民生问题的解决。关于整合提升我市文化生态旅游资源、加强我市住宅电梯的安全监管、提升养老服务水平、推进垃圾分类和垃圾无害化处理等民生提案，由市政协领导牵头督办，以调研、视察、协商座谈等方式推进办理。截至 2014 年底，立案的 138 件提案全部办结，办复率 100％。

社情民意反映民生。市政协以社情民意为载体，发挥政协信息“直通车”作用，不断加大信息收集、筛选、报送工作力度，着力提高信息质量和时效，2014 年，围绕重点项目建设、改善生态环境、建设平安霍州、校园教育等，全年共收集上报精品社情民意信息69条，被全国政协采用1条，被临汾市政协采用12条，被临汾市领导批示1条。在2014年度临汾市政协系统社情民意信息考核评比中，荣获三等奖。充分发挥了人民政协在反映群众呼声、汇集舆情信息方面的重要作用。

三、发挥优势，整合资源，不断促进团结和谐

突出界别特色。市政协注重发挥专委会的基础作用和界别的纽带作用，以专委会为基础，积极探索体现界别特色、发挥界别优势的途径和方法。各专委会主动与党政对口部门联系沟通，组织委员围绕中小企业发展、医疗体制改革、社区管理等开展座谈交流，推进对口民主监督。各界别小组主动深入界别群众，反映界别诉求，充分发挥在政协工作中的界别纽带作用。一年来，广大委员竭力奉献爱心，倾情传递温暖，协调组织开展义诊2次，提供法律服务3次，惠及群众200余人；救助困难学生、困难群众等30余人。

坚持团结合作。一年来，市政协牢牢把握团结和民主两大主题，积极搭建平台，努力协调关系，为推动全市经济平稳健康发展汇聚强大合力。密切与各党派的合作共事，广泛团结各界人士，坚持和完善主席会议与各党派团体联系活动制度，组织其参加调研、座谈、视察、民主监督等活动，不断加大对各党派团体集体提案、社情民意的办理落实力度，推荐党派团体成员参加党委、政府部门的监督、评议活动，为他们通过政协平台履职建言积极创造良好条件。同时我们加强与上级政协和兄弟县市政协的联系与交流，积极配合省政协张友君副主席、临汾市政协杨中华副主席等上级领导的来霍考察和调研工作，加强了联络，深化了友谊，交流了经验，宣传了霍州。

加强文史宣传。一年来，市政协不断拓宽史料征集渠道，坚持“亲历、亲见、亲闻”原则，充分发挥了存史资政、团结育人的社会功能，一年来，搜集整理霍州古树、古建筑的文史资料，启动了《霍州政协志》的资料搜集和编纂工作，积极挖掘本地文化资源，展现霍州文化特色。密切与《今日霍州》、电视台和政府信息网站等新闻媒体的联系与合作，及时报道市政协重要会议、重大活动，广泛宣传政协工作取得的成效和政协委员的履职风采，进一步扩大了政协组织的影响力。全年共编印《政协简报》14期，在省政协《文史月刊》发表文章3篇，在《临汾政协》杂志发表理论文章3篇。

四、深化认识，务实创新，切实提高履职实效。

立行立改改进工作作风。根据市委的统一部署，市政协扎实有序地开展了党的群众路线教育实践活动和学习讨论落实活动。活动中，我们始终坚持把学习教育、听取意见作为提高认识、查找不足的有效手段；把查摆问题、开展批评作为改造自我、完善自我的有效渠道；把整改落实、建章立制作为解决问题、巩固成果的有效保障，努力提高思想认识，改进工作作风，真正使教育实践活动成为政协尽责谋事、履职为民的思想引领，确保了活动各环节严肃认真有序开展。围绕查找和整治“四风”方面存在的突出问题，着力消除作风之弊和行为之垢，活动中，累计走访委员和群众151人、企业12家，召开不同层面的座谈会18次，征集到各类意见建议229条次。同时坚持边查边改、即知即改，针对6大方面30多个问题，结合政协履职的要求，落实到人，限时整改，进一步提升了政协“务实为民清廉”的形象。

协商民主提升质量成效。市政协以勇于探索的意识，围绕解民忧、惠民生，着力提升协商民主质量和成效。一是完善协商民主体制机制。通过制定完善政治协商、民主监督、对口联系、提案办理等相关制度，推动协商民主的制度化建设。二是开展多层次协商活动。先后开展了常委会专题协商、主席会议重点协商、民主议政会协商和专委会对口协商等多项协商活动，选择多个党政所思、发展所需、群众所盼的议题组织开展基层协商活动，努力在协调关系、化解矛盾、维护稳定方面发挥作用。三是积极推动政协履职模式创新，不断创新政协履职形式和载体，大胆探索和积极实践政协履职新模式，为提升霍州城市知名度和文化软实力积极献计出力。

持之以恒加强自身建设。一年来，常委会始终把加强委员队伍建设，发挥委员主体作用作为一项重要工作，为政协履行职能提供有力保障。一是完善了专委会联络委员制度，合理划分委员界别活动小组，密切了与委员的沟通与联系。二是注重委员履职能力建设。市政协先后修订、出台了《政协委员管理办法》和《委员履职考核制度》，委员参加政协活动的积极性明显提高、履职意识进一步增强。三是拓展委员日常履职的形式和内容。市政协组织的各类会议活动，尽可能扩大委员参与面，各专委会积极组织常委和委员开展联合调研，参与座谈讨论，进一步突出了调研、建议的针对性和有效性，增加了委员整体的凝聚力、向心力。市政协还不断加强机关建设，坚持不懈地贯彻落实中央、省市关于改进作风、密切联系群众的一系列规定精神，进一步改进会风、文风、接待风，以良好的风气推动工作开展。

一年来，市委始终高度重视政协工作，人大、政府始终大力支持政协工作，人民团体和各政协参加单位始终积极参与政协工作，市直各部门、各有关方面始终密切配合政协工作，社会各界始终热情关注政协工作。来自方方面面的重视、支持、参与、配合和关注，为政协履行职能和发挥作用创造了良好条件、开辟了广阔空间、营造了和谐氛围。

回顾一年来的工作，在看到成绩的同时，我们也认识到还存在一些问题和不足。如，协商民主的推进力度尤其是密度还不够大，政协的界别特点还没有得到充分体现，反映社情民意信息工作还缺乏广泛性、针对性，委员参政议政不够平衡、少数委员的参政议政意识不强，提案办理工作的实效性有待提高等。这些问题和不足我们将认真研究并在今后的工作中切实加以改进。

2015 年工作意见

2015 年是全面深化改革的关键之年，是全面推进依法治国的开局之年，也是全面完成“十二五”规划的收官之年。在新的一年里，市政协工作的总体要求是：高举中国特色社会主义伟大旗帜，深入学习贯彻中共十八届三中、四中全会精神，深入学习贯彻落实习近平总书记系列重要讲话精神，紧紧围绕协调推进全面建成小康社会、全面深化改革、全面依法治国、全面从严治党，按照中共霍州市委六届五次全会的统一部署，围绕中心、服务大局，增进团结，关注民生，在适应新常态、引领新常态的进程中，展示新作为，做出新贡献，为开创弊革风清、富民强市新局面不懈努力。

（一）深入学习实践，着力筑牢思想政治基础。

要组织广大政协委员继续深入学习领会

习近平总书记系列讲话精神，重点学习习近平总书记在庆祝人民政协成立65周年大会上重要讲话精神，认真贯彻市委六届五次全委（扩大）会议精神，主动适应经济发展新常态，巩固共同团结奋斗的思想政治基础，切实把思想和行动统一到市委、政府确定的目标任务上来，把智慧和力量凝聚到为全面深化改革做贡献上来。今年要结合“三严三实”专题教育活动的开展，延展深化党的群众路线教育实践活动，发扬人民政协自觉学习、自觉实践的优良传统，真正做到把学习融于政协履行职能的各项工作，进一步促进思想作风、工作作风的根本好转，进一步促进履职能力、履职机制的不断创新，切实增强大局意识、为民意识，用学习的新成效推动人民政协事业新发展。要坚持学以致用，紧密联系我市改革发展实际，紧密结合政协履职工作实践，努力把学习成果转化为汇聚力量，共谋发展的实效，确保我市政协事业正确的前进方向。

（二）积极探索创新，着力推进协商民主实践。

习近平总书记指出，社会主义协商民主，是中国社会主义民主政治特有形式和独特优势，是党的群众路线在政治领域的重要体现。我们要认真组织学习中共中央《关于加强社会主义协商民主建设的意见》，更好发挥政协作为协商民主重要渠道和专门协商机构的作用，将协商民主贯穿于履行职能全过程，推进协商民主广泛多层制度化发展。今年要定期不定期召开协商座谈会，发挥人们政协作为协商民主重要渠道的作用，围绕市委、政府中心工作，选择几个经济、社会发展重大问题和涉及群众切身利益的实际问题进行广泛协商，邀请有关界别的委员，特别是党外人士座谈交流，力求所提建议突出务实性、可行性、前瞻性。要组织好全委会议、常委会议、主席会议的专题协商，专委会议的对口协商，界别和委员活动小组的基层协商。要将协商渗透到提案工作各个环节，多角度、多层次开展提案办理协商，并探索形成专委会、有关党派和委员活动小组参与提案督办的机制，在突出提案质量的同时，加大督办力度。要通过拓展协商内容、丰富协商形式，健全会议、座谈、论证、听证、公示、评估、咨询、网络等多种方式，为各党派团体和委员知情明政、参与协商打好基础。要注重提高协商能力，促进政协委员和政协工作者加强学习，深入研究，参政参在点子上，议政议在关键处，提升协商的整体成效。

（三）广泛开展调研，着力培育新常态下的新增长点。

围绕中心，服务大局是政协工作的基本要求，广大政协委员要进一步增强政协工作的责任感和使命感，以更加开放的视野、更加科学的方法、更加独到的见解，服务于市委、政府的科学决策，积极为深化改革聚合力，为科学发展献良策。市委六届五次全委（扩大）会议对全面深化改革作出了具体部署，科学确定了新常态下发展的任务目标，提出了全市工作的总体要求。我们要紧紧围绕改革重点领域和关键环节，深入开展协商议政。2015年，要精心遴选调研议题，围绕产业转型升级、环境卫生整治、安全生产新格局落实、新常态下创业就业状况、公立幼儿园建设、优质农产品培育开发、旅游产业培育与宣传等工作深入调查研究，集中建言献策，努力为经济社会转型发展出实招、谋良策。要围绕我市生态文明建设和城乡一体化发展，就城中村改造、天然气扩户、热电联产、城市道路监控系统设置应用及弱势群体帮扶救助等工作开展重点视察，积极咨政建言，为改革发展添动力、增合力，推动各项改革发展举措落到实处。

（四）真情关心群众，着力促进民生改善

要充分发挥人民政协联系广泛、位置超脱、视野宽阔、智力密集的特点和优势，倾力搭建平台，倾情履职为民，延伸政协履职触角，充分发挥委员主体作用，及时反映改革过程中群众所盼、社会所需的热点难点问题，将群众期盼落实到政协工作实践，通过委员建议形式反映到相关部门和相关层面，帮助市委、政府发现不足、完善政策；查找症结，解决问题，展示政协影响力，传播正能量，真正使政协工作者和广大政协委员成为深化改革关注民生进程中的参与者和助推者。要引导政协委员树立精品意识，确保所提民生建议有情况、有分析、有对策，体现严肃性、科学性和可行性，让党政领导和相关方面高度重视、能够接受、便于实施，协助市委、政府做好心系民生、体察民情、纾解民困、传递民声的工作，广泛凝聚支持改革开放的正能量，共同致力于幸福霍州建设，为社会和谐稳定汇聚合力。

（五）夯实履职基础，着力强化自身建设

政协组织和政协机关是政协事业的根本，政协委员和政协工作者是政协工作的主体。我们要坚持不懈地加强自身建设，各专委会要创新思路，开展对口协商，探索发挥界别作用的渠道和途径。全体机关干部要察民情、转作风，精业务、提效能，强服务、树形象，进一步提升服务发展、服务委员和创先争优能力。要切实改进会风、文风和工作作风，继续加强和改进政协理论与宣传工作，传递正能量，弘扬主旋律，发出好声音，扩大影响力。政协委员要牢记职责，不随波逐流，不放松操守，要增强责任感和使命感。特别是当前，宏观经济形势错综复杂，经济下行压力持续加大，更需要提升自觉意识，勇于担当，有所作为，不辜负党和政府对我们的信任，不辜负人民群众对我们的信任。政协机关要完善各项工作制度，做到制度制定到位，落实到位，有章可循，有条不紊，不断提高工作效率。要健全同各民主党派和无党派人士经常性联系沟通机制，搭建更多平台，为各民主党派、工商联、人民团体和无党派人士在政协履行职责创造便利条件。

各位委员，同志们，新常态带来新挑战，新使命承载新希望。让我们高举中国特色社会主义伟大旗帜，深入学习贯彻习近平总书记重要讲话精神，在中共霍州市委的坚强领导下，进一步增强做好政协工作的责任感，同心同德，坚定信心，忠于职守，尽心竭力，为实现我市弊革风清、富民强市做出新的更大的贡献。

霍州市人民法院工作报告

——2015年6月3日在霍州市第六届人民代表大会第五次会议上

霍州市人民法院院长　杨建民

各位代表：

现在，我代表市人民法院向大会报告工作，请予审议，并请其他列席人员提出意见。

2014 年工作回顾

2014 年，在市委的坚强领导下，在市人大及其常委会的有力监督和市政府、市政协及社会各界的大力支持下，在上级法院的正确指导下，深入贯彻落实党的十八大和十八届三中、四中全会精神，深入学习习近平总书记系列重要讲话精神，围绕“努力让人民群众在每一个司法案件中感受到公平正义”的目标，坚持司法为民、公正司法工作主线，忠实履行宪法和法律赋予的职责，全面加强自身建设，各项工作取得了新进展，为我市经济社会健康发展提供了坚强的司法保障。

一、认真履行审判职责，全力服务法治霍州建设

一年来，我院始终把执法办案作为第一要务，全面加强审判和执行工作，共受理一审刑事、民事、行政、执行案件 994 件，审执结 986 件（含旧存），结案率为 93%。

依法惩处各类刑事犯罪，推进平安霍州建设。全年共受理各类刑事案件 111 件，审结 113 件（含旧存），结案率 96%。无超审限、超期羁押案件发生。充分发挥刑事惩治功能，依法审结贪污、受贿、滥用职权等职务犯罪 14 件，判处罪犯 21 人，尤其是对涉及农村干部贪污腐败案件进行了从严从重审理，共审理案件 9 件，判处罪犯 10 人。其中，对农村干部涉案金额在 5 万元以下的，按照相关法律规定，对 5 案 5 人判处了 1—4 年不等的有期徒刑；对农村干部涉案金额在 5 至 10 万元的，按照相关法律规定，对 2 案 3 人均判处了 5 年以上刑罚；对农村干部涉案金额在 10 万元以上的，按照相关法律规定，对 2 案 2 人均判处了 10 年以上刑罚。依法严惩故意伤害等侵犯公民人身权利的犯罪 29 件，判处罪犯 63 人；依法惩处“两抢一盗”等暴力侵财犯罪 21 件，判处罪犯 37 人；依法严惩诈骗、制售假冒伪劣商品、非法吸收公众存款等破坏社会主义市场经济秩序犯罪 26 件，判处罪犯 34 人。坚持宽严相济的刑事政策，做到惩罚、教育、挽救相结合，既严厉地惩罚了罪行较重的罪犯，又给予未成年犯和过失轻微犯罪的被告人以重新做人的机会，对 116 名具有从宽情节的被告人依法适用非监禁刑。坚持积极开展法制宣传和犯罪预防工作，参与社会治安综合治理和平安创建活动，有力地打击了犯罪，保护了人民群众的生命财产安全，维护了社会秩序的稳定。

依法化解民商事矛盾纠纷，维护良好社会秩序。全年受理婚姻家庭、侵权纠纷、相邻关系、买卖合同、金融借贷等各类民商事案件 669 件，审结 673 件（含旧存），结案率为 94%，调解结案 215 件，撤诉 104 件，调撤率为 47%，在很大程度上促进了家庭和睦，社会和谐，维护了社会公序良俗，取得了较好的法律效果和社会效果。

强化行政审判，促进依法行政。在行政审判工作中，认真履行司法审查职能，加强对具体行政行为合法性审查，保护行政相对人的合法权益，促进、监督行政机关依法行政。全年受理行政诉讼案件 5 件，审结 3 件，结案率为 60%。

着力解决执行难。用足用活法律赋予的强制手段，将所有执行案件信息全部录入全国法院被执行人信息查询系统，完善失信被执行人名单制度，在最高人民法院网站上公布失信被执行人信息 75 例，督促被执行人自动履行裁判义务。对被执行人有能力履行而拒不履行的，依法采取强制措施。去年，共向市公安局移送协助拒不执行法院判决、裁定4案4人。通过一系列举措，使一大批执行积案得到彻底有效地解决。全年共受理执行案件209件（含非诉执行），执结197件，执结率为90%。

二、践行司法为民，以司法手段保障民生

2014年，法院牢牢把握司法为民，公正司法工作主线，创新为民举措，确保法院工作更加符合民情，体现民意，服务民生，努力让人民群众在每一个司法案件中都感受到公平正义。

着力解决立案难和涉诉信访问题。将立案接待大厅改建为诉讼服务大厅，设置了电子公告屏、安装了便民自助查询系统（触摸屏）、设立了导诉台，完善了咨询、立案、查询等各项服务功能，做到有案必立、有诉必理，充分保障当事人的诉权。2014年，审查受理各类案件994件，诉前调解纠纷17件，接待来访和法律咨询420人次，减、缓、免诉讼费67669元。不断推进涉诉信访工作，为从根本上减少信访案件的发生，有效化解社会矛盾，我院通过加强申诉复查、再审案件审判、信访案件质量评查等工作，依法纠错，维护司法公正，妥善处理了一批上访老户和群体性案件。一年来，我院共受理各类涉诉信访案件17件，其中，1件已报终结，4件息诉罢访，6件责任单位不属于我院管辖，3件正在执行中，3件在省高院申诉中。

强化信息化建设工作。建立完善了视频会议系统。目前，我院已建成2个视频会议室，建成了与最高院、省高院、市中院连接的刑事案件远程提讯系统，实现了视频会议与市中院、省高院的互联互通，与最高院的刑事案件远程提讯。建成院内视频监控系统，基本覆盖了全院公共区域。积极投入内外网建设，开通了霍州市人民法院网站并及时更新，架起了法院与群众相互沟通的桥梁。同时，为了进一步加大涉诉信访工作力度，我院按照上级法院要求，建成了远程视频接访系统，变走访为网络视频接访，实现了接访人和上访人的同步交流。案件录入工作正常进行，完成了2013年、2014年案件的录入工作。积极开展裁判文书上网工作，推进裁判文书网上公开。

完成人民陪审员“倍增”计划。去年，按照上级法院要求，在结合我院实际情况的基础上，完成了人民陪审员“倍增”计划，新增26名人民陪审员。去年底，陪审员人数达到52人，共参加陪审的案件211件，其中，民事186件，刑事25件，陪审率为30.6%。

延伸审判服务职能。开展送法进校园活动，在市职业中学开展了“爱祖国、学法律、创和谐”模拟法庭进校园活动，通过活动的开展，进一步增强了青年学生的法治意识，预防和减少未成年人犯罪的发生。同时，进一步加大法治宣传力度，组织开展了“12.4”国家宪法日暨全国法制宣传日宣传活动，向过往群众发放自治法治宣传单1000余份，当场接受法律咨询10余起。

三、坚持从严管理队伍，进一步提高队伍素质

一年来，法院深入开展党的群众路线教育实践活动、学习讨论落实及政法专项整治等一系列活动，全面加强法院队伍建设，从思想政治、司法能力、反腐倡廉入手，取得了一定成效。

扎实开展各项专题教育活动。相继开展了党的群众路线教育实践活动、“一村一警”联系走访活动、“十查十看”作风集中整顿活动、“纪律松弛、吃拿卡要”专项整治工作、“强化司法作风年”“净化交友圈”“争当群众贴心人、做公正廉洁法官”、学习讨论落实活动及政法专项整治工作等主题活动。通过一系列活动的开展，全院干警的服务意识、大局意识、责任意识进一步增强，作风建设明显好转，有力促进了公正、高效、廉洁执法。

认真落实“两个责任”，以党建带队建促审判。认真落实党风廉政建设主体责任和纪检监督责任，制定了《霍州市人民法院关于在全院落实党风廉政建设“两个责任”推行“四述两谈”制度的实施意见》、《霍州市人民法院关于落实党风廉政建设党组主体责任、纪检组监督责任的实施意见》，开展廉政谈话、落实领导干部个人有关事项报告制度，增强廉洁自律的坚定性。对当事人随案发放廉政监督卡，开展廉政回访。配合相关部门处理违纪干警 6 人，分别给予警告、留党察看、撤销职务等党纪政纪处分，其中 4 人已被市人大常委会撤销审判职务。

加强业务学习，增强依法办案能力。通过层层把关以及指导、评查和交流经验的方法，使法官制作法律文书的能力和水平显著提高，质量明显增强。加强业务培训，先后有 19 人（次）参加了最高院和省、市法院的专项业务培训。同时，积极组织干警结合审判实践撰写论文，参加应用法学研讨，发挥用调研促学习，促进业务建设的积极作用，共撰写各类审判实践论文 5 篇。

各位代表，自觉接受人大监督，是人民法院公正司法的重要保障。一年来，法院认真执行人大及其常委会的决议和决定，认真办理人大及其常委会交办和转办的案件，继续邀请人大代表旁听案件审理，征询对案件裁判的意见和建议。对人大代表提出的意见和建议，虚心接受，及时改进。2014 年，法院的各项工作取得了较好的成绩，这是市委的坚强领导、市人大及其常委会的有力监督、市政府的大力支持、市政协的民主监督和社会各界关心帮助的结果。在此，我代表法院全体干警向各位人大代表、政协委员和社会各界人士，表示衷心的感谢！

回顾过去一年的工作，在肯定成绩的同时，我们也清醒地认识到，法院工作还存在不少问题和困难，主要表现在：一是少数审判人员的大局观念和司法为民意识不强，工作作风不实；二是一些法官的司法能力不适应新形势、新任务的要求，在准确认定事实、正确适用法律、妥善化解矛盾的水平不高。三是“四风”问题依然不同程度的存在，一些法官群众观念不强，司法作风不正；有的法官违背法官职业道德，甚至徇私枉法，办关系案、金钱案、人情案，陷入司法腐败的深渊。四是执行工作还未真正实现良性循环，“执行难”问题还比较突出等。这些问题和不足，我们将高度重视，并在 2015 年的工作中，采取有效措施，切实加以解决和改进。

2015 年工作安排

2015 年是全面深化改革的关键之年，是全面依法治国的开局之年，也是全面完成“十二五”规划的收官之年。法院工作的思路是：以党的十八大和十八届三中、四中全会精神为指导，深入学习贯彻习近平总书记系列重要讲话精神，坚持司法为民、公正司法工作主线，认真落实“两个责任”，突出审判工作、法院改革、队伍建设三项重点工作，维护人民群众的合法权益，促进社会和谐稳定，推进法治霍州建设，为全市改革发展稳定，提供更加有力地司法保障。

一、突出审判工作，强化执行能力

2015年，我院要切实提高审判公正、审判效率和审判效果三大指标。具体如下：全年刑事案件结案率100%，刑事附带民事案件结案率90%以上，自诉案件调解率50%以上；民商事案件结案率95%以上，调撤率不低于60%；行政诉讼案件结案率要达到100%，和解率达到50%；执行案件结案率要达到85%以上，有可供执行财产执行率达100%，实际执行率不低于80%；一审案件陪审率达50%以上；一审判决案件上诉率不高于8%，上诉改判率不高于9%，上诉返还率不高于10%，上访率不高于1%；当庭裁判率不低于40%；一审服判息诉率达90%以上。为完成上述指标，要做到一月一考核一排队一通报。立案庭等相关部门要充分发挥监管作用，向监管要质量、要效率。

二、发挥司法职能作用，更好地服务改革发展大局

依法全力支持我市各项改革试点工作，为全面深化改革提供良好的司法保障。依法助推我市综改实验区建设，继续依法支持重大项目、重点工程建设，促进城乡统筹发展。严厉打击非法集资、危害食品药品安全、污染环境的违法犯罪，维护正常的生产生活秩序。加大对贪污贿赂、滥用职权等犯罪的打击力度，特别是要深入开展好“以群众举报乡村干部腐败为切入点集中解决群众信访诉求问题”专项活动，扎实推进反腐败斗争，净化政治生态，实现弊革风清。

三、积极推进司法改革，促进制度创新

按照上级法院的统一部署，认真落实司法改革的各项工作，积极参与司法改革，支持司法改革。深入贯彻《人民法院第四个五年改革纲要（2014—2018年）》和《全面深化人民法院改革的意见》，认真做好各项落实工作。扎实稳妥推进立案登记制改革，从制度上解决立案难问题。完善案件繁简分流，充分发挥人民调解、行政调解、司法调解在化解矛盾中的重要作用。全面推进轻微刑事案件快速审理、小额民事案件速裁等改革创新。尤其要加强审判管理，建立符合审判规律的审判绩效考评机制，用制度管案、用制度管人，用制度考核，确保公平公正。

四、全面推进司法公开，更好地提升司法公信力

坚持司法公开，扎实推进审判流程公开、执行信息公开、裁判文书公丌“三大平台”建设，不断满足人民群众的知情权、表达权和监督权。继续抓好诉讼服务中心和执行指挥中心“两个中心”的规范化建设，为广大人民群众提供高效、便捷的司法服务。认真开展集中打击拒不执行判决、裁定等犯罪行为专项活动，加强执行规范化建设，努力实现胜诉当事人的合法权益。认真落实审判流程管理制度，健全内部监督制约机制，规范司法行为。加快建设法院网站、微博等网络平台，拓展民意沟通渠道，积极回应人民群众对法院工作的新要求和新期待。深入开展法官进村入企、就地巡回审判、宣讲法律等活动，提高群众懂法、守法、用法、信法的法治文化水平和依法维权能力，促进法治霍州建设。

五、改进作风提升能力，不断提高队伍素质

要认真贯彻落实中央八项规定，持之以恒的加强作风建设。以“公正司法，司法为民”为工作主线，进一步统一思想认识，扎实开展“三严三实”专题教育，持之以恒改进司法作风，坚决防止“四风”问题反弹。认真落实法院党组在党风廉政建设中的主体责任和纪检监察部门的监督责任；完善各项监督机制，深入推进“六权治本”，扎实开展“三清、三治、三推进”活动、“四述两谈”制度、“12388”工作法和利剑工程。2015年，我院将在每个业务庭室安装“利剑过程”配套软件，实现从立案到审判，再到执行全程跟踪，无缝对接，确保每一环节都在监督范围内，不留死角，在全院干警中形成不敢腐、不能腐、不想腐的长效机制，坚决铲除滋生腐败的土壤和条件，确保人人担负起自己的职责和使命，杜绝关系案、人情案、金钱案，以零容忍态度坚决惩治司法腐败，对违纪违法干警绝不姑息、一查到底，以廉洁司法保证公正司法。

六、主动接受各方监督，更好地规范司法权力运行

要始终不渝地坚持党对法院工作的领导，保证党的路线方针政策和工作部署在法院得到不折不扣的贯彻执行，法院重要工作部署、重大事项、重大问题应主动向党委汇报，接受领导。要更加自觉地接受市人大及其常委会的法律监督和工作监督，要通过报告年度工作、报告专题工作、接受专项执法检查、认真办理议案、意见、建议等形式接受监督。要自觉接受政协的民主监督、检察机关的法律监督及社会各界的监督。

各位代表，全面依法治国，开启了新的征程。在新的一年里，法院将在十八大和十八届三中、四中全会精神的指引下，在市委的坚强领导下，在市人大及其常委会的有力监督和市政府、市政协及社会各界的大力支持下，认真落实本次会议精神，坚持司法为民，开拓进取，扎实工作，不断开创法院工作新局面，为实现弊革风清、富民强市做出新的更大贡献！

霍州市2014年国民经济和社会发展计划执行情况与2015年国民经济和社会发展计划草案的报告

——2015年6月3日在霍州市第六届人代会第五次会议上的报告

霍州市发展和改革局局长　李新平

各位代表：

受市人民政府委托，现将霍州市2014年国民经济和社会发展计划执行情况与2015年国民经济和社会发展计划草案提请第六届人代会第五次会议审议，并请市政协委员及其他列席人员提出意见和建议。

一、2014年国民经济和社会发展计划执行情况

2014年，面对严峻的经济形势，全市上下在市委、市政府的坚强领导下，紧紧围绕“建设三晋经济强市、实现整体率先发展”总体目标，深入开展“改革创新年、转型攻坚年、环境提升年、服务群众年”四个年活动，主动适应经济发展新常态，认真做好稳增长、促改革、调结构、惠民生、防风险等各项工作，全市经济社会发展总体平稳，人民生活水平逐步提高。

（一）坚持稳中求进，经济总量稳步增长

2014年，全市生产总值完成89.03亿元，同比增长1.7%，其中，第一产业完成3.74亿元，增长2.1%，第二产业完成

64.52亿元，增长0.8%，第三产业完成20.77亿元，增长4.6%，三次产业占国民经济比重分别为4.2：72.5：23.3；工业增加值完成47.6亿元，增长0.6%；固定资产投资完成151.67亿元，增长26.9%；社会消费品零售总额完成28.63亿元，增长11.8%；城镇居民人均可支配收入完成23594元，增长7.8%；农村居民人均可支配收入完成10868元，增长9.8%；公共财政预算收入完成7.2亿元，增长1.5%；全市金融业各项存款余额达115.8亿元，同比增长4.2%，发放贷款达76亿元，同比下降2.8%。

（二）狠抓项目建设，保持经济发展动力

重点项目基本完成。我市全年重点建设项目实施了67项，总投资244.39亿元，年计划投资113.45亿元，实际完成111.19亿元，为计划的98%。其中省级重点项目3项，总投资19.1亿元，年计划投资7.5亿元，实际完成投资8.44亿元，为计划的112.53%；临汾市重点项目（不含省重点）33项，总投资164.49亿元，年计划投资75.45亿元，实际完成73.59亿元，为计划的97.53%；本市重点项目31项，总投资60.8亿元，年计划投资30.5亿元，实际完成29.16亿元，为计划的95.6%。

各项补助如期到达。及时掌握上级投资政策和项目信息，争取上级各项补助资金1.81亿元。其中：国家资源枯竭城市转型支付资金15350万元；现代农业类1项共80万元（霍州市壮瀚生猪规模化养殖80万元）；房地产开发及保障性住房类2项共2100万元（2014年保障性安居工程2000万元，铁道兵旧营盘棚户区改造项目100万元）；农村基础设施建设类5项共367.5万元（李曹镇杜苏沟村等五村中低产田改造建设项目200万元，库拔、南杜壁农村饮用水安全工程88万元，农村沼气工程70.5万元，大张镇靳壁村东门桥9万元）；环境整治及生态建设类1项共20万元（大张镇贾村生态环境综合治理项目20万元）；民生社会事业类3项207万元（白龙、三教、陶唐峪三个就业和社会保障服务站105万元，计划生育服务站81万元，农村老年人日间照料中心21万元）。

储备项目后劲充足。全市项目储备达233项，总投资1950亿元，其中：重大基础设施类4项，产业投资类85项，城镇化和生态环保类56项，民生社会事业类88项。

（三）立足结构调整，积极推进产业转型

工业转型初见成效。霍东新产业聚集区基础设施配套加快实施，投资4亿元的霍煤机电设备制造一期9个公司投产达效。投资8亿元的华润霍州七里峪10万千瓦风能发电项目前期工作全面启动，基础建设和设备订购等工作有序推进。中冶公司煤泥再选项目顺利实施。投资5.8亿元的霍州液化天然气调峰储气设施项目完成所有土建及安装工作，进入试运营阶段。

农业基础不断夯实。全市全年粮食总产量7597万公斤，同比增长4.6%。“无公害蔬菜、特色经济林、规模养殖”三大基地全力推进，发展无公害蔬菜2000余亩，核桃林2000余亩，新建续建规模养殖场20个。西张垣现代农业生态循环示范园区完成投资700余万元，配套了蓄水池、控制室、恒温库和水肥一体化系统等设施。万隆蔬菜、兴龙芦笋分别成功创建部级和省级蔬菜标准园。同兴禽业、霍山兔业、壮瀚养殖、绿源农牧、聚盛牧业等龙头企业不断提高标准，强化管理。

三产服务换档升级。旅游方面，七里峪

景区商务服务中心、镇山文化博物馆、人工湿地、滨水游憩区等项目有序推进，投资1900万元的上霍线尉候段改线和投资4000万元的入口换乘区工程全面实施。林溪晋茶精品酒店别墅精装修、水系景观工程及配套设施全面完成。投资3亿元的陶唐峪景区加紧步伐，项目总规、详规和征地拆迁方案均编制完成。全市全年共接待游客10万人次，旅游综合收入突破13亿元。商贸服务方面，州里商业文化街和投资2.6亿元的人防地下商业街建设项目完成配套，启动招商。美华购物中心开业运营，万家福超市、中影国际影城等众多知名商企相继入驻。

（四）着眼宜居宜业，城乡面貌焕然一新

新区功能日益完善。投资1360万元的经三路北段大部分高标准建成。投资2500万元的纬三路加快推进。霍煤开元小区项目和投资2.02亿元的山西橡胶厂棚户区改造主体完工。大西客专、霍永高速相继通车，霍州东站站前广场和客专公路建成并投入使用。

旧城品位大幅提升。投资15亿元的州署文化产业示范园、投资10亿元的中镇国际花园、投资9亿元的新建南路建设暨东关赵家庄棚户区改造、投资1.5亿元的星河蓝湾和投资1.56亿元的程瑞源广场等开发建设项目快速推进。市区10条主干道路完成升级改造。全市热电联产供热总面积达到420万平米。天然气完成扩户1.7万余户。

城乡一体协调发展。启动了农村人居环境改善工作，实施了完善提质、农民安居、环境整治、宜居示范四项工程。扎实推进了乡村道路、饮水安全、水土流失、电网改造、村庄绿化、污水治理等工作，农村公共基础设施建设全面加强。

（五）聚焦绿色发展，生态环境持续优化

大力推进生态修复。汾河生态综合治理、对竹河治理等项目快速实施。永和采摘园三期基本完工。退耕还林、生态富民、矿区绿化等林业工程有效实施。兆光、霍煤矸石电厂4台发电机组完成环保改造，霍煤2座矿井水深度治理站已经建成，兆光卸煤沟封闭改造全面完工。

不断引深清洁工程。投资200余万元为全市乡镇、街道办购置垃圾清运设备，配备保洁人员。全市环境质量显著提升，二氧化硫、化学需氧量、氮氧化物、氨氮、烟尘、工业粉尘等主要污染物减排全部完成目标任务，市区二级以上天数达330天，其中一级天数72天，继续保持总体良好。

（六）关注百姓福祉，民生事业全面进步

教育质量稳步提升。市三中运动场改造全面完工。市职教中心、公办幼儿园建设、基础教育信息化工程加快推进。2014年，高考二本达线847人，创历史新高。

卫计工作成效显著。新医院前期工作启动，社区医院服务力度增大，医药卫生综合改革不断深入。加大计生投入，提升服务水平，成功创建国家级计生优质服务先进单位。

文化影响持续扩大。霍州书、霍州莺歌、威风锣鼓申遗工作深入推进。年馍、粗布、小吃、剪纸等传统文化产业迅速发展。《霍州市志》出版发行。许村被评为“山西省文化名村”。

妇女工作积极创新。市妇联团结各界妇女代表，不断推出“最美家庭”“巾帼文明岗”“巾帼建功”等评选活动，连续三年组织妇女“两癌”检查工作。

创业就业不断推进。新增就业人员5265人。创业带动就业631人。失业人员再就业

1579人。扶持就业困难人员再就业474人。转移农村劳动力5270人。高校毕业生近420人，初次就业360人，就业率85％。全市公益性岗位安置200余人。

社会救助全面加强。城乡低保、医疗救助、“四类”困难家庭学生救助、困难家庭大学生救助、农村80岁以上老人救助等制度强力实施并得到不断完善。城乡养老保险、医疗保险、失业保险、工伤保险等社会保险的覆盖面不断扩大。建成各类保障性住房1200余套，超额完成上级下达任务。

一年来，经济和社会发展成效显著，人民群众生活水平进一步提高，但从经济社会发展的总体情况看，仍然面临优质项目引进落地难、产业结构不合理、民营经济势力不强、生态环境压力较大等突出问题。经济转型迫在眉睫，全市上下务必保持清醒认识，增强责任感、紧迫感和使命感，抓住机遇，迎接挑战，全力以赴推进我市经济可持续发展。

二、2015年国民经济和社会发展指导思想和预期目标

2015年是按照“四个全面”战略布局开拓前行的重要一年，是决胜“十二五”、谋划“十三五”的关键之年。全市经济和社会发展的指导思想是全面贯彻党的十八大、十八届三中、四中全会和省、临汾市经济工作会议精神，认真落实市委六届五次全委会议和三级干部大会各项决策部署，以邓小平理论、“三个代表”重要思想、科学发展观为指导，以综改转型为重点，以提高经济增长质量和效益为中心，主动适应发展新常态，坚持稳中求进总基调，紧紧围绕“建设三晋经济强市、实现整体率先发展”宏伟目标，突出抓好“五项工作”，深入推进“六大发展”，确保工业转型、农业增效、三产提升、城市提质、民生改善等方面持续推进，走资源枯竭转型跨越发展新路，使全市经济和社会事业全面健康发展。

根据指导思想，2015年我市国民经济和社会发展的主要目标是：

预期目标：全市生产总值增长7％；工业增加值增长7％；固定资产投资完成174.42亿元，增长15％；社会消费品零售总额完成31.5亿元，增长10％；城镇居民人均可支配收入增长8％；农村常住居民人均可支配收入增长9％。全市公共预算收入完成7.65亿元，增长6.2％。居民消费价格涨幅控制在3.5％以内。

约束性指标：万元GDP能耗降低4.38％；化学需氧量、氨氮、二氧化硫、氮氧化物、烟尘、工业粉尘分别下降4％、6％、0.6％、25％、0.5％、0.5％，城镇登记失业率低于4％，确保完成省、临汾市下达的年度任务和“十二五”目标任务。

三、2015年国民经济和社会发展的主要任务

围绕全市经济和社会事业发展的指导思想及主要发展预期目标，2015年要完成好以下七项主要任务：

（一）抢抓机遇，科学规划，力争项目建设新突破

以临汾市“百里汾河新型经济带”为引领，继续抢抓综改转型政策机遇，用好投资导向，科学规划、合理布局我市“百里汾河新型经济带”内产业发展项目。积极联系上级争项目、招商引资找项目、真抓实干建项目，力争项目引得来、留得住、有成效。全面完成临汾市下达的重点工程“六位一体”目标任务，完成项目储备1500亿元、项目签约130亿元、项目落地160亿元、项目开工130亿元，完成省市县重点工程建设90

亿元，项目投产任务110亿元，实现固定资产投资174.42亿元。

（二）深挖潜力，大力扶持，促进工业经济新崛起

积极充实工业园。霍东新区工业园区要抓紧完善园区道路、绿化等扫尾工作，完成总投资4亿元的机电设备制造续建项目。全力服务霍煤、霍电、兆光等企业达产达效，充分发挥其引领带动作用，挖掘企业潜力，延伸产业链条。做好力拓煤业、化工公司等企业的帮扶工作。

大力培育增长点。强力推进华润风能发电项目，使其尽早开工建设。积极促进投资1.2亿元的霍州启源粉煤灰项目开工建设。同时，加大煤矸石、粉煤灰的综合利用。增强服务力度，力争天然气调峰储气项目早日投入运营。大力招商引资，以政策对路、绿色环保、高新高效为标准，广招细选，紧盯不放，直至落地。全面落实上级扶持中微企业发展的相关政策，鼓励民间资本投资公共基础领域。

（三）突出特色，注重实效，确保农业领域新发展

多管齐下，不断巩固农业现有水平。加快农业基地建设，扶持干鲜水果、无公害蔬菜、小杂粮等特色农业规模化发展。大力发展优势农业，积极推动农特产品深度加工。通过捆绑资金，扩大规模，创新机制、美化环境等方式，努力打造绿色安全、优质高效的现代农业示范区。继续推进西张垣现代农业生态循环示范园区建设，积极扶持壮瀚、恒晟、富康、绿源、霍润达等养殖企业。发挥典型示范作用，培养扶持一大批劳动致富能手。加大科技惠农力度，推进农技农经服务到基地、到田头、到农户。强化农民创业就业技能培训，支持自主创业，鼓励合作经营，引导务工就业，促进广大农村劳动力有序转移。

落实政策，不断完善基础设施建设。抓住国家政策机遇，抓好消费升级，不断扩大农产品及附属产品的消费市场空间。认真落实粮食直补、农机具补贴等各项强农惠农政策。加强农田水利基础建设，完成投资570万元的东王片和投资900万元的马刨泉灌区高标准农田建设。启动农村电网升级改造和投资1.4亿元的七里峪水库建设、投资8300万元的小型农田水利重点县建设系列项目。积极推进无公害农产品认证。尽快完成农产品质量安全检验检测站的搬迁工作。积极推广旱作农业、测土配方施肥等农业技术。大力推进坡耕地治理、土地复垦改造工程。

打造品牌，努力实现品牌增收。积极扶持圣农蔬菜、马刨泉小米等专业合作组织和同兴养殖、宗和农源、绿源乳业、霍山兔业等农企，推广梨湾小米、东湾芦笋、城南大葱、开元豆腐、十里铺甜瓜等特色农产品，高度重视核桃、苹果、小杂粮等传统产业的精深加工和设计包装，确保进一步提质壮大。发挥网络零售低成本和快速覆盖全国市场的优势，支持建设销售我市特色商品或针对特定消费人群的专业化网络零售平台。

（四）依托优势，打造精品，激发三产行业新活力

围绕综改转型发展要求，进一步加快旅游、商贸、文化开发建设。抓好七里峪景区入口片区和引导区三标段建设工程、人工湿地保护、商务服务中心、西部换乘区、滨水游憩区、秀才沟开发、镇山博物馆、景区水库、客运站等工程。重点推进陶唐峪旅游开发项目。同时，做好悬泉山和油盆峪开发的前期准备工作。按照打造“天下第一衙”的定位，充实廉政文化馆内涵，使之成为闻名

全省乃至全国的廉政文化教育基地。加快对其他文物旅游资源的保护修缮和适度开发，注重规划保护娲皇庙、观音庙、宋代瓷窑、朱家大院等古迹。利用品牌传媒效应，推介叫响“中镇霍山·华夏州署”旅游品牌，展现霍山文化、官衙文化、廉政文化、锣鼓文化、门神文化的独特魅力。加强非物质文化遗产的挖掘和保护，丰富霍州书、戏曲、社火等传统文艺的内涵。重点加快署前文化园、浙商创意园、联源物流园、南环农贸市场、城市综合体酒店等项目建设，完善“吃住行游购娱”体系。

（五）完善功能，提升品位，构筑协调发展新城市

根据《国家新型城镇化规划（2014—2020）》的要求，坚持市场主导、政府引导，切实实施好以下四方面工程：

加快扩容提质。有序推进“五大板块”建设，实施新一轮城市功能提升战略。旧城改造要解决好后塞路、麻铺巷、秀才巷等19条背街小巷的下水改造和路面硬化等问题。积极推进李诠庄城中村改造、东关城中村改造和诚瑞源广场建设，完成好投资3500万元的东门桥改造、投资585万元的下马洼至圣佛道路改造、投资1000万元的退沙至许村景观大道建设和投资15亿元的霍州署文化产业示范园项目等工程。新区开发要围绕扩容的目标，加快实施投资10亿元的中镇国际花园建设项目、投资2.3亿元的清雅苑住宅小区、投资3.8亿元的开元名都建设项目和投资1.5亿元的星河蓝湾小区建设项目，完成好投资2.02亿元的橡胶厂棚户区改造项目和投资5.8亿元的阳光首府建设项目。加紧完成霍东大道部分地下管网工程。

建设宜居村庄。继续围绕硬化、亮化、绿化、美化的目标，扎实推进新农村建设。加快辛置、白龙、大张、李曹、退沙等特色小城镇建设，推进城镇化步伐。加大农村教育，完善12个乡镇（办）综合文化站、175个村级文化站（室）的设备配送和服务功能，实施农村“广播电视卫星户户通提质工程”，建设10个县级文化示范村。强力推进涉及5个乡镇、街道办，15个行政村的农村公路完善提质工程。

统筹城乡功能。大力推进水网电气等基础设施建设，完成北涧河排水、城区路灯照明安装等工程，将天然气管道向城市郊区及偏远农村辐射。加快投资5600万元的霍东新区水源地东移，加大城市广场、公园、绿地、公交站、公共卫生间等建设力度，规划建设一批市区停车场。完善道路建设，实施好“四街六路”建设。同时，确保污水处理厂和垃圾处理场正常运转。

规范城镇管理。以“四城联创”为抓手，狠抓市容环境整治，扎实推进广告牌匾、环卫绿化等综合治理，创新城市管理办法，提升城市管理水平。进一步规范市场秩序，加大临街商铺、临时摊点、农贸市场的管理力度。严格落实节能减排目标，加强企业排污监管，启用PM2.5监测设备，完成节能减排任务。优化城市公交路线，推进道路细化、常态化管理。加快农业人口向城市转移，稳步提高户籍人口城镇化水平。持续引深移风易俗、文明殡葬活动，提高广大群众的文明意识。

（六）强基固本，惠民务实，谋求民生事业新进展

办好人民满意的教育。加大教育投入力度，积极推进投资1560万元的劳动技校、投资1530万元的职业中专、投资700万元的辛置镇中心幼儿园和投资800万元的市二中运动场改造项目。统筹推进基础教育、高

中教育、职业教育、幼儿教育协调发展。加强师德师风建设，提升教师队伍素质，不断提高教育教学水平。抓好中小学校舍安全工程和新一轮薄弱学校改造，加快中小学信息化配套，提高办学水平，满足师生需求。

搞好群众放心的医疗。深化医药卫生体制改革，完善基本药物制度，健全医疗救助体系，提高医疗服务水平，努力做到小病不出乡，大病不出城，费用可保障。加大投资力度，实施好投资3.28亿元的滨杭人民医院项目，不断满足人民群众的医疗要求。坚持计生国策，落实优育政策。继续巩固扩大新型农村合作医疗和城镇基本医疗保险覆盖面。

拓宽求职就业的渠道。规范招人用人制度，消除各种就业歧视。抓好大中专毕业生、复转军人、城镇就业困难人员、农村转移劳动力、失地农民等人群的创业就业工作。进一步完善就业服务和援助体系，定期举办大型招聘活动。加大培训力度，开展实用性强的专业培训，力争全年新增就业岗位5000个，城镇登记失业率控制在4%以内。

强化弱势群体的救助。加大城乡“四类”困难家庭学生、农村80岁以上老人、贫困大学生等弱势群体的帮扶救助力度。推行好四大班子包联孤儿、爱心助学、优抚安置、集中供养等制度。加快实施投资1339万元的陶唐峪乡老年公寓和投资975万元的儿童福利院建设项目。完成廉租房、公租房、棚户区改造、经济适用房等1600套保障性住房建设任务。

抓好生态文明的建设。抓好汾河等河道的综合治理，保障行洪安全，打造城市景观。实施投资4500余万元的通道绿化、荒山绿化、村镇绿化、城市绿化、企业绿化、校园绿化、矿区绿化、农田林网绿化等八大造林工程。落实投资125万元霍东车站路绿化工程，使绿化长度真正达到1.2千米。抓好节能减排工作，认真贯彻落实《山西省循环经济促进条例》，大力推进循环经济发展，重点引进节能技术改造项目。

（七）深化改革，把握机遇，引领社会发展新格局

突出抓改革，激发经济发展活力。加快转变政府职能，全面优化行政审批流程。全面推进公务用车改革，确保年底基本完成全市党政机关公务用车制度改革工作。推进全口径预算管理，建立全面规范预算公开制度。加大重点领域价格改革力度，实施差别化资源价格和惩罚性资源价格改革。深化教育、文化、医药卫生体制改革。推进农业和农村综合改革，推进林权管理及社会化服务改革，引导农村土地经营权有序流转。

突出抓规划，把握未来发展机遇。尽快完成“十三五”规划基本思路，明确“十三五”发展重点，形成“十三五”规划大体框架，加深对“十三五”重大工程、重大项目、重大政策的研究。主动适应经济发展新常态，深入分析国内外发展环境的重大变化，准确领会和把握国家发展战略调整思路，进一步深化对市情的认识，深入调研，充分论证，科学规划我市“十三五”时期的重大工程、重大项目和重大措施。

各位代表，2015年是全面深化改革的关键之年，是全面推进依法治国的开局之年，也是全面完成“十二五”规划的收官之年，全市经济和社会发展任务艰巨，责任重大。让我们在市委的正确领导下，在各位代表和政协委员的大力支持和积极参与下，继续发扬团结奉献、敢于担当、实干践诺、拼搏争先的霍州精神，适应新常态，谋求新作为，为夺取我市转型跨越、富民强市新胜利而努力奋斗！

霍州市 2014 年财政预算执行情况和 2015 年财政预算（草案）的报告

2015 年 6 月 3 日在霍州市第六届人民代表大会
第五次会议上

霍州市财政局局长　王英才

各位代表：

受市人民政府委托，现将霍州市 2014 年财政预算执行情况和 2015 年财政预算（草案）提请市六届人大五次会议审议，并请市政协委员和各位列席人员提出意见。

一、2014 年财政预算执行情况

2014 年，我市财政在市委、市政府的正确领导下，积极应对经济增速持续减缓、骨干税源收入滑坡、财政收入增长乏力、刚性支出不断加大的严峻形势，全面落实中央、省、市各项决策部署，认真执行市六届人大四次会议通过的各项决议，围绕全市经济工作部署，贯彻落实各项财政政策，提高公共财政基本保障水平，全力确保了民生、运转、发展等方面的资金需求，预算执行情况良好平稳。

（一）当年收入完成情况

2014 年，公共财政预算收入年度预算为 79871 万元，当年 12 月，临汾市下达调整公共财政预算收入预算为 72000 万元。年终公共财政预算收入实际完成 72053 万元，为预算的 90.21%，为调整预算的 100.07%，同比增长 1.49%，比上年增收 1057 万元。

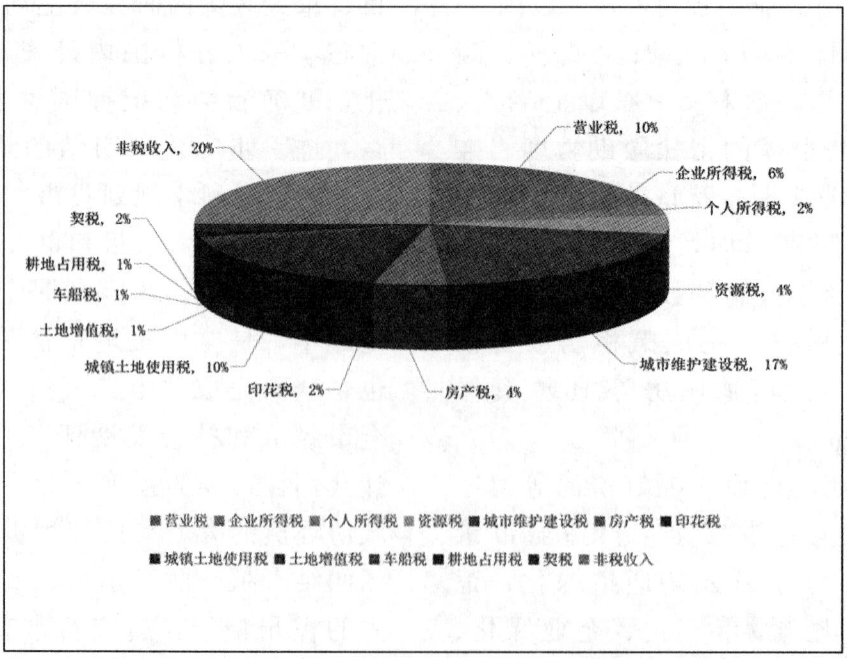

2014 年全市公共财政收入结构情况图

2014 年，政府性基金收入完成 28685 万元，为年初预算 60534 万元的 47.39%，同比减少 31849 万元。

（二）当年支出执行情况

2014 年，全市公共财政支出年初安排 122817 万元，在预算执行中，由于中央、省、临汾市下达专项转移支付拨款及转移支付补助增加 33862 万元，使用上年结转资金 25068 万元，当年短收调整支出减少 7818 万元，债券转贷收入 2500 万元，调入预算稳定调节基金 3024 万元，调入资金 1418 万元，总财力变动为 180871 万元，剔除安排预算稳定调节基金 12046 万元，全市公共财政预算支出由年初的 122817 万元变动为 168825 万元，年终公共预算支出实际执行 148592 万元，结转下年 20233 万元，实际支出为变动预算的 88.02%，同比增长 5.31%，比上年增加支出 7495 万元。其中，一般公共服务支出 13167 万元，为调整预算数的 96.19%；公共安全支出 7669 万元，为调整预算数的 90.28%；教育支出 25185 万元，为调整预算数的 91.78%；科学技术支出 300 万元，为调整预算数的 100%；文化体育与传媒支出 1516 万元，为调整预算数的 73.7%；社会保障与就业支出 21560 万元，为调整预算数的 103.55%；医疗卫生支出 13553 万元，为调整预算数的 91.43%；；节能环保支出 8142 万元，为调整预算数的 83.37%；城乡社区事务支出 24814 万元，为调整预算数的 98.96%；农林水事务支出 10295 万元，为调整预算数的 75.32%；交通运输支出 8177 万元，为调整预算数的 93.5%；资源勘探电力信息等事务支出 792 万元，为调整预算数的 98.14%；商业服务业等事务支出 1550 万元，为调整预算数的 95.33%；援助其他地区支出 101 万元，为调整预算数的 100%；国土海洋气象等支出 7942 万元，为调整预算数的 65.24%；住房保障支出 3518 万元，为调整预算数的 39.48%；粮油物资管理事务支出 150 万元，为调整预算数的 100%；国债还本付息支出 81 万元，为调整预算数的 100%；其他支出 80 万元，为调整预算数的 84.21%。

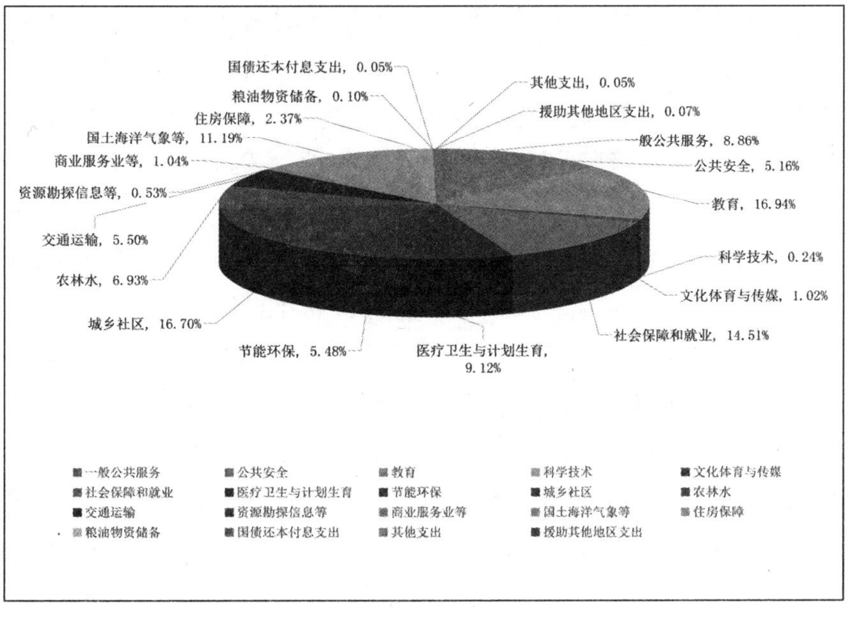

2014 年全市公共财政预算支出结构情况图

经过汇总，2014年市本级“三公经费”支出执行2743万元，为预算的84.69万元，其中，因公出国（境）经费2万元；公务接待费867万元，为预算的71%；公务用车购置及运行维护费1874万元，为预算的92.86%。

2014年全市政府性基金支出执行35490万元，为预算的50.38%，同比减少22859万元。

（三）当年收支平衡情况

2014年全市总财力为182152万元，其资金构成：公共财政预算收入72053万元，中央两税返还收入2080万元，所得税基数返还－4464万元，成品油价格和税费改革税收返还收入401万元，中央、省、市下达专项拨款及转移支付补助80072万元，债券转贷收入2500万元，上年结转25068万元，调入预算稳定调节基金3024万元，政府性基金调入1418万元。2014年公共预算支出148592万元，体制上解支出781万元，地方政府债券还本500万元，安排预算稳定调节基金12046万元，结转下年使用数20233万元。总财力与总支出和结转下年相抵，实现当年收支平衡。

截止2014年底，全市地方政府性债务余额5.36亿元，其中，汾河治理项目3.9亿元。

（四）落实市六届人大四次会议预算决议情况

回顾过去的一年，我市财政部门认真贯彻市六届人大四次会议有关决议，深化财政改革，完善管理措施，坚持稳中求进的工作思路，在稳增长、促改革、调结构、惠民生、防风险等方面攻坚克难，为全市经济社会发展做出了积极贡献。

1.坚持以落实积极财政政策为核心，全力服务全市经济建设大局。2014年，我市财政部门继续围绕“建设三晋经济强市，实现整体率先发展”总目标，认真贯彻落实积极财政政策，积极协调、配合各职能部门多方筹措资金，加大投入力度，促进全市经济社会稳定发展。全年共争取到上级资金78898万元，其中：资源枯竭型城市转移支付资金14525万元，主要用于基础设施建设、环境保护与生态治理、社会保障、棚户区改造等方面；中央预算内基建资金3219万元，投入到基层医疗卫生服务体系、安居工程、农村饮水安全等项目；教育专项资金7413万元；社会保障和就业专项资金5812万元；医疗卫生专项资金6624万元；环境保护专项资金1551万元；农林水专项资金7339万元；保障性安居工程项目资金4533万元。争取省开发银行汾河治理项目贷款1亿元，小型农田水利设施建设项目资金2300万元，同时，积极调剂、安排各类资金，确保了城市道路“8+2”改造等重点工程顺利完成。

2、坚持以增加我市地方财力为目标，强化收入征管确保应收尽收。2014年，面对经济增速持续放缓、骨干税源收入滑坡、财政收入增长乏力的严峻形势，市财政强化“三个突出”，采取多项措施，狠抓组织收入不放松，确保了各项财政收入及时足额入库。一是突出目标任务分解落实。财政局会同税务部门，依据各自职能，按照年初制定的目标任务，将财政收入指标分解到各部门、各征管单位、各征管人员，真正做到每个问题有人解决，每个纳税户有人征管，每项税种有人落实，确保人人有目标，个个有任务。二是突出重点税源监控督导，强化重点企业和主体税种及零散税源的征收和管理。“一财两税”定期深入企业调研，派专管员监管重点企业税源变化情况，做好重点税源监控，采取切实可行的征管措施，充分挖掘增收潜力。2014 年，霍州煤电集团、兆光电厂、国电霍州发电厂清欠以前年度欠税 33774 万元。同时加大非税收入征收管理力度，确保各项收入足额上缴国库和财政专户。三是突出收入形势分析研究。财政局积极协调税务部门，加强税源分析，查找征管薄弱点，有针对性地做好相关工作，定期将组织收入情况向市委、市政府汇报，形成了上下齐抓共管的工作合力。确保了工资足额发放，机关正常运转，工程项目按期完成。

3、坚持以落实民生保障资金为重心，增进民生福祉共享发展成果。在经济下行压力较大的情况下，民生支出力度不减，2014 年，市财政民生支出总量占全市公共财政支出总量的 77.76%。一是落实各项强农惠农政策。我市财政部门安排用于支农、农业综合开发、“三大基地”建设、农村宜居示范工程等项目的资金达 6446.96 万元，其中兑现国家粮食直补、农机具购置补贴、退耕还林补贴等补助资金 3259.47 万元；投入农村公益事业“一事一议”财政奖补资金 600.15 万元，项目涉及农村小型水利、道路硬化、文化活动广场、绿化亮化净化工程等四大类，辐射到 10 个乡镇（办）52 个农村。二是支持完善城乡社会保障体系。全市养老、医疗、工伤、生育、失业五大保险和新农合覆盖面进一步扩大，提标资金足额拨付到位，退役安置、抚恤、残疾人事业、离退人员经费得到了足额保障。三是积极支持社会事业健康发展。义务教育公用经费、校舍维修改造资金、扶困助学资金、四类家庭困难救助、机关事业单位津补贴提标、教师绩效工资、公立医院、乡村医疗卫生机构财政补贴政策全部落实。

4、坚持以推进各项财政改革为主线，持续规范财政监督管理机制。一是持续抓好部门预算编制，参照临汾市模式，结合我市实际，全面启用部门预算软件，规范、细化项目支出的申报程序和测算依据，确保财政资金的有效使用。二是持续推进以程序精简、效率提高为管理目标的国库集中支付改革工作。三是持续推进完善以“机构委派、预算共编、账户统设、集中收付、采购统办、票据统管”为主要内容的“乡财市管”改革，规范乡镇财政资金管理，缓解乡镇财政困难，保障基层政权正常运行。四是加强国有资产登记核实工作，严格监督国有资产出租、出借、处置行为，全年完成上缴国有资产处置收入 141.87 万元。五是强化政府采购监管，规范了政府采购流程、资金拨付管理、限额标准、分散采购等一系列管理办法，全年共完成业务 298 笔，预算采购金额 2265 万元，实际采购金额 2130 万元，节约资金 135 万元，节约率为 5.96%。六是贯彻落实《党政机关厉行节约反对浪费条例》，参照中央、省、临汾市管理办法，制定了《霍州市机关会议费、培训费、差旅费管理办法和公务接待费管理暂行办法》，以及《霍州市工程建设项目财政性资金管理暂行办法》，强化了财政资金监管。

在看到成绩的同时，我们也清醒地看到财政运行和财政工作中存在的问题：一是税源结构不合理，财政增收后劲乏力；二是财政收入增幅回落与支出需求刚性增长矛盾突出；三是财政改革和管理还需加强。对于这些问题，需要高度重视，采取有效措施，认真加以解决。

二、2015 年财政预算草案

2015 年是全面深化改革的关键之年，是全面推进依法治国的启动之年，是全面完成“十二五”规划的收官之年，也是我市全面推进“六大发展”的开局之年。编制好2015年预算，做好各项财政工作，对于全面深化改革，加快转变政府职能，提升经济发展质量，促进富民强市具有重要意义。

（一）2015年预算安排原则

全面贯彻党的十八大、十八届三中全会精神和新《预算法》，落实中央、省市财政工作会议部署，围绕市委、市政府提出的各项工作目标，综合考虑我市经济发展的各种因素，2015年全市财政预算编制原则如下：

——收入预算编制。积极组织、稳中求进、保障支出。收入预算与经济社会发展需求相适应，与财政政策相衔接。

——支出预算编制。统筹兼顾、突出重点、厉行节约。优化财政支出结构，严格控制一般性支出。消化结余结转，盘活存量资金。清理规范重点支出同财政收支增幅或生产总值挂钩事项，提高财政资金使用绩效。

——提高预算编制完整性。编制全口径预算，政府收支全部纳入预算管理。

——加大政府预算统筹力度。统筹安排政府性基金预算、社会保险基金预算与一般公共预算。

——推进财政预决算公开。政府预决算和部门预决算要细化并公开至支出功能科目的项级，同时使用经济科目编报并公开政府预决算和部门预决算。

（二）2015年收支预算

2015年预算编制主要特点：一是严格按照新预算法规定编制2015年预算；二是根据全口径预算管理要求，编制以公共财政、政府性基金、国有资本经营、社会保险基金为内容的“四本预算”；三是坚持收支平衡的原则，预算收支安排与经济社会发展需求相适应。2015年收支预算安排如下：

1、公共财政预算

2015年临汾市下达我市公共财政预算收入预期目标为76520万元，比上年决算收入72053万元增长6.2%。其中：税收收入55944万元，比上年决算收入增长4.88%；非税收入20576万元，比上年决算收入增长9.97%。按照这一预期目标，考虑到我市煤炭价格低位徘徊和需求不振的状况短期内难以转变，财政收入的基础并不稳固；考虑到结构性减税、减免行政事业性收费等减收因素，以及煤炭资源税改革、9项政府性基金改列一般公共预算等政策性增收因素。我市公共预算支出安排170454万元，比2014年向市人大常委会备案预算同口径增长8.4%。资金来源为：市本级公共财政预算收入76520万元、上级补助收入95340万元、上年结转21980万元、调入资金12046万元，减去上解上级支出781万元、地方政府债券还本625万元。

主要支出项目安排情况是：一般公共服务支出15762万元，同口径下降4.31%；公共安全支出9433万元，同口径下降8.48%；教育支出29699万元，同口径增长2.50%；科学技术支出302万元，同口径增长118.84%；文化体育与传媒支出1851万元，同口径增长21.46%；社会保障和就业支出2365万元，同口径增长14.41%；医疗卫生支出15163万元，同口径增长26.62%；节能环保支出8220万元，同口径下降16.48%；城乡社区事务支出18829万元，同口径增长39.47%；农林水事务支出16336万元，同口径增长52.20%；交通运输支出6558万元，同口径增长51.60%；资源勘探电力信息等事务支出798万元，同口径下降65.69%；商业服务业等事务支出687万元，同口径下降72.32%；援助其他地区支出103万元，同口径增长1.98%；国土资源气象等事务支出9995万元，同口径下降37.51%；住房保障支出7662万元，同口径增长192.66%；粮油物资储备事务支出158万元，同口径下降5.39%；国债还本付息支出228万元，同口径增长181.48%；其他支出15万元，同口径增长50%。

2015年全市财政安排“三公”经费预算2085万元，比上年预算减少1154万元，同口径（下同）下降35.63%。其中：公务接待费597万元，下降624万元；公务用车运行维护费1488万元，下降530万元。

2、政府性基金预算

2015年全市政府性基金预算收入26086万元，比上年实际完成数下降9.06%（剔除转列一般公共预算的9项基金和煤炭可持续发展基金）；上年结转3593万元（剔除转列一般公共预算的9项基金）；政府性基金预算支出安排29679万元，比上年决算下降16.37%。

3、社会保险基金预算

社会保险基金上年结余17423万元，2015年预算收入18298万元，其中：保险费收入8687万元，利息收入266万元，财政补贴收入9128万元，转移收入217万元，社会保险基金支出21133万元，预算收支结余14588万元。

以上预算安排的具体情况详见《2014年市本级预算执行情况及2015年市本级预算（草案）》

三、完成2015年预算任务的主要措施

（一）用活财政政策，加快经济结构调整。

牢固树立“发展是第一要务”的理念，增强宏观意识、大局意识和可持续意识，继续实施积极的财政政策。一是积极落实稳增长、扶持小微企业、支持服务业发展等积极的财政政策措施，努力培植、稳定财源和纳税大户，稳固财政收入基础。二是持续加大与省、市相关部门的沟通、协作，积极争取上级政策和资金支持，努力增加全市财力，进一步做好项目申报和已申报项目的跟踪管理。三是继续严格控制和压缩一般性支出，在确保公教人员工资的基础上，集中财力保障重点工程及重点工作资金需要。四是发挥财政资金的导向作用，引导民间资本投向基础设施建设、公益性事业、服务业等。同时，充分运用好资源枯竭城市转移支付资金，加大教育、卫生医疗、“三大基地”、环境整治和基础设施建设等转型发展资金投入。

（二）加大“三农”投入，推进城乡统筹发展。

进一步提高农业现代化水平，全面加强现代农业建设，促进农业增产增效。继续支持农村危房改造工作，保障农村困难群众住房安全。支持乡村清洁工程建设，改善农村人居环境。加强土地出让收入的管理，支持地质灾害治理防治、土地整理、农田开垦、高标准农田建设和农田水利建设等项目。继续贯彻落实粮食直补、综补政策，做好粮油储备工作，保障粮食安全，促进农民增收。对近几年实施的财政支农项目进行绩效评价，进一步发挥财政支农资金的使用效益。狠抓国家强农惠农政策的落实，针对与农民生产生活关系密切的项目资金进行重点检查。

（三）完善投入机制，着力保障改善民生。

完善针对不同教育类型的财政支持政策，鼓励企业、个人和社会多渠道投资教育。完善家庭经济困难学生资助政策体系，促进教育公平。落实“大众创业、万众创新”财政支持政策，建立健全城乡统筹的公共就业服务体系，落实促进高校毕业生、农村转移劳动力、城镇困难人员、退役军人等就业政策。千方百计筹措建设资金，运用

“PPP模式”支持我市城市基础设施建设、教育信息化建设和交通建设事业发展。完善社会保障制度，认真落实机关事业单位养老保险制度并轨改革；认真落实重特大疾病医疗保险和救助制度。运用投资补助、政府债券等方式支持保障性安居工程建设。利用上级转移支付资金，支持农村公路建设改造等工程。巩固成品油税费改革成果，落实我市城市公交、农村客运、城市出租车等行业的油价补贴工作。

（四）深化财政改革，提高财政预算绩效。

一是完善政府预算体系。规范重点支出与年度财政收支增幅或GDP挂钩事项，改变先确定支出总额再填项目的做法；政府收支要全部纳入预算，明确以公共预算、政府性基金预算、国有资本经营预算、社会保障基金预算为内容的“四项”预算收支范围和功能定位，加大相互之间的统筹力度。二是加大预算公开力度。规范预算公开工作流程，主动向群众、社会公开财政家底。除涉密信息外，所有使用财政资金的部门均应公开本部门预决算和“三公”经费预决算。三是盘活财政存量资金。建立结转结余资金定期清理机制。对政府性基金项目结转结余资金规模较大的，调入一般公共预算统筹使用。继续清理预算单位实有资金账户结余。四是加强预算绩效目标管理。继续完善预算绩效管理体系，注重绩效目标管理，把基础打牢；抓好绩效运行监管，把过程控住。建立绩效运行跟踪监控机制，定期采集绩效运行信息并汇总分析，对绩效目标运行情况进行跟踪管理和督促检查，促进绩效目标的顺利实现。扩大绩效评价范围，进一步加大项目支出绩效评价工作力度，结果与下年度项目支出预算安排挂钩，凡绩效评价较差或不合格的项目，下年度不再安排类似经费，项目支出预算实行“零增长”或“负增长”。五是加强政府性债务管理。积极探索动态管理模式，做好基础数据管理工作，逐步建立债务风险预警和控制机制，实行政府性债务管理信息化、科学化。六是选择部分公益性强、适合采取市场化方式提供、社会力量能够承担的项目，推进政府购买服务工作。

（五）坚持依法理财，全面提升理财水平。

以贯彻新修订的《预算法》为契机，大力度开展预算法律法规宣传培训，努力营造学法、懂法、用法、守法的浓厚氛围。全面梳理、修订、完善财政管理制度，不断健全依法理财的制度体系，将全部理财行为纳入制度化轨道。依法组织收入，实现应收尽收。严格预算约束，提高执行效率。认真落实市人大决议，加强预算执行管理，强化预算执行动态监控，严格执行主体责任，维护市人大批准财政预算的严肃性。加强财政监督，严肃财经纪律。构建嵌入业务流程的财政支出监督机制，落实“六权治本”要求，实行财政权力清单、责任清单制度，规范权力运行，强化责任追究。深入贯彻《党政机关厉行节约反对浪费条例》，努力做到“三个压减”和“三个保障”，即：压减投向竞争性领域的资金；压减结余结转资金；压减一般性支出；完善基本公共服务保障机制；完善民生保障机制；完善改革成本保障机制。

各位代表：2015年的财政工作，任务艰巨，责任重大。我们要在市委、市政府的正确领导下，在市人大、市政协的监督支持下，团结奉献，敢于担当，实干践诺，拼搏争先，确保2015年预算任务圆满完成，为奋力开创富民强市、率先发展的崭新局面做出新的更大的贡献！

相关名词解释和说明

1、公共财政预算收入：指按照现行财政体制规定列入地方预算，直接缴入地方金库的财政收入。具体由两部分组成：一是税收收入，包括增值税、企业所得税、个人所得税的地方分享部分，营业税、资源税的地方分享部分，城市维护建设税、房产税、印花税、城镇土地使用税、土地增值税、车船税、契税、耕地占用税等；二是非税收入，包括专项收入、行政事业性收费收入、罚没收入、国有资本经营收入、国有资源（资产）有偿使用收入、其他收入等。

2、公共财政预算支出：指列入地方预算的财政支出，其支出项目按功能设置“类”级科目，包括：一般公共服务支出、国防支出、公共安全支出、教育支出、科学技术支出、文化体育与传媒支出、社会保障和就业支出、医疗卫生与计划生育支出、节能环保支出、城乡社区支出、农林水支出、交通运输支出、资源勘探信息等支出、商业服务业等支出、金融支出、援助其他地区支出、国土资源气象等支出、住房保障支出、粮油物资储备支出、预备费、国债还本付息支出及其他支出等。其资金来源包括用地方当年财力安排的支出、上年结余、调入资金和中央、省一般性及专项转移支付补助收入安排的支出。

3、政府性基金预算：指政府通过向社会征收基金、收费，以及出让土地、发行彩票等方式取得收入，专项用于支持特定基础设施建设和社会事业发展的收支预算，是政府预算收支的组成部分。其特点是目的性强、专款专用。4、国有资本经营预算：指国家以所有者身份从国家出资企业依法取得国有资本收益，并对所得收益进行分配而发生的各项收支预算，是政府预算的重要组成部分，其核心是调整国家和国有企业之间的财政分配关系。目前，我市在市、县两级基本建立了国有资本经营预算制度框架。

5、社会保险基金预算：是指社会保险经办机构根据社会保险制度的实施计划和任务编制的，经规定程序审批的年度基金财务收支计划。按险种划分为五类八种：企业职工基本养老保险基金、城乡居民基本养老保险基金、城镇职工基本医疗保险基金、新型农村合作医疗保险基金、城镇居民基本医疗保险基金、失业保险基金、工伤保险基金、生育保险基金。

6、“三公”经费预算：“三公”经费是指财政拨款支出安排的因公出国（境）费、公务接待费、公务用车购置及运行维护费。

7、公共预算总财力：反映预算年度内预算资金来源的总规模，包括公共财政预算收入、返还性收入、一般性转移支付收入、专项转移支付收入、下级上解收入及调入资金。公共预算总财力不包括政府性基金预算收入。

8、部门预算：简单地说就是“一个部门一本预算”，完整地反映一个部门的所有收入和所有支出，即一个部门在部门预算之外，不得再有其他收支活动。部门预算的特点就是改变财政资金按性质归口管理的做法，并实行预算内资金和部门事业收入及其他收入收支统管，统筹使用。

9、转移支付（一般、专项）：是政府间的一种补助，是以各级政府之间所存在的财政能力差异为基础，以实现各地公共服务均等化为目标，而实行的一种财政资金转移或财政平衡制度。目前转移支付主要由一般性转移支付和专项转移支付构成。一般性转移支付不规定具体用途，由接受拨款的政府自主使用，包括均衡性转移支付、调整工资转移支付、农村税费改革转移支付、县级基本财力保障机制奖补资金、基层公检法司转移支付、义务教育等转移支付、基本养老保险和低保等转移支付、新型农村合作医疗等转移支付、村级公益事业奖补等转移支付、重点生态功能区转移支付等；专项转移支付又称专项拨款，是有附加条件、规定资金使用范围的转移支付，要求专款专用。目前，专项转移支付主要用于农林水事务、交通运输、节能环保、社会保障和教育等方面。

10、煤炭可持续发展基金：煤炭可持续发展基金（以下简称“基金”）是经国务院批准，财政部批复设立的，2007 年 3 月在我省境内开采原煤的单位和个人缴纳的政府性基金，是我省煤炭工业可持续发展政策措施试点的主要内容之一。基金的计征依据为所开采原煤的实际产量，基金的征收标准按不同煤种、不同矿井规模确定。所征基金主要用于解决企业难以解决的跨区域生态环境治理、支持资源型城市（地区）转型和重点接替产业发展、解决因采煤引起的相关社会问题。2014 年 12 月 1 日已停止征收。

11、村级公益事业建设一事一议财政奖补：指村民通过规范的一事一议筹资筹劳开展村内公益事业建设项目，政府采取以奖代补、民办公助的方式，给予适当财政奖补。其目的是以农民自愿出资出劳为基础，以政府奖补资金为引导，建立多方投入、共同推进的村级公益事业建设投入新机制。

12、保障性安居工程：指政府在对城镇中低收入家庭和农村困难家庭实行分类保障过程中所提供的限定供应对象、住房标准、销售价格或租金标准，具有社会保障性质住房的建设和改造工程。保障性安居工程主要包括建设廉租住房和对低收入住房困难家庭发放货币补贴，建设公共租赁住房、经济适用住房和限价商品住房，实施政府主导的城市棚户区改造，国有林区、垦区和工矿棚户区的改造，国有重点煤矿棚户区改造和农村危房改造。国家要求到“十二五”期末，全国保障性住房覆盖率面达到 20%左右。

13、小微企业：是指从事国家非限制和禁业行业，并符合下列条件的小型微利企业。即工业企业，年度应纳税所得额不超过 30 万元，从业人数不超过 100 人，资产总额不超过 3000 万元；其他企业，年度应纳税所得额不超过 30 万元，从业人数不超过 80 人，资产总额不超过 1000 万元。

14、政府购买服务：是指通过发挥市场机制作用，把政府直接向社会公众提供的一部分公共服务事项，按照一定的方式和程序，交由具备条件的社会办量承担，并由政府根据服务数量和质量向其支付费用。是一种新型的政府提供公共服务方式。

15、财政结转资金：是指结转的财政结余资金中有专项用途、需继续安排使用的资金。一般来说，结转资金都是跨年度使用的。

16、财政结余资金：主要是指行政、事业单位在预算年度内，按照财政部门批复的本部门预算，当年尚未支用的财政拨款资金。

17、政府和社会资本合作 PPP：是政府与社会资本为了合作建设城市基础设施项目，或为提供公共产品或服务而建立的“全过程”合作关系，以授予特许经营权为基础，以利益共享和风险共担为特征，通过引入市场竞争和激励约束机制，发挥双方优势，提高公共产品或服务的质量和供给效率。

18、预算稳定调节基金：是指由政府设立的，从规定范围筹集的，用于调节和平衡预算运行的预算储备资金。基金的安排使用接受同级人大及其常委会的监督。预算稳定调节基金单设科目，增加补充基金时在收入方反映，动用基金时在支出方反映。

19、支出功能科目：是指反映政府管理和主要职能活动的分类科目。分“类、款、项”三级设制。主要分类具体包括：一般公共服务支出、外交支出、国防支出、公共安全支出、教育支出、科学技术支出、文化体育与传媒支出、社会保障和就业支出、社会保险基金支出、医疗卫生与计划生育支出、节能环保支出、城乡社区支出、农林水支出、交通运输支出、资源勘探信息等支出、商业服务业等支出、金融支出、援助其他地区支出、国土海洋气象等支出、住房保障支出、粮油物资储备支出、预备费、国债还本付息支出、其他支出和转移性支出。

20、支出经济科目：是指反映支出的经济性质和具体用途的分类科目。分“类、款”二级设制。主要分类具体包括：工资福利支出、商品和服务支出、对个人和家庭的补助、对企事业单位的补贴、转移性支出、债务利息支出、基本建设支出、其他资本性支出和其他支出。

霍州市人民检察院工作报告

2015年6月3日在霍州市第六届人民代表大会第五次会议上

霍州市人民检察院检察长　王华

各位代表：

现在，我代表霍州市人民检察院向大会报告工作，请予审议，并请各位政协委员和列席会议的同志提出宝贵意见。

2014年检察工作开展情况

2014年，我院在中共霍州市委和上级检察机关的正确领导下，在市人大有力的监督下，在市政府、政协及社会各界的支持配合下，认真贯彻落实党的十八大和十八届三中、四中全会精神和习近平总书记系列重要讲话精神，紧紧围绕全市中心工作，忠实履行检察职能，为我市的经济、社会发展提供了有力的司法保障，各项检察工作取得了新的进步。

一、充分发挥检察职能，积极服务全市发展大局

坚持把服务大局作为检察工作的根本任务，立足本职，用心把握，找准定位，服务发展。

一是着力优化发展环境。围绕市委、市政府确定的中心工作，我院出台服务和保障实施方案，细化措施，明确责任，针对性地服务地方经济和民生事业发展。为积极服务全市重点工程项目，我院提供行贿犯罪档案查询76次，保障政府投资安全；为方便群众了解检务活动，提供便捷服务平台，设立检察业务服务大厅，实行一站式服务。

二是着力维护社会稳定。认真履行维护社会和谐稳定的责任，在严惩各种严重刑事犯罪的同时，积极贯彻宽严相济刑事政策，对犯罪情节轻微的犯罪嫌疑人不批捕44人、不起诉5人，努力在检察环节化解矛盾，最大限度地减少社会对抗。

三是着力化解社会矛盾。始终把涉检信访作为一项重要政治任务，坚持检察长接访制度，敞开办公室，主动热情接待群众，让群众申诉畅通无阻。同时，注重做好帮、办、劝等工作，使信访人及时息诉罢访，促进社会矛盾化解。共依法妥善处理群众来信52件、来访86人（次），有5件久访不息的案件得到化解。

四是着力保护民生民利。积极开展“破坏环境资源和危害食品药品安全犯罪专项立案监督活动”，监督立案2件3人，批捕5件7人。深入开展查办发生在群众身边、损害群众利益的职务犯罪专项工作，重点查处了一批贪污挪用政府专项补贴资金、国家企业补偿、赔偿征地、拆迁款项的职务犯罪，让群众从司法上感受到国家对民生的发展与保护。

二、严格批捕、依法起诉，积极维护社会和谐稳定

自觉把检察工作融入到霍州市的发展大局，充分发挥教育、打击、监督等职能作用，为我市经济发展、社会和谐提供强有力的保障。

一是严格批捕、依法起诉。按照稳定是第一责任的要求，始终把维护社会和谐稳定作为首要任务，依法履行批捕起诉职责，扎实做好检察环节维护社会稳定的各项工作。对于严重危害国家和人民利益、严重影响社会稳定和群众生命财产安全的犯罪重拳出击、严厉打击，通过打击保稳定。2014年，共受理公安机关提请批准逮捕案件88件149人；经审查批准逮捕70件104人。受理移送审查起诉案件137件214人，经审查提起公诉116件189人，报送临汾市院审查9件11人，不起诉4件5人。

二是积极维护未成年人合法权益。率先成立临汾市首家未成年人刑事检察科，积极维护未成年人合法权益，为他们重新回归社会创造条件。根据未成年人犯罪案件的特殊情况，我们采取分案起诉、亲情会见、心理矫治、法律援助等保护性措施，着力构建“捕、诉、监、防”四位一体的工作模式，受理提请未成年人批捕案件9件32人，全部办结。同时注重预防未成年人犯罪工作，深入学校、看守所开展法制讲座4次，使千余名未成年人接受了法制教育。

三是积极参与社会管理创新。一是坚持把化解社会矛盾贯穿于执法办案始终，认真开展矛盾纠纷排查，畅通群众诉求。二是认真落实涉检社会管理各项措施，加强对社区矫正各个执法环节的法律监督，对发现的问题及时提出检察建议，并监督落实。三是充分发挥基层检察室作用，将检察职能延伸至最基层，更便捷地服务群众，深入到乡镇、学校、机关单位开展法制宣传活动12次，充分发挥检察监督职能。

三、加大查办和预防职务犯罪力度，推进反腐倡廉建设

坚决贯彻市委、上级检察机关关于反腐败斗争的决策部署，坚持大案、小案一起查，惩治、预防两手抓，努力遏制和减少职务犯罪。

一是严肃查办职务犯罪案件。以市委政府关注、群众反映强烈、影响发展稳定的大案要案为重点，进一步加大办案力度。全年共立案侦查贪污贿赂大要案17件20人，立案侦查渎职侵权案件4件5人。工作中，我院从人民群众最关心、最直接、最现实的利益问题入手，把查办侵害农民利益、破坏国家惠农政策的职务犯罪作为突破口，查办此类案件5件5人，辛置镇南下庄村杨某某贪污国企补偿款10万元，被判处有期徒刑10年。

二是强化预防职务犯罪工作。坚持惩防并举、预防为先的方针，深入开展预防职务犯罪工作。认真落实职务犯罪惩防年度报告制度，向上级机关和有关部门提供工作情况，对重点行业、重点领域职务犯罪发案特点、发展趋势，提出防治对策，为反腐倡廉提供参考。充分发挥“检察建议”的作用，切实开展预防工作。分别向有关单位下发检察建议7份，督促他们整章建制、完善管理，收到了很好的社会效果和法律效果。积极开展预防职务犯罪工作的宣传教育。结合办案，剖析典型案例，利用农村庙会期间宣传预防职务犯罪10次，发放宣传资料3000余份。与霍州煤电集团共同举办“坚持务实清廉，促进廉洁从业”反腐倡廉知识竞赛决赛。撰写的《探索检企共建制度约束机制，深化检企联手预防职务犯罪》一文在省院《预防专刊》上发表，我院拍摄首部预防职务犯罪微电影《墨宝》，并获得最高检三等奖。

三是努力化解社会矛盾。及时研判社会矛盾动态，工作岗位前移，面对群众集体上访、实名举报的信访案件现象，件各项工作推进到乡、村一级，实地现场办公，将矛盾化解到基层。敏锐地发现渎职行为背后的贪污贿赂犯罪，我们通过案件的查处，不仅促进了国家机关工作人员依法行政，而且在乡镇开展以案说法，对农村干部起到很大的教育和警示作用。

四、全面加强诉讼监督，努力维护司法公正

全面加强对立案、侦查、审判、执行等各环节的法律监督，积极顺应人民群众对司法公正的新要求、新期待，全面加强和改进诉讼监督，努力维护司法公正。

一是加强立案监督。重点监督有案不立情形，监督立案10件10人；二是加强侦查监督。与霍州市公安局、临汾市公安局霍东分局联合开展“久立不决”刑事案件专项执法检查活动，已查处并纠正违法案件16件/次；三是加强审判监督。坚持罪刑相适应原则，积极提出量刑建议3件3人；四是加强刑罚执行监督。对看守所及在押人员执法守法活动实施有效监督，查办职务犯罪1件1人，发出纠正违法通知书11份。同时加强对社区矫正人员管理活动监督，防止监外服刑人员脱管漏管。另外，民行监督、警务管理、信息调研等工作都有了新的进展。

五、推进科技强检，努力提升检务保障水平

高度重视信息技术与检察工作的深度融合，以现代科技手段提升检察工作管理水平，建成了综合业务应用系统平台，全面推进网上办公办案。

一是推进办案信息化。建成了功能齐全、设备完善的警务区，实行监控和录音录像同步进行；装备了视频会议系统，完善了检察专线网，每名办案干警配有电脑，信息化硬件设施全面提升。检察机关统一业务应用系统上线运行，实现网上自动化办公，所有检察业务工作都在网上实行动态管理和监督。

二是创新案件管理工作，发挥办案流程监管职能。制定出台《霍州市人民检察院刑事案件受理细则（试行）》，实现了规范侦查活动、提升案件质量、提高诉讼效率动态监督作用。一年来，共受理流转各类案件225件363人，其中审查逮捕案件88件149人，受理流转公诉类案件 137 件 214 人。案件管理工作在全临汾市检察系统名列前茅。

三是切实加强内部监督制约。我院切实加强内部制约，保障办案安全，制定办案安全预案 17 份，检察长指派安全监督员 12 人/次，签订安全责任书 12 份。落实办案安全责任四项措施，规范“一案三卡”制度，严格执行讯问职务犯罪嫌疑人全程同步录音录像制度，确保办案绝对安全。

六、听党指挥，接受监督，确保检察权依法正确行使

坚持检察机关的政治属性，始终铭记检察权来源于人民，向人民负责，受人民监督。切实加强自身监督。

一是坚定党的领导、主动接受人大监督。毫不动摇地将检察工作置于党的领导之下，坚持重大事项党内请示报告制度，确保党的方针、决策和重大工作部署在检察机关的全面落实。坚持把人大监督作为促进检察工作的强劲动力，多渠道听取人大代表对检察工作的意见。认真办理人大及其常委会交办、转办的案件或事项，做到件件有着落、事事有回音。按照市人大常委会的要求，通过年初建帐、年中查帐、年底交帐的方式，定期报告工作开展情况。高度重视与人大代表、政协委员的联络工作，对人大代表、政协委员提出的建议意见全部办结并及时给与答复。

二是打造霍州“阳光检察”亮点，诚恳接受民主监督和社会监督。主动接受群众监督，以公开促公正、赢公信。根据省院统一安排，我院积极开展“阳光检察”活动，完善检察业务大厅建设，提供“一站式”便民服务，同时，凡是依法可以公开的检务活动，一律公开，提高人民群众对检察工作的知晓率，提高检察工作的透明度。我们以最贴近群众的派出检察室为切入点，在企业及乡村设立联络站，固定联络员互通信息，及时掌握情况，形成具有霍州特色的“室、站、员”三级互动网络。

三是强化对自身司法活动的监督。大力推行司法办案精细化、适用法律条文精准化，把办案的流程、规范、责任和风险，分解和细化到每一个司法环节和办案人员，有效促进了司法规范化。监督纠正司法不规范行为 23 件/次。对不捕不诉案件、职务犯罪案件开展专项督察活动，及时发现和纠正司法办案中的突出问题。

七、加强队伍自身建设，着力提高办案服务水平

始终把队伍建设作为基础性、战略性工程，全面加强检察队伍建设。

一是加强思想政治建设。深入学习贯彻党的十八大、十八届三中、四中全会和习近平总书记系列重要讲话精神，加强检察机关党的建设。根据市委统一部署，认真开展了党的群众路线教育实践活动，在努力建设一支对党忠诚，让人民满意的检察队伍上下功夫、抓落实。

二是加强领导班子建设。认真落实好民主集中制度，坚持重大问题由党组会议讨论决定，重大案件由检委会讨论决定，依靠领导班子集体的智慧和力量推动检察工作深入全面开展。

三是加强队伍素质建设。以执法办案一线干警为重点，扎实开展岗位练兵、业务竞赛等活动。对全院干警进行了计算机知识和统一业务系统应用培训。全院参加外派学习 36 人次，外出考察 53 人次。加强检察理论研究和信息工作。共组织撰写检察理论研究和调研文章 45 篇，其中 3 篇被《方圆》杂志、《人民代表报》等国家级报刊采用，12 篇被省级报刊采用。

四是加强纪律作风建设。认真贯彻落实中央八项规定、紧盯“四风”问题，制定了具体实施细则。切实精简会议、文件，规范公务接待和公车使用，机关文风、会风和工作作风明显好转。同时制定落实“两个责任”的具体举措，列出责任清单，实行严格问责制度。我院党风廉政建设得到进一步提高。

通过科学的管理，各项工作亮点频现，全年共有3个集体、9名干警被市委、上级检察机关予以表彰。2014年度我院再次被临汾市院评为先进单位，被授予“地级文明单位”称号。档案工作继续保持省级“示范档案室”的称号。

各位代表，一年来我院各项工作取得了较好的成绩，这是市委、上级检察机关正确领导的结果，是市人大有力监督的结果，也是市政府、政协以及广大人民群众关心、支持、帮助的结果。在此，我代表全院检察干警，向各位代表、政协委员和所有关心支持检察工作的同志们，表示衷心地感谢！

回顾一年来的工作，我们清醒地认识到，我院各项工作还存在不少的问题和不足。一是服务大局的针对性和有效性有待进一步增强；二是检察职能的发挥与人民群众对反腐败、司法公正的期望还有较大差距；三是队伍素质还不能完全适应新形势、新任务的要求，专门性人才相对缺乏，违纪事件时有发生。对此，我们将坚持问题导向，在今后的工作中认真加以解决和改进。

2015年工作思路和主要任务

各位代表，今年是全面推进依法治国的开局之年，也是推动检察工作科学发展、再上新台阶的关键之年。我们工作的总体思路是：深入学习贯彻党的十八大、十八届三中、四中全会和习近平总书记系列重要讲话精神，按照市委和上级检察机关的安排部署，以服务我市总体发展部署为引领、以维护社会公平正义、加大查办职务犯罪力度为重心、以严格规范执法、提高司法公信力为途径、以建设一支过硬检察队伍为抓手，更好地发挥检察职能，为我市跨越发展、长治久安提供坚强有力的司法保障。围绕这一思路，今年要重点抓好以下几方面的工作。

一、以服务大局为重，努力在保障中心工作上有更大作为

坚持检察工作为中心工作服务的政治理念，以维护社会稳定、营造良好发展环境为重点，进一步增强服务大局的政治意识。保持严厉打击刑事犯罪高压态势不动摇。对严重危害社会安全，危害人身和财产安全的杀人、抢劫、盗窃、诈骗等刑事犯罪，从快批捕，及时起诉，涉及命案要提前介入。对危害环境、危害食品安全的犯罪，更要作为打击的重中之重，并全程实施监督，确保打击从重从快。保持查办职务犯罪高压态势不动摇。本着有腐必反、有案必查的办案理念，继续深入查办各类职务犯罪案件，尤其是发生在民生领域中的贪污贿赂案件，要一查到底，并注重查处此类案件背后的渎职行为，打击不作为与滥作为，促进国家机关工作人员树立严格履职理念。

二、以人民利益为上，努力在维护民生民利上有更大作为

坚持司法为民的检察本色，以人民群众安居乐业为根本目标，立足检察职能保障群众的司法关切。重视群众涉检信访，坚持开门接访，做到有举报必受理、有来访必接待，属于检察职权范围的，有受理必调查、有调查必答复；超出受理范围的，耐心解释，及时转办。关切发生在群众身边、侵害群众利益的犯罪案件。认真开展省委组织的“清理三资活动及信访专项活动”和省检察院组织的“查处发生在农民群众身边的职务犯罪案件的专项活动”，将农村反腐作为今年的重点工作，组织全院力量深入开展查处。

三、以法律监督为本，努力在促进司法公正上有更大作为

坚持国家法律机关的宪法定位，全面开展法律监督。认真履行立案监督与侦查监督职责，重点监督有案不立、久立不决问题，严把批准逮捕关，重证据、重程序、重办案的社会效果。认真履行审判监督职责，正确运用法律手段，对刑事审判、民事审判、行政审判活动及执行工作全面监督。对确有错误的裁判，要敢于提起抗诉，对执行中的违法行为要敢于纠正，确保公正司法，促进法制霍州建设。

四、以过硬队伍为基，努力在加强自身建设上有更大作为

坚持监督者更要接受监督的司法理念，自觉接受人大监督和人民群众的监督，强化对检察权的监督制约，确保检察权的依法正确行使。认真开展规范司法行为专项整治活动，确保严格公正执法，切实提高司法公信力。深入推进“阳光检察”工程，积极构建开放透明的检务公开机制。大力加强领导班子建设、队伍建设和纪律作风建设，落实“两个主体责任”，深入开展“三严三实”活动，加强党员干警管理。坚持从严治检，持之以恒地反对“四风”，严肃查处检察人员违纪违法问题，努力打造一支信念坚定、执法为民、敢于担当、清正廉洁，让党和人民满意的检察队伍。

各位代表，新的一年，检察工作重担在肩，使命光荣。全院干警决心在市委和上级检察机关的坚强领导下，在市人大的监督支持下，牢记全市人民的期待和重托，认真贯彻落实本次人大会议精神和决议，进一步解放思想、坚定信心、振奋精神、真抓实干，努力在新的起点上开创霍州检察工作的新局面，为建设文明和谐、美丽富裕的新霍州做出新的更大的贡献！

大 事 记

2015 年大事记

1 月

省、市政法工作电视电话会议召开

1 月 5 日 山西省、临汾市相继召开政法工作电视电话会议。霍州市委常委、统战部部长刘国平，市人民法院院长杨建民，市政府党组成员、公安局局长王文艺及检察院、司法局等部门的有关负责人在霍州分会场收听收看会议。

市委中心组召开专题学习会

1 月 5 日 霍州市委中心组召开专题学习会，贯彻传达中央、山西省会议精神。会议由霍州市委书记陈纲主持。霍州市领导崔山原、王国平、陈占平、郑效锋、黄晓君、高雅铭等参加会议。

趴蜡庙民间鼓乐艺术协会成立

1 月 6 日 趴蜡庙民间鼓乐艺术协会召开首届代表大会，霍州市政府副市长朱源洪、政协副主席薛云彪出席，50 余名民间鼓乐爱好者参加会议。

安全生产工作例会召开

1 月 7 日 霍州市召开安全生产工作例会。市委副书记、市长崔山原，政府副市长郭宏生，政府党组成员、公安局局长王文艺，市长助理周武俊及各乡（镇、街道）、安全生产工作委员会成员单位、驻霍企业等相关部门有关负责人参加会议。会议由政府副市长郭宏生主持。市委副书记、市长崔山原作了强调。

徐树荣到霍州调研

1 月 9 日 临汾市人大常委会主任徐树荣深入霍州市就学习讨论落实活动开展情况进行调研。霍州市领导陈纲、崔山原、高雅铭、安志勇等陪同。徐树荣对霍州开展学习讨论落实的情况给予肯定，并提出要求。

学习讨论落实活动工作推进会召开

1 月 13 日 霍州市召开学习讨论落实活动工作推进会。对学习讨论落实活动重要任务分工和进度进行安排部署。市委常委、组织部部长周文伟出席会议。市学习讨论落实活动各督导组及牵头单位负责人参加会议。市委常委、组织部部长周文伟在会议提出要求。

霍州市成功创建全国计生优质服务先进单位

1 月 14 日 霍州市成功创建全国计划生育优质服务先进单位，荣获全省 2014 年人口和计划生育工作目标管理责任制考核先进县市，为临汾市唯一一家获此两项殊荣的县市，标志着霍州市计生工作实现新突破，跻身全国先进行列。

市委常委会议召开

1 月 16 日 霍州市委召开常委会议，会议在学习贯彻十八届中央纪委五次全会精神的同时，就市委常委班子反思剖析材料进行研究讨论。市领导陈纲、崔山原、周文伟、陈占平、郑效锋、黄晓君、高雅铭、刘国平、晋英俊等参加会议。市委书记陈纲作了强调。

临汾市道路安全工作考核组莅霍考核

1月19日 临汾市道路交通安全工作考核组莅临霍州市，就全市2014年度道路交通安全工作进行考核。

安排部署春节文化活动

1月21日 霍州市召开专门会议对春节文化活动进行安排部署。市委常委、宣传部部长黄晓君，市政府副市长朱源洪出席会议。春委会各成员单位负责人参加会议。

市长崔山原在化工公司调研

1月21日 霍州市委副书记、市长崔山原，政府副市长郭宏生带领环保、安监等部门有关责任人在市化学工业有限责任公司就企业安全生产、环保等方面进行调研。

刘正辉一行在霍州调研

1月23日 山西省文物局副局长刘正辉一行在霍州市就文物的修缮和保护工作进行调研。霍州市委副书记、市长崔山原，市政府副市长朱源洪，市政协副主席、文物局局长薛有生陪同调研。

乔建军一行莅霍观摩

1月23日 临汾市委常委、统战部长乔建军带领临汾市北片9个县区统战部部长对霍州市统战部门合署办公及部分重点工程进展情况进行观摩。霍州市领导陈纲、崔山原、高雅铭、刘国平陪同。乔建军肯定霍州市合署办公推进情况，要求其他县市将霍州的经济做法推广，开创出具有临汾特色的统战部门合署办公新模式。

市委召开全委会议

1月26日 霍州市委召开全委会议，就市委常委班子反思剖析报告征求意见。市领导陈纲、王国平、周文伟、陈占平、郑效锋、黄晓君、高雅铭、刘国平、晋英俊出席会议。市委全委会组成人员及候补委员等参加会议。市委常委、市委秘书长高雅铭宣读市委常委班子反思剖析报告。市委书记陈纲作了强调。

学习中纪委五次全会精神专题培训举办

1月27日下午 霍州市举办学习中纪委五次全会精神专题辅导培训。市领导陈纲、王国平、周文伟、陈占平、郑效锋、黄晓君、晋英俊等四套班子领导，市直部门负责人，各乡（镇、街道）书记、乡镇长、市直单位、系统单位纪检组长以及纪委纪检监察干部260余人参加学习。

预防职务犯罪会议召开

1月27日 霍州市召开第二次预防职务犯罪工作会议。市领导陈纲、郑效锋、刘国平、安志勇、田晋川、沈晓静、王华出席会议。

城乡总体规划评审会召开

1月30日 霍州市召开2012—2030年城乡总体规划评审会。山西省住建厅副厅长、教授级高级规划师、注册规划师李锦生，省住建厅副巡视员、城乡规划处处长、注册规划师郭廷儒，临汾市规划局总规划师、高级工程师李万成等评审组组成人员出席会议。霍州市委常委、常务副市长陈占平介绍了霍州市发展概况和城乡总体规划情况。

2月

省新闻出版局为霍州市捐赠图书

2月3日 山西省新闻广电出版局、省出版传媒集团将价值近10万元的3000多种

5000余册图书分别捐赠给南环路街道中学和南环路街道东湾小学。山西省新闻广电出版局副局长安洋、山西人民出版社社长李广浩、三晋出版社社长张继红，霍州市领导陈纲、崔山原、王国平、胡韩平等出席捐赠仪式。

临汾市安全生产电视电话会召开

2月4日 临汾市召开安全生产电视电话会议，霍州市领导崔山原、陈占平、朱源洪、薛泽会、郭宏生、周武俊及各乡（镇、街道）、市直单位、安委会成员、驻霍企业负责人在霍州分会场参加会议。会议通报2014年安全生产情况，全面部署2015年安全生产重点和安全生产大检查工作。

徐树荣等在霍州调研

2月9日 临汾市人大常委会主任徐树荣在霍州市就学习讨论落实活动的开展情况进行调研。霍州市领导陈纲、周文伟、安志勇等一同调研。徐树荣一行来到学习讨论落实活动包联点大张镇，霍州市领导王国平、陈占平、郑效锋、黄晓君、晋英俊等出席了座谈会。同日，临汾市人大常委会主任徐树荣、副主任仇振刚在霍州市领导陈纲、崔山原、周文伟、安志勇的陪同下，走访慰问环卫工人和社会福利中心的五保老人，为他们送去慰问品和慰问金。

霍州市筹划2015年重点工作

2月9日晚 霍州市召开四套班子扩大会议，对2015年重点工程重点工作进行筹划。陈纲、崔山原、王国平、周文伟、陈占平、郑效锋、黄晓君、高雅铭、刘国平、晋英俊等四套班子领导出席会议。市委书记陈纲主持会议。陈纲、崔山原分别作了讲话。

六届人大常委会第二十四次会议召开

2月10日 霍州市六届人大常委会第二十四次会议召开。市人大副主任安志勇、张根生、董文平，市六届人大常委会组成人员参加会议。政府副市长朱源洪、市人民法院院长杨建民，市人民检察院检察长王华、人大机关各委室主任、副主任、各乡（镇、街道）人大主席（工委主任）出席会议。会议听取审议了市人大常委会年末“交账”检查组关于《2014年“三账监督”年末“交账”检查情况的报告》、市人大常委会主任会议《关于提请罢免韩会明、陈海梅临汾市第三届人民代表大会代表职务的议案》、市人大常委会主任会议《关于同意大张镇西张村选区启动罢免韩会明霍州市第六届人民代表大会代表职务程序的议案》。会议审议通过其他人事免职事项。

霍州市六届五次全委扩大会议召开

2月12日 中共霍州市第六届委员会举行第五次全体扩大会议。市领导陈纲、崔山原、郑效锋、黄晓君、高雅铭、刘国平、晋英俊参加会议，市委委员、候补委员参加会议，其他市级领导，各乡（镇、街道）党政负责人，市直各单位、各条管单位负责人列席会议。市委书记陈纲主持会议并作全委会工作报告，总结2014年工作，科学谋划2015年工作。市委副书记、市长崔山原宣读《中共霍州市委关于贯彻落实党的十八届四中全会精神加快推进法治霍州建设的实施意见》讨论稿，会议表决通过《市委全委会工作报告》，审议通过《中共霍州市委关于贯彻党的十八届四中全会精神，加快推进法治霍州建设的实施意见》，对常委会抓基层党建工作情况进行评议。

市领导看望市级离退休干部

2月12日 霍州市委副书记、市长崔山原，市委常委、常务副市长陈占平先后走访晋从华、曹生喜、王祁、王文郁、房伯玉、张志忠、叶随珠、池化民、赵子俊、梁红旗等离退休老干部，为他们送去亲切的慰问。

全市三级干部大会召开

2月12日 霍州市三级干部大会在市影剧院召开。会议总结盘点2014年各项工作，安排部署2015年工作任务，动员全市上下立足新常态、谋求新发展，克难攻坚、拼搏争先，奋力夺取转型跨越，富民强市新胜利。副县级以上领导、驻霍企业领导、各行政事业单位、各系统单位负责人、名乡（镇、街道）班子成员、行政村支部书记、村委主任，离退休老干部等700余人参加会议。会议由市委常委、常务副市长陈占平主持。市委副书记、市长崔山原回顾总结2014年全市各项工作，安排部署2015年工作任务，明确全年经济工作新要求，市长崔山原作《立足新常态，谋求新发展奋力夺取转型跨越富民强市新胜利》的报告。市委书记陈纲作题为《提振精神气，适应新常态，为全面推进整体率先发展而努力奋斗》的重要讲话。

市领导检查烟花爆竹经营点

2月16日 霍州市委副书记、市长崔山原，政府副市长郭宏生，市政府党组成员、公安局局长王文艺，市长助理周武俊等领导带领公安、消防、安监等部门对全市范围内的烟花爆竹经营点进行检查。

市领导在三教乡调研

2月25日 陈纲、崔山原、王国平、刘国平、安志勇等四套班子领导深入三教乡，就市乡公路绿化工作，中低产田改造项目进行调研。为基层党员干部送上新春祝福，了解了农村各项工作开展情况。

公安工作会议召开

2月26日 霍州市召开全市公安工作会议。市委常委、统战部部长刘国平出席会议。会上，市政府党组成员、公安局局长王文艺在总结2014年公安工作的基础上对2015年工作进行讲话。

3月

霍州市召开2014年度目标责任考核会

3月2日 霍州市召开2014年度目标责任考核会。临汾市人大常委会主任徐树荣、临汾市2014年度目标责任考核组组长雷瑞庭，霍州市领导陈纲、崔山原、王国平、周文伟、陈占平、郑效锋、黄晓君、高雅铭、刘国平、晋英俊等出席会议。市委书记陈纲对霍州市2014年度目标责任完成情况进行介绍，徐树荣对霍州市在过去的一年中取得的成绩予以充分肯定，并提出要求。

市委常委会召开专题会

3月4日 霍州市委常委会在市委四楼会议室召开2015年强化“两个责任”落实专题会议，研究部署全市落实“两个责任”和推行落实“四述两谈”制度工作事宜。会议由市委书记陈纲主持。会议传达贯彻中纪委十八届五次、省纪委十届五次、临汾市纪委三届五次等会议精神，听取《霍州市2015年落实“两个责任”推行落实“四述两谈”制度实施方案意见稿》，进行研究讨论。

市领导与全市人民欢度元宵佳节

3月5日 市领导陈纲、郑效锋、高雅铭、朱源洪、郭宏生等与广大群众共度元宵佳节。“中国梦·霍州情”2015年元宵节文艺活动汇演在滨河南路农贸市场广场、中镇文化广场精彩上演。

临汾市“六权治本”调研组莅霍调研

3月9日 由临汾市委副秘书长、政策研究室主任朱耀洪带领的临汾市“六权治本”

专项调研组在霍州市就“六权治本”推进情况进行调研。霍州市委常委、纪委书记郑效锋出席座谈会，作工作汇报。朱耀洪对霍州市“六权治本”工作给予肯定，提出要求。

“中国梦·霍州情”千名干部越野赛举行

3月10日　“中国梦·霍州情”4名干部越野赛在霍东大道举行。霍州市领导陈纲、崔山原、黄晓君、高雅铭、刘国平及部分离退休老干部、全市副科级以上领导干部参加比赛。经过激烈角逐，市红十字会的薛炜和市志办的赵学惠分别摘得男子组和女子组的桂冠。这是霍州市连续第5年举办科级干部越野赛。

霍州市召开专题会议部署专项整治工作

3月10日　霍州市召开专题会议，就学习讨论落实活动专项整治工作进行安排部署。临汾市委学习讨论落实活动督导组组成人员及霍州市领导陈纲、崔山原、周文伟、陈占平、郑效锋、黄晓君、高雅铭、刘国平、晋英俊等参加会议。各乡（镇、街道）、各市直单位负责人及市委学习讨论落实活动各督导组成员参加会议。会议由市委副书记、市长崔山原主持。临汾市委学习讨论落实活动督导组组长雷瑞庭在会上作了强调。市委书记陈纲，市委副书记、市长崔山原分别提出要求。

市级领导廉政座谈会召开

3月11日　霍州市召开推行“四述两谈”制度市级领导廉政座谈会。市领导陈纲、崔山原、陈占平、郑效锋、黄晓君、高雅铭、刘国平参加会议。会议由市委常委、纪委书记郑效锋主持。会议学习贯彻中纪委、省纪委、临汾市纪委会议精神，宣读中纪委、省纪委党风廉政建设责任追究典型案件通报情况。市委副书记、市长崔山原，市委书记陈纲分别作了强调。

市纪委六届五次全会召开

3月13日　霍州市第六届纪律检查委员会第五次全体会议在市委党校会议室召开。全会的主要任务是学习贯彻中纪委十八届五次全会、省纪委十届五次全会和临汾市纪委三届五次全会精神，回顾总结2014年全市党风廉政建设和反腐败工作，研究部署2015年的工作任务。市委书记陈纲出席大会并讲话。市委副书记、市长崔山原主持会议。市委常委、纪委书记郑效锋向大会作题为《坚定政治立场 聚焦主业主责 奋力开创党风廉政建设和反腐败斗争新局面》的工作报告。全市副县级以上领导干部，各乡（镇、街道）党政一把手、纪委书记，市直单位、条管单位主要负责人、纪检组长，市纪委委员及纪委机关全体人员参加会议。临汾市纪委监察一室主任武文军应邀出席会议。会议期间，与会人员观看警示教育片，全市纪检监察干部分组讨论《工作报告》。会议审议通过《工作报告》及会议决议，通报2014年案件查办情况。

霍州市启动查黄赌毒序幕

3月16日　市公安局出动500余名警力，对全市范围内宾馆、酒店、洗浴桑拿、歌厅、网吧等各类娱乐场所进行拉网式清查整治，拉开霍州市打击黄赌毒行动的序幕。市委常委、统战部长刘国平，市政府党组成员、公安局长王文艺出席启动仪式。市委常委、统战部长刘国平宣布活动启动。

临汾市从严治党视频会召开

3月18日　临汾市召开坚持从严治党、落实主体责任报告会。会议听取临汾市各县（市、区）就从严治党、落实主体责任工作情况汇报。临汾市委书记罗清宇主持会议并作重要讲话。霍州市领导陈纲、崔山原在临汾主会场参加会议。霍州市领导周文伟、陈占平、郑效锋、黄晓君、高雅铭、刘国平、晋英俊等及各乡（镇、街道）负责人、市直各单位负责人等在霍州分会场收听收看会议。

推行“四述两谈”制度乡镇廉政座谈会召开

3月19日 霍州市召开专题会议，就推行“四述两谈”制度与各乡（镇、街道）党政负责人、纪检干部进行廉政座谈。市领导陈纲、崔山原、郑效锋及各乡（镇、街道）党政负责人、纪检干部等参加会议。会议由市委常委、纪委书记郑效锋主持。市委书记陈纲，市委副书记、市长崔山原分别讲话。

市六届人大常委会二十五次会议召开

3月20日 市六届人大常委会第二十五次会议召开。市人大副主任安志勇、董文平、张根生出席会议，乡（镇、街道）人大主席（主任）及常委会组成人员参加会议，政府副市长薛泽会、法检两院负责人等列席会议。会议由安志勇主持。会议听取审议市政府《关于提请审议霍州市城乡总体规划（2014—2030年）的议案》；审议通过市人大常委会代表资格审查委员会《关于罢免韩会明霍州市第六届人民代表大会代表职务情况的报告》；审议通过市人大常委会主任会议《关于同意三教乡杜庄村选区启动罢免成平霍州市第六届人民代表大会职务程序的议案》；审议通过市人大常委会主任会议《关于同意陶唐峪乡成庄村选区启动罢免成星华霍州市第六届人民代表大会代表职务程序的议案》。

临汾市经济督查组莅霍督查

3月23日 临汾市一季度经济工作实现“开门红”督查组在霍州市督查。市委副书记、市长崔山原，政府副市长郭宏生一同督查。

市领导在霍煤集团现场办公

3月24日 霍州市委书记陈纲，市委副书记、市长崔山原在霍州煤电集团就保障性住房建设进行现场办公。市委常委、常务副市长陈占平，市委常委、市委秘书长高雅铭，政府副市长田晋川等一同现场办公。

王振富在霍调研

3月25日 临汾市市委常委、临汾军分区政治委员王振富在霍州市就人武部工作进行调研。霍州市委书记陈纲参加调研。王振富肯定了近年霍州市人武部的工作。

全市党务工作会议召开

3月26日 霍州市党务工作会议在市委新三楼会议室召开。会议对过去一年组织、宣传、政法、统战工作进行集中“检阅”，安排部署2015年党务工作任务，动员全市各级党组织和广大党员干部锐意进取，克难攻坚，真抓实干，以新的作为适应经济和社会发展新常态，推进全市党务工作再上新台阶。全市副县级以上领导，各乡（镇、街道）党政一把手和分管党务工作的副职，市直行政事业单位负责人，各市直工委、非公工委书记及部分党组织在霍州的条管单位负责人180余人参加会议。市委书记陈纲作重要讲话。会议由市委副书记、市长崔山原主持。会上，市委常委、组织部长周文伟作组织工作报告；市委常委、宣传部长黄晓君作宣传工作报告；市委常委、统战部长刘国平作政法和统战工作报告。市委书记陈纲、市委副书记、市长崔山原分别作了强调。

推行“四述两谈”市直单位廉政座谈会召开

3月26日 霍州市召开推行“四述两谈”制度市直单位廉政座谈会。市委副书记、市长崔山原，市委常委、纪委书记郑效锋及市直部门负责人参加会议。会议传达贯彻省纪委十届五次、临汾市纪委三届五次全会精神，通报近期中纪委、省纪委关于党风廉政建设责任追究典型案件。部分市直部门负责人分别结合本职工作，畅谈对党风廉政建设的认识、体会，分析存在问题的原因，提出下一步整改方案及打算。市委常委、纪委书记郑效锋提出要求，市委副书记、市长崔山原作了强调。

朱文均勇摘香港国际武术大赛三金一银

3月26日至28日 在香港举办的2015年“新貓豸杯”第十三届香港国际武术节武术套路大奖赛上，霍州市太极拳选手朱文均分别获得男子陈式太极拳、陈式太极剑和太极推手对练竞赛项目的3枚金牌，获得男子通背拳项目1枚银牌。为家乡增光添彩。

4月

霍州威风锣鼓勇夺锣鼓大赛桂冠

4月3日 临汾帝尧古都文化旅游节锣鼓大赛举办，来自临汾市8支队伍参加比赛，霍州市威风锣鼓勇夺锣鼓大赛赛桂冠。

省委巡视二组巡视霍州市工作动员会召开

4月7日 省委巡视二组巡视霍州市工作动员会在霍州市委党校六楼会议室召开，就霍州市开展巡视工作进行安排部署。省委巡视二组正厅级副组长杨有才、临汾市人大常委会主任徐树荣出席会议并作重要讲话。省委巡视二组其他成员出席会议。霍州市四套班子领导、其他副市级领导、各乡（镇、街道）党（工）委书记、乡镇长、街道办事处主任、市直各部门主要负责人参加会议。会议由市委书记陈纲主持。杨有才、徐树荣分别讲话。市委书记陈纲作表态发言，会议对霍州市四套班子领导干部进行民主测评和问卷调查。

市委书记陈纲在国电霍州发电厂调研

4月8日 霍州市委书记陈纲在国电霍州发电厂就生产运营情况和存在的困难进行调研，强调：企业要坚决杜绝安全事故，要适应新常态，培育新的经济增长点，延伸新的产业链。

市委召开常委会研究讨论党建工作

4月13日 霍州市委召开常委会议，就进一步加强党建工作进行讨论研究。市领导陈纲、崔山原、周文伟、陈占平、郑效锋、黄晓君、高雅铭、刘国平参加会议。市人大副主任安志勇列席会议。确定市委书记履行基层党建第一责任“7＋3”项目清单；研究学习讨论落实活动“回头看”工作，分析评估报告及问题清单。

霍州市召开企业减负工作会议

4月15日 霍州市召开减轻企业负担促进工业稳定运行工作会议。市委副书记、市长崔山原，政府副市长郭宏生等出席会议。市长崔山原提出要求。

全市农村“领头雁”培训班开班

4月21日 霍州市农村“领头雁”第一期培训班在市委党校正式开班。市委常委、组织部部长周文伟，市委党校常务副校长胡韩平出席开班仪式。各乡镇党委书记、街道办党工委书记、副书记、新当选的村党支部书记和各社区党支部书记239人参加首期培训。第二期培训于4月24日开班，对全市216名乡（镇）长，村（居）委会主任进行为期四天的培训，培训采取专题授课与观摩教学相结合。周文伟部长提出要求。

霍州市召开“大美霍州 最美家庭”工作推进会

4月22日 霍州市召开“大美霍州 最

美家庭”工作推进会。市委常委、市政府党组成员、宣传部部长黄晓君，临汾市妇联副主席梁秋菊出席会议。各乡（镇、街道）相关负责人、市直妇委会主任、各村妇代会主任160余人参加会议。

“中国梦、读书情、书香霍州”表演阅读大赛举办

4月23日 由霍州市总工会主办的主题为“中国梦、读书情、书香霍州”庆“五一”职工表演阅读大赛正式开赛。来自各乡（镇、街道）工会、各系统行业、基层工会的25支代表队的选手参加比赛。市委常委、宣传部部长、市政府党组成员黄晓君、市政府副市长朱源洪等观看比赛。

市长崔山原在七里峪景区现场办公

4月24日 霍州市委副书记、市长崔山原，市政府副市长朱源洪带领住建、规划、交通、国土、旅游等部门在七里峪客运站施工现场、尉候改线段进行现场办公。

全市城乡爱国卫生清洁运动启动

4月24日上午 全市城乡爱国卫生清洁运动启动仪式在中镇文化广场隆重举行。市四套班子领导出席启动仪式，市委书记陈纲作了重要讲话，市委副书记、市长崔山原主持启动仪式。全市副科级以上干部、住建、教科、交运、运管、环保、水利、交警等单位工作人员及部分老干部组成的10支方队共计2000余人参加。启动仪式上，副市长朱源洪对全市城乡爱国卫生清洁运动进行安排部署，市政府向各乡（镇、街道）发放清洁车辆66辆、垃圾箱13000个。启动仪式后，市级领导和各单位干部职工在各自责任区开展清扫活动。

国防教育宣传活动进行

4月28日是《中华人民共和国国防教育法》颁布实施十四周年纪念日，霍州市市委宣传部和市人武部工作人员走上街头开展宣传活动。霍州市领导黄晓君、李锋、卢卫红和工作人员一起向过往群众发放宣传单，市委常委、宣传部部长、市政府党组成员黄晓君提出要求。

5月

霍州市启动“向不文明行为告别”活动

5月4日 霍州市在州署广场启动“向不文明行为告别”暨第三届青年志愿者服务月活动。市四套班子在家领导、各乡镇、街道党政负责人、部分市直部门负责人参加启动仪式。仪式由市委常委、宣传部部长黄晓君主持，市委书记陈纲宣布活动启动。启动仪式上，市精神文明办向全社会发出“争创文明霍州城、争做文明霍州人”的倡议。团市委、市教科局、北环街道、开元街道负责人分别做表态发言。仪式上，市四套班子领导为霍州市13支志愿者分队授旗，走上街头，向过往市民发放“争创文明霍州城、争做文明霍州人”倡议书。

霍州市安排部署安全生产工作

5月5日 霍州市召开专题会议，就安全生产工作进行安排部署。市领导崔山原、陈占平、薛泽会、郭宏生、田晋川、周武俊出席会议。各乡（镇、街道）党政负责人、市安全生产委员会成员单位负责人等参加会议。会议由政府副市长郭宏生主持。市委副书记、市长崔山原作了讲话。会议回顾一季度安全生产情况，安排部署下一阶段安全生产工作。

学习讨论落实总结暨“六权治本”推进会召开

5月6日 霍州市召开学习讨论落实活

动总结暨“六权治本”推进会。会议主要任务是贯彻落实省、临汾市学习讨论落实活动总结暨“六权治本”推进会议精神，全面总结学习落实活动情况，部署推进霍州市“六权治本”工作。临汾市委第四督导组副组长李俊勇参会指导。副县级以上领导干部，各乡（镇、街道）党政一把手，市直各部门、各单位负责人，市委学习讨论活动办公室内设各组副组长，各督导组组长参加会议。会议由市委副书记、市长崔山原主持。市委书记陈纲总结学习讨论落实活动取得的成果和经验，安排部署“六权治本”工作。

新医院建设项目研讨会召开

5月6日 霍州市召开新医院建设项目规划设计方案研讨会。市领导陈纲、崔山原、朱源洪、郭宏生、薛云彪出席研讨会。市环保局、招商局、人民医院等相关部门负责人及部分离退休老干部参加研讨会。市委书记陈纲在研讨会中作讲话。

抗震救灾演练举行

5月12日上午 霍州市抗震救灾“人员抢救组”检验性应急拉动演练在霍东大道新型工业园区举行。25家单位678人参演，出动车辆68辆。临汾军分区参谋长郑晓明亲临观摩指导，霍州市副市长薛泽会及政府办、应急办相关人员现场观摩演练。

中国流动科技馆巡展走进霍州

5月14日 由霍州市科协、市教育局联合举办的中国流动科技馆霍州巡展在市青少年活动中心正式启动。市委常委、宣传部长黄晓君、副市长朱源洪、政协副主席薛有生出席启动仪式，全民科学素质成员单位负责人及大张镇一中师生共计300余人参加启动仪式，并参观互动科技展。

华润风能发电项目落定霍州

5月12日至5月15日 霍州市委书记陈纲、政府副市长郭宏生带领相关工作人员前往广东汕头招商。经诚恳磋商洽谈，总投资8亿元的华润风能发电项目正式落定霍州。这一总装机容量达10万千瓦的重大调产项目即将于2015年9月开工。该项目的实施，将成为霍州市加快转型发展，促进经济稳步增长的一个新亮点。

省、市“三严三实”专题教育活动电视电话会议召开

5月16日 山西省“三严三实”专题教育活动启动，省委书记王儒林以领导干部要带头认真学习践行“三严三实”为题，为各级领导干部讲专题学习，对专题教育作出安排部署。5月21日，临汾市委书记罗清宇为各级领导干部讲党课，并对全市“三严三实”专题教育作出安排部署。霍州市各级领导干部在霍州分会场聆听专题党课。

市委常委会召开专题会议

5月25日 市委书记陈纲主持召开市委常委会议。市领导崔山原、陈占平、郑效锋、黄晓君、高雅铭、刘国平等参加会议。会议听取六届人大五次会议，政协六届五次会议筹备情况，研究确定会议地点等相关事宜；讨论《政府工作报告草案》《人大工作报告草案》《政协工作报告草案》《法检两院工作报告草案》《2015年财政预算编制草案的说明》《2014年国民经济和社会发展计划执行情况和2015年国民经济社会发展计划报告草案》；安排推行落实党风廉政建设“两个责任”相关制度；讨论霍州市开展“三严三实”专题教育的实施方案、责任分工、协调小组的有关事宜和开展“以群众举报乡村干部腐败为切入点集中解决群众信访诉求问题”专项治理实施方案。

霍州市“三严三实”专题教育活动启动

5月28日 霍州市召开专题会议，对霍州市“三严三实”专题教育进行动员和部署。市委书记陈纲为全市领导干部讲专题党课，全市副市级以上领导、各乡（镇、街道）党政负责人、市直各部门负责人参加会议，聆听党课。市委常委、组织部长周文伟对“三严三实”专题教育作出安排部署。

全省金融振兴会议召开

5月29日 全省召开金融振兴推进工作视频会议。霍州市领导陈纲、崔山原、黄晓君、刘国平、高雅铭等四套班子领导在霍州分会场收听收看会议。

6月

首届预防职务犯罪书画展揭牌

6月2日 由霍州市人民检察院主办的首届预防职务犯罪书画展在霍州煤电集团文化活动中心揭牌。市级领导、出席政协六届五次会议的全体委员及各乡镇、市直各单位负责人600余人参观展览。此次书画展以“警钟长鸣”为主题，展出霍州市100余位党员干部及书画爱好者选送的作品共160余件，评选出书法类、绘画类获奖作品39篇。

庆六一“中国梦·少年强”文艺晚会举办

6月2日 霍州市庆六一“中国梦·少年强”主题文艺晚会在中镇文化广场举办。霍州市领导陈纲、崔山原、郑效锋、黄晓君、朱源洪、郭宏生、薛有生、沈晓静、薛云彪、王华、胡韩平、王文艺、周武俊与现场近万名观众观看了孩子们精彩的演出，与孩子们共庆节日。

政协霍州市六届五次会议召开

6月2日至3日 政协霍州市六届五次会议在霍煤宾馆贵宾楼会议厅召开。参加会议的有全市各行业的176名政协委员。市领导陈纲、崔山原、周文伟、郑效锋、刘国平、安志勇等出席会议。会议审议通过市政协副主席薛有生代表市政协常委会所作的《政协第六届霍州市委员会常务委员会工作报告》、市政协副主席沈晓静所作的《政协第六届霍州市委员会常务委员会关于六届四次会议以来提案工作情况报告》；列席六届人大五次会议；听取并讨论市长崔山原所作的《政府工作报告》；通过政协第六届霍州市委员会第五次会议关于常委会工作报告的决议、政协第六届霍州市委员会第五次会议关于提案工作报告的决议。会议期间，委员会参观霍州市首届预防职务犯罪书画展，观看庆六一“中国梦·少年强”主题文艺晚会。

六届人大五次会议召开

6月3日至4日 霍州市第六届人民代表第五次会议在市委党校六楼会议室隆重召开。参加会议的有151名人大代表。会议审议通过市长崔山原所作的《政府工作报告》、市人大副主席安志勇受市人大常委会委托所作的《霍州市人民代表大会常务委员会工作报告》、市法院院长杨建民所作的《霍州市人民法院工作报告》、市人民迷院检察长王华所作的《霍州市人民检察院工作报告》；审议通过《霍州市2014年国民经济和社会发展计划执行情况与2015年国民经济和社会发展计划的报告》《霍州市2014年财政预算执行情况和2015年财政预算的报告》。会议总结回顾2014年政府工作情况，明确2015年政府工作思路。市委书记陈纲在闭幕式上作重要讲话。

市领导视察高考考点

6月7日 在2015年全国普通高校招生考试的第一天，上午9时，市委副书记、市长崔山原，市委常委、常务副市长陈占平前往高考考点视察。市长崔山原提出要求。8日，市委书记陈纲，市委常委、常务副市长陈占平，市委常委、纪委书记郑效锋，市委常委、市委秘书长高雅铭，市政府党组成员、公安局局长王文艺先后来到霍州市的各考点进行巡考。霍州市2015年共有2690考生参加高考，全市设3个考点，9个考场。

杨安虎一行在霍调研

6月9日 临汾市政协副主席杨安虎带领相关工作人员一行在霍州市就文化旅游产业开发情况进行专题调研，霍州市领导陈纲、崔山原、朱源洪参加调研。

贾二元在霍党建调研

6月10日 临汾市组织部副部长贾二元带领相关工作人员一行来到霍州市，就基层党建工作进行调研。市委常委、统战部部长刘国平，市政协副主席张伟兴一同调研。

李新春在霍调研

6月11日 临汾市委常委、组织部长李新春在霍州市就基层党建工作调研时强调，要深入贯彻落实党的十八届三中、四中全会精神，提升基层党建工作水平，凝聚合力，为经济社会发展提供组织保障。市委书记陈纲，市委副书记、市长崔山原陪同调研。

市委常委会召开专题会议

6月16日 市委常委会召开专题会议就市委常委班子“三严三实”专题教育工作、软弱涣散党组织集中整顿及市级领导包联制度进行研究讨论。市领导陈纲、崔山原、周文伟、陈占平、郑效锋、黄晓君、高雅铭、刘国平等出席会议。安志勇、薛有生列席会议。市委书记陈纲作了强调。

市长崔山原为政府职能部门党员干部讲党课

6月16日 市委副书记、市长崔山原就如何践行“三严三实”，为全市政府职能部门党员领导干部作题为《把“三严三实”作为共产党员的价值追求和政治品格》的专题党课教育辅导。崔山原结合学习贯彻总书记系列重要讲话精神和中央、省、临汾市“三严三实”专题党课精神，联系实际，畅谈对“三严三实”的认识和体会。

市委书记陈纲一行在三教乡调研

6月17日 市委书记陈纲，市委常委、市委秘书长高雅铭，政府副市长朱源洪带领旅游局、党史办、市志办、民政局、水利局及老促会部分老干部等在三教乡就油盆峪、旅风峪旅游开发项目、小型农田水利开发建设等方面工作进行调研。

阮青为全市干部作“三严三实”专题辅导

6月23日 霍州市邀请中央党校教授、博士生导师阮青在党校六楼会议室就“三严三实”专题教育进行讲授。市委书记陈纲主持讲座并作重要讲话。市四套班子领导周文伟、陈占平、郑效锋、黄晓君、高雅铭、刘国平等及各乡（镇、街道）党政班子主要成员、市直各单位党政负责人、市委办、政府办科级领导干部、市委组织部、市委宣传部、市纪检委、市委党校全体干部职工聆听讲座。

王文英一行在霍调研

6月24日 临汾市委副书记王文英、临汾市委常委、政法委书记陈小洪在霍州市就全省开展的“以群众举报乡村干部为切入点，集中解决群众信访诉求问题”专项治理工作进行调研。霍州市领导陈纲、崔山原、刘国平等一同调研。

霍州市高考二本达线突破千人大关

6月26日 2015年高考成绩揭晓，霍州市高考继2013年、2014年连续两年取得重大突破之后，2015年突破千人大关，再创历史新高。2015年霍州市参加高考2690人，比 2014 年减少 110 人，一本达线人数 325 人，比 2014 年净增 84 人；二本以上达线人数 1003 人，比 2014 年净增 156 人。理科最高分 622 分，文科最高分 527 分，600 分以上 11 人。

庆“七一”忆党史主题活动举办

6 月 30 日 在中国共产党建党 94 周年来临之际，霍州市开展庆“七一”忆党史，践行“三严三实”主题活动。市四套班子领导陈纲、崔山原、陈占平、郑效锋、黄晓君、高雅铭、刘国平等参加活动。活动由市委书记陈纲主持并作了强调要求。会上，党史办主任朱壮平详细讲解霍州党史，市级领导干部一起重温入党誓词。

7 月

省委组织部检查霍州市发展党员工作

7 月 1 日 省委组织部发展党员工作检查组深入霍州市住建局、退沙街道、李曹镇，检查指导霍州市的发展党员工作。市委常委、组织部长周文伟陪同检查。检查组要求，各部门要认真贯彻“控制总量、优化结构、提高质量、发挥作用”的总要求，坚持标准，严格程序，严肃纪律，确保发展党员工作有领导、有计划地进行；要加强组织领导，明确工作责任，提高发展党员工作的科学化水平。

王醒安一行在霍调研

7 月 7 日 以临汾市人大常委会副主任王醒安为组长，由部分人大代表、人大机关工作人员及相关职能部门工作人员组成的《中国人民共和国水污染防治法》执法检查团，在霍州市就贯彻落实《水污染防治法》情况进行检查。霍州市领导陈纲、崔山原、安志勇、郭宏生等一同检查。

市委常委会进行“严以修身”专题研讨

7 月 8 日 市委常委会以“严以修身”为主题，进行“三严三实”专题教育第一次学习研讨。市委书记陈纲主持研讨会。市领导周文伟、陈占平、郑效锋、黄晓君、高雅铭、刘国平、安志勇参加学习研讨。市委常委、常务副市长陈占平，市委常委、宣传部部长、政府党组成员黄晓君分别结合各自工作实际，紧扣“严以修身”的意义和要求作发言。陈纲作了讲话。

霍州市安排部署征兵工作

7 月 10 日 霍州市在政府八楼召开专题会议，就 2015 年征兵工作进行安排部署。政府副市长薛泽会、人武部部长李峰、政委卢卫红及各乡（镇、街道）专武干部、征兵工作领导小组成员、单位负责人等参加会议。

市领导在上霍线二期工程现场办公

7 月 15 日 市委书记陈纲，市委副书记、市长崔山原在大西高铁霍州东站广场南侧上霍线二期工程排水涵洞工程现场办公。市委常委、市委秘书长高雅铭，市政府副市长朱源洪一同办公。

全省科技创新大会视频会召开

7 月 16 日 全省召开科技创新推进大会。霍州市领导陈纲、崔山原、郑效锋、刘国平等及各乡（镇、街道）党政负责人、市直各单位负责人等在霍州分会场参加会议。

临汾市专题调研组在霍调研农经工作

7 月 21 日 由临汾市市委副秘书长、政策研究室主任朱耀洪带领的调研组在霍州市就壮大集体经济健全农经管理服务体系进行专题调研。霍州市委常委、市委秘书长高雅铭及市农委等相关部门负责人陪同调研。朱耀洪肯定了霍州市壮大集体经济健全农经管理服务体系工作，并提出要求。

霍州市举办干部大讲坛形势教育专题活动

7月27日 霍州市举办干部大讲坛形势教育专题，通过播放纪录片《较量无声》对广大党员干部进行特殊的党性修养和爱国主义教育。霍州市领导陈占平、黄晓君、刘国平、安志勇、朱源洪、薛有生、沈晓静、薛云彪、杨建明、胡韩平及各乡（镇、街道）、行政事业单位党政负责人观看专题片。随后，邀请中国军事科学院、世界军事研究部原部长罗援少将为广大党员干部上了一堂生动的国防教育专题讲座。市级领导与广大党员干部共同聆听讲座。

市工会开展“情系职工·清凉一夏”慰问活动

7月28日 市总工会开展“情系职工·清凉一夏”慰问活动。为高温下仍坚守在一线的广大职工送去了清凉。让他们感受到市委、市政府的关怀，市委常委、宣传部部长黄晓君，政府副市长朱源洪及市总工会负责人等参加活动。

霍州市开展“八一”军事日活动

7月30日 为了纪念中国人民抗日战争胜利70周年和中国人民解放军建军88周年，增强广大领导干部的国防教育和国防意识，霍州市开展“八一”军事日实弹射击活动，市领导郑效锋、黄晓君、刘国平等参加活动。

霍州市召开议军会议

7月30日 霍州市召开议军会议，市领导陈纲、郑效锋、黄晓君、高雅铭、刘国平、安志勇、薛泽会、薛有生、李锋、卢卫红及财政、教科、民政、发改等部门负责人参加会议。会议由市委书记、人武部党委第一书记、国防动员委员会第一主任陈纲主持。会议在传达省委、市委议军会议精神的同时对霍州市国防后备力量建设情况及存在的问题进行研究讨论。

8月

省、市召开防汛工作电视电话会议

8月3日 山西省、临汾市防汛抗旱指挥部相继召开防汛工作电视电话会议。对当前的防汛工作进行安排部署。市委副书记、市长崔山原以及霍州市防汛指挥部各成员单位的负责人在霍州分会场参加会议。市委副书记、市长崔山原作了强调要求。

冯建平在霍调研旅游产业

8月4日 山西省旅游局局长冯建平在霍州市就旅游产业发展进行调研。临汾市委常委、组织部部长李新春及霍州市领导陈纲、薛有生等一同调研。

落实党风廉政建设主体责任汇报会召开

8月4日 霍州市召开上半年落实党风廉政建设主体责任汇报会。市领导陈纲、崔山原、郑效锋、黄晓君、高雅铭、刘国平等出席会议。各乡（镇街道）、市直部门党政一把手参加会议。市委常委、纪委书记郑效锋主持会议。市委副书记、市长崔山原对12家部门负责人的工作汇报发言进行点评，通报全市落实“清单定责”和“廉情预警”督查情况。市委书记陈纲，市委副书记、市长崔山原分别讲话。

北京霍州营村文化旅游考察团回霍寻根

8月5日 政府副市长朱源洪、政协副主席薛有生、市老促会副会长梁红旗同北京市大兴区青云店镇文化旅游考察团进行座谈，双方就旅游、寻找文化根脉进行探讨。市旅游、文化等相关部门负责人参加座谈会。北京市大兴区青云店辖区内有49个自然村，霍州营村是其中之一，是从霍州迁移至北京的霍州人建立起的村庄。座谈会上，双方紧紧围绕霍州的历史、文化、民俗、旅游资源进行交谈。

“星牌杯”10公里越野赛举行

8月8日 霍州市举行全民健身系列活动启动仪式暨“星牌杯”10公里越野赛。社会各界人士近500余人参加比赛。市委常委、宣传部长黄晓君，市委常委、市委秘书长高雅铭，政府副市长朱源洪，政协副主席薛云彪，市长周武俊出席活动。李登民和杨晓峰分别获男子组和女子组冠军。霍州市打造全民健身品牌，连续7年举办宏大的“全民健身日”系列活动，形成崇尚健康，参与健身的浓郁氛围。

霍州市安全生产例会召开

8月10日 霍州市召开安全生产工作例会。市领导崔山原、陈占平、黄晓君、朱源洪、薛泽会、郭宏生等出席会议。各乡（镇、街道）党政一把手、安委会成员单位负责人以及部分重点生产企业负责人参加会议。会议首先通报霍州市上半年安全生产工作情况，市委常委、常务副市长陈占平宣读霍州市《关于进一步明确安全生产监管职责的通知》。市委副书记、市长崔山原在会上作了要求。

纪念抗日战争胜利70周年书画诗联展举办

8月12日 为纪念中国人民抗日战争暨世界反法西斯战争胜利70周年，由市委宣传部、市委统战部、市人民武装部主办，市国防教育委员会办公室、市文体广新局、市老年书画家协会、市中镇书画院承办的纪念抗日战争胜利70周年书画诗联展在市文化活动中心拉开帷幕。市领导陈纲、陈占平、黄晓君、高雅铭、刘国平、安志勇、朱源洪、薛泽会、郭宏生、薛有生、沈晓静、薛云彪及市人武部部长李峰、政委卢卫红出席开幕式参观书画展。该次展览展出一百余位老、中、青年书画诗联爱好者的书法作品140余幅、绘画作品50余幅、诗词楹联作品60余首（副）。

19名干部到村任“第一书记”

8月13日 霍州市经过严格把关、认真筛选，从市直单位选拔出19名思想政治素质过硬的党员干部派往全市19个“软弱涣散”村进行工作锻炼。市委常委、组织部部长周文伟出席会议并作动员讲话。基层第一书记任期为2年，中间一般不再轮换。第一书记不占村“两委”班子职数，不参加换届选举。会后，对下派第一书记进行基层党建管理与农村三资管理进行了系统培训。

市长崔山原一行考察漂流项目

8月12日至14日 市委副书记、市长崔山原带领财政、招商、七里峪景区管委会等部门负责人赴青岛考察森林漂流项目，就项目开发与青岛新天地旅游开发集团有限公司实施洽谈对接。

市长崔山原检查指导安全生产工作

8月18日 市委副书记、市长崔山原深入国电霍州发电厂、霍化公司、霍州华润燃气有限公司检查指导企业安全生产工作。市委常委、常务副市长陈占平，政府副市长郭宏生、田晋川、市长助理周武俊及安监、环保、公安等相关单位负责人一同检查。

2015年爱心助学大会举行

8月21日 由市委、市政府主办的2015四类贫困家庭学生救助暨爱心助学活动在中镇文化广场举行。市四套班子领导、副科级以上干部，捐助企业、单位负责人和四类贫困家庭学生代表及家长、市一中部分师生3000余人参加。市委副书记、市长崔山原主持会议。现场共救助学生1770名，捐助善款346万元。霍州市连续7年举办爱心助学大会，累计募集善款1646万元，救助困难学生13832名，霍州紫云爱心助学基金，连续13年资助困难学生260余万元。

安全生产专题会议召开

8月24日 市委书记陈纲主持召开四套班子安全生产工作会议。市领导崔山原、周文伟、陈占平、郑效锋、黄晓君、高雅铭、刘国平等出席会议。会议传达中央政治局常委会议、国务院常务会议关于天津“8·12”瑞海公司危险品仓库特别重大火灾爆炸事故的指示精神，贯彻落实省委、省政府关于做好安全工作的通知精神，对霍州市开展安全生产大检查工作再动员、再安排、再部署。市委书记陈纲，市委副书记、市长崔山原分别讲话。

霍州市召开消防安全联席会

8月25日 霍州市召开上半年消防安全联席暨抗战胜利70周年纪念活动消防安全保卫工作动员会议。会议对霍州市上半年消防安全工作进行总结，对下半年消防安全工作任务进行部署，对抗战胜利70周年纪念活动消防安全保卫工作进行动员。

省改善城市人居环境督查组莅霍督查

8月26日 省商务厅总经济师赵贵全带领省改善城市人居环境督查组，在霍州市就改善城市人居环境工作进行督查。市委常委、常务副市长陈占平一同督查。

“全国科普示范市”工作会议召开

8月26日 霍州市召开2016年度至2020年度“全国科普示范市”工作会议，对霍州市创建“全国科普示范市”工作进行安排部署。市直相关单位、各乡（镇、街道）主要负责人，100余人参加会议，市委常委、宣传部长黄晓君，政府副市长朱源洪参加会议，会议由朱源洪主持。

市委常委班子召开“严守党的政治纪律和政治规矩”专题研讨会

8月31日下午，市委书记陈纲主持召开市委常委班子“严守党的政治纪律和政治规矩”专题研讨会。市领导崔山原、周文伟、黄晓君、高雅铭、刘国平、安志勇、薛有生出席会议。临汾市委组织部信息科负责人列席会议。市委常委以“严守党的政治纪律和政治规矩”为主题，联系实际，深入剖析、深刻反思，分别谈了自己的学习体会，就有关问题进行了研讨。

9月

全省民营经济发展推进会召开

9月1日 全省召开民营经济发展推进会。霍州市四套班子在家领导陈纲、崔山原、黄晓君、刘国平等及各乡（镇、街道）党政负责人、市直各部门、驻霍工矿企业负责人、部分民营企业家等在霍州分会场参加会议。

“女性文化学堂”巡回讲座在霍州开讲

9月2日 由临汾市妇联组织的“女性文化学堂”巡回讲座在霍州市开讲。临汾市政协副主席杨益民出席讲座并进行了授课。临汾市妇联副主席梁秋菊出席，霍州市市委常委、宣传部长黄晓君作了讲话。全市各系统的妇女代表近200余人聆听了讲座。杨益民在讲座中以“让柔韧成为人生的贵宾卡”为主题，着重从认识自己，突出特点；担当责任、演好角色；严以修身、提高素质三个方面作专题讲解，为全市各界妇女代表送上一道丰盛的精神文化大餐。

2015 年度新兵欢送大会

9 月 8 日 经过严格的身体检查、政治审核等程序，霍州市圆满完成 2015 年征兵工作。新兵集结出发，奔赴军营。

山西文博会霍州收获累累硕果

9 月 9 日上午 第二届山西文博会在中国（太原）煤炭交易中心隆重开展，霍州市组团参会，市委常委、宣传部长黄晓君，政府副市长朱源洪参加开幕式。中央、山西省、临汾市领导在霍州市领导黄晓君、朱源洪的陪同下巡视霍州市展区。霍州市分别与青岛新天地旅游开发集团有限公司签约金额达 1.6 亿元的霍州市七里峪漂流建设项目，与山西电影制片厂、北京景辰未来教育科技有限公司签约金额达 1600 万元的电影《曹端》拍摄制作项目。

霍州市召开第 31 个教师节表彰大会

9 月 9 日 霍州市隆重举行庆祝第三十一个教师节暨表彰大会。市四套班子在家领导出席会议，各乡（镇、街道）、市直相关部门负责人，市关工委和教育关工委、爱心助学基金会负责人，各学校校长，受表彰的先进集体和优秀教师代表，宗荣禄基金会成员及受奖学生等共计 800 余人参加大会。市委常委、常务副市长陈占平主持。会上，霍州市斥资 230 万元，奖励了在全市教育工作中做出突出成绩的 51 个先进集体和 344 名先进个人，并授予市教科局“育才兴邦再续辉煌”奖牌。

“美丽家园、幸福霍州”台胞台属座谈会召开

9 月 15 日 霍州市召开“美丽家园、幸福霍州”2015 年台胞台属迎中秋座谈会。市委常委、秘书长高雅铭，政府副市长朱源洪，旅游局、招商局、台湾工作办公室各相关乡镇负责人及台胞台属等 30 余人参加座谈会。

市委常委扩大会议召开

9 月 16 日 霍州市委常委会召开扩大会议。霍州市领导陈纲、崔山原、陈占平、郑效锋、黄晓君、高雅铭等出席会议。会议由市委书记陈纲主持。会议研究讨论通过《霍州市加快推进“六权治本”工作实施方案》和《霍州市推行政府工作部门权力清单制度实施方案》。与会人员结合各自工作实际，提出合理化意见和建议，集中学习中纪委关于《强化责任追究把从严治党落到实处》的通报。市委书记陈纲，市委副书记、市长崔山原分别作讲话。

市委常委召开“严于律己”专题研讨会

9 月 18 日 霍州市委常委会召开“严于律己”专题研讨会，市领导陈纲、崔山原、周文伟、陈占平、郑效锋、黄晓君、高雅铭、临汾市委组织部信息科科长秦婷婷出席会议，薛有生列席会议。市委书记陈纲主持会议并作讲话。与会者观看省委书记王儒林“三严三实”专题党课辅导录像。

霍州摄影亮相平遥国际摄影节

9 月 22 日 霍州市 26 名摄影师 189 幅作品参加第 15 届中国平遥国际摄影大展。市委常委、宣传部部长、市政府党组成员黄晓君，市政府副市长朱源洪在平遥古城参观霍州市摄影爱好者的摄影作品展。

市委书记陈纲调研重点工程

9 月 24 日 霍州市委书记陈纲在滨河北路就“国道 108 线路面改造工程第一合同段霍州城区段”改造进展情况进行调研。市委常委、市委秘书长高雅铭，市政府副市长朱源洪一同调研。陈纲一行详细查看道路改造进展情况，听取工作汇报。陈纲提出要求。

霍州市召开三季度经济运行分析会

9月25日 霍州市召开第三季度经济运行分析会，分析霍州市当前主要经济指标运行情况，查找与目标任务存在的差异，对主要经济指标任务完成情况进行安排部署。市委书记陈纲，市委副书记、市长崔山原，市政府副市长郭宏生出席会议。市财政、发改、商务、统计等单位负责人以及霍煤、霍电、兆光的企业负责人参加会议。陈纲、崔山原分别讲话。

梁衡研究会揭牌仪式举行

9月28日 霍州市梁衡研究会揭牌仪式在霍州市一中隆重举行，市领导陈纲、崔山原及研究会理事参加。揭牌仪式后，霍州市邀请我国著名新闻理论家、散文家、政论家梁衡先生进行题为“官德”的干部大讲坛专题讲座。市领导陈纲、崔山原、黄晓君、高雅铭、刘国平等与广大党员干部一起聆听讲座。市委书记陈纲主持讲座并给广大党员干部提出了要求。

10月

老年运动会精彩开幕

10月9日 霍州市离退休干部第二十三届暨老体协第六届二次运动会正式推开序幕。市委常委、常务副市长陈占平出席开幕式，宣布运动会开幕。该届运动驸由市老干局、市文广新局、市老年人体育协会共同举办，为期15天，将进行健身操、太极拳、通背拳、门球、乒乓球、台球、象棋、麻将、沙狐球等9个项目的竞赛，共有300余名运动员参加。

全市文化建设工作会议召开

10月9日 全市文化建设工作会议在退沙街道许村召开，会议全面总结霍州市近年来文化建设工作取得的成就和经验，对今后文化建设进行安排部署，动员全市各乡（镇、街道）及各村（居）深入推进文化建设，使霍州市文化建设迈上新的台阶。市委常委、宣传部长黄晓君，市人大副主任成海民，政府副市长朱源洪，政协副主席张伟兴出席会议，全市宣传系统各单位，住建局、农林委、财政局、教科局负责人，各乡镇乡镇长，街道办主任，组宣委员参加会议，会议由副市长朱源洪主持。与会人员观摩退沙街道文化活动中心，什林村文化广场、许村文化设施建设，参观全市文化建设成就展、各乡镇文化建设展、非遗文化产业成就展。

市委常委班子召开专题研讨会

10月14日 市委书记陈纲主持召开市委常委班子“整治诬告歪风，强化担当作为”专题学习研讨会。市领导崔山原、周文伟、黄晓君、高雅铭出席会议。临汾市委组织部办公室科员黄旭全程参加会议。会议传达学习省委书记王儒林在通报原临汾市文物局原局长、党组书记常引根违法违纪案件时的重要讲话精神。陈纲、崔山原、周文伟、黄晓君、高雅铭分别围绕“整治诬告歪风，强化担当作为”这一主题，深入查找自身在深入贯彻执行习近平总书记提出的“七个有之”和“五个必须”上的突出问题，在思想上进行一次大扫除、大排查、大检修，凝聚起干事创业，担当作为的正能量。

邬敬文一行检查指导霍州保密法执行情况

10月15日 山西省人大常委会内司委副主任委员邬敬文带领相关工作人员一行，就霍州市贯彻执行保密法和保密行政执法有关情况进行检查指导。临汾市人大常委会副主任柴高潮、霍州市市委书记陈纲，市委常委、市委秘书长高雅铭，市人大常委副主任安志勇、张根生一同检查。

朱耀洪一行在霍州调研

10月16日 由临汾市委副秘书长朱耀洪带领的建立党委系统法律顾问制度专题调研组在霍州市调研。霍州市委常委、市委秘书长高雅铭及组织部、宣传部、纪检委、政法委、法院、检察院、司法局、信访局、李曹镇、北环路街道等部门相关负责人参加专题调研座谈会。

《霍州市人大志》评审会召开

10月21日 《霍州市人大志》评审会召开。市人大副主任安志勇、张根生、人大志评审委员会成员参加评审会。霍州市人大志的编纂工作从2013年3月开始，经过充分准备、搜集资料、编纂志稿，历时一年多完成初稿。全书分上、中、下三册，志书约100余万字，是一部系统记述霍州市人民代表大会从1949年1月到2011年6月发展历程的专著。评审会上，与会人员对人大志修改完善提出宝贵意见和建议。

王德贵一行检查验收"全国科普示范市"创建工作

10月22日 由山西省科协副主席王德贵带领的"全国科普示范市"检查验收组，对霍州市"全国科普示范市"工作进行检查验收。临汾市科协主席杨全锁、霍州市委副书记、市长崔山原，市政府党组成员、市政府秘书长晋学斌及市科协、北环路街道、教科局等相关单位负责人陪同检查验收。王德贵对霍州市创建工作给予充分肯定。

省委巡视二组在霍州召开巡视动员会

10月29日上午 省委巡视二组在霍州召开巡视反馈会，省委巡视二组正厅长级副组长杨有才代表巡视组进行巡视情况反馈。霍州市四套班子领导，纪委、组织部班子成员，各乡（镇、街道）党政正职，市直单位主要负责人参加会议，市委书记陈纲主持会议并作表态发言。巡视组对霍州整改工作提出四点意见，一是要认真学习党规党纪，加大"两个责任"落实力度，把纪律和规矩挺在前面。二是要紧盯节点，锲而不舍清除"四风"顽疾。三是要严肃组织人事纪律，加大选人用人监管力度。四是要对移交的问题线索认真调查处理，做到事事有着落、件件有回音，并按要求整改落实。

霍州市人大常委会关于批准市政府机构变更的决定

10月29日 霍州市六届人大常委会第三十二次会议，听取审议市政府关于机构组建调整设置的议案，决定：组建霍州市卫生和计划生育局，不再保留市卫生局、市人口和计划生育局；组建霍州市工商和质量监督管理局，不再保留市工商行政管理局、市质量技术监督局；组建霍州市经济和信息化局（商务粮食局），不再保留市商务局（经济和信息化局）、市粮食局；组建霍州市农业林业委员会，不再保留市农业委员会、市林业局。决定调整霍州市文体广电新闻出版局名称为霍州市文化局（版权局）。决定设置霍州市金融工作办公室。

科级干部赴贵州接受红色教育

10月9日至11月3日 霍州市市级、科级领导干部共计155余人分三期赴贵州接受红色教育。培训采取教学和现场教学相结合，第一期10月8日至15日，第二期10月17日至24日，第三期10月27日至11月3日。

11 月

市委常委会议学习中央、省、市会议精神

11 月 4 日 市委书记陈纲主持召开市委常委会议，传达学习贯彻中共十八届五中全会以及山西省、临汾市常委（扩大）会议精神。市领导崔山原、周文伟、陈占平、郑效锋、黄晓君、高雅铭、刘国平出席会议。市人大常委会副主任安志勇、政协副主席薛有生列席会议。会上，市委书记陈纲作了强调要求。

《山西日报·霍州》浓缩 65 年变迁

11 月 8 日 由霍州市档案馆精心编撰的《山西日报·霍州》面世。其收录 1949 年至 2014 年期间，霍州见诸《山西日报》的各类体裁新闻稿件和文学作品 1116 篇（幅），共计 80 余万字。以新闻作品编撰地方简志，在全省 130 个国家档案馆中尚属首例。

市委中心组学习十八届五中全会精神

11 月 10 日 市委中心组召开会议就中共十八届五中全会精神进行集中学习。市领导陈纲、崔山原、周文伟、陈占平、郑效锋、高雅铭等参加学习。市委书记陈纲作了讲话。会议对当前工作进行安排部署，还集中学习了《中国共产党巡视工作条例》。

巡视整改工作暨基层干部不作为乱作为专项整治动员会召开

11 月 11 日 霍州市召开巡视整改工作暨基层干部不作为、乱作为专项整治动员会议。市领导陈纲、崔山原、周文伟、陈占平、郑效锋等出席会议。各乡（镇、街道）党政一把手、市直部门、条管单位主要负责人参加会议。会议由市委副书记、市长崔山原主持。会上，市委常委、组织部部长周文伟宣读《深化“三严三实”集中开展基层干部不作为、乱作为专项整治实施方案》；市委常委、纪委书记郑效锋宣读《关于落实省委巡视组整改意见的实施方案》。市委书记陈纲，市委副书记、市长崔山原分别讲话。

建立权责清单工作推进会召开

11 月 13 日 霍州市召开建立权责清单工作推进会。市领导崔山原、周文伟、陈占平、高雅铭、薛泽会、郭宏生、田晋川、王文艺等出席会议。各乡（镇、街道）、市直单位、事业单位以及部分条管单位相关负责人参加会议。会议由市委常委、市委秘书长高雅铭主持。会上，市委常委、常务副市长陈占平传达山西省、临汾市建立权责清单工作会议精神，就霍州市下一步建立权责清单工作进行安排部署。市委副书记、市长崔山原作重要讲话。

省人大专题调研组在霍州调研

11 月 17 日 以临汾市财政局局长程明温为组长的山西省人大代表专题调研组在霍州市就扶持中小微企业发展进行专题调研。临汾市委常委、副市长李东洪，霍州市领导崔山原、安志勇、张根生、郭宏生等一同调研。李东洪提出要求。

国家义务教育均衡发展督导组在霍州验收

11 月 17 日 国家义务教育均衡发展督导检查组就霍州市创建全国义务教育基本均衡市的各项工作进行全面评估验收。市委副书记、市长崔山崖的出席会议，市委常委、常务副市长陈占平主持，市委宣传部、市政府办、市教科局、市财政局等部门和相关乡（镇、街道）负责人参加此次会议。评估验收组通过召开座谈会的形式，听取人大代表、政协委员、学校校长、教师及家长代表对霍州市创建全国义务教育基本均衡发展市的意见建议，深入 11 所学校实地查看学校

的办学条件达标情况，对创建全国义务教育基本均衡发展市的情况作评估验收，给予高度评价。

百名党员干部赴曲沃监狱开展警示教育

11月18日 为进一步筑牢广大党员干部反腐倡廉思想防线，提高拒腐防变能力，市委常委、纪委书记郑效锋带领各乡（镇、街道）、市直各单位党政一把手、纪（工）委书记和预防职务犯罪领导办公室工作人员共120余人，赴曲沃监狱开展警示教育活动。

农芯乐商城霍州服务中心成立

11月19日 霍州市举行山西供销农芯乐商城霍州服务中心成立揭牌仪式，霍州市供销系统电子商务工作全面启动。山西省供销社党组成员、理事会副主任李俊德和霍州市政府副市长郭宏生为山西供销农芯乐商城霍州服务中心成立揭牌。临汾市供销社主任杨保旭出席揭牌仪式。山西供销农芯乐商城霍州服务中心的成立，对进一步夯实霍州市供销合作社电子商务基础，引领和带动霍州市农村电子商务、扩大霍州市农副产品、服务三农发展将起到积极作用。

霍州市召开乡（镇、街道）落实“两个责任”规范纪律审查现场会

11月19日 霍州市召开乡（镇、街道）落实“两个责任”规范纪律审查现场会。市委常委、纪委书记郑效锋，临汾市纪委、各乡（镇、街道）书记、纪委书记共50余人参加会议。临汾市纪委相关负责人充分肯定霍州市在推进“两个责任”落实和纪律审查规范化建设中做出的努力，提出希望。

2015年度考核工作会议召开

11月20日 霍州市召开2015年度考核工作会议。市委常委、组织部部长周文伟出席会议，承担考核任务的各部门单位负责人参加会议。

市委常委开展“严以用权”专题研讨

11月20日 市委常委会召开“三严三实”专题教育研讨会，就“严以用权”进行专题研讨。市领导陈纲、崔山原、周文伟、郑效锋、黄晓君、高雅铭、刘国平等出席会议。市委书记陈纲作了讲话。

“谁不说咱霍州好”主题摄影展举办

11月23日 市委宣传部主办的山水经典、文化各域、岁月印记、谁不说咱霍州好第15届平遥国际摄影大展霍州参展作品回顾展在中镇文化广场清雅苑展出。市委常委、宣传部部长、政府党组成员黄晓君参观摄影作品展。

霍州市召开打击非法集资专题会议

11月24日 霍州市召开打击非法集资专题会议，研究分析当前全市非法集资工作形势，安排部署下一阶段工作。市领导陈纲、陈占平、高雅铭出席会议，市财政、信访等相关部门负责人参加会议。市委书记陈纲讲话，市委常委、常务副市长陈占平提出要求。

省级卫生城市检查团在霍州检查

11月25日 由山西省卫计委巡视员杨恩建带领的省级卫生城市检查团在霍州市就省级卫生城市创建和爱国卫生清洁运动工作情况进行检查，霍州市召开专门会议向检查团全面介绍了各项工作开展情况。市委常委、市委秘书长高雅铭，副市长朱源洪及有关部门相关负责人参加汇报会。

临汾市改善人民环境督查组在霍州督查

11月26日 临汾市改善城市人居环境督查组在霍州市就改善城市人居环境工作进行督查。市委常委、常务副市长陈占平，市政府党组成员、政府秘书长晋学斌等一同督查。

省文明城市复查验收组在霍复查

11月26日 由晋中市统计局党组成员、城调队队长屈志远为组长的省文明城市复查验收组一行，对霍州市巩固省级文明城市工作进行复查验收。霍州市领导陈纲、黄晓君、安志勇、张伟兴等出席汇报会，全市30家创建成员单位负责人参加汇报会。

全国科普示范市检查验收组莅霍验收

11月26日 以重庆市科协副主席张基荣为组长的创建全国科普示范市检查验收组莅临霍州市就创建2016—2020年度全国科普示范市工作进行检查验收。霍州市领导陈纲、黄晓君、朱源洪等陪同。检查验收组一行先后视察霍州市中镇文化广场、永和公园、北环路街道北兴社区、实验小学等科普示范点。

12月

霍州市召开基层党建工作会议

12月2日 霍州市召开基层党建工作会议，就进一步推进全市基层党建工作进行部署安排。霍州市领导陈纲、崔山原、周文伟、陈占平、郑效锋、黄晓君、高雅铭等出席会议，各乡（镇、街道）、市直单位党政负责人参加会议。会议由市委副书记、市长崔山原主持。市委常委、组织部部长周文伟传达山西省、临汾市农村基层党建工作会议精神和省委常委、组织部部长盛茂林在霍州市调研时作的主要指示精神。市委书记陈纲讲话。

全市关工委工作会议召开

12月4日 全市关心下一代工作委员会召开工作会议。市委常委、组织部部长周文伟出席会议。

首期电子商务培训班开班

12月8日 由市经信局、妇联、职中、晋淘易电子商务有限公司联合举办的首期电子商务培训班在市职业中专学校正式开班。临汾市相关负责人、市委副书记、市长崔山原等出席开班仪式。该次培训班为期7天，共有100余人参加培训。

十八届五中全会精神培训班举办

12月9日 霍州市举行党的中共十八届五中全会精神宣讲报告会，临汾市委宣讲团成员、市委党校校长助理、教授崔正龙作宣讲报告。报告会由市委书记陈纲主持。市四套班子在家领导，各乡（镇、街道）党政负责人、分管宣传副职、市直各单位、分管单位负责人，组织、纪检、政法、统战和市委办、人大办、政府办、政协办科级干部，宣传部、党校全体干部共计400余人聆听报告。

山西省召开“六权治本”电视电话会议

12月14日 山西省委召开“六权治本”工作电视电话会议，对全省“六权治本”工作进行阶段性总结，对下一步工作进行安排部署。霍州市领导崔山原、陈占平、高雅铭、薛泽会等以及各相关负责人在霍州分会场收听收看会议。临汾市也召开会议对“六权治本”工作进行再安排，再部署。

“强健体魄·阳光生活”全民健步走活动举办

12月31日 霍州市举办“强健体魄·阳光生活”迎新年健步走活动。此次活动的开展，是推进全民健身事业健康发展的重要举措，为霍州市营造健康向上的健身氛围，对推动霍州市全民健身事业持续发展，促进城市经济、文化、旅游等事业的全面发展具有重要意义。

自然概况

【地理位置】

霍州市以霍山而得名，位于山西省中南部，临汾市北端，地理坐标为东经 111°38′—112°03′，北纬 36°26′—36°42′，东枕霍山（太岳山）与古县、长治市的沁源县毗邻，西望吕梁山与汾西县相连，南有汾水一脉相通，和洪洞县接壤，北靠韩信岭同晋中市的灵石县交界。境内地势险要，自古为南北交通要冲，素有中州重镇，河东屏障之称。汾河、南同蒲铁路、108 国道、大运高速公路贯穿全境。以霍州城为起点，东距沁源县城 79 公里；东南距古县县城 72 公里；南至洪洞县城 46 公里，至临汾市区 72 公里；西至汾西县城 26 公里；北至灵石县城 50 公里，至省会太原市 199 公里；东北至首都北京 703 公里。境域内东西宽 36 公里，南北长 30 公里，总面积 765.39 平方公里。

【地形、地貌】

霍州市地处霍山背斜与吕梁隆折带之间，地层出露较为完整，受地层地质影响，境内四周环山，中间低洼，山高塬阔，丘陵起伏，山谷梁峁，台塬阶地，沟堰河滩俱全，境内山地丘陵为主，山地主要分布在市境东部，是太岳山断隆的一部分。霍山是霍州市最大山脉，是中华五代分封五岳五镇十大名山之一的中镇，霍山跨越洪洞、古县、沁源、灵石、霍州五县市，其在霍州部分，全长 53 公里，总面积 234 平方公里。霍山重峦叠嶂，险峰峻岭极多，较大山峰有老爷顶、莲花山、摩天岭、溺陀翁、金沟漫、五龙壑，其中老爷顶是霍山主峰，海拔 2346.8 米，位于市境东南端，距市区 35 公里，五龙壑是霍山最高峰，海拔 2504.3 米，位于三教乡东北，距市区 40 公里。总体上东北高，西南低，山地丘陵占总面积的 68.9%，平原占 31.1%。

【气候条件】

霍州市的气候属温带大陆季风气候，总的特征是：四季分明，区域间差异较大，冬季寒冷干燥，夏季炎热多雨，冬夏长，春秋短，降水山区多于平川，云量少，日照足。境内气温受地形影响较大，一般平川温暖，山区凉寒，由于大陆性影响，季节变化大，年际变化大。年平均气温为 12.4℃，1 月为最冷月，平均气温－3℃，7 月为最热月，平均气温 26℃。境内年降水量为 435.3 毫米。全年降水集中在 6 至 9 月，山区降水偏多，丘陵、河谷降水偏少。境内年日照时数介于 1300 至 3000 小时之间，一年中以 4 至 8 月最多，为 210 至 300 小时，12 月最少。霍州市风向多偏北、西北、北、南、西南。河谷风力较小，塬上风力较大，春夏之交常有寒流或雷雨。

【土地资源】

霍州市土地面积为 114.8 万亩，其中已开发利用 86.27 万亩，占土地总面积的 75.14%，土地资源共分为耕地、园地、林地、城镇村及工矿用地、交通用地、水域、未利用土地等八大类型，耕地面积为 32.84 万亩，园地面积为 1.65 万亩，林地面积为 38.84 万亩，牧草地总面积为 5.8 万亩，城镇村及工矿用地面积 9.45 万亩，交通用地面积为 1.91 万亩，水域用地为 1.53 万亩，未利用土地面积 28.54 万亩，主要是荒草地、田坎、盐碱地、沼泽地、沙地、裸土地、裸岩地以及其它未利用土地。

【水资源】

霍州市水资源总量为 17.79 亿立方米，其中平均地表径流量为 5720 万立方米，地下水蕴藏量为 2450 万立方米，河道径流量 16.98 亿立方米。

霍州市境内共有大小河流 32 条，汾河是境内第一大过境河流，年平均流量 16.5 亿立方米，其它较大的河流有：南涧河、北涧河、西涧河、姚村河等，这些河流多为季节性河流，大都从高原、山地流入平原，落差大，水流急，含沙量多。全市蓄水工程有小型水库两座，总库容量为 156 万立方米。霍州市地下水，根据地质类型可分为孔隙水、裂隙水、裂隙溶岩水等 3 个含水组和 5 个含水层，蕴藏量为 2450 万立方米。霍州市泉水散布于霍山石山区、丘陵区、沿河横槽地区，境内出露源泉 49 处，其中郭庄泉清水涌出量最大，为 8.86 立方米/秒。沿东部霍山山峪有很多山间小溪流出，因霍山山区降雨量较为充裕，植被覆盖较好，长年溪流不断，但出山口进入洪积扇即大部渗漏。

【矿产资源】

霍州市矿产资源丰富，经探查其中 13 种储量较大，主要有煤炭资源、耐火粘土、石膏、铝土、白云岩、磷矿、石灰石、铁矿石等。质量优，开采价值高。霍州煤炭资源丰富，埋藏从市境南端的辛置镇、陶唐峪乡直到北端的退沙街道、师庄乡均有分布，煤层埋藏面积为 350 平方公里，探明储量为 62.5 亿吨，煤种有低硫肥煤、肥气煤、肥焦煤，为全国稀有的优质煤田之一。霍州素有"山西煤乡"之称。金属矿产资源种类多，主要有铝、铜、铁、钴和稀有元素矿产，其中铝土矿储量大，什林铝土矿区面积约 10 平方公里，储量为 2000 万吨，达到大型矿床规模。

非金属矿产已探明有 10 多种，储量可观，品位上乘，具有开采价值，宋元时期"霍窑"陶瓷以质地优良，工艺精湛，造型优美而著称，成为皇室贡品，北京、英国伦敦等博物馆现存有霍州古陶瓷珍品，其它矿产有白云岩、硅线石、石英、长石、石英砂、耐火粘土、电石灰岩、黑砂石、石膏、紫砂石、磷矿、辉绿岩等。

【生物资源】

霍州市生物资源品类繁多，主要粮食作物有小麦、玉米、谷子、大豆薯类等，经济作物有棉花、油葵、油菜和各类蔬菜，天然牧坡辽阔，草种丰富，有牧草地总面积 57982 亩，天然牧草地共分为亚高山草甸类，灌木草丛类、山地灌丛类等三大类，野生植物有草本植物，木本植物和可食用植物，植物有 124 种，其中树木、乔灌木 76 种，主要有松树、云杉、柏树等，野生动物有飞禽、走兽及其它。

【人口】

霍州市人口分布于平川，丘陵山区，平川人口高于丘陵山区，2015 年，全市总人口 307870 人，其中男 160261 人，女 147609 人，2015 年人口抽象调查，全年全市出生人口 2615 人，人口出生率为 9.03%，

【民族】

霍州境内系汉族聚居地，少数民族人口均因工作、婚姻等原因迁入主要分布在鼓楼街道、北环路街道、开元街道及辛置镇、李曹镇、三教乡等乡镇，根据2010年第六次人口普查，霍州市共有蒙古、回、维吾尔、苗、彝、壮、满、瑶、白、土家、哈萨克、黎、佤、土、怒15个少数民族277人，占全市人口的0.10%。外国人加入中国籍1人，为女性。

【宗教】

霍州市现有佛教、道教、天主教、基督教四大宗教，全市有合法的宗教活动场所42处，信教群众3万余人，其中信仰佛教的1.2万人，信仰道教的2500人，信仰天主教的9000人，信仰基督教的8000人，佛教接受登记的场所共7处，分别是：祝圣寺、赵家庄活动点，水月庵、宋庄活动点、辛置活动点、白龙活动点、退沙活动点，分布在霍州辖区内的12个乡（镇、街道）。

国民经济与社会发展

2015年，霍州市全市生产总值完成745540万元，比上年下降11.3%，全年全市公共财政预算收入67018万元，下降6.99%，全年全市城镇新增就业5086人，全年全市固定资产投资完成164.86亿元，增长8.7%。第一产业投资完成18.4亿元，增长246.2%；第二产业投资完成31.26亿元，下降32.2%；第三产业投资完成115.2亿元，增长14.9%。在第二产业中，工业投资完成31.26亿元，下降32.2%。全年全市社会消费品零售总额312301万元，增长9.1%。全年全市财政总收入143728万元，比上年增长－7.88%。全年全市居民人均可支配收入19653元，增长7.3%，其中城镇居民人均消费性支出12768元，增长12.3%，农村居民人均生活消费支出7120元，增长9.6%。

中国共产党霍州市委

综　述

霍州市位于山西省中南部，临汾市北端，总面积765平方公里，下辖3个乡、4个镇、5个街道，199个行政村（居），24个社区，总人口307870人。全市共有党员14667名，女党员2942名，预备党员285名，基层党委11个，基层党总支44个，基层党支部594个。其中乡镇党委7个，街道党工委5个，下设党总支15个，党支部282个，共有党员8512名，建置村中有党组织217个，农村党员6926名；市直党委3个，党总支29个，党支部278个，共有党员5839名；非公党委1个，党支部34个，党员316名。

党的建设不断加强

中共霍州市委以党的十八大、十八届三中、四中、五中全会精神为指导，认真贯彻"党要管党、从严治党"要求，坚持把抓好党建作为最大的政绩，深入落实抓好党建的主体责任，全面加强党的建设，为全市经济社会发展提供了政治保证。

1. 开展"三严三实"专题教育。按照中央、省、市安排部署，霍州市"三严三实"专题教育自2015年5月28日全面铺开，坚持从严导向、问题导向、目标导向，排查整治不严不实问题，切实提高党员干部服务基层、服务群众、服务发展的能力。一是提前着手，精心组织。专题教育前，多次召开常委会、座谈会，研究制定《实施方案》，确定专题教育"八个关键动作"，把专题教育从市级领导班子延伸至全市科级单位。二是领导带头，以上率下。专题教育中，市级领导带头学习规定篇目，带头讲授党课，带头专题学习研讨，带头查摆解决问题，参加各项主题活动，邀请省委、临汾市委党校教授讲授专题党课，在全市掀起了学习实践热潮。三是深入研讨，触及灵魂。坚持把自己摆进去，把工作摆进去，以问题为导向，围绕"严以修身""严以律己""严以用权""严守党的政治纪律和政治规矩""整治诬告歪风、强化担当作为"5个专题，开展深入学习研讨，召开严肃认真的专题民主生活会。四是动真碰硬、彻底整改。紧盯"不严不实"的问题和表现，坚持边查边改，列出"问题清单"和"整改清单"，市级党员领导干部共查找问题83条，全部整改完成，完善各类制度10余项，解决一批群众最关心、最盼望的难题，提升人民群众的幸福感和满意度。

2. 落实抓好党建主责。全面落实市委《关于进一步加强农村基层党建工作的实施意见》，围绕加强组织建设、党员队伍建设等方面提出23条针对性措施。狠抓党委书记"7＋3"、"8＋2"项目清单、三级联述联评联考、“定查评”工作法等制度，进一步推动压力传导和工作落实。确定强化党组织政治功能事项176件，党建服务发展大事424件，党建推进业务工作要事347件，党建服务民生实事、解决群众难事530件，共计1477件，完成1477件，到2015年底，完成率100％。

3. 加强思想政治建设。邀请省市专家教授和兄弟县市优秀村委主任，对全市近600名基层干部进行“领头雁”集中封闭式培训，提升基层干部带头创业致富的能力和本领。邀请中央党校、省委党校、临汾市委党校多名专家进行专题辅导，分两期对全市700多名科级干部进行集中培训，开阔了视野。组织百余名科级干部赴贵州参加革命传统教育，使广大干部的思想进一步解放，境界进一步提升，干事创业的激情进一步增强。

4. 强化基层组织建设。强力整顿软弱涣散基层党组织，对全市排查出的19个行政村党组织、2个社区党组织、13个其他领域党组织，坚持“一支一策”，逐一明确整改措施和努力方向，圆满完成各项整顿任务。强化党建工作经费，按照1个村平均1万元、1个社区平均5万元的标准，列入每年的财政预算，全额兑现了农村“两委”主干岗位报酬和落实养老医疗保险等待遇，建立村干部岗位报酬正常增长机制，基层组织的凝聚力、战斗力和创造力明显增强。加快推进乡村治理机制建设，制定《霍州市村务监督委员会工作规程（试行）》，全市199个行政村将实现村务监督委员会全覆盖，加大村级权力运行的规范和监督。不断强化非公党建工作，开展“双强六好”企业创建活动，促进非公经济持续健康发展。推进党代表工作室建设，为党代表履行代表职责、联系党员群众提供了便利条件。

5. 狠抓干部队伍建设。推进“三个一批”工作，选定试点乡镇和部门，分批次对全市党员干部展开“六查”，对存在不廉洁、不作为、乱作为等问题的86名干部给予相应的党、政纪处分，加大干部日常管理监督力度。从严做好党员发展工作，吸纳优秀人才特别是80后、90后青年农民，坚决杜绝家族势力、宗族势力垄断党员现象，提升党员队伍发展质量。落实大学生村官流动、管理及创业等政策，分流大学生村官52人，促进大学生村官扎根基层、干好工作。推行干部包片、党员包户的党员联户制度，激励和动员广大党员干部进村入户，发挥政策法规宣传员、社情民意收集员、安全维稳管理员、矛盾纠纷调解员、环境卫生监督员、文明新风示范员、致富发家指导员、急难险重突击员的作用，建立健全联系服务群众的长效机制。

6. 推进党风廉政建设。强化廉政教育宣传，组织学习新修订的《准则》和《条例》，内化于心，外化于行，增强拒腐防变的思想道德防线。创新推行“四述两谈”“清单定责”“廉情预警”“约法三章”等制度，市级领导带头在媒体上进行公开承诺，并在廉政承诺上签字背书；组织百名科级干部赴曲沃监狱开展警示教育，组织全市56家单位3000余人到山西省廉政教育基地—霍州署廉政文化馆参观学习，把党员干部违纪风险降到最低。从严落实“两个责任”，坚持“书记抓、抓书记”，建立班子成员分片包联乡镇和部门工作制度，加强党风廉政建设责任制考核，确保了责任制的全面落实。强化专项治理，开展以群众举报乡村干部腐败为切入点集中解决信访诉求问题专项治理、农村集体“三资”管理专项清理整顿和“不作为、乱作为”专项整治，霍州市“三资”清理发现问题420个，排查出不作为、乱作为重点问题83个，接待农村类信访问题48批172人次，全部建立“任务清单”，已结案51件，拟立案25件，做到露头就打，从严处理。加大案件查办力度，建立典型问题双月通报制度和落实情况月报告制度，查处违纪案件196件，党纪处分174人，政纪处分44人，涉及科级干部48人，移送司法机关3人，维护党纪法规的严肃性。

经济社会全面发展

2015年，中共霍州市委面对复杂严峻的经济形势和艰巨繁重的发展稳定任务，团结带领全市30万人民，紧紧围绕“建设三晋经济强市、实现整体率先发展”总体目标，坚持以项目建设为引领，以提升发展质量和效益为核心，加快推进“六大发展”“六权治本”“六型转变”，主动适应新常态，推动经济社会实现了整体率先发展。2015年，全市生产总值完成74.6亿元，工业增加值完成31.7亿元，固定资产投资完成164.9亿元，社会消费品零售总额完成31.2亿元，城镇居民人均可支配收入完成25446元，农民人均可支配收入完成11488元，公共财政预算收入完成6.7亿元。

1. 稳中求进力促增长，率先发展步伐稳健。紧紧扭住发展这个第一要务，工业引深转型升级、农业建设三大基地、旅游实施联合开发、城市构筑五大板块、环境开展“四城联创”、民生提高五好标准、党建落实两个责任，强力实施总投资超130亿元，涉及工业转型、农业增效、城市提质、旅游升级、民生改善等方面的75项重点工程，推动经济社会实现了平稳较快发展。尤其是公共财政收入总量、增幅、增速在全临汾市排名均为第四，在经济下行压力持续加大的情况下，实现位次前移；财政管理绩效综合评价在全临汾市排名第一，全省第九。

2. 狠抓产业转型，发展后劲明显增强。工业基础优化夯实。霍东新型工业园区一期竣工投产，液化天然气调峰储气项目投入运营，华润10万千瓦风能发电项目有序推进，霍煤、霍电、兆光等企业平稳运行，霍电、霍化等企业开始贡献税收，将为霍州市经济发展提供稳定税源，转型发展的后劲更足、活力更强。现代农业发展壮大。“三大基地”规模不断扩大，累计发展蔬菜4万亩，种植核桃3万亩，培育规模养殖场280多个。西张垣现代农业生态循环示范园区，完成集约化智能育苗中心、农技服务中心、后勤服务中心等设施配套，具备产前培训、产中技术指导、产后统一销售的产供销一条龙服务，综合示范效应日益显现。三产发展持续升温。七里峪景区累计投资3亿多元，完成了游客服务中心、景区停车场、上霍线尉候段改线等基础设施建设，完善了景区功能。总投资超15亿元的陶唐峪、娲皇庙、祝圣寺等景区开发全面启动，全市旅游综合收入16.52亿元，同比增加16.3%。鼓楼地下商业街投入试运营，南街农贸市场建设有序推进，服务业增加值比重达36.5%，第三产业得到整体提升。

3. 全力改善民生，幸福指数连年攀升。大力发展社会事业，连续7年举办爱心助学活动，累计筹款1600余万元，13000多名贫困学生得到资助；实施职教中心、公办幼儿园、基础教育信息化建设等项目，成功创建全国义务教育发展基本均衡市，教育教学质量巩固提高，高考二本以上达线人数首次突破千人大关，中考连续两年位居临汾各县市区第三名。天然气扩户、热电联产快速推进，全市新增集中供热面积100余万平方米，达到500余万平方米，天然气扩户6000余户，实现市区和近郊的全覆盖。全面促进文化繁荣，培育和践行社会主义核心价值观，开展“德润霍州·共筑梦想”系列主题活动，举办“第二届道德模范及最美公民”评选活动，成立霍州梁衡研究会，营造“崇尚模范、学习模范、争做霍州好人”的浓厚氛围。挖掘霍州书、锣鼓、门神、土布、剪纸等民间艺术，连续3届蝉联“中国民间文化艺术之乡”称号。强化社会保障，提高四类困难家庭学生、农村80岁以上老人救助标准，全市新增城镇就业人口4583人，城镇居民参保率达94%以上，新农合参保率达98%以上，“五有”“五好”保障机制不断完善，政府的“兜底”作用更加凸显。

4. 推进扩容提质，宜居新城更加靓丽。开元小区开始入住，橡胶厂棚户区改造主体完工，州署文化产业示范园、中镇国际花园、东关、赵家庄城中村改造等项目快速推进，改善人居环境。经三路、纬三路、新建南路、城区街巷硬化、上霍线尉候段改线等道路建设基本完工，城市交通网络更加通畅。开展爱国卫生清洁运动，全市清运垃圾7万余立方米，清理“四堆”2600余处，清扫面积380万平方米。全面加快生态治理，汾河、对竹河治理工程稳步实施。霍州市连续7年被评为省级卫生城市，宜居霍州更加靓丽。

5. 创新社会治理，全市大局和谐稳定。信访形势持续向好。加大信访三级网络建设，扩建230平方米的办公场所，专门用于涉法涉诉类的信访矛盾化解，在全市199个行政村全部设立矛盾纠纷调解室，实现市乡村三级同步接访。在全省“以群众举报乡村干部腐败为切入点集中解决群众信访诉求问题”专项治理推进会上，霍州作为全省唯一一家县级市作了典型发言，工作经验在全省推广。安全生产巩固提升。坚持“党政同责、一岗双责、齐抓共管”，加大安全生产大检查力度，整治各类重点隐患251项，全年事故起数、死亡人数均下降25%，连续8年荣获临汾市安全生产先进市。“平安创建”深入推进。制定出台《平安霍州建设五年规划（2013－2017年）》，全力狠抓反恐维稳、治安管理、公共安全等工作，严厉打击各类违法犯罪，连续9年保持命案侦破率100%的纪录，连续2年荣获山西省平安县市，全市社会大局和谐稳定。

【领导班子】

市委书记：

陈　纲（2009.09—2015.12）

市委副书记：

崔山原（2011.05—2015.12）

市委常委：

周文伟（2010.06—2015.12）

陈占平（2007.04—2015.12）

郑效锋（2010.07—2015.12）

黄晓君（女，2010.06—2015.12）

高雅铭（2010.07—2015.12）

刘国平（2011.06—2015.12）

晋英俊（2013.01—2015.12）

李　峰（2015.08—2015.12）

（薛忠华）

市委办公室工作

【概况】 霍州市委办公室有正式工作人员38人，全部为中共党员，正科级干部11人，副科级干部5人，一般人员22人，市委办下设9个科室，其中综合科、材料信息科、政工科属内含科室，接待处、督查室、机要室、保密局、台湾事务工作办公室、信息化中心属挂靠单位。

2015年，霍州市委办公室紧紧围绕市委中心工作，严格按照“三严三实”总体要求，突出“搞好服务、提升素质”两大重点，适应新常态、努力谋求新作为，发挥中枢纽带职能和参谋助手作用，完成市委、市委领导交办的工作任务，各项工作再上新的台阶。

【队伍建设】 2015年，霍州市委办公室坚持以学习讨论落实活动和“三严三实”专题教育为载体，以“建设一流队伍、争创一流业绩”为目标，加强自身建设，办公室人员的综合素质不断提高。

一是抓学习，业务素质有新提升。把学习作为提高办公室工作人员思想政治水平的一项重要举措，加大理论、业务学习的力度，达到提高认识、解决问题、促进工作的目的。在学习内容上，突出三个重点。学习习近平总书记系列重要讲话和省、临汾市主要领导的讲话精神，提高理论素养和党性修养；学习十八届三中、四中、五中全会、省委十届七次全会、临汾市委三届七次全会精神，提高服务决策的能力；学习业务知识，加强岗位训练，提高服务效率和水平。在学习方法上，坚持“三个结合”，即坚持个人自学与集体学习相结合、走出去学与请进来学相结合、书本上学与实践中学相结合。要求全办人员每人每年写3万字学习笔记，经常组织办公室集体学习，形成一套符合实际的科学学习制度。“三严三实”专题教育开展以来，坚持从严导向、问题导向、目标导向，聚焦“对党忠诚、个人干净、敢于担当”三个方面，开展5次学习交流研讨会，结合自身思想和工作实际，进行党性分析，查摆存在问题、剖析思想根源，加强整改落实，将学习到的新知识、新理论同工作中遇到的具体问题结合起来、全力解决。在学习制度上，做到“三个到位”，学习计划制定到位，学习制度坚持到位，督促落实到位。办公室自上而下，有学习计划和个人自学计划，采取“三查一看”考核办法，查学习计划、查学习笔记、查学习记录、看学习效果，确保督促到位和效果到位。

二是抓管理，办事效率有新提高。深化办公室内部管理，制定完善办公室工作制度，对文秘、值班、督查等工作细化、量化，明确岗位职责，保证办公室工作的高效运转。突出整改“不严不实”问题，发文办会压缩了30%，“三公”经费下降50%，杜绝评比达标、迎来送往、违规用车等现象，转变广大党员干部工作作风。制定“四个一”值班工作制度，办公室24小时都有一名带班秘书长、一名机要保密人员、一名保卫人员、一名值班人员，遇到突发事件都能在第一时间得到有效解决。

三是抓作风，干部形象有新变化。按照“党要管党、从严治党”和“三严三实”具体要求，办公室人员发扬特别能吃苦、特别能战斗、特别能奉献的优良作风，按照“服务规范化、工作零差错”的要求，从严从实，精益求精，经常加班加点、废寝忘食，平均每周加班达10小时以上。

【文秘工作】 文稿起草上，要求文秘人员“站得高、想在前、思长远”，坚持从全局的高度发现、分析和思考问题，坚持吃透上情、掌握下情、了解外情，坚持从平时的言谈、请示批示中领会领导思路，确保文稿起草有高度、深度和广度，能贴近中心、贴近实际、贴近领导思路。2015年共起草各类讲话稿、典型材料、情况汇报200余篇，印发文件30余篇，发挥以文辅政、凝聚人心、指导工作的作用。信息工作，坚持“全员参与”，坚持激励政策，收集采编《霍州信息》280余期，600余条，被临汾市委采用50条，山西省委采用15条。其中，编写的“转型综改先行先试”“在关注民生中夯实信访工作基础”“做好县级社会管理创新的思考”等3条信息被山西信息增刊采用；编写的“提示信息工作质量，做好参谋助手作用”被山西信息副刊采用，使中央、省委、省政府通过信息渠道直接了解霍州各项工作。市委办信息工作连续五年位居临汾市前列。

【综合工作】 提升会务工作的科学性，做到重要会议办出质量，日常会议办出效率，对外交往的会议办出形象。2015年组织承办大小会议130余次，每次会议做到精心组织，周密部署。全面加强值班工作，建立健全日常值班制度、值班日志制度、重大节假日带班制度、突发应急预案等制度，24小时无缝隙值班，保证上传下达的畅通、高效、准确。

【督查工作】 按照“突出重点、抓住难点、关注热点”的督查原则，凡是重大决策、领导批示和群众反映，都主动组织督促检查，及时了解情况、反馈信息、提出建议。2015年督查重点工作20余次，办理上级交办件6份，全年编辑《督查简报》9期，上报《督查转报》8期，下发《督办通知》23份，确保市委重大决策和部署的贯彻落实。完善社情民意承办机制，制定出台《霍州市社情民意通道工作实施办法》，对社情民意转办件及时呈报市委、市政府。对领导批示的相关案件，第一时间转交有关部门，及时将进展情况反馈当事人，做到事事有回音，件件有答复。2015年，接收各类群众反映信息17余件，全部按时办结，办结率达100%，其中，6件被省委社情民意通道“办得好”栏目通报表扬。

【机要保密工作】 坚持绝对安全、万无一失的工作标准，高警觉防范管理，加强监控平台系统的管理维护，开通了县乡（镇）商用密码通信网络，超额完成了《保密工作》杂志征订任务。2015年，组织保密检查16次，收转投寄文件75份，下发文件44份，收上级文件100份，各种函、资料文件76份，收报808份。尤其是收报工作做到了在10分钟内签收，并在第一时间送达领导批示，全年未发生一起压报、漏报、误报、错发事件，高效及时、准确无误地完成了各种文件、信函、电传的收转工作。

【党务内网工作】 根据山西省国家密码管理局《关于开展普通密码安全保密专项检查的通知》的要求，进行全方位的自查整改，制定了《密码工作人员管理制度》《密钥载体管理制度》《密码工作场所管理制度》等制度，完善了网络系统保密设施，推进了保密工作有效开展。加强门厅电子显示屏的管理，滚动播放上级重大方针、政策及霍州市不同阶段中心工作的宣传口号，及时发布各类通知，营造了工作氛围，提升了部门形象。

【对台工作】 筹办“唐风元韵·臻美霍州”对台宣传网站，2015年共上传稿件526篇、图片232幅，为台湾民众直观认识霍州、了解霍州、品味霍州、亲近霍州提供大量实用信息；召开第三届“美丽家园·幸福霍州”迎中秋台胞台属座谈会，使霍台亲人亲切联谊形成常态；根据五位台胞、台属老人的事迹，制作“心系霍州·情牵两岸”专题片，拉近两岸同乡的情感。重视14名台湾油画家采风活动，在饮食、住宿、参访等方面优化服务，热情接待，使参访学生对霍州市的民俗文化、风土人情有了深刻了解。协调有关部门对部分年老体弱、生活困难的台属增加并补发了生活补贴；对台属坚持不定期走访和重大节日集体慰问，对提出的困难和问题，凡是符合政策要求的都及时予以解决，使广大台属切身感受到党和政府的温暖。

【发挥参谋助手作用】 霍州市委办站在全局的高度想问题、出主意、动脑筋。在制定2015年全市工作指导思想的过程中，深入基层调查研究，广泛征求各乡镇、各部门和老干部的意见建议，提出的“主动适应发展新常态，坚持稳中求进总基调，紧紧围绕‘建设三晋经济强市、实现整体率先发展’总体目标，牢牢扭住全面深化改革、推进依法治市两大重点，着力狠抓产业转型、城市建设、环境整治、民生改善、安全稳定五项工作，深入推进廉洁发展、转型发展、创新发展、绿色发展、安全发展、统筹发展，即“围绕一个目标，扭住两大重点，狠抓五项工作，推动六大发展”的“1256”发展战略的工作建议得到市委领导认可，在全委会上确定为霍州市2015年工作思路。

【服务全市重点工程】 2015年，市委办公室紧紧围绕市委确定的重点工程，全程参与、全心服务、全力支持。霍州市年初确定的总投资达130余亿元的75项重点工程，事关经济社会发展全局，事关霍州30万人民福祉，意义十分重大。市委办在每项工程实施中都至少有一名副秘书长参与其中，出谋划策、协调配合、督查落实，推进重点工程的有序实施。

【服务基层群众】 在信访工作方面，认真做好群众的来访接访工作，倾听群众反映诉求，告知群众信访程序，维护群众信访秩序，处理群众反映的各类问题。在下乡住村方面，深入包联的辛置镇十里铺村和鼓楼街道北街居委会，帮助村民制定发展规划，解决群众反映的问题，赢得群众的好评。

【领导班子】

秘书长：

高雅铭（2010.07—2015.12）

副秘书长（副主任）：

朱泽军（2007.07—2015.12）

杨五锁（2008.08—2015.12）

胡文杰（2011.04—2015.12）

史学选（2013.04—2015.12）

时宏伟（2013.04—2015.12）

（张鹏）

组织部

【概况】 霍州市委组织部是市委主管组织和干部工作的职能部门，担负着全市各级领导班子和基层组织建设、干部选拔任用、干部教育监督、大学生村官管理、人才工作等任务。组织部有12个科室，即办公室、干部科、干部综合科、干部教育科、干部监督科、组织指导科、党员管理科、人才办、大学生村官管理办公室、电教中心、信息中心和党代表联络组办公室。2015年，霍州市委组织部在上级组织部门的精心指导和市委的正确领导下，以“三严三实”专题教育为抓手，全面加强领导班子、干部队伍、基层组织、党员队伍、人才队伍和组织部门自身建设，组织工作科学化水平不断提高，为霍州整体率先发展提供坚强组织保证。

【“三严三实”专题教育】 2015年，市委组织部围绕“三严三实”专题教育，加强全市各级领导班子建设和干部队伍建设，增强各级干部践行“三严三实”的思想自觉和行动自觉。一是提前着手，精心组织。坚持早安排、早动手、早部署，统一印制了专题学习笔记本1000余本，下发《习近平谈治国理政》《习近平关于党风廉政建设和反腐败斗争论述摘编》等相关学习资料，成立“三严三实”专题教育工作协调小组，积极参与组织协调、材料把关、教育指导、宣传报道、专项整治等工作，确保了专题教育高效推进。二是领导带头，以上率下。专题教育中，市级领导、乡科级党组织书记坚持以身作则，从严要求，带头学习提高，带头讲授党课，带头参加研讨，带头查摆问题，做好做实“八个关键动作”。尤其是专题党课中，严格落实“三个三”的工作要求，即准备党课做到“三个到位”、撰写讲稿做到“三个联系”、专题党课做到“三个讲清楚”，凡是做不到位的，一律推倒重来，确保专题教育高起点开局。三是深入研讨，触及灵魂。推进专题学习研讨，围绕主题开门征求群众意见、查找突出问题、开展讨论反思，每一个步骤都做到了高标准、严要求。市级包联领导和市专题教育工作协调小组，对各活动单位专题研讨发言材料严格把关，做到“认识不深不放过、问题不透不放过、措施不实不放过”，确保了专题学习研讨高质量开展。全市完成“严以修身”“严守党的政治纪律和政治规矩”“严以律己”“整治诬告歪风强化担当作为”“严以用权”等5个专题学习研讨，按要求召开民主生活会、基层组织生活会。四是动真碰硬，彻底整改。贯彻“严”和“实”的要求，突出整改不严不实问题，市委常委和牵头的市级领导主动认领问题，研究具体整改措施，做到即知即改、立行立改、边查边改，将整改落实与建章立制同步推进、相互促进。市级党员领导干部共查找问题186条，整改160余条，完善各类制度10余项，真正解决一批群众最关心、最盼望的难题，提升人民群众的幸福感和满意度。

【领导班子建设】 2015年，全市各级领导班子深入开展“三严三实”专题教育，认真学习习近平总书记系列重要讲话精神，坚持从严要求，强化问题导向，深刻领会“三严三实”的科学内涵和具体要求，深入查找自身存在的问题和差距；开展基层不作为乱作为等损害群众利益问题专项整治，加强领导班子自身建设、作风转变，切实增强了领导干部践行“三严三实”的思想自觉和行动自觉。稳妥推进“三个一批”工作，紧扣“六查”（查档案、查个人事项报告、查民意、查业绩、查线索、查案件）任务，把握“三个一批”的界定标准，重点做好“八个一次”（一次审核、一次报告、一次谈话、一次测评、一次考核、一次民调、一次会审、一次甄别），通过“谈话、测评、考核、民调”等环节，结合近年来在调整干部中民主推荐、考察情况，共确定掌握一批好干部96名，其中科级干部39人，一般干部57人；通过“会审、甄别”，对存在不廉洁、乱作为、不作为等问题的86名干部给予了相应的党、政纪处分，共涉及正科级干部30人，副科级干部13人，中层站（股）级干部22人，一般干部21人。其中，给予开除党籍、开除公职、留党察看等重处分的干部25人，对存在问题严重的5名干部移交司法机关处理，对存在问题轻微的1名干部调离工作单位，22名干部进行了诫勉谈话。10月，按照上级要求，结合掌握的一批好干部，高效完成政府8个合并部门干部人事调整工作。

【干部教育】 采取“走出去、请进来”相结合的方式，邀请中央、省、市党校专家对全市700多名科级干部进行了专题辅导。组织市级领导干部、科级领导干部150余人分三批赴贵州省委组织部组织人事干部学院参加以“弘扬革命传统，加强党性教育”为主题的专题培训，强化干部的党性锻炼和党性修养。在山西干部在线学院学习方面，全市参学学员472名，平均完成45学时，上线率90%以上。部分学员参加省委组织部开设的特色专题线上学习和线上考试。圆满完成了上级安排的调训任务，调训市管领导干部4名、科级干部10名。

【干部监督】 坚持把纪律和规矩挺在前面，落实中组部《关于组织人事部门对领导干部进行提醒、函询和诫勉谈话的实施细则》。全市28名县处级干部及712名在职科级干部如实填报《领导干部个人有关事项报告表》，强化领导干部廉洁自律意识。加强党员因私因公出国（境）管理，对全市845名科级干部和779名安全涉密人员进行登记备案，收缴注销10本，其余证件全部集中保管。对4名情侦人员进行摸底排查，及时发放相关补助。

【干部管理】 加强干部考核考察。坚持平时表现与年度考评相结合、单位推荐与群众公认相结合的原则，综合分析、审核、评价每名干部，对管理权限内的科级及一般干部的年度考核材料进行审核，提出年度考核评优意见。采取跟踪参与、核实基础材料等方式，对受处分人员、滥用优秀等次名额等现象严把审核关，杜绝随意突破考核优秀比例、随意确定考核等次等问题。在全省党群系统公开招考工作中，组成5个考察组，通过实地走访、查阅档案、个别谈话、征求意见等方式，完成了12名入围考生的考察工作。

加强干部档案管理、日常登记等工作。对管理权限范围内的干部档案进行整理、核查，严格认定“三龄两历一身份”，为到龄干部办理退休手续，配合“三个一批”工作完成档案认定。完成2008年以来通过公开招考进入公务员队伍人员以及法院、检察院、司法局符合条件人员的公务员日常登记工作。根据省委办公厅下发的《关于县以下机关建立公务员职务与职级并行制度的实施方案》精神，对任县处级副职满15年，级别达到17级的干部，结合年度考核情况，完成相关申报和上报工作。按照要求开展科级领导干部及党群部门在职人员的后取学历学位认定工作。

【基层党建】 强化党组织书记第一责任人职责，市委书记带头执行“7＋3”项目清单，乡科级党组织书记认真执行“8＋2”项目清单，每季度报告一次项目进展情况，完成一项、销号一项，形成了“书记抓、抓书记”层层压实责任、层层抓好落实的良好格局。持续引深“定查评”工作法，确定强化党组织政治功能事项176件，党建服务发展大事424件，党建推进业务工作要事347件，党建服务民生实事群众难事530件，共计1477件，完成1447件，完成率达到98%。整治软弱涣散基层党组织，19个行政村党组织、2个社区党组织、13个其他领域党组织，配齐配全班子，健全工作制度，实现晋位升级。开展基层干部不作为乱作为等损害群众利益问题专项整治，各基层单位自查出问题260条，完成整改208条。结合农村“三资”清理整治和“以群众举报乡村干部腐败为切入点集中解决群众信访诉求专项治理”，查找问题83条，完成整改64条。邀请省、市专家教授和兄弟县市优秀村委主任，对全市各乡镇书记、副书记、分管经济管理的副职、组宣委员、农村“两委”主干、大学生村官等565人进行“领头雁”集中培训。从市直部门中选派19名优秀年轻干部担任“第一书记”，开展“七个一”行动，形成调研报告19篇，与贫困户结亲19家，落实扶贫项目32个。加强社区办公用房和活动场所建设，完成5个村的村级活动场所建设任务，新建社区、永康社区、滨河社区通过筹资新建、租赁公房等形式增容、完善，基本达标。落实“一定三有”政策，全额兑现农村“两委”主干岗位报酬和落实养老医疗保险等待遇，建立村干部岗位报酬正常增长机制。对“双十工程”创建活动中达标的明星、红旗支部书记，分别给予每月510元和410元的财政补贴，实现农村基层党组织争有目标、学有榜样、干有所得。深化非公党建“双强六好”创建行动，选树万通建材和中镇商贸城2个典型企业。

【党员队伍管理】 推进干部包片、党员包户的农村党员联户制度，全市6000余名农村党员共帮助确定致富项目660余项，处理矛盾纠纷230余起，帮助解决就业420余人，受到了群众普遍欢迎。推进在职党员进社区工作，近4000名在职党员开展“亮身份、强服务、当先锋”活动，发挥党员在“服务发展、服务群众、服务稳定”上的先锋模范作用。依托市委党校和各级培训阵地，对全市1万多名党员、400多名入党积极分子和发展对象，进行专题培训教育。制定《霍州市发展党员工作实施办法（试行）》《霍州市发展党员工作流程图》，发展党员工作日趋规范，党员质量更加优良。出台《霍州市流动党员管理办法》，通过一季一报、一人一档、一人一证、一人一联、一年一训、一年一会，构建流动党员“六个一”动态管理机制。强化“大组工网”应用管理和硬件建设，开通全国党员管理信息系统，完成528名申请入党人员的信息采集工作。加强全市120个党员远程教育站点的日常维护，完成30个远程站点升级改造。拍摄专题片《向记玉》，选树一批优秀党员，营造学习先进典型、践行“三严三实”的浓厚氛围。

【大学生村官管理】 落实大学生村官流动、管理及创业等政策，完成2014年从大学生村官中招聘县乡事业单位工作人员工作，分流大学生村官52人，推进2015年度的招聘工作。通过组织结对帮带、乡镇“四帮一”帮扶、大学生交流提升等方法，指导大学生村官开展工作，帮助他们解决遇到的实际困难。健全培训培养、年度聘期考核等制度，明确“说得上话，进得了门，吃得上饭，开得起会，干得好事”为基本评价标准，促进大学生村官扎根基层、干好工作。

【党代表工作室建设】 按照要求对省级、临汾市级、霍州市级以及乡镇党代表资格进行一次排查摸底，全市终止临汾市级党代表资格1人，终止霍州市级党代表资格9人，终止乡镇党代表资格17人；停止霍州市级党代表资格12人，停止乡镇党代表资格64人。全面加强党代表信息库建设，全市18个党代表工作室都建立党代表管理信息系统，为12个乡（镇、街道）党代表工作室配备专用电脑，全市1200余名各级党代表填写《党代表个人信息采集表》，并全部输入信息系统，提高党代表管理的信息化、科学化、规范化水平。开展党代表活动，每月5号和20号确定为“党代表接待日”，分批组织党代表到工作室接待党员群众来访，统一制发党代表证和台牌，实行党代表配证上岗，做到了党代表接待时间公开、接访党代表名单公开、党代表身份公开，党代表工作室运行更加规范。研究制定了《关于在全市乡镇推行党代会年会制的实施意见》，实行市级领导包联乡镇党代会年会制度，下发《关于召开乡镇第三届党代会第三次会议的通知》等文件，对乡镇分管领导、组宣委员进行系统培训。全市7个乡镇都按要求成功召开年会，收到代表提案21件。

【人才工作】 围绕工业转型升级、农业提升特色、三产提升品牌三大主题，举办两场大型招聘会，吸引各类青年人才近3000余人参加，为100余家用人单位，招聘各类人才近2000余人。在人才培训基地市职中举办9期母婴护理师培训班和1期电子商务培训班，培训妇女人才、青年人才1500余人次。组织市农委种子站3名专家在三教乡马场试验基地试种9个适宜霍州市的玉米新品种，对农户种植过程中提出的问题进行解答和指导。依托市人民医院，搭建周末医护人才培训平台，每个周末聘请省人民医院普外、妇科、骨科等专家到霍州市人民医院开展培训、坐诊，全面提升基层医护人才技术水平和操作能力，全年培训医护人才500余人次。

【自身建设】 2015年，市委组织部以深入推进学习讨论落实活动和“三严三实”专题教育为契机，组织全体组工干部认真学习规定内容，完成“严以修身”“严守党的政治纪律和政治规矩”“严于律己”“整治诬告歪风强化担当作为”“严以用权”5个专题学习研讨。学习省委常委、组织部长盛茂林同志在全省组织系统“从严治部”视频会议上的讲话精神和上级组织部门等相关文件精神，对照10个方面和“8个有没有”的问题，逐项排查，逐项反思，查找自身存在的不足和问题，写出书面自查材料。在学习焦裕禄、杨善洲、涂红刚等先进典型中，知不足、寻差距、明方向，在学习《中国共产党廉洁自律准则》《中国共产党纪律处分条例》等党纪党规中，受警醒、明底线、知敬畏。组织部机关科级干部赴贵州省委组织部干部人事学院参加以“弘扬革命传统，加强党性教育”为主题的专题培训，强化组工干部的党性锻炼和党性修养。深化党的建设制度改革，健全完善党建、组织、干部、人才等方面的制度6项。编发组工信息及专题教育简报80余期，部领导的署名文章《做严于律己的组工干部》在《临汾日报》《临汾组工》刊登。对3名副部长人事档案进行仔细甄别，严格审查，出具结论报告上报临汾市委组织部，对部机关其他组工干部人事档案也进行了审查。

【领导班子】

部　长：

周文伟（2010.06—2015.12）

副部长：

韦建兵（2002.07—2015.12）

宋根宝（2007.07—2015.12）

薛国平（2011.04—2015.12）

刘树华（2013.10—2015.12）

（张壮丽　蔡亮　朱翔翔）

纪律检查

【概况】 中国共产党霍州市纪律检查委员会是主管霍州市党的纪律检查的工作机构，霍州市监察局是主管霍州市行政监察工作的政府职能部门。霍州市纪委、监察局在霍州市委、市政府和临汾市纪委、市监察局双重领导下开展工作。内设11个行政科室、下辖1个事业单位，即办公室、党风政风监督室、案件审理室、信访室、组织部、案件监督管理室、5个纪检监察室和信息中心。

【落实“三转”要求】 强化内设机构改革。2015年年初，市纪委就参照省市改革方式，进行机构改革，按照临汾市纪委要求，对内设机构改革进行再完善，到2015年底，纪检委内设11个行政科室、下辖1个事业单位，即办公室、党风政风监督室、案件审理室、信访室、组织部、案件监督管理室、5个纪检监察室和信息中心（霍州市编办相关正式文件已经下发），调整后，纪检监察室的数量由1个增加到5个，占内设机构总数的45.5%；人员编制数由3个增加到11个，占总编制总数的34.4%；执纪监督机构（包括党风政风监督室、信访室、案件监督管理室、纪检监察室、案件审理室）数量由7个增加到9个，占内设机构数的81.8%，人员编制数由14个增加到19个，占总编制总数的59.3%。机关纪律审查力量得到进一步充实，干部队伍工作聚焦主业的积极性明显提高。夯实乡镇办案力量。纪检委通过狠抓“九有”建设，即有人员、有场地、有设备、有经费、有保障、有责任、有措施、有任务、有成效，为每个乡镇配备2到3人的专职纪检监察队伍（21日下发《关于朱文兰等同志任职的通知》，任命12名由村官考录为乡镇事业单位人员的同志担任所属乡镇专职纪委副书记），设立最少两间专门办公室，配备必要办公设备，由市财政每年为每个乡镇纪委下拨办案专款5万至7万元，每月为每名纪检监察干部发放220元办案补贴，实现压力的层层传导和基层办案力量的不断强化。2015年，12个乡（镇、街道）纪委办案36件，高效完成2015年纪律审查工作。探索全覆盖新路。市纪委认真落实上级《关于加强纪检监察基层机构建设的意见》文件精神，研究拟定了《霍州市纪检监察机构全覆盖实施方案》，11月刘予强书记到霍州调研后，将霍州市确定为全临汾市第4个市直部门派驻纪检机关全覆盖试点。在征求意见、充分调研、反复酝酿的基础上，初步制订《关于在市直机关设置32家纪检组实现市纪委派驻机构全覆盖的工作方案》，探索通过新设和调整相结合，采取单独派驻和归口派驻互补的方式在保持原有机构编制数不增加的基础上，通过32家派驻纪检组实现全市所有市直部门派驻机构全覆盖任务。

【落实“两个责任”】 签字背书明责任，2015年4月，市级领导率先在媒体上进行公开承诺，在廉政承诺书上签字背书，带头认领主体责任。在全市党风廉政建设大会上，纪委书记同各乡镇及市直单位负责人签订廉政建设目标责任书，明确各级党委的主体责任。抓好教育促防范，在继续发扬廉政文化宣教载体作用基础上，利用干部大讲坛、道德讲坛等载体，举办党的十八届四中、五中全会、省委十届六次全会、中纪委五次全会专题培训班，对全市700多名科级干部进行集中培训，要求全市广大干部讲政治、守规矩、明是非、懂收敛；2014年12月后，针对霍州市个别市级领导发生违纪问题被临汾市纪委查处后，纪检委认真汲取教训、举一反三、对照检查、认真整改，召开多次专题会议，严令各级干部引以为戒、细致整改；邀请省委党校范俊彦教授专题培训十八届中纪委历次全会精神。2015年，先后组织强化政治纪律、廉政约谈、廉政学习等方面专题会议和活动20多次，提醒广大党员干部筑牢防线、守住底线、不碰红线。创新机制促落实，2014年，推行以“述纪、述廉、述作风、述两个责任、廉政约谈、廉政座谈”为主要内容的“四述两谈”制度，2015年节后上班伊始，霍州市委召开的第一个常委会议就围绕落实好党风廉政建设“两个责任”进行专题研究部署。随后，由市委书记陈纲、市委副书记、市长崔山原以及纪委书记组成了廉政谈话小组，在霍州市党纪教育基地分别同市人大、市政府、市政协党组、政法委，公检法司、乡镇基层、市直机关主要领导进行七批次的大规模座谈，对他们如何落实“两个责任”进行现场点评，提出意见、建议，提出明确、具体的要求。2015年，市纪委创新推出“清单定责”和“廉情预警”机制，督促市委班子及成员建立“责任台账”，确定责任清单；督促各基层单位依据“两个机制”文件，班子建立廉政主体责任清单，纪检组建立廉政监督责任清单，每名领导干部建立廉政领导责任清单，每名工作人员建立廉政岗位责任清单；对工作存在管理缺陷、制度不完善的9家单位提出橙色预警，下发《廉情预警建议书》，并廉政约谈党委书记、纪检组长各9人次；对因工作不力、制度机制得不到有效执行的6家单位提出红色预警，下发《廉情预警整改书》，诫勉谈话各6人次。严肃追究强警示，市纪委非常注重责任追究对党员干部形成的警示教育作用，如处理公安局交警大队刘某为其父亲过寿的案件中，给予刘某留党察看二年、行政降级的双重重处分，没收非亲属礼金7万多元，还追究了交警大队副大队长朱某的领导责任、纪检组长薛某的监督责任，对其单位主要领导张某进行诫勉谈话，对党员干部形成有效震慑。到2015年底，各类案件责任追究28件、28人。

【狠抓“四风”治理】 建线索台账严查四风，市纪委对“四风”问题线索进行台账管理，登记问题线索13件，开展集中检查20余次，查处公车私用、参赌涉赌、作风懈怠、大操大办等案件18件，党政纪处分33人。有效落实机制刹四风，以“12388”工作法为统领的文明殡葬改革，是霍州市坚决反对“四风”、创优社会环境的一大举措，曾经被中纪委、省电视台以图片、文字的形式进行专题报道。深化压力传导镇四风，市纪委持续深化压力传导，向乡镇纪委批办42件四风问题线索。对陶唐峪乡派出所负责人郭某、临时工朱某变更收费标准、违反规定收取办事群众钱财进行严肃查处和问责，并以案件通报、理论剖析的方式在全市进行廉政教育。引深拓展防四风，某市级领导因参与赌博被处分后，市纪委深刻汲取教训、以此为鉴，制定并实行“严禁涉足黄赌毒，严禁工作日中午饮酒，严禁公车私用、大操大办”的“约法三章”。全市各部门各单位按照要求，制作了胸牌、座签，佩戴、摆放在醒目位置，党员干部作出庄严承诺，接受社会监督。

（张海平）

【规范纪律审查】 规范程序。9月21日，临汾市纪委书记刘予强在临汾市纪检监察干部大会上介绍了忻州市纪委“从信访举报开始，一直到审理宣布处分决定，全程留痕，实现了信息化管理”的情况后，霍州市纪委安排由一名副书记带领的7人学习考察组，对忻州市忻府区纪委、原平市纪委进行为期两天的学习考察，认识到霍州市在制度建设、流程规范等方面存在的问题和不足。采取学习借鉴、集体研究、会商解决等方式，针对性制定出《关于在查办党员和国家工作人员涉嫌违纪违法犯罪案件中加强协作配合的实施方案》，针对乡（镇、街道）纪委纪律审查工作中存在的程序执行不规范、质量不高的现状，制作并下发工作流程图、案卷文书模板等资料，编撰印发《霍州市乡镇纪律审查工作程序及指南》《霍州市纪委监察局纪律审查工作程序及指南》《中国共产党廉洁自律准则中国共产党纪律处分条例——答记者问、系列解读及背后的案例故事汇编》《霍州市纪检监察机关纪律审查案例汇编》《霍州市纪检监察工作理论与务实》《霍州市纪律审查常见问题解疑释惑》《霍州市纪检监察机关纪律审查常用制度汇编》共120万字的七本纪律审查丛书。通过对纪律审查各个环节进行流程再造和确立，进一步指导、规范和促进基层纪委优质高效开展工作。11月19日，市纪委组织机关科室主任以上人员及全市12个乡（镇、街道）党委书记、纪检书记等60多名同志，对退沙街道、大张镇、李曹镇三家单位如何落实“两个责任”、规范纪律审查进行了大规模的现场观摩、现场汇报、现场点评、现场互动，找准基层党委、纪委在落实“两个责任”、深化纪律审查等工作中存在的问题和不足，针对性地提出整改措施，明确努力方向。强化协作。市纪委认真落实霍州市反腐败案件协调工作制度机制，多次组织召开由公、检、法、组织部等成员单位参加的反腐败协调领导组办公会，交流工作、解决难题，实现信息互享、优势互补，促进重大疑难案件的审查和突破。在审查李曹镇杨小燕涉嫌犯罪逃窜至乌鲁木齐的案件中，通过强力协调临汾市公安局、霍州市人大、市检察院、市公安局等，早日将其抓获归案，给予其开除党籍处分，其涉嫌犯罪问题移送司法机关。在霍州市人民法院负责人进行调整后，调整反腐败协调小组名称和人员，完善相关制度，对当前形势进行分析研判、深入研究职责分工、安排部署下一步工作，强化协作机制作用发挥。进一步加大力度。2015年，紧跟中央、省、临汾市反腐形势，霍州市在适应监督执纪问责“四种形态”的基础上，纪律审查力度不断加大。到2015年底，受理信访举报200件（较2014年全年增加29.3%），初核192件（较2014年全年增加26.3%），立案191件（较2014年全年增加25.7%），处分191件（较2014年全年增加25.7%），党纪处分175人（较2014年全年增加40%），政纪处分48人（较2014年全年增加45.5%），重处分35人（同2014年全年持平），涉及科级干部44人（较2014年全年增加83.3%），移送司法机关3人（较2014年全年减少40%）。省委巡视组共移交霍州市问题线索24件（2015年4月份移交23件，10月29日移交1件）。到2015年底，已办结23件（其中给予党政纪处分18件，组织处理1件，初核了结4件），正在核实1件。给予党、政纪处分37人（党纪处分32人，其中警告处分5人，严重警告20人，留党察看5人，开除党籍2人；政纪处分18人，其中警告5人、记过2人、记大过7人、降级2人、撤职2人，双重处分13人，重处分9人）；组织处理1人；谈话函询1人；移送司法机关3人。处分乡科级干部20人（占案件线索处置处分人数的54%），一般干部7人，农村干部10人。

（原俊山）

【严格审理把关】 把握好三个环节。霍州市纪委坚持按照《案件审理工作条例》《关于审理党员违纪案件工作程序的规定》等基本要求，坚持服务大局、实事求是基本方针，做好案件审理。抓好案卷登记、材料审阅、证据核实等工作；抓好阅卷笔录、审理谈话、常务会议集体讨论决定等工作；抓好党政纪处分决定发文、宣布、入档及降职降资降级等执行工作。2015 年，市纪委审理完成了人民法院移送案件 12 件、人民检察院移送案件 3 件、乡（镇、街道）党委纪委呈报审批案件 44 件、市直机关派驻纪检组呈报审批案件 6 件、本级纪委检查部门移送案件 130 件，受理不服党纪处分申诉案件 2 件，下发党纪处分文书 195 份、政纪处分文书 43 份、监察建议文书 18 份、呈报文书 13 份、函件 4 份，接受、催收案件检查部门立卷 138 卷，制作、装订审理卷 133 卷。发挥好三种作用。发挥好对乡（镇、街道）纪委、市直机关派驻纪检组的督促指导作用。发挥好对纪律审查科室的监督制约的作用，确保违纪款物等重要事项落实到位。发挥好参谋助手的作用，制定近 5000 字的《关于在查办党员和国家工作人员涉嫌违纪违法犯罪案件中加强协作配合的实施方案》、7600 余字的《乡镇纪委纪律审查工作程序及指南》、15000 余字的《霍州市纪委纪律审查工作程序及指南》，整理完成约 35 万字的纪律审查制度合集、16 万余字的案例剖析材料、22 万多字的理论文章汇编、12 万字的解疑释惑汇总等。完善好三种制度。市纪委坚持以制度规范行为，以规章约束人员，以提高制度的执行力来带动和促进工作的科学化水平。加强外联制度建设。制定党政纪处分（监察建议）文件送达组织部、人社局、财政局登记表。加强内控制度建设。制定了霍州市纪委监察局案件移交（受理）登记表、案卷借还登记表，以及受党纪处分、政纪处分、监察建议登记表及党政纪处分批复登记表等。加强外控制度建设。以案件查办科室为对象，制定涉案人员身份认定、档案确定制度。以受处分人员及受处分人员所在单位为对象，以执纪文件送达回证为载体，重点对党政纪处分种类及受限情况进行说明，对留党察看处分期满办理恢复党员权利、解除行政处分以及处分决定的送达、宣布、生效等情况进行说明，宣传党的方针政策，促进处分执行工作的开展。

（原俊山）

【落实信访大起底】 制方案定基调。按照中央纪委《关于确实加强和规范反映领导干部问题线索管理工作的通知》（中纪办发〔2013〕6 号文件）精神和临纪办发〔2015〕16 号文件安排，市纪委召开纪委常委会专题研究制定了《关于全面清理反映党员干部问题线索的工作方案》（霍纪发〔2015〕14 号），下发至各乡（镇、街道）纪委、市直各单位纪检组（纪委）及机关各科室，组织召开乡（镇）纪委书记（街道纪工委书记）、市直各有关单位纪检组和机关科室主任会议，安排强调线索大起底工作，明确责任分工、突出工作重点、强调任务细节，确保大起底工作做到情况明、数字准。大起底强落实。按照《方案》要求，霍州市对 2008 年至 2015 年 9 月反映党员干部的所有问题线索进行全面彻底清理，对清理出来的问题线索逐一进行登记，建立总台账：2008 年至 2015 年 9 月霍州市共受理问题线索 2390 件（重复件 879 件）涉及 1502 人，办结线索 1957 件 1282 人。其中：科级干部 504 件 275 人，一般干部 513 件 411 人，农村 940 件 596 人，处分 1273 件 964 人。未结线索 433 件 220 人，其中：科级干部 130 件 57 人，一般干部 105 件 55 人，农村 198 件 108 人。滤台账细查处。线索大起底总台账建立后，纪委班子就未办结的 433 件 220 人多次开会研究，针对不同情况分别采取措施：对已经批示没有办结的案件，由分管领导督促有关科室及乡镇加快办理，要求在 2016 年 1 月底办结；对起底出来的没有批示过的案件，由信访室逐一建卡，一一批示，按照线索处置的五类处置方式进行处置，要求在2016年3月底前全部处置完毕。到2015年底，对起底出来的没有批示过的案件已全部进行批示，转交相关科室查处后办结4件。

（刘成军）

【强化两项法规学习】 开展自学。结合“三严三实”专题学习教育活动，市纪委推行“人人上讲台、个个当老师”的每周一三五集中教育辅导机制。委局机关从领导班子成员到一般干部先后为全体人员做学习辅导，组织讨论，对新《中国共产党廉洁自律准则》、新《中国共产党纪律处分条例》的全面、深入、细致学习和高效、深刻的消化吸收。纪委副书记张全红同志就两项法规的新内容、新特色，对市委中心组全体人员进行专题辅导，强化县级领导对两项法规的学习和记忆。市纪委为四套班子领导、各乡（镇、街道）党政负责人、各市直部门负责人、全市纪检监察干部购买的三册图书，即中纪委法规室编著的《新条例学习辅导》《新条例“有关规定”速查》、太原市纪委编著的《新准则新条例答记者问系列解读及背后的案例故事汇编》将全部发放到位，促进广大党员干部对两项法规的理解、消化、吸收。宣传报道。11月初，霍州市有线电视台通过漫画联播的方式对两项法规进行了为期半个月的不间断播放，扩大受众面。借廉政文化一条街灯箱进行全体更换的机会，将灯箱表皮全部替换为两项法规等新内容，使广大党员干部群众在潜移默化中熟知两项法规的具体内容。深入督促检查。根据市委要求，市纪委安排各纪检监察室对自身包联单位学习贯彻新《中国共产党廉洁自律准则》、新《中国共产党纪律处分条例》情况进行突击抽查，未发现违规问题。

【强化自身建设】 制定方案。为贯彻山西省、临汾市纪委部署要求，全面提升纪检监察干部履职能力，市纪委第一时间制定《纪检监察业务“岗位练兵”实施方案》，从组织方式、活动内容、现场环节、学习要求等方面对大练兵活动进行全面安排部署，严格落实步骤环节和人员责任，为纪检监察干部素质提升奠定了基础。创新学习内容。市纪委组织精干力量整理完成约35万字的纪律审查制度合集、16万余字的案例剖析材料、22万多字的理论文章汇编、12万字的解疑释惑汇总等等。在新《准则》和新《条例》修订颁布后，市纪委安排专门人员通过网络、报刊、杂志等途径，收集解读、释义、以案说纪等素材和内容，这些汇总、汇编、合集将于近期刊印发放。邀请省委党校教授高建生做《准则》和《条例》专题辅导，用请进来的方式提高广大党员干部的学习档次。践行规定动作。为保证大练兵活动成效，确保党员干部间彼此发现问题、互相弥补不足，市纪委严格按照上级要求开展学习讨论会和反思交流会，通过激烈的讨论、互动，增加大练兵活动的趣味性，提升党员干部的记忆度。12月7日，按照临汾市纪委统一安排，组织全体纪检监察干部进行书面测试，强化对知识点的有效记忆。组织纪检监察干部在“清风临汾”微信平台上进行两次联网答题，登记得分结果，保证答题数量和学习质量。

【领导班子】

书　记：

郑效锋（2009.06—2015.12）

副书记：

张全红（2007.08—2015.12）

张建军（2010.07—2015.12）

（赵华）

宣传工作

【概况】 中共霍州市委宣传部是市委主管意识形态工作的职能部门，主要职责有：宣传党的路线、方针、政策，主抓全市理论学习和舆论宣传，协调全市通联工作。监管和研判舆情信息，做好精神文明创建工作以及对全市广播、电视、新闻、文化、体育、文艺创作、精神文化产品等工作负责。到2015年底，共有干部职工24人，其中离岗8人，在职16人，下设办公室、宣传科、政工科、理论科、网络中心、文明办、通讯组7个科室。2015年，是全面深化改革的关键之年，也是全面推进依法治国的开局之年、全面完成“十二五”规划的收官之年。霍州市宣传思想文化战线坚持围绕中心、服务大局，深入贯彻党的十八大、十八届三中、四中、五中全会及习近平总书记系列重要讲话精神，深入宣传阐释党中央治国理政新理念新思想新战略，全面落实省委推进“六权治本”，实施“六大发展”的决策部署，按照市委“1256”发展战略，持续深化理论武装建设、舆论宣传引导、精神文明创建和文化繁荣发展等各项工作，为开创弊革风清、富民强市新局面提供思想保证、舆论支持、精神动力和文化条件。

【理论武装建设】 2015年，在理论武装工作中，宣传部围绕习近平总书记系列重要讲话，牢牢扭住市委中心组学习这个龙头，依托“干部大讲坛、道德讲坛”等载体，抓好学习型党组织建设，全市理论武装工作深入推进。一是完善学习制度，理论学习服务升级。制定《2015年市委中心组理论学习安排意见》及《市委中心组“三严三实”专题教育学习计划》，完善党委中心组集中学习制度、考核制度和年度学习计划，明确学习内容、学习形式、学习要求和考核方法，引导、组织党员干部采取自学、专题讲座、撰写心得体会等多种形式进行学习研读。结合“三严三实”专题教育，开展专题理论学习，邀请阮青、梁衡、罗援、高健生、崔正龙等知名教授、学者为全市四套班子领导和科级干部专题授课，拓宽全市党员干部理论视野。二是创新宣讲模式，理论教育深入基层。在强化传统媒体宣传，拿出更多版面，更长时段，推出更多重头文章、深度评论和特色报道对理论知识进行宣传解读的同时，宣传部先后组织老干部宣讲团、青年志愿者宣讲团、文艺工作者宣讲队等多支理论宣讲队伍下基层、进社区对社会主义核心价值观、习近平总书记系列重要讲话精神和十八届五中全会精神进行基层宣讲，全年开展各类宣讲活动200余场，实现理论学习全覆盖。三是深化调查研究，理论研讨服务全市。结合学习讨论落实活动和“三严三实”专题教育活动，宣传部先后组织全市党员干部深入基层开展对策性、应用型理论研究，围绕推进霍州市六大发展，解决干部群众关心的热点焦点问题进行调研，形成一批具有理论价值的调研文章，为市委、市政府科学决策提供可鉴参考。

【舆论宣传引导】 宣传部通过做大主题宣传，扩大对外宣传和加强网络管理，生动讲述霍州故事，展示霍州形象，唱响霍州发展主旋律，为全市经济社会发展营造良好的舆论氛围。一是突出精心策划，主题宣传浓墨重彩。2015年，先后组织新闻信息中心、广电中心围绕全市重点项目建设、重大活动开展、重要品牌宣传，策划一批高质量、有影响的新闻报道。全年在省市级以上媒体发稿400余篇，其中《山西日报》发稿28篇，《临汾日报》发稿372篇。二是突出资源整合，做好社会宣传。与纪检、住建等部门联合，打造以开元街为主的廉政文化一条街，以永和公园为主的法治文化主题公园、以清雅园为主的廉政文化主题公园，以中镇文化广场为主的文明道德建设宣传专栏，以永康路为主的社会主义核心价值观宣传专栏，以鼓楼为主的传统文化宣传专栏，以霍州署为主的廉政文化教育基地，以南塔烈士陵园为主的爱国主义教育基地，以七里峪十三烈士陵园为主的红色文化教育基地和以市档案馆为主的现代新型爱国主义教育基地，基本形成“一街两园三栏四基地”的宣传主阵地。三是突出把握导向，舆论环境有序平稳。坚持按照“把握导向性、突出互动性、体现主动性”的要求，完善健全RTX24小时在线值班和舆情快速反应处置等各项制度，从全市各单位精心挑选100余名政治素质过硬、熟悉网络技术、善于网络评论的青年骨干，组建舆情信息员队伍，提高重大舆情的预警、协调和处置能力。全年监控出有关霍州的热点问题、敏感问题23件，加以正确引导妥善处理。组织网评124次，对一些歪曲夸大事实的不良信息和言论及时跟帖、回应，累计上传舆情信息854余条，发布各种微博、新闻跟帖评论5100余条，确保全市舆论环境平稳有序。

【精神文明创建】 一是核心价值观扎实推进。宣传部坚持把培育和践行社会主义核心价值观作为贯穿精神文明建设的主线，以领导干部、公众人物、青少年、先进模范等人群为重点，开展学雷锋、诚信建设、“我们的节日”等活动，把社会主义核心价值日常化、具体化、形象化、生活化。2015年，组织开展“图说我们的价值观”“向不文明行为告别”“青年志愿者服务月”“文明行驶”等系列活动，为弘扬社会主义核心价值观营造浓厚氛围。二是文明创建工作不断深化。创建省级文明城市是提升城市形象，优化发展环境，推动经济社会又好又快发展的重要举措。2015年，宣传部通过开展“学雷锋”活动、“三关爱”志愿服务活动和公民思想道德建设，加强社会公德、职业道德、家庭美德和个人品德建设，推进政务诚信、商务诚信、社会诚信和司法公信，改善城市面貌、提高市民素质、规范窗口服务、强化社区建设、优化未成年人成长环境，推动全市社会风气极大地改善和提升，推动文明创建实现常态化发展，并最终顺利通过升级文明城市复评验收。三是市民道德水平不断提升。宣传部发挥宣传阵地作用，通过电视媒体、手机微信、报刊书籍等载体，宣传道德模范、最美公民等人物的先进事迹，在全社会唱响昂扬向上的正气歌。开展“讲文明树新风”活动，传承培育实践优良家风、校训、企业精神和乡贤文化，深化“德润霍州·共筑梦想”和“争做霍州好人”主题实践活动，在农村和社区启动“善行义举榜”建设工程，通过选树典型，用身边人教育、感染身边人，激发社会正能量，提升市民道德水平，形成良好社会氛围。

【文化繁荣发展】 2015年，宣传部始终突出“文化强市”这一战略部署，开展文化活动，发展文化产业，提升霍州市综合实力和竞争力。一是大力加强基层文化建设。组织全市乡（镇、街道）党政一把手、分管副职，宣传思想文化系统全体干部职工在文化建设较好的退沙街道办召开现场会，通过这样一种具体、直观的形式对近年来全市基层文化建设工作进行回顾和盘点，发现不足和问题，总结经验与做法，提供学习交流的平台，使各乡（镇、街道）达到相互促进、共同提高的效果，使基层党员领导干部深入了解宣传思想文化工作需要抓什么、如何抓、怎么抓，从而更好地推动霍州市宣传思想文化工作再上新台阶、新水平。二是深入推进文化惠民工程。2015年初在退沙街道什林村组织规模盛大的“科技、卫生、文化”三下乡活动，教科、文化、卫生、农业等20余个部门负责同志共同参与，为农民朋友送书籍、实物价值达30余万元。美丽退沙乡村行等一系列群众自发性文艺晚会、抗战胜利70周年书画展、“谁不说咱霍州好”主题摄影展、“星牌杯”全民健身越野赛等一大批文体活动，极大丰富了群众的业余生活。三是加紧实施文化产业项目。参加中部贸易博览会、山西文博会、深圳文博会等重大经贸活动，加强与国内外知名文化企业集团联系对接，贾村娲皇庙、七里峪漂流建设和电影《廉吏曹端》等文产项目相继签约，文化产业正将逐步成为霍州市实现“六大发展”的战略支撑和经济转型的重要推力。

【干部队伍建设】 建设一支思想业务过硬的干部队伍，是做好宣传思想文化工作的根本保障。2015年，宣传部坚持从制度管理、工作方法、人才培养方面着手，调动积极性，激发创造性，全系统呈现出风气气正、争先恐后、惟旗是夺的良好局面。一是强化为党为民的工作理念。以“三严三实”专题教育活动为契机，宣传思想文化战线广大党员干部通过深入学习习近平总书记关于“三严三实”的重要论述和一系列重要讲话精神，思考并对照先进典型的精神境界和不严不实的问题表现，经过自己找、群众提、大家帮，深刻剖析自身在遵守党的政治纪律、政治规矩和组织纪律以及不严不实方面存在的问题及根源，梳理汇总并落实整改，制定出台一系列规章制度和整改措施，推动全市宣传思想文化战线的思想政治建设、作风建设和反腐倡廉建设，树立为民、务实、清廉工作理念。二是突出求真务实的工作作风。开展学习讨论落实活动和“三严三实”专题教育活动，坚持“三贴近”原则，开展“走、转、改”活动，开展宣传思想文化战线蹲点调研活动，将工作重点放在基层，把镜头对准普通群众，在新闻报道、评论言论的文风上有了新转变，在密切联系群众，扎根基层，工作作风上有了新转变。形成协调联动的工作格局。宣传思想文化系统强调“一盘棋”思想，树立“总体战”观念，实行“年初建账、年中查账、年底要账”责任机制，推进宣传思想文化工作“大宣传”工作格局，凝聚起宣传思想文化工作的强大合力，提升宣传思想文化工作的科学化水平。

【领导班子】

市委常委、政府党组成员、宣传部长：

黄晓君（女，2011.06—2015.12）

副部长、文明办主任：

刘俞平（女，2011.04—2015.12）

副部长：

毋永明（2011.04—2015.12）

马耀华（2011.04—2015.12）

宣传工委副书记：

薛四喜（2002.09—2015.12）

宣传部纪检书记：

杨武锁（2002.09—2015.12）

（杨建骁）

统战工作

【概况】 2015年，霍州市委统战部在霍州市委的正确领导下，在临汾市委统战部的精心指导下，全面学习贯彻中共十八大、十八届三中、四中、五中全会、中央及省市统战工作会议精神和《中国共产党统一战线工作条例（试行）》（以下简称《条例》），以推进县级统战部门合署办公的工作成效，为统战工作适应新常态，实现新作为，服从服务于“四个全面”奠定了坚实的基础。

2015 年，为贯彻中央、山西省市统战工作会议精神成立以市委书记陈纲为组长，以市委常委、市委秘书长高雅铭，市委常委、统战部长刘国平，市政府副市长朱源洪为副组长的统战工作领导小组。出台《中共霍州市委关于贯彻〈中国共产党统一战线工作条例（试行）〉的实施意见》。围绕“两个健康”全力做好非公有制经济领域统战工作，成立霍州市促进民营经济发展工作领导小组。

【合署办公】 霍州市委统战部积极推进县级统战部部门合署办公，其中，明确“五个统一”，坚持“五个不变”，做到“五个衔接”的典型做法，得到临汾市委统战部、霍州市委、市政府的充分肯定并且成功召开霍州市推进统战部部门合署办公现场会。

【自身建设】 1. 引导广大统一战线干部以学习贯彻《条例》精神和山西省临汾市统战工作会议精神为契机，紧扣“四个全面”战略布局，凝聚统一战线创新发展智慧力量，全面加强党外代表人士队伍思想建设、作风建设、制度建设，增强主动意识、提高工作质量、抓好工作落实，营造团结紧张、严肃活泼、积极向上、扎实工作的良好氛围。举办 70 余人次参加的霍州市统一战线学习贯彻中央及省市统战工作会议精神和《中国共产党统一战线工作条例（试行）》培训班。2. 结合“三严三实”专题教育，改进工作作风，加强党风廉政建设，认真落实两个责任，坚决做到崇尚实干、勇于担当、廉洁自律，树立对党忠诚、纪律严明、敬业奉献的新形象，打造一支政治上坚定、精神上振奋、业务上精通、作风上过硬的统战干部队伍。

【参政议政】 2015 年，以了解民营企业发展现状与当前存在的困难和问题为突破口，组织开展民营经济发展状况专题调研，形成有深度、有分量、有说服力的调研报告，在临汾市委统战部组织的实践创新经验交流座谈会上作为典型材料进行交流发言。全年发表理论文章 5 篇，《临汾日报》采纳 1 篇，《临汾统战信息》采纳 2 篇，理论实践创新研讨会采纳 2 篇，编辑信息 82 篇，临汾统战部采纳 14 篇。

【宗教工作】 统战部坚决履行好统战部门主体责任，协助宗教部门做好搭建好“共促团结和谐”平台，坚持深化“民族团结进步”创建活动，落实党的民族宗教方针政策，依法加强民族宗教事务管理等方面工作，为霍州市经济社会发展创造和谐稳定的社会环境。出台《霍州市关于市、乡、村三级民族宗教管理网络和民族宗教工作责任制实施意见》。

【领导班子】

部　长：

刘国平（2011.06—2015.12）

副部长：

杨　军（2011.04—2015.12）

路　林（2012.07—2015.12）

薛学文（2012.07—2015.12）

【获奖情况】 统战部被授予 2015 年山西省统战工作先进集体荣誉。临汾市统战理论研究工作先进单位，统战宣传工作先进单位，统战信息工作先进单位。霍州市委常委、统战部长刘国平荣获临汾市统一战线突出贡献个人奖项。统战部推荐的理论文章《加强统一战线作风建设开创统战工作崭新局面》获得了临汾市统战理论研究优秀成果二等奖。《共同开展调研增强参政能力实现多党合作事业持续健康发展》获得临汾市统战理论研究优秀成果奖。

（杨军）

党校工作

【概况】 中共霍州市委党校是市委的工作部门，承担着全市党员干部培训、轮训任务，下设办公室、教务处、理研室、总务处、培训中心、电大工作站6个职能科室，到2015年底，共有干部职工24人。

2015年，在市委、市政府的正确领导下，党校一班人坚持以党的十八大、十八届三中、四中、五中全会精神以及《中国共产党党校工作条例》为指导，贯彻落实全国党校工作会议精神，践行党的群众路线和“三严三实”要求，围绕市委、市政府工作大局，按照“从严治校、从严施教、从严管理”的要求，爱岗敬业、求真务实，党校整体工作迈上了新台阶。

【基础设施建设】 2015年，霍州市委党校投资50万元建成了图书阅览室和电脑教室，购置电脑45台，图书1万册，打印复印机、传真机2台，按照“学风好、校风正”的办学宗旨，刻制“实事求是”校训，根据不同的功能区，集思广益，自行设计制作既体现党校特色，又宣传霍州文化，更符合时代精神，集党性修养、成长励志和廉洁自律为主要内容的校园文化牌匾，购置部分文体和健身器材，各种基础设施基本配套。

【队伍建设】 2015年，校领导班子3名成员先后去贵州培训学习，选派7名教师到中央党校、北京大学培训学习，有2名教师到省委党校参加师资培训，1名教师到北京大学学习国学。先后聘请中央党校、省委党校、临汾市委党校6名专家教授到党校作专题辅导，提高广大教师的理论水平和实践经验，开阔了视野，丰富了知识。

【干部培训】 市委党校始终把党员、干部培训工作作为党校工作的重中之重来抓。2015年，按照市干部教育领导组和市委组织部的安排，举办科级干部、大学生村官和农村“领头雁”等培训班21期，培训各类干部4360人次。其中，举办副科级以上领导干部学习习近平总书记系列重要讲话和十八届四中、五中全会精神专题培训班6期，每期3天，每个副科级以上领导干部受训2次，培训1550人次；单独举办“三严三实”和党风廉政建设专题培训班2期，每期2天，培训380人次；与市委组织部联合在贵州省委组织部组织人事干部学院举办三期科级以上干部红色教育培训班，每期8天，培训150余人；农村“领头雁”和大学生村官十八届四中、五中全会精神和“三严三实”专题教育培训班，采取封闭式培训的方式，举办6期，每期5天，每个参训对象受训2次，培训1280人次；举办入党积极分子培训班4期，每期2天，培训950人次。举办2期师资培训班，参训人员为市直各单位支部书记、副书记，各乡（镇、街道）副书记和组宣委员，共培训260人。

【对外培训】 2015年，市委党校与有关乡（镇、街道）和市直职能部门联合举办各类培训班20期，培训4580人次，主要有：市委宣传部领导干部大讲堂2期、市直工委十八届三中、四中、五中全会精神专题培训班2期、国防教育专题讲座1期、城建系统股级以上领导干部培训班2期、统战部非党干部培训班1期、财政局财会人员业务培训班2期、妇联农村妇女干部培训班1期、民政局农村低保管理人员培训班2期、农机局农机管理员培训班1期、水利局水利干部培训班1期、公安局公安干警培训班1期；组织教师深入乡镇、机关、企事业单位为党员、干部讲党课58次，受训人数5000余人。

【理论研究】 2015年6月，市委党校按照临汾市委党校和霍州市委、市政府的安排，承担“资源枯竭城市转型发展研究”“党校教学改革研究”等专题，并组织教师进行调研，在“三严三实”专题教育活动中，安排教师每人联系一个乡镇（街道），重点实施“三个一”，即：讲一次党课，搞一次调研，撰写一篇调研文章，撰写各种调研文章15篇，在上级报刊杂志发表8篇，提高广大教师理论联系实际的能力。

【领导班子】

常务副校长：

胡韩平（2007.04—2015.12）

副校长：

吴慧平（2005.08—2015.12）

纪检组长：

翟晓依（女，2005.08—2015.12）

（段文洋　郭鹏）

信访工作

【概况】 1987年成立信访局（原为信访办公室1970年成立），主要负责协调处理群众到市、到省和进京上访，参与解决群体性上访案件；查办重点信访案件，转办、交办信访案件及其他信访事项，协调和督促检查信访案件的处理和落实。信访局行政编制3人、事业编制7人、工勤编制1人，其中局长1名，副局长2名，信访服务中心副主任1名。信访服务中心下设接待处置、调解核查和督查督办3个工作室。

【主要工作】 信访服务中心每周一为市级领导接访日，市级党政领导分五组每月轮流到信访服务中心接访，书记和市长坚持每周一接待来访群众，带头落实“信访第一责任人”职责，亲自接待来访群众，牵头解决重大疑难信访问题。2015年，信访局共受理群众来访772件4742人次，与2014年同期913件3915人次相比下降15.4%，人次上升21.1%；其中领导接访342件3113人次，办结率92.3%。

2015年4月22日，召开信访联席会议，研究处理3件疑难信访案件。

2015年6月15日，山西省电视台《民生大接访》栏目拍摄信访专题片《信访的力量》。

2015年5月57日，省委常委、政法委书记王建明，临汾市委书记罗清宇，省信访局副局长梁雨润，临汾市委常委、政法委书记陈小洪一行深入霍州市就信访工作进行专题调研。

【信访服务中心】 霍州市信访服务中心建立于2009年11月，投资100万元，总面积200平方米，2015年进行扩建，总面积480平方米。2010年市编办批复为股级建制，归市信访局管理，2015年底，霍州市信访服务中心共有工作人员7人，设一名主任和一名副主任。信访服务中心下设接待处置、调解核查和督查督办3个工作室。整合12个乡（镇、街道）和20个市直部门进中心，把周一定为市级领导信访接待日，市级党政领导分5组每月轮流到信访服务中心接待来访群众，处理重大信访事项；周二至周五12个乡（镇、街道）和20个市直部门分4组到信访服务中心值班接待来访群众，处理职责范围内的信访事项，实现工作职能进中心、反映问题在中心、解决问题在中心，确保一站式服务、一条龙办理、一揽子解决。2015年，信访服务中心继续落实定点接访、重点约访、专题接访、带案下访和领导包案等“四访一包”制度，开通市乡两级视频接访，确保信访渠道畅通。按照就地解决，就地化解矛盾、就地稳定情绪的要求，坚持“谁接访，谁负责”和依法按政策办事的原则，在第一时间、第一地点一次性处理妥当，确保合理诉求最大限度解决到位，就地化解率达90%，有效地控制和减少了越级上访。

【开展法治信访】 2015年，信访局开展法制建设年的活动，以《信访条例》《国家信访局关于进一步规范信访事项受理办理程序引导来访人依法逐级走访办法》为宣传重点，开展一系列的业务指导和法制宣传。在平时的接访工作中加强《信访条例》《国家信访局关于进一步规范信访事项受理办理程序引导来访人依法逐级走访办法》等法律法规的宣传教育外，定期下乡镇、入社区宣传发放有关《信访条例》的彩页3万余份，全市信访形势持续好转，群众越级上访量明显减少，信访秩序得到进一步的规范，逐步形成依法逐级上访的良好氛围。

【推行阳光信访】 2015年，信访局将接待来访、办理来信、督查督办、网上投诉等全部信访事项放在网上流转，健全“网下办理，网上流转”，把受理、办理和结案重要环节通过网络公开，实现信访事项的“可查询、可追踪、可督办、可评价”。2015年，信访局受理网上来访89件，办结率达100%。建立“信访事项办理群众满意度评价体系”，把办理工作置于群众的监督之下，为了提高信访公信力，建立健全疑难复杂信访事项，公开听证，将听证的结果向群众公示，使信访工作透明化。

【重大会议期间信访维稳工作】 2015年，在全国、省“两会”“抗日战争暨世界反法西斯战争胜利70周年”等重要时期的稳控任务中，构建矛盾纠纷排查化解的长效机制，健全基层矛盾纠纷预警机制，落实信访信息的“零报告”制度，掌握信访问题底数，督促各级部门坚持常规工作定期排查，敏感时期集中排查，对群众反映强烈的热点、难点问题的重点排查。充分发挥部门联动作用，对排查出来的各类矛盾问题，提前研判部署，提前制定措施，做到“三早”（即早发现、早处理、早解决。）“四到位”（即排查到位、调处到位、处置到位、责任落实到位），从源头上减少各类矛盾纠纷的产生，使初信初访办理率达到100%。

【积案化解工作】 2015年，山西省信访局交办涉纪案件1案，霍州市信访局督查办公室干部三次下基层督查督办案件办理流程，协调相关部门作出答复处理，办结上报。组织开展“信访积案化解百日攻坚”的行动，实现省交办信访事项办结率达到100%，加大信访“治旧”工作，召开信访联席会议，化解疑难案件20余件。

【实行诉访分离】 为了全面推进依法逐级走访，维护正常信访秩序，引导群众依法逐级合理表达诉求，推进依法行政，2015年，按照上级诉访分离要求，扩大信访接待场所，将市委大门东侧改造为涉法涉诉接待室，公检法部门联合接访，除每周一与信访服务中心同步接访外，周一至周五公安局、司法局、法院、专人轮流值班接待涉法涉诉案件。司法局法律援助中心律师长期值守为信访群众在法律问题上答疑解惑。涉法涉诉接待室的建立在各乡镇、市直联合接访的基础上加大力度，推进了信访秩序好转。

【廉政建设】 2015 年，信访局按照全市开展“三严三实”专题教育通知，在督导组的指导下，以作风建设为抓手，查找党员干部自身存在问题和差距，强化责任担当，制定整改措施，健全规章制度，整出新精神、新气象、新作风。开展一把手讲党课、领导班子成员对五个专题进行研讨，领导班子始终坚持问题导向，以上率下，带头查摆不严不实问题，广泛征求成员意见，认真谈话，严格对照检查，认真撰写材料，召开民主生活会、组织生活会，开展自我批评。通过“三严三实”活动的开展，提高党员干部的政治素质，自觉地形成讲政治、讲规矩的政治氛围，全体党员干部都能守住廉政底线，执行约法三章，遵守廉政准则，促进信访工作再上新台阶。

【领导班子】

局　长：

朱巨鹏（2007.07—2015.12）

书记、副局长：

师真富（1995.07—2015.12）

副局长：

刘国平（1989.07—2015.12）

【获奖情况】

2015 年被临汾市委办公厅、临汾市人民政府办公厅评为信访工作先进单位

（闫婉琼）

机构编制管理工作

【概况】 根据临汾市委办公厅、临汾市人民政府办公厅《关于印发〈霍州市市级党政机关改革方案〉的通知》（临办发〔2001〕7 号）文件精神，霍州市机构编制委员会办公室 2002 年 6 月成立，是霍州市机构编制委员会常设办事机构，具体负责全市行政管理体制和机构改革以及机构编制的日常管理工作。霍州市编办内设 3 个职能股室，分别为综合股、机关股、事业股，市编办行政编制 8 名，其中主任 1 名，副主任 2 名，工勤人员 1 名。霍州市编办下设霍州市事业单位登记管理局，正科级全额事业单位，事业编制 8 名，其中：局长 1 名，副局长 1 名。

【政府职能转变和机构改革工作】 按照《中共临汾市委、临汾市人民政府关于印发〈霍州市人民政府职能转变和机构改革方案〉的通知》（临发〔2014〕18 号）文件要求，整合组建部门领导班子全部配备到位，整合组建部门“三定”方案，职责调整，内设机构和人员配备工作有序进行，严格按照方案批复的人员编制的要求，没有擅自增加人员和编制。在政府机构改革中整合调整事业单位机构编制工作正在进行中，整合市妇幼院和计生服务中心为市妇幼保健计划生育服务中心；整合乡镇计划生育服务站和乡镇卫生院妇幼保健职能，在各乡镇卫生院加挂“妇幼保健计划生育服务站”；将市质量技术监督检验测试所划转至市综合检验检测中心。

【权责清单编制工作】 霍州市 35 个单位（其中市政府组成部门 23 个，依法承担

行政职能的事业单位及其他机构12个），根据“三报三审三反馈”的工作思路，按照梳理、审核、论证、提请同级党委和政府确认等程序要求，编制完成“两单、两图”，确定行政职权事项2485项，其中行政许可202项，行政确认69项，行政处罚1676项，行政强制115项，行政征收31项，行政奖励32项，行政给付40项，行政检查89项，行政裁决6项，其他类225项，明确责任事项19472项，编制行政权力运行流程图1834张，廉政风险放控图1808张，形成政府权力运行、监督、制约的完整体系。霍州市的“两单、两图”于2016年1月上网公布。

【事业单位分类】 按照上级要求，经霍州市编委会议研究，临汾市编办审核，将第一批分类的402个事业单位以正式文件印发分类批复，其中行政职能类共12家；公益一类333家；公益二类共49家；生产经营类8家；按时上报市编办备案，完成事业单位分类工作。

【控编减编工作】 根据中央、山西省和临汾市严格控制机构编制的有关精神，结合霍州实际，制定《霍州市控编减编实施意见》（霍编发〔2014〕8号），作出霍州市控编减编工作的总体安排，严格根据方案进行控编减编工作，没有自行增加编制。根据实施意见和临汾市编办要求，霍州市2015年应核减编制为192名。结合霍州市实际，经会议研究决定，核减了霍州市眼防所等13家事业单位编制共192名，并下发通知。（《关于核减眼防所等事业单位编制的通知》（霍编发〔2015〕3号）

【领导班子】

主　任：

白　明（2013.04—2015.12）

副主任：

时宏宇（2006.06—2015.12）

马媛梅（女，2012.06—2015.12）

事业单位登记管理局

局　长：

孙　华（2011.04—2015.12）

副局长：

黄晓珊（女，2012.07—2015.12）

（蒲江华）

老干部工作

【概况】 2015年，霍州市委老干部局在市委、市政府的正确领导和市委组织部的指导下，围绕霍州市工作大局，以学习贯彻全国“双先”表彰大会为主线，牢牢把握“为弊革风清、富民强省增添正能量”的工作主题，开展“为党和人民事业增添正能量”和“纪念抗战胜利70周年”活动，主动作为，推动老干部工作取得新进展新成效。

【政治待遇】

1. 加强形势教育，开展理论学习

2015年，老干部局将学习贯彻落实全国、全省“双先”表彰大会精神作为工作的重中之重，进一步抓实抓好，及时将两个《提纲》发至每个党支部、每一名老干部工作人员手中。组织近400余名老干部骨干观看全国“双先”表彰会先进事迹影片，将50余张全国离退休干部“双先”代表巡回宣讲临汾报告会光盘下发至各老干党支部进行观看学习。利用报刊、网络、信息等媒体平台，积极引导，广泛宣传，营造全市老干部工作人员、广大老干部学习贯彻全国、全省表彰大会精神和“双先”事迹的浓厚氛围。

2015年5月20日至23日，举办霍州市离退休干部理论学习专题辅导，聘请市委党校讲师授课，针对全面推进依法治国、习近平总书记“四个全面”解读等内容进行深入细致的讲解。

2. 组织老干部参政议政

市委、市政府在讨论党代会报告、政府工作报告时，邀请老干部代表参加，征求意见和建议。组织离退休干部40余名观摩了霍州市重点工程项目，市委书记、市长亲自陪同参观，并对项目建设、设想、意义等详细情况向老干部仔细说明，召开老干部座谈会，对在城市建设项目中做出贡献的老干部监督员授了匾。

春节期间，市委书记陈纲、市长崔山原带领四套班子领导亲自登门看望30名实职副县级离退休干部，和他们屈膝交谈，真情关怀。

3. 强化老干部党支部建设

按照“关于转发中共临汾市委组织部等九部门《印发《关于推进利用社区资源做好离退休干部服务工作的意见》的通知》的通知”霍组通〔2015〕7号文件要求，利用社区资源开展老干部党建工作，市老干局专门召开乡（镇、街道）、社区分管领导和主任会议，为离退休干部就近学习、就近活动、就近得到关心照顾、就近发挥作用提供好服务。5月市委组织部专门下发《关于进一步加强新形势下离退休干部管理服务工作的意见》，强化老干部工作组织领导，完善了老干部参加学习、听取报告、定期走访、就近参观等各项制度，建立老干部管理人员责任制，各单位确定一名分管领导，一名专兼职人员，主抓老干部管理服务工作。市老干局与各单位沟通，完善了老干部基本信息，及时反馈，做到老干部的事有人管、有人问，有人关心他们的生活、学习、活动等情况。

【生活待遇】

1. 完善“三个机制”运行，确保老干部生活待遇及时落实。落实老干部生活待遇的各项方针政策，规范三个机制运行，按时发放各项工资津贴，及时落实离退休干部提高工资标准。

2. 继续开展特困老干部帮扶。市老干局对特殊困难老干部及遗孀帮扶工作已经形成长效机制，每年上半年召开专门会议安排部署，发放救助申请表，要求各乡（镇、街道）、社区认真开展这项工作，对真正需要帮助的老干部伸出援助之手，使他们渡过难关。2015年，共计帮扶困难老干部及遗孀70人，拨付帮扶资金5.75万元。

3. 开展离退休干部走访慰问和体检工作。2015年7月，老干部局对全市76名离休干部全部进行登门走访慰问，并发放慰问品。

为扎实落实《离退休干部定期体检的实施方案》，根据霍州市离退休干部实际情况，从2015年开始，除对离休干部每年体检一次外，对75周岁以下退休干部每5年体检一次。即从干部办理退休手续后，60周岁（仅限女干部）时体检一次，65周岁时体检一次，75周岁以前每5年体检一次，75周岁以后每年体检一次。2015年，对全市472名离退休干部进行体检，共投入资金19万余元。《离退休干部定期体检的实施方案》的实施，进一步加强了对离退休干部健康保健工作，扩大了离退休干部体检范围，做到有病早发现，早治疗，无病早预防、保健康，受到广大离退休干部的好评。

【基础设施建设】 按照“学有阵地，乐有载体”的要求，为老干部活动提供场所，购置设施设备。2015年，老干局对老年大学教室桌椅进行更换，楼道墙壁修复粉刷，台球室地板、墙壁平整处理等，购置新台球桌，新建乒乓球室，共计投入资金5万余元，改善老干部活动环境，为老干部开展有益于身心健康的文体活动提供有力保障。

【文体活动】 1. 为了丰富老干部精神生活，抒发广大老同志爱党爱国情怀，老干局组织离退休干部开展“我为党和人民事业增添正能量”主题征文活动，广大老干部积极参加，踊跃投稿，征集老干部作品100多篇，选出35篇优秀征文编印成册，发放到离退休干部党支部、活动室及老干部手中，便于老干部交流学习。

2. 2015年3月，老年书画家协会召开2015年年会，总结2014年工作，安排部署2015年工作，市委书记陈纲亲自到会祝贺。

3. 春节前期，老干部局组织老干部书画爱好者开展“送春联下乡”活动，10余名老干部书写对联3000余幅，送到困难老干部、老党员、贫困户手中。

4. 2015年4月，老干部书画爱好者利用各村庙会，开展书画诗词巡展，丰富农村文化，传播正能量。

5. 2015年，老年大学音乐班坚持日日授课、天天学习，专门学习二胡的学员有200余人，成为临汾市特色品牌。参加农村庙会表演，丰富农村文化，传承古典音乐。9月，为了隆重纪念抗日战争胜利70周年，精心编排20余个节目，在霍州署广场进行专场演出。

6. 2015年10月，举办霍州市离退休干部第二十三届暨老体协第六届二次运动会，为期12天，9个比赛项目，参赛人数达500余人。

【发挥余热】

1. 围绕“展示阳光心态、体验美好生活、畅谈发展变化”为主题的为党的事业增添正能量活动的要求，组织老干部志愿者宣讲团开展“践行核心价值观，凝聚中华正能量”宣讲活动，深入到10余个学校、社区宣讲社会主义核心价值观，受教育学生、群众8000余人。

2. 组织离退休干部开展网上正能量活动，帮助引导离退休干部利用微信、易信和手机彩信、短信等移动网络平台，讲好中国故事、弘扬中国精神、传播中国好声音。

3. 继续聘请老干部担任重大工程项目监督员，发挥他们在环境治理、城市新貌建设等方面的作用，当好党的政策宣传员，监督员和时代风尚的引领员。

【自身建设】 以“学习讨论落实”活动、“三严三实”专题教育等一系列主题教育活动为契机，转变作风，提升能力，促进全市老干部工作整体水平。一是建立健全老干部局机关理论学习制度和党员干部学习制度。坚持每周一次政治理论和业务集中学习，每月一次的专题学习活动，每季度一次的调阅学习情况和交流活动，通过定期举办培训班、邀请党校教师专题讲座，实地参观学习等形式，深入学习全国老干部工作“双先”表彰大会和全省老干部工作会议精神，观看全国“双先”表彰会先进事迹影片，学习习近平总书记“四个全面”等系列讲话，参观霍州署廉政文化教育基地和南塔垣红色教育基地，引导老干部工作人员牢记党的宗旨，坚定理想信念，牢固树立正确的事业观和价值观。二是落实党风廉政建设责任制。2015年，老干局紧紧围绕山西省、临汾市和霍州市关于党风廉政建设的安排部署，专门成立了党风廉政建设领导组，明确班子成员的责任分工。班子成员认真执行党风廉政建设的各项规定，落实目标责任制，形成“一把手负总责、分管领导各负其责、班子成员齐抓共管”的工作格局。围绕落实“两个责任”、履行“一岗双责”的要求，扎实推行“12388”工作法，建立健全清单定责”和“廉情预警”机制，深入贯彻落实中央八项规定精神，持之以恒纠正“四风”，始终把加强教育管理、完善机制体制、改进工作作风作为增强党员干部拒腐防变能力的重要环节，坚决筑牢拒腐防变的思想道德防线。根据学习讨论落实专项整治活动的部署和要求，明确整治任务，细化工作措施，确定责任领导和责任科室，规定完成时限，落实治理吃空饷、不作为乱作为等专项整治任务，收到较好效果。三是狠抓宣传调研信息工作，提升老干部工作的影响力。全年撰写调研课题 3 篇，创新案例 1 篇，上报信息 18 篇。

【领导班子】

局　长：

韦建兵（2010.04—2015.12）

书　记：

郭庆峰（2013.05—2015.12）

副局长：

卫秀琴（女，2012.06—2015.12）

郭园勤（2007.08—2015.12）

副主任科员：

郭兰凤（女，2012.07—2015.12）

【获奖情况】

2015 年 6 月，中共山西省委组织部、中共山西省委老干部局、山西省人力资源和社会保障厅授予霍州市委老干部局“全省老干部工作先进集体”。

2015 年 6 月，中共山西省委组织部、中共山西省委老干部局、山西省人力资源和社会保障厅授予离退休干部郭思红（原霍州市委常委、副市长）“全省离退休干部先进个人”。

门球：

2015 年 5 月，荣获临汾市四运会老年组门球赛金奖。

2015 年 11 月，荣获中国门球冠军赛山西省门球大赛冠军决赛银奖。

健身操：

2015 年 6 月，腰鼓队荣获临汾市四运会老年组金奖、道德风尚奖。

2015 年 7 月，健身球队荣获临汾市四运会老年组健身球金奖、最佳编创奖、优秀组织奖、道德风尚奖。

2015 年 11 月，健身球代表队荣获全国老年人健身球操女子单球规定、自选套路双项优胜奖、最佳表演奖、道德风尚奖。

2015 年 11 月，健身操 32 支代表队荣获浙江第三届“大成杯”全国健身操邀请赛两项金奖、最佳创编奖、道德风尚奖。

太极拳：

2015 年 7 月，太极拳 13 人代表队荣获临汾市四运会老年组集体国套 42 式拳金奖、42 式剑银奖，个人国套 24 式拳、32 式剑 7 金奖、8 银奖、11 铜奖。

陈式太极拳：

2015 年 4 月，朱文均荣获 2015“新獅豸杯”第十三届香港国际武术节男子陈式太极拳金奖、剑金奖、推手金奖、通背拳银奖。

2015 年 4 月，王新忠在北京钓鱼台国宾馆参加“第六届中国国际重阳节联欢节”，被评为优秀表演者。

（逄点点）

党史研究工作

【概况】　中共霍州市委党史研究室为

正科级全额事业单位，主要职责是征集、整理、编纂市委重要党史资料，搜集、整理重要口述历史资料、重要党史人物回忆录，搜集、整理和研究有关中共地方党史的信息资料；认真存史，将收集的党史资料分类归档，实行科学管理；研究、编撰地方党史大事记、党史正本等党史专著；资政育人，用党史研究成果开展爱国主义和革命传统宣传教育活动。

市委党史研究室内设办公室、资料征集股、编研股 3 个股室，核定编制 7 人，到 2015 年底，在册工作人员 6 名。其中，领导班子配备为一正一副，股级岗位三个，配备两人，新分配事业编制一人，提前离岗一人。

2015 年，党史研究室在市委和上级党史部门的领导和支持下，围绕市委中心工作，开展"三严三实"等各项专题教育活动，结合上级党史部门下达的重点项目和业务工作，开展纪念抗战胜利 70 周年活动，编撰中共霍州地方历史记事、霍州红色旅游等重点项目，全面推进各项工作，取得了一定的成果，得到市委和上级党史部门的肯定和表彰。

【党的建设】 1. 按照市委统一安排，扎实开展"三严三实"专题教育活动，全体党员干部深入学习贯彻习近平总书记系列重要讲话精神，全面落实"两个责任"，对党的群众路线教育实践活动和学习讨论落实活动进行"回头看"，做好整改，机关工作作风有了整体提升。

2. 通过落实党风廉政建设"两个责任"及单位的其他各项工作制度，打造科学有效的制度笼子，提升班子及干部队伍的战斗力，增强干部队伍纪律意识、规矩意识。

【纪念活动】 2015 年，党史研究室围绕纪念中国人民抗日战争暨世界反法西斯战争胜利 70 周年活动，把这项工作作为全年工作重点。整理编印《霍州抗战记忆》，通过霍州抗日根据地的形成和发展霍山脚下的抗日革命组织，霍州军民奋起反击，粉碎日军疯狂扫荡、前赴后继，英勇斗争的霍山儿女、烽火岁月，永不磨灭的记忆、附录等六个部分全面展示中国共产党在霍州的光辉历程，缅怀先烈们的不朽功勋，让更多的人牢记历史，勿忘国耻。开展以下几项工作：一是按时报送两篇论文，上报临汾市党史办一篇，题目是《坚持不懈地为民族独立和民族复兴而奋斗——浅议抗战时期中国共产党成熟和发展的历史经验》；上报省委统战部一篇，题目是《党领导和巩固山西抗日民族统一战线的几点经验》。二是结合中共霍州地方历史给市委中心组进行专题讲题。三是配合新闻中心在《今日霍州》开辟"纪念抗战胜利 70 周年"专栏，集中刊登有关内容，连续刊发两个月；四是配合临汾电视台、霍州电视台录制三条抗战有关节目。五是与市档案馆配合筹办抗战图片展览。

【党史编研】 1. 按时完成《临汾红色旅游指南》的撰稿任务，编辑印刷《霍州红色旅游指南》。按照临汾市的征集要求，党史研究室确定专人负责该项目的资料收集、编撰、整理等工作，按时高质量地完成撰稿、审稿、改稿。整理编辑《霍州红色旅游指南》一书，以霍州市的红色文化、旅游资源为依托，重点介绍了红色景区、风景名胜（自然风光、人文景观）、地域特色（民俗文化、美食特产、餐饮服务）等几个方面，展示霍州市丰富的红色旅游资源，宣传红色文化，加强爱国主义和革命传统教育，推动霍州市的旅游事业可持续发展。

2. 编印《执政霍州——2014 年度党史资料选编》。连续第三次编印年度党史资料汇编，全书分为上级领导视察、党的群众路线教育活动、全市主要工作、党史大事记述、重要会议活动、重要文献、表彰名册等7个部分，尽可能翔实地记录霍州市2014年在各个方面的工作情况，全面反映全市上下克服困难、奋力拼搏所取得的各项成就。该项编研成果的成功编印，保证党史资料编研的有效延续，充分发挥党史的存史、资政、育人职能。

3. 向临汾市党史研究室上报各类党史资料。一是根据《临汾改革开放实录》的征编要求，成功撰写两篇符合标准的稿件，搜集整理了相关图片资料，按照要求两次核实文稿、两次补充上报照片，按时高标准完成了征集撰稿任务。二是按照市办的补充要求，将室存的党史人物资料再次进行全面地甄别、核对、整理，向兄弟单位、社会各界人士征集相关资料，不断查缺补漏，在报送的人物资料基础上，通过细致的核查，进一步完善，保质保量地按时报送相关资料。三是按照《中共临汾大事记述》县（市）资料的上报要求，精心挑选整理，上报霍州市2013—2015的党史大事记等资料。

【宣传教育】 1. 主任朱壮平为教育系统广大教师进行党史知识专题培训，为全市中小学生对中共霍州地方党史的了解打好坚实的基础，捐赠党史书籍五百余本。

2. 与市广播电台加强合作，在全市范围内开展党史专题广播节目，全年共播出24期。

3. 在全市性活动和各单位纪念活动中进行党史知识专题讲座；与电视台、报社等新闻媒体广泛合作，扩大党史的影响力。

【领导班子】

主　任：

朱壮平（2008.10—2015.12）

副主任：

刘　瑞（2007.08—201512）

【获奖情况】

党史研究室被中共山西省党史办公室评为全省党史部门先进集体；被中共临汾市委、临汾市人民政府评为《中共临汾党史人物》征集编撰工作先进单位；获中共临汾市委党史研究室年度党史业务综合工作先进集体；《临汾红色旅游指南》征集编撰先进集体。

张晶同志被评为临汾市党史工作先进工作者；朱荣华同志被评为《临汾红色旅游指南》征集编撰先进个人。

（刘瑞）

市直机关党工委工作

【概况】 中共霍州市直属机关工作委员会在市委、市政府的领导下，以机关党建走在前头为抓手，发挥市直工委的纽带作用，在思想建设、组织建设、发展党员、收缴党费等方面做了大量工作。其他各项工作也取得一定的成绩，为全市中心工作的完成，提供了思想和组织保障。

【思想建设】 1.2015年，市直工委组织广大党员干部研读中共十八届四中全会决议、五中全会《建议》和习近平总书记系列重要讲话精神，全年组织中心组讨论9次，组织支部书记学习培训3次，基层单位举办四中全会专题辅导126次、五中全会专题辅导6次，各种交流研讨38次，真正把党员干部的思想和行动统一到党的十八大以来的精神上。在把党章学习教育作为经常性基础工作，切实突出党章学习贯彻的基础上，落实了中心组学习、支部“三会一课”、党员学习培训、民主生活会和组织生活会等各项制度，提高了机关党员干部学党章、强党性、明党规、守党纪的自觉性。

2. 强化理想信念教育。以开展学习型、服务型、创新型党组织建设为牵引，重点抓了中国特色社会主义理论的宣传教育，宗旨意识教育，把坚定“三个自信”作为党员干部理想信念教育的核心内容。全年基层党组织举办形式报告会 3 次，专题讲座 62 次，机关党课 53 次，增强广大党员干部的政治认同感和政治责任感。利用干部自主选学、党员干部在线学习等载体，开展理想信念教育，坚定广大党员干部永远心向党、永远跟党走的信心和决心。

【组织建设】 1. 推进“星级化”管理。按照五星做示范、四星树标准、三星打基础、二星以下抓整改转化的总体要求，加强对基层党支部的管理，2015 年评定五星级支部：市委办、政府办、教科局、林业局、人社局等五家，四星级 38 家，三星级 242 家，整改二星级 9 家。

2. 严格党员管理。强化对无正当理由连续 6 个月以上不参加党的组织生活、不缴纳党费和不做党所分配工作的“三不”党员的教育管理工作。严格按照新修订的发展党员工作细则，控制党员规模，严把党员入口关，落实发展党员票决制、公示制，确保党员发展质量，做好入党积极分子的培养、教育、考察工作，全年发展党员 72 人，审批预备党员转正 76 名，接转组织关系 295 人次，调整设立人社局、公安局党委下属党总支 4 个、支部 21 个，结转组织关系 295 件次。举办入党积极分子培训班一期，培训 98 人。“七一”前夕，组织市直入党积极分子和党务骨干“入党宣誓仪式”、接受廉政教育和党员志愿者服务等项活动，参与党员 162 名。

【领导班子】

书　记：

车和平（男，2007.08－2015.12）

副书记：

赵　燕（女，2007.08－2015.12）

宋晓玲（女，2008.08－2015.12）

陈荣华（女，2008.08－2015.12）

（车和平）

机关事务管理工作

【概况】 霍州市委机关事务管理局成立于 2002 年，是市委直属正科级建制的全额财政拨款事业单位，到 2015 年底，共有工作人员 24 人，正科 1 名，副科 2 名，党员 20 名。内设办公室、财务股、房管基建通讯股和保卫股 4 个职能股室，主要工作职能是负责市委机关的整体规划和基本建设；编报机关各项经费预算和结算；有关物资设备的购买、管理与分配；保证和协调机关办公设施使用功能的完善配套和正常运行；加强对市委机关公务车辆的管理、调度与安全运行；负责搞好机关的环境卫生、消防和安全保卫工作；为市委机关提供优质高效的后勤服务。

【党建工作】 2015 年，霍州市委机关事务管理局探索“1345”党建工作模式，抓民主、树导向、管队伍、强基础，为建设高效管理服务的后勤队伍提供坚强的政治和组织保障。

围绕中心工作“抓党建促发展，以服务提升党建”的思路；以建设“三型机关”即建设学习型、文明型、廉洁型机关为目标；以“三严三实”专题教育、学习讨论落实活动、“12388”工作法、定查评工作四项活动为载体、努力实现五大提升：思想观念的提升、保障能力的提升、工作效能的提升、服务质量的提升和队伍素质的提升的党建工作。

全面落实党风廉政建设第一责任人制度、党员服务承诺评议制度、“四议两公开”制度等；建立党支部学习制度，落实党风廉政建设的“两个责任”，推行“四述两谈”制度。坚持思想建党与制度管党紧密结合，牢固树立“抓党风廉政建设是本职、不抓是渎职、抓不好是失职”的理念，牢固树立党章意识，学习遵守党章，强化党的政治纪律教育，严肃党内政治生活，坚持民主集中制原则，按规定召开组织生活会和民主生活会，实现学习遵守党章和党的政治纪律教育经常化、制度化、规范化，强化广大党员干部特别是领导干部的法治思维、纪律观念和规矩意识。

加强党风廉政建设，建立健全了预防和惩治腐败体系，与班子成员、各股室负责人签订了反腐倡廉责任书，组织党员干部观看廉政警示教育片，组织参观州署廉政教育基地，完善廉政风险防控监管，班子成员凝聚团结，全体同志互相促进，形成一支具有较高素质和能力的工作队伍。

规范完善岗位职责，值班制度，考勤制度，请销假制度，外出登记等各项制度。优化了办事程序，明确工作职责，通过这些措施，规范工作人员行为，调动干部职工积极性、切实履行管理、保障和服务职能，提升整体工作水平。

探索在职党员“工作在单位、活动在社区、奉献双岗位”的新机制，促进在职党员联系服务群众、践行群众路线常态化、长效化。加强服务型党组织建设，构建党建工作新格局。推行“三声五心”工作法，即“来有迎声、问有答声、走有送声”“接待群众热心、听取问答细心、解答问题耐心、提供帮助诚心、解决问题真心”。

【“三严三实”专题教育活动】 “三严三实”专题教育活动开展以来，该局以学习《党章》和习近平总书记系列重要讲话精神为切入点，打牢学习教育和查摆问题两个基础，抓住整改落实和建章立制两个关键，查摆“不严不实”方面的突出问题，深刻剖析产生的原因，以钉钉子的精神狠抓整改落实，专题教育活动，收到实效。

1. 准备工作扎实到位。一是健全机构。第一时间成立“三严三实”专题教育领导小组，确保统一领导、分工明确、责任到人，为专题教育的顺利开展提供了坚强的组织保障。二是出台方案，制定下发全局工作方案，确保在组织推进、进度安排和方式方法等方面不折不扣地贯彻中央和市委精神。

2. 领导重视全力推动。把学习教育、听取意见作为基础环节，从加强学习、提高思想认识入手，为深化发展“三严三实”开好头、起好步。一是思想动员“全统一”。局党支部召开“三严三实”专题教育工作会议，动员全体党员干部深刻领会专题教育的重大意义，切实将思想与行动统一到中央和上级的部署要求上来。二是学习培训“全覆盖”。领导带头讲党课，以上带下形成浓郁的学习氛围。开展学习交流活动，达到学习主体、内容、形式、时间的“全覆盖”。三是听取意见“全方位”。组织五次专题研讨、发出 40 多份征求意见表、通过“坐下谈、上门听、面对面”征求到意见 80 条，为深入查摆奠定扎实基础。

3. 认真剖析动真碰硬。一是“不严不实”问题务必找准。局委会前后3次召开专题会议，聚集“不严不实”逐一找准问题根源，综合归纳、剖析找出11个突出问题。二是谈心交心务必充分。班子成员先后开展讨论专题研讨，推心置腹地沟通思想、提出意见，寻求共识，增进了解，达到共同提高的目的。三是剖析材料务必深刻。由局长亲自主持撰写党支部班子对照检查材料，确保对照检查材料剖析到位、认识深刻。四是民主生活会务必求实。局党支部召开专题民主生活会，在市委联络组的具体指导下，班子成员开展批评与自我批评，敢于揭短亮丑、维护班子团结的觉悟，提出批评意见13条，达到“团结—批评—团结”的效果，会议得到市委联络组的肯定。

4. 立行立改确保长效。一是围绕“不严不实”和“不作为乱作为”等方面的突出问题抓立行立改。该局在抓好学习教育的基础上，采取多种形式，征求意见80条，通过谈心谈话、召开班子民主生活会，查摆出“不严不实”方面存在的“工作实功不多，取得成效不够；基层调研不深，贴近群众不够；进取意识不强，工作目标不高；勤俭节约不够，自律要求不严”等六类突出问题，制定整改方案和落实措施。二是结合服务机关改进工作作风抓专项整治。在活动中针对该局服务点散、面广的实际，制定“三严三实”专项教育整改实施方案，整改“办事效率不高、服务态度不好”等突出问题。三是建立长效机制巩固活动成果。开展学习讨论落实活动“回头看”工作，新增和修订岗位职责、学习制度，服务承诺制、考勤制度、公务接待、公务用车管理办法等6项制度。

【深化文明创建】 2015年，以深化临汾市“文明单位”创建，加强道德实践为总目标，文明创建实现新提高，本着“巩固、规范、提升”的原则，举全局之力，全方位开展临汾市文明单位创建工作，利用宣传栏、板报等各种方式全方位宣传营造了强大的创建声势。印发《文明倡议书》和《文明职工礼仪手册》，编发短信200余条，让创建活动、创建内容深入人心。开展“移风易俗、文明殡葬”活动，宣传贯彻霍州市的文明殡葬改革制度，倡导精神文明，反对铺张浪费，制止大操大办，形成文明、健康、崇尚科学的良好风气。

以春节、元宵节、清明节、端午节、中秋节等重大节日为契机，组织开展“孝老爱亲——我们的节日”的主题活动，形成团结互助，融洽相处的人际关系和平等友爱、温馨和谐的工作气氛。

以文明单位为引领，组建志愿服务队，开展多种形式的“三关爱”志愿服务活动；开展以“弘扬传统文化，培育核心价值”为主题的道德讲堂活动。让全体职工在参与活动的过程中，心灵受到洗礼，思想境界得到升华，提高职工的道德修养。

自2006年开展创建文明单位活动以来，连续10年获“临汾市文明单位”荣誉称号。

【安全保卫】 2015年，对安保工作定人、定责任，对外来人员严格实行进出登记；完善消防、应急等各项工作方案，组织安全大检查和测爆巡查；在市委机关办公区及大门两侧安装电子监控系统，做到24小时全天候监控；处置各类群众上访事件，确保安全保卫工作万无一失。

【节能降耗】 2015年，落实中央厉行勤俭节约的有关规定，以“公共机构节能宣传周”活动为契机，以建设生态文化为主线，以“节能有道节俭有德”“低碳城市宜居可持续”为主题，以完善制度、堵塞漏洞为切入点，以节油、节电、节水、节约纸张为主要内容，严格规范，控制经费支出总量，改进管理办法，更新硬件设施等手段，倡导全体工作人员以实际行动积极参与节能降碳、无纸化办公，形成人人崇尚节约节能，绿色消费与低碳环保的良好氛围。机关用电、用水、办公用品等消耗都有较大削减，使该局机关全年人均综合能耗和人均水耗同比分别下降 2.8%；单位建筑面积能耗同比下降 2%，取得较好成效。

【办公环境改造】 由于信访服务中心办公用房少，设施功能不完善，标准化程度不高，不能满足信访工作需求，根据山西省综合工作会议和山西省信访工作会议精神，投资 20 余万元，总面积 200 平方米，对市委机关办公用房及车库进行维修改造，公开招标，选择有资质的施工单位，建成霍州市社会治安综合治理服务大要。提高霍州市综合信访服务工作水平，畅通群众信访诉求渠道，打造环境优美、功能齐全的机关大院，机关大院楼里楼大名鼎鼎环境整洁明亮。

【领导班子】

局　长：

杨五锁（2011.04—2015.12）

党支部书记兼纪检组长：

张秀梅（女，2013.04—2015.12）

副局长：

范晔兵（2012.07—2015.12）

【获奖情况】

2015 年度荣获临汾市精神文明建设指导委员会授予“临汾市文明单位”荣誉称号。

（王文亮）

对台工作

【概况】 霍州市委台湾工作办公室是市委主管对台事务、管理对台宣传、对台招商、服务台胞、台属的职能部门。其担负的主要任务是贯彻执行党中央国务院对台工作方针政策，落实完成市委、市政府对台工作的部署和任务。管理对台宣传工作，制定全市对台宣传计划；会同有关部门开展涉台教育，负责全市台胞台属教育引导工作；落实党的台胞台属政策，了解掌握和研究台湾局势与两岸关系发展动向，为市委、市政府及上级台办领导决策提供服务；同时负责市委对台领导小组的日常工作，完成市委、市政府和上级台办交办的其他任务。霍州市委台湾工作办公室挂靠市委办公室。到 2015 年底，有干部职工 5 人。

2015 年，对台办以党的十八届三中、四中全会精神为指引，认真贯彻落实习近平总书记提出的十六字对台工作方针，紧紧围绕市委、市政府中心工作，创新工作理念，创新工作方式，创造性地全面开展对台交流，对台宣传等项工作。

【对台宣传】 齐心协力，精心办好“唐风元韵·臻美霍州”对台宣传网站（www.sxlfhzdtb.com）。坚持信息传输不间断，2015 年上稿 562 篇，图片 232 幅，为台湾民众直观认识霍州、品味霍州提供了大量实用信息。2015 年 9 月，根据五位台胞、台属老人的先进事迹，精心制作了“心系霍州·情牵两岸“人物专题片，回顾总结霍州近 30 年对台工作情况。

【对台交流】 组织参与台湾爱艺协会画家黄河采风团一行 14 位油画家的在霍州

的采风活动。用5天时间，重点推介霍州暑、七里峪两大文化旅游资源景点，专题在霍州电视台进行新闻报道。做好四个批次共30多人的台胞接待工作。他们中有到霍州旅游观光的台商，有近几年远嫁台湾女青年带来的公公、婆婆和子女。9月20日组织召开了第三届“美丽家园·幸福霍州”迎中秋台胞台属座谈会。建立了霍台青年台胞台属微信群，通过电子商务新平台，为霍州霍汾佳酿酒远销台湾成功搭桥。霍州台湾联络互动日益紧密和频繁。

【对台服务】 在坚持中秋、春节慰问台胞台属20多年不间断的基础上，针对基层台属群体的实际困难和需求，多方联动，多措并举，制定台胞、台属应急工作预案；将两名台属子弟确定为宗荣禄奖学金表彰对象；为两名农村台属子弟争取为入党发展对象；新增九九重阳节探望台属老人；对一贫困台属家庭进行专项扶贫。

【业务提升】 对台办工作人员坚持每周三学习。学习党的十八届五中全会精神、“三严三实”活动重要文件精神、中央台办、国台办和省市有关对台工作指示精神。同时利用全省对台工作信息交流平台，积极和省台办、临汾台办沟通联络，参加省、市组织的各种业务培训，积极和到霍州考察过的台胞、台商联络，积极宣传霍州招商引资政策，做到了信息共享、互通有无、夯实基础。

【领导班子】

主　任：

张文林（2013.05—2015.12）

副主任：

李院红（2008.10—2015.12）

（李院红）

霍州市人大常委会

【概况】 霍州市六届人大常委会成立于2011年6月，选举出六届人大代表172名，常委会有委员22人，其中主任1人，副主任5人，委员16人。常委会共有工作人员32人，内设六委一室，即内务司法工作委员会、财政经济工作委员会、城建环保工作委员会、教科文卫工作委员会、农村工作委员会、人事代表工作委员会和办公室，另有五个街道办事处人大工作委员会。人大常委会职责为：讨论、决定本行政区域内各方面工作的重大事项；监督本级人民政府、人民法院和人民检察院的工作；撤销本级人民政府的不适当决定和命令；撤销下一级人民代表大会的不适当决议；依照法律规定的权限决定国家机关工作人员的任免；在本级人民代表大会闭会期间，罢免和补选上一级人民代表大会的个别代表。

【六届人大五次会议】 六届人大五次会议2015年6月2日至4日上午在市党校召开，应出席代表172人，实出席代表151人，会议听取市政府工作报告、市人大常委会工作报告、市法院工作报告、市人民检察院工作报告，书面审议市财政和发改报告，作出了《关于政府工作报告的决议》《关于霍州市人民代表大会常务委员会工作报告的决议》《关于霍州市人民法院工作报告的决议》《霍州市人民检察院工作报告的决议》，批准了《关于2014年国民经济和社会发展计划执行情况与2015年国民经济和社会发展计划草案的报告》和《关于霍州市2014年财政预算执行情况和2015年财政预算草案的报告》。

【重大事项决定】 作出《关于进一步加强和改进人大监督工作的决定》《关于批准2014年财政决算及2015年上半年财政预算执行情况的决议》。

【人事任免】 对违纪违法的人大代表及常委会选举任命人员，启动法律程序，依法罢免临汾市人大代表4名，依法确认罢免霍州市人大代表资格6名，依法撤销国家机关工作人员职务5名。

【监督工作】 市人大常委会围绕中心、服务大局，立足推动霍州转型跨越发展，主动适应新常态，加大监督力度，推进工作持续发展，注重“三账”监督工作，保证全年各项目标任务圆满完成。听取审议批准2013年财政决算及2014年上半年财政预算执行情况的报告，听取审议2013年度预算执行和其他财政收支的审计工作报告，听取审议2013年度预算执行和其他财政收支审计查出问题的整改报告。推进了“阳光财政”，严肃了财经纪律，提高了财政资金使用效益，确保财经秩序的持续好转和各单位财务管理水平的提高。听取审议特色现代农业进展情况的报告。促进市政府发展特色农业，力求在龙头企业及规模化、品牌等重点工作和关键环节取得突破。听取审议2012年至2014年重大动物疾病防控工作情况报告，要求强化基础免疫，加强应急管理，做好预警预测，确保全市无重大动物疫情发生，为畜牧业健康发展创造良好环境。要大力发展农村专业合作经济组织，扎实推进家庭农场这一新型主体的培育和发展，壮大农业品牌和发展农业龙头企业。听取审议中小微企业发展情况的报告，建议进一步优化中小微企业发展环境，提升综合服务能力，用足用活国家、省、市一系列政策措施，加大改革力度，推行“一站式”服务，切实减轻企业负担，解决“两高两难”问题，培育一批环保、节能型产品，推进提升一批发展潜力大的阳光产业，引进一批特色品牌和知名企业。促进中小微企业发展跃上新台阶。听取审议了学前教育工作报告，要求整合资源，促进学前教育均衡发展，加大投入、加强培训、强化管理，促进学前教育持续发展、优质发展、规范发展；听取审议法律援助工作开展情况报告，要求以“应援尽援，应援优援”为目标，加大宣传力度，夯实基层基础，完善组织机构，健全经费保障机制，完善援助便民措施，切实提高援助质量；听取环保局就市人大常委会工作评议整改落实情况报告和农村环境连片整治示范项目工作情况报告。建议农村环境连片整治示范项目工程要在环保体制建设、政策机制创新、农村环保实用技术推广等方面，真正起到示范作用，为全市促进清洁家园、清洁田园的社会主义新农村建设奠定坚实的基础；听取审议“8＋2”城区道路改造工程情况报告，建议在实施“8＋2”城区道路改造工程基础上，高标准绿化、亮化、美化，实施管网入地、人车分流、标准提升，改善城市面貌，提升城市品位。听取审议市公安机关执法规范化建设工作情况报告。建议市公安机关要推进执法制度建设，促进执法流程标准化、制度化、程序化，完善内外监督制约机制，强化监督管理，落实“两个责任”，创新执法为民服务方式，为全市建设小康社会营造公平正义的法治环境；加大执法检查力度，对《中华人民共和国河道管理条例》《山西省河道管理条例》《中华人民共和国社会保障法》等法律法规的贯彻实施情况进行执法检查，促进有关法律法规在霍市的贯彻实施。将涉法涉诉信访纳入法治轨道，除正常转办外，对重要信访案件加强跟踪监督，信访问题化解率、提升人民群众满意度。听取审议市法院民商事审判工作情况报告，要求市法院提升审判质量和效率，构建大调解工作机制，把矛盾纠纷化解在基层，解决在诉前。进一步完善便民诉讼机制，强化“立案窗口”的功能，引导当事人依法正确主张诉求，维护其合法权益，加强法官队伍建设，确保民商事审判队伍政治坚定、业务过硬、司法公正；听取市检察院反贪污贿赂工作情况报告。建议市检察院加强和改进查办预防贪污贿赂犯罪工作，为霍州市反腐败斗争深入开展做出积极贡献，要加大重点领域、重要案件查办力度，促进全市反腐倡廉建设。

【代表工作】 人大代表是人民代表大会的主体，代表工作是人大工作的基础，常委会认真落实《代表法》，加强代表的学习培训，加大代表建议意见督办力度，开展以“办一件为民实事、提一条务实建议、帮助一户困难群众”为主要内容的“人大代表在行动”活动，增强人大工作的生机和活力。

1. 加强代表培训，提升代表履职水平。举办驻霍省、临汾市和霍州市及乡镇四级人大代表学习培训，深入学习党的十八大、十八届三中、四中全会精神，学习习近平总书记系列重要讲话精神和有关法律法规知识，增强代表履职意识和责任意识，提高代表履职水平和能力。

2. 密切联系代表，强化代表闭会期间活动。密切联系代表是常委会自觉接受代表监督的重要措施，也是保障代表履职的重要平台，常委会通过邀请代表列席常委会会议，参加常委会视察、调研、“三账”监督和执法检查，组织代表征求对常委会工作报告、政府工作报告等意见建议，为常委会总结经验、查找不足、改进工作提供帮助和重要参考。2015年，邀请82人次列席常委会会议，组织360人次参加常委会视察、调研、“三账”监督和执法检查。

3. 回应代表期盼，加大代表建议督办力度。立足解决实际问题，办理市六届人大四次会议期间代表提出的意见、建议，筛选确定5件重点建议，由常委会领导牵头，强化跟踪督办，改进办理结果征询意见工作，督促承办单位与代表进行沟通，确保代表了解掌握建议办理进程和办理结果。通过跟踪督办，代表建议办理质量进一步提高。

【议案情况】 六届人大五次会议共收到人大代表议案和建议、批评、意见23件（以议案形式提出的7件，以建议、批评、意见形式提出的16件），其中涉及城建交通方面12件，“三农”工作方面3件，其他方面8件（包括旅游、财政、林业、国土等）。根据《霍州市第六届人民代表大会关于代表议案的提出和处理办法》规定，经大会秘书处议案办理组研究审定，对10人以上代表联名提出的7件议案，全部改按建议、批评、意见处理。

【建议的主要特点】

与六届人大四次会议相比，六届人大五次会议代表提出的议案和建议、批评、意见，主要呈现以下特点：

1. 代表建议数量呈下降趋势。与上次会议相比，该次会议的议案和建议、批评、意见数量有所减少，由2014年的52件下降为2015年的23件。一方面说明六届四次人代会以来，市政府通过实施“8＋2”道路改造工程、天然气扩户、热电联产集中供热、城乡环境综合整治等重大民生工程，解决了广大代表关注的许多难点、热点、焦点问题。另一方面，说明广大代表参政议政的素质和能力进一步提高，提出的问题更具有代表性和针对性，更加集中反映出广大人民群众的所思、所盼、所需、所求，对政府工作充满了信心和期望。

2. 城建交通事业发展仍旧是广大代表普遍关注的一大热点问题。该次会议代表提出的议案和建议、批评、意见，涉及城建交通方面就达12件之多，占总数的52.2％。说明广大代表和人民群众关注城市发展、关心基础建设的责任意识进一步增强，更反映出广大代表受民托、表民意、汇民智、解民难的强烈代表意识和为民意识。

3. 民生改善仍为倍受广大代表关注的热点议题。该次会议共收到包括“三农”工作在内的民生方面的议案和建议、批评、意见10件，占总数的43％，而且提出的问题比2014年更为深入、更为具体。体现了广大代表对民生改善问题的关注和支持，同时对认真做好涉及群众生产生活的各项民生工作，必将起到十分重要的推动作用。

【领导班子】

副主任、代主任：

安志勇（2015.01—2015.12）

副主任：
安志勇（2011.06－2015.12）
成海民（2011.06－2015.12）
董文平（2011.06－2015.12）
张根生（2011.06－2015.12）
孟援斌（2011.06－2015.12）
秘书长：
樊铁虎（2011.06－2015.12）

（段永存）

霍州市人民政府

综　述

2015年，在临汾市委、市政府和霍州市委的正确领导下，市政府深入贯彻落实党的十八大、十八届三中、四中、五中全会和习近平总书记系列重要讲话精神，按照“四个全面”战略布局和中央、山西省、临汾市的各项决策部署，主动适应经济发展新常态，以“六大发展”为统领，坚持稳中求进总基调，扎实推进“稳增长、调结构、惠民生、防风险”等各项工作，经济社会发展稳中有进、稳中向好，各项目标任务较好完成。

经济发展稳中向好

2015年，全市生产总值完成74.55亿元，工业增加值完成31.65亿元，固定资产投资完成164.86亿元，社会消费品零售总额完成31.23亿元，城镇常住居民人均可支配收入完成25446元，农村常住居民人均可支配收入完成11488元，财政总收入完成14.4亿元，公共预算财政收入完成6.7亿元，总量、增幅、增速排名均为临汾市第四，实现位次大幅前移。财政综合绩效管理评估，霍州市在山西省排名第九，位列临汾市第一。这些指标的顺利完成，标志着“十二五”的圆满收官，为“十三五”良好开局打下坚实基础。

产业转型加快推进

2015年，工业结构调整加快推进。面对工业主导产品价格下降、市场疲软、企业资金紧张的严峻形势，霍州市认真贯彻中央、省、市一系列稳增长政策，深入推进税费减免工作，组织霍煤、国电、兆光等重点企业参加工业经济调度会，努力为企业排忧解难。为霍煤集团、兆光发电厂在兴业银行融资30亿元，与侯马车务段协调，为霍化公司解决发货专线问题，促进传统骨干企业的平稳运行。国电、霍化等企业开始贡献税收，成为财政收入新的增长点。霍东新型工业园区一期投产运营，液化天然气调峰储气项目运行良好，华润10万千瓦风能发电项目有序推进，新型产业投资比重不断加大，工业经济下行压力得到缓解。紧抓“三农”工作不放松。加大农业投入力度，持续推进三大基地建设，新增无公害蔬菜种植2000亩，总面积达到3.5万余亩；特色经济林新栽植优质核桃5700亩，总面积达到3.55万余亩；新建、续建规模养殖场10个，累计290余个。西张垣现代农业生态循环示范园区建设标准、科技水平和经济效益稳步提升。实施小型农田水利重点县建设工程和东王片、马刨泉灌区高标准农田建设等农业基建项目，全市农业综合生产能力不断提升。开展农村土地确权登记颁证工作，推进农村集体“三资”清理和精准脱贫工作，激发广大农民的生产积极性。三产发展日益繁荣。推进商贸服务、旅游开发等现代服务业发展，打造新的经济增长点。南街农贸市场主体建设基本完工，2016年可投入使用。鼓楼地下商业街、万家福超市等商贸企业运营规范、效益初显，商贸服务业繁荣发展。霍州市《2014—2020年电子商务发展总体规划》全面实施，电子商务蓬勃兴起。山西供销农芯乐商城霍州服务中心成功运营，电子商务孵化园全面开园，推进全国电子商务进农村综合示范县申报工作，霍州市电子商务指数全省排名第七，发展潜力巨大。七里峪景区游客服务中心、景区停车场、上霍线尉候段改线等基础设施建设全面完成，景区功能进一步完善。七里峪滑雪场投入运营，弥补了霍州市冬季旅游"短板"。陶唐峪、娲皇庙、祝圣寺等景区开发全面启动。全市旅游综合收入达23亿元，同比增长16.3%。第三产业完成115.2亿元，同比增长14.9%，远远高于GDP增速。三产发展日益繁荣，成为霍州市转型发展的主要动力。

城乡一体快速推进

2015年，霍州市推进城市扩容提质，宜居新城更加靓丽。《霍州市城乡总体规划(2014—2030)》通过评审，绿地系统专项规划编制完成。经三路、纬三路即将竣工，纬五路建设已经启动，新建南路南段高标准建成，霍东新区配套工程全面推进，霍煤开元小区开始入住，橡胶厂棚户区改造主体完工，新区面貌焕然一新。完成后塞路、麻铺巷、秀才巷等19条旧城街巷的升级改造，州署文化产业示范园、中镇国际花园、东关、赵家庄城中村改造等项目稳步推进，城市功能日趋完善。冯霍线、义邢线等市乡公路的扫尾工程全面完成，城乡交通网络更加通畅。推进饮水安全、电网改造、村庄绿化、污水治理等城乡人居环境改善工作，统筹城乡发展成效显著。

生态环境持续好转

2015年，霍州市全力推进节能减排工作，生态环境明显改善，环境质量持续好转。全市新增供热面积50万平方米，达到450万平方米；天然气扩户6000余户，达到32000户。城郊绿化和干线公路绿化工程全面完成，汾河两岸生态屏障初步形成，城周荒山绿化基本覆盖。辛置矿和李雅庄矿矿井水深度处理站建成运行。全年化学需氧量、氨氮、氮氧化物排放量分别下降5.8%、3.5%、8.1%，节能减排任务圆满完成。全市二级以上天数301天，其中一级天数73天，连续7年成功创建省级卫生城市。

民生事业不断改善

2015年，霍州市坚持把改善民生作为政府工作的出发点和落脚点，财力持续向群众关心的教育、卫生、就业、社保等方面倾斜，民生支出占到全市财政支出的70%以上，广大群众得到了更多的实惠。创建"全国义务教育发展基本均衡市"。高考二本达线突破千人大关，再创历史新高。连续7年开展爱心助学活动，累计筹资2000余万元，受惠学生13000余人次。高度重视创业就业，全年新增就业岗位5086个。建成各类保障性住房849套，在临汾市排名第一。卫生计生职能优化合并全面完成。社会保险覆盖面不断扩大，各类保障制度强力实施并得到持续巩固。

安全维稳再谱新篇

2015年，霍州市按照"安全第一、预防为主"的安全工作原则，加大对各行业、各领域的隐患排查整治力度，开展打非治违专项行动，全年安全生产事故起数、死亡人数均下降25%，安全形势持续向好，连续8年荣获临汾市“平安县市”称号。推进社会综合治理，持续开展“六五”普法、“一村一警”等工作，建成霍州市社会服务管理指导中心，人民群众的社会安全感和满意度明显提高。落实四套班子领导包案和轮流接访制度，市、乡、村三级信访网络体系日臻完善，群众诉求渠道进一步畅通，基层矛盾排查调处力度全面加强。

【领导班子】

市　长：

崔山原（2011.05－2014.12）

副市长：

陈占平（2010.07－2014.2）

朱源洪（2005.04－2014.12）

薛泽会（2007.04－2014.12）

郭宏生（2010.07－2014.12）

田晋川（2010.07－2014.12）

秘书长：

晋学斌（2010.10—2015.12）

（刘薛平　刘洋）

政府办公室工作

【概况】　2015年，市政府办公室在市委、市政府的正确领导和市人大、市政协的监督支持下，围绕中心工作和决策部署，坚持“枢纽畅通、服务有效、责任到位、保障有力”的工作方针，主动参与政务，规范管理事务，全面搞好服务，发挥联络中枢、协调纽带、参谋助手和后勤保障的作用，促进全市经济和社会事业的开展。

编制情况为：政府办公室行政编制29人，事业人员14人，工勤人员7人。其中：办公室主任1名，副主任5名。

【文秘工作】　2015年，工作人员克服时间紧、任务重等困难，除为市政府领导处理文件、信函及日常事务外，还注重材料的编撰、文件的审核把关等，全年撰写讲话稿、汇报、总结等材料362篇。加强基层调研，立足全市中心工作、重点任务、热点问题，陪同领导开展调研30余次，形成高质量调研文章10余篇，为领导科学决策提供了重要依据。

【信息工作】　2015年，政务信息工作有效开展，制定政务信息工作职责，指派正科级科员负责全面工作，安排专职信息人员具体负责全市各类信息的采集、编撰，确保各类信息的全面及时报送。全年共编发政务信息65期311篇（条），其中60余篇（条）被《临政信息》《临汾日报》《山西日报》、人民网、新华网等采用。

【机要工作】　2015年，机要保密工作力度加大，文印室、机要室一律禁止闲杂人员滞留，更不准带走支言片纸；涉密文件严格登记程序，呈送领导，对领导批示迅速传达落实；公章管理严格实行先签后盖，盖后登记，坚决杜绝偷盖误盖现象发生，更不准将公章私自带出，维护政府工作的严肃性和权威性。全年接收省政府文件186件，上级明电传真194件。较好地做到了规范高效。

【督查和应急管理工作】　2015年，政务督查工作不断加强，按照“交必办、办必果、果必报”的工作要求，围绕项目建设、安全生产等政府中心工作，深入基层，了解实情，现场督查，定期通报，全年开展各类督查30余次，上报省、临汾市政府各类工作自查、项目进度、政策落实等汇报15件，承办市人大建议23件，市政协提案99件，做到件件有回复、事事有落实。全面加强应急管理工作，坚持领导带班和24小时应急值守制度，提高突发事件预防和处置能力，处置私藏甲醇事件3起，非法集资受害者非法聚集围攻公安人员及乡镇干部事件1起，村民围堵企业事件12起，劝阻居心不良的媒体20余起，依法处置围堵党政机关、寻衅滋事16起。

【事务工作】 按照专人收发、及时传送、分类归档的办法，建立文本电子存储、专人登记呈送、部门负责落实的工作流程。2015年，审核、起草、分发各类规范性文件61件，未出现错发、误发或漏发现象。处理各种来文、来函、来电，准确反馈信息，及时上传下达，全年收到上级来文来函727件，明电344件，涉密文件24件，从未出现延误工作现象。坚持24小时全日制政务值班制度，在全年各类指示、通知、会议等信息传递中，无一差错。完善办会制度，会前做好信息收集、会场安排，人员通知、会务签到等各项工作；会中严格规范会议秩序，严肃会场纪律，认真做好会议记录；会后及时整理会议材料，保证各类会议的规范有序召开。全年共组织各类会议10余次，从未出现失误。严把财务支出关，坚持厉行节约，勤俭办公，杜绝浪费，保障后勤服务。加强对车队司机的教育和管理，强化安全意识和责任意识，科学合理安排调度，严格车辆检修保养，确保车况良好和行车安全。严禁出私车、出人情车，严禁工作期间饮酒，保证领导安全用车。

【领导班子】

秘书长、办公室主任、政府办公室党支部书记：

晋学斌（2010.10—2015.12）

副秘书长、办公室副主任：

张卫东（2011.04—2015.12）

办公室副主任：

马建华（2011.11—2015.12）

张　斌（2011.11—2015.12）

陈　真（2011.06—2015.12）

孟援斌（2011.04—2015.12）

（刘薛平　刘洋）

人事工作

【概况】 霍州市人力资源和社会保障局组建于2010年4月，是市级党政机关机构改革后在原市劳动和社会保障局、市人事局的基础上组建而成，在册干部职工374人。内设14个股室，包括：局办公室、人力资源市场股、工资福利股、职业技术人员管理股、公务员管理股、事业单位人事管理股、保险股、就业促进股、资金基金管理股、职业能力建设股、法规与信访仲裁股、劳动监察股、劳动关系股、农民工工作股。下设25个机构，包括：企业养老保险管理服务中心、机关养老保险管理服务中心、失业保险管理服务中心、工伤保险管理服务中心、医疗保险基金管理中心、农村保险管理服务中心、职业介绍服务中心、职业技能培训中心、劳动监察执法大队、霍州市技工学校、考试中心、人力资源交流中心、劳动人事争议仲裁院及12个乡（镇、街道）劳动保障所。

2015年，人社局把握人才人事和劳动社会保障工作，服从、服务于全市经济社会发展，进一步解放思想、抢抓机遇、真抓实干、履行职能，强化思想政治、党风廉政建设，突出扩大就业和居民增收两个重点，把改革贯穿于社会保障、人事人才和劳动关系建设各个环节，沉着应对、克难攻坚、开拓进取，促进全市人力资源和社会保障工作的有序开展，完成年初确定的任务目标。

【劳动就业】 2015年，人社局坚持把就业工作摆在首要位置，面对就业压力，迎难而上，开拓创新，落实再就业扶持政策。全市城镇新增就业5086人，完成全年目标任务5000人的102%；创业就业643人，完成全年目标任务600人的107%；失业人员再就业1564人，完成全年目标任务1500人的104%；就业困难人员再就业431人，完成全年目标任务400人的107%；转移农村劳动力4534人，完成全年目标任务4500人的100%；城镇登记失业率控制在4%以内。

人社局技工学校联合培训中心，围绕霍州市企业用工和就业需求，设置培训专业，制定培训计划，明确培训方向，增强培训工作的针对性。全市技能人才培养（技能鉴定）840人，完成全年目标任务840人的100%；创业培训180人，完成全年目标任务180人的100%；城镇失业人员再就业培训550人，完成全年目标任务550人的100%；农民工职业技能提升培训2727人，完成全年目标任务2500人的109%；新成长劳动力培训500人，完成全年目标任务500人的100%。

【劳动执法】 一是加大维权力度。继续深化劳动保障监察两网化管理和劳动保障监察标准化建设，加大劳动争议仲裁调解力度，受理劳动人事争议仲裁96宗，结案78宗，其中裁决38宗，案外调解40宗，不予受理7宗，正在处理11宗；接待群众来电来访和咨询共200余件300余人次。二是和谐劳动关系。劳动保障监察执法队共检查用人单位698户，涉及6802人，处罚用人单位134家，涉及80余万元；企业劳动合同签订率完成99%；建立工会企业集体合同覆盖率达到98%；劳动用工备案率达到95%以上。处理拖欠农民工工资案件25起，涉及1182人3080余万元，预存工资保证金260万元，投诉举报案件结案率达100%，全市“社会保障卡”累计领取发放177184张。三是提高法治意识。人社局紧抓学习不放松，加强自身建设。重点抓《事业单位管理条例》《劳动法》《社会保险法》《劳动合同法》《就业促进法》等相关法律法规的学习宣传，开展进单位、进企业、进社区等送法下乡活动，广泛宣传各项劳动保障法律、法规与政策，保障劳动关系双方的合法权益，维护霍州的和谐稳定。

【重点工程建成投入使用】 2015年，技工学校完成新校区教学楼建设项目主体建设工作，该项目共投资1560万元，其中中央财政拨款1000万元，省发改委拨付400万元，地方筹集160万元。技工学校公寓楼建设项目已批准立项，数控专业被批准为重点专业，焊工专业申请实训基地已被批准。

【社会保险】 2015年，人社局把扩面征缴社会养老保险基金作为保障民生，稳定社会的重中之重。基本养老保险。企业职工参保13656人，完成全年参保任务13663人的99.9%；机关事业养老保险参保10005人，完成全年参保任务9951人的100%；城乡居民社会养老保险累计参保93228人，完成全年参保任务90930人的102%。企业养老保险基金征缴7423万元，完成全年目标任务6500万元的114%；机关事业养老保险征缴8424万元，完成全年目标任务11800万元的71%（由于机关事业养老保险制度改革，剩余29%保费已由财政部门或单位预收）；城乡居民养老保险基金征缴961万元，完成全年目标任务818万元的117%；基本医疗保险。城镇基本医疗保险参保 119998 人，完成全年参保任务 119990 人的 100%；城镇职工基本医疗保险基金征缴 27265 万元，完成全年目标任务 22234 万元的 122%；失业保险。失业保险参保 12915 人，完成全年参保任务 12900 人的 101%；失业保险基金征缴 630 万元，完成全年目标任务 505 万元的 124%；工伤保险。工伤保险参保 21500 人，完成全年参保任务 21500 的 100%；工伤保险基金征缴 447 万元，完成全年目标任务 600 万元的 75%；生育保险。生育保险参保 62432 人，完成全年参保任务 61844 人的 101%；生育保险基金征缴 1257 万元，完成全年目标任务 1005 万元的 125%。

【人才交流】 2015 年，人社局举办春季、秋季人才招聘大会，提供就业岗位 4000 余个，约 2000 余人与用人单位达成就业意向，缓解了霍州市的就业压力。

【人事管理】 一是事业单位和机关工勤人员年度考核顺利完成。按照年初的工作计划，霍州市人社局完成 2014 年度全市事业和机关工勤人员年度考核工作。全市事业单位共计 209 家，被考核人数 6011 人，优秀 853 人，合格 4781 人，不定等次 10 人，不合格 2 人。二是规范专业技术人才队伍管理。对霍州市 3786 名专业技术人员进行统计造册工作，分类登记造册。顺利完成中小学初级晋升认定 277 人；按照临汾市局要求，上报晋升 12 人，其中农业高级 1 人，卫生高级 1 人，职中高级 4 人，工程初级中级住建、水利各 1 人，公安初级 4 人。组织开展机关事业单位工人技术等级考核报名工作，共计 269 人，其中：技师 96 人，高级工 88 人，中级工 85 人。三是加强公务员考核及军转干部管理。严格按照《干部管理权限》，对全市 42 个政府部门机关单位人员进行考核，年度考核副科以下 412 人，其中公务员优秀 34 人、称职 141 人、不定等次 9 人，工勤人员优秀 4 人、合格 52 人，参公人员优秀 24 人、称职 146 人、未考核 2 人。按照“凡进必考”的原则，对机关事业单位进人，坚持编内进人原则和计划申报制度，面向社会进行公开招聘，全年公开招考公务员 13 人。同时，认真做好公务员、企业军转干等有关资料的整理归档工作。四是做好工资福利日常工作。完成了全市机关事业单位工作人员 2014 年的工资正常晋升扫尾工作，并整理归档；按照霍州市委统一安排，依照文件精神，完成了 2014 年 10 月份全额、差额财政开支的机关事业单位工作人员工资标准调整和 2015 年机关事业单位工作人员考核合格工资晋升工作；重新核定审批了 450 余人的已故工作人员配偶及家属生活困难补助金标准；出台了全市机关事业单位工作人员年休假文件，进一步规范了年休假管理工作；完成工资福利日常工作，建立绩效工资约束监督机制，并认真进行监督检查。

【领导班子】

局　长：

侯晋川（2011.06—2015.12）

副局长：

王景文（2010.04—2015.12）

朱予平（2010.04—2015.12）

安琳娜（女，2010.04—2015.12）

纪检组长：

张会琴（女 2012.08—2015.12）

【获奖情况】

2015 年霍州市企业养老保险管理服务中心被临汾市人力资源和社会保障局、临汾市档案局授予“临汾市社会保险业务档案管理优秀单位”称号。

2015年霍州市医疗保险基金管理中心被临汾市人力资源和社会保障局、临汾市档案局授予“临汾市社会保险业务档案管理优秀单位”称号。

（冯涛）

经济和信息

【概况】 2015年9月，根据上级机构改革的总体要求，原霍州市商务局（经信局）与原霍州市粮食局合并，组建霍州市经济和信息化局（挂霍州市商务粮食局牌子），正科级建制，行政编制24人。

【工业经济运行及企业减负】 2015年，全市工业经济运行面临的困难较多，压力较大。与2014年相比工业生产下滑幅度较大（仅霍州煤电集团工业总产值下滑超过16.26亿元），多项主要经济指标均呈不升下降的态势。针对工业经济运行困难局面，结合工业经济主要靠大企业拉动的显著特点，霍州市经济和信息化局联合发改、统计等相关职能部门深入企业，对重点企业生产运营实施跟踪监测，建立健全重点企业预报制，了解企业生产中面临的实际困难，及时反馈，协调解决，确保工业经济的平衡运行。为帮助企业融资，召开两次规模较大的银企座谈会，组织霍煤集团、海燕农化、锦兴煤业等多家企业，参加临汾市组织的银企座谈会，为企业解决资金难题。为应对经济下行的不利形势，狠抓利好政策的落实，狠抓企业减负工作，落实省政府关于企业减负“60条”措施，临汾市65条措施并制定霍州市57条减负措施，成为指导全市工业经济的纲领性文件。

【节能降耗】 作为节能降耗的牵头单位霍州市经济和信息化局从工业节能、公共机构节能、交通节能、建筑节能等四大领域着手，对目标责任考核指标进行详细分解。以第24个“节能有道、节俭有德”为主题的节能宣传周为契机，开展节能宣传活动，编制、印发万余份宣传材料，并充分利用电视、报刊等宣传媒介，专版、专题进行节能宣传。全年成功申报节能减排典型示范项目4个（即：霍州市辛置镇污水处理厂；霍州署文化产业示范园棚改二期项目，实施节能建筑面积4.3万平方米；霍州鼓楼西街诚瑞园广场汇泽园棚改一期项目，实施节能建筑面积2.41万平方米；山西兆光发电有限责任公司烟气余热利用节能项目，总投资5315万元），为企业争取国家节能扶持资金逾千万元。

【淘汰落后产能】 淘汰落后产能工作是“十二五”期间的一项重点工作。受重工业产业结构之限，霍州市部分行业发展缓慢，且生产工艺、生产技术落后，进入淘汰落后产能的范围。2015年，霍州市经济和信息化局在完成霍州市中冶焦化有限责任公司4.3米捣固焦炉拆除工作的同时，向上级部门申报将霍煤集团下属的煤矸石电厂2×0.6兆瓦机组列入淘汰落后产能的工作范围，2015年12月，按时间按要求完成淘汰工作，通过省、市两级验收，帮助企业实现成功转型。

【市场监管】 1. 成品油市场监管：针对成品油的高危环境，霍州市经济和信息化局全面加强成品油市场调度和运行监测工作，按照“成品油市场十二五规划”，对现有及新建加油站进行审核、检查，先后查封违规经营加油站点7个。督促监管各加油站制定突发险情应急预案，和各成品油经营企业签订《安全责任书》，把安全工作落到实处，按上级要求，完成22家加油站年检工作，按规划核准了四家加油站审批规划。

2. 酒类市场监管：截至2015年12月，霍州市酒吕销售批发户共计36户，其中新增8户；零售户共计648户，新增11户。2015年底，按计划完成酒类批发户的年检工作，为使酒类管理工作规范有序，开展酒类报表培训1次。为维护酒品安全，霍州市经济和信息化局从强化宣传着手，以“3·15”消费者维权日、食品安全宣传周为契机，宣传酒类知识，散发宣传材料3000余份。严格检查酒类随付单溯源制度的落实情况，要求各店铺要将“不向未成年人售酒的警示牌”放在醒目处，查处手续不全的经销户。检查经营企业和酒类经营户57户（次）；下达整改指令23个，对不法经营者起到了震慑作用。

3. 商务综合执法：2015年，霍州市经济和信息化局开展全国商务综合执法试点县申报工作，认真筹备并通过省、市两级试点县验收工作，争取扶持资金40万元，为商务综合执法工作的开展奠定基础。1至12月先后出动执法车辆270余次，出动执法人员600余人次；全年共检查单用途预付卡300余次，检查加油站200余次。查处酒类违规案件10起，为净化酒类市场，确保食品安全提供保障。

【电子商务及市场监测】 霍州市经济和信息化局注重电子商务发展，开展阿里巴巴集团“千县万村”试点县项目和2015年电子商务进农村综合示范市（县）申报工作，对全市物流企业和电子商务企业进行了详细调查摸底，为电子商务的稳步发展起到了积极作用。通过努力，霍州市壮瀚养殖专业合作社被确定为市级猪肉活体储备企业，为国家年储存活猪3000头。帮助企业申请国家财政补贴资金，并发放到位，全年发布各类市场监测信息近百条。2015年12月8日，霍州市经济和信息局牵头，与霍州市妇联、霍州市职中联手携作，举办“霍州市首期电子商务培训班”，参加培训人数150人，为全市从事电商人员创业、就业促进霍州产业结构升级打造电商大市提供保障，为霍州电子商务发展注入新的活力，黄河新闻网、《临汾日报》、临汾商务等多家媒体相继转载报道，上级商务部门及市委、市政府领导对该项工作的开展给予了高度评价。

【黄标车及老旧车淘汰工作】 霍州市经济和信息化局落实《山西省落实大气污染防治行动计划实施方案》（晋政发〔2013〕38号文），根据《临汾市黄标车及老旧车淘汰工作实施方案》的工作要求，成立“黄标车及老旧车淘汰工作领导组”，严格遵循“政府鼓励，部门协作，市场引导，金融参与”的原则，对非营运类高污染车辆“按期报废，强化监管”，落实责任，向全社会公布报废汽车回收拆解企业名单，2015年，报废黄标车及老旧车353辆，累计报废黄标车及老旧车996辆。

【安全工作】 霍州市经济和信息化局高度重视安全生产工作，把安全工作列入重要议事日程，常抓不懈，每次会议安全生产是必须强调的主要事项。成立以局长为组长，各副局长为成员的安全生产工作领导组，制定《霍州市商务（经信）系统安全生产专项整治工作方案》，落实“一岗双责”工作制，按照“全局统一领导，各职能科室依法监督，各单位各负其责，群众积极参与”的工作格局，加强对商务系统安全工作的指导、督促和检查。对下属各单位、各企业和各市场及超市进行检查、督导，发现和坚决排除系统内安全生产的隐患。针对电力、通讯行业的特殊性，机关聘请有资质的专家组成检查组，三次进入基层一线进行安全检查；不定期对无人看管铁路道口进行检查，处置了“11·14”圣佛铁路道口突发事件，保护了人民群众生命安全。2015年，经信（商务、粮食）系统安全稳定，没有安全事故的发生。

【信访工作】 随着国家产业结构改革步伐的加快，霍州市部分工业企业破产、关停，部分商业企业经营陷于瘫痪，出现一些改制遗留问题，导致因职工养老，医疗等社保问题的上访事件增多。为维护稳定大局，霍州市经济和信息化局加强组织领导，实行“领导班子包案制”，协助处理群众性上访，1至12月，该局先后接待处置各类信访案件19起，按规定程序移交超职能范围案件1件，圆满解决3件。

【领导班子】

局　长：

赵　波（2010.10—2015.12）

党组书记：

蔡文辉（2015.09—2015.12）

党总支副书记：

李　刚（2011.04—2015.12）

副局长：

张　闻（2015.10—2015.12）

叶耀新（2007.07—2015.12）

乔珍珍（女，2012.07—2015.12）

薛文林（2015.10—2015.12）

成会斌（2015.10—2015.12）

张凌燕（女，2012.07—2015.12）

总经济师：

载宏伟（2010.04—2015.12）

纪检组长：

朱建军（2012.07—2015.12）

（刘林平）

安全监督

【概况】 霍州市安全生产监督管理局（煤炭工业局）成立于2002年7月，是霍州市人民政府的职能部门，负责综合监督管理全市安全生产工作，依法行使安全生产监督管理职权，对全市煤炭工业实行行业管理，承担霍州市安全生产委员会办公室（简称霍州市安委办）日常工作。到2015年底，在册干部职工109人。内设11个股室，包括：办公室、政工股、非煤股、职健股、危化股、工贸股、综合股、行管股、煤矿安监股、教育股、经运股。直属单位2个：霍州市安全生产教育培训中心、霍州市煤炭综合许村服务场。2015年，霍州市安全生产监督管理局（简称霍州市安监局）紧紧围绕上级下达的各项任务指标，突出重点、综合整治、依法行政、强化监督，为全市经济和社会各项事业的和谐发展、健康发展提供了坚实的安全保障。

【安全生产控制指标】 2015年，全市共发生生产安全事故3起，死亡3人，为道路交通事故。与2014年同期相比，事故起数、死亡人数均下降25%，其他行业（领域）杜绝了各类生产安全事故的发生。

【安全生产监督管理】 2015年，霍州市安监局加强日常安全监管力度，重点对煤矿、非煤矿山、危化、工贸、民爆及烟花爆竹等行业领域开展日常监督检查。具体体现在：煤矿方面，落实“五人安全监管小组”制度；对力拓煤业的通风、排水和瓦斯工作进行定期检查，确保处于安全状态。非煤矿山方面，对符合条件的10家砖厂办理安全生产许可证延期；同全市非煤企业负责人一一进行面对面谈心对话。危化方面，配合临汾市安监局对中石化霍州中心加油站建设项目进行竣工验收；聘请专家对全市危化企业进行专项检查。工贸行业方面，督促符合条件的10家企业完成了Ⅲ级标准化达标建设；对全市涉及有限空间场所的企业进行全面摸底；对涉及粉尘作业的5家面粉厂进行专项检查。民爆及烟花爆竹方面，重点对违反“六严禁”的烟花爆竹批发企业和违反“两关闭”“三严禁”的烟花爆竹零售点，进行严肃整顿；对霍州市启瑞烟花爆竹销售点等10家符合条件的零售点办理延期经营许可证。职业健康方面，加大职业危害因素检测、职工职业病体检检查力度，初步形成了检测体检定期化、常态化。在加强日常安全监管的同时，霍州市安监局紧抓综合安全监管不放松，全面推进霍州市安全生产工作的整体提升。具体体现在：一是发挥安委办的指导协调作用，调整完善了安委会成员单位，新调整后的安委会成员单位确定为55家；组织召开三次全市安全生产工作例会，安排部署各项安全生产工作；下发安委办督办函14份，及时督办各类安全隐患整治工作；会同市委督查室、政府督查室对全市安全生产大检查工作进行2次督查，推进安全生产大检查工作顺利开展；积极推进“五级五覆盖”和企业安全生产主体责任“五落实五到位”。截至2015年12月31日，全市12个乡（镇、街道）全部完成“五覆盖”，完成率达100%。全市85家重点企业有65家完成“五落实”，完成率76%；其中，规模以上企业18家，有15家完成“五落实”，完成率83%。二是发挥局综合股综合监督作用，对全市煤炭、公路、铁路、建筑、消防、农业、水利、电力、民爆、特种设备、旅游、教育、邮政、电信、体育、林业、气象等17个行业领域安全生产工作进行全面督查，推进全市安全生产工作的开展。

【安全隐患排查治理】 2015年，霍州市按照“全覆盖、零容忍、严执法、重实效”的总要求，在全市各行业、各领域全面开展安全隐患排查治理。具体措施：一是认真自查。各生产经营单位由党政一把手牵头，认真落实安全生产主体责任，从管理层、车间班组到一线职工层层明确安全责任，从上到下深入开展自查自纠。二是严格排查。各行业、领域由主管部门牵头，全面开展安全生产大检查，各乡（镇、街道）开展属地安全大检查。三是全面督查。及时成立安全督查组，按照“四不两直”的方式，对各检查小组工作、各企业单位整改成效进行全面督查。2015年，霍州市成立安全检查小组44个，督查组5个，出动检查人员2763人次，投入安全资金8000余万元，排查出各类一般隐患545条，整改527条。

【安全宣传教育培训】 安全生产观念意识及法规知识，是做好安全生产工作的前提。2015年，霍州市安监局通过加强安全知识宣传力度、强化各类人员安全培训、开展宣传活动等方式，营造安全生产浓厚氛围。宣传方面，霍州市安监局联合相关职能部门，制作一系列安全警示教育、动画宣传片等视频，分行业每天在霍州新闻后播放，取得了较好的效果。霍州市安委办利用霍州电视台等新闻媒体，重点对新《安全生产法》和（《国务院办公厅关于加强安全生产监管执法的通知》国办发〔2015〕20号）文件进行广泛宣传，让广大市民知法、懂法、守法、用法。在宣传安全知识的同时，霍州市安监局开展各项宣传活动。全国第十四个“安全生产月”期间，霍州市安监局领导班子带队深入企业一线，开展“送安全知识下基层”活动，受惠职工达1200余人，增强企业从业人员的安全意识。尤其是“安全咨询日”，霍州市安监局领导班子深入霍州市化学工业有限责任公司等企业，采取设立咨询台、发放宣传资料、召开安全知识讲座等方式，宣传安全应知应会及新《安全生产法》等相关法律法规知识。培训方面，一是加强执法人员安全培训。霍州市安监局组织局机关5人赴省城参加安全监管执法证学习培训；组织局机关14人参加霍州市法制办举办的行政执法证培训，强化执法人员的业务素质。二是强化企业各类人员安全培训。霍州市安监局充分利用霍州市安全生产教育培训中心教学设施以及山西省、临汾市安全教育平台，采取集中培训、企业现场培训和“送出去”轮训等多种形式，对企业主要负责人、安全管理人员、特种作业人员和一般从业人员进行培训。全年，培训各类人员1258人。

【安全工作创新举措】 2015年，霍州市安监局认真总结以往安全生产工作经验，积极开拓创新安全监管方式，推动全市安全生产工作迈上新的台阶。具体举措如下：一是建立台账加强监管。针对全市生产经营企业分布范围广、涉及行业领域多的实际，霍州市编制了《安全生产监管网络手册》，对全市各乡（镇、街道）、行政村、重点部门、重点生产经营企业实行安全监管部门、监管领导和监管人员“三落实”，帮助指导全市安全生产的监督检查工作。霍州市安委办统一编制《安全隐患排查整治登记台账》和《安全会议记录本》，免费发放至全市有关部门及生产经营企业。对所有安全隐患都实行时间、人员、标准、措施、预案“五落实”规范管理，有力地促进了安全工作的开展。二是整合力量联合执法。针对安全工作中“各自为政、力量分散”的工作实际，霍州市安监局联合相关职能部门，实行以法治安、联合执法，确保安全隐患排查到位。全年开展联合执法检查25次。三是聘请专家排查隐患。针对危险化学品等行业领域专业性强的实际，霍州市安监局聘请30余名省市专家帮助指导排查安全隐患，效果显著。

【领导班子】

局　长：

杨令平（2010.05—2015.12）

党委书记：

李　红（2011.04—2015.12）

副局长：

韩黎平（2012.07—2015.12）

李春波（2002.10—2015.12）

朱全锁（2002.10—2015.12）

工会主席：

张彦玲（女，2002.10—2015.12）

总工程师：

段来友（2002.11—2015.12）

纪检组长：

周云龙（2008.10—2015.12）

（董鹏）

地方志编纂工作

【概况】 霍州市地方志编纂委员会成立于1980年8月，是政府主管的修志部门。1992年市志、党史、档案合并为霍州史志档案馆，1998年史志档案馆分为档案馆和史志研究室，2002年4月市志办独立办公。到2015年底，共有干部职工10人，设办公室、方志股、年鉴股。市志办的主要职责是宣传、贯彻、执行有关地方志工作的法律、法规、规章和相关政策；组织、指导、督促和检查地方志工作；拟定地方志工作规划和编纂方案；制定地方志编纂业务规范；组织编纂、审查、验收地方志文稿；组织整理旧志，征集、保存地方志文献和资源；组织开发利用地方志资源，搞好地情资料库和地情网站建设；开展地方志理论研究，培训地方志编纂人员；完成本级人民政府和上级业务部门交办的其他任务。

【年鉴编纂】 《霍州年鉴》（2013—2014 年）能够客观真实地记载好霍州市 2013、2014 年在经济建设、政治建设、文化建设、社会建设、生态文明建设中所发生的重要事件和各行各业的重要工作，充分展示霍州的特色和亮点，市志办早启动、大投入，于 2014 年 12 月初拟定编纂计划，确定相关负责人员，向全市各有关部门、单位发布关于霍州年鉴 2013—2014 年组稿工作的通知，正式启动《霍州年鉴》（2013—2014 年）编纂工作。利用《霍州年鉴》这个载体和平台，向全市、全地区、全省乃至全国展示霍州建设发展的日新月异和各条战线杰出人物的风采。将面向性组稿和针对性约稿相结合，通过转发文件、电话通知、面对面表述等方式，向各组稿单位组稿，根据编写需要，向个别单位、个人另行约稿，保证年鉴内容的全面性。市志办人员还主动到组稿单位催稿，与各组稿单位就年鉴撰写工作进度、年鉴条目设置、条目撰写等进行交流和沟通，对撰写工作中遇到的问题进行商榷，使年鉴撰稿人员理清思路、明确要求，加快撰写进度，确保年鉴的时效性。市志办人员按照年鉴稿件的要求和特点，认真把握各单位报送的第一手资料，严格把好第一关。还制定稿件上报规章制度，完备组稿建立相关手续，上报的年鉴稿件经单位负责人签阅，确保年鉴稿件的真实、全面。《霍州年鉴》（2013—2014 年）在往年条目框架的基础上，新增“2013—2014 年统计报表”“霍州市 2013—2014 年度工作受霍州市委政府奖励单位和个人情况”“霍州市委市政府发文记录”等类目，做到门类齐全、分类科学、信息密集、资料翔实、编排有序，提高依法编鉴水平，充分发挥年鉴的资治辅政这一重要作用。2015 年 5 月初，《霍州年鉴》（2013—2014 年）组稿工作顺利完成。截至 6 月中旬，年鉴一稿编纂工作已基本完成，8 月 10 日，进入印刷程序，11 月《霍州年鉴》（2013—2014 年）正式出版。

【党建工作】 2015 年，市志办党支部积极做好党建工作，认真落实“两个责任”，自觉贯彻落实市委从严治党的工作部署，加强干部队伍思想作风建设，开展“三严三实”专题教育。按照专题教育的安排部署，班子成员带头讲党课，组织全体党员学习党的十八大、十八届三中、四中、五中全会精神和习近平总书记系列重要讲话精神，学习党章党规，观看警示教育片，使广大党员干部高度警醒，反躬自省，引以为戒，认真检查和审视自身存在的问题，结合各自实际撰写了心得体会，进行“严以修身”“严以用权”“严以律已”“严明政治纪律和政治规矩”、整治诬告歪风，强化担当作为”五次专题研讨，通过专题研讨，深入反思在“修身用权律己、谋事创业做人”等方面存在的“不严不实”的问题，推动“三严三实”专题教育的深入开展。通过“三严三实”专题教育，广大党员干部坚强党性、坚定信念、坚守品德，增强践行“三严三实”的自觉性，在地方志事业发展中发挥共产党员的先锋模范作用。

【指导部门志、村志编纂】 霍州市部门志、村志的编纂工作一直以来都比较缓慢和滞后，为使这项工作逐步走上正规，经市志办班子研究决定，鼓励和倡导有条件的部门和村编纂出版部门志和村志，加强对部门志、村志的规范和指导，使霍州市的部门志、村志编纂出版工作走在全临汾地区的前列。下发《关于进一步规范村志编纂的通知》。2015 年 3 月，组织评审班子对《退沙村志》进行审阅，3 月 24 日，对《退沙村志》进行评审。3 月 25 日，市志办办班子成员深入白龙镇白龙村和陈村，对两个村的村志编纂情况进行了解，从体例、框架等方面逐一进行指导规范。1 月 15 日，对《霍州市工会志》进行评审，提出可行性修改意见，5 月中旬，市志办组织人员对《霍州市工会志》终审稿进行审阅，从彩页的内容、设计到文字的体例框架等全面对志书进行修改，提出很多建设性的意见和建议。2015 年 10 月，一部成熟的、完整的《霍州市工会志》问世。

【其他工作】 加强政治学习，学习贯彻中共十八大、十八届三中、四中、五中全会精神和习近平总书记系列重要讲话精神，习近平总书记关于党员领导干部践行“三严三实”的新思想新观点新要求，以践行“三严三实”为主题，以认真贯彻中央八项规定精神、把纪律挺在前面、全面实施“六权治本”为重点，结合反腐败斗争和党风廉政建设工作实际，深入查找、深刻剖析不严不实的突出问题和原因，确保市志办全体党员干部在思想上、政治上、行动上同党中央和省委保持高度一致，为开创霍州市“弊革风清、富民强市”新局面提供坚强的政治保证和组织保证，为推进霍州市地方志工作上新台阶做贡献。

【领导班子】

主　任：

赵学惠（女，2011.04—2015.12）

副主任：

乔小安（2003.01—2015.12）

李亚平（女，2012.07—2015.12）

【获奖情况】

2015 年，市志办被临汾市地方志系统评为先进集体；郭秀东被省地方志系统评为先进个人。

（王晓英）

档案工作

【概况】 霍州市档案局（馆）是市政府直属机构，履行行政管理和档案保管两种职能。在职人员 23 人，有高级专业技术职称 1 人，中级 3 人，初级 9 人。局内设四股一室一中心，即：档案管理股、业务指导股、编研股、法规监督股、办公室、现行文件中心。

2015 年，霍州市档案局按照全市档案工作会议精神和霍州市委、市政府各项工作要求，围绕档案工作服从和服务全市经济社会发展这一主线，以“三严三实”教育活动为契机，根据山西省委办公厅、山西省人民政府办公厅《关于加强和改进新形势下档案工作的实施意见》的要求，开展基础工作，解放思想、开拓创新，全面促进和推动档案事业发展，加强民生档案建设、档案信息化建设和档案业务建设，各项工作稳步发展，并获得人力资源社会保障部、国家档案局授予的“全国档案系统先进集体”荣誉。

【档案移交利用】 霍州市档案馆接收、

录入民政局2014年度婚姻档案5300件；接收通讯组报纸250份，理论、通讯、简讯、文学艺术277篇；落实国家档案局9号令精神，下发“霍办发〔2015〕13号：关于印发《霍州市档案馆关于认真做好档案资料收集、整理和移交工作的通知》的通知”，促进各门类档案的接收；接收霍州市1070名小学毕业生的“梦想存档”档案；配合文物部门做好档案文物登记工作；征集接收并数字化处理60年代珍贵老照片（底片）3000余张；资料室接收《临汾日报》《山西日报》《光明日报》《人民日报》4种报纸20册，期刊10种103册，图书3种3册。查阅中心为编写《霍州化工志》提供大量的资料查阅，接待查阅利用者750余人次。全年完成数字化扫描15万页。

【档案业务建设】 参加山西省农委、山西省档案局联合举办的土地确权档案管理培训及临汾市档案局举办的综合档案业务知识培训。指导人社局5个中心的档案整合。指导市委党校整理教学综合楼工程档案，并进行竣工验收；指导公路段档案工作规范化管理。

【档案宣传】 2015年6月9日是第三个国际档案日，霍州市档案局开展了以下宣传活动：①订制《档案利用实例》与《档案——与人类文明同行》宣传挂图，下发至各乡（镇、街道），形成宣传活动全市覆盖；②以“档案与你相伴”为主题，在州署广场设立宣传点，悬挂宣传标语，进行版面展出及档案知识现场咨询解答，发放档案宣传品、纪念品。分管副市长及有关部门领导参加宣传活动；③与教科局联合在全市11所学校小学毕业生中开展“珍藏梦想·燃放激情”主题活动，有1070名六年级学生参与，将“梦想”存入档案馆，于20年后启封；④举办“档案馆开放日”活动，以“爱国主义教育基地”为传播平台，拓宽档案馆爱国主义教育基地的服务功能。组织实验中学初一298班全体师生来到档案馆，零距离接触档案、档案工作者，近距离感受档案馆藏百年的珍贵档案，参观爱国主义教育基地、档案图片展、观摩档案数字化加工、体验现代化档案查阅。邀请临汾“十佳放映员”“首届道德模范”，霍州市老电影放映员何林明先生，亲自用他无偿向档案馆捐赠的伴随自己40年的南京F16毫米电影放映机，给同学们播放老电影《地雷战》，为大家讲述实物档案——电影放映机的故事；⑤发挥新兴媒体的宣传作用，在中镇文化广场电子屏幕上播放霍州市档案局制作的“档案——与你相伴”卡通宣传片，宣传档案有关知识；⑥通过霍州电视台、霍州广播电台等新闻媒体集中宣传普及档案知识，把档案声音传进千家万户；⑦通过微信平台进行档案宣传。

为纪念中国人民抗日战争暨世界反法西斯战争胜利70周年，霍州市档案局抽调专门人员走访生活在霍州市的16位抗战老兵，通过现场摄影、摄像、录音、提问等方式，采集他们的口述历史，于2015年8月31日举办“霍州市抗战人物照片档案展”，在市委机关、学校等地展出，受到好评。

2015年9月19日，以“守望家园·放飞梦想”为主题的2015国际摄影展在山西平遥古城拉开帷幕。霍州市档案馆馆藏的近百张老照片在平遥柴油机厂展区展出，馆藏老照片首次走上了国际摄影展的舞台。一周展览中，接待中外观展游客1万余人。

【领导班子】

局　长：

李国忠（2002.07—2015.12）

副局长：

张曼丽（女，2012.08—2015.12）

【获奖情况】

2015年4月，临汾市档案局授予霍州市档案局“二零一四年档案工作先进集体”。

2015年12月，人力资源和社会保障部国家档案局授予霍州市档案局“全国档案系统先进集体”。

（杜黎明）

政务大厅管理中心

【概况】 2015年，在市委、市政府和上级审改部门的正确领导和大力支持下，霍州市行政审批中心扎实巩固党的群众路线教育实践活动成果，开展学习讨论落实活动，全面践行“三严三实”，围绕“六权治本”工作思路和要求，明确目标，攻坚克难，创新行政审批管理运行模式，推进霍州市的行政审批制度改革工作上一个新的台阶。

【党风廉政建设】 2015年，市行政审批中心按照市委的统一安排部署，把深入开展学习讨论落实活动和“三严三实”专题教育作为首要的政治任务来抓，把活动延伸到政务大厅驻厅窗口中。围绕学习讨论落实活动中，深入学习贯彻习近平总书记系列重要讲话精神要求、净化政治生态要求、实现弊革风清要求、重塑山西形象要求、促进富民强省要求等五个方面的目标任务，认真开展了“严以修身”“严于律己”“严以用权”及“严守党的政治纪律和政治规矩”“整治诬告歪风、强化担当作为”等五次专题研讨，结合行政审批过程中容易滋生的违规审批和滥用审批权行为，特别是在容易滋生腐败和权力寻租、群众反映强烈的“为官不廉”“为官不为”等作风方面的突出问题，全体工作人员对自身的服务态度、服务效率、服务水平进行反思和自查，对于查找出的公仆意识淡薄、作风纪律涣散、集体观念较差、服务水平不高等问题主动认领，明确危害，剖析根源，加强整改。

【部门进驻情况】 2015年后半年，结合政府机构改革工作，政务大厅原林业局窗口、农业局窗口合并为农林委窗口，工商局窗口、质监局窗口合并为工商和质监局窗口，卫生局窗口、计生局窗口合并为卫计窗口，商务局窗口、粮食局窗口合并为经信局窗口。调整后，政务大厅现驻厅窗口为33家单位，其中，常驻窗口20个，并联窗口13个，驻厅工作人员107名，其中首席审批员36名，窗口工作人员71名。

【及时清理对接审批项目】 2015年11月，按照《霍州市人民政府关于落实和承接临汾市取消和下放一批行政审批项目等事项的通知》，霍州市需相应承接和落实的行政审批等事项共63项，其中：新增19项，调整工商登记前置审批转为后置审批21项，调整为其他权力事项1项、保留工商登记前置审批事项1项，取消年审年检3项，取消非行政许可审批事项4项，取消政府部门内部审批事项4项、调整为内部审批事项10项。此次项目清理对接后，全市保留的各类审批事项共计256项，其中许可类115项，政府内部审批事项11项，其他权力事项4项，便民服务事项126项。

按照职权法定原则，公民法人能自主决定，市场竞争机制能有效调节，社会组织能自律管理，政府及其部门能事后监管解决的，坚决不设立行政审批。一律取消或停止法律依据不足和不符合经济社会发展实际的权力事项，坚决用制度管权，积极推行行政权力阳光运行、规范运行。

【“两集中、两到位”工作】 结合霍州市行政审批制度改革工作的总结和分析，市政务大厅清醒地认识到，厅外审批、审批程序繁琐，办事群众“两头跑”、审批服务效率低下等现象的存在，归根到底是各相关部门对行政审批制度改革的重要性认识不够，不肯放权，加之缺乏对固有审批流转模式的创新改革意识，才导致行政审批制度改革多年来一直未取得明显的效果。为从根本上改进现有的审批运行模式，2015 年，政务大厅联合纪检委和市编办，下大力气，全力配合，扎实推进“两集中、两到位”和首席审批员工作。要求涉及行政审批服务事项的单位全部按要求进行科室职能归并，成立审批股，审批股再整建制向政务大厅集中，将原先分散在部门内的审批权限集中到政务大厅业务窗口，要求各职能部门下放审批职权，向政务大厅选派政治素质好、业务能力强、工作作风实的同志担任首席审批员，进驻政务大厅代表本单位行使审批职能，授权审批股和首席审批员，使一般性的审批事项不出政务大厅便可在规定时限内办结，杜绝厅外审批和违规审批，减去不必要的环节和程序。

至 2015 年底，有 33 家单位的首席审批员和审批股工作人员按要求进驻政务大厅进行集中办公，但从 2015 年的运行情况来看，普遍存在着首席审批员出勤率低，审批事项厅内办理不彻底，授权不充分的现象。

【规范审批运行】 厅外审批主要是指厅内受理、厅外办理或审批事项完全在厅外办理的现象，厅外审批完全背离了便民、高效的服务宗旨，使办事群众在政务大厅和职能部门之间来回跑，变“便民”为“累民”，容易滋生一些违规审批，所以，坚决杜绝厅外审批一直是政务大厅重点开展的工作。2015 年，审批中心联合纪检委，对涉审单位进行逐家排查，通过组织各单位自查、深入各单位查阅档案资料，走访服务对象、进行市场调查等方式，对相关部门的厅外审批和零办件情况进行专项检查，查处一些审批流程不规范、审批项目不进厅、厅外审批的现象，取得明显效果。

为杜绝超期办件的发生，保证办事人在法定时限内办完审批手续，审批中心依托行政审批电子监察系统的网上实时监督功能，加强对办件程序和办结时限的监管，防范和纠正违规审批和超时办结现象。2015 年，政务大厅各窗口受理各类审批服务事项 5839 件，办结 5927 件，各类办件办结率 98%，提前办结率 97%。

【不断完善并联审批】 政务大厅在不断总结工作经验、创新工作方式的基础上，利用政务大厅集中办公的优势，完善并联审批制度，使并联审批联席会议常态化，缩短办事人的办理时间，提高了办事效率。工程建设类项目，由审批中心牵头，主办部门负责，各涉及部门参与，统一审图、勘察，提出审批意见，避免同一审批项目重复审批，审批时限大幅缩短三分之二。政务大厅对重点项目开通“绿色通道”，开展行政审批上门服务工作，为全市重点项目落地建设提供优质服务。2015 年，组织召开联办会议 15 次，为办事人节约 160 个工作日，全年无一起群众投诉和纠纷。

【强化制度体系建设】 2015 年，政务大厅结合内部管理需要，重新出台《霍州市政务大厅驻厅工作人员管理办法》，对首席审批员及窗口工作人员的日常管理、工作纪律、考核评比等都做了明确规定。修订完善

《霍州市行政审批联席会议制度》《霍州市行政审批事项办理责任追究办法》《霍州市政务大厅统一收费管理办法》和《霍州市乡镇便民服务中心规范运行实施意见》等，形成《霍州市行政审批制度改革资料汇编》。

按照临汾市审改办的要求，创新审批模式，结合政务大厅工作实际，初步研究拟定《霍州市政务大厅统一受理登记制度》《企业注册一条龙审批暂行办法》《霍州市服务行政审批社会中介机构规范管理实施方案》《霍州市网上审批管理暂行办法》等。

【领导班子】

主　任：

孟援军（2011.04—2015.12）

副主任：

李长富（2003.07—2015.12）

伍雅娟（女，2012.07—2015.12）

高　锐（2012.07—2015.12）

（成明明）

政府采购

【概况】 霍州市政府采购中心成立于2007年7月，是政府直属事业单位，正科级建制，参照公务员管理全额预算事业单位，到2015年底有工作人员9人。其中主任1名，副主任1名。

【政府采购】 2015年是《中华人民共和国政府采购法实施条例》（简称《政府采购法实施条例》）全面实施的一年，也是霍州市政府采购事业全面发展和改革不断深化的一年。政府采购中心落实《政府采购法实施条例》有关规定，对资金纳入预算管理的采购项目全面纳入政府采购管理，加大服务项目采购、PPP项目采购的实施力度，实现应采尽采。2015年，全市完成政府采购预算金额7748万元，实际采购金额6650万元，节约资金10982753.87元，节约率14.2%。主要项目有：基础教育信息化建设工程设备、住建局城市管线综合规划编制项目、霍州市林业局牛腰山工程区除草及旅游线路补栽树苗项目、霍州市发改局十三五规划编制项目、教科局购买校园安全辅助服务人员项目等。2015年，政府采购中心严格按照《政府采购法》有关规定，认真落实财政部18号令、《政府采购法实施条例》及相关法律法规，对万元以上的采购项目，包括询价采购、竞争性谈判、竞争性磋商、公开招标全部在省级以上人民政府财政部门指定的媒体上发布，发布率达100%，实现了政府采购公开透明，做到公开采购项目预算、采购文件、采购合同、评审专家、中标供应商及中标价等，推动采购活动的全流程公开，以公开促程序规范，以公开促公平公正，以公开促采购结果的物有所值；完全按照山西省政府采购中心招标范本和程序操作，制定政府采购招标文件及合同标准文本，不断推进采购程序的标准化；完善采购结果管理的制度建设，规范采购履约验收行为，加强采购评价结果的利用，建立采购履约验收和结果评价机制，对采购预算、采购需求及采购评审形成有效反馈，为政府采购信用体系建设提供支撑。

2015年，政府采购中心依据检察院文件要求对参加公开招标的各投标供应商资质进行行贿犯罪档案查询，查询率100%。所有的招标项目全部邀请纪检、财政、审计部门全程监督，邀请率达100%，在此基础上拓宽社会监督渠道、扩大监督项目实施范围，聘请社会监督员10名，凡采购预算在1000

万元以上项目还邀请社会监督员现场监督。社会监督员监督率达到100%。2015年共进行公开招标32宗，涉及金额6061万元，占总采购额的78%。直接或间接地支持了全市经济建设和社会发展。2015年接到供应商质疑2起，受理、答复2起，受理、答复率100%。

【业务培训】 政府采购中心对政府采购业务学习予以高度重视，制定学习计划，完善学习制度，提出目标要求，保证中心工作人员熟悉政府采购法律、法规和有关业务知识。2015年7月19日，政府采购中心全体人员参加临汾市政府采购培训，听取全国知名专家学者对政府采购业务的授课。2015年12月4日，政府采购中心组织召开霍州市《政府采购法实施条例》培训会，对霍州市政府采购专家、采购人代表、定点供应商100余人进行业务培训，社会反应良好，对提高霍州市政府采购及招投标工作起到积极作用。

【党风廉政建设】 政府采购制度建立的功能之一就是从源头治理腐败，把廉政建设作为第一要务来抓是采购中心的客观要求。霍州市政府采购中心领导班子能够严格遵守党的政治纪律政治原则、政治立场、政治观点，在路线、方针、政策上同党中央保持高度一致。自觉维护党的团结统一，坚决反对分裂党、抵触党的言论、思想和行为。党的十八大，十八届三中、四中全会以来，特别是“三严三实”专题教育活动开展以后，采购中心严格按照市委“三严三实”专题教育活动领导小组的安排，开展专题党课、专题学习研讨、专题民主生活会工作、整改落实立规执纪等各项工作。通过学习，领导班子及全体人员的政治观念，组织观念，纪律观念有所增强；政治理论水平和实际操作能力都有了很大的提升；政府采购工作综合能力有了很大的提高，2015年未发生一起违规违纪行为。

【领导班子】

主　任：

陈　真（2007.07—2015.12）

副主任：

刘红锁（2007.07—2015.12）

（刘芳华）

人防工作

【概况】 2015年，霍州市人防办在市委、市政府、市人武部正确领导下，在市人大的关心监督下，在上级人防部门的正确指导下，坚持以邓小平理论、“三个代表”重要思想、科学发展观为指导，深入贯彻中共十八届三中、四中、五中全会《中共中央、国务院、中央军委关于深入推进人民防空改革发展若干问题的决定》以及习近平总书记系列重要讲话精神，以人防建设和经济社会深度融合发展为主线，以应急管理和城市地下空间开发利用为重点，以指挥通信建设为抓手，紧紧围绕年度工作目标和任务，开拓创新，埋头苦干，人防全面建设取得新的成绩。

【人防工程建设】 霍州市人防工作把人防工程建设摆在城市建设的重要位置，提高工程建设的数量和质量，形成战时防空与平时使用相结合，地上与地下相配套的格局。工程建设中为确保“结建”工程设计质量，狠抓施工图审查，为抓好施工质量，坚持按章办事，层层把关，保证“结建”工程高标准，高质量。特别是0627工程一期的建成为霍州市平战结合工程开出一条新的路子，总建筑面积1.29万平方米。该工程建设中，特邀请省人防质量站对工程进行质量监督，确保了工程的质量符合要求。该工程的建成对于消除空袭后果、防空防灾、提高城市抗毁能力发挥积极作用，为缓解市中心交通压力、提升城市品位、促进霍州经济发展、提高人民生活水平起到推动作用。日常工作中，加强人防工程的审批管理，严格按审批流程办事，批建项目进入审批大厅。同时加大同发改、规划、住建等部门的协调力度，建立起共同把关、相互支持的长效工作机制，形成工作合力。

【人防宣传教育】 2015年，在人防宣传教育上，把着眼点放在唤起忧患意识，激发爱国热情，树立国防观念，提升人防素质上。在宣传对象上，突出中、小学生人防知识教育和全体市民的基本常识教育。内容上以人防法律法规为重点，大力普及人防基本常识，提升市民应急自救能力。在宣传教育的方式方法上，灵活多样，充分发挥媒体优势，通过电视、报刊、展板等，利用全国法制宣传日，“9·18”整顿试鸣日等，对人防基础知识进行广泛宣传，编纂《防空防灾宣传读本》下发到学校及有关单位。为市“四大班子”、人武部、市分管领导征订《中国人民防空》杂志。从而增强了广大市民关心人防、支持人防、建设人防的自觉性、积极性和创造性。

【人防安全工作】 为了坚决遏制和杜绝重大安全事故，有效防范和减少一般安全事故的发生，按照党中央国务院有关安全生产工作的一系列决策部署，结合省、临汾市通知精神，在全市开展防空地下室安全生产大检查。工作中，坚持“安全第一、综合治理”的方针，以“全覆盖、零容忍、严执法、重实效”为总要求，召开专题会议，制定工作方案，成立领导组，对全市防空地下室安全生产进行全面排查，向有关单位下发《防空地下室安全管理通知》。通过督促检查，各相关单位思想认识得到提高，制定预案，安全措施落实到位，责任落实到人，确保防空地下室安全无事故，为全市人防融合式发展提供良好的安全生产环境。

【机关“准军事化”建设】 注重抓好制度建设、效能建设和廉政建设，建立健全各方面规章制度，加强机关纪律，规范办事程序，整顿机关作风，落实党风廉政建设责任制，实行“一岗双责”，坚决反对“四风”。认真落实习近平总书记“三严三实”要求，提升体系防护能力，依法行政能力和应急救援能力。班子队伍建设中，坚持内强素质，外塑形象，全员能力素质不断提高，从而形成奋发有为的机关风气，营造了文明和谐的工作环境。完成临汾市人防办部署的各项工作任务，为建设三晋经济强市，实现霍州市整体率先发展做出贡献。

【人防其他方面建设】 人防工作是军事斗争准备的重要组成部分，地位重要，责任重大，任务艰巨。霍州人防牢记“战时防空，平时服务，应急救援”的根本使命，居安思危，扑下身子，埋头苦干，不断提高人防工作水平。

一是严格按照临汾市的安排，搞好人防工作机制调查和人防战备资产资源及普查，掌握人防总体规划和战争潜力，确保完成战时防空的工作任务。

二是完成市委、市政府交办的各项工作任务。

三是10月参加省国动委组织的“战区综合防卫背景下山西省国防动员组织指挥研究性演练”，通过全程参演强化国防观念和人防意识，熟悉了战时动员的工作流程，具体任务，提高了全体参演队员的能力和素质。

四是召开专题会议，成立7支人防专业队。明确各个专业队应担负的战时防空、平时防灾的任务，督促各专业队结合自身工作任务经常不间断地搞好专业训练，提高队员的应急救援能力。

五是修订防空袭预案，重新调整应急指挥组成员，加强对重要经济目标防护，强化指挥通信设施维护和管理，为适应未来战争人防应急准备，打下坚实基础。

六是为了在战时实施人防指挥，构建灵敏高效的预警报警体系，平时为抢险、救灾应急提供重要平台，先后安装了一部短波电台、三台电声防空警报器和一部防空警报终端系统。

七是配合上级行动，定期参加短波电台的训练，并及时对电台设备进行维护和保养。

【领导班子】

主　任：

杨灵芳（女，2007.07—2014.12）

副主任：

张杏红（2001.07—2014.12）

陈文革（2003.02—2014.12）

【获奖情况】

2015年霍州市人防办被山西省人力资源和社会保障厅、山西省人防办评为“山西省人防工作先进集体”。

（张杏红）

防震减灾工作

【概况】　2015年，霍州市地震局根据年初与临汾市地震局和霍州市人民政府鉴订目标责任书要求，认真开展“三严三实”活动，积极推进防震减灾“3＋1”工作体系，应急救援、震害防御、地震监测、防震减灾宣传等工作取得较为显著的成绩。

【目标责任管理】　2015年4月16日召开了全市防震减灾工作会议，对全市防震减灾工作进行安排部署，印发《霍州市2015年防震减灾工作要点》和《关于调整霍州市防震减灾指挥部领导成员的通知》，指导全市防震减灾工作；市防震减灾指挥部常务副总指挥、政府副市长薛泽会与各乡（镇、街道）和市直有关部门主要负责人签订了防震减灾目标责任书，明确目标任务，落实责任。编制《霍州市防震减灾事业发展“十三五”规划》。

【地震应急救援】　2015年，编制并印发《霍州市地震应急处置手册》；组织地震应急救援队和地震志愿者队伍开展8次防震减灾应急救援培训；建立完善10种类型的应急物资储备库，签订应急物资储备供应合同；霍州市地震局与相关部门鉴订《关于加强地震灾情信息资源共享与合作协议》；在全市开展地震安全隐患排查工作，重点对人员密集场所、重要基础设施和地质灾害进行地震安全隐患排查；组织一次全市综合性地震应急救援拉动演练，在企业、学校和社区组织9场地震应急疏散演练。

【地震灾害防御】　2015年，加强抗震设防要求监督管理，对重大建设工程进行摸排，做好重大建设工程地震安全性评价工作，对11项建设工程进行抗震设防审批；建立霍州市建设工程抗震设防要求联席会议制度；积极推进服务型地震行政执法工作；加强对农村民居抗震设防指导，新建一处农村民居安全示范工程。

【地震监测预报】 2015年，霍州市地震局坚持24小时震情值班，加强震情监视和会商研判，实行周会商，月会商，落实各种宏观异常报告，执行零报告制度，制定《关于做好地震谣传应对和处置工作方案》；依法做好地震观测环境保护工作，保证辖区内3个地震台网正常运行，数据连续率达98%以上，增强应急速报和应急响应能力；加强防震减灾“三网一员”群测群防队伍建设及管理工作，积极开展培训教育，严格考核兑现，提高“三网一员”专业知识和工作效率。

【地震宣传教育】 2015年，霍州市地震局制定下发《2015年全市防震减灾宣传教育工作方案》，对全市防震减灾宣传活动进行安排部署；通过报纸、设立咨询台、知识竞赛等多种形式对《山西省建设工程抗震设防条例》和新一代《中国地震动参数区划图》进行宣传贯彻；在州署广场和工商广场精心组织开展“5·12”、“7·28”、“12·4”等重点时段的防震减灾宣传，积极参加全市“科技、文化、卫生”三下乡活动，继续推进防震减灾科普知识“六进”活动，开展“平安中国”防灾宣导系列公益活动，共发放《居民防震减灾手册》2万本、科普宣传资料2万份，为全市村居委会发放张贴防震减灾知识挂图500套，为科普示范学校赠送防震减灾科普光碟20套；参加临汾市地震局组织的知识竞赛；进一步开展防震减灾示范社区和示范学校创建工作，2015年创建省级防震减灾科普示范学校2所，使全市广大群众防震减灾意识不断增强。

【辖区内震级与次数】 霍州市属国家级地震重点监视防御区，1至2级地震次数较频繁，2015年，该辖区没有发生有感地震。

【领导班子】

局　长：

李忠义（2011.04—2015.12）

副局长：

成川峰（2007.08—2015.12）

董玉珍（女，2008.10—2015.12）

（高涛）

政协霍州市委员会

【概况】 2015年，政协霍州市委员会履行政治协商、民主监督、参政议政职能，发挥协调关系、汇聚力量、建言献策、服务大局作用，在加强学习、发扬民主中凝聚和增进共识，在围绕中心、服务大局中聚焦和研究问题，在搭建平台、开辟渠道中联系和服务委员，在从严从实、以上率下中加强和改进作风，把政协工作往深干、朝实做、向前推。

（一）以思想建设为基础，始终坚持正确政治方向。坚持市委的领导、坚持政协党组在政协工作中的领导核心地位，守纪律、讲规矩，始终在思想上政治上行动上与党中央和市委保持高度一致，不断巩固共同思想政治基础。

（二）以团结民主为主题，广泛凝聚社会稳定和长治久安正能量。2015年来，各党派团体围绕重点课题，通过独立开展或与政协委室联合开展调研5次，形成调研报告5篇，提交提案127件，反映社情民意信息200余篇，为霍州市改革发展稳定贡献智慧和力量。

（三）以“四个全面”为引领，紧扣改革发展民生议政建言。主动认识新常态、适应新常态，坚持问题导向，围绕改革发展重点问题和制定“十三五”规划建言献计。重点围绕文物旅游产业开发、加快畜牧业发展、义务教育均衡发展、社区矫正工作、热电联产与城市集中供热等深入开展调研座谈，广纳群言、广谋良策。

（四）以协商民主为途径，发挥重要渠道和专门协商机构作用。加强政协协商民主实践探索，拓展协商范围和层次，改革政协例会形式，增加委员列席常委会人数，合理安排各党派团体、各界人士出席协商会议。建立健全常委会议、协商座谈会、协商成果报送等协商制度。市委、政府高度重视政治协商成果转化，促进了协商成果的采纳落实。

（五）以“三严三实”为载体，强化自身建设提高实效。市政协根据党中央和市委统一部署，开展“三严三实”专题教育，把思想教育、党性分析、整改落实、立规执纪结合起来，解决“不严不实”问题，建立健全政协工作制度，履职能力得到提高。发挥存史、资政、团结、育人功能，发出政协好声音，弘扬霍州正能量。

【全体委员会议】

·政协霍州六届五次会议· 2015年6月1日至3日在霍煤宾馆召开。该次大会应出席委员185名，实到185名。大会议程主要有四项，一是听取并审议政协第六届霍州市委员会常务委员会工作报告；二是听取并审议政协第六届霍州市委员会常务委员会关于六届四次会议以来提案工作情况的报告；三是列席霍州市六届五次人代会，听取并讨论《政府工作报告》和大会其他报告；四是五是审议通过政协第六届霍州市委员会第五次会议政治决议和其他决议。驻霍州的临汾市政协委员，市直有关部门和单位的负责同志，各民主党派、工商联负责人及有关方面的代表列席会议。市政协副主席张伟兴主持开幕式。市委书记陈纲代表中共霍州市委在会上发表重要讲话。

【主席会议】

·六届十八次主席会议· 2015年1月14日召开，会议由市政协主席王国平主持，副主席薛有生、沈晓静、薛云彪、张伟兴，秘书长冯婧出席会议。会议决定2015年1月15日召开市政协六届十三次常委会议，审议通过六届十三次常委会议议程，协商通过提交六届十三次常委会议审议通过的有关事项。

·六届十九次主席会议· 2015年5月6日召开，会议由市委组织部部长周文伟主持，副主席薛有生、沈晓静、薛云彪、张伟兴，秘书长冯婧出席会议。周文伟部长到会宣布霍组干发〔2015〕6号文件，提名免去王国平的霍州市政协主席职务，建议按《政协章程》的规定办理，免去王国平的霍州市政协党组书记职务。宣布由副主席薛有生临时负责政协工作。

·六届二十次主席会议· 2015年5月11日召开，会议由市政协副主席薛有生主持，副主席薛云彪、张伟兴，秘书长冯婧出席会议，政协各委室负责人列席会议。会议主要议题：协商确定市政协2015年工作要点。

·六届二十一次主席会议· 2015年5月21日召开，会议由市政协副主席薛有生主持，副主席薛云彪、张伟兴，秘书长冯婧出席会议，会议决定2015年5月22日召开市政协六届十五次常委会议，审议通过六届十五次常委会议议程，协商通过提交六届十五次常委会议审议通过的有关事项。会议决定2015年6月1日至3日召开市政协六届五次全委会议，审议通过了六届五次全委会议议程，协商通过了提交六届五次全委会议审议通过的有关事项。

·六届二十二次主席会议· 2015年11月12日召开，会议由市政协副主席薛有生主持，副主席薛云彪、张伟兴，秘书长冯婧出席会议，会议决定2015年11月13日召开市政协六届十八次常委会议，审议通过六届十八次常委会议议程，协商通过提交六届十八次常委会议审议通过的有关事项。

【常务委员会议】

·六届十三次常委会议· 2015年1月15日，政协霍州市第六届委员会第十三次常委会议召开。会议主要议题有四项：一是副主席薛有生就“政协委员调研月”活动开展情况进行通报；二是政协委员代表进行议政发言；三是宣布关于加强政协委员廉洁自律工作的有关通知；四是政协主席王国平讲话。

·六届十四次常委会议· 2015年5月7日召开，会议由市委组织部部长周文伟主持，周文伟部长到会宣布霍组干发〔2015〕6号文件，提名免去王国平的霍州市政协主席职务，建议按《政协章程》的规定办理，同时免去王国平的霍州市政协党组书记职务。宣布由副主席薛有生临时负责政协工作。

·六届十五次常委会议· 2015年5月22日召开，政协霍州市第六届委员会第十五次常委会议召开。会议协商决定，政协霍州市第六届委员会第五次会议将于2015年6月1日至3日在霍煤宾馆贵宾楼会议室举行。市政协副主席沈晓静、薛云彪、张伟兴，秘书长冯婧出席。市政协副主席薛有生主持会议并讲话。市委办副秘书长时宏伟，政府副秘书长张斌应邀出席会议。会议听取讨论了《政府工作报告》；听取了市政协六届五次会议筹备工作情况汇报；市委办、政府办通报市政协六届四次会议以来提案办理工作情况，审议通过了市政协六届委员会常委会工作报告（草案）、市政协六届常委会关于六届四次会议以来提案工作情况的报告（草案），以及六届五次会议的议程、日程（草案），以及会议执行主席，秘书长、副秘书长，委员分组办法和各组召集人名单（草案）；会议审议通过六届五次会议期间提案截止日期的决定（草案），并协商通过有关人事事项。

·六届十六次常委会议· 2015 年 6 月 3 日召开，市政协副主席薛有生主持会议，该次常委会议是在六届五次全会期间召开，主要议题：协商讨论政协第六届霍州市委员会第五次会议政治决议（草案）及两个工作报告决议（草案）。

·六届十七次常委会议· 2015 年 6 月 3 日下午召开，市政协副主席薛有生主持会议，该次常委会议是在六届五次全会期间召开，会议主要议题有两项：一是接受各讨论小组关于《政府工作报告》以及政协两个报告、政治决议和两个报告决议讨论情况的汇报；二是审议通过会议政治决议和两个报告的决议。

·六届十八次常委会议· 2015 年 11 月 13 日召开，市政协副主席薛有生主持会议，参加会议的有政协常委、政协机关全体工作人员，市旅游局主要负责人也应邀到会。会议主要议程有：一是听取党校讲师关于党的十八届五中全会精神的学习辅导；二是与会常委对霍州市部分文物旅游项目进行实地查看和视察调研；三是与会常委就文物旅游发展进行座谈讨论。会议听取市旅游局负责人关于霍州市文物旅游建设情况的汇报。

【重要活动】

·临汾市政协副主席杨安虎到霍州市调研· 2015 年 6 月 9 日，临汾市政协副主席、市政协秘书长等一行 20 人，对霍州市文化旅游产业开发情况进行专题调研活动。霍州市领导陈纲、崔山原、薛有生等陪同调研。在霍州署，杨安虎副主席实地查看了署衙文物保护恢复进程和保护性修缮工作情况，在听取相关人员的汇报后指出，要继续高标准、严质量，狠抓重建与修缮工作质量，让霍州署这颗凝聚着古代劳动人民聪明才智，闪耀着中华民族历史文化光辉的璀璨明珠，在霍州大地重放异彩。在七里峪自然风景区，杨安虎副主席听取了景区工程建设情况的汇报，希望霍州市在未来旅游升级、生态环境、城市建设等方面继续发挥优良传统，使霍州市成为著名的文化休闲旅游胜地。

·调研义务教育均衡发展· 2015 年 6 月，市政协抽调部分政协委员，利用一周时间，对全市义务教育均衡发展工作进行实地调研。调研期间，召开座谈会，深入到霍州市实验小学、煤电二中、赵家庄小学、下王学校等 10 余所基层学校，通过与广大师生的交流，掌握霍州市义务教育均衡发展的现状，并提出意见和建议。

·调研社区矫正工作· 2015 年 9 月，按照临汾市政协“百名政协委员下基层”活动安排要求，由临汾市政协委员、霍州市政协副主席沈晓静带领临汾、霍州政协委员 20 余人，通过实地察看、个别走访、听取汇报以及召开座谈会等方式，对全市近五年来社区矫正工作进行专题调研。

·文物旅游调研· 2015年11月13日，市政协组织全体常委对霍州市文物旅游产业开发情况开展专题调研，通过实地查看和听取汇报，对霍州市的旅游发展有了更新层次的了解和认识，就打造旅游精品、挖掘文化潜力为核心，推动旅游、文化相互促进、相得益彰，搞活商贸服务产业，实现文化旅游业不断发展壮大提出了意见和建议。

·调研热点联产集中供热情况· 2015年11月20日，为了了解霍州市的供热前期进展情况，市政协组织部分市政协委员对霍州市部分换热站和现场工地进行视察调研，就调研视察情况组织住建局、矩能公司相关部门和人员，召开座谈会，针对集中供热存在的问题，提出建议。

·调研完善动物疫病防空体系建设工作· 2015年12月，为了解和掌握霍州市在畜牧业发展方面存在的突出矛盾和关键问题，市政协组织部分市政协委员深入霍州市畜牧局及基层进行调研，对制约霍州市畜牧业发展和动物防疫体系建设的瓶颈和滞后问题等提出了切实可行的对策建议。

【重要文件】

·市政协2014年度反映社情民意信息工作情况通报· 2015年，霍州市政协反映社情民意信息工作扎实推进取得较好成绩。全年收到报送的社情民意信息稿件82篇，市政协提案信息委经过筛选、综合研究提炼，编发上报《社情民意》69条（篇）。其中全国政协采用1条，临汾市政协采用12条，临汾市领导陈小洪批示1条。2015年，霍州市政协反映社情民意信息工作受到临汾市政协表彰，荣获三等奖。

·市政协集中开展干部不作为乱作为等损害群众利益问题专项整治的实施方案· 为认真贯彻落实习近平总书记重要批示精神和中央、山西省委、临汾市委、霍州市委组织部关于深化“三严三实”专题教育着力解决基层干部不作为乱作为等损害群众利益的通知文件精神，持续引深“三严三实”专题教育成果，切实加强市政协组织和干部队伍建设，经市政协党组研究，制定实施方案。基层干部不作为乱作为等损害群众利益问题专项整治从现在开始，12月底基本结束，大致分为四个阶段：制定方案、动员部署阶段（11月5日至10日）；排查问题、建立清单阶段（11月11日至15日）；强化措施、集中整治阶段（11月16日至12月底）；建章立制、巩固成果阶段（12月底前）。

·关于加强政协委员廉洁自律工作的通知· 结合市政协实际，当前要把加强政协委员廉洁自律作为落实活动要求，推动政协工作上台阶的重要抓手，就改进作风和加强政协委员廉洁自律工作通知如下。（1）思想认识高度重视。全体政协委员要认识做好廉洁自律工作的重要意义，增强落实中央八项规定精神和坚决反对“四风”问题的主动性和自觉性，从点滴做起，从小事小节做起，坚决克服麻痹思想，纠正庸俗习惯，争当遵规守纪的模范。（2）严格遵守有关规定。政协委员中的党员干部要真正把自己摆进去，带头严格执行中央八项规定精神和党的各项纪律。（3）严肃查处违纪行为。市政协将对政协委员中的违规违纪行为认真履行监督问责职责。

·关于加强和完善政协（党组）中心组学习的实施办法· 为贯彻落实党的十八大、十八届三中、四中全会精神和习近平总书记系列讲话精神，巩固党的群众路线教育实践活动成果，切实加强和完善政协党组学习，更好地履行政协三大职能，根据中央、山西省委和临汾市委有关精神，结合政协实际，提出以下实施方案：

1. 加强和完善政协党组学习的重要性 (1) 政协党组是带动和领导机关干部、政协委员开展理论学习的重要形式。(2) 加强和完善政协党组学习，对于不断提高班子成员和党员干部理论素质和领导能力，推进理论武装工作的深入开展具有重要战略意义。

2. 发扬和传承理论联系实际的优良学风 (1) 深入学习贯彻中国特色社会主义理论体系和习近平总书记系列重要讲话精神是政协党组学习的首要任务。(2) 掌握和运用马克思主义立场、观点、方法是党组学习的根本目的。(3) 坚持和弘扬马克思主义学风是党组学习的基本要求。(4) 改进组织方式是党组学习取得实效的重要保证。

3. 切实加强党组学习的组织和领导。要把加强和完善党组学习摆在突出位置，列入重要议事日程。

【领导班子】

主　席：

王国平（2011.06—2015.05）

2015 年 5 月至 12 月空缺

副主席：

薛有生（2007.05—2015.12）

沈晓静（女，2008.11—2015.12）

薛云彪（2007.05—2015.12）

张伟兴（2012.07—2015.12）

秘书长：

冯　婧（女，2011.04—2015.12）

（毛丽花）

民主党派　工商联

中国国民党革命委员会

【概况】　中国国民党革命委员会简称民革。中国国民党革命委员会创建于1948年1月1日，由李济深、宋庆龄、何香凝、谭平山等中国国民党民主派和爱国民主分子创建，是中华人民共和国现有的民主党派之一。

民革霍州支部截至2015年底，有党员38人，其中行政事业单位20人，教育界4人、医药界5人、其他9人。本科以上学历12人，大专以上14人。临汾市人大代表1人，霍州市政协委员13名（其中政协常委1人）。

【政治理论学习】　2015年，民革霍州支部在民革临汾市委、中共霍州市委的正确领导下，在市委统战部的大力支持下，统一思想、提高认识，组织全体党员学习中共十八大和十八届三中、四中、五中全会精神，学习民革省、市等一系列重要会议及相关文件精神，在广大民革党员的共同努力下，紧密团结、凝心聚力，围绕全市中心工作，以强化参政议政工作为重点，创新工作机制，提高服务水平，加强自身建设，提升党员的政治理论水平和参政意识。

【支部日常工作】　2015年，民革霍州支部按照年初工作计划，召开党员大会2次，各小组学习活动4次，组织全体党员集中学习1次。参加民革临汾市委组织的社情民意撰写培训会，并提交社情民意13篇，名列临汾市第一。参加“民革e家”信息交流平台的建设工作，党员参与率100%，打破了民革地域和时空限制，增强了党员思想认同和情感联络。

【参政议政工作】　2015年，支部政协委员做好体察民情、反映民意、集中民智等工作，发挥参政议政、民主监督职能，就全市重大事项和重大决策发表意见，提出建议。参与政协组织的调研活动3次，撰写调研报告1篇。参与小组活动4次，在各级人大、政协例会中提交集体提案3件，个人提案15件，社情民意4件。

【服务社会工作】　2015年，民革霍州支部开展送医送药到农村活动，5月24日，组织支部医药界党员为师庄乡困难群众看病送药，免费发放血糖仪10件。10月7日，支部组织党员为李曹敬老院送去现金2000元。支部班子及党员张新民、高兴平等人资助3名困难学生和1名孤儿。积极响应民革临汾市委号召为灾区捐钱捐物3000元。

【祖国统一工作】　实现祖国统一是民革肩负的重大历史使命，以和平方式实现统一，最符合包括台湾同胞在内的中华民族的根本利益。民革的涉台参政议政是重中之重的工作，民革霍州支部始终保持与市委对台办密切配合，多关注与台湾有关系的人士，加强与他们的沟通，开展多种形式的慰问活动，为中华民族伟大复兴尽心尽力。

【领导班子】

主　委：

刘光明（2004—2015.12）

副主委：

刘鸿健（2004—2015.12）

张建东（2013.05—2015.12）

支部委员：

覃玉红（2013.05—2015.12）

韩腊丽（2013.05—2015.12）

【获奖情况】

2015年，韩腊丽被民革山西省委评为“坚持和发展中国特色社会主义”学习实践活动优秀党员。

2015年，韩腊丽被民革山西省委评为年度优秀党员。

2015年，韩腊丽在纪念抗战胜利70周年活动中被山西省信访局评为先进个人。

（韩腊丽）

中国民主建国会霍州市委员会

【概况】　中国民主建国会霍州市委员会成立于1987年9月。第一、二届主任委员郭行言，副主任委员成继东、姬小平，委员荀记明、安瑞锁。第三届主任委员胡新明，副主任委员秦曙光，委员赵忠孝、张黎明、安瑞锁、郭德兴、成功（女）。民建霍州市委截至2015年底，共有会员78人。

【会务工作】　2015年，民建霍州市委在中共霍州市委和各级民建组织的正确领导下，各项工作得到良好的发展。民建发挥密切联系经济界的特点和优势，以建设适应新时期要求的中国特色社会主义参政党为目标，加强思想、组织、制度、作风建设，会员素质不断提高，组织建设不断增强，凝聚力和影响力进一步扩大。

2015年4月24至30日，主委赵忠孝在北京参加民建中央基层组织主委培训班学习，参观了民建中央机关，观看了原民建中央主席孙起孟展览；2015年8月24至26日，张黎明在太原参加了民建山西省委领导干部培训班学习。通过学习增强了政治责任感，把思想和行动统一到习近平总书记系列重要讲话精神上来，并结合党派实际，把会议精神落实到参政议政，民主监督，社会服务工作中。

2015年9月5日，教育支部举行庆祝教师节系列活动，老师们首先发言，实验中学的张海红、二中的闫文斌、三中的杨秋生、白龙中学的刘晓平等同志就如何发挥教育战线民建会员作用，如何尊重知识、尊重人才、尊重教师，关心教育、重视教育、支持教育进行交流探讨。工商联退休干部荀记明、原市容局副局长姬小平、司法局退休干部祝玉梅、眼防所退休干部王丑生以及来自工商联的安瑞锁、工行的郭德兴、环保局的段向党、农委的朱杏梅都作了发言并提出意见建议。

2015年，老龄支部举办庆祝重阳节活动，座谈会上，会员们就如何能尊老敬老更好的发挥老龄会员作用，为夕阳红事业做点实事，出些好主意进行畅谈，老会员祝玉梅同志展示了她的书法作品，诗词书册。会后大家到霍州市退沙街道许村调研考察民居朱家大院及非物质文化遗产项目，该村2014年被评为山西省文化古村，已申请加入中国传统村落；该院落建于明清时期保护较为完整，2003年，被霍州市人民政府公布为市级文物保护单位，是霍州早期共产党人李光杰从事革命活动的地方，既有文物价值又有革命意义。

2015年12月31日，民建霍州市委隆重召开庆祝中国民主建国会成立70周年纪念大会，回顾民建成长进步的光辉历程，展望民建事业发展的美好前景。中国民主建国会成立70年来的历史，是一部与中国共产党风雨同舟、团结合作的历史，特别是中共十八届五中全会的胜利召开，描绘了未来5年国家发展蓝图，对于坚持和发展中国特色社会主义，实现“两个一百年”奋斗目标，具有重大的现实意义和深远的历史意义。中央统战工作会议召开，标志着统一战线和多党合作事业步入新时期、新阶段，新的形势和任务对民建提出更高的要求。大会号召广大会员围绕中共霍州市委确定的“建设三晋经济强市，实现整体率先发展”的战略目标，立足本职，勤奋工作，体现自身特色，发挥界别优势，完成时代赋予的使命。

【工作交流】 2015年1月14日，民建侯马市委王悟全主委带领班子成员及各支部主委赴民建霍州市委学习交流，参加会议的有民建临汾市委副主委靳志珑、中共霍州市委统战部副部长杨军、路林、薛学文。座谈会上，赵忠孝主委和王悟全主委分别就各自组织的自身建设、参政议政、社会服务等各项工作做了介绍，就如何做好党派各项工作，发挥民建特色，促进经济发展做了深层次的探讨。靳志珑副主委和统战部几位领导分别做了重要讲话。大家参观中共霍州市委统战部党外代表人士之家及民建霍州市委办公场所。

2015年8月29日民建灵石县支委会主委张贵仙率班子成员及部分骨干会员一行12人，莅临民建霍州市委会进行工作交流，民建晋中市委副主委徐文渔，中共霍州市委统战部副部长杨军、路林、薛学文共同参加了活动。上午赴霍州市七里峪红色教育基地举行烈士纪念活动，庆祝中国人民抗日战争暨世界反法西斯战争胜利70周年。下午参观霍州署廉政文化馆。

【领导班子】

主　委：

赵忠孝（2014.04—2015.12）

副主委：

张黎明（2014.04—2015.12）

成李杏（2014.04—2015.12）

委　员：

安瑞锁（2014.04—2015.12）

郭德兴（2014.04—2015.12）

成　功（女，2014.04—2015.12）

苗永华（2014.04—2015.12）

秘书长：

安瑞锁（兼，2014.04—2015.12）

【获奖情况】

2015年，民建霍州市委和教育支部被民建山西省委授予“先进集体”荣誉称号。

2015年，成李杏、苗永华被民建山西省委授予“优秀会员”。

2015年，民建霍州市委被民建临汾市委授予“先进基层组织”、赵忠孝被授予“优秀基层组织主委”荣誉称号。

2015年，民建霍州市委老龄支部、教育支部、卫生支部被民建临汾市委授予“先进支部”荣誉称号。

2015年，张黎明、郭德兴、成功、朱杏梅被民建临汾市委授予“优秀会员”。

2015年，安瑞锁被民建临汾市委授予“优秀会务工作者”。

2015年，荀记明被民建临汾市委授予“特别奉献奖”。

（安瑞锁）

中国民主促进会

【概况】　中国民主促进会（简称民进），1945年成立。民进霍县支部1986年10月成立，从成立之后，发挥参政议政作用，到2015年底，共有会员49人。

【主要活动】　1.2015年4月8日，为临汾两会撰写提案《关于倡导党政干部带头无偿捐赠人体器官的建议》省政协采用。

2.2015年4月15日，民进霍州总支六届八次全委会，制定一年工作计划，传达市委全会精神。

3.2015年5月8日，为二中举办高考讲座（义务）。

2015年5月10日民进主办大型讲座《父母规》讲堂（在霍州宾馆举行）统战部、教科局领导参加。

4.2015年6月，为实验小学等学校捐赠图书活动。

5.2015年12月30日，召开民进霍州总支第七次会员大会辞旧迎新座谈会。

【业务培训】　2015年9月，新会员、政协人大等骨干会员、各支部骨干会员去临汾参加会章会史培训。

2015年12月18日，李秀玲参加临汾市党外干部培训班学习。

2015年12月23日至28日，苏建东等同志参加省社会主义学院学习培训。

【领导班子】

主　委：

李秀玲（女，2013.05—2015.12）

副主委：

陈学兵（2013.05—2015.12）

叶励民（2013.05—2015.12）

委　员：

杨社会（2013.05—2015.12）

苏建东（2013.05—2015.12）

李泽辉（女，2013.05—2015.12）

薛华斌（2013.05—2015.12）

【获奖情况】

2015年7月庆祝民进成立七十周年征文11人获民进临汾市委奖（张安莉、李秀玲、叶励民、杨社会、刘凯丹、曹玉记、李泽辉、郭建莉、苏建东、闫计风、薛树华、薛志瑞）。

2015年8月，两篇庆祝抗战胜利七十周年论文获市统战部表彰。两篇论文分别为：李秀玲《不能忘却的历史——霍州贾村惨案回顾》叶励民《弘扬抗战精神，建设美丽家园》。

2015年8月参加省政协，庆祝抗战胜利七十周年书画展，傅枫获一等奖，宋乃坤获二等奖。

2015年12月总支参加民进临汾市委运动会，周明明获一等奖（足球），李连获二等奖，张安莉、刘小洁获三等奖（跳绳）。

民主促进会获社会活动先进支部

民主促进会获“三有”先进支部

（李秀玲）

工商业联合会

【概况】　中华全国工商业联合会是中国共产党领导的面向工商界、以非公有制企业和非公有制经济人士为主体的人民团体和商会组织，是党和政府联系非公有制经济人士的桥梁纽带，是政府管理和服务非公有制经济的助手。工商联工作是中国共产党统一战线工作和经济工作的重要内容。

工商业联合会具有统战性、经济性、民间性有机统一的基本特征。充分发挥在非公有制经济人士思想政治工作中的引导作用，在非公有制经济人士参与国家政治生活和社会事务中的重要作用，在政府管理和服务非公有制经济中的助手作用，在行业协会商会改革发展中的促进作用，在构建和谐劳动关系过程中的积极作用，是该会的主要职能。

2015 年底，霍州市工商业联合会共有驻会人员 6 人，其中党员 3 人，共有会员 546 个（其中企业会员 19 个，个人会员 523 个），有基层商会 4 个，其中乡镇商会 2 个（白龙商会与辛置商会），市场商会 1 个（唐荣商会），行业协会 1 个（现代装饰家具协会）。

2015 年，工商联领导班子团结带领机关干部和广大会员，围绕市委、市政府的工作大局，发挥工商联作用，把握统战性，发挥经济性，体现民间性，展示工商联的活力，取得较好成绩。

【政治学习】 霍州市工商业联合会带领机关工作人员及会员学习中共十八大及十八届三中、四中全会精神、习近平总书记系列重要讲话精神及有关非公经济的文件、政策、法规，同时举办会务干部、直属的基层商会负责人培训和以执委以上代表的非公经济代表人士培训班，增强了为会员企业和非公经济服务的针对性，提高整体素质和能力。工商联还组织会员参加山西省与临汾市的各种培训工作。

【会员发展】 发展会员是工商联的立会之本，活力之源。工商联把吸收新会员作为一项常年性的工作来抓，深入乡（镇、街道）和民营企业、个体工商户中宣传工商联章程，2015 年共发展会员 8 人，到 2015 年底，会员总数达到了 523 人。

【光彩事业】 致富思源、回馈社会，一直是工商联广大会员承担社会责任的重要体现，副主席朱志红、杨元州、吴国波，执委朱小害、陈杨管、张永星等优秀的民营企业家代表积极参加助学行动，为贫困学子送去了关爱和温暖。

【参政议政】 工商联成员在人大担任职务的有副主任 1 人、常委 2 人，在政协担任职务的有常委 7 人，委员 23 人。工商联成员参政议政、谏言献策，努力为霍州转型跨越、率先发展做出贡献。

【服务非公经济】 推动非公经济转型跨越发展，是全市的工作重点之一。为发挥工商联的融资服务职能。工商联巧借临汾市工商联和尧都农商银行股份有限公司开展的“商行助千企，百亿促转型”融资服务活动，为霍州市的非公经济企业提供资金支持。为其他会员提供信息服务，融资、法律方面的咨询服务，增强了会员的凝聚力。

【领导班子】

主　席：

成海民（2013.04—2015.12）

副秘书长：

周霍龙（2012.07—2015.12）

（周霍龙）

群众团体

工　会

【概况】 截至2015年底，霍州市总工会有干部职工29人，下设：组宣部、生活保障部、财务部、劳保部、女工部、法工部、民管部和办公室等8个部室。有下属事业单位2个：职工帮扶维权中心和职工俱乐部。全市共有各类工会组织196个，职工总数31536人，会员31536人（含农民工5973人），会员入会率100%。主要职责：1. 参与市委、政府及其有关部门涉及职工切身利益政策、措施的制定，监督涉及职工利益法律法规和政策的贯彻落实；2. 推动贯彻落实党的全心全意依靠工人阶级的指导方针，突出和履行工会的维护职能，促进企业平等协商、签订集体合同和职工代表大会等维权机制的建立；3. 实施送温暖工程，千方百计为困难职工办实事、办好事，推动下岗失业人员再就业，履行工会第一知情人、第一报告人、第一帮助人的职责；4. 开展群众性经济技术活动，实施“职工素质工程”，加强职工思想政治工作。做好劳动模范评选、表彰、管理工作；5. 加强工会组织建设，健全组织网络，协助党委管理基层工会干部，加强工会干部队伍建设，不断发展壮大工会组织；6. 按照法律和政策规定，收好、管好、用好工会经费，加强经费审查监督工作；7. 完成市委和上级工会交办的其他工作任务。

【帮扶困难职工】 1. 两节“送温暖” 2015年元旦、春节期间，市总工会深入开展两节送温暖活动，筹集帮扶资金46.15万元，通过领导入户走访慰问、发放“晋工龙卡”、基层工会组织慰问等形式，对67家单位的1052户困难职工、1家困难企业和7名困难劳模进行救助。总体实现了“全覆盖，不遗漏”。困难职工全部实现微机联网，联网率达100%。2015年，日常救助困难职工6人次，累计金额6000元。

2. 夏送清凉　2015年7月下旬，市总工会筹集慰问资金4.378万元，开展以“情系职工、清凉一夏”为主题的活动，对霍州市环卫总公司、交警队、化工公司以及七里峪建筑工地的1030名一线职工（农民工）进行走访慰问，为职工送去白糖、茶叶、矿泉水等防暑降温用品。

3. 金秋助学　2015年8月，“金秋助学”活动期间，为刘静、靳志鹏等51名名困难职工家庭子女发放助学金10.2万元（其中，资助困难农民工子女25人，单亲女职工家庭子女5人，发放助学金6万元）。

4. 大病互助　2015年，在第八期职工大病医疗互助活动中，为67名患大病职工申报医疗补助金31万元，还有11人正在申报中；第九期职工大病医疗互助活动，共组织73个单位参加，参保人数5901人，收缴互助金 21.2436 万元。

【就业援助服务】 2015 年 3 月上旬，市总工会配合人社部门举办春风行动暨春季人才招聘会，为广大求职者提供就业岗位 2000 余个，涉及化工、卫生、金融、教育、煤炭、餐饮、加工等 20 多个行业，包括营销、会计、铸造、电子、机械等 80 余个专业，有 1000 余人在现场达成就业意向；10 月下旬，举办秋季人力资源招聘大会，提供就业岗位 2000 个，400 余人达成就业意向。

【工会自身建设】 一是加强干部队伍建设。市总工会全面加强机关干部思想政治建设，结合党的群众路线教育实践活动、学习讨论落实活动和“三严三实”专题教育活动，实行每周一下午集体学习制度，学习党的十八届四中、五中全会精神、习近平总书记系列重要讲话精神、省委书记王儒林重要讲话精神，学习中国工会十六大和省总、临汾市总工会和霍州市的工作精神，增强了工会干部职工群众观点，提高了服务基层、服务群众、服务发展的能力。班子成员参加山西省、临汾市总工会和市委组织的各项学习培训活动，组织机关全体工作人员深入基层调查研究，有针对性地开展理论研讨，增强全体工会干部的学习积极性和有效性，促进班子成员思想理论素质和政策水平的提高。二是加强工会党组织规范化建设。认真落实“定查评”工作，2015 年初确定的开展立功竞赛活动等 3 项“两定”目标全部圆满完成；坚持和完善“三会一课”、主题党日活动、民主评议党员、党员党性分析、领导干部过双重组织生活等制度，一把手带头讲党课，班子成员积极参加党员组织生活会，按时召开班子民主生活会，提高了党内生活的政治性、原则性和战斗性。三是加强信息宣传工作。2015 年共撰写工作简报 18 期。其中被省级以上报刊采用 1 条，被市级采用 2 条。

【职工素质工程】 2015 年，按照霍州市委的干部培训计划，落实领导干部培训制度，参加市里的政治学习培训和上级工会的各类业务学习培训。保证了机关干部职工学习培训任务，2015 年，组织参加市委和省市总工会的各类培训人数达到 20 人次以上，领导班子和工会干部的政治水平和业务能力不断提高。

【劳动竞赛】 一是组织开展社会主义劳动竞赛活动。市总工会坚持以上级工会工作会议精神为指导，围绕全市中心工作，动员全市职工积极投身经济建设，为实现“全面达小康，建设新霍州”建功立业，全年共有 51 个单位开展劳动竞赛，参与职工近 1 万人，在不同的岗位创造出了优秀的业绩，涌现出众多的先进模范人物。二是认真做好先进推荐评审工作。市自来水公司杨元福荣获山西省“五一劳动奖章”，市劳动竞赛委员会为 1 个集体记一等功，3 个集体记二等功，1 个集体记三等功，为 6 名个人记一等功，8 名个人记二等功，12 名个人记三等功，全年共有 5 个集体单位、27 名个人分别受到省市表彰。三是深入开展“劳模宣传月”活动。通过报刊、微博等形式宣传模范人物先进事迹，市总工会还向全市发出《向劳模学习，争做霍州好人》的倡议书，在全市掀起了学习先进、宣传先进、赶超先进的热潮，营造了“劳动最光荣、劳动最崇高、劳动最美丽”的浓厚氛围。四是组织全市企事业单位职工积极参加“五小竞赛”活动。收到职工小建议 100 余条，征集小发明、小革新 10 余项，为企业创造了巨大的经济效益。五是做好劳模管理和服务工作。规范劳模档案管理，掌握全市劳模基本情况，适时开展慰问救助活动，2015年元旦、春节期间对霍州市的7名困难省级劳模进行慰问，为他们送去慰问金和慰问品。

【维护职工权益】 一是开展工资集体协商工作。以建立完善平等协商、职代会制度和一线职工工资保障机制建设为重点，按照“抓规范、提质量、出经验”的要求，安排全市10个乡（镇、街道）和7个行业、11个独立企业开展一年一度的工资集体协商活动，完成签订工资集体合同28份，覆盖企业329家、职工（包括农民工）7100余人，实现职工工资平均增幅5%，最低月工资1580元。二是落实女职工特殊权益，关爱女职工。市总工会在“劳模宣传月”“三下乡”活动和“12·4全国法制宣传日”期间，发放《女职工劳动保护特别规定》《劳动法》《劳动合同法》等传单7000余份，在全市营造保护女职工、关爱女职工的良好氛围。

【其他工作】 1. 文体活动。2015年4月23日，市总工会组织举办“中国梦·读书情·书香霍州”全市职工表演阅读大赛，首开读书、娱乐相融合的新颖的竞赛形式，来自全市各条战线20个基层工会的90余名选手，精心编排，展现职工时代风采，以朗诵、演讲、小品等形式抒发爱书、读书、用书的情怀，为全市广大职工带来一场书香盛宴。其中，优秀朗诵节目《为你读诗》《雨巷》《荷塘月色》还参加临汾市总工会组织的“职工诵读经典网络展播大赛”活动。5月中旬，市供电支公司、职业中专、鼓楼街道二校等基层工会的3名歌手参加临汾市总工会组织的庆“五一”职工歌手比赛，并获得“优秀组织奖”“个人优秀奖”等奖项荣誉。

2. 组织建设。在2015年“工会组建月”活动中，新组建独立工会16个，新增覆盖法人单位70个，新增工会会员500人。严格按照“三告知、两报告、一宣誓”的标准建会程序组建工会和吸纳会员，对新增独立工会进行分片包联，责任到人，做到从组建到考核的全程服务。

2015年12月，根据临汾市总工会关于在民营医院建立工会组织的通知精神，与市卫计局密切配合，依托市社会办医行业工会联合会，摸清全市民营医院底数，按照职工人数，在6家民营医院建立6个单独工会组织，把8家职工人数较少的民营医院组织到社办医行业工会统一管理，较好地完成了民营医院工会组建任务。2015年，新建单独工会26个，新增覆盖法人单位78个，新增工会会员820人。所有的新建工会全部纳入全国基层工会组织建设管理系统和临汾市总工会考核系统平台，实现基层工会组建考核一体化管理。

2015年，全市各类工会组织196个，会员总数31536人，工会组建率和会员入会率实现全覆盖。

市总工会采取工作考核与观摩相结合的方法，按照国有企业、非公企业、机关事业、乡（镇、街道）和行业工会，每类工会确定1个示范点，实行分类考核，集中观摩，使每个基层工会工作有规范、对照有标准、学习有样板、奋斗有目标。经过考评，有50个达到优秀标准，49个达到良好标准。

3. 开展“三严三实”教育活动。市总工会结合工作特点和实际，开展学习讨论落实活动和“三严三实”专题教育活动。通过对习近平总书记系列讲话、王儒林书记讲话、十八届五中全会精神、中纪委重要会议精神的学习，班子成员经受了一次严格的党性锻炼，受到一次党的宗旨意识的再教育；通过对严以修身、严以用权、严以律己、严明政治纪律、严肃政治规矩、整治不作为乱作为、整治诬告歪风等专题内容的深入研讨，班子成员和全体机关干部的理想信念得到巩固，遵法守法、廉洁自律意识明显加强，工作中的责任意识和担当精神明显提高。坚持抓好问题清单和整改清单的落实工作，从职工群众最不满意、反映最突出的问题入手认真抓好整改，从制度建设入手不断建立健全作风建设长效机制。修订完善机关各项规章制度，严格执行上班签到、请、销假制度，促进机关纪律作风明显好转；坚持走出去、沉下去，加强对基层工作的指导、服务和帮助，2015 年的“工资集体协商”和“工会组建月”活动中，机关全体人员分片包点，进企业，访职工，强化宣传指导。在“送清凉”“送温暖”等活动中，广大工会干部深入职工中，送物资，送政策，促进了机关工作作风明显好转。

4. 加强党风廉政建设。落实“12388”工作法，严格执行党员干部个人行为“约法三章”。支部书记作为党风廉政建设的第一责任人，全面承担起加强和落实党风廉政建设的政治责任，带头履行主体责任，坚持把党风廉政建设纳入干部目标管理考核，掌握班子成员的思想作风、工作作风、生活作风和履行党风廉政建设职责情况。对工作中存在的不足和职工群众反映的问题，采取谈心谈话、工作约谈、提醒告诫、责令纠错等方式，落实廉洁从政和改进作风的各项规定，把教育、制度、监督、纠风、惩治有机结合起来，使工会各项工作相互协调、相互促进、相互渗透，增强惩防体系建设的系统性、针对性，做到党风廉政建设工作与工会工作同部署安排、同督促落实、同检查考核，把党风廉政建设工作推向深入。落实市委“六权治本”各项决策部署，推进法制建设，强化财务管理，实行分管副职财务审批制度；建立“财务监督小组”，实行办公用品采购监督管理制度；加强工会经费审查审计监督，对各类专项资金、重点项目和关键环节加强监督检查；坚持民主管理，凡涉及“三重一大”事项，都要召开主席办公会议，集体研究决定，对业务招待费使用情况等干部职工关注的问题，通过机关干部大会等形式及时通报，增强工作透明度。

5. 工会法律工作。一是加强工会法律宣传教育，提高工会干部的法制观念和法律意识，提高工会干部熟练运用法律维护自身利益和职工权益的能力，除日常组织全体人员集体学习和自学外，选派 10 余人到山西省和临汾市总工会参加各种业务培训。采取各种形式向全市干部职工宣传《工会法》《劳动法》《劳动合同法》等法律法规，在每年的 12·4 全国法制宣传日，全体工会干部都要走上街头，向广大职工发放宣传资料，接受法律咨询，教育和引导广大职工知法守法，依法办事。二是建立完善部门维权联动机制。2015 年，市总工会与市人民法院建立职工信访案件联合调解处理制度，与市劳动仲裁院建立了职工信访案件转接制度，加强与市司法局、市人社局劳动监察大队的协调配合，研究解决劳动欠薪、劳资争议、法律诉讼等职工侵权案件。2015 年，处理农民工欠薪案件 1 起，涉及农民工 49 人，涉案金额 130 万元。三是其他工作。认真做好临汾市总工会“工会职工法律援助维权服务示范单位”申报工作；完善法律援助来访登记工作，全年共接待来访投诉案件 7 起；加强基层工会法人资格登记工作，为 4 个新建基层工会办理了法人资格登记证。

6. 参与“三下乡”活动。2015年3月，以霍州市文化科技卫生“三下乡”活动为契机，市总工会深入到退沙街道什林村活动现场开展工会法律法规宣传咨询，发放宣传资料1000余份，向退沙街道捐赠电脑2台、多功能音响2套，价值1万元，使农民群众尤其是部分外出打工的农民工了解了法律维权知识和工会组织的职能职责。

【领导班子】

主　席：

刘虎虎（2012.03—2015.12）

副主席：

朱欣平（2002.05—2015.12）

【获奖情况】

2015年被临汾市总工会评为“2014年度工会工作优秀县（市）工会”、2013至2014年度“安康杯”竞赛优秀组织单位、“临汾市‘庆五一’职工歌手比赛优秀组织奖”。

（任静）

共青团霍州市委

【概况】　共青团霍州市委机关有少工委、组宣部、工农青年部、办公室四个部室，截至2015年底，核定编制10名，有工作人员8名，全部为中共党员。

【文明创建】　2015年，团市委紧紧围绕全市创建省级文明城市的工作部署，开展“奋斗的青春最美丽”“我的中国梦”主题教育、社会主义核心价值观、少年儿童体验教育等系列主题活动，号召全市基层团委、青年文明号成员单位和各行业青少年，立足本职岗位，开展志愿服务。

【“奋斗的青春最美丽”系列活动】

1.2015年3月4日，联合市人社局、工会、妇联等单位，在市文化活动中心举办2015年度春风行动·春季人才招聘会。参会的用人单位达70余家，涉及20多个行业、80多个专业，提供就业岗位2000余个，近5000人求职应聘，现场有1000人与用人单位达成就业意向，有效缓解全市就业压力。

2.3月5日，学雷锋日，开展“学习雷锋、青年先行”奋斗的青春最美丽主题团日活动，组织青年团干、青年志愿者走上街头，打扫卫生、扮靓城市。

3.3月21日，团市委积极响应霍州市委、市政府号召，在退沙街道什林村参加2015年文化、科技、卫生“三下乡”活动启动仪式。

4. 清明节期间，开展“继承革命传统、践行群众路线”奋斗的青春最美丽主题团日活动，组织200余名团干团员到南坛烈士陵园祭扫，重温入团誓词，缅怀革命先烈英雄事迹。

5.5月4日，“向不文明行为告别暨第三届青年志愿者服务月启动仪式”在霍州市州署广场举行。

6.5月19日，在青年志愿者服务月之际，本着奉献、友爱、互助、进步的精神，团市委组织国税局、祁临高速霍州收费站、人民医院、企保中心和爱心志愿者协会的青年志愿者，对霍州市贫困学生、困难家庭、敬老院进行“送温暖”慰问活动。

7.5月27日，联合市林业局、南环路街道在东湾村开展“保护母亲河、美丽中国梦——2015年度青少年爱绿护绿行动”，70多名青年志愿者参与活动，引导青少年树立生态文明理念，积极参与国家生态保护和建设。

8.6月2日，开展“大手拉小手、共庆儿童节”奋斗的青春最美丽主题团日活动。联合有关单位举办“中国梦·少年强”主题文艺晚会，并组织数百名青年志愿者座场互动、观看。

9.8月9日，在霍州署由团市委主办，霍州219司仪工作室承办“情定霍州·执手百年”霍州首届汉式集体婚礼大典，为20对新人举办集体婚礼，培养青年一代科学的婚姻观念、勤俭节约的良好习惯，增强青年人对传统文化的认知和理解。

10.8月12日，组织电视台新闻中心、水利局、青年志愿者协会50多名青年志愿者，在七里峪景区开展“捡拾垃圾，文明旅行”奋斗的青春最美丽主题团日活动，弘扬雷锋精神，提高人们环境保护意识。

【“我的中国梦”主题教育实践活动】
1.2015年4月至6月，牵头举办第二届“我要上六一”少儿才艺大赛，为全市2000余名少年儿童提供了展示才艺的大舞台，于6月2日与市委宣传部等三家单位联合主办“中国梦·少年强”庆六一主题文艺晚会，参加演出的小演员多达500多人。晚会现场，30名爱心志愿者身着红色志愿者服装担当起晚会现场的安保义工。

2.9月18日，联合教科局在市四中举行“光华爱心书屋”捐赠仪式，捐赠价值5万元的图书2300余册。此次中国光华科技基金会进行的图书捐赠，对于满足霍州市广大学生的读书需求、提升教育装备水平，具有重要的现实意义。

3.4月，联合教科局、北京中图弘晔文化传媒公司为霍州市500人以上的小学送来《小学生书法指导练习万用书帖——最美中国字》200余套，每个少先中队一套，总价值4万余元，让中华优秀传统文化真正走进校园，走进课堂，走进学生的心灵。

【社会主义核心价值观系列活动】
1.2015年1月1日，组织青联委员开展阳光助残活动，深入霍州市数十位残疾儿童的家中，深情慰问关怀残疾儿童，并为他们送去温暖祝福和爱心捐助。

2.3月至9月，邀请市关工委的老同志在赵家庄小学等五所小学，围绕深入学习贯彻党的十八大精神，解读“中国梦”的历史底蕴和时代内涵，向学生宣讲中国革命、建设和改革的历史进程、辉煌成就、宝贵经验和前进方向，教育和引导学生全面准确地理解党的路线、方针和政策。

3.10月13日，少先队建队日当天，在赵家庄小学举行“争做向上向善好少年”主题队日活动，创新方式开展“少先队基础知识教育”主题队会活动，将全国少代会精神向少先队员们进行宣讲，增强少先队员对少先队组织的光荣感、归属感。

4.11月28日，与霍州市省级青年文明号单位开展一对一帮扶活动，为贫困单亲家庭儿童送去慰问金、学习用品，鼓励儿童逆境中学会坚强，努力学习改变命运。

【少年儿童体验教育活动】 1.2015年1月至4月，联合教科局组织各学校开展“汉字听写比赛”的初赛和县级决赛，最终选拔出李雅庄矿区学校参加临汾市级选拔赛。在临汾市选拔赛中，李雅庄矿区学校在22支代表队中以总分477分的成绩荣获一等奖。

2.8月8日，联合霍州市天马思维教育学校开展“国学夏令营”，霍州市十余名学生与来自全国各地的青少年朋友相聚在山东省济南市南山度假村，进行为期十天的营训的活动。该次营训的内容包含孝道感恩教育、励志教育、激发梦想、国学经典教育、国学礼仪；拓展训练等十余项，达到传承中国传统文化，滋养爱的能力，改善行为习惯，激发个人潜能的目标。

3.9月至11月，开展“我是环保志愿者（还天空一片蓝，还大地一片绿）”活动，号召青少年增强环保意识、合作意识、动手能力、表达能力，积极动员更多的环保志愿者，参与到环保行动中。

【基层组织】 2015年，团市委坚持眼睛向下、重心下移，不断增强团的基层组织建设，使团的各项工作和活动影响全体青年，团员队伍的凝聚力、战斗力和影响力明显提升。

1. 推进城市街道区域化团建工作。下发《关于转发〈关于全力推进街道区域化团建工作的通知〉的通知》，把团建资源、活动内容和荣誉表彰更多地向社区倾斜，更好地支持下辖5个街道办团委的区域化团建工作。改进评选表彰机制。赋予社区团组织在团干部和团员评先评优工作、驻区单位的青年文明号、青年岗位能手、青年志愿者表彰中拥有评议权。建立团市委班子人员包联社区制度。指定团干部每人专职联系3至4个社区，每月到联系社区督促指导区域化社区团建工作，帮助社区对辖区单位联系，对区域内阵地资源进行整合，指导其开展工作和活动，协调解决存在的困难和难题。协调共建委员会成员单位将资源向社区延伸。调动青年文明号、青年志愿者服务队实现资源共享，参与社区团建工作，通过结对帮扶等形式，带动新建的组织参与团的共建，建立多个青少年工作活动阵地，形成区域化团建的整体合力。“我要上六一”少儿才艺大赛，每年都吸引广大青少年社会组织积极参与，为广大青少年提供展示个人才艺的平台，成为霍州市城市街道区域化团建工作的亮点和品牌。

2. 推进农村区域化团建工作。突破区域团建领域，强化基层团组织建设。按照“行业联建、动态覆盖、促进活跃”的工作思路，把区域内的行政村、企事业单位、行业协会、非公经济组织等各类团建和团的工作纳入霍州团市委的工作格局，以“大团建”理念整体推进区域团的工作和建设。扩大区域团建覆盖面，广泛服务全体青年。统筹共青团的各项品牌资源，把区域内的青年农民、青年企业家、务工青年、农村青年创业致富带头人等各类青年纳入工作范围，使得共青团的活动空间不断扩大，接触和影响的对象也在不断发展。在区域化建组织方面，整顿直属团组织4家，新建直属团组织3家，共有直属团组织总数7家、覆盖团员青年人数2300人；新建团干部微信群7个、覆盖人数115人，新建团支部微信群51个、覆盖人数255人，建立微信公共号1个、订阅人数以达百余人。区域化配干部方面，建立乡镇团干部更新补充机制，补充团委委员49人，现有乡镇团委委员总数115人、大多数来源于大学生村官。区域化创亮点方面，开展“践行核心价值观携手共筑中国梦”寻找乡村好青年活动，从农村青年致富领头雁培养对象和其他行业各类典型中，选出优秀的“乡村创富好青年”、“乡村道德好青年”，扩大“好青年”的社会影响力和认可度，引导青年实干奋斗、创业致富，踊跃投身建设幸福美丽新霍州。

3. 加强农村合作组织共青团工作。团市委牵头成立县域农村合作组织团工委，完成前期对霍州市农村经济发展状况、合作组织发展现状、基层党团组织建设、团员青年等情况全面调研摸底。

4. 加强少先队组织建设。把握和遵循少先队教育的科学内涵，健全完善少先队辅导员QQ群、信息库、手机短信平台，探索建立以微信、微博等新媒体委载体的信息平台，做到全队快速组织动员、信息资源全队共享。9月16日，团市委、市教科局、市少工委联合召开2015团队工作会议，全市30余名学校团干及少先大队辅导员参加了会议，会议对下半年工作进行系统安排，荣获省级优秀辅导员的梁海荣老师与全体参会辅导员分享在少先队工作中的经验。

【抓好对口民生】 2015年，团市委以服务青年成长成才为主要目标，搭建学习交流平台，深化活动内容，拓宽服务形式，深化团的青字号品牌，增强团员青年的凝聚力和创造力。

1. 促进青年创业就业。开展创业培训，针对务工青年，组织实施了“新型农民培训工程”“青年能人科技培训工程”；针对创业青年，依托农委和各乡镇团委，通过送科技下乡、科普之冬、集中办班、入村宣讲等形式，对农村青年进行专业技能培训；针对有就业创业意愿的青年，通过青年星火带头人和青年典型的成功事迹进行典型现场指导、实地讲解，进行引导型培训，促动农村青年就业创业工作的深入开展。培养先进典型，通过建立青年能人储备库、评选青年星火带头人，挖掘和选树青年就业创业典型人物及事例，教育引导农村青年，以健峰生态农业开发、霍山兔业、绿和祥福特产等优秀企业为榜样，立足实际，选准门路，探索出了一条以创业促就业、以就业带增收的发展路子。加大资金支持，加强与农村信用社的合作，实施青年创业小额贷款项目，发放农村青年创业小额贷款1000余万元，使一批有理想、有技术、缺资金的待业青年走上创业道路。

2. 关心关爱青少年成长成才。加强安全知识宣传教育，邀请市交警队、司法局、消防队、地震局等相关部门的同志在中小学校，进行交通安全、食品安全知识讲解，举办法制宣传图片展，举行消防、防震的应急演练工作，增强了学生的安全保护意识和避险抗灾能力。特别是针对未成年人违法犯罪及侵害未成年人合法权益的案件屡有发生的现状，在全市各中小学开展了为期4个月的“预防青少年违法犯罪校园图片展”活动，通过以图文并茂、通俗易懂的形式加强青少年思想道德建设和法制教育，净化青少年成长环境，预防和减少青少年违法犯罪，促进霍州市安全稳定、社会和谐的良好形势。

【自身建设】 2015年，切实加强思想、作风、制度等各方面建设，打造一支素质过硬、作风优良、干事创业的干部队伍，成为推动共青团工作开展的坚强保证。

1. 开展“三严三实”专题教育。按照专题教育的安排部署，班子成员带头学习党的十八届四中、五中全会精神和习近平总书记系列重要讲话精神，完成5个专题的学习研讨。广大党员干部高度警醒，反躬自省，引以为戒，检查和审视自身存在的问题，结合各自实际撰写了心得体会，反思在“修身用权律己、谋事创业做人”等方面存在的“不严不实”的问题，推动“三严三实”专题教育的深入开展。

2. 开展“团干部如何健康成长”大讨论活动。落实中央党的群团工作会议精神，直接面向广大团员青年征求对团干部作风方面的意见建议，对照“三严三实”要求和“行政化、机关化、贵族化、娱乐化”等倾向进行汇总梳理，形成团干部队伍作风建设的《青年意见清单》。制定2015年度霍州团市委民主（组织）生活会实施方案，12月下旬召开民主生活会。对青年反映和民主生活会上查找出来的问题，将提出整改措施，明确整改重点，落实整改责任，切实进行整改，打造一支让党放心、让青年满意的团干部队伍。

3. 壮大青年志愿者队伍。推动团员成为注册志愿者，霍州市所有专兼职团干部已成为注册志愿者，40%以上的团员已经成为注册志愿者。

4. 推进党风廉政建设。推行“清单定责”“廉情预警”机制，建立廉政主体责任、廉政监督责任、廉政领导责任、廉政岗位责任“四类清单”，设立廉情预警办公室，启动“廉情预警”工作机制，党员干部一旦对存在违纪风险或出现违纪苗头性、倾向性问题，将随时进行廉情预警提醒，把党员干部违纪风险降到最低。严格执行“约法三章”，对市委规范全市党员干部个人行为“约法三章”，统一制作座牌和胸卡，发放到每一位党员干部手中，使每一名党员干部真正思想上警戒起来，在行动中严于律己，自觉遵守，不触底线。

【领导班子】

书　记：

王　强（2013.04—2015.12）

副书记：

王　凯（2007.08—2015.12）

王　婧（女，2013.09—2015.12）

少工委主任：

曹艳玲（女，2013.10—2015.12）

（刘萍）

妇女联合会

【概况】　霍州市妇女联合会成立于1949年，至2015年底有干部职工6人，其中党员4人，大专以上学历6人，主席1人，副主席2人。内设机构有办公室、组宣部（兼维权部）、发展部（兼儿童部）。基层组织有12个乡（镇、街道）妇联，专职妇干12人；12个城市妇委会，兼职妇委会主任12人。

【队伍建设】　2015年，市妇联组织妇女干部开展学习讨论落实活动和“三严三实”专题教育活动，坚持定期的学习制度，及时传达各项政策和会议精神；举办“女性文化学堂”讲座，邀请市政协副主席杨益民作题为“让柔韧成为人生的贵宾卡”的讲座，以“文化改变人生、智慧启迪生活、知识决定命运、劳动创造幸福”为理念，全面提升女性整体素质，促进女性成长、成才、成功。

举办市、乡、村三级妇联组织参加的妇女干部培训班暨农村巾帼领头雁培训班，学习课题为“妇女干部与妇女工作”和“新常态、新经济、互联网＋涉农产业”培训。举办“女性文化学堂”巡回讲座，增强妇女干部服务妇女的能力和水平。

【“三八”活动】　开展系列活动庆“三八”：举办“中国梦·霍州情”庆三八大型文艺汇演，加强广场舞队伍建设，全市组建健身队百余支，为50余支广场舞队伍捐赠音箱，丰富广大妇女的精神文化生活；联合人社、工会等部门开展“春风送岗位”春季人才招聘会；联合团市委、文化局举办“中国梦·霍州情”羽毛球比赛；联合团市委、国新能源液化气公司举办“清雅苑·情缘霍州”相亲会，解决单身大龄青年择偶难问题；慰问离任妇代会主任；开展“三八”维权周法律宣传活动。

评选表彰具有代表性、引领性、示范性

的妇女先进典型，在《今日霍州》开辟专栏报道妇女工作和巾帼风采，广播电台《与法同行》栏目宣传有关法律并就妇女维权做了“法律访谈面对面”专栏，在电视台开辟巾帼风采报道。《山西妇女报》《临汾日报》陆续报道霍州妇女工作，营造了尊重妇女、重视妇女事业、支持妇女工作的良好社会氛围。

【“六一”活动】 开展系列活动庆“六一”：看望特殊教育学校师生，为他们送去价值万余元的文体用品；组织爱心志愿者为他们送豆浆、面包等生活用品和食品；联合团市委、市教科局、生活网举办“中国梦·少年强”主题文艺晚会，从第二届“我要上六一”少儿才艺大赛中选拔出来的获奖节目并进行展演；各乡（镇、街道）、学校、幼儿园开展各种活动庆“六一”。

【组宣工作】 2015年，市妇联以社会主义核心价值体系建设为根本，开展理想信念教育、民族精神和时代精神教育、社会主义荣辱观教育，弘扬自尊、自信、自立、自强精神。4月22日，召开“大美霍州、最美家庭”主题活动推进会，开展寻找最美家庭活动，全市100余户家庭获最美家庭荣誉；开展南塔园烈士陵园“继承革命传统，践行群众路线”清明节祭扫活动、三眼窑烈士陵园庆“七一”缅怀革命先烈主题活动、廉政文化馆“廉政文化进家庭”树廉洁家风活动；组织党员干部观看反腐倡廉警示教育片；联合人民医院，5月12日开展“护士节”庆祝活动；开展“好军嫂、兵妈妈”评选和慰问活动；联合市工会、团市委等单位开展“拥军优属”活动，为新兵赠送价值5000元的纪念品；开展“好警嫂”“最美金婚夫妇”评选活动。

联合综治办开展“四防”“四无”宣传教育，开展反邪教宣传活动，参与春运交通安全日宣传活动，助力“六个一”工程，开展“六五”普法宣传；联合综治办、团市委举办保护未成年人图片展，在市实验中学展出；5月15日组织妇女干部参观在市少年活动中心陈列的中国流动科技馆。

【发展工作】 2015年，市妇联充分利用各种资源加强妇女创业就业培训，利用农业局“阳关工程”平台和农广校、扶贫局的培训，积极组织妇女参加；发挥芦笋种植协会、药材种植协会、核桃种植协会的优势加强妇女技能培训；联合市职业中专学校举办九期母婴护理师、育婴师、催乳师、膳食营养师等家政服务业培训，培训人员达1000余人；应邀参加由国家人力资源和社会保障部在石家庄举办的“中国华北家庭服务业人力资源启动运营暨首届华北五省市家庭服务业对接洽谈会”，联合中华好月嫂、无忧草母婴护理中心等全国连锁家政公司安置家政服务业人员500余人；举办“互联网＋涉农产业”文化学堂，邀请唐风晋韵董事长殷永霞女士分享自己的创业经验；联合经信局、市职中举办霍州市首期电子商务培训班，邀请晋淘易电子商务有限公司首席策划师张尧等优秀老师为学员授课。通过各种各样的培训帮助妇女增收致富，转变妇女观念，提升妇女能力，培养一大批有文化、懂技术、会经营、善管理的新型女农民。全年各类培训30余次，受益妇女3000余人。

成立霍州市女企业家协会，创建女企业家交流平台，150余位女企业家分享她们创业和管理经验；举办企业培训管理，立足本职创先争优，为妇女创新创业奠定理论基础。

开展“商行情系百万妇女，携手共建美好临汾”活动和妇女小额担保贷款财政贴息工作”，开展活动以来，商行对霍州市妇联服务人数达到6000余人；加强小额担保贷款的工作力度，第一批小额担保贷款扶持的妇女经营的项目扩大了规模，贷款如期归还，48626元利息补贴按期发放，解决了有项目、没资金的创业瓶颈。近期将为60位创业妇女申请300万元的创业贷款，所有的申请手续正在审核中。审核结束将对符合条件的妇女发放。为妇女创业提供财力支持和保障。

组织霍州土特产年馍、粗布等手工艺品参加临汾市妇联组织的“平阳花创意产业”成果展；组织霍州年馍参加北京的晋商年会产品展。

【维权工作】 2015年，市妇联努力解决妇女儿童最关心、最直接、最现实的问题，联合司法局设立妇女维权法律援助中心，指定专门的律师解决妇女维权中的问题，市妇联全程参与人民法院庭审妇女维权和未成年人案件的陪审；在宣传部牵头组织的“三下乡”服务活动中，为退沙街道妇联赠送音箱、书柜、图书等价值8000余元物品，发放宣传资料、围裙、购物袋等宣传品2000余份；全年接待上访妇女15人次，3人提供法律援助，办结率100%。

【巾帼志愿活动】 2015年，市妇联联合团市委，通过发文、电台、电视台常年招募志愿者；联合爱心志愿者协会开展志愿服务活动，联合妇幼保健院、计生协会开展母亲健康快车送健康到基层活动；联合市工会、团市委开展志愿者七里峪风景区捡拾垃圾活动；爱心志愿者协会开展慰问孤寡老人，救助贫困儿童、慰问老兵等活动；在中高考期，巾帼志愿者50余人开通中高考直通车接送考生服务活动；6月1日，在中镇文化广场巾帼志愿者自发组织义卖豆浆筹集善款救助贫困儿童。

【帮扶工作】 2015年，“6·15”儿童保护日开展保护我们的孩子——绿丝带行动；联合霍州市国税局为优秀贫困大学生郝丽香资助5000元助学捐款；为贫困女大学生发放救助金2000元；为两癌妇女和重病困难家庭发放救助款达20000余元；开展“送温暖、共圆梦”和“情系中秋，心系老人”爱心慰问活动，为李曹镇敬老院的老人们送去慰问金和慰问品；完成农村妇女宫颈癌免费筛查3000例任务，确诊5人，疑似病例3人。

【家庭教育】 开展“同心育栋梁，共圆中国梦”家庭教育巡讲活动，在白龙矿区学校、市一中、赵家庄中学、赵家庄小学等学校开展家庭教育巡讲，举办首期“家庭教育海洋计划”读书会，受益家长达1800人。

【领导班子】

主　席：

李晓燕（女，2011.04—2015.12）

副主席：

成麦珍（女，2003.02—2015.12）

梁　艳（女，2012.06—2015.12）

【获奖情况】

省级：2015年12月24日，霍州市妇联被山西省妇女联合会授予“山西妇女报2015年度新闻宣传工作先进集体”；2015年12月24日，霍州市妇联李晓燕被“山西省妇女联合会”授予“山西妇女报2015年度新闻宣传工作先进个人”；2015年12月24日，霍州市妇联被“山西省妇女联合会”授予“生活潮杂志2015年度新闻宣传工作先进集体”；2015年12月24日，霍州市妇联李晓燕被“山西省妇女联合会”授予“生活潮杂志2015年度新闻宣传工作先进个人”

临汾市级：2015年3月临汾市妇女联合

会授予霍州市妇联“在平阳花文化创意产业手工业艺品交易展活动中被评为优秀组织单位”；2015 年 3 月临汾市妇女联合会授予霍州市妇联“五星级妇联组织”；2015 年 3 月临汾市妇女联合会授予霍州市妇联李晓燕“五星级妇联组织创建先进个人”。

（段月婷）

文学艺术界联合会

【概况】 霍州市文学艺术界联合会，简称霍州市文联，是市委宣传部主管的群团组织，是党和政府联系全市广大文艺工作者的桥梁和纽带。霍州市文联成立于 1985 年 5 月，有工作人员 8 人，设主席 1 人，书记 1 人，副主席 1 人，副秘书长 1 人，干事 4 人。市文联有文学、书法、音乐、美术、舞蹈、民间文艺、戏剧、曲艺、摄影等 9 个艺术协会，各类会员达 280 多名。

【刊物发行】 2015 年，市文联一班人及《霍山》编辑部全体人员克服困难，齐心协力，完成全年 4 期《霍山》编撰任务，深受广大文学爱好者欢迎。4 期共刊登小说 10 余篇、散文 30 余篇、诗歌等 100 余篇，全面地宣传了霍州。

【各类艺术活动】 1. 组织“送欢乐 下基层”慰问演出。按照上级安排，元月 15 日，市文联组织一支有 30 余位霍州市著名文艺工作者参加的文艺轻骑队和春联书写队，组成“送欢乐 下基层 情系敬老院”慰问团，分赴三教乡、李曹镇、大张镇、陶唐峪乡、市福利院 5 个敬老院进行慰问演出，义务书写春联，把党和政府的温暖送到最基层、最弱势的群众心里，深受当地政府和群众的欢迎。

2. 组织送文化下乡活动。从农历二月初二开始，市文联组织老年书协会员 50 余人，深入大张、李曹、靳壁、源头、退沙、白龙、辛置等 20 多个村庄，利用各村庙会，结合当地实际，进行书法创作笔会和作品展示，历时两个多月，展出作品 2000 余幅，参观者逾万人次。

3. 开展“三严三实”专题教育活动。按照市委“三严三实”活动的安排部署，霍州市文联“三严三实”专题教育活动于 2015 年 6 月正式启动。市文联党组带领全体干部职工，紧紧围绕“严以修身、严以律己、严以用权；谋事要实、创业要实、做人要实”这个指导思想，以反对“四风”、改进作风、服务群众为重点，创新形式促学习，开门纳谏求不足，立说立行抓整改，把“学、查、摆、改、建”有机结合，整个活动取得转变作风、教育干部、凝聚民心的显著成效。

4. 举办文学培训讲座。隆重举行纪念毛泽东同志在延安文艺座谈会上的讲话发表 73 周年文艺座谈会并举办文学培训讲座，邀请享受省政府津贴的高级专家、临汾市作协主席张行健为文学爱好者讲授文学创作经验，畅谈文艺创作放向和发展趋势。

5. 壮大文艺创作队伍，推出文艺精品。作为一张文化品牌，《霍山》杂志创刊后，引起全社会的广泛关注，受到市委、市政府的高度称赞。2015 年高质量、按计划出版了 4 期。在抓好刊物质量的基础上，推出新人、推出精品，扩大刊物覆盖面下功夫，与霍州煤电集团文联，霍州电厂文联取得横向联系，为繁荣霍州市文艺事业，密切合作，共同筹划，共发展企业会员近百人，壮大霍州市文艺骨干队伍。另一方面，扩大刊物在农村的影响力，做到行政村“农家书屋”每村有一册《霍山》杂志。

6. 举办“警钟长鸣·廉政书画展”。2015年6月2日，在霍煤文化活动中心举办“警钟长鸣·廉政书画展”，广大书画爱好者用书画的艺术形式宣传“反腐倡廉”，展出作品300余幅，反映了霍州市书画爱好者的创作水平。

7. 参与文化交流，提高霍州知名度。9月3日，邀请台湾爱艺文化协会一行13位艺术家到霍州市进行文化交流。深入霍州署、七里峪等地进行艺术创作活动，用文化交流促进经济发展，达到了展示霍州、宣传霍州、互相学习、共同进步的目的。

8. 参加第15届平遥国际摄影节。2015年9月20日，组织全市26名摄影爱好者参加第15届平遥国际摄影节。以“山水经典、人文霍州”和“山风·霍风·鼓风·民风”为主题，展出作品300余幅。集中反映霍州市优美的山水和悠久的历史文化。

9. 编写电视剧本《廉吏曹端》。根据明代廉吏曹端的事迹，组织人员编写了电影剧本《廉吏曹端》，9月9日，参加第二届山西省文化产业博览交易会，与山西电影制片厂、人民网——山西频道、北京景宸未来教育科技有限公司签订合作意向书，将曹端形象推上银幕，弘扬时代主旋律，也为廉洁从政树立了标杆。

【领导班子】

主　席：

安忠伟（2011.12—2015.12）

支部书记：

贺文斌（2014.12—2015.12）

副主席：

武文平（2002.05—2015.12）

副秘书长：

邢　璐（女，2012.07—2015.12）

【获奖情况】

《霍山》编辑部获2015年度临汾市委宣传部“五个一”工程集体奖。两个人的文艺作品获国家级、38个人获山西省级、32个人获临汾市级奖。

（马小玲　史彩霞）

科学技术协会

【概况】　霍州市科学技术协会由市级协会、乡镇科协、村科普小组组成，是中共霍州市委领导下的人民团体，是党和政府联系科学技术工作者的桥梁和纽带，是国家推动科学技术事业发展的重要力量。霍州市科协属于正科级行政单位，分办公室、普及部、青少部、咨询部。行政编制10人（内含1名工勤人员），主席1人（正科），副主席2人（副科），秘书长1人（副科），一般人员6人。

【科普网络建设】　建立健全12个乡（镇、街道）、223个村（社区）科普组织，有专人负责科普工作；7个乡镇都建有农村专业技术协会。引导、扶持科技带头人，重点培养和发展粉条加工协会、芦笋协会、小杂粮协会等10余个协会，每个协会都吸引3至5名科技带头人。

【科普阵地建设】　2015年，霍州市科协建有市青少年活动中心、中镇文化广场、永和公园等综合性科普活动场所，设立永和公园科普文化长廊和6组仿古式科普画廊；在开元街安装10组科普宣传画，建设开元“科普一条街”。实施全国科普活动站、科普宣传栏、科普员（简称“全国科普‘站栏员’”）建设，每月更换一次内容；城区各社区都建有科普画廊。12个乡（镇、街道）全部建有科普活动室（站）、科普画廊（宣传栏）等设施，配有科普宣传设备。市区中小学校都建有科技活动室。培育扶持石鼻苗木基地、永合特色林果种植基地、十里铺甜瓜基地等20余个科普示范基地。

【科普宣传培训】 2015年，霍州市科协举办“中国流动科技馆走进霍州”和“科普大篷车”进校园活动。巡展活动中，全市有38所学校的上万名中小学生分批次参观巡展，感受了“科普盛宴”；有2000多名党政机关工作人员和社会群体陆续参观巡展。在三教乡上三教村、冯村开展小麦、小杂粮种植培训。组织开展以“万众创新，拥抱智慧生活”为主题的“全国科普日”活动，开展科普进乡镇、进农村、进社区、进校园、送科技下乡等科普活动。

【青少年科技教育】 霍州市科协充分发挥青少年科技活动中心职能，近千名青少年学生进中心体验高科技，普及科学知识。在临汾市举办的首届青少年机器人竞赛中，霍州市实验小学超级轨迹赛小学组在42个参赛队中荣获冠军、亚军、季军和一等奖2个（第4名，第6名），二等奖7个和三等奖3个；霍州市青少年活动中心超级轨迹赛初中组在14个参赛队中荣获一等奖1个，二等奖1个，三等奖1个，创意赛小学组二等奖1个。

【科普惠农工作】 霍州市科协利用传统庙会深入到退沙街道许村、李曹镇李曹村、辛置镇辛置村等地开展“科技三下乡”进行科普宣传，为群众义务发放科普宣传资料3000余份，受理现场咨询2000余人次。并且为退沙街道许村捐赠价值5000元的科普图书。

【其他工作】 霍州市科协连续两次成功创建“全国科普示范市”，2015年又着手创建2016－2020年度全国科普示范市，得到中央、省、市科协的好评，并在《山西科技报》和《科技导报》加以报道。

【领导班子】

主　席：

张文萍（女，2013.04—2015.12）

副主席：

高　霞（女，2012.08—2015.12）

杨丽霞（女，2012.08—2015.12）

秘书长：

孙俊芬（女，2007.08—2015.12）

【获奖情况】

2011－2015年荣获“全国科普示范市”称号。2015年，市科协被中国科协评为全国科普日活动“优秀组织单位”；市科协被临汾市科协评为综合工作先进单位。

（杨飞飞）

老区建设促进会

【概况】 霍州市老区建设促进会于2002年组建。老促会是一个特殊性的社团组织，是经党中央批准，由国家、省、市、县、乡各级都设立的系统组织，担负着弘扬老区革命精神，促进老区经济发展的使命。

市老龄人才资源开发协会于2005年组建。经市委批准，由市老促会班子成员兼任老龄人才资源开发协会的工作职能。发挥离退休老干部人才的优势。在市委、市政府的直接领导下，两会为霍州市革命老区经济建设和社会发展做出了积极的贡献。

经市委批准，由市老促会牵头，霍州市

梁衡研究会于2015年组建，为非盈利性学术组织，面向全国，展开梁衡文化研究，进行学术交流，拓展梁衡文化效应，为培养和造就社会主义新型人才服务。

到2015年底，老促会和老龄人才协会理事共70人，领导机构中，名誉会长6人，会长、副会长、秘书长7人。梁衡研究会理事共45人，领导机构中，会长1人，常务副会长1人，副会长5人，秘书长1人。

【两会工作开展情况】 1. 编纂《中镇文脉》大型丛书。其中，郭思红会长主编的《史地篇》三部书籍出版印刷。

2. 开办《霍州报》“老区纪事”专栏，及时报道老区的建设与发展。发表各类文章20余篇。

3. 该年度筹集资金182.35万元，救助贫困生197人。

4. 组织了老干部纪念抗战胜利70周年消夏晚会专场演出；老干部艺术团下乡巡回演出十余场。召开纪念抗战胜利70周年座谈会及各类活动5次；开展为期半年免费为60岁以上老人义诊活动。

5. 理事、党史办主任朱壮平，主编出版了《霍州红色旅游指南》一书。

6. 理事、原市文联副主席蒲林生同志创作的新编历史剧《春晖桃李》剧本，由理事蒲李记主创的新编历史剧《学正曹端》剧本，均上报临汾市文化局审核。

7. 组织部分老干部发观摩全市各重点工程。

8. 继续督办革命老区“百千万”工程项目落实情况。

9. 老干部书画作品联展三次，老体协门球队代表山西在河北比赛中连连得胜，取得优异成绩，为霍州市树立了良好的对外形象。

10. 2015年6月，市老促会同市委陈纲书记一同考察了霍山油盆峪旅游景点和干节村抗日县政府旧址。该景区的可研报告及发展规划已纳入全市发展规划序列。

【两会领导班子】

（2014.12—2015.12）

名誉会长：陈　纲　崔山原　周文伟
　　　　　朱源洪　米培人

会　　长：郭思红

副 会 长：肖培芳（女）　薛李珠
　　　　　梁红旗　张明光
　　　　　邓天君（霍煤）
　　　　　张生华（国电）

秘 书 长：张明光（兼）

梁衡研究会

【筹备成立】 2015年5月18日，老促会会长郭思红，副会长薛李珠、梁红旗、李福光四人赴北京向梁衡汇报成立梁衡研究机构事宜。2015年5月23日，向市委陈纲书记、市长崔山原汇报研究会筹备情况。2015年6月，拟定《研究会章程》。2015年7至8月，展厅装饰。2015年8至9月，完成130平方米、17块展板、2000多份资料图片的布展工作。

【研究会成立】 2015年9月28日，霍州梁衡研究会在霍州市一中图书馆楼前举行“霍州梁衡研究会”揭牌仪式，市委书记陈纲，市长崔山原，市委常委、宣传部长黄晓君，副市长朱源洪及研究会全体理事，霍州一中部分师生出席揭幕仪式。仪式由市委常委、宣传部长黄晓君主持，梁衡先生作了《故乡的基因》即兴讲话，郭思红会长介绍了梁衡研究会基本情况，崔山原市长致词。《山西日报》《山西晚报》《今日霍州》、新华网、凤凰网、百度网、霍州电视台等新闻媒体作为即时报道。

【活动情况】 9月28日上午揭牌仪式后，梁衡先生在霍州市委党校为霍州200余名党员干部作题为“官德”的讲座。讲座由市委书记陈纲主持。

9月29日，梁衡在霍州市档案局挥笔：“何处是乡愁，云在霍山头，童年常入梦，杏黄麦子熟”，思乡之情诗文。

2015年11月3日，梁衡在《人民日报》发表评论文章《不患贫困，而患不问》，以霍州解决城乡居民困难并制度化创新办法为例，论述保障基本民生，实施精准扶贫的领导责任。当天，七大网站转载，点击率居全国前10位之列。2015年10月，根据章程，研究领导班子机构设置事宜。与陕西府谷“梁衡文苑”交流学习，给他们提供了梁衡展厅展板内容。11至12月，组织接待上千人到梁衡展厅参观学习。在《今日霍州》创办“梁衡文苑”栏目，发表梁衡粉丝文章15篇；配合《霍山》杂志创办“余音绕梁”栏目，发表梁衡先生新作及诗文5篇；配合霍州电视台创办“梁衡文苑”节目专栏，播放梁衡作品，影视片11部。研究会在中镇广场播放梁衡宣传片、散文等影视作品十余部。在霍州一中广播站每天定时播放《数理化通俗演义》评书小段。设立梁衡研究会微信公众号。发文30余篇，阅读传播达上万人次。

【领导机构】

(2015.09—2015.12)

会　　长：郭思红

常务副会长：韩学东

副　会　长：薛李珠　梁红旗　朱壮军

　　　　　　朱忠明　李福光

秘　书　长：李福光（兼）

副秘书长：张记梅（女）

（张明光）

老年书画家协会

【概况】 2015年，在市委、市政府和上级书画组织的重视关怀指导下，在市委老干局及有关部门的支持配合下，市老年书画家协会，围绕党和政府的中心工作，协同霍州市老年大学和诗词楹联学会，组织和带领广大老年书画诗联爱好者，认真开展学习研讨、联谊交流、办展参展及文化下乡等活动，发挥专长优势，为全市五个文明建设增光添彩，增添正能量，为弘扬祖国传统艺术，促进文化事业的繁荣和发展，做出积极的贡献。

【基层组织建设】 1.5月10日，在陶唐峪乡党委协助下，陶唐峪乡书画诗联协会成立，会员31人。通过协商选出名誉会长郭飞（乡组宣委员）、会长武科元、常务副会长宗春材、副会长周小红、马天顺、闫贵杏、闫润虎、闫红广、靳树华等9人的领导班子。

2.10月30日，在市委老干部局、市文化局协助下，霍州市大地书法艺术团成立，成员25人。通过协商推选张美玉、荀瑞林、薛兆俊、刘于元、高迎禄、闫记保等分别担任名誉团长、团长和副团长。受霍山酒业邀请，于12月4日组织10余位书法名家在该企业开展书法联谊活动。

截至2015年底，市老年书画家协会共有会员380人，下设12个基层组织。即：鼓楼街道书画诗联协会、开元街道书画诗联协会、北环路街道书画诗联协会、南环路街道书画诗联协会、退沙街道书画诗联协会、辛置镇书画诗联协会、李曹镇书画诗联协会、大张镇书画诗联协会、白龙镇书画诗联协会、陶唐峪乡书画诗联协会、教育系统书画诗联协会、霍州市大地书画艺术团。

【书画诗联展览】 1. 联合举办古霍新春书画诗联展。2月15日至3月7日，该会同市委老干部局、市文化局、市文联等联合举办古霍新春书画诗联展，展出100余位书画诗联爱好者作品200余件，其中书法80余件、绘画40余件、诗联80余首（副）。展览20天，参观的干部群众达5000余人（次）。

2. 联合举办反腐倡廉警钟常鸣书画展。6月2日至17日，由市预防职务犯罪领导组牵头，该会同市人民检察院、市文化局联合举办反腐倡廉警钟常鸣书画展，展出100余位老党员、老干部及书画爱好者作品160余件，其中书法110余件、绘画50余件。展览15天，参观的干部群众及学生达3000余人（次）。

3. 联合举办纪念抗战胜利70周年书画诗联展。8月10日至9月10日，由市委宣传部、统战部、人武部牵头，该会同市委老干部局、市文化局、市文联联合举办纪念抗日战争暨世界反法西斯战争胜利70周年书画诗联展。展出160余位书画诗联爱好者作品260余件，其中书法140余件、绘画50余件、诗联60余首（副）。展览一个月，参观的干部群众达5000余人。8月10日举行开展仪式，市委、市人大、市政府、市政协、人武部领导和有关单位干部及书画诗联爱好者300余人出席并参观展览。

4. 4月20日，市老年书画家协会利用召开工作会议时机，协助该会常务副主席、书法名家王斌正举办个人书法展，展出近几年各类作品50余件。

【办展送展参展】 1. 该会向在三门峡市举办的晋陕豫三省四市书画展选送书画作品10件，其中傅枫、张作文、薛兆俊、傅立圃等7人作品入选入展并分获金、银奖。

2. 该会向临汾市纪念抗日战争胜利70周年书画展、临汾市颉苑书画院书画精品展和临汾根祖文化研究会书画展选送作品42件，其中赵子俊、赵全锁、党天凤、高晓华、祝玉梅、刘月虎等32人作品入选入展或收入画集。

3. 该会向北京书画电视大赛选送书画作品12件，其中王仰奇、李红富、赵培儒等9人作品分别入选或展播。赵培同志书法作品在《当代书画五大家》入选，并印制书画挂历面向全国发行。

【联谊交流活动】 1. 4月9日，组织该会部分会员赴垣曲县参观学习。参观“文清岫先生书画收藏和书法作品展览”，进行联谊笔会交流活动，随后参观该县“奇石一条街展馆”和城区河道治理工程。

2. 5月3日，组织该会部分会员赴太原美术馆第十届全国美术展获奖作品太原巡回展观赏展出作品260余件，作品内容紧跟时代，贴近生活，突出工农兵，宣传正能量。

3. 10月22日，邀请洪洞县堤村乡书画会会长马应远、副会长王林建二位书法名家，到霍州参观学习交流技艺。

4. 10月29日，邀请临汾市颉苑书画院长何国杰、副院长张彦、马温才和常务理事长王建平等一行五人，到霍州传经送宝，讲座交流，并进行联谊笔会活动，创作书法作品40余件，该会70余名会员参加听讲和观赏。

【送文化下乡活动】 1. 组织“写春联，

送祝福”活动。2015 年 1 月中旬，在市委老干部局支持下，市老年书画家协会采取集中和分散相结合的办法，组织 40 余位书法特长的会员，为城区离退休干部书写赠送春联 1500 余副，深入全市 9 个乡（镇、街道）和 7 个行政村及 6 个社区和学校企事业单位，义务书写赠送春联一万余副。条幅 200 余件，把新春的美好祝福送到千家万户。

2. 组织书画诗联下乡活动。2015 年 2 月至 5 月，配合全市组织的科技、卫生、文化三下乡活动，协助各乡镇书画诗联协会，利用乡村庙会活动，在大张镇的大张、下乐坪、贾村，辛置镇的辛置、段庄，白龙镇的白龙、寺庄、陈村，李曹镇的李曹、范村、源头，陶唐峪乡的义旺，南环路街道的圣佛，鼓楼街道的火星圣母庙会，退沙街道的退沙等，开展书画诗联巡回展览和联谊笔会活动。共展出书画作品 1000 余件（次），诗联作品 80 余首（副），并组织 20 余位书画名家现场为群众书写条幅 750 余件，观赏的干部群众达上万人（次）。

【联合办学编印专辑】 1. 同市老年大学联合举办书法、绘画、诗词、楹联辅导班。聘请书画诗联专长的高晓华、张福义、张美玉、王斌正等担任授课老师，除寒暑假两个月外，坚持每周四进行辅导，全年授课 40 余节，全年授课 40 余节，参加学习的学员达 180 余人（次）。

2. 协同市诗词楹联学会征集、审核、修改、整理诗词楹联作品近千首（副），编印《古霍新声》第六辑 1500 册。收集整理学员诗联作品近百首（副），在乡村庙会进行巡回展览。

【领导班子】

主　席：

孙玉安（1991—2015.12）

执行主席：

赵子俊（2010—2015.12）

常务副主席：

晋从华（2005—2015.12）

张福义（2005—2015.12）

张作文（2006—2015.12）

傅　枫（2005—2015.12）

王学闵（2005—2015.12）

王斌正（2005—2015.12）

韦山栋（2005—2015.12）

段新莲（女，2012—2015.12）

刘九林（2012—2015.12）

秘书长：

张美玉（2005—2015.12）

副秘书长：

宋守宽（1991—2015.12）

武银福（2012—2015.12）

刘月虎（2005—2015.12）

赵培儒（2010—2015.12）

薛兆俊（2010—2015.12）

（张美玉　武银福）

三晋文化研究会

【概况】 霍州市三晋文化研究会于 2010 年成立，到 2015 年底，有理事 56 人。2015 年，在霍州市委、政府和临汾市三晋文化研究会的重视支持和关心指导下，基本做到“四有”，即有组织机构、有办公场所、有办公设施、有工作目标计划。编辑各类丛书、搜集研讨文史等各项工作取得一定成绩。2015 年，以挖掘、整理、研究、开发霍州历史文化史料为重点，为宣传霍州历史文明、继承和发扬霍州优秀传统，促进经济、社会、文化事业的繁荣和发展，做出了积极的贡献。

【出版书籍】

1. 会长段新莲主编的《三晋石刻·临汾市·霍州市卷》通过山西省三晋文化研究会审阅核准，正式编印出版。

2. 常务理事晋从华、张福义主编的《殷殷关爱情》，印发1000册。

3. 理事朱壮军主编，赵子俊、晋从华、张福义、张美玉、孙友臣副主编的《古霍新声》诗词楹联第六辑，印发1500册。

4. 理事朱玉屏搜集主编的《朱黑猪·顺口溜》，印发300册。

【发表文章】

1. 常务理事张福义撰写的《中国传统古村落·山西霍州许村》先后在山西省政协的《文史月刊》及《山西农民报》《京霍情》《霍山》等文学月刊上登载。撰写的《霍山神帝尧化提升的探讨》和《金石见证霍州文明》，被临汾市三晋文化研究会刊物《尧文化》刊用。

2. 副会长梁红旗撰写的曹端文化史料《月之灵兮，川之魂哉》在临汾三晋文化研究会刊物《尧文化》刊登，并获全国散文二等奖。《情满霍山》获“华夏情”全国诗歌、散文赛一等奖。撰写的移民史料《皇城根下霍州营》，先后在《山西晚报》和北京《大兴报》发表。

【其他工作】

霍州市三晋文化研究会继续坚持“三个结合”的特色路子，积极配合全市科技、卫生、文化“三下乡”活动，组织该会成员创作诗词楹联400余首（副），制成版面，开展下乡宣传活动。协助该会成员参与部分乡村的村志编纂工作，促进农村基层传统文化建设。

【调整领导班子】

根据山西省和临汾市关于整顿社会团体组织的通知精神，2015年初，霍州市三晋文化研究会按照上级要求，对该会领导班子进行调整，具体情况如下：

1. 原领导班子中聘任顾问7名领导（陈钢、崔山原、张建军、王国平、孙玉安、董天璐、任瑞昌）和兼任副会长的7名在职副处级领导（黄晓君、朱源洪、薛有生、沈晓静、薛云彪、张伟兴、刘启文）不再兼职社会职务。

2. 原领导班子中，常务会长郭思红，副会长晋从华、张福义、薛宏杰，秘书长张美玉，因年龄原因，不再担任领导职务，一律改任常务理事。

【领导班子】

会　长：

段新莲（女，2010.11—2015.12）

副会长：

梁红旗（2010.11—2015.12）

秘书长：

梁红旗（兼）（2010.11—2015.12）

（段新莲）

关工委

【概况】　2015年，霍州市关工委深入贯彻学习中共十八大、十八界三中、四中全会精神和习近平总书记系列讲话精神，突出抓好培育和践行社会主义核心价值观的学习和教育。坚持把工作重心放在基层，为青少年办实事、办好事，大力加强自身建设，充分发挥广大“五老”人员的独特优势，开创关心下一代工作新局面。

【社会主义核心价值观及“三爱”主题教育】 2015年，关工委以培养和践行社会主义核心价值观为根本任务，开展“爱学习、爱劳动、爱祖国”三爱主题教育活动，采取广大青少年喜闻乐见的形式，利用各种媒介，宣传“三爱”时代内涵和养成途径。通过开办“道德讲坛”，向广大青少年宣讲社会主义核心价值观的丰富内涵，使中小学生懂得践行社会主义核心价值观的迫切性、重要性和必然性。

【创建“五好”基层关工委】 按照“五好”基层关工委的标准，通过充实班子，扩大队伍，健全制度，坚持开展活动，重在创新五个方面的努力，建成“五好”关工委，有5个乡镇街道关工委基本达到“五好”关工委标准，10个村关工委达到“五好”关工委标准。

【开展“中华魂”读书活动】 2015年，霍州市开展“践行核心价值观 凝聚中华正能量”主题教育活动，订阅读本8616册，通过开展读书活动进课堂，进家庭，进头脑，引导青少年深刻理解和把握践行社会主义核心价值观的内涵，激发广大青少年“爱劳动、爱祖国”的热情，养成好的行为习惯，做有梦想有追求的一代新人。12月22日，举办全市“中华魂”主题教育活动演讲比赛，经过层层筛选，中学、小学组有25名同学参加演讲比赛。

【爱心助学】 关工委相应市委、市政府号召，发动全社会捐资助学奉献爱心，资助贫困学生完成学业。2015年，与市职业中专学校、江苏长三角爱心助学基金会联合帮助150名贫困学生入学深造。

【法制宣传教育】 关工委配合司法等部门开展预防未成年人犯罪宣传活动。应邀参加检察院未成年人犯罪有条件不立案审处的听证会，关工委老同志对犯罪的未成年人现场进行帮教劝解工作。

【宣传工作】 2015年，全市12个乡（镇、街道）书记都撰写关心下一代的文章，关工委将这些好的经验汇集成册，出版《殷殷关爱情》一书，把历年来社会、家长关心青少年健康成长，培育和践行社会主义核心价值观的文章共42篇，约15万字。

【领导班子】

主　任：

肖培芳（女，2002.05—2015.11）

梁红旗（2015.11—2015.12）

第一副主任：

张福义（2004.05—2015.12）

常务副主任：

晋从华（2004.05—2015.11）

韦建兵（2010.04—2015.11）

副主任：

刘毓秀（2002.05—2015.11）

张作文（2002.05—2015.11）

王立业（2002.05—2015.11）

杨德兴（2002.05—2015.11）

陈金宝（2015.11—2015.12）

李德鸿（2002.05—2015.12）

杨国珍（2015.11—2015.12）

张黎明（2002.05—2015.12）

邢立山（2015.11—2015.12）

卫秀琴（女，2003.03—2015.12）

秘书长由陈金宝同志兼任，办公室主任由卫秀琴同志兼任

（卫秀琴）

武　　装

霍州市人民武装部

【概况】　2015年，霍州市人武部在军分区党委和霍州市委、市政府领导下，坚持习近平主席提出的“强军目标”为统领，坚持战斗力这个唯一的根本标准，聚焦听党指挥、履行使命、安全稳定三个工作重点，按照“树立问题导向、坚持目标牵引、强化责任担当、注重工作成效、持续转变作风”的工作思路，树立军分区北大门的“窗口”意识，牢固确立“新荣区、新风貌、新水平、新作风”四新标准，弘扬“团结奉献、敢于担当、实干践诺、拼搏争先”的霍州精神，锐意进取，创新实干，全面建设取得明显成效。被省政府、省军区表彰为“先进人武部”，连续五年被省军区评为“一类人武部”。

【应急分队拉动演练】　2015年，巩固煤电集团应急连等老先进、老典型，发挥他们的攻坚、应急作用，重点加强每个乡（镇、街道）30人的应急排建设。按照依山防火、临水防汛、傍路保通、居城维稳的原则，配齐配套应急物资器材。注重发挥林业、住建、国土、交通等部门的专业优势，编组民兵专业队伍，合建合用、共创共赢。5月12日，组织市民兵应急分队各乡（镇、街道）民兵排，公安、安监、地震等直属局、驻霍部队、红十字会、团市委志愿者队伍、参加尼泊尔地震救援的“蓝天救援队”等军地25家单位，678人，68台车辆进行防震救灾“人员抢救组”检验性应急拉动演练，取得较好的军事效益和社会效益。军分区郑晓明参谋长带机关人员现场指导，给予高度肯定。

【征兵工作】　征兵工作中，人武部以实现“无违纪、无退兵、输送高素质兵员”为工作目标，坚持全程监督，推行阳光征集，为确保兵员质量打下扎实的基础。2015年7月，市乡两级采取张贴布告、散发传单、宣传车下乡等传统方式与电视台播放征兵宣传短片、政府网站发布征兵通知、微信、短信发布征兵消息等现代新媒体技术相结合，共发放传单1万余份，发短信8万余条，宣传车到达170多个行政村，人武部部长李峰在霍州市电视台发表征兵电视讲话，把国家征兵的政策、程序、各级的监督方式向全社会公布，做到政策家喻户晓、监督人人知道。对体检、政审工作人员进行培训，落实集体定兵，确保每个环节严格规范，不出问题。协调民政局在八一建军节前兑现义务兵优待金，于8月1日在州署广场举办庆祝建军88周年暨征兵宣传日活动仪式，激发适龄青年的应征入伍热情，完成新兵征集任务。

【参加分区训练考核】　2015年11月

25日，霍州市人武部6名干部由政委卢卫红带队参加军分区组织的军事训练考核。在收到上级考核比武通知后，人武部迅速展开训练，参考人员自觉练体能、练标图、练一体化操作。在手枪射击训练中，后勤科长王晓明、军事科参谋李鸣鸣均取得射击100分的好成绩，在一体化平台标图的考核中军事科参谋李鸣鸣取得了100分的好成绩。

【规范民兵阵地建设】 2015年，人武部在整组工作中采取市乡两级齐抓，乡村两级共建，加大投入，共同负责的方法，对全市所有营部、连部进行整治。按照“六个一”标准，由人武部出资为每个民兵营连统一制作门牌和旗子，在大张镇、三教乡召开巡回观摩会，带动各民兵营连同步投入完善阵地建设，党组织健全的15个民兵营，199个民兵连全部按“六个一”标准建设，阵地覆盖率达100%。

【民兵整组】 2015年初，市政府、人武部联合下发整组方案。全市民兵整组工作全面启动，结合2015年村“两委”换届，突出抓好民兵连长、指导员等民兵干部选配工作。依据临汾军分区基干民兵任务规划，对基干民兵单位、区域及人数重新进行分配，全市共编基干民兵1280人，普通民兵15000人，建民兵营14个，民兵连184个，基干排15个。突出抓了以应急分队为主体，支援和保障队伍为基础的民兵组织格局，使民兵布局更加合理，编组更加科学，提高整体素质。注重民兵干部队伍教育培训，7月24日，在市委党校统一为全市14名民兵营教导员和427名民兵连连长、指导员颁发任命书，政委卢卫红亲自给大家做了“学习贯彻强军目标，做新一代革命军人”专题教育。

【深入开展国防教育】 为做好新形势下全民国防教育工作，认真贯彻落实中共中央、国务院、中央军委《关于加强新形势下国防教育工作的意见》（中发〔2011〕8号）文件精神，按照省国教委《国防教育“双百工程”创建标准（试行）》，霍州市积极开展“双百工程”建设工作，创建国防教育示范学校1个（霍州市一中），国防教育示范村1个（李诠庄）；2015年4月28日，人武部与宣传部共同组织教育局、移动公司、附近社区群众举办纪念《国防教育法》颁布14周年宣传活动。9月24日，人武部把“携笔从戎，无上光荣”牌匾送到4名考入军校和国防生家中。

【隆重纪念抗战胜利】 2015年7月27日，人武部与市委宣传部、统战部、市文联、市老年书法家协会联合举办“纪念抗日战争暨反法西斯战争胜利70周年书画诗联展”，共展出书画作品160余幅，诗词楹联展板6块，有效地激发大家“铭记历史、缅怀先烈、珍爱和平、开创未来”的高昂热情。在抗日战争胜利70周年之际，8月4日，人武部组织民兵应急分队参加军分区组织的抗战歌曲歌诵比赛，获得优胜奖。9月18日，联合市人防办举行了防空警报鸣放及“9·18”纪念活动，让大家牢记国耻、警钟长鸣。

【市委召开议军会议】 2015年7月30日，霍州市委在人武部召开议军会议，出席会议的有市委书记陈纲，市委常委、市人武部部长李峰，政委卢卫红，副部长徐涛及市委常委、人大、政协相关负责人，市国防动员委员会成员单位主要负责人参加会议，市人武部部长李峰汇报一年来人武部整体工作和全市民兵预备役工作情况，会议就国防动员，专武干部队伍建设，人武部机关基础设施完善及保障进行了研究，市委书记陈纲作了重要讲话。

【获奖情况】

霍州市人民武装部被山西省军区表彰为先进人武部；霍州市人民武装部政委卢卫红被山西省军区表彰为先进人武干部；霍州市人民武装部后勤科科长王晓明由临汾军分区劳记个人三等功；霍州市人民武装部副营职干事谢润被临汾军分区表彰为先进人武干部。

【领导班子】

部　长：

晋英俊（2009.03—2015.03）

李　峰（2015.03—2015.12）

政治委员：

卢卫红（2015.01—2015.12）

副部长：

徐　涛（2012.07—2015.12）

（晋从华）

公安消防大队

【概况】　霍州市公安消防大队隶属临汾市消防支队和霍州市公安局领导，负责辖市单位的消防监督检查，火灾事故调查，新建、改建、扩建工程的消防设计审核和验收，审查各单位制定的具体防火办法和防火技术规范，检查消防安全，灭火、应急抢险救援和消防宣传等工作。大队下辖1个政府专职消防队，共有15名现役官兵，有水罐车4辆、抢险救援车1辆，主要担负辖市内的防火、灭火及各类抢险救援工作任务。辖区内重新审定的消防安全重点单位198个，消火栓25个，消防水鹤5座。

【灭火救援】　2015年，成功地完成灭火救援任务56次，其中火灾扑救16起，抢险救援25起，社会救助15次出动消防车73辆次，消防官兵377人次，抢救被困人员10人，疏散人员32人，抢救财产价值94.53万元。大队官兵在战斗中展现“灭大火、救大灾”的战斗能力，完成了灭火任务。

【部队管理】　2015年，公安消防大队落实规章管理制度，用条令条例约束官兵的行为，规范官兵的日常养成和一日生活制度。加强对士官队伍的管理教育，采取谈心方式教育他们服从部队建设的大局。针对中级士官，大队领导通过谈心，及时了解其家庭情况、思想动态和工作生活中存在的困难，对存在的困难和问题给予解决，帮助他们正确处理好工作角色的转换，发挥他们在部队建设中的骨干作用，提高士官队伍的整体素质。大队在管理上“大处着眼，小处着手”，管理抓细节，教育抓养成，在确保部队中心工作和稳定的大方向不动摇的前提下，干部、班长一起跟班作业，对中队官兵在训练、作风、卫生等方面进行量化考评。拽住安全这根绳，定期召开安全例会，分析事故苗头，落实安全防事故措施。对车辆器材进行经常性维护保养，利用战勤保障资源消除安全隐患，加强对“人、车”的管理，对行政车辆和执勤车辆，以及公勤人员的八小时以外和节假日的管理，做到及时发现问题及时纠正苗头、及时消除隐患。

【政治教育】　开展“学习践行强军目标，做新一代革命军人”主题教育活动，以《习近平关于国防和军队建设重要论述选编》《习主席国防和军队建设重要论述读本》为基本教材；基层官兵以《习近平关于党在新形势下的强军目标重要论述摘编》《党在新形势下的强军目标》为基本教材。

【练兵工作】　灭火救援工作作为消防

队伍的一项重要任务，业务精干是敢打必胜的主要保障，把灭火执勤能力放在首要位置，加强官兵体能和业务技能水平，积极开展辖区情况“六熟悉”，对辖区重点单位、道路、水源进行全面熟悉，做到每一名官兵心中有数。对新调整的198家重点单位灭火救援预案进行补充修订，每周开展不少于2次灭火演练，2015年，共开展重点单位灭火演练207次，提升官兵的实战水平。通过强化练兵侧重点，完善练兵责任机制，明确干部包员的练兵工作责任，在大队醒目位置悬挂实战训练龙虎榜，激发官兵练兵热情，激发官兵的训练热潮。

【执法工作】 2015年，消防大队紧紧围绕预防、遏制重特大火灾这一目标，重拳排查整治火灾隐患，改善社会消防安全环境。2015年1月，市政府召开全市消防工作会议，与防火安全委员会成员单位签订2015至2016年度消防工作目标责任书，对全年消防工作提出明确要求。春节、“两会”“五一”“十一”重大节日期间，政府副市长田晋川、公安局局长王文艺带队检查社会单位消防工作。市委、市政府主要领导10余次听取大队汇报，下发指导性文件20余份。在抗战胜利70周年活动保卫工作中，大队全体官兵严阵以待，开展防火检查和灭火演练。全年共检查单位934家次，发现各类火灾隐患1280处，督促整改1225条，临时查封11家，三停50家，拘留9人，罚款20.8万元。

【宣传工作】 2015年，大队建立与媒体沟通联系制度，抢占制高点，利用广播、电视、报刊覆盖面广、社会影响力大的优势，采用多形式、多渠道开展全方位、立体式普法宣传活动。深入学校、社区开展应急疏散逃生演练，开展重点单位消防安全培训40余次，受教育人数5000余人。通过微信、微博、手机短信、彩信、移动电视等媒介，定时发布消防安全警情、安全提示及防火常识，播发消防公益广告片和消防安全提示600余条，形成密集宣传态势，扩大消防宣传的覆盖面和影响力。在立足霍州宣传的基础上，大队向省市主要媒体投稿进行宣传，在省级媒体《山西法制报》《生活晨报》《山西青年报》、山西电视台上的投稿数量就40多条。

【领导班子】

教导员：

杨　宇（2014.12—2015.12）

大队长：

杨海廷（2014.12—2015.12）

参　谋：

杨春潮（2011.09—2015.12）

常凤阳（2014.10—2015.12）

【获奖情况】

2015年霍州市公安消防大队被山西省消防总队评为“先进大队”。2015年杨春潮参谋被霍州市公安局评为抗战胜利70周年保卫安全先进个人。

（刘俊杰）

武警中队

【概况】 霍州市武警中队原为中国人民解放军山西省公安总队临汾专区公安大队霍县公安队；1983年改编为中国人民武装警察部队山西省总队临汾地区支队霍县中队；2000年，临汾地区改为临汾市，1990年，霍县改为霍州市，同年，队改编为武警山西省总队临汾市支队霍州市中队。中队位于霍州市退沙村境内，主要是担负霍州市看守所看守勤务。中队支部班子团结和谐，官兵工作劲头强劲，中心任务完成圆满，整体工作呈现稳步发展、不断上升的良好态势。

【加强思想政治教育】 在思想政治教育方面，中队根据计划安排，开展“学习践行强军目标，做新一代革命军人”主题教育。教育中，按照“五得”要求，搞好小课辅导串讲，突出抓好班排讨论、补课等关键环节，抓好教育的消化吸收，培养官兵爱党爱部队爱本职的朴素感情；搞好经常性思想工作，构建和谐融洽的内部关系，坚持把建设“安心、舒心、放心”中队，作为做好经常性思想工作的目标，切实打牢官兵“三个绝对”的思想根基。

【部队安全】 中队盯住安全工作这个重中之重，坚持“谋划高起点，落实高标准，安全求发展”的工作思路，把安全管理工作放在各项工作的首位，开展“百日安全竞赛活动”，落实“月教育、周预警、日提示”预防工作机制，抓好隐患排查治理和风险预测预警；开展安全常识教育，提升官兵的安全防护能力。强化各级各类人员安全意识，提升防范安全问题的能力，确保中队安全稳定发展。

【营区设施】 中队为解决个别位置“硬件”设施落后，向上级党委和地方政府争取经费，对中队窗户进行更换、对篮球场进行改建，组织中队官兵对擒敌训练场、战术训练场及三人协作攀登进行建设，重修美化文化长廊，建起橱窗、灯箱、花园式菜地，购置热水器、训练器材及娱乐用品等。

【部队副业】 为了培养官兵吃苦耐劳和勤俭节约的精神，调动官兵工作热情、挖掘潜力，搞好中队农副业生产，提高后勤保障能力，中队按照菜地田园化的要求，官兵自己动手，种植蔬菜10余种，养猪6头。

【后勤工作】 2015年初以来，在党支部的正确领导，全体官兵的大力支持下，后勤工作围绕支部开展工作，坚持以科学发展观为统揽，以提高“四项设施”建设标准为契机，以优化环境为切入点，坚持“权为兵所用，情为兵所系，利为兵所谋”的原则，抓好后勤队伍建设，完善管理制度。坚持把保中心、保生活作为保障重点，把中队官兵作为保障重心，改善官兵生活条件，深化后勤规范化管理，提高中队后勤工作的保障能力。

【领导班子】

中队长：

许　凯（2010.04—2015.12）

指导员：

杜　龙（2015.02—2015.12）

【获奖情况】

中队自组建以来，连续30余年安全无事故。2015年底被武警山西总队评为基层建设先进单位。先后有2人荣立一等功，2人荣立二等功，3人荣立三等功。

武警霍州市中队

【概况】 第四中队原为中国人民解放军河北省军区独立二师七团；1969年改编为中国人民解放军临汾军区独立营一连：1970年，改编为中国人民武装警察部队临汾地区支队直属四中队：1983年，改编为中国人民武装警察部队临汾地区支队直属大队一中队：1989年，改编为中国人民武装警察部队临汾支队直属大队四中队：2006年，改编为中国人民武装警察部队临汾支队一大队二中队：2014 年，改编为中国人民武装警察部队临汾支队二大队四中队。中队位于霍州市大张镇贾孟村境内，主要是担负 475 储备库守卫勤务。到 2015 年底，中队安全稳定，完成上级赋予的各项重大任务。

【加强思想政治教育】 2015 年是四中队深入转型的一年。建章立制收到良好效果。四中队注重三抓，既抓好思想教育。严格按照支队教育安排，坚持“全员纳入、全内容落实、全时间保障”，结合四中队实际开展教育。四中队注重将思想工作、管理工作和政治教育结合起来一起做，中队长、排长、班长都能够很好地参与到这些工作中。四中队培养官兵兴趣爱好，创新育人育才工作，促进官兵素质整体提高。

【部队安全】 第四中队设立安全工作小组，班内选任了安全员，专门负责中队和班上的安全工作。中队严格加强枪弹管理，训练管理，每月定期对中队安全形势和官兵思想情况进行分析，及时查找不安全因素，采取有效措施。对单独执勤点进行隐患排查治理，落实每一项安全制度。

【营区设施】 在经费有限的情况下，四中队坚持自建自修，对损坏的设施进行维修，粉刷照壁和营房，新建蔬菜大棚和猪圈，整理线路，制作标牌、完成对新营房新建的前期调研设计。

【部队副业】 为了培育官兵艰苦奋斗的精神品质，继承发扬老一辈革命军人的光荣传统，中队在年初开展以种菜、养殖为主的农副业生产。年内中队按照模块化、区域化的要求，官兵自己动手，共种植蔬菜 20 余种余种，养猪 5 头、养鸡 50 余只。在伙食调剂方面，四中队落实伙食管理五项制度，合理调剂战士伙食，能够做到“做菜盯到场、质量盯到‘胃’”。

【后勤工作】 第四中队提高中队的后勤保障能力，打牢处理突发事件后勤保障基础，根据中队实际，贴近中心搞好保障，加强对炊事员、军械员、网路维护员的培训，推进中队后勤建设迈向新的台阶。

【领导班子】

中队长：

陈　雷（2013.04—2015.12）

指导员：

张　博（2011.04—2015.12）

【获奖情况】

2015 年被山西总队评为执勤正规化单位。荣立集体二等功。在各项比武中荣获第一名。

法 治

政法工作

【概况】 霍州市委政法委有正式工作人员29人，正科级干部14人，副科级干部4人，一般工作人员11人。政法委下设6个科室，其中办公室、政工人事股、执法检查股、调研室属于内含科室，市综治办、市防范办与政法委合署办公。

【政法工作总体部署】 学习贯彻十八大、十八届三中、四中、五中全会精神和习近平总书记系列重要讲话精神，根据中央、省、市政法工作会议总体部署和市委六届五次全委会要求，以人民群众满意、党委政府信赖为目标，围绕服务和保障经济社会又好又快发展这个中心，深化平安霍州、法治霍州、政法队伍三大建设任务，全面提升政法工作水平，为推进整体率先发展创造优质高效的服务环境、和谐稳定的社会环境和公平正义的法治环境。

【平安霍州建设】 政法委围绕“平安霍州”建设这条主线，创新社会管理方式，强化治安防控，推进社会管理综合治理，巩固“平安霍州”建设成果。

1. 完善社会管理体系建设。将10余个部门的业务信息全部纳入系统进行资源共享和关联对比，建成全面覆盖、动态管理、联通共享、功能齐全的社会服务管理综合信息系统。在全省首家开通网上接访和电话接访，形成社会管理服务大厅、信访接访大厅和网上接访三网合一工作格局。市财政投资250多万元，建成高标准市级中心一个，12个乡级中心，199个村级中心，划分236个农村（社区）网格，配备网格长，配套3G手机，市级中心与省平台已联通，社会服务管理三级联动新型模式初步形成，把社会管理和公共服务延伸到基层。2015年，通过三级社会服务管理信息系统处置各类事件3000多件。

2. 健全三级人民调解组织体系。全市成立矛盾纠纷调解中心，依托市社会服务管理指导中心，2015年，增加投资100万元，扩建、新增办公场所和设施。全市12个乡（镇、街道）也建立乡级矛盾纠纷调解中心，统一制作了标识牌、制度版面、工作档案，由乡（镇、街道）司法所长兼职调解员，规范了乡镇调解工作。全市207个村（居、社区）建立完善了矛盾纠纷调解室，调整充实了调委会成员，形成市、乡（镇、街道）、村（居、社区）三级人民调解组织体系。调处涉及征地拆迁、土地承包、劳动争议、家庭纠纷、交通事故等各类纠纷共1126起。

3. 强化治安防范网络体系建设。引深“平安霍州”建设，在原有治安联防防控体系的基础上，建立以公安派出所民警为骨干，市区社区、农村自然村、单位内防为基础的防控网络体系，形成以“110”指挥中心为龙头，以派出所为平台，以巡逻干警为主体，以群防群治为基础，点线面相结合，打防管控为一体的“六网覆盖”工作体系。在农村，安装了报警电话，划分责任区，组建巡逻队，实行街巷联防和十户联防，实施“平安互助”群防群治工程，规范农村的安全管理。在市区，增加街面警力，完善治安卡点，增加巡逻区域，在主要街道、交通枢纽、进出城区的必经路口设置固定岗，实行夜间巡逻、错时巡逻、弹性巡逻，提升巡防工作实效。市公安局推进以视频监控网建设，全市至2015年共有监控探头4510个，可有效开展视频监控网络，形成“天罗地网”，构建立体化社会治安防控体系。在每个派出所建立监控平台，全市防控体系和联防联治网络已经形成。全市组建1支市级巡防队、12支乡级巡防队、199支村级巡防队、8支社区巡防队，巡防队员达到1200余人。

4. 落实“两法衔接”机制。加强和改进行政执法与刑事司法衔接工作，建立由政府法制机构、行政执法机关、政法机关组成的“两法衔接”工作联席会议制度，出台联席会议工作规则。在环保、食药、安监等领域建立行政执法和刑事司法相衔接的工作机制，制定相关工作实施方案，与司法机关紧密合作，将涉法案件移交司法机关处理，确保“两法衔接”各项工作的稳步推进。

5. 加强社区矫正和安置帮教工作。严格监督管理，倾心教育帮扶，整合社会资源，探索社区矫正工作新路子。制定社区矫正例会制度、巡查制度、抽查制度、外出请假制度、训诫谈话制度、异地就业单位协助监管措施等，累计接受社区服刑人员689人，到2015年12月在册210人（其中，管制9人，缓刑196人，假释1人，暂予监外执行4人），无一人脱管、漏管。

【法治霍州建设】 “公正是法治的生命线”。司法公正对社会公正具有重要引领作用。2015年，市政法委从深化司法体制改革、完善司法管理制度、加强法治队伍建设、营造公正司法浓厚氛围等方面着手，以司法公正筑牢社会公正之根、国家法治之基。

1. 深化司法体制改革。按照全市《全面深化改革2015年工作计划》的要求，做好各项规定动作，确保司法体制改革始终沿着正确的方向前进。推进严格司法，坚持以事实为根据、以法律为准绳，推进以审判为中心的诉讼制度改革，实行办案质量终身负责制和错案责任倒查问责制。

2. 推进“阳光司法”工程。贯彻实施《全省政法机关实施“阳光司法”工程五年规划》，市法院制定《互联网公布裁判文书实施细则》，扎实推进审判流程公开、执法信息公开、裁判文书公开“三大平台”建设。市检察院围绕“立足服务群众、开设一个窗口、搭建两个平台、构建三级网络、推进四项公开”的总体思路，推进“阳光检察工程”和“阳光百姓工程”。市公安局完成19个执法办案单位的改造任务，建立专门的制度和台账，安装视频监控系统，印制“办事服务指南”，通过便民服务平台主动接受社会监督，推行阳光司法。

3. 健全完善司法管理制度。坚持把制度约束贯穿始终，依靠制度管人、管事、管权、管案，细化操作规范，明确办案程序，厘清权责边界，确保司法公正。坚持规范与监督并举的方针，推行行政执法公示制、承诺制、评议制，将执法依据、权限、范围、程序、时效、责任、结果及监督举报方式等事项及时向社会公开，接受社会各界的监督。对群众反映和普遍关注的热点、难点问题，公开执法程序，承诺限时办结，及时报备审查，自觉接受行政机关的内部监督，用实际行动取信于民。

4. 加强涉法涉诉信访工作。严格贯彻《关于依法处理非正常上访行为的指导意见》开展依法治访工作，公、检、法三长每周固定到市信访服务中心接访，建立信访台账，实行领导包案化解、责任单位具体落实、科室所庭队领导牵头负责、信访部门指导、乡（镇、街道）党委进行稳控的涉法涉诉信访化解机制。2015 年，受理接待群众来访 200 余人次。化解信访积案 25 件，依法化解 8 起进京非访积案。依法加大对非正常上访的处置力度，对 4 名长期闹访人员依法予以判刑，对 6 名进京非正常上访人员予以拘留。

5. 营造浓厚法治氛围。落实“谁执法谁普法”的普法责任制，开展“六五”普法活动和“法律六进”活动，集中抓好国家宪法日和依法行政宣传月活动。

【队伍建设】　政法委将队伍建设作为首要任务，贯彻落实八项规定，开展学习讨论落实活动和“三严三实”专题教育活动，集中进行政法领域专项整顿活动，加强党风廉政建设和“两个责任”的落实，明确机关工作人员的工作职责，提高机关人员的整体素质和综合能力。

1. 开展政法领域专项整治。围绕人民群众反映强烈的不作为、乱作为，特别是执法不严、司法不公、司法腐败等执法司法突出问题，牢牢把握查摆问题、严肃查处、整改落实、建章立制四个环节，高标准、严要求，强力推进，集中查摆大操大办、参赌涉毒等突出问题，处分了多名政法干警，纠正一批不严不公不廉行为，达到处分一人、警醒一片的效果。

2. 推进“三严三实”专题教育。按照中央、省、市、县各级要求和部署，政法委准确把握各个环节，把贯彻落实“三严三实”专题教育作为当前政治生活中的大事，结合工作和队伍建设实际，科学谋划“三严三实”专题教育工作。市委常委、统战部部长刘国平对全体党员进行《中国共产党纪律处分条例》和《中国共产党廉洁自律准则》专题辅导。

3. 加强执法监督建设。落实中政法〔2011〕34 号《关于党委政法委员会对政法部门执法活动进行监督的规定》文件精神，配齐配强了执法监督机构，并赋予相应的调查权、建议权和处分权，加强对人民法院、人民检察院、公安机关、司法行政机关执法人员、执法活动的监督，干预而不干扰、监督而不代办，指导和协调政法各部门相互制约同时密切配合，在规范执法行为上见到实效，让群众切实感受到公平正义就在身边。

4. 深化党风廉政建设。落实党风廉政建设主体责任和纪检监督责任，开展廉政谈话、落实领导干部个人有关事项报告制度，增强廉洁自律的坚定性。利用正反两方面典型进行警示教育，强化监督制约机制，严查政法干警违法违纪行为。严格执行办公用房、婚丧嫁娶、公车管理等相关规定，筑牢机关干部拒腐防变、严格执法、从严守法的思想基础。

【防范处理邪教工作】　发挥职能作用，开展“防邪知识进家庭”“防邪知识进校园”活动，扎实推进“无邪教乡镇”创建工作。对重大活动和敏感节点的社会稳定情况进行预警防范，坚持出台方案在前、细化措施在前、预防演练在前，加大对“法轮功”“全能神”等邪教组织的防范力度，全市没有发生一起影响稳定的重大群体性事件，实现全国和全省两会等重要节点的信访稳定“双零”和“四个不发生”目标。

【领导班子】

书　记：

刘国平（2014.12.12—2015.12）

副书记：

赵纪红（2007.07—2015.12）

荀三林（2011.04—2015.12）

刘小伟（2011.04—2015.12）

闫建华（2012.08—2015.12）

纪检书记：

朱壮斌（2007.07—2015.12）

委　员：

乔建民（2002.07—2015.12）

李德恩（2002.07—2015.12）

（杨涛）

公安工作

【概况】　霍州市公安局设12个内含科（室、队）、12个派出所，2个直属机构，到2015年底，在册人员401人，其中授衔民警256名，党员325名，班子成员20人。派出所有一级派出所1个、二级派出所3个、三级派出所8个；派出所总人数207人，占全局总人数51.6%。

【户政管理】　2015年，霍州市公安局“一标两实”工作探索3D社区管理法，在5个社区全面推广。全市有总人口307806人，城乡比例为42.25%，2015年，新登记户口3486人，注销1186人；清查出租房屋1632间，清查登记暂住人口1135人，调查重点人口、监管对象和受处理人员等特殊人员260人，落实管控措施；办理二代身份证14593人次，办理迁入、迁出户口人数5748人，办理户口变更、更正3255项。

【危险物品管理】　2015年，霍州市公安局先后制定《霍州市2015缉枪治爆专项整治方案》《霍州市公安局深入开展民爆物品专项整治工作方案》，局领导与各派出所层层签订责任书，明确任务目标，严防各类涉爆案件事故发生。全年共出动警车360台次，投入警1540人次，测爆仪950台次，检查过往车11000余辆，可疑人员570人次，对进京车辆、人员、物品做到了100%查控。查处非法携带枪支、弹药案件1起，罚款2人，收缴气枪2把，钢珠弹215颗；查处非法储存爆炸物品1起，行政拘留1人，收缴烟花爆竹955箱。

【消防管理】　2015年，霍州市公安局以预防重特大火灾事故为目标，改善消防安全环境，加大消防监督和执法力度，预防重特大火灾的发生。共检查868家单位，发现火灾隐患1193处，督促整改1136处，下发责令改正通知书699份，行政处罚决定书76份，三停49家，临时查封10家，罚款20万元，行政拘留9人。接警51起，其中火灾15起，抢险救援36起，直接财产损失124122元。同比2014年，火灾起数下降34.78%，直接财产损失下降82.97%，消防形势总体平稳。

【刑事犯罪侦查】　2015年，霍州市公安局先后组织开展打黑除恶、“平安霍州”、打击“黄赌毒”、冬季严打百日会战、“雷霆扫毒”等一系列严打整治专项行动，破获各类刑事案件325起，抓获犯罪嫌疑人160人，破案率为44%。2007年以来47起现发命案全部及时侦破，连续9年保持命案

100%侦破纪录。

【经济犯罪侦查】 2015年，霍州市公安局深入开展打击经济犯罪专项行动，破获案件8起，抓获犯罪嫌疑人36人，涉案价值2000余万元，为国家和人民群众挽回经济损失300余万元。

【禁毒工作】 2015年，霍州市公安局深入全市储存使用易制毒化学品的企业及娱乐场所，开展禁毒宣传教育活动，在市广播电视台滚动播放禁毒公益广告。排查涉毒违法犯罪线索，破获涉毒案件34起，其中刑事案件5起，刑拘5人，行政案件28起，行政拘留61人，罚款4人，强制戒毒1人，缴获各类毒品10.06克。

【信访工作】 2015年，霍州市公安局完成信访专项行动“三项建设”，通过上级公安机关验收。全年接待来访群众300余人次，办理霍州市信访局转办信访案件23起，办结公安信访二期系统转办案件60起，其中有公安部走访14起、山西省公安厅走访32起、临汾市局走访14起，落实每周一去市委涉法涉诉接待室接待来访群众的工作制度。全年处置非访、闹访人员14人，其中行政拘留13人，警告1人。

【交通安全工作】 2015年，霍州市公安局贯彻落实市委、市政府文件精神，在全市范围内集中开展道路交通秩序专项整治活动，打击各类严重道路交通违法行为，加强城市管理，改善全市交通环境。全市发生道路交通事故1172起，其中涉及人员伤亡道路交通事故114起，死亡14人，受伤151人，直接经济损失51850元；生产经营性死亡事故3起，死亡3人；简易事故129起，财产损失55800元；共查处违法行为45166起，其中简易处罚21699起，非现场21098起，强制处罚2369起，行政拘留无证驾驶257人，查处酒后驾驶118人，教育一般交通违法当事人20163人。

【出入境及往来港澳台管理】 2015年，霍州市公安局提出“阳光办证，透明服务”的口号，健全警务公开制度，向社会公布监督电话，共办理出入境证件5888人次，其中护照2516人次、港、澳通行证2884人次、台湾通行证488人次。

【信息化建设】 2015年，霍州市公安局完成网上督察系统建设、智能化枪库建设、高标准的物证室和尸检室建设，启动实施指挥中心“三台合一”系统升级改造建设，打造全警参与、全警采集、全警录入、全警应用、全警受益的良好局面，采集各类基础信息2201万条，配侦案件8起。上报情报信息249条，其中临汾市采纳221条，山西省采纳135条，上报公安部38条。

【基础设施】 2015年，霍州市公安局落实“1135”工程要求，不断强化派出所和警务室警力、经费、装备保障及制度建设，派出所下沉警力8人，完成率为100%；落实资金174.568万元，完成率239%。全面开展武装巡逻，加强反恐处突队伍建设，购买巡逻车10辆、移动警务车1辆，配齐反恐防暴装备，把警力摆上街面。

【安全保卫】 2015年，霍州市公安局圆满完成纪念中国人民抗日战争暨世界反法西斯战争胜利70周年系列活动、十八届五中全会、全国、省、市“两会”等安全保卫任务。对党政首脑机关、煤、水、电、气、油等54个重点单位、175处要害部位、42处基础设施进行检查，金融系统7个单位42个营业网点全部安装监控设施，对2个专业金库重点检查4次，签订内部安全防范责任书30份，确保社会政治稳定。

开展校园法制宣传12次，开展校园内

部安全检查80余次，督促95%的学校设立治安岗亭，专兼职保卫力量增加至500余人，全市145所学校设立保卫组织，114所学校安装监控设施，30所学校实现校园巡逻和学生公寓光亮工程，净化学校周边环境。

（韩文军）

公安局交通警察大队

【概况】 霍州市公安局交通警大队机关位于城区北边，108国道退沙段，占地面积9000平方米，建筑面积3800平方米。2015年，交警大队设立党总支，下设十四、十五、十六、十七、十八共五个支部，83名党员。其中：会议室2个，车辆业务大厅、秩序业务大厅各1个，办案区1个，机关餐厅1个，办公室38间，宿舍16间，床位48个，机关院内设有操场1个、停车场1个，绿化面积930平方米。机关外专用停车场1个，3000平方米。

根据公安部和山西省公安厅交管局的要求，大队设立巡一、巡二两个公路巡警中队，大张、辛置、白龙、什林、城市5个辖区中队，根据交通安全管理职能，设立办公室、宣教科、秩序科、车管所、事故处理中队、指挥中心、督察室、法制科、治超中队、安全设施科和交通事故调解委员会等，2015年大队有干警289人。

【硬件设施】 截至2015年12月，交警大队有：1. 智能交通系统一套。功能为：①视频监控功能。设置点位36处，公路主干道8个卡口和城市干线8个路口实时监控路况。②电子警察功能。设点位36处，其中32处200万高清像机，4处500万高清摄像头，对闯红灯、超速、逆行、不按规定车道行驶等交通违法自动识别抓拍。③卡口及信息上传功能。36处高清摄像机均实时上传卡口图片信息至辑查布控系统，为交通管理和侦察破案提供强有力的技术支持和保障，强化实战应用。④指挥调动功能。主要针对各类警情（道路拥堵、突发事件、工作指令等），快速接警登记事件，信息实时传递，处警过程动态跟踪，处置结果反馈等。⑤监控信息存储功能。各类监控资料均能前端加后台服务器自动存储。⑥录入违法行为功能。设有专用内勤室，对采集的闯红灯、超速、逆行、不按规定车道行驶等交通违法行为及时录入。2. 移动测速设备一套，执法记录仪193台，执法记录仪数据采集站6个，呼出气体酒精含量探测器13台，录音录像机24个，警务通16台，公安网电脑53台，350兆数字对讲机14台，车载台1部，执法警用车11辆。

全市境内有国道108线1条，25.6公里，省道桃临线1条，16.642公里。2015年，全市公路里程达到1087公里，其中市（县）道6条111.6公里，乡道43条336.9公里，村道284条480.9公里。一级公路23.5公里，二级公路60.4公里，三级公路87.7公里，四级公路742.1公里等外里程31.6公里，通车里程达1087公里，公路密度为每平方公里0.71公里。基本框架为三纵三横网络。

全市交通设施：全市标志牌214块，设置率100%；交通标线9280米，设置率99%；减速带23处412.14米。

全市车辆及驾驶员：截至2015年12月底，全市共注册机动车辆26757辆，其中：大中型车23359辆。驾驶人51333人。

【基础工作】 2015年，霍州市公安局交警大队在市委、政府和市公安局党委的领导下，在临汾市公安交警支队的具体领导下，高举中国特色社会主义伟大旗帜，贯彻党的十八大和十八届三中、四中、五中全会精神，学习习近平总书记系列重要讲话精神，按照临汾公安交警支队和霍州市公安局2015年工作部署，以交通管理改革、服务、发展、效率为主线，围绕大队2015年年初方案“1234567”工作目标，即一个中心降事故，二个责任抓党建，三个一批建队伍，四项建设提管理，五必征求接地气，六权治本强法治，七个一批保畅通。以“三严三实”专题教育为引领，以“完善制度体系规范执法”为核心，以启动和分步实施九项重点工程为抓手，以高压态势开展“查违法除隐患、降事故保安全”和打非治违等连续专项活动为重点，善做善成；全市沿街沿路中小学全部更换减速带和警示标牌；投资300万元在城区主要街道安装护拦5300米；全市乡道以上公路及城区街道增设安全警示标牌248块；规范城区机动车、非机动车停车泊位；与运管局联合开展了出租车及黑出租车整治活动，查出黑出租车200余辆；以稳建的步骤提升全市公安交通管理升级版，取得良好的成绩。全年，全队深入农村、企业、学校、客运站、中镇广场等56次，编印下发宣传资料6万余份，宣传挂图1800份，安全教育客运驾驶人6000人，培训有违法记分驾驶人2308人，发布微博240条，微信5350条，制作国省、县道及城市主要街道墙体标语15条，重大节日充分运用中镇广场大型LED显示屏、城区红绿灯配套LED显示屏宣传提示。查处违法行为52023起，简易处罚24631起，非现场23962起，强制处罚2530起，行政拘留无证驾驶259人，查处酒后驾驶124人，教育一般交通违法当事人20163人。接报道路交通事故1270起，其中涉及人员伤亡道路交通事故125起，死亡17人，受伤169人，直接经济损失58450元；生产经营性死亡事故3起，死亡3人；简易事故143起，财产损失63100元；审验驾驶员1904人，60周岁以上驾驶人体检130人，驾驶员补证换证1996人，初次办证117人，驾驶员注销27人，增驾114人，小型汽车注册441辆，普通摩托车注册130辆、低速车注册95辆。检验大型汽车415辆，小型汽车1390辆、检验低速车88辆、普通摩托车140辆、挂车65辆、教练汽车14辆。

【保畅治乱和静态交通管理工程】 1. 实施城区保畅治乱工程。加大力度整治堵点和乱点，提高路面见警率和管事率。开展华怡、家福乐等大型商业网点，沿街路赵家庄学校、实验小学、人民医院、政府及服务群众办事机关、火车站周边新交通组织措施的实施，按照警力跟着警情走，警力跟着堵点设的要求，科学调整改进勤务管理模式，消除和缓解市区堵点9处，将主要街路公交车站点改造成港湾式停靠，进出站点划设公交专用车道，保证公交优先通行；规范市区客运车的发车停靠，有条件的一律在客运站进场发车，确保早、中、晚高峰期，节假日、学校、医院、政府机关、农贸市场和大型商场、火车站、客运站周边道路秩序井然、通畅。

联合霍州道路运输局组建联合执法队开展取缔“黑出租”，规范出租车运营专项行动，查出违法车辆336辆，处罚108辆，教育纠正280辆，收到了预期效果。

在创建爱国卫生文明城市活动中，投资300余万元，在城区主要街道、路口，安装隔离护栏。协调在主要街道开设的早市、夜市全部搬迁至广场或不影响交通的街路。

2. 实施城市静态交通规范管理工程。配合市委、市政府实施的“8＋2”城区道路提升改造后续工程，实施主城区静态交通规范化、市场化管理力求静态管控最大限度地配合和服务动态需求。一是将市区部分广场、商场门前场地改造成停车场，白天用于车辆停放，晚上用于居民休闲娱乐，设有专人管理，车辆停放实行计时收费。经过改造实施，新增停车场21个。二是在不妨碍车辆、行人通行的前提下，对交通流量小的街道和行车路面宽畅的道路规划顺向靠右停车位，每个停车位都要用箭头标明车头朝向，划设停车位1150个。三是在商场、人流密集路段，开辟出租车快上快下临时停靠点。在站点停车上下旅客，不准招手就停或发车出站后缓慢行车随意揽客拉客。四是规范设置摩托车、自行车停车位164处，缓解了市区停车难问题。

【引深降压国省道事故工程和消除危化品运输安全隐患工程】

2015年，大队以降事故为中心，注重从机构和源头上预防和减少交通事故，采取了以下措施：

1. 成立大队安全设施科，确保机构到位。

2. 争取财政投入，增设卡口和电子监控。

3. 对寺庄村建成交通安全文明村，出村路口安装减速带，高峰时段增派警力加强管控。

4. 对超速、超员、酒后驾驶、逆向行驶、随意变更车道和不按规定让行等严重交通违法行为持续保持严查重处态势，2015年，查出无证驾驶1404起，逆行3796起，饮酒124起，不按规定车道行驶7317起，拘留259人。

5. 对沿线交通标志、标线进行排查，更新和安装交通标志标线。

6依托辛置交通警察执法站、临时执勤卡点和公路巡警中队联勤制度，执勤民警严查危险货物运输车。重点查处过境危险货物运输车不具有危化品运输许可证非法运输危险货物、不具备从业资格的人员非法驾驶和押运危险货物运输车、非法改装伪装危险货物运输车、危险货物运输车超速行驶、占道行驶、疲劳驾驶、违法停车、未安装GPS、液体危险货物罐车未安装紧急切断装置等重点违法行为，依法从严从重处罚，坚决打压和震慑危险货物运输车交通违法行为，严防交通事故发生。通过日常整治，强化路面管控措施，加大对危化品运输车辆的安全管理力度，确保危险化学品运输车辆行驶安全。

【农村摩托车生命安全保护工程】

2015年，为净化农村道路交通环境，大队坚持打防结合，以摩托车阶段性多发违法行为为重点，在早、晚时段，重点在城郊周边道路部署警力，查处摩托车不戴安全头盔、涉牌涉证、违法载人、超速超载、酒后驾驶、驾驶报废摩托车上路等严重交通违法行为，在县乡道路上刷写墙体宣传标语，实施摩托车生命安全保护工程以来，查扣摩托车1182辆，通过宣传教育和提示警告，部分驾驶人佩戴摩托车安全头盔，办理牌证130辆，教育驾驶人800余人，农村摩托车安全管理水平有所提升。

【实施智能交通指挥系统工程】 2015年，建设高效、全能、实用、节俭的交通指挥中心，整合现有资源，集成现有设备，投资50余万元改造交通指挥中心；已将卡口信息接入支队“缉查布控”系统，实现适时向公安信息库提供过往车辆信息，强化实战应用；指挥中心成立卡口和“缉查布控”系统应用小组，维护系统，增加科技投入，推动市区信号灯智能化，扩展电子警察抓拍功能的运用范围。

【实施交通示范创建工程】 坚持交通安全宣传是道路交通管理工作的先锋，发挥交通安全宣传是交通管理工作第一生产力的作用，以“春运工作”“五一”小长假、农村庙会、第二个全国中小学生安全教育日、国庆中秋佳节为切入点，带着职责下基层，带着目的下基层，带着任务下基层，带着知识下基层，带着建议下基层，带着意见回单位。引深“文明交通行动计划”和“创建文明城市”活动，开展社会性的“文明出行从我做起”“文明交通我先行”等活动。创建主体化格局，向媒体要效应，掌握网络舆情，加强与网民之间的交流深度与沟通广度，引导网络舆论导向。加强重点车辆企业及驾驶人的交通安全知识培训，以教育促安全。督促客货运车企业、校车所属单位，加强对驾驶人交通安全防范意识的提高、教育。鼓励学生回家提醒父母依法文明出行，引深“小手拉大手”交通安全教育活动。

【车驾管综合改革工程】 霍州市交警大队围绕2015年公安车驾管综合改革工程，加强对车管民警的培训力度，每周星期三下午5：00—6：00，车管所全体民警进行业务培训，全面推行车驾管岗位民警“七式”工作法，提升规范管理标准，安排专人指导培训，提高业务能力和水平。严格驾驶人考试组织，实现管理与服务的全程科技化、透明化和公开化，对驾驶员考试科目全程音视频监控，考试过程实时上传至支队车管所驾驶人考试监管中心，自5月开始该项工作以来，共办理驾驶员科目一自助考试1703人，科目二考试1470人。加强机动车安全技术检验监管系统建设，检验各种车辆5583辆。稳步推行机动车注册登记、年检、驾驶人年审业务双轨并行，注册登记小型汽车441辆，办理免检手续5166辆，驾驶人审验1904人。推广摩托车带头盔、带牌证销售机制，选取霍州市跃进摩托车行为定点带牌销售点。继续做好黄标车及老旧车淘汰工作，共淘汰黄标车、老旧车177辆。

【开展专项活动】 2015年，坚持以“抓基层，打基础”为切入点，选举首届党总支，改选充实5个党支部，明确主体责任，增加党总支的战斗力，提高大队班子的学习能力、教育能力、创新能力和服务能力，突出教育主题，强化问题导向，发挥党支部的战斗堡垒作用，开展学习讨论落实活动和专项整治活动，推进立案突出问题专项治理工作和推进《“三严三实”工作》。通过各种活动，学习教育整改，明确“两个责任”，坚持把“六权治本”作为加强和改进大队工作的长效机制。树立依法行政的理念，用法治思维履行好大队职能。分两期对民警进行法制教育培训，发放资料200余份。从大队领导到基层民警，建立“权力清单、责任清单、服务清单、问题清单”。从接警到结案，规范了立案标准、办案程序和法律文书，实现职能科学、权责法定、执法严明、公开公正、廉洁高效、守法诚信的法治交警。提高全体民警执勤执法素质，提高全体民警专业技能和执法办案质量。构建红色、法治、廉政三个文化建设教育平台，凝魂聚气，强基固本。掀起向贺冰等三位同志学习热潮，参加山西省公安厅和支队网校的政治学习、业务培训，重申重签制止大操大办、借机敛财行为保证书。开展“廉政文化进家庭”活动，发一封廉政信，上一堂廉政课，开一次座谈会，做一个特色桌牌，看一次警示教育片，采编一组廉政视频，征集一组“创建廉洁家庭”征文，开展一次特色活动的八个一活动，寄发《致全体党员干部及民警家属的廉政信》300余份，撰写“家庭助廉”征文10余份。

【启动警务模式】 根据上级要求，完成全国、全省、临汾市、霍州市“两会”“9·3”“9·7”五中全会期间道路交通安保任务。完成了全市公安交警“查违法除隐患、降事故保安全”大会战和打非治违工作。保证元宵节、清明节、五一小长假、六一儿童节、中秋、国庆、元旦等重要节假日期间的交通道路安全，保证高、中考期间的道路畅通。

【领导班子】

党总支书记、大队长：

张连杰（2007.04—2015.12）

党总支副书记、教导员：

王　力（2003.03—2015.12）

党总支委员、副大队长：

曾广平（2000.01—2015.12）

吕小环（2000.01—2015.12）

邢钦峰（2003.03—2015.12）

朱耀平（2009.01—2015.12）

朱　敏（2014.01—2015.12）

李玉平（2014.01—2015.12）

党总支委员、纪检组长：

薛新红（2014.01—2015.12）

【获奖情况】

2015年10月20日，在“纪念中国人民抗日战争暨世界反法西斯战争胜利70周年活动安全工作”中被霍州市劳动竞赛委员会授予集体一等功。

（陈春洪）

检察工作

【概况】 1950年5月霍县人民检察署成立，行政上隶属于县人民政府，业务上受上级检察（分）署的监督和指导。1951年1月更名为霍县人民检察院。1955年1月，霍县人民检察院由政府工作机构通过法定程序成为独立司法机关，编制3人。1958年6月，霍县和汾西两县合为一县，检察机关合并称为霍汾县人民检察院。1958年12月霍汾县和洪赵县合并为洪洞县，称为洪洞县人民检察院。1959年7月霍汾县从洪洞县分出，名称恢复为霍汾县人民检察院。1961年5月霍县与汾西县分县后，称为霍县人民检察院。“文化大革命”期间，检察职能由军管组和县革委会保卫组代行，1973年9月军管组和县革委会保卫组撤销后，检察院被取消。

1978年11月，霍县人民检察院恢复重建；1980年5月，内设机构为：办公室、经济检察科、刑事检察科、刑事审判监督科、法纪检察科；1983年8月增设监所检察科、控告申诉检察科；1985年9月成立政工科；1989年8月设立税务检察室；1990年2月设立煤炭检察室，1990年，霍县人民检察院改名为霍州市人民检察院。

到2015年底，内设机构有办公室、政治处、侦查监督科、公诉科、未成年人刑事检察科、反贪污贿赂局、反渎职侵权局、控告申诉检察科、民事行政检察科、刑事执行检察局、法警队、职务犯罪预防科、案件管理中心、后勤服务中心、纪检监察科、城区检察室、河西检察室、辛置检察室、什林检察室、矿区巡回检察室。

截至2015年，全院有干警99人，检察长1名，副检察长3名，检委会专职委员3名，工会主席1名，其他党组成员7名，检察员36名，助理检察员1名，书记员27名，司法警察3名，工人22名。

【反贪、反渎】　2015年，霍州市人民检察院把查办职务犯罪大要案摆在重要位置，从群众反映强烈、社会普遍关注的重点领域、重点行业入手，坚持“抓系统、系统抓”，推进职务犯罪查处工作步步深入。查处贪污贿赂案件23件31人，立案10件17人，其中贪污案7件15人，挪用公款案1件1人，受贿案2件2人，大要案比例100%；查处渎职侵权案件线索15件，初查6件17人，立案侦查了徇私舞弊、贪污犯罪1件2人。

——创新工作机制，提升案件质量与办案效率。2015年，霍州市人民检察院建立案件线索评估机制，提高案件线索来源的可靠性、内容的可查性、成案的可能性；利用网络信息资源，科技强侦，案件达到“快速、细致、准确”的目的。在看守所内单独设立自侦监号和自侦提讯室，建立同步录音录像的网络化信息管理系统，落实案件同步录音录像制度。完善职务犯罪案件办案管理模式，降低办案风险，提高执法水平和案件质量。

【职务犯罪预防工作】　1.6月2日，由霍州市人民检察院举办的“警钟长鸣”预防职务犯罪书画展，在160余位参展作者中绝大部分为党政干部群众，展览期间参观人数2万余人。

2.撰写的《霍州市惩治和预防职务犯罪年度报告》中，对涉农职务犯罪案件进行分析，找出涉农职务犯罪的特点及原因，有针对性地提出预防检察建议。该份报告被霍州市委书记陈纲同志批示转发。

第二部预防职务犯罪微电影《虚报的代价》经该院微信公众号发布，3天即获得4万余次的点击。

【侦监检察工作】　2015年，共受理公安机关提请批准逮捕的各类刑事案件101件155人，较2014年件数上升31.17%，人数上升14.81%。提起公诉案件112件159人，打击犯罪分子的嚣张气焰。

霍州市人民检察院贯彻宽严相济的政策，寻求“宽”与“严”的最佳结合点，做到该严则严，当宽则宽，实现法律效果与社会效果的有机统一。2015年4月开始，该院在全市开展对公安机关刑事立案后未提请逮捕案件和积案情况专项监督活动，院领导高度重视并会同霍州市公安局、临汾市公安局霍东分局联合下发了工作实施方案。该院对霍州市公安局、霍东分局下辖的各派出所、刑警队进行执法检查，对监督范围内的案件统一录入，从中发现监督线索，督促案件按流程及时办理。针对破坏环境和危害食品药品专项立案活动，批捕科先后对霍州市环保局、卫生局、食品药品监督局、国土资源局等行政执法单位开展走访调研，批准逮捕在面粉中添加“增白剂”，涉嫌生产、销售有毒有害食品罪的犯罪嫌疑人杜某。监督霍州市人力资源和社会保障局移交霍州市公安局立案侦查拒不支付劳动报酬案3件。

【未成年人刑事检察工作】　2015年3月，霍州市人民检察院受理公安机关移送审查起诉犯罪嫌疑人李某某等人涉嫌聚众斗殴一案，经审查，李某某作案时未满16周岁，不应当负刑事责任，该院向公安机关发送检察建议，纠正一起错案。2015年9月，该院未成年人刑事检察科工作人员在工作中发现网络中有非法上传未成年人周某某等人涉嫌抢劫一案的起诉书图片，该院立即与公安机关联系并下发检察建议，建议其对发帖人依法查处并删除相关材料，消除社会影响，保障犯罪记录封存制度有效实施，保护未成年人合法权益不受侵害。

至2015年底，未检科受理审查批捕案件15件34人，其中批准逮捕28人，不捕6人。为16名未成年人犯罪嫌疑人提供法律援助，安排亲情会见10多次。

【公诉工作】 至2015年底，公诉科依法受理审查起诉案件154件235人，提起公诉案件共计112件159人，报送临汾市人民检察院6件18人，移送机关撤回2件3人，不起诉案件11件14人，向侦查机关发出检察建议5份，向霍州市人民法院发出纠正审理违法通知书7份，回复7份，追诉漏犯1人，全年无超期羁押，无无罪判决，无错诉、漏诉。

【民事行政检察工作】 2015年，霍州市人民检察院探索实行民事案件和解工作机制，化解社会矛盾，节省诉讼资源。受理民事申请监督案件66件，审结54件。其中支持起诉15件，督促起诉5件，执行监督37件，生效判决监督2件，审判程序违法3件，发出检察建议43件。霍州市人民检察院同人社局、住建局、公安局协同对3家拖欠农民工工资的企业进行监督，3家企业及时支付拖欠工资2062万余元，涉及近千人，维护了人民群众的合法权益。

把涉及全市社会稳定、影响人民群众生产生活的案件作为重点，解决群众诉求，化解社会矛盾。

【控申工作】 2015年，霍州市人民检察院为配合省院提出的阳光检察工作，建立“诉”“访”分离制，让信访人随时了解案件的办理情况，避免在检察环节发生多头接待、多头申诉、多头受理，投诉“无门”现象。全年受理各类信访案件99件，其中职务犯罪举报线索67件，涉法涉诉控告申诉案件29件，申请司法救助2件，申请国家赔偿1件。另有2014年初核未结案件3件。对所有的案件进行妥善处理，做到事事有着落，件件有交代。

【刑事执行检察工作】 强化刑罚执行监督，把查办刑罚执行和监管活动中的职务犯罪作为重点，以办案统领监所检察工作全局。针对工作中发现的问题，对相关部门送达纠正违法通知书63份，送达检察建议书3份，均已回复，多次对在押人员和社区矫正人员进行谈话教育，写检察信息8篇，对刑事执行检察工作做到及时宣传。2015年，根据市院安排的《社区矫正人员脱管、漏管专项检察活动实施方案》要求，刑事执行干警会同司法局同志深入全市12个乡（镇、街道），对全市社区矫正工作的开展情况进行检察监督。通过听汇报、查阅档案、与矫正人员见面，对矫正人员进行家访，针对社区矫正工作中存在的问题向司法局发出《纠正违法通知书》，规范社区矫正工作。

【法警队工作】 加强司法警察练兵活动，夯实司法警察履职基础和实战技能。为了让练兵活动真抓实练出效果，霍州市人民检察院结合实际制定活动实施方案，科学合理安排训练内容、训练方式，依据“一熟、两懂、三会”的标准，在内容上，更加注重加强法律知识的学习，提高业务素质，开展练兵和技能竞赛活动，在培训中注重针对性和有效性，确保人员、时间、内容、效果四落实。2015年8月，该院邀请市消防中队副大队长及部分官兵对该院法警、后勤等部门干警20余人进行消防知识讲座和实地消防演练，在消防官兵的示范指导下进行灭火演练，干警们个个亲临火场，亲自操作，达到知识与实际的有机结合。

【技术工作】　2015年，霍州市人民检察院集中精力、集中时间、突出重点，提高干警岗位技能。通过学打字、学业务、学侦查设备使用、学办案办公软件应用，干警整体应用能力有了明显提升，实现提讯犯罪嫌疑人一律实行电子笔录；自侦部门每名干警都能熟练操作和使用各种侦查设备；所有法律文书一律实行规范化标准；提高工作效率，节约司法资源。

【办公室工作】　加强信息化建设，提高检察工作能力。2015年，继续着眼信息化长效机制的建立，检察技术工作为迎接国家保密局的分级保护测评验收工作，投入大量的人力、物力、财力等，为网络信息化安全运行奠定了坚实的基础。创新预防职务犯罪机制，构筑了侦监、反贪、反渎、公诉、未检与预防有机结合的大格局，形成“全方位、立体化预防职务犯罪网络”的工作新思路。重视调研信息宣传工作，截至2015年底，全院被上级市院采用调研、宣传、信息13篇，其中3篇被《检察周刊》采用，1篇被《山西法制报》采用。

【领导班子】

党组书记、检察长：

王华（2011.05—2015.12）

常务副检察长：

成红福（2003.03—2015.12）

副检察长：

朱惠林（2003.03—2015.12）

张　峰（2003.03—2015.12）

纪检组长：

王小虎（2003.03—2015.12）

政治处主任：

李燕燕（女，2003.03—2015.12）

反贪局长：

曹淑贞（2011.12—2015.12）

工会主席：

闫　林（2003.03—2015.12）

党组成员：

李　垒（2013.09—2015.12）

郭锐华（2013.09—2015.12）

乔华民（2013.08—2015.12）

专职委员：

董泓江（2013.08—2015.12）

王慧慧（女，2013.08—2015.12）

成晓林（2013.08—2015.12）

（杨军军）

法院工作

【概况】　霍州市人民法院共有内设机构16个，即：政治处、刑事审判一庭、刑事审判二庭、民事审判一庭、民事审判二庭、民事审判三庭、行政庭、立案庭、审判监督庭、执行局、办公室、监察室、法警队、后勤服务中心，以及两个基层法庭——什林法庭、辛置法庭。有干警66人。

【刑事审判】　全面贯彻落实新刑诉法及其司法解释，确保法律效果和社会效果的高度统一。推行量刑规范化办案，提高了量刑过程的公开性和透明度。妥善处理刑事附带民事案件及未成年人犯罪案件，实现案件审理的法律效果和社会效果，有效维护社会稳定。

2015年，受理各类刑事案件164件，审结156件，结案率95.9%。无超审限、超期羁押案件发生。

【民事审判】　贯彻实施新民诉法，坚

持“调解优先、调判结合”的原则，案件数量逐年递增，审理程序不断规范，案件质量稳步提高，社会效果明显提升。

2015 年，受理各类民事案件 1012 件，审结 951 件，结案率为 94%。其中，调解 187 件，撤诉 147 件，调撤率 78.6%，无超审限案件发生。

2015 年，适度开展诉前调解、处理来信来访、落实司法救助工作，2015 年，审查受理各类案件 1442 件，诉前调解纠纷 31 件，接待来访和法律咨询 1000 人次，减、缓、免诉讼费 198984 元。

【行政审判】 在行政审判工作中，履行司法审查职能，加强对具体行政行为合法性审查，保护行政相对人的合法权益，促进、监督行政机关依法行政。2015 年，受理行政诉讼案件 8 件，审结 8 件，结案率为 100%。

【执行工作】 在执行工作中，用足用活法律赋予的强制手段，将所有执行案件信息全部录入全国法院被执行人信息查询系统，完善失信被执行人名单制度，在最高人民法院网站上公布失信被执行人信息 146 例，督促被执行人自动履行裁判义务。对被执行人有能力履行而拒不履行的，依法采取强制措施。2015 年，向市公安局移送拒不执行法院判决、裁定 20 案 24 人。市法院在资金不足、人手不够的情况下，向上级部门争取资金，投资 99 万余元建成执行指挥中心，实现与银行、国土、房管等执行联动单位的联通，能通过被执行人信息系统，对被执行人的财产进行查控。通过一系列举措，一大批执行积案得到彻底有效解决。全年共受理执行案件 238 件，执结 233 件，执结率为 97.9%。

【立案工作】 根据上级法院要求，市法院于 2015 年 4 月份挂牌成立诉讼服务中心，中心下设诉调对接室和人民调解室。在立案庭设立诉讼服务场所、便民配套设施，配置立案登记专用液晶电脑，诉讼服务大厅配置当事人查询触摸显示屏，饮水机，添置便民书写台，便民箱、老花镜、举证指南、风险提示等便民诉讼材料。自 5 月法院开始实行立案登记制改革以来，在立案时间上，对于符合立案条件的，在 15 分钟内办理好立案手续。对不懂写诉状和申请书的当事人，给予耐心讲解并发给“诉讼风险提示书”“起诉书”等诉讼文书格式。对于材料不全的，一次性说明欠缺的材料清单，提供笔、纸、水等服务。立案庭在立案窗口创新性地开展了便民利民服务，导诉、诉前调解、速裁、判后答疑等工作最大限度地保障了当事人的诉讼权利。

【信访工作】 推进涉诉信访工作，为从根本上减少信访案件的发生，化解社会矛盾，市法院通过加强申诉复查、再审案件审判、信访案件质量评查等工作，依法纠错，维护司法公正，妥善处理一批上访老户和群体性案件。市法院共受理临汾中院交办的各类涉诉信访案件 13 件，化解 10 件，剩余 3 件正在执行中。全年未发生涉法涉诉进京非访案件。

【人民陪审员工作】 2014 年，按照上级法院要求，在结合法院实际情况的基础上，完成人民陪审员“倍增”计划，新增 29 名人民陪审员。2015 年，陪审员人数 55 人，共参加陪审的案件 471 件，其中，民事 386 件，刑事 85 件，陪审率为 36.6%。

【干部队伍建设】 2015 年，霍州市人民法院落实党风廉政建设主体责任和纪检监督责任，完善了《霍州市人民法院关于在全院落实党风廉政建设“两个责任”推行“四述两谈”制度的实施意见》《霍州市人民法院关于落实党风廉政建设党组主体责任、纪检组监督责任的实施意见》，开展廉政谈话、落实领导干部个人有关事项报告制度，增强廉洁自律的坚定性。对当事人随案发放廉政监督卡，开展廉政回访。市法院还深入推进反腐败协调工作，2015 年，市法院向同级纪检监察机关移送案件和案件线索 10 案 10 人。

开展各项专题教育活动。开展学习讨论落实及政法专项整治活动、“一村一警”联系走访活动、“三严三实”教育活动、“三严三实”专题教育集中开展不作为乱作为、损害群众利益问题专项整治等主题活动。通过一系列活动的开展，全院干警的服务意识、大局意识、责任意识进一步增强，作风建设明显好转，促进公正、高效、廉洁执法。

【领导班子】

院　长：

杨建民（2007.04—2015.12）

任　军（2015.12—2015.12）

副院长：

荀杏红（2003.03—2015.12）

李小波（2003.03—2015.12）

沈晓静（女，2003.05—2015.12）

（李兵平）

司法行政工作

【概况】　霍州市司法局有 6 个内含股（科、室），即：办公室、政治科、宣教股、基层股、司法工作管理股、社区矫正股，有 12 个基层司法所。主管霍州市法律援助中心、霍州市公证处、山西秀竹律师事务所、山西星硕律师事务所、霍州市鼓楼法律服务所、白龙法律服务所、北环法律服务所和辛置法律服务所。在编人员 43 人，公证员 2 人，注册律师 6 人，注册基层法律服务工作者 17 人，党员 47 人。

【普法宣传】　以“四位一体”普法宣传平台为基础，开展法治宣传教育。一是发挥普法宣传平台作用。继续与霍州电台、电视台、报社、移动公司签订协议，在媒体开办普法节目、法制栏目等，形成广播、电视、报纸、手机短信“四位一体”的普法宣传平台。2015 年，同广播电台联合开办“与法同行”播出 150 余期，同报社联合在《今日霍州报》刊登“以案说法”30 余篇，编辑发送普法短信 50 余条。二是建立法治宣传基地。增强全民法律意识，提高全民法律素质，推进法治霍州建设进程，依托永和公园建立法制宣传基地，设立 15 块法治宣传版面，定期更换版面内容，扩大法律宣传覆盖面。三是开展“法律六进”活动。在重大节日、传统庙会上开展以“创建法治农村，建设和谐家园”为主题的法制宣传活动，在人群密集处设立法律宣传咨询点，发放法律宣传资料、宣传品，解答群众法律咨询。在霍州市中小学校开展送法进校园活动，开展法律知识讲座，赠送未成年人法律知识手册等法律书籍，增强广大青少年法律意识。四是开展以“弘扬宪法精神，推动创新、协调、绿色、开放、共享发展”为主题的“12·4”法治宣传系列活动。

【法律服务】　以服务重点工程项目为抓手，做好法律服务工作。一是发挥法律服务团作用。抽调公证、律师、基层法律服务人员等 10 名业务骨干，组建霍州市法律服务团，为香江城、中镇国际花园、河畔丽景、州里街、永康华庭及廉租房等政府重点建设项目提供优质高效的法律服务。二是探索与信访的结合点。坚持在信访大厅和霍州市社会管理中心大厅值班，对于涉法的上访，引导走司法程序。三是提供便捷法律服务。法律服务人员对家庭困难的低保户、残疾人等弱势群体，上门服务，主动减免服务收费，方便当事人。四是以活动为载体加强法律服务队伍建设。在全市法律服务队伍中开展依法治国教育活动、开展“推进依法治国，净化政治生态”主题学习教育活动。公证处开展“情系百姓身边事，公证为民进万家”为主题的公证宣传系列活动、开展公证质量自查工作，严把公证质量关。五是开启法律援助远程视频服务系统。法律援助降低服务“门槛”，扩大援助覆盖面，实行案件质量回访，确保提供优质高效的法律服务。2015 年，全市各法律服务机构共办理法律援助案件 121 件，免费解答法律咨询 1850 人次，办理各类公证事项 549 件，代理各类诉讼案件 351 件、代理非诉讼案件 35 件，代写法律文书 1000 余份，维护当事人的合法权益，为全市转型跨越发展提供良好的法治环境。

【人民调解】 一是健全调解机构。结合换届选举，指导全市 207 个村（居、社区）调整充实调委会成员，健全市、乡（镇、街道）、村（居、社区）三级人民调解组织机构。同时在全市指导建立了 6 个专业性、行业性调委会；二是加大对人民调解员的培训力度。2015 年 7 月 15 日，在市委党校培训中心组织举办霍州市人民调解员培训班，市委常委、统战部刘国平部长到会并作了重要讲话。12 个乡（镇、街道）、207 个村（居、社区）调委会主任和调解员骨干及法院、检察院、公安专职工作人员 450 余人参加培训。三是开展矛盾纠纷排查调处工作，2015 年，各级调委会共调处涉及征地拆迁、土地承包、劳动争议、家庭纠纷、交通事故等各类矛盾纠纷 1584 起，极力维护基层社会和谐稳定。

【安置帮教】 2015 年，接收刑释解矫人员 120 名（其中刑满释放 36 人，解除社区矫正 84 人），全部按一人一档建立个人档案，确定帮教人，落实帮教措施，信息录入率 100%，做到台账明确、底数清楚。同时以刑释解教系统平台为基础，通过调查走访，核实服刑在教人员信息 36 名，做到与预释放人员家属的联系。

【社区矫正】 2015 年，完成审前社会调查评估 110 人次，接收社区服刑人员 119 人。累计接受社区服刑人员 699 人，累计解矫 460 人，因居住地变更迁转异地 8 人，退回法律文书 2 人，提请撤销缓刑 11 人，矫正终止 9 人，在册 209 人（其中，管制 11 人，缓刑 193 人，假释 1 人，暂予监外执行 4 人），无一人脱管、漏管及虚管。一是加强制度建设。结合日常管理，制定社区矫正例会制度、巡查制度、抽查制度、外出请假制度、训诫谈话制度、异地就业单位协助监管措施等，印制社区矫正知识手册、社区服刑人员学习笔记本、社区服刑人员参加社区服务登记表等，推进社区矫正工作规范化运行；二是加强日常监管。司法所在做好宣告入矫、报到报告、教育学习、公益劳动、家访走访、奖惩考核等环节工作的同时，加强在报到间隔期的管理，社区矫正股抽调专门力量，每周随机抽查、巡查在册的社区服刑人员，了解其近期工作、生活及思想动态，通过抽查、巡查等形式加强监管，社区服刑人员的违规情况明显改善；三是加强教育帮扶。2015 年，在霍州技工学校“阳光之家”

技能培训基地组织开展“学传统文化，享幸福生活”为主题的大型集中教育活动，举办2期社区服刑人员电工技能培训班，提高其就业技能，组织开展5期法制教育轮训，强化其法制观念。组织社区服刑人员去敬老院、街道等公共场所参加公益劳动，为社区服刑人员提高技能、服务社会搭建平台，增强社区服刑人员的社会责任感；四是加强监督检查。2015年，社区矫正股与检察院监所科联合对霍州市12个司法所的社区矫正工作进行两轮全面检查，通过听取汇报、查阅档案、抽查社区服刑人员到场询问、家访等方式，了解司法所对社区服刑人员的日常监管工作，以“严管理、严落实、严监督”“三严”标准推进社区矫正工作。

【队伍建设】　落实党风廉政建设“两个责任”，推行“清单定责”和“廉情预警”机制。在全市司法行政系统开展“学习讨论落实”专题教育实践活动、“三严三实”专题教育，开展司法行政领域突出问题专项整治活动，整治法律服务“群众打官司难”的问题，推行“一村（社区）一法律顾问”制度，制定出台《加强律师队伍教育管理工作的实施意见》《关于在全市法律服务队伍中开展依法治国教育的实施方案》，通过系列活动的开展，提升党员干部的思想觉悟，改善工作作风，提高服务水平，为司法行政各项工作的完成奠定基础。

【领导班子】

局　长：

郭建国（2010.09—2015.12）

支部书记、副局长：

孙亚丽（女，2007.08—2015.12）

副局长：

张　丽（女，2007.08—2015.12）

纪检组长：

晋秀萍（女，2007.08—2015.12）

政治科科长：

李晓琳（女，2012.08—2015.12）

（晋秀萍）

法制工作

【概况】　霍州市政府法制办成立于1999年，是政府依法行政的重要监督部门，正科级建制。前身是政府法制局，主要担负指导、协调行政复议、行政赔偿、行政应诉、行政执法主体登记、资格确认办理、行政执法人员培训、证件颁发和注销、协调市内各行政机关之间在执行法律、法规、规章和市政府规范性文件中的矛盾和争议等工作。到2015年底，有工作人员5人。

【依法行政宣传】　为确保“依法行政宣传”工作有效开展，市法制办结合“12·4”国家宪法和15个法制宣传日文件精神，制定《霍州市2015年依法行政宣传月活动实施方案》精心组织安排20余个行政执法单位分期分批进行上街宣传，要求各单位横挂宣传标语，编印宣传资料，设立宣传咨询台，组织专题学习等活动，并通过电视、网络、《今日霍州》开设行政执法专栏等形式扩大宣传。

【行政执法责任制考核】　根据临汾市政府法制办工作要求，法制办对市计生局、卫生局、物价局、食药局等12个具有行政执法职能的单位执法工作进行全面检查。

【行政执法人员培训】　2015年，执法人员培训考试，法制办采取自行培训、集中培训、闭卷考试的办法对各行政单位执法人员进行培训考试。培训考试内容涉及《行政许可证》《行政处罚法》《山西省行政执法条例》和《行政复议法》等和部分部门法律法规，参加培训考试人员1340人。

【行政执法证件管理】 在行政执法证件发放管理上，法制办始终按照《山西省行政执法证件管理办法》，以执法主体为单位，三级审核为程序，严格把关。输行政执法证件400余件。

【行政复议和行政应诉】 2015年，共办理行政复议案件3件，办理行政应诉案件2件，全部结案。

【案件评查】 2015年，共评查处罚案卷100余卷，行政许可案件80余卷，全部评查结束。

【领导班子】

主　任：

成建忠（2002.04—2015.12）

副主任：

韩四元（2002.10—2015.12）

孟文会（2002.10—2015.12）

（周亚峰）

临汾市公安局霍东分局

【概况】 临汾市公安局霍东分局前身是霍州矿务局公安处，2000年3月按照国务院以国发〔1994〕19号文件批转《公安部关于企业事业单位公安机构体制改革意见的通知》精神，上划临汾市公安局，2002年元月正式更名为临汾市公安局霍东分局。内设机构9个，3个治安派出所，政法行政编制46名，在册人员122人，其中授衔民警43名，党员86名，班子成员7人。一级派出所1个，二级派出所2个，全部高配为正科级派出所。

霍东分局服务于霍州煤电集团有限责任公司，该公司位于晋中、晋北煤炭基地内，有霍西煤田、沁水煤田、河东煤田、宁武煤田，分布在临汾、吕梁、忻州、长治和运城5市所辖12个县（市），下属子公司共计60家，辖区总面积822.05平方公里，管辖人口突破11万人。

【维稳工作】 健全完善工作机制。强化国保大队、派出所国保专干在维护社会政治稳定工作中的职责，加强与集团公司维稳办、防范与处理邪教问题办公室、信访等党政职能部门的沟通与联系，各派出所建立健全治安联席会议、重大情况通报、联络员制度，提高精确预防和维稳处置能力。加强对重点人的管控。协调配合集团公司有关职能部门，将重点人员全部纳入工作视线，妥善化解处置因企业内部、企地之间的矛盾纠纷引发的围堵大门、公路等问题28起。实现不发生群体性越级上访事件和个人极端访的目标。加大对信访活动中的违法犯罪行为的打击处理办度，立刑事案件1起，依法处置赴京非访人员8人次，行政拘留5人。加强对网络舆情的监控。上报互联网各类情报信息220条，省厅采用200条；处置互联网违法有害信息3008条、互联网各类舆情信息10条，完成舆情导控600余次；指挥中心情报部门上报信息76条，市局采用76条，省厅采用58条，部采用25条；处置因开元小区住房问题，几个QQ群主在网上组织煽动群众群体围堵到霍煤视察的省委主要领导事件。落实反恐维稳措施。贯彻落实中央和省委《关于进一步加强反恐怖工作的意见》，强化了社会面治安巡防，加强情报信息的搜集和研判，刑侦大队全年上报市局涉恐信息

35条，其中情报信息17条、研判报告6条，涉恐重点管控人员及管控措施2条，其他信息10条。

【治安管理】　2015年，登记建册流动人口169人、出租屋33户，登记建册率100%；列管邪教重点人员1人、刑释等重点人员19人，列管率100%；社会面治安巡逻4000人次，开展治安防范、打击整治宣传20场次，悬挂标语35条，散发宣传资料2万余份；对出租层、流动人口的聚集地、建筑工地、行业场所等部位进行3次治安大清查，对重点要害部位进行4次治安大检查，查出治安隐患168条，并督促整改；开展缉枪治爆专项行动，组织检查涉爆单位4次，利用测爆仪测爆清查200人次，保持和巩固了涉爆单位连续数年未发生涉爆案件的良好局面；开展制毒高危场所排查工作，各派出所重点对辖区自建房、废弃窑洞、停产厂矿的车间库房等进行排查清理，起到了有效的震慑作用；完成“两节”“两会”“9・3”大阅兵等重大节庆、重大会议期间的安保任务；通过严密社会面的巡逻防控，加大日常安全检查、治安清查工作力度和社会治安管理，实现辖区治安明显好转的目标。

2015年，受理治安案件132起，办结113起，行政处罚129人，其中行政拘留91人。

【刑事犯罪侦查】　2015年，重点开展了打黑除恶、打击“两抢一盗”、打击电信网络诈骗等专项斗争。全年破获刑事案件61起，抓获犯罪嫌疑人65人，刑事拘留44人，执行逮捕14人，移送审查起诉34人。抓获各类逃犯23人，其中历年逃犯9人，省内逃犯2人；在红色预警追逃大会战中，抓获逃犯15名，超额完成临汾市公安局下达的指标，取得较好的成绩。破获了胡某某等人虚开增值税发票案2800多万元。打击违法犯罪分子的嚣张气焰。刑事案件同比下降29.8%，多发性侵财案件同比下降44.1%，其中入室盗窃案件同比下降71%、诈骗案件同比下降38.2%，八类严重刑事案件同比下降100%。

【执法规范化建设】　2015年，完善了执法培训机制。组织国保、刑侦、治安、派出所等警种参加公安部、山西省公安厅、临汾市公安局开设的各类授课培训38次，加强执法民警《刑事诉讼法》《治安管理处罚法》《公安机关执法细则》等必知必会内容及执法办案场所的使用和管理的培训，提高全体执法民警的法律素养和业务能力，促进执法行为的规范和执法水平的提高。完善网上执法机制。按照“案件信息网上录入、案件程序网上流转、案卷材料网上保存、案件台账网上生成”的要求开展办案活动，实行网上办案情况周通报制度，保证案件的网上流转率始终保持在100%。完善执法办案场所使用管理。对全局4个办案区的硬件设施进行完善，使办案区硬件设施基本达到标准要求，满足了日常执法办案需要；完善办案区管理制度，实现办案区流程化、规范化和标准化管理；“五个一律”工作要求落实到位，确保执法安全；推行现场执法活动时执法记录仪的使用，保证所有执法工作做到有据可查、所有执法活动实现可回溯式管理，防范执法活动的随意性；加强拘留所建设，投资4万元对拘留所监控系统高清音视频进行了改造，2015年，治安拘留90人，实现了零事故目标。完善执法责任制。按照“六权治本”的要求，明确各执法部门的权力清单和责任清单，坚持依法、理性、文明执法，杜绝了粗暴执法、野蛮执法、滥用公权问题的发生；开展立案专项治理活动，完善了受立案工作制度和流程管理。

【领导班子】

局　长：

张鹏起（2007.04—2015.12）

政　委：

王亚琦（2007.06—2015.12）

副局长：

史清龙（2014.01—2015.12）

曹云峰（2014.01—2015.12）

纪检书记：

杨晋生（2008.01—2015.12）

（赵峰泽）

经济管理

计划管理

【概况】 根据《霍州市人民政府办公室关于印发霍州市发展和改革局主要职责内设机构和人员编制规定的通知》（霍政办发〔2010〕9号），霍州市发展和改革局内设办公室、国民经济综合股、农村经济股、工业经济股（市国民经济动员办公室）、社会发展股、固定资产投资股、政工股、物价管理办公室8个科室。下属信息中心、价格认证中心、白龙镇农村物价管理所、大张镇农村物价管理所、辛置镇农村物价管理所5个事业单位。发改局机关行政编制为23名，其中：局长1名，副局长4名，纪检组长1名，总经济师1名，股级领导职数8名。另行核定工勤人员编制2名。

【综合实力】 2015年，全市生产总值完成74.55亿元，同比下降11.3%；公共财政总预算收入完成6.70亿元，同比下降6.99%，规模以上工业企业增加值完成31.65亿元，同比下降31.4%；固定资产投资完成164.86亿元，同比增长8.7%；社会消费品零售总额完成31.23亿元，同比增长5.3%；城市常住居民人均可支配收入达到25446元，同比增长7.9%；农村常住居民人均纯收入达到11488元，同比增长5.7%，储备项目投资总额1580亿元；万元地区生产总值二氧化碳排放量下降9.89%；民间投资比重达到50.8%；全市服务业增加值比重达到30.3%。

【项目管理】 提高行政审批效率和服务质量，加强项目监管和项目审批改革，建立行政审批“绿色通道”。在申报材料不减少，审批标准不降低的原则下，通过简化审批环节，压缩审批时限，实现项目快捷审批，做到了“最快时办结，零障碍服务”。截至12月，全市审批、核准、备案项目53项，总投资20.729亿元。其中，临汾市发改委审批、核准项目共4个，总投资26142万元；霍州市发展和改革局审批、核准、备案项目49个，总投资181148.60万元。包括审批项目23个，总投资55563.88万元；核准项目6个，总投资65891.40万元；备案项目20个，总投资59693.32万元。

【重点项目建设】 2015年，全市实施的重点项目共计75项，涉及重点项目总投资金额139.53亿元，当年完成投资90.02亿元，其中省级监测项目1项，市级监测项目19项，县级监测项目55项，涉及工业、农业、水利、服务业、生态环保、文教卫生、社会事业、城镇化、保障性住房、公路、火电、新能源12个类别，其中，总投资1亿至5亿元的有13项，5亿至10亿元的有6项，10亿至20亿元的有4项。投资上亿元的项目有23项，占项目总数的30.67%。

【工业经济】 落实山西省、临汾市及霍州市各项企业减负政策，制定减轻企业负担57条措施及涉煤收费清理办法，为霍州煤电集团减负2500万元，为什林煤业和力拓煤业缓缴资源价款6000万元。在兴业银行为霍州煤电集团、兆光发电厂融资30亿元。与侯马车务段协商，为霍化公司解决铁路发运专用线难题。新兴产业投资比重不断加大，天然气液化、煤机制造等非煤产业快速发展，工业经济实现平稳健康运行。

【农业经济】 农业三大基地建设持续推进，新增无公害蔬菜种植面积133.33公顷；新栽植特色经济林500公顷；新建、续建规模养殖场10个，累计达到290个。西张垣现代农业生态循环示范园区建设标准不断提高，成为霍州市农业产业化发展龙头项目。小型农田水利重点县工程，东王片高标准农田建设全面完成，马刨泉灌区高标准农田建设有序实施。测土配方施肥、机械化生产、病虫草害综合防治等先进农业生产技术得到广泛应用。农村土地确权登记颁证工作全面开展，农民群众生产积极性显著提高，全年粮食总产量6697万公斤。

【旅游三产】 旅游方面，七里峪景区开发建设有序推进，开发方式更加多元，投资渠道不断拓宽，极限运动中心、坡道滑雪等项目投入运营，景区设施功能更加齐全。陶唐峪景区开发项目全面实施，各项建设工程相继开工，综合开发进入新阶段。全年接待游客10万人次，旅游综合收入突破23亿元。商贸服务方面，南街农贸市场、怡泓健身综合服务中心等项目建设快速推进。电子商务迅速发展，苏宁易购、京东商城、赶集网、固德网络等线上平台相继入驻，淘宝霍州成功上线，全国电子商务进农村综合示范县、电子商务孵化园建设工作全面启动，山西供销农芯乐商城霍州服务中心成功运营，线上线下商贸活动更加繁荣。组织全市部门、企业参加各类商贸洽谈活动，全年签约项目19个，签约资金131.9亿元。

【城乡一体统筹发展】 城市建设方面。中镇国际花园一期、州署文化示范园、东关城中村改造、星河蓝湾等城市建设项目加快推进，经三路、纬三路和城市街巷硬化工程全面完成，纬五路路基建设和霍东大道污水管线工程基本完工。完成天然气扩户6000余户，新建热电联产换热站6座，新增集中供热面积50万平方米，达到454万平方米，基本实现城区全覆盖。农村建设方面。推进完善提质、农民安居、环境整治、宜居示范等农村人居环境四项工程，推进水土流失、电网改造、村庄绿化、污水治理等工作，农村公共基础设施建设全面加强，城乡一体化发展成效显著。

【环境卫生】 围绕“四城联创”，开展城乡环境综合治理，全市城乡环境质量显著提升，连续7年成功创建省级卫生城市。执行各项节能减排措施，总投资11.1亿元的电力行业燃煤发电机组超低排放改造工程启动实施，霍煤辛置矿、李雅庄矿井水深度处理站成功运行，全年万元GDP能耗下降3.9%，化学需氧量、氨氮排放量、氮氧化物分别下降5.8%、3.5%、8.1%，完成2015年及“十二五”节能减排任务。实施植树造林和城区绿化工作，完成营造林面积446.67公顷，生态环境进一步改善。全年市区二级以上天数达到301天，其中一级天数达73天。

【民生保障】 教育方面。市职教中心室内外装修和配套设施建设接近尾声；公办中心幼儿园建设全面完成；劳动技校建设快速推进，创建全国义务教育基本均衡发展市。推进教育教学改革，全市教育教学质量显著提升。2015年，霍州市高考二本达线突破千人大关，再创历史新高。卫计工作方面。滨杭新医院建设有序推进，医药卫生体制综合改革深入开展，基本药物销售体制改革全面落实，市、乡、村三级卫生服务体系进一步完善，城乡居民医疗卫生保障水平持续提高。完成卫生、计生部门职能整合工作，成立市卫计局，提升卫生计生工作服务能力。社会保障方面。各类社会保障覆盖面持续扩大，城乡低保、五保、医疗救助、困难家庭大学生救助、“四类”困难家庭学生救助、农村80岁以上老人救助等制度不断完善，社会保障整体水平不断提高，人民群众生活更加幸福。

坚持把安全稳定作为经济发展和社会进步的大前提，抓好重点行业领域的安全生产隐患排查整治工作；落实四套班子领导接访包案和轮流接访制度，加大基层矛盾排查调处力度；推进社会综合治理，打击各类违法犯罪行为，社会秩序和谐稳定，群众社会安全感和满意度。

【“十三五”规划编制】 按照国家、省、市“十三五”规划编制安排部署，在全市9月底召开的“十三五”规划编制工作会上，霍州市发展和改革局委托霍州市政府采购中心通过公开竞标，在报名的四家科研单位中确定由山西现代循环经济研究院承担霍州市“十三五”规划编制工作。10月底，发展和改革局积极配合编制单位，制定《霍州市“十三五”规划编制工作方案》，组织召开全市“十三五”规划编制工作会议，对“十三五”规划编制工作进行具体的安排部署，力求使全市“十三五”规划更加适应时代要求，更加符合全市经济社会发展规律，更加反映人民群众意愿。截至12月底，《霍州市国民经济与社会发展第十三个五年规划纲要》的初稿完成。

【争取上级资金】 2015年，霍州市发展和改革局共争取到上级资金16284万元，涉及项目和资金分别为：(1) 国家第三批资源枯竭城市2015年转型支付资金14500万元；(2) 2015年农村饮水安全工程总投资147万元，共争取到资金132万元，其中：中央预算内资金88万元，省级配套资金29万元，市级配套资金15万元；(3) 2015年农村饮水安全工程（霍州市水质检测能力建设），中央预算内资金84万元；(4) 霍州市陶唐峪乡老年公寓楼，中央预算内资金410万元；(5) 霍州市安民路道路工程建设项目，中央预算内资金1158万元。

【综改工作】 2015年，霍州市发展和改革局履行国家资源型经济转型发展的工作职能，围绕“建设三晋经济强市，实现整体率先发展”的宏伟目标，立足“产业转型，生态修复，城乡统筹，改善民生”等重点领域，大胆探索、先试先行、克难奋进、狠抓落实，科学编制并实施《霍州市2015年转型综改行动计划》。2015年全市综改主要工作包括4项重大改革、6项重大事项、11个重大项目、1大课题，简称“46111”工作任务。截至12月底，4项重大改革和6项重大事项均展开，11个重大项目中已有7个项目进行开工建设，1个重大课题在调研中。

【车改工作】 霍州市公车改革工作自2014年12月启动以来，霍州市委、市政府根据上级要求，于2015年1月成立由市长崔山原任组长，常务副市长陈占平、副市长郭宏生任副组长的市公务用车制度改革领导小组，启动车改工作。形成《霍州市市直机关公务用车制度改革实施方案》《霍州公务用车制度改革测算情况说明》及配套的3个附件。霍州市于2015年底封存了公务员单位和参公单位的公车，完成车改任务。截至12月底，由霍州市发展和改革局协调市委组织部、人社局、财政局、编办等部门进行的车改参改人员交通补助发放身份核实的工作基本结束。

【党风廉政建设】 2015年，根据市委《关于落实党风廉政建设“两个责任”建立健全清单定责和“廉情预警”的实施方案》文件精神，霍州市发展和改革局成立以局长为组长，书记为副组长及其他班子成员为成员的党风廉政建设领导小组，准确把握“两个责任”的具体要求，厘清和规范局党组织的主体责任，明确责任范围。结合该局工作实际，制定出台《霍州市发展和改革局2015年党风廉政建设和反腐败工作实施意见》《霍州市发展和改革局2015年党风廉政建设和反腐败任务责任分工》，强化主体、主动、主责意识，形成一级抓一级、一级对一级负责的责任网络体系。

【“三严三实”专题教育活动】 2015年6月初，按照上级要求，霍州市发展和改革局成立“三严三实”专题教育活动领导小组，制定《霍州市发展和改革局“三严三实”专题教育活动实施方案》，于6月17日召开“三严三实”动员会，正式拉开教育学习的序幕。该局先后开展“一把手”讲党课、班子成员讲党课活动共计6次，专题学习5次，开展专项整治1次。活动期间，该局严格遵守上级要求，学习习近平总书记系列重要讲话精神和从严治党管党的重要论述，成立局基层干部不作为乱作为专项整治办公室，公布相关举报方式，通过发放意见征求表和自我反省、自我批评等方式，听取群众意见，聚焦专题教育期间查找出来的“不严不实”和“不作为乱作为”等方面的4个问题，结合推进“六权治本”，进行整改，力求把专题学习贯彻到位，武装到人。

【领导班子】

局　长：

李新平（2013.04—2015.12）

书　记：

张卫东（2007.09—2015.12）

副局长：

杜文彬（2002.08—2015.12）

武维斌（2012.06—2015.12）

纪检组长：

米宝龙（2002.07—2015.12）

工会主席：

胡泽军（2002.07—2015.12）

总经济师：

史　琼（女，2012.06—2015.12）

（张琴琴）

统计管理

【概况】 霍州市统计局主要职能是贯彻实施国家和山西省制定的统计法律法规、政策和计划、组织实施国家统一的基本统计报表制度和国民经济核算体系，搜集、整理提供统计资料，对全市国民经济、社会发展和科技进步情况进行统计调查、统计分析、统计预测、统计监督，向市委、市政府及有关部门提供统计信息和咨询建议，搜集、提供外县（市、区）的基本统计资料，同霍州市进行对比分析。定期发布全市国民经济和社会发展情况的统计公报。承担全国人口普查、农业普查和经济普查工作以及国家统计调查、地方统计调查工作任务。截至2015年底，霍州市统计局共有干部职工19人，内设办公室、综合股、工业股、国民经济股、农业股5个股室，下属事业单位有城市社会经济调查队、农村社会经济调查队，完成全市国民经济核算、工业、交通、农业、农调、城调、物价、工业品价格、能源、商贸餐饮服务业、建筑业、固定资产投资、劳资、人口、妇女儿童监测、畜禽监测、名录库等17个专业的统计调查和统计报表任务。

【普查和重点调查】 全国人口普查、全国农业普查、全国经济普查均为重大的国情国力普查，普查工作涉及面广、情况复杂。其中经济普查为工业普查、三产普查、基本单位普查三项普查合并而成，2015年，完成全国1%人口抽样调查，该次抽样调查共涉及全市12个乡（镇、街道）、34个调查小区，对全市61名调查员、调查指导员进行业务培训，完成2762户、9000余人的调查登记工作。

【重点调查】

1. 城乡一体化调查调查户100户，东关、东堡、北关、建材路西居委会，北苑居委会，车站路居委会，成庄、北张、下乐坪、源头10个村及居委会，通过对每户收入消费记账调查、推算出全市居民人均收入、城乡居民人均可支配收入、农村常住居民人均可支配收入等指标，取消夏、秋两季农产量抽样调查，改由全市乡、村逐级上报。

2. 居民消费价格指数调查，对包括食品、衣着居住在内的八大类320种商品进行物价总水平调查。

3. 1%人口抽样调查按照《调查方案》的各项规定，在各相关部门和广大干部群众的支持和配合下，完成了12个乡（镇、街道）、34个小区、2700余户、9000余人的调查工作，掌握全市人口发展状况。

【贯彻落实统计法】 2015年，统计工作围绕提高统计“四大工程”即：联网直报、名录库建设、统计信息化、数据采集软件系统，在统计调查数据源头上下功夫，提高统计数据质量，对全市规模以上商品批零贸易和餐饮服务业法人单位13户，个体户20户，限额以下商品批零贸易调查户38户，劳动工资定期表140户，城乡调查户100户，农产品产量调查199个行政村，规模以上畜禽养殖调查户12户，工业品出厂价格调查户4户，1%人口抽样调查户2700户，印发《统计法》《山西省统计检查监督规定》和《统计违法违规处分决定》宣传手册2000余册，发送统计调查单位和个人，利用各种普查和“12·4”法制宣传日进行普法宣传。

【统计服务】 加强服务提升，提高服务能力。统计工作的职能就是通过客观数据的收集、解读，如实反映社会经济发展的现状，为市委、市政府提供科学依据，为社会各界提供信息服务，预警预测经济社会发展中存在的各种现象，分析问题和根源，提出意见和建议，统计局全体干部职工完成常规统计任务，注重经济运行分析。全局上下紧紧围绕市委、市政府年初制定的目标任务，狠抓统计数据质量和审核评估，完成了农业、工业、能源、固定资产投资、建筑业、社会消费品零售业、基本单位名录库维护、综合核算等各专业年报、季报和月报任务以及国情国力调查及各种专项调查工作。

1. 以提高统计数据质量为中心，在统计报表的全面性、时效性、准确性上下功夫，从组织方式、操作规程、质量控制、数据处理及总结考核等环节上从严要求。完成2015年月报、季报、半年报、年报等工作任务。

2. 提升统计服务水平，开展各项专项调查。提高统计服务水平。一是围绕市委、市政府对经济工作的总体要求，利用统计调查和统计资料的权威性，对经济发展敏感指标进行专项调查研究，收集统计信息。二是通过对客观数据的解读。撰写统计分析，反映现实情况，提出合理的意见和建议，提供给市委、市政府领导及相关部门参阅。各专业撰写统计分析，深入分析霍州市经济运行现状和存在的问题，提出意见和建议，截至2015年底，编发《霍州市妇女儿童事业健康发展》《霍州市1—4月份工业生产运行分析》等50多篇统计分析和统计信息，受到相关部门的好评。按年度发布《2014年霍州市国民经济和社会发展统计公报》和年度《统计数据资料提要》；四是每季编发《经济运行统计监测报告》，为各级领导提供统计数据资料和统计分析报告。

【党风廉政建设】 统计局成立以局长为组长的党风廉政建设领导小组，明确班子在廉政建设中的职责和任务分工，经常召开会议分析党风廉政建设中存在的问题，提出针对性整改措施。落实党风廉政建设责任制，落实“两个主体责任”，坚持“一把手负总责”，“谁主管、谁负责”的原则，分解目标责任。执行“三重一大”和民主决策制度，建立健全《党风廉政建设承诺公示》《党员干部三项谈话》《述职述廉》等十八项制度，增强全员的廉洁自律意识，规范了行政执行行为。

【领导班子】

局　长：

赵建荣（2007.07—2015.12）

支部书记：

郭志忠（2007.09—2015.12）

副局长：

刘姝平（女，2002.10—2015.12）

王　龙（2012.07—2015.12）

总统计师：

李　英（女，2002.10—2015.12）

（郭建华）

物价管理

【概况】 霍州市物价办负责全市物价管理及价格监督检查工作，主要工作包括商品价格制定、行政事业性和经营性服务收费管理、涉案物品价格认证、价格（收费）违法行为监督检查和处理、农产品成本调查、市场价格监管、重要商品和服务成本监审。物价办有干部职工33人，下设办公室、物价检查所、农村物价所、收费管理股、价格认证中心、成本调查队共6个股所。

【价格法规宣传】 2015年，物价办坚持以人为本，切实把科学发展观落实到工作的各个环节，加大宣传力度，以宣传促服务、扩影响，全力为物价工作的全面开展创造有利的社会和舆论环境。利用“3·15”消费者权益日和“5·1”价格法颁布日之际，利用设立咨询台，运用电视、报刊等多媒体多种方式开展价格政策宣传。

【价格调控、监测和预警机制】 落实价格监测上报制度，为上级部门价格决策提供依据。2015年，物价办派出检查人员加大对辖区内的农贸市场、超市的巡查力度，要求超市做好商品明码标价工作，做到货真价实、货签对位，对粮、油、菜、蛋等群众生活必需品进行监测，每月按时上报监测报表，对未按规定实行提价申报销售商品的行为进行处罚，对可能引起市场价格异常波动的倾向性、苗头性问题进行预警预报，解决出现的问题，确保市场价格的基本稳定。

【收费管理】 在收费审验收费许可证工作中，根据上级文件，取消各项收费项目，按照上级文件执行。

【价格监督检查】 2015年，物价办围绕群众反映的热点、难点问题，做好日常工作，开展各种专项检查，打击各种价格违法行为。(1) 开展涉农收费专项检查，对各乡(镇、街道) 的卫生院、药店、农村幼儿园、农村中小学进行检查，共检查单位46个，对违法行为进行处罚，处罚款24.8万元。(2) 在节假日期间，物价办对关系民生的副食品价格进行检查，防止节日期间有扰乱市场价格的行为发生。

【农产品成本调查】 作为成本重点调查县，按照临汾市物价局安排，按时、保质、保量汇总上报成本资料，为政府制定农村经济政策，特别是价格政策提供参考资料和成本数据，深入农村倾听和了解农户意见，学习业务，整理汇总，分析原始成本数据，完善调查登记的核算办法，保证调查点数量和台账的质量。加强和完善全市餐饮业价格登记管理工作，规范餐饮业价格行为，对全市范围内的宾馆、饭店进行检查，要求各经营户必须做到明码实价，按物价部门的毛利率标准执行。

【价格认证工作】 在价格认证工作方面，以涉案物品价格鉴证为立足点，坚持客观、公正、及时、准确的评估原则，开展工作，严格按照鉴定程序，每一个环节都做到有章可依、有据可查。2015年，涉案物品鉴定82起，涉及金额137万余元。

【价格调节基金保障民生】 2015年，共征收价格调节基金560145元，其中交山西省财政112029元，交临汾市财政112029元，交霍州市财政336087元。从4月以后，取消价调基金。

【领导班子】

主　任：

张卫东（2013.04—2015.12）

副主任：

成明珍（女，1999.03—2015.12）

段小斌（2002.10—2015.12）

价格鉴证师：

刘红华（女，2007.05—2015.12）

【获奖情况】

2015被临汾市局授予“价格行政执法案卷制作先进单位”。

（李晓东）

审计监督

【概况】 2015年，霍州市审计局人员编制27人，在编25人。设有办公室、财金股、法制股、行事股、企业股、投资股、监察室、经济责任审计中心8个股室。

【财政审计】 2015年，完成预算执行审计单位12个，审计查出主要问题金额29432.18万元，违规金额8190.86万元，管理不规范金额21241.32万元，审计处理处罚资金29182万元，其中：应上缴本级财政收入2174.72万元，应促进拨付资金到位184.58万元，应归还原渠道资金57.23万元，应调账处理资金278万元，应自行纠正20834.11万元，应交罚没5.8万元，上交财政收入5647.56万元。向上级主管部门、纪检部门移送案件3起，警告或通报批评3个单位。

完成李曹镇、陶唐峪乡、三教乡3个乡镇决算审计。查出主要问题金额450万元，其中：违规金额386万元，管理不规范金额

61 万元。审计处理处罚资金 452 万元，其中：应上缴本级财政 21 万元，应促进资金拨付到位 137 万元，应归还原渠道资金 127 万元，应自行纠正 163 万元，应交罚没 1.5 万元。

【经济责任审计】 2015 年，完成市住建局、民政局、三教乡、市一中 4 个单位的领导干部经济责任审计。查出违规金额 280.54 万元，收缴财政资金 51.2 万元，审计罚款 2.8 万元。

【政府投资审计】 2015 年，完成政府投资审计 150 项，送审金额累计达到 36409 万元，审定金额 34179 万元，通过审计核减金额 2230 万元，平均核减率 6.13%。

【稳增长等政策措施落实跟踪审计】 2014 年底以来，围绕党中央、国务院制定出台的一系列稳增长等政策文件，开展专项跟踪审计。2015 年，在临汾市局的指导下，每月确定 1 项重点内容进行跟踪审计。11 月，加强跟踪审计力量，安排 4 个审计小组，对 20 个部门单位进行跟踪审计，客观反映各项政策措施落实情况，发现问题并针对性提出整改建议。

【地税局机关财务收支审计】 经费预算执行方面存在的问题：超范围支出 158.42 万元、超预算支出 23.20 万元；地方财政拨款结余 198.71 万元；未经批准自行采购 19.36 万元；公务用车未执行定点维修，涉及金额 15.79 万元。

税费征管方面问题：企业应计提未计提规费 50.93 万元；地税部门少核算登记欠税费 7413.77 万元，其中：欠税 6805.31 万元，欠规费 565.13 万元，欠煤炭可持续发展基金 43.33 万元。

【落实“两个责任”】 1. 强化党员干部思想作风建设，形成不想腐的心态。以学习讨论落实活动和“三严三实”专题教育活动为契机，将党员干部思想作风建设和道德建设作为经常性教育常抓不懈。全年组织班子成员讲党课、道德讲座、党史知识讲座 16 次，组织班子成员和全体党员学习中共十八大、十八届三中、四中、五中全会精神，以及习近平总书记系列重要讲话精神。执行“三会一课”制度，健全完善党组织生活，严格管理党员，加强基层党组织建设及党员教育，使党员队伍在审计工作中发挥了模范带头作用。建立廉政文化长廊，传递正能量，树立新风气，让大家通过耳濡目染，形成不想腐的氛围。

2. 明确权力清单和责任清单，形成不敢腐的制约机制。结合局机关机构设置和班子成员分工情况，把法律、条例、准则赋予审计部门的权力和责任，细化明确到局长、支部书记、纪检组长、副局长、总审计师及各股室和审计组长。权限设置 8 个层面 73 条，责任设置 8 个层面 42 条，设置 22 种责任追究情形和审计工作流程图，把权限、责任追究情形、审计工作流程图分别公示到各自的办公室。制定完成“两单两图”，对审计机关强制类、处罚类、检查类等 7 项权力清单、责任清单，以及流程图、廉政风险防控图进行规范，将于 2016 年通过政府网站公开，接受社会监督。定期组织审计干部参观霍州署廉政教育基地，观看审计系统违法违纪典型案件教育片，保持反腐败斗争高压态势，形成不敢腐的制约机制。

3. 完善制度建设，形成不能腐的保障机制。坚持审计执法的每一个环节都有相应的制度保障。修订完善《审计执法错案终身追究制》《审计回访制》，明确审计执法终身追究制度，加大对审计纪律执行情况的回访。新制定出台《审计现场管理办法》《廉政约谈和廉政座谈制度》《廉情预警机制》，形成审计全过程全程监督。从班子成员到股室成员，层层签订廉政建设责任书，审计组长在机关会议作出廉政承诺，层层传导压力，上下相互监督，时时提醒、时时警示，形成不能腐的制度保障。2015 年，在审计业务工作中，发出《廉情预警告知书》12 份，廉政约谈 66 人次，严格遵守和执行审计工作纪律。

【精神文明建设】

1. 以创建学习型机关为载体，将干部职工学习经常化。机关组织全体干部职工按时参加“普法”教育，定期举办审计业务培训，邀请专职人员或者该局业务能手开展讲座。全员参加新预算法培训；参加山西省厅组织为期 90 天的计算机中级资格培训 1 人；参加山西省厅组织为期 1 周的办公室管理培训 1 人；参加人力资源和社会保障部组织为期 40 天的内控风险管理师培训 1 人；全年在局机关举办专题培训 6 次，参加培训 120 余人次。

2. 加强干部职工社会公德、职业道德、家庭美德、个人品德思想道德教育，在广大干部职工中倡导爱国、敬业、诚信、友善等道德规范，形成知荣辱、讲正气、促和谐的风尚，形成男女平等、尊老爱幼、扶贫济困、礼让宽容的人际关系，养成爱岗敬业、公正执法、诚信服务、廉洁奉公的职业道德，为创建工作的开展提供思想保证。

3. 组织开展各种有益的文娱活动和公益活动，陶冶情操，促进职工身心健康。连续 3 年对全体审计干部职工集中体检，2 人次参加市工会举办的朗诵大赛并取得好名次，13 人次参加义务献血。

【领导班子】

局　长：

朱壮军（2007.07—2015.12），

支部书记：

张文莲（女，2013.04—2015.12）

纪检组长：

韩庆华（2012.08—2015.12）

副局长：

李　明（2007.08—2015.12）

李会文（2001.08—2015.12）

范新海（2007.05—2015.12）

李宝平（2002.10—2015.12）

总审计师：

赵　芳（女，2012.06—2015.12）

（杨立）

工商和质量监督管理

【概况】　2015 年 10 月 29 日，霍州市六届人大常委会第三十二次会议，听取审议市政府关于机构组建调整设置的议案，决定组建霍州市工商和质量监督管理局，不再保留市工商行政管理局、市质量技术监督局。霍州市工商和质量监督管理局的主要职责是：贯彻执行国家、省、临汾市有关工商行政管理、质量技术监督等方面的法律、法规、规章和方针、政策、规划，对相关的地方性法规（草案）提出建议；负责市场监管工作；负责行政执法有关工作；负责网络交易市场监督管理；承担产品、商品质量监督责任；推进质量建设；承担消费者权益保护责任；承担合同行政监督管理责任，查处合同违法行为；依法办理动产抵押登记，依法监管拍卖行为；负责商标注册和管理工作；指导广告业发展，负责广告活动的监督管理工作；负责管理计量工作；负责标准化管理工作；负责特种设备安全监察、监督管理工作；依法开展实验室资质认定监督检查工作；负责强制性认证产品的监督管理工作；负责食品包装材料、容器、食品生产经营工具等食品相关产品生产、加工、销售及经营活动中使用的监管；加强节能减排领域的质量监督工作；承办市人民政府交办的其他事项。

2015年1月1日至2015年10月29日，原霍州市质量技术监督局共有干部职工32人，其中公务员14人，事业人员17人，公勤人员1人。

2015年1月1日至2015年10月29日，原霍州市工商行政管理局共有干部职工115人。其中公务员92人，工勤人员9人，事业人员10人，未占编人员4人。

2015年10月29日至2015年12月31日，霍州市工商和质量监督管理局共有干部职工144人。其中公务员104人，工勤人员9人，事业人员27人，未占编人员4人。

2015年，工商质监局在市委、市政府的正确领导下，在临汾市局的业务指导下，贯彻落实党的十八大和十八届三中、四中、五中全会精神，以行政体制改革为中心，工商业务以深化商事制度改革为重点，质监业务以“抓质量，保安全，促发展，强基础”为主线，开展各项业务工作，抓好队伍建设，完成各项工作任务。

【登记注册】 2015年，工商质监局落实放宽名称登记条件、简化住所登记手续、实行注册资本认缴登记制度，改企业年检制度为年报公示制度，坚持市场主体法不禁止即可为，按照国务院正式公布的工商登记前置审批项目目录做好登记注册工作，目录外的不作为公司登记前置审批项目，给予市场主体更大的经营自主权。2015年，新登记公司（含分公司）279户、个人独资企业22户、新设各类内资企业12户，农民专业合作社36户。新登记的市场主体全部免征企业注册登记费及个体工商户注册登记费，购置新版营业执照8000份，完成新版执照换发4500余份。

【监管执法】 强化信用在市场监管中的基础作用。贯彻《企业信息公示暂行条例》和配套规章，及时归集录入市场主体的登记注册信息及监管信息。组织市场管理人员去北京大学参加网络市场监管培训。推荐美华购物中心和家福乐超市为省级诚信市场。加大查处取缔无照经营工作力度，在各工商所全面推行无照整治督查，查处无照经营案件64件，查处登记类违法案件28件。开展打击假冒伪劣商品保护知识产权行动，查办不正当竞争案件1件，查处商标侵权案件5件。治理车辆超限超载，对全市范围的货运源头企业进行排查，实地检查储售煤货场28户。开展对非融资性担保、投融资中介及各类投资公司清理整顿规范工作，对全市范围内工商机关登记注册的投资、投资担保、投资咨询、投资管理、财务管理、非融资性担保等公司进行检查整顿，检查29户，立案2起，发出责令改正通知书2份。加大对广告违法案件的查处整治，配合城市环境治理，印制《新广告法》1000册，向市四套班子领导及相关部门进行发放，组织基层广告监管人员培训，立案查处霍山酒业公司发布违法广告。工商质监局对全市农民专业合作社进行摸底巡查。配合有关部门依法做好“扫黄打非”、禁毒、打私、处理非法集资、反洗钱、报废汽车管理等经济检查工作，开展安全生产治理等各类专项治理。

【消费维权】 开展新《中华人民共和国消费者权益保护法》宣传等系列活动。围绕“新消法、新权益、新责任”主题开展

“3·15”消费者维权日宣传活动。畅通维权渠道，2015年，工商质监局12315中心共受理消费者咨询申诉21件、举报2件、咨询30件，挽回消费者经济损失2万余元。开展流通领域电器设备、服装鞋帽、儿童用品、装饰材料、汽车等重点商品质量执法检查和服务领域消费维权工作。

【法治建设】 认真落实省局《关于进一步推进法治工商建设的实施意见》，加强法制宣传和教育培训，组织执法人员每月一法学习，由法制股牵头，针对工作中出现的普遍性疑难问题和新出台的法律法规进行专题培训，加大基层执法办案实务培训，提高法律素质和执法水平。实施行政权力清单制度，明确权力清单和责任清单。强化执法监督，落实行政执法责任制，核审各类经济违法案件121件，收缴罚没款22.5万元，核审率100%。

【特种设备安全监管】 按照“全覆盖、零容忍、严执法、重实效”的总体要求，工商质监局坚持狠抓责任落实，强化源头监管，严格隐患治理，加强风险管控，形成特种设备安全工作新常态。强化落实企业主体责任。与生产使用单位签订《特种设备安全管理目标责任书》和《特种设备安全责任承诺书》84份，开展落实企业主体责任专题培训，着重加强安全意识和提高操作技能水平，督促企业落实好主体责任。集中打好油气输送管道质量安全、电梯安全、锅炉安全三场攻坚战，通过“查、治、管、扶、练”等途径强化监察效果。查清在用设备，不留死角；治理特种设备各种违法行为；管好注册登记、超期未检或不检、人员无证操作以及存在严重隐患的特种设备，督促企业进行治理；帮扶企业建立完善制度，落实“两书（目标责任书、承诺书）、一表（设备台账）”。组织开展电梯、压力管道等应急抢险救援演练，提高事故应急处置能力。开展特种设备安全生产大检查。汲取国内几起重大事故教训，开展游乐设施、液化石油气瓶、电梯安全大检查等专项行动。检查特种设备生产、使用单位84家，检查设备550余台，检查气瓶1600余个，下达《特种设备安全检查指令书》39份，消除安全隐患42个。对3家气瓶充装单位开展气瓶充装单位年度监督检查工作。

【标准、质量、计量等基础性工作】 工商质监局发挥职能优势，以贴近民生为重点，推进标准化、计量、认证认可等基础性工作，促进全市质量管理总体水平的提高，规范市场经济秩序。

认真做好生产许可证企业的证后监管工作。对全市7家生产许可证企业全部建立企业档案，一企一档，便于监管。开展强制性认证产品专项检查，建立完善的企业档案，与之签订质量安全承诺书。严打质量违法行为。开展质检利剑“农资打假下乡”暨“双打”行动。对霍州市辖区内7家农资生产企业进行检查，提升霍州市农产品质量总体水平；开展加油机计量专项监督检查行动。对霍州市中石化及中石油霍州分公司24家加油站及5家个体加油站进行巡查，规范加油机的使用情况，维护消费者的合法权益；开展了规范整顿技术机构检验检定检测行为的整顿工作。按照GB21861—2014最新标准要求进行监督检查。开展标准化服务工作，促进企业按标生产。帮助5家企业21项企业标准进行修改、备案，使企业制定的标准更完善、更有操作性。开展自愿性认证市场（管理体系）和资质认定实验室的监督检查，对认证机构及获证单位的有效性进行确认，对霍州市6家资质实验室进行监督检查，使其在检定过程中，能出具公正、准确的数据和规范的检验报告。民生计量稳步推进。全年检定汽车衡36台，小衡器323台，加油机424枪（次），压力表1000余块，燃气表5000余台，天平28台，确保量值传递准确可靠。办理组织机构代码证978份，其中新办证400家，变更158家，年检821家。

【学习教育活动】 2015年，按照市委统一部署，工商质监局开展学习讨论落实活动和“三严三实”专题教育活动，做到“三个到位”。一是组织领导到位。成立领导小组，召开动员会议，制定实施方案，强化组织领导。二是学习教育到位。机关每周一、三坚持每天不少于1小时的集中学习，对习近平总书记系列重要讲话精神、省委书记王儒林在全省学习讨论落实动员会上的讲话、市委书记陈纲在全市学习讨论落实动员会上的讲话、国务院第三次廉政工作会议精神、《如何践行“三严三实”》等学习内容进行系统学习，每人记笔记达5000字以上。三是贯彻落实到位。工商质监局将学教活动要求与当前主要工作任务紧密结合，细化任务清单，明确责任主体，抓好各项工作的整改落实。按照谋事要实的要求，坚持边学边查边改，确保活动开展收到实效。

【权力清单制度】 为加快转变政府职能，简政放权，强化对权力运行的制约和监督，工商质监局全面清理行政权力，推行权力清单制度，有关部门审核确认，工商质监有各类权力事项428项，其中行政许可类11项、行政确认类1项、行政处罚类359项、行政强制类20项、行政裁决类1项、行政检查类13项、行政征收类0项、行政给付类0项、行政奖励类0项、其他类23项，共编制行政权力运行图68张、廉政风险防控图67张。

【自身建设】 2015年，工商质监局重点强化对自身建设和宣传报道的工作力度。一是加强培训，提高能力。2015年，派出90余人次前往北京大学、清华大学、武汉大学、省委党校、重庆、贵州、山西省质监局、临汾市质监局等地进行培训，涉及特种设备监察、质量监管、产品标准备案、机动车安检、计量标准、打击传销、网络监管、商事制度改革、广告商标监管、红色教育、非公党建等业务培训21次，党建培训5次，提高干部职工的政治业务知识能力和水平；二是重视宣传报道的影响力。2015年，组织13次较大规模的宣传咨询活动，对消费者权益保护、广告商标、企业登记注册、特种设备、质量、计量、认证认可、宪法法律等方面进行宣传，出动人员260余人次，发放宣传材料2.3万余份，接受群众咨询800余人次，宣传工商质监局的各项工作职能，较好地引导全社会关注工商和质监管理。宣传报道工作稿件的质量和数量都，2015年，在各级新闻媒体刊登稿件35篇。其中国家级6篇，省级12篇，市级15篇，《今日霍州》2篇。

【党风廉政建设】 2015年，工商质监局以深入推进党风廉政建设为目标，细化方案措施，明确责任清单，从严落实“两个责任”。

（一）落实“两个责任”，推进廉政建设

工商质监局党组落实党风廉政建设主体责任和监督责任，推进惩治和预防腐败体系建设，贯彻中央八项规定，党风廉政建设和反腐败工作进一步加强。工商质监局党组对党风廉政建设工作非常重视，坚持把党风廉政建设和反腐败工作与中心工作同研究、同规划、同部署、同落实，着力构建长效机制；召开专题研究会议，制定实施方案，成立专门工作领导小组，明确主要负责人履行党风廉政建设第一责任人的职责，纪检组履行监督责任职责；制定年度党风廉政建设责任制考核细则；年初，召开中层干部廉政座谈会，进行廉政工作检查，局党组与各股所室负责人层层签订《党风廉政建设责任书》，实行目标管理，明确考核内容和履责方式，突出责任考核和追究两个重要环节；定期听取班子成员及相关股所室落实党风廉政建设情况汇报，执行党风廉政建设“一票否决制”，确保各项措施落实到位。工商质监局制定领导班子主体责任清单、纪检组织监督责任清单、个人责任清单及《建议廉情预警书》领取记录簿、《建议廉情预警书》提交台账和廉情预警台账。

（二）推进廉政风险防控前沿化

2015 年，工商质监局构筑拒腐防变的堤坝，保证党员干部廉洁从政。一是纪检组组织党员干部学习上级下发的党风廉政建设相关文件，使党员干部能了解上级精神，在思想和行动上始终和党中央保持一致。二是把学习新党章、中央八项规定、两个责任相关文件以及新修订的《中国共产党廉洁自律准则》和《中国共产党纪律处分条例》作为重点，开展经常性的学习。六三是结合上级对典型人和事的表彰及对违法乱纪行为通报等时机进行正面教育和反面警示教育，通过正反两面鲜活的典型，使广大党员干部直观感受到违法乱纪的危害。四是结合“清风临汾”微信平台开展廉政教育，按照市纪委要求，开展家庭助廉活动，向全体党员干部家属发出《廉政信》，让每个干部家属作出书面廉政承诺，增强廉政教育的渗透性。五是坚持以重点岗位、重点环节为重点，加强廉政风险防控和监督管理机制，防止权力失控、决策失误、行为失范。深化党务政务公开和权力运行公开，将权力运行全过程置于监管服务对象和人民群众直接监督之下。六是开展民主评议政风行风活动，制定活动方案，确定评议内容、方法、重点，通过走访调查和问卷测评，开展“阳光政务”活动，听取意见建议，受理处理群众信访举报，整改存在问题。七是抓好中央八项规定的贯彻落实，在制止大操大办方面，层层签订禁止大操大办责任书，要求全局人员作出承诺，严格监督是否按规定申报，是否按规定操办婚丧事宜。

【领导班子】

原霍州市质量技术监督局领导班子（2015 年 1 月 1 日—2015 年 10 月 29 日）

局　长：

李晋峰（2011.07—2015.10）

副局长：

解永刚（2007.11—2015.10）

李旺民（2009.03—2015.10）

李俊杰（2011.08—2015.10）

纪检组长：

段晓琴（女，2009.03—2015.10）

检验测试所所长：

陈伟伟（2013.12—2015.10）

原霍州市工商行政管理局领导班子（2015 年 1 月 1 日—2015 年 10 月 29 日）

局　长：

张胡民（2014.09—2015.10）

副局长：

朱明元（2009.04—2015.10）

郭建平（女，2005.06—2015.10）

纪检组长：

胡建平（2009.04—2015.10）

非公经济工委副书记：

张　丽（女，2012.03—2015.10）

党组成员：

曹小平（2011.11—2015.10）

郭润泽（2005.06—2015.10）

刘向东（2009.04—2015.10）

霍州市工商和质量监督管理局领导班子（2015年10月29日—12月31日）

局　长：

李晋峰（2015.10—2015.12）

党组成员、副局长：

解永刚（2015.10—2015.12）

朱明元（2015.10—2015.12）

李旺民（2015.10—2015.12）

郭建平（女，2015.10—2015.12）

李俊杰（2015.10—2015.12）

纪检组长：

胡建平（2015.10—2015.12）

非公经济工委副书记：

张　丽（女，2015.10—2015.12）

党组成员：

曹小平（2015.10—2015.12）

郭润泽（2015.10—2015.12）

刘向东（2015.10—2015.12）

（郭润泽　刘高彦）

国土资源管理

【概况】　霍州市国土资源局担负着贯彻执行国土资源管理法律、法规，依法管理、保护和合理开发利用国土资源的重要职责。机关内设办公室、规费股、用地股、地籍股、矿管股、地环股、执法监察股、土地利股、测绘办9个行政股室，下设9个直属事业单位和10个国土资源管理所，截至2015年12月底，有干部职工240人。

2015年，在临汾市国土资源局和霍州市委、市政府的正确领导下，以邓小平理论和“三个代表”重要思想为指导，以党的十八大和十八届三中、四中、五中全会精神以及习近平总书记系列讲话精神为统领，围绕霍州市“建设三晋经济强市，实现整体率先发展”的宏伟目标，落实中央关于保障科学发展和保护耕地红线的重大决策部署，开展和完成了各项工作任务，为全市经济转型跨越发展提供了有力的资源保障。

2015年，上交国土收益4900.69万元；清缴矿产资源补偿费580.47万元。

【耕地保护和用地保障工作】　1. 市政府和各乡（镇、街道）签订《基本农田保护责任书》，将耕地保护任务层层分解，责任到人。确保全市29.96万亩基本农田面积不减少、质量不降低。

2. 国土资源局与公安、法院、检察、城建等部门建立联合办案工作机制。是对违法建筑的拆除，依据《城乡规划法》由乡镇人民政府牵头，国土等部门配合，制止违法建设，遏制违法占地行为。

3. 2015年，拆除违法建筑1500余平方米，查扣非法施工设备2台（件），制止违法占地行为20余起。立案查处5宗，立案率、查处率、履职率100%，遏制土地违法行为。

4. 基本农田划定内、外业工作全部完成，基本农田保护标志均安装到位，制作安装市、乡、村基本农田保护标志201块，中心城区基本农田划定范围接受上级复核。

5. 做好用地报批工作，服务经济建设。①霍州市2014年第3批次建设用地210亩，报批材料上报省厅待批；②工矿废弃地复垦利用项目用地指标804亩，上报280亩，报批材料报省厅待批。

6. 完成用地预审工作。2015年，为霍州市主城区热电联产集中供热工程、霍州市霍东新区供水工程源头水源厂项目、霍州市17所中小学改造项目、霍州市2015年农村公路完善提质工程等38个项目办理了用地预审手续。

7. 抓好土地开发复垦工作。按照土地整理专项整治工作要求，对2013年以来120个土地开发复垦项目进行集中整治，提高开发复垦耕地质量的等级，规范开发复垦工作的程序，加强对项目的后期管理；对2014年9个开发项目80多公顷耕地进行全面验收，临汾市局正在进行验收批复；2015年10个土地开发项目通过市局评审，拟新增耕地1218亩。

【地籍管理和用地改革工作】 1. 做好全市农村集体土地确权登记发证工作。按照省国土资源厅的总体部署要求和市、县两级人民政府的安排，开展宅基地和农村集体建设用地使用权确权登记发证工作。截至2015年12月，农村宅基地登记发证外业调查工作完成。

2. 做好全市2015年度土地变更调查和遥感监测工作。开展年度土地变更调查，按上级国土资源主管部门的进度要求，完成地籍管理和城镇数据汇总工作。

3. 做好工矿废弃地复垦利用工作。霍州市工矿废弃地复垦项目区实际完成的工矿废弃地复垦总规模为59.4117公顷，其中：复垦后新增耕地53.6574公顷（水浇地52.2385公顷，旱地1.4189公顷）。山西省国土资源厅以晋国土资函〔2015〕554号文件下达霍州市工矿废弃地建新周转指标53.4公顷，其中耕地45.0853公顷。为合理使用该用地指标，霍州市先期落实了2015年，第一批次工矿废弃地复垦利用项目共15个，总用地面积19.2759公顷，批地材料已通过临汾市局初审，并报省厅待批。

4. 做好规划调整修改利用工作。为服务霍州市一批交通及基础设施建设项目早日实施，按要求对原《规划》进行局部调整，涉及大张镇、李曹镇、北环路街道3个乡镇7个行政村18个地块，面积14.7641公顷。中心城区内9.2329公顷，李曹镇5.5312公顷。按照上级国土资源主管部门要求，《霍州市土地利用总体规划（2006—2020年）》实施评估和修改工作启动，确定了陶唐峪风景旅游开发项目、霍东新区水源厂等一批不符合规划的市重点或民生项目，总面积约200公顷。

5. 积极推进土地利用制度改革。2015年，建设用地供应总量12宗，总面积96.13公顷；挂牌出让6宗，面积4.69公顷，成交价款8357元；协议出让2宗，面积1.39公顷，成交价款69.72万元；划拨供地4宗，面积90.06公顷。办理出让土地转让45宗，面积1.90公顷；办理土地抵押7宗，面积3.8公顷。

【国土资源测绘管理工作】 2015年，国土资源测绘工作；完成“数字霍州”项目建设工作；配合市测绘院做好地理国情普查工作，为地理国情普查工作的资料收集和普查作业提供协助与支持；开展地理信息和地图市场检查等专项整治工作；完成测绘地理信息安全监管工作，与临汾市保密局、霍州市保密局联合开展2次测绘成果保密检查专项活动；完成《山西省县域经济图集临汾卷》的资料收集上报工作；开展霍州市基础测绘“十三五”规划编制工作。

【国土资源执法监察工作】 1. 执法监察平台和制度建设，“横向到边，纵向到底，不留死角”的立体交叉监管网络形成。

2015年，按照临汾市国土资源局统一部署安排，狠抓执法监察平台建设，完善执法监察网络，完成矿产、土地监管“一张图”，确定霍州市土地、矿产重点监管区域；完成执法监管三级监管表；设立巡查台账和详细的巡查记录日志；各国土所、监察大队根据市局要求完善执法监察挎包，配齐办案工具、文书等。通过执法监察平台建设，确定市、乡、村三级监管人员，明确监管人到包村、包沟、包点。形成横向到边、纵向到底、不留死角的立体交叉监管网络。

2. 加大执法巡查及打击国土资源违法行为力度。执法巡查方面：2015 年，严格按照八项执法监管制度，以乡镇国土所为单位，分为 10 个巡查小组，逐村、逐沟进行巡查。出动巡查人员 8200 余人次，组织联合执法 90 人次，巡查车辆 1650 余台次，检查私开坑口 130 处，拆除违法建筑 1500 余平方米，制止违法占地行为 36 起。遏制霍州市范围内土地违法行为，非法盗采发案率一直保持为零。

2015 年，开展全市严厉打击违法采矿行动以及“促进安全生产大检查”“利剑一号’行动”“回头看活动”“2015 年安全生产月活动”“继续深入开展‘利剑一号’行动”“关于深刻汲取天津滨海新区 8·12 爆炸特大事故教训促进安全生产大检查”等一系列的安全生产活动，促进了安全生产大检查各项工作。

3. 土地矿产卫片执法检查工作。开展 2014 年度卫片执法检查工作。核查发图斑为 226 个，对符合立案条件的土地违法案件 12 宗下发行政处罚决定，全部申请法院强制执行，按要求向纪检部门提出追究相关责任人的处分建议。

【矿产资源管理工作】 1. 开展年度检查工作。对全市 44 家矿山企业，进行矿山开发利用年度检查工作年检，合格率 91%。年检结果在规定的时间内上传到年检报备系统。

2. 落实储量动态监管工作、完成矿山开发利用统计。对全市所有持证矿山企业每年进行实地测量，聘请有资质的单位每年为矿山企业编制储量年报，填报矿山储量年报审查登记表，掌握矿山企业储量动态变化。

3. 严格采矿登记时限，在企业采矿权到期前 3 个月下发延续登记通知书，加大服务力度，为企业办理采矿延续登记。

4. 加快兼并重组煤矿企业换发长效采矿证。主动与采矿企业沟通，为换证扫清障碍支持企业发展，2015 年共清缴欠缴价款 31424.7591 万元。

【地质灾害防治工作】 1. 开展春季冰雪融冻期及汛前地质灾害隐患排查工作；完善市、乡、村三级地质灾害群测群防监测网络建设。

2. 编制完成《霍州市 2015 年地质灾害防治方案》，霍州市人民政府与各乡（镇、街道）签订《2015 年度地质灾害防治目标责任书》，完善地质灾害防治的各项工作制度。

3. 完成 118 户农村地质灾害治理搬迁工作任务。

4. 修改完善《霍州市突发性地质灾害应急预案》。

5. 为 146 处地质灾害隐患点，发放防灾工作明白卡 118 份，避险明白卡 2073 份。

【基层基础建设工作】 1. 搞好教育培训工作。开展国土资源法律知识和业务培训活动，每周例会局领导采用以会代训的形式，对股级干部与业务骨干进行业务培训。

2. 加强国土资源宣传工作。办好《霍州国土资源信息》，从队伍建设、资源保护、服务建设、土地执法、廉政建设等方面以展示霍州市国土资源管理局日常工作动态进行宣传报道，共编辑出版34期；在省市级报刊上宣传霍州市国土资源工作，共在省级以上报刊和网站发表7篇文章；利用“4·22”地球日、“6·25”全国土地日、“8·29”测绘日、“12·4”法制日向全社会宣传普及国土资源法律法规。

3. 推进国土资源信息化建设，利用霍州市政府信息网、霍州市工程建设领域项目信息公开网、霍州市农廉网、临汾市国土资源局门户网站等公开有关工作信息，在各类报刊、广播、电视上进行公开有关涉及土地、矿山资源方面的政务信息。不定期对安全制度执行情况进行检查，提高工作人员信息安全防护意识；利用机关内、外网、电子显示屏等方式，开展国土资源信息公开工作，共发布文件、工作动态、公告、办理结果88条，做到政务信息、工作职能、工作动态三公开，应用视频会议系统，高效传达会议精神。国土资源信息化建设“十三五”规划按要求详尽地编制完成，已上报市局备案。

【信访维稳工作】

1. 落实一把手负总责，分管领导具体抓，一级抓一级，层层抓落实的信访工作制。

2. 建立信访室，配备3名专职信访人员，有固定的办公场所和经费保障。

3. 建立局长信访接待日制度，建立重点信访案件领导包案制度，做到重点案件件件有落实。

2015年1月至12月省信访局网上登录受理的29件涉及国土资源领域未办结案的信访案件，由专人负责化解矛盾，给予答复处理。

【思想政治和学习教育】 1. 深入开展学习讨论落实活动。在学习讨论落实活动中，坚持在学习机制上创新，在学习形式上务实，在学习效果上求实。组织20场集中学习、讨论交流，集中学习习近平总书记系列重要讲话精神和十八届中纪委二、三、四次全会精神，围绕“四个专题”进行讨论来检验学习效果。按照临汾市国土资源局和霍州市委学习讨论落实活动领导小组的要求，开展学习讨论专项整治落实活动，重点对矿产资源配置、土地领域两大方面4个突出问题进行专项整治，使国土资源系统的干部作风明显改善、工作效能得到提高。

2. 开展“三严三实”专题教育活动。局党总支开展“三严三实”专题教育作动员部署，组织全体党员学习省委、市委、临汾市局举办“三严三实”专题党课。从深刻认识“三严三实”的丰富内涵及重大意义和深入查摆党员干部“不严不实”问题两个方面给全体党员上党课。国土局党总支班子召开五次专题研讨会。活动中引深“三严三实”教育成果，在全系列开展了“不作为、乱作为”专项整治活动，把活动与重点工作结合起来，加强国土系统基层组织和队伍建设。

【党风廉政建设】

1. 强化组织领导，全面落实党风廉政建设责任制

①健全组织，加强领导。建立健全局党总支统一组织领导，纪检组监督，各股室各负其责，群众参与监督的党风廉政建设领导体制、工作机制和监督机制。②分解责任，各负其责。制定《霍州市国土资源局2015年党风廉政建设和反腐败工作实施意见》、《中共霍州市国土资源局党总支2015年党风廉政建设和反腐败工作任务责任分解方案》，局党总支书记与班子成员、分管股室、队、所、中心负责人签订2015年党风廉政建设目标管理责任书。③局党总支坚持把党风廉

政建设和反腐败工作纳入全局年度各项工作目标任务中。把党风廉政建设与业务工作一起安排部署，一起组织落实，一起检查考核。④加强考核，严格追究。严肃督查考核，将落实党风廉政建设责任制纳入年终绩效考核和干部考核的重要内容，将考核结果作为干部职工表彰奖励、选拔任用的重要依据。

2. 加强学习教育，筑牢拒腐防变思想防线

局党总支把党风廉政建设和反腐败教育纳入全局思想教育和干部培训及工作总体部署中。结合学习讨论落实活动和“三严三实”专题教育活动，积极推进和开展各种形式的党风廉政建设和反腐败教育。

①坚持将党风廉政建设教育作为局党总支学习的重要内容。

②强化反面警示教育，结合党的群众路线教育实践活动，组织观看《苏联亡党亡国20年祭》《严守党的纪律》《四风之害》和《阳光下的黑幕》等警示教育片，组织干部职工参观霍州署廉政文化馆、党纪教育基地；邀请临汾市局局领导进行依法行政、廉洁从政的法律知识专题讲座，通过多种方式，夯实干部职工的思想道德防线。

③强化党性党风党纪教育和道德品行教育，组织全体干部职工集中学习观看《周恩来的四个昼夜》和《焦裕禄》，组织学习杨善洲、焦裕禄等同志先进典型事迹；以“三严三实”专题教育活动为主线，开展理想信念教育、党章党纪教育、从政道德教育、廉政文化教育、岗位廉政风险防控教育等活动。

④深入开展廉政文化进机关活动，营造廉政文化氛围。在局机关办公楼走廊悬挂20余幅廉政文化宣传警示语及画幅，设立局党务政务公开栏及学习教育宣传栏；利用局视频会议室现有设备开设电化教育室和廉政教育影视角。运用廉政风险防控系统、内网、手机短信等媒体，组织学习反腐倡廉工作举措、制度，发送反腐倡廉警示及提示语句等。

⑤强化政策理论学习。定期组织学习党的路线方针政策和国土资源管理政策法规。组织干部职工学习20次。

3. 结合工作实际，强化权力监督。

①规范权力运行。按照依法确定权力、科学配置权力、制度约束权力、阳光行使权力、合力监督权力、严惩滥用权力的“六权治本”思路，以制度建设为重点，强化对权力运行的管理和监督。霍州市国土资源局完成了权力清单、责任清单、业务流程的制定工作，修订完善局党总支、局长办公会议议事规则，在用地预审上、在土地使用权出让上、在国土资源执法上、在项目管理上、在规范财权上等各项工作上，明确各部门的权力和责任，规范办事程序。

②狠抓重点环节和关键岗位廉政风险点的风险防控。着眼于变事后查处为事前防范，确定廉政风险责任，建立“廉情预警”机制，由轻到重分别给予黄、橙、红3个等级的廉情预警提醒，把党员干部违纪风险降到最低，把问题消化在萌芽状态。

③实施廉政谈话制度。着眼于“两个责任”的落实，建立“清单定责”机制。2015年完善中层干部任前廉政谈话制度，对新上任的股级干部开展任前廉政谈话。对地籍规划、政务大厅、土地利用、信访等股室负责人进行调整，局主要领导主持廉政谈话。局纪检组针对工作检查中发现的一些苗头性、倾向性问题及时启动廉政谈话，通过谈话该提醒的提醒，该批评的批评。

④健全完善了局中层干部廉政档案，对中层干部签订党风廉政建设目标责任书，严格执行霍州市委“约法三章”，严禁工作人员出入会所，严格执行工作人员婚丧嫁娶等事宜报告以及廉政承诺情况、述职述廉等情况进行登记和备案制度。

⑤加强专项整治，改进工作作风。纪检组坚持以严的态度、严的作风、严的措施狠抓整治，坚决防止“四风”问题反弹回潮。抓住重要节点，加大执纪检查力度，推进作风建设监督检查常态化、制度化。结合学习讨论落实活动，对干部存在的“混、散、奢、慢”等问题，加大整改力度。抓执行严监督，自觉执行市委、市纪委关于干部住房、公车配备、公务接待、职务消费、履职待遇等规定的，重点对收受红包、礼金、购物卡等进行专项整治。抓活动强作风，以开展学习讨论落实专项活动和“六权治本”为抓手，全面加强机关制度建设，提高制度执行力。

4. 强化作风建设，提升班子凝聚力和战斗力。

国土资源局党总支在理论学习、日常工作管理和党风廉政建设方面，坚持做到以身作则，廉洁自律，带头执行八项规定和廉洁自律相关规定，以班子的良好行动做好表率、带好队伍，努力营造风清气正的良好环境。①坚持“三重一大”和民主集中制。对重大事项决策、干部选拔任用、大额资金使用等重大事项，均召开局委会集体研究，共同决定；保证决策的民主性、科学性、合法性。②坚持民主生活会制度。局党总支定期召开专题民主生活会，采取多种形式、广泛征求意见建议，针对“四风”和工作方面存在的问题，开展批评和自我批评，班子成员之间相互尊重、相互配合、相互支持，大事讲原则，小事讲风格，以群众路线教育实践活动为契机，改进作风、增进团结，提高班子的凝聚力和战斗力。③支持纪检组履行职责，按照“转职能、转方式、转作风”的要求，强化执纪监督问责力度。坚持以“零容忍”的态度严惩腐败，保持有腐必反、有贪必肃的高压态势，严格实行“一案三查”，既追究主体责任、监督责任，追究领导责任，发现一起严查处一起。

2015 年，配合市纪委对 6 名未能正确履行职责，监管不力的所长给予党内警告处分；自查 5 名违反工作纪律的工作人员分别给予行政警告处分、党内警告处分；霍州市国土资源局向纪检委、检察院提供举证材料 30 多份。在全局党员干部中形成的震慑，起到惩处一人、教育一片的效果。

【国土资源管理改革】 为建立和实施霍州市不动产统一登记制度，落实《中共中央国务院关于地方政府职能转变和机构改革的意见》（中发〔2013〕9 号）精神，按照《不动产登记暂行条例》（国务院令 656 号）和《国土资源部中央编办关于地方不动产登记职责整合的指导意见》（国土资发〔2015〕50 号）要求，根据霍政办发〔2015〕45 号、霍编办〔2015〕10 号、11 号文件批复，霍州市国土资源局加挂霍州市不动产登记局牌子，成立霍州市不动产登记中心，隶属国土资源局管理的股级全额事业单位。随着机构的建立职能的转变，建立和实施不动产统一登记制度，有利于保护不动产权利人合法财产权。通过不动产统一登记，提高登记质量，避免产权的交叉或冲突，保证各类不动产物权的归属和内容得到最为全面、统一、准确的明晰和确认，以不动产登记较强的公示力和公信力为基础，有效保护权利人合法的不动产财产权；有利于保障不动产交易安全。通过不动产统一登记，促进不动产登记信息更加完备、准确、可靠，根据准确有效的信息来进行不动产交易，保障交易安全，为建立健全社会征信体系创造条件；有利于提高政府治理效率和水平，更加便民利民。通过不动产统一登记，最大限度整合资源，减少政府行政成本，厘清政府与市场关系，完善政府运行机制，发挥市场的积极作用。通过整合登记职能，减少办证环节，采取“一站式”服务等措施，节省登记费用，更好地方便企业、群众申请和办理不动产登记。

【领导班子】

局　长：

杨　华（2009.10—2015.12）

副局长：

曹明忠（2012.06—2015.12）

李月罡（2012.06—2015.12）

刘前茅（2015.11—2015.12）

纪检组长：

李宏伟（2012.06—2015.12）

总工程师：

李　峰（2012.06—2015.12）

主任科员：

王慧博（2012.06—2015.12）

党总支副书记、副主任科员：

曹光杰（2012.06—2015.12）

执法监察大队队长：

王荣生（2012.06—2015.12）

副主任科员：

高怀斌（2012.06—2015.12）

土地购储中心主任：

陈　鹏（2012.08—2015.12）

（陈建平）

招商工作

【概况】　2011年，经国务院批准，霍州市列入国家第三批资源枯竭型城市，2012年根据临编发〔2012〕31号文件和霍编发〔2012〕9号文件精神，设置霍州市招商局，为市政府直属事业单位，事业编制8人。是霍州市人民政府主管全市招商引资、投资促进和对外开放的职能机构，设内含科室3个，分别是：办公室、招商室、外商投诉室。

【党风廉政建设】　2015年，重视党风廉政建设和反腐败工作，贯彻落实市委、市纪委党风廉政建设工作部署，开展党风廉政教育活动：在“党的群众路线教育实践活动中”始终贯穿“照镜子、正衣冠、洗洗澡、治治病”的总要求，对“四风”问题进行大排查、大检修、大检查；在“三严三实”活动中，确定了“不走过场、不留情面、不折不扣”的要求，结合具体工作、扎实践言诺行为确保“清单定责”“廉情预警”等工作的顺利实施，根据霍发〔2015〕19号文件，成立局长关文旗任组长的廉情预警办公室；在推进“四述两谈”工作中，制定相关工作方案和办法，落实党风廉政建设的主体责任，推行“一岗双责”“一案三查”制度，通过一系列的学习教育活动，机关领导和工作人员自律意识增强，做到“自重、自省、自警、自励”。

【招商引资情况】　在市委、市政府的正确领导下，按照“工业转型发展，增强地方财力；发展特色农业，增加农民收入；发展全球经济，宣传扮靓霍州；科学经营城乡，富裕霍州人民；发展文化产业，建设文明霍州”的总体思路，“走出去、请进来、找老板”，促进霍州市经济发展。通过多种形式，多渠道、全方位地宣传霍州，让更多的客商了解霍州、认识霍州、走进霍州、投资霍州、发展霍州。2015年，签约项目19个，签约资金131.9亿元。霍州市文冠果种植项目、霍山滑雪休闲健身项目、明凯翔新能源项目先后建成投产；国新液化天然气加气站项目试运行；贾村新农村改造北区工程建成、山西橡胶厂棚户区改造全面竣工。

【招商引资洽谈会】 2015年5月11日至15日，霍州市委书记陈纲带队赴深圳考察对接项目；8月12至14日，市委副书记、市长崔山原带领财政、招商、霍山管委会等部门负责人赴青岛考察森林漂流项目，就项目开发与青岛新天地旅游开发集团有限公司实施洽谈对接；6月9日，华润集团山西新能源公司副总林伟平带领相关人员到霍州，对风力发电项目进行有效对接，对光伏发电项目进行洽谈，深入实地考察；11月18日，局长关文旗带队，组织大张镇、住建、国土、发改、环保等单位部门，赴侯马田森集团进行招商考察精准对接。

【招商引资活动】 2015年11月4日至9日，市委副书记、市长崔山原带队，赴上海参加临汾市组织的城市推介活动，赴杭州嘉兴和浙江向上创业投资有限公司董事长裘利兴进行面对面的沟通与考察，坚定浙商投资霍州的信心；4月20日，分管副市长郭宏生带队参加临汾招商引资推介会；10月28日和霍州市政府秘书长晋学斌、发改局局长李新平赴杭州参加2015中国（杭州）电子商务园区发展论坛。

【签约项目】 2015年，共签约项目19个，主要涉及工业、农业、旅游、城建等行业，签约资金131.9亿元，完成全年任务130亿元的101.46%，签约项目分别是：

（1）霍州市启源粉煤灰再利用有限公司投资2.2亿元建设粉煤灰综合利用项目。

（2）霍州七里峪风景区管委会拟引资0.8亿元建设霍山国际滑雪休闲健身项目。

（3）霍州市新大地旅游开发有限责任公司投资1.6亿元建设七里峪漂流项目。

（4）霍州市大张镇拟引资3.5亿元建设贾村新农村改造北区工程。

（5）霍州市安缘新型建材有限公司投资3.5亿元建设安缘新型建材项目。

（6）山西霍州国新液化天然气有限公司投资1亿元建设山西国新液化天然气加气站项目。

（7）海燕农化实业有限公司投资8亿元建设海燕农化实业项目。

（8）华润新能源风能有限公司投资15亿元建设霍州市华润风能项目。

（9）明凯翔新能源有限公司投资2.5亿元建设明凯翔新能源项目。

（10）霍州市霍润达公司投资0.5亿元建设霍润达种羊养殖场。

（11）霍州市建筑安装有限公司投资5亿元建设山西橡胶厂棚户区改造项目。

（12）山西隆亨房地产有限公司投资1.5亿元建设白龙商贸城项目。

（13）霍州市开元办拟引资3亿元建设美景一号住宅小区项目。

（14）太原太行三产有限公司投资60亿元建设航空大世界项目。

（15）佰德房地产开发公司投资4亿元建设清雅苑住宅项目。

（16）临汾市恒博房地产开发公司投资15亿元建设大张村连片改造项目。

（17）山西兴业盛龙房地产开发公司投资2.5亿元建设丽华苑小区项目。

（18）山西文冠果科技有限公司投资 2.3 亿元文冠果种植及“白山聪”茶叶生产项目。

（19）霍州市新大地开发旅游公司投资 0.7 亿元的霍州市七里峪漂流项目（二期）。

【领导班子】

局　长：

关文旗（2011.11－2015.12）

支部书记：

董铁柱（2013.12－2015.12）

副局长：

芦　芳（女，2012.07－2015.12）

乔志峰（2012.07－2015.12）

【获奖情况】

2016 年 1 月，临汾市招商局表彰关文旗同志荣获 2015 年度招商引资工作先进个人。

2016 年 1 月，临汾市招商局表彰霍州市招商局荣获 2015 年度招商引资贡献奖。

（芦芳）

财政税收

财　　政

【概况】 霍州市财政局是综合管理全市财政收支、实施财政监督、参与宏观经济调控的职能部门。到2015年底，共有干部职工71人，下辖12个行政股室、4个事业单位和12个乡（镇、街道）财政所。2015年，财政局紧紧围绕“建设三晋经济强市，实现整体率先发展”的奋斗目标，认真贯彻落实党的群众路线教育实践活动内容和全市经济工作部署，较好地完成了各项工作任务，确保财政收入应收尽收，确保重点项目资金落实到位，确保公教人员工资足额发放，确保各项目资金的足额配套，确保社保资金应保尽保，促进全市经济社会平稳较快发展。

【财政收入】 2015年，霍州市公共财政预算收入完成67018万元，为预算76520万元的87.58%，比去年同期减少6.99%，在全临汾市总量排名第四、进度增速排名第四。

其中：国税系统完成8959万元，为预算的75.17%，同比减少13.38%；地税系统完成37139万元，为预算的84.36%，同比减少13.63%；财政系统完成20920万元，为预算的101.67%，同比增加11.81%。

上级补助收入89740万元。其中：一般性转移支付收入63595万元；专项转移支付收入28090万元。

全年地方财政收入合计195054万元。

【财政支出】 2015年，全市公共财政预算支出执行161825万元，为年度预算的94.94%，同比增长8.91%；其中：一般公共服务支出12738万元，同比减少3.26%；公共安全支出9627万元，同比增长25.53%；教育支出32356万元，同比增长28.47%；科学技术支出248万元，同比减少17.33%；文化体育与传媒支出2007万元，同比增长32.39%；社会保障与就业支出25808万元，同比增长19.7%；医疗卫生与计划生育支出16292万元，同比增长20.21%；节能环保支出3818万元，同比减少53.11%；城乡社区事务支出20008万元，同比减少19.37%；农林水事务支出13429万元，同比增长30.44%；交通运输支出6307万元，同比减少22.87%；资源勘探信息等事务支出814万元，与2014年持平；商业服务业等事务支出803万元，同比减少48.19%；国土海洋气象等事务支出11036万元，同比增长38.96%；住房保障支出6018万元，同比增长71.06%；粮油物资储备事务支出205万元，同比增长36.67%；政府性基金支出6546万元。

2015年，霍州市政府性基金收入为5034万元，上级补助收入353万元，上年结余2881万元，全年政府性基金收入总计6268万元；支出6544万元，调出资金433万元。全年地方财政支出合计168371万元

【支持教育事业】 2015年，财政局把支持教育事业发展放在首位，2015年投入高于财政经常性收入增长幅度，全年拨付教育经费32604万元，比2014年同期增长29.45%。其中，义务教育均衡发展资金1767万元；义务教育阶段学校公用经费2500.11万元；义务教育阶段家庭困难寄宿生生活补助135.23万元，全年补助学生996人；普通高中学校助学金238.8万元；校舍维修资金252万元；校安工程297.66万元；幼儿园工程建设费1104.66万元；学前教育幼儿资助经费41.85万元；职教中心项目资金1540万元；科技研发补助资金25.95万元。

【支持社会保障事业】 2015年，安排解决信访疑难问题专项资金100万元，解决信访案件30余起。启动道路交通事故救助机制，全年受理救助申请4起6人，垫付资金46.3万元。在医疗卫生事业方面，加大财政投入，推行公立医院改革，拨付核磁共振、急救车等医疗设备购置资金320万元，兑现取消药品加成收入后补偿78万元，医务人员工资按医改方案要求由原60%提高至70%，财政每年增加补助130万元；基本公共卫生服务经费财政补助标准由35元提高到40元，市财政配套115万元。

【落实惠农惠民政策】 1. 大力促进三农发展。2015年，投入涉农资金13429万元。在落实各项惠农补贴政策方面，通过“一卡通”方式发放粮食直补、农资综合补贴资金1664万元、良种补贴89.59万元；拨付农机具购置补贴310.479万元，购置农机具372件；发放退耕还林资金263.73万元；发放燃油补贴资金509.44万元；发放煤炭货币化补贴1790.49万元，惠及全市低收入农户59683户。在支持农业农村发展方面，组织相关部门深入基层认真调研，上报霍州市“一村一品”专业村产业扶持项目建设实施方案，项目涉及核桃基地、特种苗木、地方土特产采集加工、苹果、芦笋种植及畜牧养殖业等，拨付资金57万元；发挥奖补资金的杠杆作用，全面开展村级公益事业“一事一议”项目，拨付奖补资金1093.57万元，涉及全市10个乡（镇、街道）37个村，项目涵盖农村小型水利、道路硬化、文化活动广场、绿化亮化美化工程等四大类；持续支持“三大基地”建设，拨付西张垣优质核桃基地建设资金412.55万元；西张垣蔬菜基地资金158.36万元；西张垣农业科技培训中心建设款133.3万元；拨付农业防灾减灾稳产增产补助资金90万元，专项用于小麦“一喷三防”工作；拨付农业综合开发产业化经营龙头企业扶持项目资金328.9万元。

2. 在支持城乡生态建设，2015年拨付永和山森林公园采摘园二期、三期建设资金298.4万元；拨付农村宜居示范工程项目经费30万元。

【监督检查】 为增强全市财务人员执行财政政策能力、提升财会业务水平，财政局聘请山西财大教授、新中大科技公司工程师、党校讲师、农村经管专家、纪检反贪部门负责人等开展新《预算法》知识培训、软件操作规范培训、农村财会业务培训、经济案件易发环节讲座等各类培训7次，培训各级财务负责人、财会工作者计2300余人次，达到预期目标，取得良好效果。

2015年，财政局重点开展7项监督检查工作：1. 会同企业养老保险、新农合，对城

乡居民养老保险参保人员与企业养老保险参保人员进行系统数据核查对比，重点核查重复参保、重复领取养老金问题。核查出重复领取 1394 人、追回养老金 338.8 万元，全部上缴财政专户；取消重复参保 253 人。2. 开展企业退休人员养老金领取情况检查，追回死亡冒领、多领养老金 10 余万元。3. 组织开展涉农资金专项整治活动，对霍州市 2013 至 2014 年 33 家涉农项目单位六大类计 11.24 亿元资金的管理使用进行全面梳理自查，堵塞漏洞，完善各项制度，提高涉农资金管理水平和使用效益。4. 组织完成对霍州市白龙镇、北环路街道 2014 年度财政决算情况检查，延伸检查白龙村、陈村等财务收支情况，纠正存在的问题。5. 完成对市农业委员会、文体广电新闻出版局、科学技术协会、实验小学四家单位的会计信息质量检查。6. 对各乡（镇、街道）2011 至 2014 年“一事一议”村级公益事业项目实施情况进行复查，整改存在问题。7. 联合市住建局对城市低收入住房困难家庭进行入户复（抽）查，取消不符合保障标准家庭 17 户。

【财政改革】 2015 年，财政局深入贯彻落实党的十八大及十八届三中、四中、五中全会精神，围绕“保增长、保民生、保稳定”，落实党风廉政建设主体责任，以改进工作作风、密切联系群众为重点推进作风建设，在学习创新、勤政为民、民主团结、队伍建设、反腐倡廉等方面取得新成绩。

1. 强化班子和干部队伍建设，提升服务理念。坚持把理论学习作为增强党性、坚定信仰、提升能力的重要途径，坚持每周二、四集中学习制度，开展各种有针对性的学习调研，探索破解财政工作瓶颈的办法；持续开展党员干部理想信念和社会主义荣辱观教育及职业道德教育，加强业务学习和培训，引导教育广大干部知荣辱、讲正气、树新风，培养良好的职业道德情操，树立严谨的事业心和良好的工作作风；局领导班子坚持以上率下，勤政廉政，自觉接受群众监督。

2. 落实主体责任，夯实党廉建设。财政局制定《霍州市财政局落实党风廉政建设领导班子主体责任和纪检组监督责任的实施方案》，明确领导班子主体责任、主要负责人“第一责任人”责任、领导班子成员的领导责任和纪检组监督责任，做到每项工作有责任领导、有具体责任人员，树立“抓好党风廉政建设是本职，不抓是失职，抓不好是不称职”的工作理念，敢担当、有作为成为全体党员干部共识。

按照“六权治本”要求，结合“12388”工作法和“四述两谈”制度，依照新的《预算法》《政府采购法实施条例》和《会计法》，研究制定了《霍州市财政局权力清单》，构建权责对等、责任清晰、履责到位、追责有力的党风廉政建设责任落实体系，扎紧制度的笼子，强化对不良行为的刚性约束。

3. 提高服务水平，树立良好形象。严格执行财政干部“十不准”规定，落实“首问负责制”和“限时办结制”，提高服务效率；加强财政政策宣传和推行“12388”工作法，提高政务公开范围和力度；开展环境综合整治，狠抓文明办公，创造干净整洁、秩序井然的工作环境和团结互助、积极进取的工作氛围。

【创建文明和谐单位】 为不断提升财政机关科学化工作水平，财政局紧紧围绕山西省厅、临汾市局“干部提神、工作提速、服务提质、落实提效”四提活动主旨精神，结合上级党委开展的“夯实基础管理、落实工作责任”集中教育整顿活动，按照“精神不懈怠、工作不松劲、服务不打折、落实不走样”的相关要求，持续引深“四提”活动，进一步改进工作作风，深入贯彻推行以制度健全、分工合理、流程清晰、职责明确为主旨精神的“12388”工作法，提升局机关的服务水平。2015年，财政局坚持以十八届三中、四中、五中全会精神为指导，按照“基层组织提升年”活动及“服务群众年”主题，严格程序，规范运作，开展群众路线教育实践活动，围绕解决“四风”问题，在思想政治建设、作风建设、制度建设等认真对照检查和整改。

一是解决党性修养锻炼方面存在的问题，增强运用理论武装的自觉性。局机关党员在活动中普遍反思党性修养锻炼方面的一些表现。共产主义理想信念不够坚定、不善于从政治和全局上观察处理问题、党性观念不够强、宗旨意识不够牢等等。通过挖根源、论危害，普遍深刻认识到自身存在的形式主义、官僚主义、享乐主义和奢靡之风的问题和表现，核心问题是人生观、价值观、世界观问题，是理想信念坚定与否的问题。通过开展活动，广大党员干部受到马克思主义群众观点的深刻教育，贯彻党的群众路线的自觉性和坚定性明显增强。

【领导班子】

局　长：

王英才（2007.07—2015.12）

书　记：

赵秋香（女，2013.04—2015.12）

副局长：

李德云（2013.04—2015.12）

董燕妮（女，2002.10—2015.12）

陈建斌（2002.10—2015.12）

李玉琴（女，2007.08—2015.12）

纪检组长：

王荣安（2012.8—2015.12）

总会计师：

张芙蓉（女，2012.07—2015.12）

工会主席：

孙建斌（2003.03—2015.12）

（朱明亮）

国　税

【概况】　霍州市国税局成立于1994年，到2015年底，有干部职工144人，其中，在职人员109人。下设15个机构，包括12个内设科室（办公室、政策法规科、收入核算科、纳税服务科、征收管理科、人事教育科、监察室、机关党委办公室、税源管理一科、税源管理二科、税源管理三科、税源管理四科）、1个事业单位（信息中心）、1个直属单位（稽查局）、1个派出单位（辛置税务分局）。主要负责全市12个乡（镇、街道）2100余户固定纳税户征收管理任务。

【管户变动情况】　国税局2015年底共有管户2184户，其中单位纳税人834户，个体工商户1350户。总户数比上年增加368户，增加幅度20.26%。其中单位纳税人增加219户，增加幅度35.61%；个体工商户增加149户，增加幅度12.41%。

【税收收入】　2015年，国税局共计完成税收收入57897万元，同比减少10225万元，减幅15.01%。其中中央级收入完成41608万元，地方级收入完成16289万元。

分税种看，增值税同比减少12400万元，减幅18.77%，带动整体税收的下滑；企业所得税增长明显，新增税源国电集团霍州发电厂同比净增1465万元，拉动态势明显。其余税种的增减幅度、额度都很小，对整体税收影响微乎其微。

分行业看，增减形势较为明显：煤炭开采和洗选业同比减少19313万元，减幅62.34%，反映在重点税源上，则是霍州煤电集团同比减少15536万元，山西焦煤集团曹村煤矿破产改制同比减少562万元，霍州煤电集团丰峪煤业有限责任公司同比减少2021万元，云厦白龙矿业有限责任公司同比减少329万元，以上四户合计减少18448万元；电力行业两大税源企业一增一减导致全行业同比增长10533万元，增幅47.94%，一是中国国电集团公司霍州发电厂自2012年9月投产运营以来，累计消化基建期进项税额39503万元，于2015年6月开始实现税收，累计实现增值税10537万元，企业所得税2298万元，同比净增12835万元；二是山西兆光发电有限责任公司因消化上年留抵、产销缩减等原因同比减少2362万元，两户合计增长10473万元。其余行业增减额度及幅度较小，对整体影响不大。

【稽查工作】 2015年，霍州稽查局贯彻落实霍州市国税工作会议和临汾市国税稽查工作会议精神，部署各项稽查工作，整顿规范税收秩序，以税收违法案件查处和税收专项检查为重点，组织开展各项税收专项检查，依法严厉打击发票违法犯罪活动，打击各种偷、逃、骗等税收违法犯罪活动，完成各项工作任务。2015年，检查结案5户，查补总额918.95万元，其中：查补税款408.78万元，罚款408.09万元，加收滞纳金102.08万元。

【纳税服务】

1. 强化“纳税人学堂”品牌建设。遵循“按需施教、无偿辅导、自愿参加、全程辐射”的原则，以满足纳税人合理需求为导向，以提高税法遵从度为目的，免费为纳税人提供各类针对性培训辅导。2015年，组织各类培训和辅导4场。

（1）对260户纳税户开展2014年度企业所得税汇算清缴培训。

（2）对110户企业举办1期“e税客”现场推介会。

（3）对120余户纳税人开展一般纳税人增值税专用发票升级现场辅导。

（4）开展1次小规模纳税人增值税专用发票升级现场辅导。

2. 落实《纳税服务规范》。2015年3月1日起全面落实国家税务总局印发的《全国税务机关纳税服务规范》2.1版。霍州市国税局以持续开展便民办税春风行动为载体，在实践中检验规范落实成效。

（1）编写分类办税指南和纳税人告知书，在纳税人办理税务登记证的第一环节及时发放，对其领取发票、申报纳税、报告银行账号、会计制度备案进行风险提示，实行跟进服务，规避纳税风险，提高税法遵从度，全年共计发放告知书300余份。

（2）推行各项减负提效工程。在四大类15项业务办理中全面推行免填单服务。对纳税人最为关注的开业登记、变更登记、账户报告、申报缴税、发票领购、优惠办理等6项即办事项，按照要求在大厅直接办结，杜绝额外审批。对所有固定户实行网上申报缴税，对所有双定户推行以缴代报，对通过网络申报方式报送各类申报资料的1000余户纳税人，由2014年的半年一报，统一改为一年一报。

（3）严格执行各项涉税改革。2015年4月1日起，一般纳税人资格认定调整为登记制。全年有71户纳税人实行一般纳税人资格认定登记制；2015年10月1日起，“三证合一、一照一码”登记制度改革在霍州市全面落地。全年办理“三证合一”户66户。

3. 开展纳税信用等级评定工作。按照省局的初评信息，国、地税初评信息，经过基层部门核实和与地税机关的核实、评价，报省局复评审核一系列程序，完成2014年度纳税信用评价工作。共评价产生A级企业5户，B级企业221户，C级7户，D级企业18户，不参评56户。

【政策法规】

1. 财税〔2015〕34号规定自2015年1月1日至2017年12月31日，对年应纳税所得额低于20万元（含20万元）的小型微利企业，其所得减按50%计入应纳税所得额，按20%的税率缴纳企业所得税。

2. 财税〔2015〕99号规定自2015年10月1日起至2017年12月31日，对年应纳税所得额在20万元到30万元（含30万元）之间的小型微利企业，其所得减按50%计入应纳税所得额，按20%的税率缴纳企业所得税。

3. 财税〔2015〕90号规定自2015年9月1日起，对纳税人销售和进口化肥统一按13%税率征收国内环节和进口环节增值税。钾肥增值税先征后返政策同时停止执行。

4. 税务总局自2015年1月1日起对新认定的增值税一般纳税人和新办小规模纳税人推行增值税发票系统升级版，自2015年4月1日起在全国范围分步全面推行增值税发票系统升级版。2015年，霍州市国税局圆满完成4次大规模的集中升级工作，有400余户纳税人完成升级任务。

5. 调整并以公告形式公布《霍州市国家税务局行政审批事项公开目录》，公开由霍州市国家税务局实施的行政审批事项。

【文明创建】 2015年，霍州市国税局持续巩固国家级青年文明号和国家级巾帼文明岗创建成果，深化文明单位标兵创建工作，开展各类主题实践活动，取得显著成效：2015年12月，通过山西省文明办2014—2015省级文明单位标兵验收，提升文明单位创建水平。

1. 组织开展6次“道德讲堂”，学习《道德经》《弟子规》等传统文化，引导党员干部道德至善，积聚正能量。

2. 通过干部推荐和纳税人评价，评选出李亚琴、高岚、王亚琴等3名优秀税干，进行专栏宣传报道，传播正能量。

3. 开展“五四”青年志愿者、学雷锋志愿者等主题活动。主动清扫街道，美化环境；对1名贫困大学生进行结对帮扶，开展捐资助学；十几年如一日，对李曹敬老院开展重要节日慰问。在服务和爱心的传承中，播撒正能量。

【领导班子】

局　长：

米玉峰（2008.01—2015.12）

副局长：

马红石（2010.11—2015.12）

郭继宏（女，2010.11—2015.12）

薛武鸿（2010.11—2015.12）

纪检组长：

王临纲（2010.11—2015.12）

（秦仰洲）

地　　税

【概况】 霍州市地方税务局成立于

1994年，内设办公室、人事教育股、计划会计股、财务核算中心、征管信息股、税政管理股、规费管理股、后勤管理中心、纪检监察室9个股室，下设稽查局、直属一分局、直属二分局及第一税务所、第二税务所、第三税务所、第四税务所、辛置税务所、什林税务所、白龙税务所、大张税务所、七里峪税务所3个直属单位、9个基层税务所。负责霍州市2549户纳税人的地方税收和煤炭可持续发展基金、残疾人就业保障金、工会经费、价格调控基金、河道工程维护管理费、教育费附加、文化事业建设费、地方教育费附加、采矿排水水资源费等8种规费的征收管理工作。至2015年底有干部职工127人（含退休干部），其中党员90人，占干部职工70.9%，硕士研究生学位2人，本科学历43人，大专学历45人，大专以上学历占干部职工70%。

【工作思路】 以中共十八大、十八届三中、四中、五中全会精神为指导，深入贯彻省市局工作思路，牢固树立“大集中、大数据、大服务”理念，以市局“地税现代化和绩效考核”两个试点为引领，以依法组织收入为中心，深化“三个地税”和“三个环境”建设，夯实“六基”，全力清缴欠税，缩小收入差距，优化服务，落实“两个责任”，树立务实清廉形象，难中求进，统筹兼顾，为实现地税现代化建设目标而努力争先。

【税收收入】 2015年，组织各项收入73417万元，其中：各项税收完成65657万元，非税收入7760万元。在税收收入中，组织入库省以下地方公共财力56861万元，县级地方公共财力37140万元。为霍州市经济发展、民生改善提供财力保障。

【法治地税】 管户清查成效显著。在全市范围内开展管户清查工作，共办理税务登记136户，其中企业47户，个体89户；征管指标考核提升质效。以征管质量15率考核为抓手，实行征期结束次日集中修正指标措施和月通报制度，霍州市地方税务局征管15率考核：5月全市第一，6月全市第二，10月全市第三；分税种管理扎实有效。所得税汇算清缴260户，汇算率100%。个人所得税汇算清缴46户，受理个人所得税自行申报户911人，其中12万元以上779人。补录房产税登记信息421条、土地使用税登记信息362条，澄清“房土”两税底数。开展煤炭资源税税源监控分析，征收入库煤炭资源税10992.97万元。加强资源税日常管理，非煤资源税管理户数由1月的1户增加到12月的16户，入库非煤资源税42.11万元。成立土地增值税清算审核领导小组，对2014年尚未完成的5个清算项目进行清算审核工作，缴土地增值税535.01万元。开展石灰石及建筑用沙石扣缴单位检查，查缴资源税9.47万元；税收执法逐步规范。编制《统一税收执法文书式样及范本》《欠税管理手册》《税收优惠政策分类指南》《规费管理手册》《前台零反复、后台零审批征收管理服务规范》《税收执法权与行政管理权运行工作流程手册》等；法治税务示范基地创建成功。通过临汾市局的初审、评估及省局的审查确定，荣获“山西省地税系统2015年度法治税务示范基地”称号。

【科技地税】 “一中心多平台”顺利运行。阳光税务监控平台：对全局各单位办公场所进行实时监控，实时音频视频传送，为做好涉税纠纷后续应急处理和突发事项应急处理提供原始数据；税收执法记录平台：实时记录和长期存储公出执法的工作状态；电子征管档案管理平台：对2015年全部涉税资料进行扫描存储，形成一户一档的电子档案，随时查询纳税人分月、分类型征管档案，减少资料传递环节，提升信息查询速度；监察预警管理平台：对内外网进行监控预警，重点对电影、电视、影视、大片等影视、淘宝、京东、亚马逊等购物和游戏、求职等关键字网址进行限制登录设置，防范发生违反工作纪律的行为；过程控制平台：是在市局考核的15率基础上，增加13率，实行征管质量28率考核，还可进行管户统计、税费申报、税费征收、发票管理等28项统计功能。数据查询考核下探延伸至管理单位、管理员、纳税户的每个涉税指标，深入挖掘和发挥信息的关联作用。数据更新时间减缩到最短，提升“信息管税”水平；数据分析平台：重点对霍州煤电集团等大企业进行税收管理监控和外部信息分析利用。“一中心多平台”重点解决各类管理软件分散使用而形成的信息不互通、数据提取不方便和系统利用深度不够、人为因素影响等问题，实现在一体化应用下各项业务平台的集成，做到数据集中处理、分析运用和数据直接提取。

【平安地税】 开展各类主题活动。落实中央“八项规定”，坚决纠正“四风”“十风”问题，组织开展学习讨论落实活动、“深化巩固拓展”主题活动，按照活动要求进行剖析、整改落实，提高干部职工政治思想认识，推进干部作风持续好转，实现群众满意度大幅提高。开展“三严三实”专题教育、“三个一批”、好干部标准、思想政治工作等专题教育活动，引导全局干部职工自觉抵制陈规陋俗，树立文明新风；开展突出问题专项整治。制定违规经商办企业问题专项整治工作方案，组织召开全员动员会，对内建立“三表一账”，开展全体人员自查自纠，开展外查外调进行信息比对，对整治活动中发现的情况进行规范处理。对外通过《今日霍州》报、纳税服务微信平台、办税服务厅电子显示屏、办税区公告、宣传单等多种方式宣传，发放“致社会各界和广大纳税人的一封公开信”945份，给霍州市公安局、霍州市纪检委办公室等6个单位发放征求意见函，组织义务监督员和纳税人开展面对面座谈，接受社会监督。落实中央“八项规定”，对2014年经费专项检查中发现的问题进行督促整改。加强节假日等关键点工作纪律监督，通过“一月情况汇报”掌握解决苗头性、倾向性问题。开展婚丧嫁娶专项整治工作，严格执行干部职工婚嫁事宜申报、公示制度，主动接受监督。落实全区纪律交叉检查工作，明确检查重点及注意事项。开展执行中央“八项规定”纠正“四风”所涉及十二个方面监督检查，对存在的问题进行查究整改。推行“12388”群众办事明白卡，落实“12388”工作法，促进政风行风建设。

【三个环境】 开展文件督查督办，实行会议决议督查、文件审批督查、重点工作督查，掌握各项工作进展动态，对因政策影响或有其他特殊情况不能完成的绩效目标任务予以调整，对落实不力、进展缓慢的目标任务进行预警提示，以推动各项工作按照计划稳步推进。2015年，市地税局组织开展督查285项，其中会议督办72项，文件督办178项，重点督办35项。开展工作环境争先创优，制定《霍州市地方税务局开展工作环境争先创优活动实施方案》，出台《办公场所卫生考核内容及评分标准》和《个人形象评分标准》，按季进行评比。建设图书阅览室，组织开展消防应急演练，提升突发事件应急能力，被市局推荐为省局社会综合治理和消防工作经验交流单位；营造一个公正、公平、公开的政务环境。便民春风行动落到实处。实施“一窗式”服务，将个人缴纳契税业务纳入办税厅，2015年6月开始试行，7月全面推行，征管查三分离。优化“前台零反复、后台零审批”措施。按照《纳税服务规范》2.2版新内容，将原来的4类81项，整合为2类154项，细化、量化涉税事项，明晰了办税流程。实行领导班子征期办税厅值班制度。在办税服务厅自助办税区设领导值班岗，负责部门间协调，处理突发事件，受理纳税人咨询或投诉。加强微信平台建设。完成霍州地税纳税服务订阅号升级和模块设计，申请成立“蓝精灵”地税工作群和“满天星”地税生活群，加强工作交流与沟通，发挥其作用。开展好税收宣传活动，根据市局要求，结合第24年税收宣传月“新常态、新税风”主题，开展税收宣传活动。通过《今日霍州》微信平台、霍州地税微信平台、办税服务厅电子显示屏和触摸屏，开展“小微企业税收优惠政策宣传周”活动，发送微信16条，阅读量2300余次。举办“纳税人学堂”，分期分批对新实行的企业所得税年度汇算清缴申报表、网上申报操作、14户医疗机构纳税人进行专题培训。组织干部职工积极参加“学税法、享优惠、赢话费”活动，市地税局共有1350余人参与答题活动，对税收优惠政策的贯彻落实起到推进作用。结合管户清查、欠税清理和企业所得税汇算清缴等工作，利用七里峪景区、庙会等优势项目，将税收宣传融入日常工作中，使税收宣传常态化；营造一个和善、和睦、和谐的社会环境。加强干部职工教育培训，通过工作碰头会、股所长例会组织开展《党章》《中国共产党党员干部廉洁从政若干准则》，十八届中央纪委三次、四次、五次全会精神等廉政学习。根据山西干部在线学院学习平台，对在线学习进行按季通报、按年考核。组织税务所长更新知识培训、业务知识培训、业务能手选拔培训、2014年新录用公务员初任培训、劳务派遣人员税收业务培训、日常征管、税收业务、绩效管理培训10余次，注重业务骨干的培训和递进培养，提高干部队伍的综合素质。深化精神文明创建工作。2015年是省级文明和谐单位的总评年，地税局按照推进“三个地税”和“三个环境”建设安排，按照文明单位考核管理办法，收集汇总文明创建图片和文字资料，汇编整理《20年我们一起走过》，补充道德讲堂、善行义举四德榜等资料。成立由75名志愿者组成的青年志愿者服务队，参加霍州市“向不文明行为告别”暨第三届青年志愿者服务月活动启动仪式，组织开展学雷锋志愿服务、捐资助学、环境卫生清扫等活动，培养志愿者立足本职服务群众、奉献社会的责任意识。成立工会，组织参加“中国梦·霍州情”千名干部越野赛、“庆五一”职工表演阅读大赛、“每月一山”户外徒步运动、“读经典、练太极”暨建局20周年国庆纪念活动、七一祭奠烈士陵园、“读好书、学先进、争做最美地税人”等活动。

【绩效管理】 以“一中心多平台”为支撑，以“三科目”绩效考核为抓手，推进地税现代化和绩效考核试点工作。指标设置做到务实、科学。在绩效管理指标的设置上，坚持务实、科学的原则，围绕税收中心工作，在股室考核指标的制定上，尊重业务差异，制定出各股室、稽查局、直属单位的个性指标。又充分考虑到局机关统一管理的实际，制定出考核股室、稽查局、直属单位的共性指标。在考核下级单位时，本着业务性质不同和工作实际需要，将重点工作的计分权进行调整，探索性地将组织收入工作调整为160分，占到总分的20%，以考核力度去推进税收收入的完成，达到以考促落实的目的；“三科目”考核推进。科目一考核是规范化考核。即省市局绩效管理与目标责任制考核。科目二考核是个性化考核。包括定量考核和定性考核，主要依托“一中心多平台”。科目三考核是效果运用。重点是正面激励为主，结果主要用于“五个优先”，优先提拔、重用、入党、评先评优评模和外出参加培训；绩效管理电子台账务实有效。地税局从“科技地税”建设的思想出发，将山西省局、临汾市局要求填写的年计划、月记实、季打分等表格进行合并，上线运行绩效管理电子台账小软件，提升绩效管理台账数字管理。

【领导班子】

局　长：

贾英杰（2013.08—2015.11）

局　长：

贺立华（2015.11—2015.12）

副局长：

薛德明（2006.09—2015.12）

王虎良（2006.09—2015.12）

王文明（2013.08—2015.12）

纪检组长：

张学军（2013.8—2015.12）

【获奖情况】　稽查局团支部被共青团山西省委授予五四红旗团支部；霍州市地方税务局党总支被山西省地税系统党建工作领导组评为全省地税系统“创新型”党组织；霍州市地方税务局被山西省地税局授予“山西省地税系统2015年度法治税务示范基地”称号；霍州市地方税务局被临汾市社会综合治理委员会授予2014年度社会综合治理工作先进单位；稽查局被共青团临汾市委、临汾市青年联合会授予临汾市青年五四奖状；霍州市地方税务局被临汾市地方税务局授予2015年度优秀领导班子；霍州市地方税务局被临汾市地方税务局授予2015年度绩效管理与目标责任考核优秀单位；杨丰菁被山西省地税局评为稽查办案能手；王文明被临汾市精神文明建设指导委员会授予临汾市2014—2015年度精神文明建设先进工作者；杨丰菁被共青团临汾市委授予五四青年奖章；陈慧芳、张耀华、朱刚刚、薛辉被临汾市地税局授予2015年市级业务能手称号。

（任荣萍）

金　融

中国人民银行霍州市支行

【概况】 2015年，霍州支行深入贯彻落实十八届三中、四中全会、五中全会精神，围绕地方经济发展目标和上级行工作目标，执行稳健的货币政策，结合辖区经济金融工作实际，团结带领全行干部职工，积极履行基层中央银行职责。辖内经济金融平稳健康发展，支行各项工作稳步推进。在人行临汾中支16个专业考核中，支行有9个专业排名前六，其中节能减排、征信两个专业排名第二，办公、金融稳定专业排名第三。

【贯彻货币政策】 引导金融机构全面准确执行稳健的货币政策，支持实体经济的合理信贷需求，增强金融支持经济发展的均衡性和可持续性，跟踪分析稳健货币政策的实施效应，加强对信贷总量调节、信贷投放结构以及金融机构信贷投放行为方面的指导、协调，促进霍州经济转型跨越发展。截至2015年12月底，辖区金融机构各项存款余额114.8亿元，较年初减少1亿元，各项贷款余额75.6亿元，较年初减少0.4亿元。

【“普惠金融”服务工作】 支行在2014年基础上继续推进阳光普惠工作，指导金融机构创新金融产品，推广霍州市信用联社的助工贷款和教师消费贷款，以及邮储银行的互助担保基金模式的小额贷款。截至2015年底，为霍州矿区职工发放助工贷款116笔1024.22万元，发放教师贷款41笔325.38万元。邮储银行发放互助担保基金模式的小额贷款17笔490万元。着手建设农村“金融综合服务站”，改善农村支付结算环境。2015年末，霍州市3乡4镇5个街道，199个行政村，建设农村“金融综合服务站”129个，每个服务站配置一个POS机，可为农村和农民提供转账、小额支取等金融服务，将逐步增加现金汇款、代理缴费、小微农贷授信、零钞兑换、硬币兑换、残币兑换、金融知识宣传等服务功能，满足农民更多的金融服务需求。

【金融管理】 2015年，坚持金融机构重大事项报告制度，把综合执法和综合评价纳入金融机构年度考核之中。对辖区工商银行、中国银行进行综合执法检查，对检查中存在的问题进行事实认定，商业银行对检查中存在的问题进行纠改。人行霍州支行按月对商业银行“两管理两综合”制度执行情况进行综合评价，按季进行全辖通报，提高了评估结果的客观性、公正性。

按照上级行工作部署，做好存款保险知识宣传工作，提高公众的理解和认知。加强对辖区内存款保险舆情和存款类金融机构的流动性监测，与地方政府、监管部门、农信社行业管理部门等有关方面加强沟通协调，维持辖区地方法人存款类金融机构存款基本稳定，做好相关制度实施的组织、宣传、引导、监测和审核工作，2015年，完成农信社按时足额缴纳存款保险金两次，确保存款保险制度实施工作平稳有序进行。

【人民币管理】 2015年，办理入库137笔，金额4.32亿元；出库190笔，金额9.67亿元；调拨6笔，金额5.78亿元；净投放5.35亿元，杜绝人为差错。1至12月回收残币1.62亿元，提高全辖区流通人民币的整洁度。排查、梳理发行库管理漏洞和薄弱环节，消除风险隐患，加强发行库内部控制和安全管理，各项规章制度得到了全面贯彻落实。

【资金管理】 2015年，支行按照四级目标管理责任制，执行岗位分工，确保国库资金安全。全年办理预算收入业务67882笔，金额15.07亿元；预算支出业务19526笔，金额17.1亿元；退库业务227笔，金额1302万元；更正业务182笔，金额5.49亿元，未发生任何差错。

【领导班子】

行　长：

刘亚琴（女，2013.10—2015.12）

副行长：

刘文合（2008.07—2015.12）

梁亚龙（2011.09—2015.12）

白建荣（2013.10—2015.12）

纪检组长：

陈京记（1992.01—2015.12）

副主任科员：

申子正（2004.01—2015.12）

刘杏华（2011.09—2015.12）

张琳珍（女，2011.09—2015.12）

（王铁军）

中国银行业监督管理委员会临汾监管分局霍州办事处

【概况】 中国银行业监督管理委员会临汾监管分局霍州办事处（以下简称霍州监管办）位于霍州市鼓楼办东大街38号，隶属于中国银行业监督管理委员会临汾监管分局。共有工作人员4人。2015年，霍州监管办认真贯彻国家经济和金融方针政策，全面落实十八大、习近平总书记系列重要讲话精神和上级工作思路，提高监管有效性，促进辖内经济和银行业稳健运行、双赢发展。截至2015年底，霍州市共有银行业金融机构44个，其中：中国工商银行5个、中国农业银行4个、中国银行3个、中国建设银行2个、霍州市农村信用合作联社22个、邮政储蓄银行自营网点2个、代理网点6个；全辖区银行业金融机构各项存款1147948万元，各项贷款756559.7万元。

【防范信贷风险】 及时披露企业信贷风险状况，全面关注企业的动态，遏制风险的扩散，将风险情况及时上报临汾监管分局和地方政府。加强贷款风险分类监管，督促银行业金融机构做好准确分类、提足拨备，监测“关注类”贷款变化情况，真实反映不良贷款底数，加快处置进度。开展资金链担保链风险化解研究，加强与地方政府的沟通协调，强化可能引发系统性风险的政策指导，督促银行业金融机构准确研判经济金融形势，强化合规经营，规范各类表外业务，将银行业实际承担的风险纳入监测范围，构建了银行业风险“防火墙”。

【党风廉政建设】 学习贯彻党的十八大精神，开展“夯实基础工作，提高监管质效”互学互比活动，通过学标杆、强基础，营造比学赶创、大干上的浓厚氛围。制定廉政教育学习计划，坚持学习制度，着重抓好落实党风廉政建设责任制，创造健康向上的学习型组织。深化党性党风党纪教育，提高党员素质，发挥党员先锋模范作用。厉行勤俭节约，反对铺张浪费，以深化党建示范点建设为抓手，推进监督执行力，监管的有效性。

【督导案防工作】 加强案件专项防控。明确各银行业金融机构一把手为案件工作第一责任人，与辖区银行业金融机构负责人签订《2015 年案件防控工作目标责任书》《2015 年度双向承诺书》，要求基层层签订责任书，逐级承诺，保证严格按照制度规定执行，合规操作，不违规、不违法，将案件防控工作层层分解到每个基层机构、每个要害岗位和每名员工。监管办不定期地深入到各机构网点进行督查，配合当地公安部门进行安保检查，按季列席各银行业金融机构召开的案防分析会，对发现的问题督促各机构拿出切实可行的整改措施进行纠改，督促各机构认真做好案件防控双评工作。

【非现场监管工作】 一要深入调查研究，掌握辖区内银行金融机构运行中存在的各种问题，进行沟通和交流，根据实际情况作出相关提示或进行通报；二要协调好与人行、统计局关系，密切联系、信息共享，以便科学地、有针对性地搞好监管工作；三要做好信用社的监管评级，根据明确的监管指标，按照省局程序从严、客观地进行监管评级考核，督促信用社明确专人上报“1104”和“上下联动”报表；四要上门座谈，有针对性地对高管人中进行监管谈话和信息沟通，提示其经营管理中可能存在的风险。

【现场检查工作】 一是根据霍州市政府非法集资工作的分工安排，霍州监管办对辖风有网络融资平台的机构进行排查，将排查情况书面报送霍州市政府非法集资办公室；二是监管办配合霍州市公安局辖内金融机构安全保卫评估检查，对检查中发现的问题都提出具体整改建议和要求，得到有效落实；三是根据临侧漏姐银监分局安排，派人到分局先后参加“一加强两遏制”现场排查、临汾辖区村镇银行风险排查、侯马农商行法人治理风险管理评估等工作，前后历时 3 个多月，完成各项检查任务。

【领导班子】

主　任：

胡秀斌（2013.09—2015.12）

副主任：

王红斌（2013.07—2015.12）

（王红斌）

中国工商银行霍州支行

【概况】 中国工商银行股份有限公司霍州支行，隶属于中国工商银行股份有限公司临汾分行。支行下设 5 个网点、3 个部室，5 个网点分别是：支行营业室、东大街支行、开元支行、辛置支行、矿区支行。3 个部室分别是：综合部、法人客户部、个人金融部。到 2015 年底，全行有在职员工 110 人。

【业务发展】 2015 年，工行霍州支行以调结构、重创新、抓服务、强营销、防风险、增效益为着力点，开展服务质量提升、纪律作风整顿、经营水平提高和多项劳动竞赛活动，实现各项业务顺利、协调发展。2015 年，全行各项存款 23.9 亿元，各项贷款余额23.8亿元，全年累放贷款9.7亿元；拓户、理财、分期、信用卡、基金、保险、贵金属等核心产品指标基本保持稳定增长，多项小指标实现突破。实现中间业务收入1224万元，全年实现利润6308万元，完成任务的116.8%。

【优质服务】 2015年，工行霍州支行坚持以客户为中心，改善服务态度，完善服务措施，增强服务质量。一是强化服务工作组织领导，把服务工作划归运行督导职责范围，加大服务检查的力度和频度。二是制定完善《霍州支行服务工作考核管理办法》，增加考核内容，增强奖罚力度，提高员工做好服务工作的积极性和自觉性；三是严格按照服务管理“七步法”要求，实行网点服务的科学规范化，提高服务流程的操作性、有效性。四是组织员工观看晨会直通车，提高窗口服务水平。五是通过劳动组合的重新优化，提高客户引导分流力度和核心业务的营销效果，使全行服务水平上了一个新台阶。

【制度建设和内控案防】 2015年，工行霍州支行完善内控案防工作机制建设，促进支行内控案防管理水平的提升。一是开展强化内控案防和纪律作风整顿。二是开展理想信念和职业操守教育、合规操作教育主题活动。三是按照上级行安排和当地政府要求，开展“三严三实”专题教育活动、人民银行“一加强两遏制”活动、临汾分行开展的核心价值观教育活动。四是加大内控案防、安全保卫检查、整改、落实力度。定期召开内控案防分析会，开展全辖员工不良行为动态专项排查，增强员工自律守纪的自觉性，营造一种积极向上的内控合规文化氛围。

【队伍建设】 2015年，工行霍州支行坚持把员工队伍建设放在突出的位置，加快建设适应现代金融企业经营发展需要的员工队伍。一是开展学习讨论落实活动和“三严三实”专题教育活动，使全体党员干部的党性修养和综合素质不断提升。二是加强工会组织建设，对支行工会进行改选，建立工会管理新架构，确保工会工作的高效运转。三是坚持以人为本，关心员工生活，为全行员工安排了体检，开展“为一线员工夏季送清凉”活动，为实行朝九晚五的网点配备灶具等生活用品。四是促进企业文化建设发展，开展“快乐工作，幸福生活”健步走比赛活动，举办庆祝抗战胜利70周年歌舞比赛，参加分行组织的趣味运动会、各类业务比赛、“金融安防”征文大赛、“金融大堂故事”征文和“合规养成教育”主题征文活动。

【支持地方发展】 2015年，工行霍州支行立足自身实际，以服务霍州经济、支持霍州发展为宗旨，致力于对霍州重点工程项目建设、中小企业发展和目标客户的服务支持，为霍州市长远发展和经济振兴做出了积极努力。一是对市重点企业和重点工程给予了重点关注和支持。在对霍州煤电集团发放流资贷款89930万元的同时，对市委、市政府确定的重点项目工程进行跟踪、关注，适时提供金融服务。二是对当地中小企业给予扶持。重点关注医药、养老、现代物流、文化旅游等行业的融资需求。对市政府七里峪景区“华北避暑圣地”游客服务中心、景区客运站、镇山文化博物馆布展及陶唐峪景区“江南水乡”山内循环步游道路和景区河道修整等项目建设给予跟踪关注。三是支持小微企业发展，组织相关人员深入企业，了解企业生产经营状况、资金需求情况、缓解小微企业融资难题。四是发挥工行品牌优势，做大做强个贷业务。重点对中镇国际花园、香江城、开元盛世、鼓楼花园等个人住房按揭贷款业务进行支持。截至2015年底，个人贷款时点余额1.9亿元，较年初净增3826万元。五是以服务客户、方便客户、扶持客户、培育客户为宗旨，推出多种类个人金融业务，满足客户多方面业务需求。

【领导班子】

党支部书记、行长：

范　捷（2012.12—2015.12）

副行长：

陈小平（2010.04—2015.12）

安春荣（女，2014.07—2015.12）

史晓春（2015.07—2015.12）?

纪检书记：

张鹏飞（2001.12—2015.12）

【获奖情况】

2015年被临汾分行授予“党风廉政建设和案件防范工作先进单位”“综合竞争力考评先进单位”称号。

（崔胜远）

中国农业银行霍州市支行

【概况】 中国农业银行霍州市支行位于霍州市东大街165号，隶属于中国农业银行股份有限公司临汾分行，下辖支行营业室、大众路分理处、鑫阳分理处、鑫泽分理处4个网点，内设综合管理部、财会运营部、客户部3个部室，至2015年底，全行共有干部职工128人。

【业务发展】 2015年，农行霍州市支行贯彻落实山西省、临汾市分行工作会议精神，科学发展，统筹安排，调动广大员工的积极性，加大各项业务营销力度，服务“三农”，各项业务有了长足的发展，截至2015年底，各项存款余额128110万元，各项贷款余额44900万元，实现总收入2970万元，账面利润1998万元。

【工作措施】 2015年，农行霍州市支行被农总行确定为“强县弱行”，为了尽快摆脱这一落后局面，全行上下树立“以服务客户为中心，以主动营销为手段，以制度建设为基础”为理念，扎实开展各项工作。

一、强化服务，提升整体形象

为了提升农行霍州市支行的整体形象，更好地服务客户，自上而下，开展“优质文明服务”工作，提高全行员工的服务意识，通过制度建设、日常监督、强化优质服务意识，对全行网点进行标准化改造，硬件设施得到改善，提升农行的整体形象。

二、强化营销，服务当地经济

2015年，树立营销意识，配齐营销队伍，开展客户营销工作，一是扩大存款市场占有份额，二是加大贷款营销力度；三是推行电子化厂品的配置；四是强化“惠农卡”功能，更好地服务广大客户，支行地方经济发展。

【领导班子】

党委书记、行长

王智勇（2014.09－2015.12）

党委副书记、副行长

陈记平（2012.05－2015.12）

纪委书记、副行长

郭亚玲（女，2011.01－2015.12）

党委员工、副行长

郭江波（2015.05—2015.12）

（王国平）

中国建设银行霍州支行

【概况】 中国建设银行股份有限公司霍州支行是一家国有股份制商业银行，其内设机构为：综合业务部、营业部、鼓楼东街分理处，截至2015年底，共有工作人员30人。

2015年，在霍州市委、市政府和上级分行的正确领导下，建行霍州支行继续坚持"十八字"可持续方针、"三化一防"工作思路和"安全为基、客户为纲、产品为目、创利为要"的指导思想，开展"三严三实"专题教育活动，应对"新常态"，把握大势，把握节奏，顺势而为，乘势而上，在转型发展中巩固提升市场竞争力和价值创造力，向打造"红梅品牌分行"的目标加速迈进，为实现省分行打造"好银行"的目标多做贡献，各项工作都取得优异的成绩。

【主要业务发展指标】 1. 截至2015年12月31日，全口径存款余额达18.68亿元，较年初新增0.99亿元；个人存款余额为15亿元，较年初增加1.74亿元，新增同业、系统排名第一。

2. 2015年，办理霍州煤电集团回收再贷90000万元，兆光发电有限公司发放11000万元，小企业投放900万元，为霍州煤电集团签发31250万元电子银行承兑汇票，办理贴现51笔，金额31900万元，发放个人贷款197笔2292万元，办理公积金贷款169笔，金额3331万元，为霍州煤电集团和兆光发电有限公司申报16.3亿元和2.8亿元额度授信，均获得批复。

3. 2015年初提出的"332"工程基本达到预期，信用卡发卡4845张，其中预审批办卡4048张，电子银行各项指标名列前茅，存折换卡员工情绪高涨，采取批量和零星换卡相结合换卡6100余张，原先在大厅等候的客户十有七八是存折，2015年底十人中仅仅有一两个存折。

4. 财务指标完成情况：实现中间业务收入1792.24万元，利润总额5676万元。

【内控管理】 在业务高速发展的同时，建行霍州支行时刻注重防范经营风险、操作风险和道德风险，将风险防控作为各项工作的前提，开展每天的晨会、每周的列会、每月一次的"警示教育会"和每季度的"案防联席会"，全年未发生任何形式的案件，实现了业务发展的安全运营。经常利用晨会、夕会时间召开全体党员及员工会议学习"三严三实"的内容，要求全体党员要把深入贯彻落实"三严三实"要求作为当前和今后一个时期的重要政治任务，从"严"上要求，向"实"处着力，推进作风建设常态化、长效化，确保"三严三实"落到实处。

开展"讲规矩　正风纪　守廉洁"主题教育活动，做到"三严格、三提高"，落实党风廉政建设党委主题责任，做到"一岗双责"、责权分明，强化党风廉政建设和反腐败工作统一领导，增强落实"两个责任"的自觉意识；开展反腐倡廉宣传教育，改进工作作风；落实廉政谈话制度，以身作则，带头廉洁自律，执行领导人员廉洁从业若干规定和党委廉洁自律六项要求，采取有效措施抓好反腐倡廉工作。

【支持地方建设】 建行霍州支行始终围绕霍州市重点工程项目建设和上级中心工作，在地方各级部门领导下，支持地方经济。与霍州纳税大户霍州煤电集团有限责任公司、山西兆光发电有限公司合作，在信贷政策上全力支持，对部分小企业予以信贷支持，对个人住房贷款择优发放，储备地方有发展潜力的中小民营企业，为下一步提供更多支持打下基础。

【领导班子】

行　长：

乔　煜（2015.01—2015.12）

副行长：

董玉龙（2011.05—2015.12）

纪检员：

师安晋（2011.05—2015.12）

营运主管：

马红霞（2015.01—2015.12）

（董玉龙）

中国银行霍州支行

【概况】　中国银行股份有限公司霍州支行位于霍州市鼓楼东大街198号，隶属于中国银行股份有限公司临汾市分行。霍州支行下设2个部、3个网点，2个部分别为综合管理部、业务发展部，3个网点分别为营业部、鼓楼支行、辛置支行。2015年底，全行在职员工68人。

【业务发展】　截至2015年底，霍州支行各项存款余额17.9亿元；其中，储蓄存款余额16.6亿元，公司存款余额1.3亿元；各项外币存款156万元。

各项贷款余额171214万元；其中，公司贷款余额165300万元，贴现累计金额18495万元。零售贷款余额5914万元，其中，银行卡分期及透支金额3214万元。

【助推地方经济发展】　2015年，霍州支行紧密结合霍州市委、市政府金融工作安排，落实首季开门红活动方案，创新工作思路，抢抓发展机遇，优化业务结构，夯实经营基础，整体业务发展趋势良好，经营环境安全稳定，各项指标较去年同期稳步提升，为地方经济发展做出应有贡献，总体呈现出以下特点：

1. 负债业务规模扩大，实现快速增长。该行大力开展首季“开门红”以及各类服务竞赛活动，有效扩大存款资金池，稳固负债业务基础地位。截至2015年底，全行人民币各项存款余额为17.9亿元。其中储蓄存款余额16.6亿元；公司存款余额1.3亿元。

2. 资产业务多元化，确保霍州支行利润增长。一是做好项目投放工作。确保重点项目的新增投放和存量授信的正常续贷，向霍州市重点项目、企业投放贷款10.9亿元，新增贷款2亿元。

3. 做好社保卡发放与缴费工作，履行社会责任。2015年，中行霍州支行发放社保卡41328张，从9月起为诚乡居民收取医保费笔，合计金额达420万元，服务时间135天，中行霍州支行每天有两名员工为其专门提供服务，体现惠民生。中行霍州支行为广大有车一族提供免费安装ETC，实现高速路上畅行无忧，赢得广大客户的好评，承接抗战70周年纪念币和航天纪念币的网上预约兑换工作，满足客户的收藏爱好。

【推进网点建设　提升服务效能】

1. 加快网点智能化改造。随着国家不断推出的互联网＋，金融业在科技领域不断推陈出新，中行霍州支行相应制定政策，加快科技发展，推进电子化服务，由传统银行网点向智能化银行网点转变，在所有网点均有免费wifi，设立业务的二维码墙，使客户用手机扫一扫，就可了解中行霍州支行的最新资讯和最新产品，随时随地享受金融服务。

2. 加强队伍建设。中总行提出“担当社会责任、做最好的银行”发展战略目标，2015年，霍州中行在思想方面持续加强员工爱行敬业、职业道德教育，开展多形式的文明用语、服务礼仪评比活动，组织大规模的上岗考试，提高员工综合素质，增强了服务客户的软实力。开展学习竞赛活动，达到全员持证上岗，在工作中，在服务客户上，霍州支行用人导向是重品格懂业务，打造专业人才，为客户提供专业熟练的服务，不断提升服务能力。到2015年底，霍州支行每个网点专业经理达4人以上。

3. 开展思想教育工作。2015年霍州支行根据上级要求，多次组织党员、中层干部学习十八大、十八届三中、四中、五中全会精神和习近平总书记系列重要讲话精神，开展“三严三实”专题教育、学习讨论落实活动，推进党风廉政建设，保持反对“四风”的高压态势，促进党员干部作风转变。响应市行要求组织开展“为纪念和庆祝抗日战争暨世界反法西斯战争胜利70周年红歌演唱会”，取得“一等奖”的好成绩。

【领导班子】

行　长：

张严平（女，2015.01.—2015.12）

副行长：

闫　峰（挂职 2015.01—2015.12）

【获奖情况】

2015年分别荣获中国银行山西省分行“基层网点ETC发卡优秀奖”、临汾市分行“负债业务/公司经营收入贡献奖”；被临汾市公安局评为“市级平安单位”。

（高强）

邮政储蓄银行

【概况】 2015年，中国邮政储蓄银行霍州市支行在霍州市政府、金融监管部门以及社会各界的关心和支持下，坚持普惠金融理念，自觉承担“普之城乡，惠之于民”的社会责任，深化企业改革，加速业务转型，努力提升金融服务质量，服务地方经济，成立8年来发生了由内而外的巨大变化。

到2015年12月，支行有员工32人，下设“三部两支行”即：综合管理部、三农金融部、公司业务部、支行营业部、北环路支行。支行拥有8处网点，其中自营网点2处，代理网点6处，网点覆盖面广，利用网络连接城乡的优势，更好地服务“三农”，为广大农民朋友的致富梦想提供金融服务支持。

【业务发展】 基础金融业务：基础金融业务是邮储银行最为重视的业务板块，邮储银行以强大的网点覆盖优势为依托，发展基础金融业务，为人民群众提供基础金融业务。截至2015年底，支行自营网点余额累计21318万元。卡业务累计结存卡数33887张，结存余额86562万元，理财销量为5738万元，代理保险销量为1573万元。个人金融服务体系不断完善，从业务培训、内控防范、业务拓展等方面保障基础金融业务的健康、稳定发展。

信贷业务：2015年，邮政储蓄银行霍州市支行累计发放各项贷款3861.4万元（其中涉农贷款371.7万元，商户贷款2682万元，消费贷款507.7万元，小企业贷款300万元）。发放小额贷款170笔，金额1874.7万元，同比增幅为－33.6%，贷款结余1386万元；发放个商贷款49笔，金额1179万元，同比增幅为11.7%，贷款结余2646万元；发放消费贷款55笔，金额507.7万元，同比增幅为11.8%，贷款结余1303.6万元；小微企业贷款结余金额300万元。

公司业务：2015年，支行公司业务时点余额33129万元，日均余额达到33948万元，年累计净增4656万元，同比增幅为87.91%。2015年完成票据贴现业务1.2亿元。

【支持地方建设】 2015年，邮政储蓄银行霍州市支行加强对中小微企业的扶持力度，加大对商业领域的资金投放。

1. 扶持农民发展养殖业、农副产品加工业、烟酒副食行业、商贸流通等产业。2015年，支行发放各项支农贷款371.7万元，重点扶持种养殖企业52家，直接资金支持289.7万元。在现代农业建设上，支行重点扶持家庭农场3个，扶持资金累计达82万元。

2. 落实省行小额信贷能力两年提升计划，做大商户信用贷款及联保贷款，提升支农服务水平，促进商户持续增收。2015年，支行共发放商户贷款101笔，金额1233万元，发放小额循环贷11笔，金额205万元，互助贷1笔，金额40万元，烟草贷2笔，金额25万元。

3. 不断推陈出新，开办个人信用消费贷款，个人综合消费贷款，一手房和二手房按揭贷款，满足居民购房及装修等消费需求。2015年，支行共计发放个人综合消费贷款25笔，金额315.6万元，个人信用消费贷款30笔，金额192.1万元。

农村地区主要以产量稳定、价格波动较小的具有比较优势或特色的种植业，价格稳定防疫成熟的规模化特色养殖业为主，2015年，以支行家庭农场（专业大户）贷款客户准入门槛低、贷款额度大、贷款期限长、贷款利率低、额度可循环、担保方式多样等优势为突破口，结合传统小额贷款业务加大农业领域的资金投放。

【品牌建设】 邮储银行霍州市支行自2008年挂牌成立以来，一直致力于新型网点建设以及公共形象宣传工作。

1. 建立健全营销机制和团队，提升员工的综合能力。以网点在转型为契机，通过人员、产品、资源的整合，实现队伍的整合营销，定期组织开展培训、考核和集中学习，充实员工的业务知识，提升营销能力，组织营销实战演练，利用支行现有资源，以营业窗口和团队外出营销为主，广泛宣传邮政储蓄，提高知名度。

2. 以IC卡为媒介，服务广大客户。推荐给刷卡消费人群等使用频繁的客户，提高IC卡的使用效率，既可以提高活期比例，沉积有效资金，又可增加ATM机的交易量。

3. 狠抓各类代收代发业务，扩大邮政储蓄基础客户群。通过各类代收代付业务如代收交警罚没款等业务，给居民生活带来便利，方便支行对一些潜在客户进行邮储业务的宣传，扩大储蓄业务的客户群，间接提高储蓄规模。

4. 充实配备服务设施，提升服务质量。2015年，支行开展网点转型工作，建立健全网点服务软硬件设施，强化规范管理服务流程，提高了网点服务形象，提高客户满意度。2015年，支行新增鼓楼东大街秀才巷口自助银行一处，新增自助机具3台，为北环路支行新增存折取款机1台。每月组织开展服务检查，结合上级行服务通报和神秘人服务检查通报，增强员工主动服务意识，提高员工服务质量，规范员工服务行为，提升网点服务质量。

【领导班子】

行　长：

李　靖（2015.01—2015.12）

行长助理：

刘燕莉（女，2011.09—2015.12）

【获奖情况】

2015年支行获得山西省分行“十强支行”荣誉称号，连续两年获得市行资金安全杯、经济效益杯、优质服务杯，连续三年荣获霍州市团委授予的“五四青年奖状”“青年文明号”“五四红旗团支部”荣誉称号。

（郑越）

农村信用合作联社

【概况】 霍州市农村信用合作联社是霍州市唯一一家地方性金融企业，是农村金融的主力军。联社下辖1个营业部、8个信用社、5个分社、7个储蓄所，共21个营业网点。2015年末，在职员工254人，联社机关设职能部室11个：信贷管理部、资金市场部、风险合规部、计划财务部、统计信息部、人力资源管理部、稽核保卫部、综合办公室、纪检监察室、小微企业贷款中心、风险资产清收中心。

【存贷款业务】 2015年末，各项存款余额28.02亿元，较年初净增1.25亿元，增幅为4.68%，市场份额、新增份额均居霍州同业首位；各项贷款余额15.14亿元，较年初新增贷款2.94亿元，累计发放6.51亿元，其中涉农贷款占各项贷款的90%以上；股本金余额1.4亿元，全部为投资股。

【业务拓展】 电子银行建设，2015年末，在全市布放自助服务设备（ATM机）17台，其中：农村地区布放3台、城郊2台、矿区4台、市区8台，发行信合通卡总量达到13.8万张，新布放POS机6台，总量达到252台；开办手机银行业务，拓展了网银业务，客户达到1929户。开办的中间业务有代理保险、代售理财、代售贵金属、代售移动、电信话费等；办理约期存款、买入返售、贴现等同业业务。

【经营成果】 2015年，总收入1.69亿元，实现经营利润4156万元，人均经营利润16.36万元。

【支农工作】 霍州市农村信用合作联社坚持立足当地、服务百姓。通过简化程序、完善功能、改进作风、提高效能，加强支农支小力度，支持地方经济建设。在保证有效支持种、养、加、大棚等传统农业产业的基础上，支持规模种养、农民专业合作社、家庭农场等新型农业经营主体发展壮大，成立小微企业贷款中心，专门服务和支持小微企业和工商户。2015年，发放支农贷款5.83亿元，支持农户、现代农业经营主体4694户，支持农业基地园区3个、农民专业合作社21个、养殖大户15户；全年发放小微企业贷款6066.5万元。

【内控管理】 通过落实“三会一层”的主体、监督、执行责任，明确分管班子、职能部室、基层网点在本条线、本部门、本网点的案防主体责任，逐级签订承诺、层层传导压力，构建案防联动机制；通过加强思想道德、职业操守、普法警示等教育，强化员工依法合规意识；通过条线自查、稽核专查，揭示风险，杜绝隐患；通过采取条线自律查、稽核专职查、重点集中查、日常效能查等方式，不间断对重点领域、重点环节、重点业务、重点岗位、员工行为等进行全覆盖、无盲区检查，有效防范违规问题和屡查屡犯问题的发生，夯实了案防根基。

【企业建设】 因地制宜在联社和基层社进行小食堂、小图书室、小活动室、小浴室、小菜园“五小建设”；在全员执行带薪休假，举办爱心助学活动，开展文体活动，提升员工幸福指数；发挥舆论宣传作用，展示霍州农信的品牌形象。全年在各级媒体发表稿件、图片和新闻132篇；被省联社临汾办事处评为“2015年度稽核审计先进单位”，先后有8名同志被临汾办事处、临汾市银行业协会、市妇联授予“先进工作者”荣誉称号。

【领导班子】

党委书记、理事长：

洪海荣（女，2015.08—2015.12）

纪检书记、监事长：

王建林（2015.08—2015.12）

党委委员、副主任：

曹　斌（2015.10—2015.12）

孙文清（2015.10—2015.12）

牛红军（2015.10—2015.12）

（刘延华）

中国人寿保险股份有限公司霍州市支公司

【概况】　中国人寿保险股份有限公司霍州市支公司隶属于中国人寿保险股份有限公司临汾分公司。中国人寿保险股份有限公司属国有大型金融保险企业，集团公司及其子公司构成了全国最大的商业保险集团。公司业务范围涵盖寿险、财产险、养老保险（企业年金）、资产管理、电子商务等多个领域，通过资本运作参股了多家银行、证券公司等其他金融和非金融机构。《财富》全球500强企业，排名由2010年的118位跃升为2015年的94位；品牌价值高达1822亿元，是2010年的2.14倍。

中国人寿保险霍州市支公司内设综合管理部、个险销售部、团体业务部、银行保险部、客户服务中心，下辖李曹营销服务部、大张营销服务部、什林营销服务部、辛置营销服务部、陶唐营销服务部5个营销服务部，至2015年底，有业务员150多人。

【业务发展】　中国人寿保险股份有限公司霍州市支公司始终坚持以科学发展观为统领，积极践行中国人寿特色寿险发展道路，实现又好又快发展。2015年，公司总保费收入6857.82万元，同比增长17.94%；涵盖生存、养老、疾病、医疗、身故、残疾等多种保障范围。截至2015年底，累计为全市9余万人次长期保单客户和10余万人次短期保单客户提供高额风险保障，满足广大民群众在人身保险领域多层次、多样化的需求。

【班子建设】　中国人寿保险股份有限公司霍州市支公司由于业务发展的需求，根据上级公司的要求对霍州公司班子成员进行调整。由翟志刚担任霍州市支公司经理，负责公司全面运营及办公室和财务、团险的相关事宜，董爱珍担任公司经理助理，负责公司银行保险业务的发展，韩灵芝于2015年5月12日担任公司经理助理，负责公司个险业务的发展。公司在新的领导班子的带领下团结奋进、务实创新、勤政、廉洁，推动公司业务的不断发展，使公司业绩不断创新。

【经营管理】　在市委、市政府和监管部门的正确领导下，中国人寿保险霍州市支公司作为保险行业的主力军，将社会责任融入到企业战略和经营活动中，以服务地方经济社会发展大局为任，弘扬“服务大局、勇担责任、团结协作、为民分忧”的行业精神，支持霍州地方经济建设。

【精神文明建设】 霍州市支公司始终把规经营的重要性和必要性落实于工作的每个的细节，提高风险防范意识，规范展业行为。做好日常化管理工作，健全内控制度，提升管理水平，提升后台管理人员的业务水平和服务水平，弘扬服务一线的正气，为客户和营销伙伴营造一个亲切温馨的环境。客户服务工作的管理自始自终是公司发展的一条主线，理赔工作的好坏直接反映公司的生存价值。让高效理赔、精致管理、优质服务贯彻整个工作的全部过程。

【领导班子】

经　理：

翟志刚（2013.08—2015.12）

经理助理：

董爱珍（女，2013.08—2015.12）

韩灵芝（女，2015.5—2015.12）

（高玉强）

中国人民财产保险股份有限公司霍州支公司

【概况】 中国人民财产保险股份有限公司成立于1949年10月20日，前身是中国人民保险公司，2011年，中国人保财险晋升世界500强第288位，在全世界财产保险排名第二，亚洲排名第一，为国有独资企业。

中国人民财产保险股份有限公司霍州支公司成立于1981年，内设8个营销团队，一个综合办公室，有工作人员43人，是霍州市最大的财产保险公司，2015年，坚持秉承“以人为本、诚信服务、价值至上、永续经营”的经营理念，弘扬“求实、诚信、拼搏、创新”的企业精神，为促进改革保障经济，稳定社会，造福霍州人民提供强大的保险保障。立足霍州经济社会发展全局，坚持以市场为导向，客户为中心，引领霍州财险市场发展。公司参与和支持霍州市的各项活动，为受灾企业，农业生产和个人恢复生产生活，稳定社会秩序，发挥保险经济补偿作用做出贡献，得到霍州市政府和人民的信任和赞誉。

【业务范畴】 中国财保霍州支公司主要开办企事单位财产险、家庭财产险、机动车辆险、货物运输险、煤矿企业险、建筑安装工程险、农业保险、责任保险、信用保险、意外伤害险、短期健康险等财产保险业务。

【业务措施】 1. 对标市场、提质增效、加快转型、挖掘私家车市场。

2015年，中国财保霍州支公司把拓展私家车市场作为业务工作的重点，在抓业务数量的基础上，提升业务质量，要求综合部统一管理续保业务台账，由经理室督促考核，并要求提前介入公关。2015年私家车保费突破750万元，占比车险业务的43%，减少业务流失，保证了主要险种的市场份额占有率。

2. 深入农村保险市场，支持服务“三农”。

2015年以来，中国财保霍州支公司的‘三农’保险工作越来越受到霍州市各级政府的高度重视和认可，普遍建立组织领导机构，出台相关文件，推动‘三农’业务的发展。发挥优势，以发展政策性农险为牵引，通过公司经理室的认真筹备，与市政府沟通，配合市、乡两级政府及涉农部门，贯彻落实支农惠农保险政策，以强化农村保险服务体系建设为重点，实现了“县上有机构、乡镇有网点、村里有协保”的‘三位一体’的工作目标。

【经济效益】 2015年，机动车辆险保费1754.5万元、意外伤害保费22.1万元、农业险保费223万元、家庭财产险保费3.5万元、企业财产险保费1018.5万元、货运险保费2.1万元、责任险保费279.2万元、保费收入合计3302.9万元。赔款支出1497.53万元。

【领导班子】

经　理：

成建树（2014.04—2015.12）

副经理：

师金峰（2011.04—2015.12）

经理助理：

付卫东（2014.04—2015.12）

业务主管：

李红明（2014.04—2015.12）

（武卫民）

中国太平洋人寿保险股份有限公司

【概况】 中国太平洋人寿保险股份有限公司临汾中心支公司（以下简称为“太平洋寿险临汾中心支公司”），隶属于中国太平洋人寿保险股份有限公司山西分公司。

公司自2002年1月开始筹备，2002年6月24日根据中国保监会太原特派员办事处保监晋发〔2002〕46号文件批复，于2002年6月26日正式开业。公司位于临汾市开发区广奇财富中心A座，下辖尧都区、侯马、洪洞、霍州、蒲县、乡宁、吉县、襄汾、曲沃、翼城、浮山、汾西、安泽等13家县支公司。经过14年的艰苦创业，跃居为临汾市场上第二大寿险公司，扩大业务规模，优化业务结构。公司下设个险业务部、营销培训部、服务营销部、顾问营销部、渠道客经部、法人渠道业务中心、行政人事部、营运部、财务会计部等部门，拥有内勤员工130余人，外勤营销人员6000余人。

【业务发展】 太平洋寿险临汾中心支公司遵循寿险规律，发展保障型和长期储蓄型业务，拓展个人传统分红期缴业务和短期意外险等核心业务，业务结构持续优化，内含价值增长，公司保持良好的发展态势。经过14年的发展，至2015年末，公司保费收入46.14亿元，各种长短险赔款支出13680万余元，赔付件数12700件。2015年，太平洋寿险临汾中心支公司受理报案1563件，结案1364件，赔付金额2000万余元，其中最大的单笔赔案赔付金额178万元，最小单笔赔案赔付金额36元。各类给付保单2255件，给付金额697万余元。2015年理赔及给付总额2697万余元，做到及时快速热情。2015年被山西省保险行业协会临汾办事处评为AAAA级柜面；被太平洋寿险总公司评为A级柜面，保持业内良好的形象与口碑。

【公益活动】 太平洋寿险临汾中心支公司在积极追求自身发展的同时，还致力于各类公益活动，履行企业公民的职责。自公司成立以来，开展关爱孤残、捐资助学、扶贫赈灾等公益活动。汶川、玉树地震发生后，公司快速反应，向灾区捐款捐物；持续开展太平洋保险“责任照亮未来”爱心支教活动，向临汾市洪洞县淹底乡小学捐赠各类学习用品；连续三年与临汾市残联合作举办关爱残疾人公益汇演。

【企业精神】 太平洋寿险临汾中心支公司落户平阳大地十四年来，始终秉承“诚信天下，稳健一生，追求卓越”的企业核心价值观，坚持“稳健经营，以效益为中心”的经营思想，开拓业务，加强基础管理，应对市场发展变化带来的新挑战。在临汾市委、市政府、临汾市人民银行和临汾市保险行业协会的大力支持下，在太平洋寿险总、分公司的正确领导下，太平洋寿险临汾中心支公司以“做一家负责任的保险公司”为己任，履行社会责任，坚持寿险经营规律，在业务发展、客户服务、内控管理和风险控制等方面都取得显著成效，为临汾经济社会发展和民生保障做出了重要的贡献。

【领导班子】

经　理：

王延华（女，2013.07—2015.12）

（王延华）

农　业

农业林业委员会

【概况】　2015年10月，在原农业委员会、林业局的基础上组建霍州市农业林业委员会。到2015年底，有在职干部职工98人，其中行政人员27人，事业人员71人。内设6个行政科室：办公室、计划发展与资金管理股、农业工作股、农村工作股、营林绿化股、资源林政股。下设事业单位17个：农业综合执法大队、农业林业技术推广站、经济作物办（西张垣园区管委会）、农村经营管理站、经济林管理站、种子种苗站、植物森林保护检疫站、土壤肥料工作站、屠宰业办公室、能源站、林业站、林权服务中心、森林派出所、森林公园管理中心、国营苗圃、森林消防大队、辛置木材检查站。独立核算的事业单位3个：畜牧服务中心、农机服务中心、农业广播技术学校。

【农业生产概况】　2015年，全市粮食作物播种面积25.7万亩，其中小麦17.9万亩，玉米6.9万亩，杂粮0.9万亩。粮食总产量6717.6万公斤，其中小麦产量4682.8万公斤，秋粮产量2034.8万公斤。

【农民收入情况】　2015年，农民年人均可支配收入达到11846元，2014年人均可支配收入为10868元，增长率为9%。20%的低收入农村居民收入增幅11%，高于该市农村居民人均可支配收入增幅。

【特色产业建设】　1. 加快设施蔬菜发展。按照霍州市蔬菜产业的发展目标，加大设施蔬菜发展力度。2015年，全市蔬菜播种面积完成4万亩，总产量达10万吨，总产值达6700万元。新发展设施蔬菜1700亩，设施蔬菜面积达到12000亩。大葱面积12000亩，露地西红柿面积5000亩，芦笋面积2000亩。

2. 做好特色水果产业。按照“一乡一业、一村一品”要求，发展特色优势产业。2015年，完成果园建设和改造7000亩，全市水果总面积达3万亩。

【农业行政执法】　1. 加强“三农”物资监管。开展专项执法检查行动。强化农资市场监管和农资打假专项治理，2015年，出动135车次，检查6个生产企业和40余家农资经营户；出动200人次对霍州市种子、农药、肥料产品进行检查，办理案件13起，控制了劣质农业生产资料的生产、销售，打击违法生产经营活动。

2. 开展农产品质量安全监管工作。2015年，市农林委坚持“产出来”和“管出来”两手抓，强化源头治理和执法监管，推行标准化生产和全程控制，推进监管能力和制度机制建设，维护公众健康和消费安全，促进农业提质增效和可持续发展。全年举办培训班6期，定期对超市、农贸批发市场进行抽样检查，全年抽查超市5次，农贸市场6次，保障全市农产品质量安全。

【土地承包管理】 1. 做好农村土地承包经营权确权登记颁证工作，制定印发《霍州市农村土地承包经营权确权登记颁证工作方案》，完成大张、辛置、陶唐峪、三教4个乡镇、90个行政村的190331亩的确权登记颁证工作任务。

2. 开展农村土地经营权流转服务工作。在土地流转工作中，市农林委遵循依法、自愿、有偿原则，有序推进农村土地流转。成立土地流转服务中心。2015年，土地流转总面积2.7万亩。

【改善农村人居环境】 编制了《霍州市改善农村人居环境工作2015年行动计划》，制定出台《霍州市改善农村人居环境三级联创方案》。牵头协调和组织实施农村人居环境改善四大工程农村人居环境建设，完成投资4900万元。制定出台《美丽宜居示范村三级联创活动方案》，完成1个省级、2个市级美丽宜居示范村的创建工作，省级美丽宜居示范村为大张镇贾村，市级美丽宜居示范村为李曹镇石鼻村和三教乡龙泉村。

【“一村一品”专业村建设】 2014年的16个专业村建设任务按照实施方案完成并验收，资金全额拨付到位。2015年16个专业村申报并获得批复，完成全部建设任务。

【畜禽屠宰管理】 1. 落实属地管理责任，做到任务责任分工明确。市畜禽屠宰监管办与临汾市农委定点办签订责任书，负责霍州市畜禽定点屠宰场的监督管理工作；屠宰业办公室与监管的畜禽定点屠宰企业签订责任书，由屠宰企业对自己的生产经营行为负责。

2. 制定实施方案，采取措施，做好具体工作。①制定《霍州市2015年畜禽屠宰专项整治工作方案》。②加强组织领导，及时召开会议。在监管工作中，发挥市畜禽屠宰监督管理和检疫工作领导组的领导作用，组织成员单位召开会议，明确责任分工，协调做好畜禽监管工作。③落实信息报送制度，及时上报报表。指定专人负责信息报送工作，专门负责统计报表、各项数据、信息和报表的报送工作。④加大对屠宰企业的监管力度。⑤开展日常执法检查和严厉打击私屠滥宰等不法行为。2015年，共出动1020人次，查出畜禽私屠滥宰窝点1处，加大生猪定点屠宰执法力度，净化肉品市场。⑥完成市定点办安排的其他工作。配合做好屠宰企业的年检、屠宰工和肉品品质检验员培训、屠宰企业基本情况调查等工作。

【造林绿化工作】 贯彻落实省政府“三加三不减”要求，2014年霍州市财政收入79871万元，地方投资1947万元用于林业建设，2015年，霍州市财政收入60750万元，地方投资2379万元用于林业建设，保证林业投资每年呈递增状态，实现对林业生态工作的“资金支持只增加不减少”的目标。市委、市政府领导高度重视林业生态和产业建设，提升林业方面在全市目标责任考核中的分值，做到对造林绿化工作的领导力度只加大不减小、目标考核只加强不减弱的目标，

2015年，完成上级下达营造林合格面积6700亩。其中，退耕还林成果巩固3700亩，省级干果经济林2000亩，霍永高速沿线荒山绿化1000亩。项目涉及霍州市辛置、白龙、李曹、三教、师庄、退沙街道、南环路街道7个乡（镇、街道），栽植核桃19.95万株，到2015年底，全部完成6700亩的营造林任务。

2015年，完成5200亩的育苗任务。全市有5亩以上育苗户57户，国营苗圃1处，

省级林场育苗3处，30亩以上个体育苗户27户，零散户30户。

【护林防火工作】 1. 划分270个责任单位；2. 通过发放“防火通告”、拉横幅、立警示牌，利用电视、广播、短信、网络等媒体平台，加大护林防火宣传教育力度；3. 落实班子成员、“两办”专项督查组、市安委会和分管副市长督查、督导、抽查防火工作，有力地促进各责任单位和成员单位的防火工作；4. 聘请武警森林机动队教官和人武部教官对30名专业消防队进行防火、扑火技能培训和队列、体能等专项集训，提高林业消防队的业务技能；五是投资11.52万元，启用GPS森林管护巡检系统。

【植物保护和森林病虫害防治】 2015年，指导农民防治面积累计24万亩。在植物检疫产地检疫工作方面，对全市3.2万亩果树、2000亩蔬菜按植物产地检疫规程进行全程监控，对重大作物病、虫、草疫情进行调查。

2015年，投资35万元，聘请86名常年管护员对全市造林项目进行管护和森林病虫害的看护。在西张垣优质核桃示范园和永和采摘园等林业重点工程区，安装投放森林病虫害防治设备，对工程区内的树木喷洒农药；为核桃种植大户、西张垣核桃示范基地、核桃种植村等进行送药品进村，到地头进行虫害防治指导。加强林业有害生物的监测、检疫、防治，对松材线虫病、美国白蛾等的防控工作。截至2015年底，全市未发生病虫害灾害，成灾率为0，无公害防治率100%，测报准确率90%，种苗产地检验率99%。

【林业产业发展】 2015年，实有核桃种植面积4万亩，比2014年度增长17%。文冠果茶品按照生态优先、产业支撑、文化引领的发展思路，实施产业化经营，保持快速发展的良好态势。2014年，林业产值13900万元，2015年林业产值16350万元，年增长17.6%。

【农民培训和信息科教】 以农民增收为目标，围绕粮食高产创建、农技推广、测土配方等项目开展各种类型和形式的培训，全年共培训农民400人，提高农民科技和技能水平，促进农民增收。2015年，上报农情报表100余份。加大“12316”三农服务热线宣传，完善“12316”短信平台。完成对职业农民培训三个机构的申报工作，完成对70名技术指导员的培训，建立苹果、小麦、蔬菜、玉米4个试验示范基地。完成霍州市市、乡两级农技推广机构在全国基层农业技术推广体系管理信息系统的录入工作。

2015年，根据“群众植树、政府补贴”模式，鼓励集体和个人开展植树绿化活动，吸引社会资金不断投入生态文明建设。按每亩200元的标准进行补贴。采取“经济林补偿200元，生态林补偿120元”的补偿标准，积极鼓励造林投入，增强林业持续增效能力，到2015年底，投资67.4万元完成生态林造林3369.94亩。

健全风险保障体系，有效提高霍州市公益林抵御自然灾害的能力，为全市3.89万余亩的公益林购买保险。

【百里汾河生态经济带建设】 2015年，重点对牛腰山进行除草，对东湾、许村环村荒山进行绿化，对什林村隧道荒山进行绿化。

【扶贫工作】 2015年，资助贫困大学生4万元，建档立卡“回头看”1642户，3880人。完成张望村100千瓦光伏发电站招投标。

【领导班子】

1. 机构改革前领导班子：

（1）农委：

主　任：

门保生（2013.04—2015.09）

党组副书记、副主任：

成敏杰（2008.10—2015.10）

副主任：

郭新生（2007.07—2015.10）

徐　强（2007.08—2015.10）

李宝春（2010.04—2015.10）

总农艺师：

王亚平（女，2002.10—2015.10）

（2）林业局：

局　长：

张云峰（2011.11—2015.09）

总支书记：

薛文斌（2011.04—2015.10）

副局长：

张建华（2011.04—2015.10）

翟春明（2007.07—2015.10）

总　工：

杨红平（2010.06—2015.10）

纪检书记：

胡泉水（2011.04—2015.10）

2. 机构改革后领导班子：

主　任：

张云峰（2015.09—2015.12）

党组书记：

薛文斌（2015.10—2015.12）

副主任：

张建华（2015.10—2015.12）

徐　强（2015.10—2015.12）

杨红平（2015.10—2015.12）

李宝春（2015.10—2015.12）

总农艺师：

王亚平（女，2015.10—2015.12）

纪检组长：

胡泉水（2015.10—2015.12）

党组成员：

翟春明（2015.10—2015.12）

（小兰）

水　　利

【概况】　霍州市水利局位于霍州市汾东开发区，到2015年底，共有干部职工286人。内设4个职能科室，下属10个基层事业单位。担负着全市范围内的农田水利基本建设、水资源管理、水保监督、河道维护、水行政执法、防汛抗旱、渔业生产等工作职能。

【水资源管理】　根据2000年《临汾市水资源第二次评价报告》资料显示，霍州市境内水资源总量为17.79亿立方米，其中地表水5720万立方米，地下水2450万立方米。

2015年，总取水量4995万立方米，按取水用途分，生活用水834万立方米，生产用水4111万立方米（其中第一产业2487万立方米、第二产业1624万立方米），生态用水50万立方米。按水源分，地表水1248万立方米，地下水3747万立方米。

2015年，安装国控点远程监控设备13台，利用电脑和无线电通信网络对取水量远程实时监控，了解企业用水情况。

【水利项目申报】　2015年，编制完成了水利发展“十三五”规划，上报临汾市局审核批准。“十三五”期间，水利发展任务主要包括水资源开发利用、民生水利建设、防洪抗旱减灾、水土保持、水资源节约保护等。

【农田水利建设】 1. 中央财政小型农田水利重点县建设工程：①2014年，霍州市小型农田水利重点县建设工程总投资2766.79万元，涉及三教、大张2个乡镇，21个行政村，3.25万人。项目新增灌溉面积1.14万亩，恢复灌溉面积0.56万亩，改善灌溉面积0.87万亩，其中：灌溉1.8万亩，涌泉灌0.475万亩，渠道灌溉0.304亩，新增粮食生产能力247.65万公斤，新增节水能力107.6万立方米，受益农民人均增收623.7元。②2015年，霍州市小型农田水利重点县建设工程总投资2759.82万元，其中：中央财政资金1200万元，省财政资金1200万元，霍州市财政配套240万元，群众自筹119.82万元。涉及陶唐、辛置、南环路、鼓楼4个乡（镇、街道），38个行政村。实施节水灌溉面积26977亩，其中：管道输水灌溉24352亩，涌泉灌1000亩，渠灌1625亩。工程于2015年9月7日发布招标公告，10月13日完成招投标，10月下旬完成合同签订，完成建设投资约1050万元。

2. 2015年完成农田灌溉面积8.7万亩，12.5万亩次。

【农村饮水安全项目】 2015年，霍州市农村饮水安全工程完成投资147万元，白龙、退沙街道、师庄共计3个乡（镇、街道），5个行政村，7个自然村，2942人、350头大牲畜的饮水安全问题。

2015年，完成投资131万元，建成霍州市农村饮水安全工程水质检测中心一处，达到饮用水42项水质常规指标化验能力。

【水土保持】 2015年，完成水保综合治理8805亩，其中：基本农田4200亩，水保林3405亩，种草450亩，封山育林750亩，完成全年治理任务。

【重点水利工程】 1. 七里峪水库建设工程：估算总投资8979.69万元，水库控制流域面积73.5平方千米，总库容104.8万立方米，兴利库容70.6万立方米，最大坝高61.0米，设计年供水量为315.74万立方米，是一座以农业灌溉为主，兼有防洪、城市供水、旅游等综合利用的小（1）型水库。

2015年底，该工程可行性研究报告审查意见、建设项目用地预审、林业、环评报告、选址意见书、立项审批等前期手续办理完毕，初步设计等在办理中。

2. 对竹河河道治理工程。总投资2920万元，治理河道总长6.33公里。新建堤防5.375公里、防护工程1.32公里、跌水工程1座、河道拓宽工程0.85公里、河道清淤疏浚6.33公里。

工程于2014年4月9日通过施工招投标，2014年5月26日正式开工，2014年底完成工程投资500万元。由于征地拆迁、设计变更等原因，工程于2015年10月26日复工建设。

3. 霍州市山洪灾害防治非工程措施补充完善项目。总投资141万元，实施县级山洪灾害监测预警平台完善、山洪灾害应急保障系统等。2015年9月11日进行招投标，签订施工合同，12月20日完成建设任务。

【防汛抗旱】 牢固树立"安全第一、常备不懈，以防为主、全力抢险"的防汛抗旱工作方针，加强监测预警、强化责任落实、克服麻痹思想，采取有力措施，做好防汛抗旱各项工作。包括：召开防汛工作会议，签订责任状，把防汛责任落到实处；调整充实防汛指挥部成员单位和职责分工；修订完善防汛应急预案；严格执行24小时防汛值班制度、领导带班制度；组织开展防汛重点区域和重要基础设施专项检查，排查安全隐患，并提出整改要求；储备防汛物料，落实抢险队伍等，为全市安全度汛打下坚实的基础。大力开展抗旱工作，出动流动机械设备，利用小泉小水扩大灌溉面积，推广科学种植技术，有效减低旱情损失，保障粮食安全。

【河道整治】 汾河是霍州市的过境河流，属于黄河流域，由市境西北王庄入境，流程30.6公里，流域面积765平方公里。沿途有10条支流汇入，东岸横向分布的王庄河、退沙河、姚村河、南涧河、段庄河、阴底河、辛置河、北益昌河8条支流和西岸的西涧河、大沟河2条支流分别由东向西、由西向东汇入汾河，构成霍州市完整的河流体系。

在实施汾河、对竹河治理的基础上，2015年，霍州市水利局完成了河道工程保护范围确定，委托河北省水利水电勘测设计研究院编制完成《霍州市河道保护范围》工具书。

【水政执法】 2015年，霍州市水利局继续加大依法行政力度，强化行政执法规范化管理，查处违法案件，维护正常水事秩序。在“世界水日”“中国水周”期间，组织开展以“节约水资源，保障水安全”为主题的水法规宣传活动，发放宣传资料1万份，悬挂横幅15条，刷写标语15条。

制定出台《霍州市实行最严格水资源管理制度实施意见》和《工作方案》，确立水资源开发利用、用水效率控制、水功能区限制纳污“三条红线”，强化水资源开发、利用、保护和管理，实现水资源可持续利用和全市经济社会可持续发展。加强对破坏水利工程设施行为的查处和打击力度，坚决制止河道管理范围内违法设障、乱采滥挖等行为。狠抓开发建设项目“三同时”制度的落实，对生产建设项目的人为水土流失状况和水土保持工作进行经常性的全面检查，对重点项目进行跟踪督办检查，实行严格监督管理。全年开展执法检查30余次，下发执法文书15份、清障令10份，查出水事违法行为15起，完成水利规费征收3312万元，其中：水资源费2700万元，水保费29万元，河道维护管理费583万元。

【其他工作】 1.“三严三实”专题教育。按照市委开展“三严三实”专题教育安排部署，学习习近平总书记系列重要讲话精神，严守党的政治纪律和政治规矩，开展专题研讨，建立完善长效机制，强化党性修养、理想信念和政治立场，始终做到在思想上、政治上和行动上同党中央保持高度一致。加强扎实推进“六权治本”工作，认真梳理，科学分析，严格审定，完成权责清单、流程图、风险防控图制定并上报。

2.党风廉政建设。把党风廉政建设、作风建设摆上重要议程，贯穿于水利工作全过程。开展“基层干部不作为乱作为”专项整治活动，落实“两个责任”，履行“一岗双责”，列出问题清单，明确责任人员、牵头领导和整改时限，纠正“门难进、脸难看、事难办”现象，杜绝“吃拿卡要”“庸懒散拖”等问题，提升窗口办事服务效率，形成以专项整治为重点、以为民惠民为关键、以制度建设为根本的服务民生工作格局。

3.综治维稳、信访、安全生产工作。按照“办好自己的事，看好自己的门，管好自己的人”的原则，健全领导机构，完善管理机制，受理和处置群众来访事项；坚持安全与质量、效率并重，落实安全生产相关制度和规定，杜绝安全生产事故的发生。

【领导班子】

局 长：

王林锁（2010.04—2015.12）

总支书记：

王记栓（2007.08—2015.12）

总工程师：

安五达（1998.05—2015.12）

总支副书记：

祁朝辉（2013.05—2015.12）

副局长：

乔晓东（2012.06—2015.12）

纪检组长：

刘国新（2012.08—2015.12）

工会主席：

李俊芳（女，2002.10—2015.12）

水资办副主任：

李文忠（2003.02—2015.12）

水资办副主任：

樊荣平（女，2012.08—2015.12）

（闫会军）

畜牧兽医服务中心

【概况】 2015年，霍州市畜牧兽医服务中心全年生产指标是肉产量1.5万吨、蛋产量1万吨、奶产量0.6万吨。到2015年底，肉产量达到1.6万吨，蛋产量达到1.05万吨，奶产量达到了6050吨。蛋鸡存栏58万羽，出栏30万羽，肉鸡存栏70万羽，出栏420万羽；猪存栏9.6万头，出栏11万头；羊存栏8.9万只，出栏4.4万只；牛存栏3200头，出栏800头。畜牧业产值4亿元，农民人均畜牧业纯收入达到1100元。全市人均畜牧业纯收入比2014年增长10%。

【重点工程完成情况】 1. 壮瀚养殖专业合作社续建项目。该项目位于三教乡原农场。2015年计划投资500万元，实际投资650万元，建成猪舍2000平方米，粪污处理池1000立方米及设施配套。

2. 富康养猪专业合作社续建项目。该项目位于李曹镇石鼻村。2015年计划投资800万元，实际投资1100万元，建成育肥舍5000平方米，保育舍1200平方米，粪污处理池1300平方米，一条自动上料生产线及设施已配套。

3. 绿源农牧科技有限公司扩建项目。该项目位于李曹镇源头村。2015年计划投资300万元，实际完成投资400万元，建成办公区300平方米，青贮池2000立方米，干草棚600平方米，牛卧床180平方米，干粪池600立方米。

4. 聚盛牧业有限公司养羊项目。该项目位于陶唐峪乡南李庄村。完成投资260万元，补栏杜泊种羊300只，建粪污处理池10立方米，并进行设施配套，完成了年初工作计划。

【主要工作开展情况】

1. 各畜牧中心（兽医）站全部配置冷藏冷冻设施，150名村级防疫员全部配备了冷藏包，科学运输存贮，保证疫苗质量；

2. 补充49名村级防疫员，达到“一村一员”。全年免疫猪9.617万头、牛4889头、羊134544只、鸡10361羽，高致病性禽流感、鸡新城疫、高致病性蓝耳病、猪瘟、口蹄疫、小反刍兽疫的免疫密度均100%。

3. 开展兽医系统实验室检测能力比对工作，监测抗体1220份，合格率达到95%，为养殖场饲养、管理提供科学研判依据，降低了养殖风险，降低养殖成本，增加了养殖收入。

4. 规范全市30余家兽药经营户进行兽药产品标签和说明书规范行动工作，健全销售台账。

5. 畜牧中心邀请山西省畜牧兽医学校、临汾市局高级畜牧师，就防疫知识及操作技能进行培训，通过培训更新专业技术人员的专业知识，现场进行鸡猪临床采血、解剖，通过实习提升操作技能，确保全年没有发生任何动物疫情。

6. 开展生猪无害化处理百日宣传活动。发放粘贴无害化处理明白纸1万余份。

7. 开展奶业、饲料等投入品专项整治活动，绿源乳业抽奶样12份，同兴饲料抽样6份，经省局检测，合格率达100%，代表山西省迎接农业部春防工作及畜产品安全抽检，结果全部合格。

8. 加强畜产品安全抽样检测培训。对全市畜产品质量安全例行检测，向省局送样100份，检测结果全部合格。

9. 开展产地检疫百日整治活动。对畜禽经纪人进行登记备案；发放宣传材料3000余份；公布规范了畜牧中心（兽医）站和屠宰场10个检疫点的申报程序，完善了档案，加大畜禽从养殖场到餐桌全程监管的力度。

10. 加强城南鲜肉食品加工场无害化处理监督工作，有关责任人责任全部到位，建立健全管理台账，确保全市不发生畜产品安全事件。

11. 依托“3·15”“12·4”、科技三下乡、传统庙会、市广播电台牧业天地等活动平台，进村入户，宣传“四法六条例”等法律法规，发放法律法规等资料4万余份。

12. 在全市组织开展2015年第一、二、三批兽药饲料等投入品打假活动，没收假冒兽药50余件，当众销毁。

13. 全年，发展青贮玉米3000余亩，紫花苜蓿200余亩。

14. 霍州市畜牧兽医服务中心依托一个种猪场，两个种鸡场，一个种羊场。全年，繁育优种仔猪16000头，双A＋肉种鸡800万羽。

【领导班子】

主　任：

杜继保（2010.10—2015.12）

副主任：

韩国华（2012.08—2015.12）

纪检组长：

倪嘉隆（2012.08—2015.12）

总　工：

吴舟平（2012.08—2015.12）

执法队长：

周永华（2012.07—2015.12）

（闫晓雯）

农机管理

【概况】 霍州市农业机械发展中心的主要职责是：对全市范围内的农业机械及其驾驶操作人员进行生产指导、安全管理、新技术新机具推广、农机具购置补贴、农机维修、农机产品质量监督管理工作，有编制22个，有干部职工17人，内设机构有农业机械安全监理站、技术推广站、技术培训站、生产经营管理站、产品质量投诉站。

2015年，霍州市农业机械总动力新增0.5万千瓦，累计19.84万千瓦，农机原值新增900万元，累计达到1.237亿元，拖拉机拥有量达3324台，其中，大中型拖拉机660台，小型拖拉机2664台，联合收割机增加25台，累计达到259台。全年机耕作业面积达到25.89万亩，机播作业面积27.39万亩，机收作业面积16.48万亩，2015年，全市农机总投入1200万元。全市农机经营总收入7200万元，农机经营纯收入达到3682万元。

【农机购置补贴】 2015年，继续实施农机具购置补贴政策，积极宣传，推进惠农政策成果，提升农机化装备水平。通过补贴，全市新增拖拉机86台，其中大中型拖拉机68台，小型手扶拖拉机18台，拖拉机拥有量达到了3324台。小麦联合收割机新增6台，累计185台。玉米联合收割机新增19台，累计达到74台，其他农机具增加261台件。全年使用国补资金296.287万元，带动农民投资987万元，扶持农户218户，激发农民的购机热情，减轻农民的作业负担，提高全市农机装备水平，使全市农机化综合作业水平提高了两个百分点。

【开展涉农资金专项整治】 2015年，按照省、市业务部门部署，市农机中心对涉农资金进行专项整治，特别是农机具购置补贴资金，抽调专人利用一个月时间走村入户开展对农机购置补贴资金的专项整治，对全市2013至2014年度35马力以上大中型拖拉机及动力机械进行人机见面，逐户核查，对1039份电子与纸质档案进行比对，消除了安全隐患，确保机补资金的安全使用。

【农机社会化服务体系建设】 霍州市坚持农机服务体系建设与市场运行机制相结合的理念，尊重农民、农机户的意愿，发展农机大户、农机专业合作社等服务组织，农机社会化服务体系建设发展迅速，成效显著。2015年，全市农机维修点82个，从业人员146人，农机经销点28个，从业人员67人，拖拉机驾驶培训机构1个。2015年，全市农机专业合作社达到10个，社员305人，农机专业合作社固定资产680万元。农机社会化服务体系的结构架基本形成，促进农业生产的发展。

【农机新技术推广】 2015年，霍州市农机发展中心采取政策倾斜、措施扶持，推进新技术推广工作。共计培训保护性耕作技术骨干60人，完成机械化保性耕作面积5000亩。

2015年，推广3台玉米茎类收获机。使霍州市在玉米茎类收获机械技术方面实现零的突破。茎类收获面积1500亩。新增玉米收获机19台（含3台茎类收获机），玉米机收面积4万亩。

【农机行政执法】 霍州市农机发展中心2015年切实转变职能，履行法律赋予的权利，开展农机行政执法活动。一是加强教育。利用传统集会、庙会，及“3·15”消费者维权日，开展农机法规政策宣传、发放农机驾驶操作及安全知识，农机质量及投诉知识等宣传资料4000余份。深入乡村、农机作业生产第一线，开展送农机依法行政和安全知识下乡活动，对农机从业人员进行法律法规、安全操作、维护保养等相关知识教育宣传，提高农机手的守法意识。二是加强农机行政执法干部队伍建设。强化农机安全政策法规，业务知识和岗位技能培训，打造政治坚定、业务过硬、作风优良、清正廉洁的农机行政执法干部队伍，提高农机依法行政的水平，创建“文明执法、优质服务”的农机执法形象。三是严格农机安全技术检验和驾驶操作人员安全教育工作。2015年，检验机动车207台，新增驾驶员68人，与农机驾驶员签订安全生产责任书207份，安全承诺书 207 份。健全完善农机安全监理牌证技术档案。农机安全生产检查台账和农机事故处理档案。通过严格执法，严谨要求，做到 2015 年农机安全无事故。四是农机打假维权，维护市场及安全生产秩序。加大农机行政执法力度，打击假冒伪劣商品，整治农机维修市场及各种农机违法行为，规范农机销售、维修市场秩序。共整顿农机维修点 38 个，检查农机销售点 21 户，排查安全隐患 16 件。整治农机维修经销市场“脏”“乱”“差”的现象。震慑了农机市场不法经营商户，保证霍州农机市场的生产和质量安全。

【新型职业农民培训】 2015 年，按照“科技兴农、人才强农、新型职业农民固农”的战略要求，围绕新型职业农民（农机操作手）培育，提高农村劳动力素质，开展农机作业人员的培训，对新购机农民，开展农业机械专业知识、农机安全生产和法律法规及政策宣教、职业道德与素养、农机维修保养及田间作业技术规范、农业机械的使用及事故安全分析为重点的安全意识的培训。2015 年，完成农机作业人员培训 350 人，其中新型职业农民（农机操作手）培训 100 人。通过培训，使农机驾驶操作人员的业务技术水平、法规理论素养得到有效提高，机车利用率、田间作业质量得到提升，服务意识和节本增效意识显著增强。

【领导班子】

书　记：

刘国斌（2013.05—2015.12）

副主任：

秦　磊（2012.08—2015.12）

工会主席：

周进华（2003.03—2015.12）

（刘国斌）

农业综合开发

【概况】 根据霍编发〔2002〕10 号霍州市农业综合开发办公室更名为霍州市农业综合开发局；根据霍编发〔2002〕41 号文件，霍州市农业综合开发局设置三个股室即：办公室、项目股、计财股，全额事业编制 12 人；霍发〔2009〕18 号关于（霍州市人民政府机构改革方案）的通知，霍州市农业综合开发局更名霍州市农业综合开发办公室。单位有人员 9 人，主任 1 人，副主任 2 人，纪检组长 1 人，一般工作人员 5 人。主要职责是编制全市农业综合开发的中、长期规划；开展项目前期准备和申报工作，按批准计划组织项目实施，对竣工项目组织全面验收，落实工程管护；管理农业资金及工程质量，负责资金筹集，支付报账，办理有偿资金借款，回收及财务管理事宜。

【土地治理项目】 2015 年，国家农业综合开发土地治理项目为马刨泉灌区高标准农田建设项目，涉及三教乡的梨湾、东城、下辛庄、杜庄 4 个行政村，建设工期一年，从 2015 年 6 月至 2016 年 6 月，开发面积 6500 亩，计划总投资 924.3 万元。主要建设内容：新打机井 3 眼，配套机井 7 眼；架设输变电线路 0.4 公里，变压器 3 台（套）；衬砌渠道 20.8 公里，铺设 φ150 塑料节水灌溉管道 43.9 公里；修建渠系建筑物 841 处，土壤改良 200 亩；新修主干水泥路 2.96 公里；新修田间砂石路 3.13 公里；路旁植树 11200 株；技术培训 300 人次；示范推广谷子种植 150 亩。

该项目于 2015 年 11 月 7 日动工，截至 2015 年 12 月底主要完成：配套机井 7 眼，架设输变电线路0.315公里，变压器3台（套），铺设塑料节水灌溉管道26.48公里，平田整地120亩，平整路基5.05公里，基本完成年度建设任务。

【产业化项目】 1.2015年，霍州市壮瀚养殖专业合作社新增出栏2000头商品育肥猪养殖基地扩建项目：总投资132.93万元，完成项目工程：扩建猪舍1000平方米；购置定位栏50套、产床20套、玉米精选机1台、消毒机3台、饲料加工机1台；引进种猪100头。

2. 霍州市富康家畜养殖专业合作社新增出栏3000头商品育肥猪养殖基地扩建项目：总投资154.95万元，完成项目工程：新建猪舍库房等1700平方米，化粪池200立方米，主要生产设备357件（套），引进公母猪160头。

3. 霍州市玮丰牧植专业合作社年出栏3300只优质肉羊养殖基地扩建项目：总投资132.17万元，完成项目工程：扩建羊舍500平方米、新建储水池210立方米、铺设供水管2000米、新建草料棚500平方米、厂区硬化1000平方米；购置打捆拾草机1台、玉米播种机1台、奔马三轮1辆、羊舍围栏15组、消毒机1台；引进种羊100只。

4. 霍州市兴龙芦笋专业合作社新增3.5万公斤无公害芦笋设施种植基地扩建项目：总投资181.54万元，完成项目工程：新建温室20个（100米×13米）以及配套设备。

【“三严三实”专题教育活动】 2015年5月以来，霍州市农发办按照市委“三严三实”协调领导小组的安排，组织开展“三严三实”活动，从单位实际工作出发，每周一、五组织全体机关人员学习习近平总书记关于严以修身的重要论述；学习焦裕禄、杨善洲、沈浩等先进典型事迹；学习习近平总书记在十八届中央纪委五次全会上的重要讲话等。6月19日，主任李德云给机关全体党员干部上一堂“三严三实”专题党课，使全体党员干部受到了一次心灵的洗涤和震撼，加深对“三严三实”的认识。活动中，科级领导干部围绕“严以修身”“严以律己”“严守党的政治纪律和政治规矩”“整治诬告歪风，强化担当作为”“严以用权”分别进行研讨。研讨会上，每位领导干部紧扣主题，在个人自学的基础上，进行深入的讨论交流，体现个人的生活、工作、学习体会，对照“三严三实”要求，坚持从严要求，强化问题导向，查摆领导班子及成员存在的“不严不实”的问题，提出整改措施，开展专题民主生活会和组织生活会，确保集中学习教育落到实处。通过三严三实专题教育活动的开展，提高了农发办全体党员干部思想认识，党员党性得到锻炼，加强机关作风建设，促进各项工作开展。

【领导班子】

主 任：

李德云（2013.04—2015.12）

副主任：

成志明（2002.05—2015.12）

任淑华（2007.07—2015.12）

纪检组长：

荀建平（2003.08—2015.12）

（郭变琴）

气　象

【概况】 霍州市气象局始建于1972年，地处临汾盆地北端，故有临汾“北大门”之称。位于白龙镇白龙村北，即东经

111°42′，北纬36°35′，海拔550.0米。在编干部职工7人，临时工3人，退休人员3人。在职人员中，党员8人，本科学历5人，大专学历3人。

霍州市气象局实行上级气象主管机构和本级人民政府双重领导，以上级气象主管机构领导为主的管理体制。主要承担本辖区内气象工作的行政管理职能，依法履行气象主管机构的各项职责，为本区域的防灾减灾、经济发展和社会稳定服务。

霍州市气象局的机构规格为正科级，内设综合管理科、防灾减灾科（机构规格为股级）和直属事业单位霍州市气象台（站）（机构规格为副科级）。

【气象监测】 2015年，霍州气象局高度重视基础业务工作，始终把提高基础业务质量作为重要工作来抓，从而使得综合观测业务稳步提升。完善业务工作制度，始终坚持24小时业务值守班和领导带班工作流程。完成新型自动站标准化建设，气象站业务运行由自动站和人工观测并轨运行升级为双套自动站并轨运行。改造网络设备及供电线路，确保网络通讯畅通。强化“山西省气象资料处理业务平台”和“中国气象局综合气象观测系统运行监控平台”的运用，气象数据传输及时率和资料准确率大幅提高，业务质量在临汾市气象部门名列前茅。加强区域自动气象站的巡检和维护，做到每月一次清洁仪器和清理杂草工作，保障气象仪器的正常运行，提高传输率和可用率。完成了综合气象业务岗和专业气象服务岗人员的设置，做到人员进岗尽责。霍州市政府印发《霍州市气象探测环境保护专项规划》。完成霍州市国土局、住建局《气象探测环境保护规范地面气象观测站》强制性国家标准的备案工作。加强天气监测与会商，遇关键性、转折性、灾害性天气，带班领导和值班人员坚守在岗，充分运用综合气象监测、新农村气象服务、乡镇预报订正服务、MICAPS等业务系统，做好预报预警及气象服务产品制作，发布重要天气的预报预警服务信息。运用县级公共气象服务、突发事件预警信息发布、精细化乡镇预报预警等平台，广播电视台、显示屏等开展预报预警信息发布。为推进气象现代化水平，积极发挥政府主导作用，霍州市政府出台《霍州市气象现代化建设实施方案》。霍州市人民政府与临汾市气象局签订了《共同推进气象现代化建设合作协议》，制定了综合气象监测系统、农业综合信息服务、预报预警平台、突发事件预警信息发布、人工影响天气作业指挥等重点工作计划，提升了气象为霍州经济建设服务的保障能力。

【气象服务】 做好气象工作，服务是关键。霍州市气象局统一思想认识，提升服务理念、改善服务方式、拓展服务领域。成立由气象台长高振朝为组长的气象服务组，以确保气象为农服务的组织领导。利用国突平台、电视、报纸、广播、电子屏和手机短信等手段，为地方政府和社会公众提供准确、及时、优质、高效的气象服务。开展面向农民的新型农业经营主体的“直通式”气象服务。做好决策气象服务。强化为农服务最后一公里，深入辖区乡镇进行墒情普查及农业情况调查。做好专业气象服务，市气象局与高速四支队十一大队签署《道路交通安全气象信息共享协议》。

2015年，霍州市气象局制作春运气象服务、春耕春播、夏收夏种、汛期、中高考、五一、国庆等专题服务材料800余份，利用乡镇电子屏发布各类天气预报200多次，遇有灾害性、关建性、转折性天气则通过手机平台向相关部门发布长、中、短期天气预报和森林火险等级、地质灾害等级预报短信万余次。

健全和完善气象灾害防御组织领导体系，成立市、乡两级气象灾害防御领导组。市政府不断完善县级气象灾害应急准备工作，印发《霍州市气象灾害应急预案（修订）》，各乡（镇、街道）相应出台应急预案。预警发布系统完成与临汾市气象局的对接工作。确保气象灾害预警信息发布渠道畅通，市气象局与市广电中心签署《霍州市突发事件预警信息快速发布“绿色通道”合作协议》。拓展预警信息的覆盖面，预警信息发布涉及市、乡级政府机关、涉农部门、村级两委班子、农村种植养殖大户、地质灾害群测人等。预报预警信息发布对象 1255 人，气象信息员实现了 199 个行政村及重点灾害区域全覆盖。2015 年，预警信息发布 65 条 79625 人次，重要气象信息发布 42 条 52710 人次。

为加强人工影响天气组织和管理，霍州市委组织部印发《关于成立人工影响天气工作领导组的通知》（霍组干发〔2015〕30 号），领导组负责全市人工影响天气工作的组织和指导。做好人工影响天气作业基础建设，完成人工增雨火箭发射装置的更新更换。于 1 月 27 至 29 日、7 月 20 至 23 日组织实施两次人工增雨（雪）作业。

【依法行政】 落实安全防范措施，做好人影、气象服务、应急处置、车辆管理、防雷、施放氢气球、信息网络等安全管理工作，未发生安全生产责任事故。配合临汾市防雷中心对辖区相关企事业、危化行业、易燃易爆场所等部门开展防雷安全检测和防雷工程跟踪验收，增强各部门的安全责任意识，减少雷电灾害。推行“六权治本”，落实“阳光行使权力”，霍州市气象局审批项目全部进入政务大厅。确定高润琴副局长为首席审批员、原冬梅工程师为审批员，清理审批项目，重新规范防雷设施设计审核和竣工验收项目两个工作流程，通过版面进行公示。首席审批员和审批工作人员严格遵守政务大厅工作纪律，无迟到早退、玩忽职守等情况。全年受理办件 16 件，全部为厅内审批，办结率 100%，确保项目建设的防雷安全。与人保财险霍州公司建立气象信息共享机制，做好气象灾害保险咨询服务。2015 年，出具保险证明 39 份，其中 35 份涉及农业保险。

【党风廉政】 推进党风廉政建设和反腐败斗争，严纪律、强责任、转作风、重落实，加强纪律建设，严明政治纪律和政治规矩，强化“两个责任”落实。加强组织领导，制定落实《霍州市气象局 2015 年党风廉政工作方案》《霍州市气象局 2015 年党风廉政工作分工方案》《霍州市气象局 2015 年党风廉政建设和反腐败工作检查方案》；制定《霍州市气象局党支部落实党风廉政建设主体责任和监督责任工作方案》、《霍州市气象局领导班子主体责任清单》。加强对领导干部的监督检查，定期开展廉政谈话；加大对领导干部履行一岗双责和廉洁自律情况的监督检查力度，定期组织班子成员进行落实党风廉政责任制的汇报。加强纪律和改进作风，按照《霍州市气象局 2013—2017 年惩治和预防腐败体系工作规划》，建立起科学的管理体制、规范的运行机制和严密的监督机制；执行《霍州市气象局贯彻落实中央政治局八项规定具体措施》，严肃整治公款大吃大喝、公款旅游等行为；修改完善《霍州市气象局制度汇总》，制定《霍州市气象局常用制度汇总》，强化对权力的的制约和监督；落实“收支两条线”的管理规定，加强财务管理工作。加强廉洁从政教育，每月至少组织一次党风廉政专题学习，通过发生在身边的典型案例，开展警示教育；坚持组织开展一年一度的党风廉政宣传教育月活动；发挥廉政示范点表率作用，加强廉政文化建设；运用“三抓三突出”工作模式，加强落实党风廉政责任制的落实；加强领导，强化举措，开展行评工作。强化权力制约监督，开展政府采购、总体工作、大额资金等风险防控工作；局长与干部职工签订党风廉政责任书；落实民主集中制，建立健全“三重一大”、局务会、述职述廉、民主生活会等监督制度；加强对主要领导干部行使权力的制约和监督，党支部书记、局长每年向临汾市气象局党组书面报告履行党风廉政建设责任情况和个人廉洁自律情况；推进局务和政务公开，完善行政审批、项目安排、资金监管、基建程序、选人用人等方面的规章制度和落实机制；通过设立意见箱、公开监督电话、电子邮箱等方式，加强信访举报。率先垂范当好表率，局班子成员特别是一把手狠抓责任制落实作为自身表率，严于律己、廉洁自律，增强班子的凝聚力和战斗力；局班子成员执行《党内监督条例》和《党纪处分条例》，加强自我约束和监督，始终坚持与党中央保持一致，维护党员的政治纪律；带头严格执行“八项规定”，落实接待制度，严格接待标准；领导班子成员带头执行《廉政准则》，坚持做到用好权、管好事、管好钱、管好人，无违法乱纪现象发生。发挥纪检监督作用，通过专题学习、联片共建、风险防控、宣传教育、制度建设等渠道，突出对主抓者、主责者的监督，对不履行职责及监管不力的情形严肃问责；干部职工认真遵守党纪法规，从工作、学习、生活中自觉接受纪检监察员的监督；纪检员深入调查研究，强化权力运行监督，认真梳理反映党员领导干部问题线索，及时向上级纪检组报，定期向局党支部做工作汇报。加强科室的“一岗双责”，将党风廉政建设有机融入各自工作岗位中，扎实推进各自工作领域的廉政风险防控工作；严明党的纪律，认真执行党纪和制度，强化制度的监督运行；落实中央八项规定精神，以为民务实清廉为目标持续加强作风建设。

开展文明创建工作。加强组织领导，2015年，组织召开多次文明创建工作会议，成立文明和谐创建领导小组，明确支部书记负总责、牵头具体抓，各科室齐抓共管的创建格局；制定文明创建年度工作规划，明确目标任务；把创建工作纳入全年工作计划，做到有安排、有检查、有考核；完善了单位内部考核机制，文明创建和业务工作一并纳入考核。结合党建、党风廉政、业务等工作，开展政治理论、科学文化和业务知识学习。召开“大力弘扬雷锋精神”专题民主生活会，开展慰问困难职工、退休老同志及大扫除等志愿服务活动，开展“最美家庭”评选活动，临汾市一中523班学雷锋霍州小组到该局进行社会实践。

【其他工作】 财务管理工作，霍州局严格执行“三人决策”和会签制度，强化预算执行的落实，实行局务公开，按规定使用财务软件，体现公开、公平、公正的财务管理模式，各项财务规定和制度执行良好。做好防灾减灾宣传工作，利用“3·23”“5·12”“12·4”等节日开展宣传活动，通过展板、散发宣传材料，现场咨询等方式宣传气象防灾减灾科普知识，得到群众的广泛好评；全年宣传报道《中国气象报》1篇，《临汾日报》3篇，中央、省、市级网站刊50

篇。其中2015年2月4日《中国气象报》刊登《四天四夜的坚守》，2015年1月30日《今日霍州》刊登《市气象局实施人工增雨纪实》，全面报道展现了霍州市气象局人工增雨的先进事迹，霍州电视台也进行现场跟踪报道。

【领导班子】

局 长：

李沁宁（2003.01－2015.12）

副局长：

高润琴（女，2003.01－2015.12）

副局长兼纪检员：

李计萍（女，2014.03－2015.12）

台 长：

高振朝（2014.10－2015.12）

（高振朝）

农广校

【概况】 霍州市农广校（山西省农业广播电视学校霍州分校），为事业单位，编制5人。主要职责为：在地方党委政府和上级校的领导下，举办中专学历教育、中专后继续教育、职业技术教育，实用技术培训，为农村培养技能型、应用型人才。

【学历教育】 2015年，中专学历生农村信息技术与应用专业招收46人，并于2015年12月27日，对这些学员进行了4门功课的考试，合格率100%。

【实用技术培训】 2015年3月，在三教乡以东王村为重点，辐射龙泉等三个自然村，举办玉米种植管理新技术、苹果高新技术、马铃薯栽培技术培训。培训学员300人次；2015年6月，在三教乡龙泉村举办苹果新技术培训，培训学员114名；2015年7月，在陶唐峪乡义城村，举办核桃栽培新技术培训，培训学员102名。2015年11月，在三教乡甘节村，举办核桃栽培新技术培训，培训学员100名。旨在推广核桃新品种、新技术，培育和造就培养一批思想观念新、生产技能好、懂经营、善管理、辐射能力强的骨干农民。收集相关农业科技信息，及时向农民朋友介绍推广，发放宣传资料2万余份。购买4个专业的学习用品600余套。

2015年，被临汾农业信息网采用3条信息，即：霍州市农广校三举措确保培训实效、霍州市举办苹果栽培管理技术培训、霍州市农广校科技培训使500农民受益；被山西省农业厅网采用2条信息，即：霍州市农广校三举措确保培训实效、霍州市举办苹果栽培管理技术培训。

【领导班子】

校 长：

武文科（2013.12—2015.12）

副校长：

刘文平（2002.10—2015.12）

【获奖情况】

2015年度被临汾市农业委员会授予农村实用人才培养先进单位。

（武文科）

工　业

煤炭运销

【概况】　山西煤炭运销集团临汾霍州有限公司（简称霍州煤销公司）。是在2009年7月由1984年成立的山西省煤炭运销总公司临汾分公司霍州市公司的基础上改制后成立的，注册资金2000万元，主要经营范围：煤炭运销，煤、焦、铁化验。至2015年底，公司内设：综合工作部、财务管理部、人力资源部、业务部等4个部室；下属企业有物流车队，企业公司、辛置发煤站（挂靠）等3个单位。霍州煤销公司原有的什林、靳壁、辛置等公路煤焦营业站的管理职能，因2015年12月1日零时取消后，各个公路煤焦营业站的房屋资产公司安排专人负责看护。三合煤焦发运站，圣佛煤炭发运站两站隶属于临汾聚晟能源有限责任公司，霍州煤销公司代行两站运行维护管理职能。

2015年9月根据“临煤销字〔2015〕160号”文件精神，临汾煤销公司根据共有公路煤炭贸易物流业务运行及人员划拨情况，按照“一套人马，两块牌子”的原则，对原有县区公司整合安排是：霍州煤销公司整合汾西煤销公司。

【主要工作任务】

一、已全面完成公路销售体制改革人员转岗分流工作。

二、霍州煤销公司、汾西煤销公司整合后主要工作：

1. 国有资产的保值增值。

2. 清欠任务的有序推进。

3. 安全维稳的全面落实。

【财务运行情况】

营业收入：2015年，实现营业收入4348万元。

利润总额：2015年，实现利润总额-186.9万元。

三项费用：2015年，发生三项费用1128.2万元。

资产负债率：153.29%。

【重点工作完成情况】

1. 2015年度旧欠清收目标及完成情况。

（1）临汾公司下达目标是：锁定欠款总额为3223.03万元的清欠目标，完成系统外旧欠清收1030万元的考核目标。

（2）公司旧欠清收领导组根据目标任务，结合公司应收款项状况，摸清了各家欠款单位的欠款资料，依据资料详情逐家制定清欠方案，加强了旧欠清收工作力度。

2015年旧欠清收任务完成99.39万元。

2. 党风廉政建设工作成效显著。

霍州煤销公司党总支在临汾煤销公司党委的正确领导下，党风廉政建设工作扎实推进。2015年，公司党总支深入贯彻学习党的十八大和十八届三中、四中、五中全会精神，落实中央八项规定，狠抓作风建设，大力整治四风问题。以十八届三中、四中、五中全会精神为指导，带领干部职工学习贯彻习近平总书记关于全面从严治党、加强党的基层组织建设重要指示精神，围绕公司国有资产保值增值；清欠任务有序推进；安全维稳全面落实的主要工作任务来开展党总支的各项工作。积极监督、协助，确保公司公路销售体制改革人员转岗分流工作的有序推进及全面完成，发挥坚强的政治保障和组织保障作用，克服困难，营造和谐稳定、团结拼搏的工作局面。

3. 完成公路销售体制改革人员转岗分流工作。

（1）2015 年 2 月完成了晋能集团关于《公路销售体制改革人员工资社保财政补贴实施办法》的通知文件要求的相关测评工作，按时上报测评。

（2）制定了划转方案，按要求全面完成转岗分流工作任务。至 7 月底，全面完成公司 173 名员工转岗山西国新能源发展集团有限公司的划转工作，划转职工的养老、医疗、工伤保险等手续全部转移。

（3）落实人员转岗分流后的工作开展，公司完成王庄煤矿的后期看守及聚晟公司三合、圣佛两个发煤站运行维护工作的延续。

4. 安全维稳工作扎实推进。

为推动社会管理综合治理暨稳定工作健康开展，公司建立健全综治维稳工作体制，最大程度减少不稳定因素，调动全体党员干部和广大职工全力以赴保稳定，凝心聚力促和谐。在 2015 年晋能集团妥善安置公路销售体制人员转岗国新能源公司工作中，霍州煤销公司从稳定公路销售体制人员的大局讲，做得有始有终；从安全维稳方面讲，做得扎实稳妥，没有出现职工群众情绪波动，思想抵触的现象，推进煤销企业转型发展。

2015 年，未发生一起影响公司稳定的群体性上访事件、安全生产事故、刑事案件、治安防范责任事故，这些成绩的取得，是上级领导关心支持，是全体干部职工重视安全工作的结果，确保公司各项工作的正常推进。

【领导班子】

经　理：

郭五谋（2015.09—2015.12）

成卫平（2012.07—2015.09）

书　记：

成卫平（2013.11—2015.12）

副经理：

张金龙（2002.04—2015.12）

薛三有（2007.06—2015.12）

杨水平（2015.09—2015.12）

（蒋文军）

供　电

【概况】 国网霍州市供电公司成立于 1960 年 12 月，占地面积 3697.5 平方米，位于霍州市北环路 17 号。2015 年，公司认真贯彻上级公司各项安排部署，践行“四讲一遵守”，坚持以“素质提升年”为抓手，强基固本，创新发展，凝心聚力，攻艰克难，实现全年工作目标，公司整体实力形象得到有效提升。

【供电指标】 2015 年售电量完成 2.576 亿千瓦时，比计划多售 160 万千瓦时；综损完成 8.12%，比计划降低 1.88%；10 千伏有损完成 9.65%，比计划降低 2.25%；电价完成 566.87 元/兆瓦时，电费回收

100%。实现连续安全生产8294天。

【电网建设】 新什林变电站完成全部设备调度投入运行；完成白龙变电站“T”改“Ⅱ”工程，白龙变电站的供电可靠性大大提高；完成李曹二电源的验收与投运，李曹站实现双电源供电；完成大张支线375线路大修工作，解决线路对地距离不够的问题。投资2479.56万元开展新一轮农网升级改造工程，新建及改造配电变压器45台，容量13100千伏安，新建及改造10千伏线路15.33公里、低压线路72.78公里；完成230户低电压用户治理工作，更换城市低压电缆800米；超前谋划、主动沟通，高质量完成“十三五”配电网规划，城市供电专项规划纳入市政规划。

【安全生产】 完成春检、秋检任务及迎峰度夏、迎峰度冬各项工作，完成技改、大修、反措10项；完成输变配电专业化巡检，发现消除设备隐患、缺陷99项；开展大面积停电、防汛、消防、事故抢修等应急演练，增强员工应对突发安全事件的处置能力和业务技能；利用电视媒体、乡村广播、发放宣传单等形式，宣传保护电力设施相关法律条款，为企业构建保护电力设施的法制环境；汲取天津滨海新区“8·12”爆炸特大事故教训，落实责任，强化措施，防患未然，公司根据国网临汾供电公司及《霍州市安全生产大检查工作实施方案》（霍政发〔2015〕20号文件要求，贯彻国网公司和山西能监办的各项工作部署，严格落实新《安全生产法》，按照“全覆盖、零容忍、严执法、重实效”的总体要求，结合公司安全生产实际，扎实开展安全生产大检查暨“六打六治”打非治违行动，依法整治非法违法生产经营、违规违章现场作业，提高安全生产保障能力。

【优质服务】 提升优质服务质量，建立晨会微信实时互联，提升晨会管理质效；从观念转变、管理加强、技能提升和基础夯实入手，开展优质服务面对面工作，全年实现三个无投诉月，最长无投诉周期达109天。

推广多元化缴费方式，其中掌上电力3500人，增设代收点30个，方便广大电力客户交纳电费；推行绿色光伏发电事业，接入系统18户，并网18户；加强故障分析与现场检查，采集成功率达到99.61%；加强高危及重要客户供用电安全服务，修订应急保电服务“一户一案”；完成营配调贯通工作，完成高压采集739户，低压采集台区595个；全年接收用户资产700余万元，接收用户9107户，比计划超额完成89.7%；规范用户档案管理，签订高压供用电合同771份，低压供用电合同14500份。

【经营管理】 固化“三集五大”体系建设成果，加强“五位一体”协同机制建设应用。顺应改革，超前预控，在公司系统率先完成岗位绩效工资套改与规范农电用工管理工作，全面深化预算管理，健全完善内控体系。

推行精益化管理，公司经营指标保持良好；坚持开展三相负荷平衡与变压器推磨，节约资金运用技术手段解决配变过负荷和低电压问题；科学融合同业对标与数字化管理，加强计划管控和责任落实；开展县级城市配电网标准化建设，配电报修次数逐年降低；推进供电所规范化管理，7个供电所全部完成标准化建设，标准化水平显著提升。

【队伍建设】 结合实际探索“四轮驱动”队伍提升模式，以岗位与工作为平台，抓班子的榜样和带头作用，抓中层的“执行力”“管控力”和“协调力”，抓班组长的

"落实力"，抓员工的"成长力"，因材施教提升全员整体素质。

持续开展灵活多样、针对性强、目标性强的培训活动，受训人员480人次；搭建"开讲啦"员工展示平台，全年举办七期，34人次登台开讲，内容涉及安全生产、优质服务、农电管理、健康励志等方面，职工在思想观念、业务水平、动手协作等诸多方面得到了锻炼提升；为职工提供成长平台与成长机遇，公司离退休职工尤改民获得公司系统"国网老年之星"称号，公司三名职工在省级以上竞赛比武中获得佳绩，四名青工获临汾公司青年岗位能手称号，论文《如何实现个人成长与企业发展的双赢》获得临汾公司"十佳论文"。

【其他工作】 开展"三严三实"专题教育，公司领导班子带头讲党课，组织"一案一论"专题研讨，高质量召开专题民主生活会，整改不严不实的问题；创新载体开展"农电党小组攻关行动"，三冯党小组开展边缘村管理实践，李曹党小组开展杨枣村路灯治理行动，获得群众好评。

狠抓反腐倡廉，落实"两个责任"，领导干部包干班组开展"供电所讲纪律"活动，参加118人次；开展"四个梳理""依法治企"专项活动，逐条逐项查找发现8个方面问题纠正；开展关键岗位廉政风险识别和承诺活动，常态开展车辆监督通报，筑牢廉政风险防控机制。

【领导班子】

经　理：

韩继斋（2010.12—2015.12）

书　记：

张　云（2015.08—2015.12）

副经理：

荀保平（2013.03—2015.12）

范　军（2008.01—2015.12）

杨　军（2010.12—2015.12）

工会主席

段红斌（2004.08—2014.12）

【获奖情况】

2015年3月，国网霍州市供电公司职工书屋被中国能源化学工会华北电力工作委员会授予"模范职工书屋"。

2015年4月，国网霍州市供电公司被临汾市总工会授予"临汾市模范劳动关系和谐单位"。

（张燕兵）

中小企业

【概况】 2015年，在市委、市政府及上级主管部门的正确领导下，中小企业服务中心贯彻落实国家、省、市一系列支持中小微企业健康发展的政策措施，围绕"建设三晋经济强市，实现整体率先发展"的总体目标，以开展的"三严三实"专题教育为契机，推动中小微企业产业结构优化升级，提升服务水平，确保各项工作稳步推进。

【主要经济指标完成情况】 1. 截至2015年底，全市中小微企业835户，实现营业收入49.25亿元，同比增长0.49%；实现利润13405万元。比上年下降0.54%；上缴税金14172万元，同比增长14.43%。

2. 由于煤电市场不景气，而霍州市的工业经济结构不够合理，整体层次偏低，结构性矛盾突出，工业发展大项目少，技术含量高、效益好、拉动作用强的大项目、好项目缺乏，丰富的资源优势（如豆腐、粉条、小米兔肉等优势农产品资源）尚未完全转化为经济优势。一部分企业技术落后、人才匮乏，造成生产经营困难，不利于企业长远发展。中小企业服务体系不健全。金融、财政、税务等部门的政策和资金支持力度仍然较弱，社会化服务体系尚未完全建立健全起来，使霍州市的企业缺乏活力，制约经济的发展。

【中小微企业转型发展】为全面推进中小企业转型发展，中小企业服务中心坚持“需求导向、服务为本”的工作理念，优化发展环境，推进小微企业快速发展。

1. 做好企业减负工作，宣传国家、省、市有关减轻企业负担相关规定的政策，根据有关规定起草《霍州市中小微企业发展专项资金使用管理办法》，确保减轻企业负担，做到依法行政。

2. 发展具有霍州特色的民营企业，向农副产品深加工、物流等产业发展，中小企业服务中心扶持引导服务，霍州市绿源乳业，聚盛牧业有限公司、壮瀚养殖专业合作社等特色项目都进展顺利，具有较大的发展潜力，市场前景较好。

3. 加强对重点企业的重点监测，对纳入全省中小企业统计监测的9户企业，指派专人对企业经营情况进行监测，确保数据按时、按质量上报完成监测任务。

4. 对工业企业小升规企业的霍州阳光建材有限公司、霍州市巨能供热公司、山西霍州国新液化天然气有限责任公司等单位的经济运行进行重点调研和监测，确保各公司在达到条件的及时纳入规模以上工业企业进行统计。经过一年的培养指导，霍州市巨能供热公司全年营业收入突破2000万元，已上报省局给予确认。

【服务中小微企业】深化“政银企保”合作。与金融机构联系，加强融资项目建设，据不完全统计至2015年底各大银行为中小微企业融资9500余万元，促进中小企业的快速发展。

加大培训力度，提高安全意识。按照临汾市局工作要求，5月26日组织全市5家企业10名管理人员参加中小微企业政策法规及安全生产培训，为企业安全规范运行奠定坚实基础。

【党风廉政建设】从2015年4月开始，中小企业服务中心按照“三严三实”的要求，搞好每项工作，学习习近平总书记系列重要讲话精神，撰写学习心得，1月21日组织机关全体党员到霍州署参观了廉政文化馆，接受廉政教育，开展“三强化三提升”主题实践活动，坚持每周三全体党员集中学习制度，开展“三严三实”专题教育活动。在深入查摆问题基础上，诚恳谈心交心，撰写了反思剖析材料，进行整改。

中小企业服务中心由于体制改革，遗留问题多。做好职工的思想政治工作，化解矛盾，稳定他们的思想情绪。积极与人社、养老、医疗等部门协调配合，从政策方面争取得到政府的支持30万元。通过沟通协调，解决企业2名到龄人员退休问题和16人的养老问题。正在与相关部门沟通协调解决职工医保问题。

【领导班子】

主　任：

赵红宏（2010.04—2015.12）

副主任：

韩保平（2011.07—2015.12）

纪检组长：

荀　敏（女，2012.08—2015.12）

（杜秀峰）

霍州华润燃气有限公司

【概况】 霍州华润燃气有限公司成立于2009年9月，由华润燃气集团控股，山西天然气有限公司参股双方成立的合资公司。

2009年11月，霍州市行政区域内独家经营燃气业务，包括管道燃气、压缩天然气及汽车加气站的特许经营权30年；2011年12月，成功收购霍州市煤气中心，于2012年3月平稳过渡整合，完成市场一体化工作。

截至2015年底，公司有员工131人，员工结构实现专业化、知识化、年轻化。公司下设八部一室：总经理办公室、计划财务部、安全技术部、市场开发部、工程部、客户服务部、运行管理部、物资供应部、车用燃气事业部。

公司围绕华润燃气集团“学标杆、增效益”管理思路，以市场发展为导向，紧扣5C价值体系，加强内控管理，通过“五升五降五抓”提高安全管理能力，为激发组织活力，体现岗位价值差异性，梳理薪酬管理体系，优化全员绩效管理，确保组织健康有序发展。

【企业文化】 企业使命：通过持续不断地发展，为客户提供优质、高效、安全的燃气及服务，把霍州华润燃气建设成为霍州市公用事业中“安全专业、服务一流、受人尊重”的优秀企业，并努力实现股东价值和员工价值最大化。

企业愿景：通过不断的创新和变革，努力达到国内燃气行业同规模城市中排名前列，成为受人尊敬的城市燃气企业。

战略目标：成为综合实力“中国第一、世界一流”的燃气企业。

管理哲学：打破边界 协同共赢。

企业信条：包容信任 感恩回报。用人理念：海纳百川 唯才是用。

【安全生产】 为打造华润燃气提出的现代化本质安全型企业，公司安全管理工作重点是：完善和执行各项安全生产管理规章制度和工作程序，加强安全管理基础，建成运作高效、横向到边、纵向到底的公司安全管理体系，实现全员安全管理、全面安全管理、全过程安全管理模式。

一、主要指标

1. 未发生特别重大事故、重大事故、较大事故。

2. 未发生人身死亡和重伤事故。

3. 未发生一般事故。

4. 管网燃气泄漏自查率100%。

5. 未发生重大燃气泄漏、中毒、火灾、爆炸、停气事件。

二、主要做法

1. 不断优化职业健康与安全管理体系。

2015年，重新审视安全工作、理顺思路，开展全方位危险源辨识、合规性评价，梳理更新流程文件，进一步优化安全管理模式、使安全管理由粗放型向精益型转变，实现由事后查处被动管理向事前预防主动管理。

2. 推行岗位危险源辨识手册，提高全员安全意识，实现安全管控。

为了使安全管理重心从班组下移至岗位，使员工操作更加明白化、简易化、规范化，公司为所有操作岗位制作岗位危险源辨识手册，内容涵盖操作规程、危险源告知和班组管控要点等方面，要求每位员工将手册时刻装在身上，时时进行学习，按照标准操作。

通过学习岗位危险源辨识手册、岗位操作视频、制定岗位标杆值、评选安全生产红旗标兵等一系列活动，达到“人人都明白安全，人人都是安全标兵”的目标。

3. 探索、创新班组安全管理新模式。

提升各班组整体安全管理水平，创新班组安全建设模式，开展班组结对活动，中层管理人员及高管对班组进行“一对一”结对并定为帮扶关系。

4. 推行 GPS 巡检系统，实现安全信息化管理。

公司依托智能化信息技术，实现安全管理由人工处理的初级阶段，向智能化信息技术的高层次管理转化，避免管理方面的盲点和人为管理的失误。通过建立安全管理信息综合平台，先后对调压设备、阀门井、客户安检进行信息化管理。为保证设备信息化顺利实施，根据现有调压箱、阀井的情况分级别进行管理。实现设备管理智能化、巡线管理系统化。

5. 优化安检管理，打造专业安检队伍，创立霍州华润安检品牌。

针对用户不配合、检查隐患整改难度大，加大对隐患的整改力度，对发现的一级隐患用户，直接进行停气处理，提高安检的效率。整改人员采取“隐患整改 PK 值”，对完成较好的进行奖励，提高了安检整改人员积极性。使用户安全用气严峻的形势得到明显改观。

6. 安全检查。

公司将安全监督检查作为预防手段，拓展渠道，进行全方位、深层次、立体式的监督检查。改变安全检查模式采用总经理安全检查、专项安全检查、季节性安全检查、飞行检查等各类型检查，加强隐患管理，提升公司运行能力。

为保证企业生产安全，防范并消除各类隐患，组织开展各类、各种形式的检查，其中公司级检查 12 次，发现隐患 97 项，整改率 95%。重点检查包括：总经理安全检查、燃气管线专项检查、客户专项检查、消防专项检查、设备专项检查、CNG 加气站专项检查、场站专项检查等。

7. 安全宣传。

通过“四纵五横”的宣传网络，开展安全文化宣贯活动，达到“社会效果不留死角”安全教育全覆盖的效果；其中四纵分别为：进街道、进社区、进家庭、进企业；五横分别为：电视、客服大厅、网络、手机短信、宣传单。活动主要包括：宣传彩页 5 余万份、电视宣传片 2 次、标贴 5000 份、短信 10 余万条等。

8. 开展“安全生产月”活动。

根据国家《关于开展 2015 年全国“安全生产月”活动的通知》，在开展 6 月全国“安全生产月”活动，开展以“加强安全法制，保障安全生产”的安全宣传活动及安全知识竞赛、岗位技能比武等活动。加强安全生产部门之间的沟通与交流，使公司的安全生产工作再上新的台阶。

9. 安全教育培训。

对新进、转岗员工按照培训严格内容和学时要求进行三级安全教育；对重要岗位人员特殊工种进行安全培训；利用“安全学习日”对全体员工开展应知应会安全教育培训，开展公司级安全培训 10 次，培训人员 300 余人次。主要开展《安全管理制度汇编》、危险源辨识培训、应急管理培训、劳保用品培训、新《安全生产法》培训等。

10. 开展应急演练。

为了做好消防管理工作的保障工作，年初对消防器材维保、更新、充装。开展综合应急演练，检验公司的应急能力和有关部门的协调配合，提升应急处置能力。2015 年开展两次公司级综合应急演练。分别为桌面及实战演练，锻炼公司应急抢险的能力，为保障公司安全运行打下良好的基础。

11. 节能减排

推进节能减排工作，将工作落到实处，完善制度和管理措施，加大宣传力度，以全国节能宣传周和全国低碳日为契机，开展“节能有道、节能有德、低碳城市、宜居可持续”为主题的节能减排宣传活动，将节能减排工作纵深推入，坚持节能减排管理检查的常态化，加强监督。

12. 安全生产费用。

加大安全投入，改善工作环境，提升工作效率，提升公司安全管理。费用投入安全宣传、消防器材、打击偷盗气、安全培训、设备的采购、劳保用品采购、及设备校验费用、应急演练费用等。

【民生工程】截至 2015 年底，拥有门站一座、加气站一座，主城区累计铺设次高压管网 2.5 公里，中压管网 72.92 公里，低压管网 398.53 公里。发展工业用户 1 户，商业用户 161 户，公福用户 13 户，加气车辆 1121 多辆。在居民用户发展方面，燃气扩户工程在 2012、2013 年均被政府确立为重点工程并受到市主要领导的支持和关注。截至 2015 年底，拥有天然气居民用户 23543 户，提升城市主城区气化率，全市基本实现管网全覆盖。在主城区市场基本饱和的情况下，霍州华润燃气与政府联合确定“提升中心、拓展两翼、辐射周边”的总体发展思路。提升中心城区气化率；向南，重点实施南环路街道、辛置镇天然气覆盖，向北，重点实施李雅庄、退沙街道天然气覆盖，以一体两翼为基点，向周边农村全面辐射。

【领导班子】

总经理：

赵　阳（2015.06—2015.12）

财务总监：

郝文彬（2015.01—2015.12）

副总经理：

李　军（2014.05—2015.12）

吴　涛（2015.05—2015.12）

牛　磊（2015.05—2015.12）

（赵阳）

国电霍州发电厂

【概况】2015 年，国电霍州发电厂坚持以“一五五”战略为指导，贯彻落实集团公司、华北公司各项决策部署，以“双提升”为载体，以对标管理为抓手，保安全，强管理，增效益，促和谐，完成华北公司下达的各项工作任务，实现“争 A 创星”目标。企业获华北公司“先进单位”荣誉称号和“2015 年度华北公司特别贡献奖”，燃料管理获华北公司总经理奖励基金一等奖。

【安全环保工作】　坚持安全生产的基础地位不动摇，加强安全环保工作，企业本质安全水平提升。截至年底，实现连续安全生产 1341 天。

安全管理持续提升。一是完善制度体系，制定实施《缺陷管理办法》《员工安全生产责任标准》等制度 11 项，强化执行，严格考核，各级人员思想作风明显转变，制度的保障作用有效发挥。二是加大隐患排查，狠抓违章治理，以开展“三反四保”等活动、迎接安全检查为督导，研究方案，落实整改，堵塞漏洞，安全生产基础夯实。三是有序推进安全文明生产标准化建设，制定实施《工作规划》和《实施方案》，调研对比，强化示范引领，以学促进，以点带面，现场整治效果明显。四是强化安全管控，加大责任考核，投入两票指纹管理系统，开设厂网监督曝光栏，将外委项目考核纳入绩效考核体系，促进安全管理“全覆盖”。

环保工作能力增强。一是加强运维管理和过程管控，发挥“大环保”体系联动作用，各项排放指标良好，全年未发生环保考核事件，脱硝CEMS通过山西省环保厅验收。二是制定实施《脱硫特许经营整合方案》，健全组织机构，细化职责分工，实现脱硫经营管理权和资产无缝移交，环保工作主体责任清晰。三是超前谋划超低排放改造工作，可研报告通过集团专家评审，招标文件取得华北公司、集团公司同意批复，为设备升级改造做好准备。

生产运营水平明显提高。一是加强运行管理，强化培训演练，深化指标竞赛，制粉单耗等指标明显改善，圆满完成了各项工作任务。二是统筹安排停备检查和计划检修，强化消缺维护，执行检修作业标准，实施技改项目16项，攻克技术难题12项，对公用设备和系统进行了清理或改造，设备可靠性显著增强。全年未发生“四管泄漏”事故，一类障碍同比减少3次。三是以实施性能试验为切入点，摸清设备底数，制定改进方案，择机实施节能项目15项，提升机组经济运行水平。供电煤耗同比降低1.02克/千瓦时，二号机组B修后，主要辅机耗电率大幅下降。

【企业经营效益】紧抓营销、燃料、成本费用三条防线，经营效益取得新突破。

营销工作成绩突出。主要领导全面负责，职能部门各司其责，以抢抓市场机遇、寻求政策突破为重点，应对电量指标严重不足的客观形势。一是紧盯电力市场信息，及时掌握大用户用电需求，开展洽谈，综合效益分析，坚持度电必争，确保增量增效。二是研究政策与规则，加强沟通协调，争取政策突破，获得电量替代和基数电量奖励。三是坚持实施“低谷消缺”“搭载消缺”策略，强化经营、生产协调联动，确保计划下达合理，执行到位。

燃料管理成效显著。针对燃料监管难度大的实际情况，创新管理手段，实现管理和效益双提升。一是引入风险管理机制。将驻矿摄录、抽底采样操作等关键环节列为风险点，规范操作流程，加强日常监管，提高管控能力。二是计划来煤结构，推行阳光采购。根据负荷实际，制订落实日采购计划，保证经济掺烧最大化；发挥现货煤占比大的优势，实施阳光采购，利用市场化手段控制采购价格。三是严格合同管理，细化分项指标考核。增加硫分超标单日结算、日兑现率考核、违反“三个一”惩处、热值实施阶梯价格等条款，确保来煤质量。四是强化技防手段，减少人为干扰。智能化建设通过集团整体验收；研究改进采样头，科学设定采样时间，确保采集数据准确可靠。在集团公司开展的存查样监督抽查中，六次抽查所有指标全部合格，是全集团仅有的两家企业之一。

成本管控严格有效。一是强化预算引领，细化管控责任，各项费用支出下降明显。二是抢抓政策机遇，采取自由现金流偿还银行借款、争取利率下浮、置换高息借款等灵活有效措施，降低资金成本。三是明晰责任，规范程序，强化培训，提高索赔意识和索赔能力，减少企业损失。

【管理效能充分发挥】以“双提升”工作为主线，细化管理，深化对标，坚持依法依规治企，企业内生动力增强。

“双提升”工作扎实推进。一是落实“双提升”85项改进措施，修订管理制度36项，厘清部门管理界面，基础管理更加规范。二是深化对标管理，细化指标归口，强化指标考核，促进管理提升。入厂标煤单价树立区域标杆，人均管理费等指标在集团公司排名大幅提升。三是依据集团公司、华北公司考核重点，结合企业实际，完善考核机制，促进职工绩效目标与企业战略目标相一致，实现职工与企业共赢。

依法依规治企取得实效。一是完善询价采购和供应商管理制度，创新询价采购模式，对竞争充分的项目全部委托专业机构按照招标程序公开询价，基本形成公平公正的竞争机制。二是聚焦财务、燃料、招标等重点领域和关键环节，辨识危险点，划好警戒线，通过开展常态化审计、实施效能监察等监督手段，防范管理风险。三是细化合同标准，严格合同执行，规范合同流程，提升依法治企管理能力。四是严把外委队伍入厂资质审核关，完善管理制度，强化教育培训，严格责任考核，按月进行综合考评，降低管控风险。五是落实华北公司“两项规范”要求，推进辛能公司依法依规经营。

【党建及和谐企业建设】坚持党要管党、从严治党，自觉服从服务于企业发展大局，推动企业可持续发展。

党建工作全面加强。一是开展“三严三实”专题教育，从严从实组织学习培训，高质量召开三个阶段的学习研讨活动和专题民主生活会，剖析领导班子及个人问题74条，制定改进措施70条，领导干部作风进一步改进。二是组织召开第六次党代会，选举产生新一届党委、纪委班子，分析面临的形势，明确今后企业发展和党建、纪检的工作思路和重点措施，为围绕企业发展大局，更好地开展党建工作，提供保障。三是加强廉政建设，强化“两个责任”，深入落实“三个一”要求，签订廉洁从业责任书172份，发放警示教育书籍400余册，组织廉洁谈话114人次，关键岗位轮岗50人，组织360人参加党规党纪答题活动，营造风清气正的企业氛围。四是按照“两抓两带动”的思路，推进党组织建设，提升党员队伍素质，健全支部学习活动设施，深化“双百访谈”等活动，贯彻集团公司《党建政工工作年度评价办法》要求，推进党建工作与企业发展高度融合。

家园文化理念有效落地。一是加强安保和信访维稳工作，加大舆情监督和舆论引导，排除隐患，解决矛盾，营造稳定发展的良好环境。二是坚持多角度惠民，完成双机全停保供热任务，改造生活排污管道、部分居民楼水暖系统，为青年职工活动室配备健身器材，增补书籍，让广大职工享受到企业发展成果。三是加大对集团理念、工作目标、先进典型的宣传力度，弘扬正能量，增强凝聚力，营造干事创业的企业氛围。四是开展慰问活动，慰问困难职工262人，走访慰问17户，节日慰问一线职工76人；加强文化阵地建设，组织义务劳动3000余人次，以9个文体协会为主体，开展各类文体活动，形成家园文化。企业参加集团公司、华北公司和地方各类赛事，均取得优异成绩。

【领导班子】

厂长：

杨爱军（2014.03—2015.12）

党委书记：

蔺勇奇（2014.03—2015.12）

副厂长：

章玉晋（2009.12—2015.08）

齐保新（2015.08—2015.12）

总工程师：

刘洪志（2014.02—2015.12）

副厂长：

高新贵（2014.07—2015.12）

纪委书记、工会主席：

武丽梅（女，2014.06—2015.12）

【获奖情况】

企业荣获“2015年度华北公司特别贡献奖”。

企业荣获华北公司“先进单位”荣誉称号。

厂燃料管理获华北公司总经理奖励基金一等奖。

厂工会荣获临汾市“工会工作先进单位”荣誉称号。

（王慧芳）

兆光电厂

【概况】山西兆光发电有限责任公司位于山西省临汾市霍州市，地处电力网架枢纽及负荷中心，是格盟国际能源有限公司投资建设的现代化大型环保发电企业，装机总容量1800兆瓦，总投资71亿元人民币。一期工程为2×300兆瓦亚临界直接空冷机组，于2005年9月投产发电；二期工程为2×600兆瓦超临界双缸双排汽直接空冷机组，于2009年9月投产发电。装机总容量1800兆瓦，总投资71亿元。年发电126亿千瓦时，年消耗燃煤约600万吨，可实现利税5亿元。

公司设有总经理工作部、发电部、安全环保部、策划部、财务部、设备管理部、燃料管理部、燃料监督中心、粉煤灰管理部、监督审查部等10个管理部门，在册员工200人。

【企业情况】兆光发电公司是一个环保型发电企业，注重环保、节水等高科技的应用，运用直接空冷、闭路循环节水工程，比传统水冷方式节水80％；运用五套污废水处理系统，实现污水“零”排放；运用国际成熟的石灰石湿法脱硫，脱硫效率大于95％；配备高效静电除尘器，除尘效率大于99.6％。2012年，公司遵照国家政策要求，对四台机组进行脱硝改造，工程锅炉炉内采用低氮燃烧技术，炉外采用选择性催化还原脱硝（SCR）工艺，在锅炉正常负荷范围内烟气脱硝效率均不低于80％，脱硝装置出口NOX氮氧化物浓度不高于100mg/Nm3（毫克/立方米）。

公司占地面积为741亩，实际绿化面积约为15.3万平方米，其中栽植花、灌、乔木19万株，绿地率达32％，绿化覆盖率35％。

兆光发电公司坚持走改革创新之路，在全国电力行业首家全面实施“一体化管理、市场化运营”全委托模式，将设备维护以及物业管理都以“合同”管理方式对外承包，探索一条深化电力体制改革的发展道路。

【主要技术指标完成情况】

完成发电量67.03611亿千瓦时

机组利用小时3724.23小时

等效可用系数83.49％

综合厂用电率7.08％

上网电量62.292亿千瓦时

供电煤耗336.37克/千瓦时

实现利润45000万元

非计划停运2次

安全生产3473天

【领导班子】

党委书记、总经理：

王全忠（2014.08—2015.12）

党委委员、副总经理、总工程师：

林树彪（2015.07—2015.12）

党委委员、副总经理、总经济师：

杨健宏（2015.07—2015.12）

【获奖情况】

2015年1月，被中共山西省国资委委员会授予“干部上讲台，培训到现场”工作先进单位称号。

2015年2月，被山西国际能源集团有限公司、格盟国际能源有限公司授予“2014年度工作先进集体”称号。

2015年3月，被国家能源局授予“电力安全生产标准化二级企业”称号。

2015年5月，被共青团山西省国资委委员会授予“2014年度省属企业五四红旗团支部”称号。

2015年6月，被临汾市环境保护奖评委会授予“十佳绿色企业”称号。

2015年8月，被中国能源化学工会全国委员会、山西省电业工会联合会授予“全国火电300兆瓦级亚临界纯凝空冷机组单项指标竞赛（2014年度）供电煤耗最优奖”。

（刘毅伟）

山西霍化

【概况】 山西省霍州市化学工业有限责任公司，位于山西省霍州市退沙办什林村，下设总经理室、财务部、销售部、安全生产部、设备检修部、能源事业部、合成事业部、尿素事业部、化机部、电控部10个部门；从业人员800人，中高级技术、管理人才280多人。企业拥有总资产6亿元，产值6亿元，具有年产24万吨合成氨、40万吨尿素、联产5万吨甲醇的生产能力；同时配备年产900万条编织袋的塑料制品厂；拥有一、二类压力容器制造资格的化工机械部门。霍化公司主导产品“霍邑牌”尿素为山西省名牌产品，“霍邑”商标被评为山西省著名商标，通过了ISO9001国际质量认证。

【企业安全生产及环保投入情况】 2015年，霍化公司重点加大了企业安全生产投入，当年累计投入377万元，主要用于安全教育培训、安全设施、消防设施投入、职工劳保用品发放、隐患治理等方面。其中完善、改造和维护安全防护设施设备投入270万元；配备、维护应急救援器材、设备支出和应急演练支出7.5万元；开展重大危险源和事故隐患评估、监控和整改支出4万元；安全生产检查、评价、咨询和标准化建设支出4.5万元；配备和更新现场作业人员安全防护用品支出50000元；安全生产宣传、教育、培训支出6万元；安全生产适用的新技术、新标准、新工艺、新装备的推广应用支出47万元；安全设施及特种设备检测检验支出16万元；其他与安全生产直接相关支出17万元。2015年，霍化公司销售收入42164万元，按规定当年应提取安全生产费用210万元；2015年，霍化公司实际提取了400万元，实际安全投入377万元，安全费用提取满足《企业安全生产费用提取和使用管理办法》的要求。2015年底，企业经验收合格再次取得了安全生产许可证。

2015年霍化公司环保共计投入1020万元，其中35吨锅炉脱硫脱硝960万元，煤场及造气周围防尘网40万元，煤场除尘高压喷头20万元。

【企业党建及党风廉政建设】 中共山西省霍州市化学工业有限责任公司委员会，设党委办公室和纪检督察室，下设总经理室党支部、企财党支部、经营党支部、生产党支部、能源党支部、合成党支部、尿素党支部、化机党支部、电控党支部9个基层支部，正式党员102名。

中共霍化党委加强企业党的建设和党风廉政建设，明确党政领导班子及成员对党风廉政建设应负的责任，2015年，公司党委与各基层党支部签订了包括党风廉政建设在内的《党建工作责任书》。按照“分级管理”的原则，公司党委书记对公司领导班子和各部门正职的党风廉政建设负总责。其他成员根据工作分工，对分管范围内党风廉政建设和分管部门正职党风廉政建设负直接领导责任。要求各部门正职实行“一岗双责”，负起党风廉政建设第一责任人的职责，认真解决党风廉政建设的重大问题和职工反映强烈的热点问题，在管辖范围内，把党风廉政建设与物质文明、政治文明、精神文明和企业生产任务一起部署、落实、考核，坚持管事必先管人，管人必先管思想，在政治思想和行为作风上与党中央保持高度一致。

【工会工作】 霍化公司工会下设9个分工会，有工会会员800人，连年被评为霍州市先进基层工会组织，被临汾市总工会评为“工人先锋号”集体和临汾市“安康杯竞赛先进集体”。

霍化工会加强工会在企业生产经营中的民主管理、民主监督作用，积极履行工会职能，围绕健全工会组织建设、发展和谐劳动关系、维护职工合法权益、加强困难职工帮扶等重点开展工作。一是抓维权服务，积极发挥工会作用：维护职工合法权益，推行平等协商、集体劳动合同制度是工会的重要工作，推行集体合同制度，使职工的劳动报酬、工作时间、安全卫生得到较好的保障；霍化公司工会经过积极工作，取得了公司领导的大力支持，由公司总经理刘光喜代表企业方，与工会代表先后签订《企业集体劳动合同》《女职工权益保护合同》、《公司薪酬分配方案》等法规性文件，开展职工大病医疗互助工作，为维护职工合法权益奠定了基础，企业劳动关系得到稳定，企业和职工利益实现双赢。二是抓工资协商，实现劳资双方共赢：保证职工的工资收入随企业效益同步增长，工会从企业实际出发，探索适合非公有制企业性质、组织形式、管理模式的具体办法，实现“相互尊重、平等合作、共谋发展、共享成果”的劳动关系，建立起正常的工资分配共决机制，推进企业工资集体协商工作制度化、规范化、程序化建设。三是抓温暖工程，热情关心职工生活：坚持开展“夏送清凉、冬送温暖”活动，每逢节日，工会都积极筹措资金进行慰问。公司成立“慈善委员会”，对困难职工发放慈善基金，2015年，公司通过“金秋助学”、困难救助、年终救济等形式累计发放慈善基金20万元，救助员工120余人次。四是抓活动载体，努力增强工会活力：发挥工会组织作用，开展业余文化活动。利用元旦、春节、三八、五一、国庆等重大节日时机，开展各类文化活动，举办职工趣味运动会、篮球赛、歌咏比赛和消夏文艺晚会等活动。各项活动的开展，推动企业“三个”文明建设。

【经济指标完成情况】 企业的发展离不开政府的支持，同样，企业的发展会带动当地的经济，增加政府税收。霍化公司2015年生产尿素22.42万吨，完成产值47005万元，实现销售收入42164万元，上缴税收215万元。

【领导班子】

总经理兼党委书记：

刘光喜（2014.09—2015.12

副总经理兼工会主席：

陈阳平（2009.05—2015.12）

生产副总经理：

王　勇（2014.09—2015.12）

销售副总经理：

向志武（2009.05—2015.12）

财务副总经理：

何永华（2014.09—2015.12）

总经理助理：

徐建华（2015.01—2015.12）

纪检书记：

原修安（2010.01—2015.12）

【获奖情况】

霍化公司先后荣获省级先进企业、省“五·一”劳动奖状、省模范单位；公司工会被临汾市总工会评为“工人先锋号”集体和临汾市“安康杯竞赛先进集体”。

（原修安）

山西霍州国新液化天然气有限公司

【概况】山西霍州国新液化天然气有限公司是山西省国新能源发展集团有限公司旗下山西天然气有限公司下属的全资子公司。公司于2014年12月24日在山西省霍州市注册成立，注册资金1亿元，位于山西省霍州市大张镇西张村，占地面积约80亩，是山西省重点建设项目及省级转型综改重大项目，是霍州市能源转型的有力抓手，可解决霍州市200余人的就业问题。

公司下设8个部门，分别为综合办公室、财务审核部、市场营销部、生产运行部、安全环境部、工程技术部、党群工作部和许村LNG加气站，在册员工83人。

公司秉承“气化山西”的战略发展要求，致力于山西省能源需求多元化、优化能源结构、改善生态环境，以清洁、优质、安全的天然气，为山西省的可持续发展做出贡献。

【企业情况】霍州液化调峰储气项目于2012年5月正式开工建设，被山西省人民政府定为“山西省重点项目”。项目以管道天然气为原料，经过计量稳压、预处理、深冷液化、储存后得到液化天然气，可有效解决上游的不可抗拒因素停气或冬季用气高峰导致供气不足时向霍州市安全平稳供气。公司的业务范围包括：天然气加工、液化、储存及销售，日处理天然气能力10万立方米，LNG产量约70吨/天。

霍州液化项目运营后，每年可实现年利税2000余万元，可替代煤炭117.8万吨，减少碳氢化合物排放315万千克、氮氧化合物排放302.7万千克、二氧化碳排放958.1万千克、烟尘排放516万千克。可以从根本上减少环境污染，改善环境质量。符合省委省政府及霍州市政府倡导的营造蓝天碧水的生态环境的产业政策。为能源的升级换代，能源的多元化，能源的综合利用做出贡献。

国新能源霍州许村LNG加气站项目由山西霍州国新液化天然气有限公司投资建设，项目位于霍州市许村新旧108国道交叉口路东，占地约12.1亩，项目总投资预计约人民币2500万元，建设规模为4万Nm^3/dLNG加气站一座，是专门为LNG汽车加注LNG燃料的专用基础设施，能完成LNG的卸车、储存和计量等，由LNG存储系统、LNG管路输送系统、增压调压系统、加气计量系统、控制系统和安全放散系统等组成，具有对LNG汽车、计量、自动控制、安全监控和自动报警的功能。

许村LNG加气站项目为贯彻落实山西省人民政府2015年6月12日第86次会议纪要相关要求，公司预计于2017年再建设一座LNG加气站，旨在尽快安置晋能集团部分转岗职工，预计共接收180余人，并加快推进“气化山西”步伐。

【领导班子】

总经理：

周　礼（2014.06—2015.12）

党支部书记：

房　飞（2014.10—2015.12）

副总经理：

陈丽珍（女，2015.05—2015.12）

总工程师：

张增旭（2015.01—2015.12）

【获奖情况】

2012年4月，霍州液化调峰储气设施项目被山西省人民政府定为“山西省重点项目”。

2014年1月，霍州液化调峰储气设施项目被霍州市劳动竞赛委员会授予“二零一三年度重点项目及重点工作集体一等功”荣誉称号。

2014年5月，霍州液化天然气有限公司被霍州市人民政府授予“霍州市重点工程项目”荣誉称号。

霍州煤电集团

【概况】　霍州煤电集团有限责任公司（以下简称“霍州煤电”）位于国家规划的山西省三大煤炭基地之一——晋中基地。霍州煤电前身为霍县矿务局，成立于1958年，2000年改制，2001年加入山西焦煤集团并成为其子公司。2006年签署债转股协议并于2013年完成工商登记变更，成为由山西焦煤集团控股，中国信达资产管理公司、中国建设银行股份有限公司共同出资的有限责任公司，注册资本金440173.02万元。

霍州煤电下辖子分公司56个，其中：分公司11个、独资子公司10个，控股子公司23个，参股子公司12个；集团公司机关设置职能部室31个；驻外办事机构4个。截至2015年底，资产总额450.71亿元，在册职工54403人。

到2015年底，霍州煤电煤炭产业现有生产矿井14座，生产能力2650万吨/年。资源整合技改矿井18座，设计能力1500万吨/年。取得路条矿井3座，设计能力2300万吨/年。洗煤厂7座，设计能力2830万吨/年。矿区分布在临汾、吕梁、忻州、长治和运城5市所辖12个县（市）。煤种有肥煤、1/3焦煤、焦煤、贫瘦煤等，是国内少有的低硫炼焦煤基地之一；非煤产业由发供电、机械制造、建筑建材、物流贸易、新产业五个板块组成。企业主导产品为冶炼精煤、电煤等共20多个品种级别，产品具有低灰、低硫、低磷、热稳定性好和粘结性强等特点，享有“冶金工业细粮”的美誉，市场覆盖国内18个省市，并出口日本、韩国等国家。

建企以来，企业曾被国家工商局列为首批“守合同重信用企业”，荣获全国“安康杯”竞赛优胜企业、“全国档案工作先进集体”等荣誉。特别是2000年改制以来，企业改革发展步入快车道，规模实力显著增强，先后取得全国“五一劳动奖状”、山西省“安全生产工作先进单位”、山西省“功勋企业”等荣誉称号。

【产量情况】 2015年，原煤产量2755.02万吨，比2014年减少9.99万吨，同比减少0.36%；精煤产量1118.07万吨，比2014年减少272.12万吨，同比减少19.57%；原煤产能4150万吨，与2014年保持一致；精煤产能2825万吨，比2014年增加145万吨，同比增长5.41%；煤炭总销量2243.29万吨，比2014年减少472.35万吨，同比减少17.39%；掘进总进尺210030米，比2014年增加2014米，同比增长0.97%；开拓进尺23490米，比2014年少打3926米，同比减少14.32%。

【安全生产】 霍州煤电集团公司贯彻国家、省和山西焦煤一系列安全工作部署，坚持预防大事故和有效控制零敲碎打事故并重并举，严格贯彻落实各项安全管理制度，开展安全质量标准化动态达标和区队建设达标活动，全面深入开展隐患排查治理和安全监督检查，安全管理基础夯实，全员安全意识增强，各级干部作风转变，安全管理执行力提高，安全生产保障能力提升，杜绝人身伤亡事故和一级非伤亡事故，安全绩效再创佳绩。

【经营管理】 2015年，霍州煤电集团始终把扭转经营被动局面作为企业头等大事，以“瘦身行动”减负提效，以强化管理降本挖潜，企业基本实现平稳运营。一是优化经营模式。以“利润最大化”为目标，坚持“市场运行、模拟法人、独立核算、自主经营”的经营管理模式，实现压力逐级传递，经费包干单位经费比计划降低1.28亿元。二是从严成本管理。坚持单项费用总额管控、专项考核、工资负亏，单项费用比计划减少0.96亿元；盘活闲置设备236台(套)，节约费用1.1亿元；加强修旧利废、回收复用，节约成本4600万元；推进转岗分流，全年减员4322人，完成计划的113%，节约人工成本7090.4万元，职工在册人数同比减少2072人。全年原煤完全成本、洗煤加工费降幅明显，有效缓解了价格下跌带来的冲击。三是严守资金底线。优化调整融资结构，新增了融资租赁、信托融资、发行债券等方式，利用国家和地方利好政策，加大货款清收，积极开展抵抹账业务，实现企业运营平稳。

【强化管理】 霍州煤电集团坚持以创新提内涵，以管理促规范，激发企业内生活力。一是法治效果逐步显现。狠抓企业法治建设，建立办公信息化平台“法律中心”栏目，组织开展各级领导干部法律法规学习教育活动；强化诉讼仲裁案件组织协调，挽回或避免各类经济损失3000余万元；建立健全各项依法治企规章制度，加大法律重大项目运作力度，一批整合矿井注册、合并和债转股等遗留问题得到解决；推进重大信息公开，按要求公开2014年度和2015年前三季度重大信息；二是内部管理逐步规范。立足制度“立、改、废”，全年收集制度554项，清理废止234项、梳理汇编287项、修订完善33项；深入开展学习讨论落实活动，推进十项专项整治，查找问题191个，建立完善制度、规定226条；整改落实省委专项巡视焦煤反馈意见，查找整改问题60条，健全完善216项制度和22个部门工作流程；开展各级机关“加强学习、规范管理、转变作风”活动，组织机关部室民意测评和纪律作风检查，机关作风明显好转。

【科技成果】 围绕企业安全生产、灾害防治、节本降耗、节能环保及转型发展等，2015年，下达技术研究开发项目计划

35 项。其中，“综采工作面滑靴式自移设备列车关键技术”“瓦斯抽采钻孔‘两堵一注’封孔技术”“矿井通风仿真技术”“矿井高密度电法探测技术”、“采煤机尘源跟踪高压喷雾降尘技术”等自主研发技术，被国家安监总局收录为《煤矿安全生产先进适用技术推广目录（2015）》。全年研发投入 31213 万元；申请专利 53 项，获得专利受理 28 项，专利授权 25 项，其中发明 2 项，实用新型 23 项；省部级成果鉴定 11 项，获得省部级及以上科学技术奖 9 项。

【人力资源】 开展提效降本、素质提升工作。一是严格定编、定岗、定员，严控新增人员。二是疏通政策渠道，制定出台《关于下发深化劳动用工制度改革促进提效降本实施细则的通知》。三是开展职工素质提升工作，2015 年，员工培训 54600 人次。煤矿主要负责人及 A 类安全生产管理人员 283 人，B 类安全管理人员 1208 人，煤矿特种作业 6081 人，班组长 1122 人，全部做到持证上岗。取得职业技能鉴定证书共计 7355 人，其中初级 3506 人，中级 3135 人，高级 699 人，技师 11 人，高级技师 4 人。

【节能环保】 霍州煤电集团落实国家各项环保节能政策法规，在污染治理、节能减耗、环保手续办理、环保培训等方面，开展大量的工作，取得显著的成绩。一是省下达的节能量目标是 17.6 万吨标准煤，公司实际完成节能量 21.47 万吨标准煤，超额完成山西省下达的节能量目标。二是部分燃煤锅炉提前完成提标升级改造。投资 2578.74 万元，实施煤矸石热电厂 1#、2# 锅炉脱硫除尘、脱硝改造；投资 1967.87 万元，实施方山电厂脱硫除尘改造；李雅庄广场井口、辛置平峒、团柏疙瘩条工区全部用电锅炉替代原热风炉和采暖锅炉。三是在污水处理方面，投资 5500 万元，建设南矿区污水处理厂，负责处理南矿区和霍州市辛置镇附近村庄的生活污水；投资 1840.19 万元，新建木瓜矿井水处理站，对干河、丰峪、店坪生活污水处理站进行改造。四是提高矿山生态恢复水平。各洗煤厂高硫矸石按要求进行了分层处置，有效防止矸石自燃及次生的环境污染。团柏、下庄、圣佛、辛置、李雅庄、白龙等矸石山，变成一座座生态园、花果山、米粮川。五是强化日常管理和动态督查，确保环保设施稳定运行。在集团公司动态督查、职能部室“四不两直”检查、各单位自查“三级联查”作用下，各单位环保设施配备及运行情况较好，矿井水处理站运行管理水平大幅提高，能做到长期稳定运行，达标排放，李雅庄煤矿姚村河、团柏煤矿疙瘩条下游等河道清澈见底。六是六座洗煤厂雨水预收集池及回用系统全部建成投用。收集池蓄水全部返回至洗煤厂浓缩池，作为洗煤补充用水，为杜绝洗煤厂黑水外排提供了硬件设施保障。七是兼并重组矿井的环保设施已经完成或正在按环评要求组织建设。八是完成南矿区污水处理厂的核准备案工作，争取中央节能减排资金、省级重点流域污染治理资金、配套管网专项补助资金和污水垃圾治理专项补助资金等，争取资金 314 万元。九是环评手续办理取得突破性进展。完成辛置洗煤厂技改、南矿区污水处理厂环评批复。

【民生改善】 2015 年，霍州煤电集团坚持民生优先，为职工群众办实事办好事，广大职工群众有了更多获得感。一是聚焦住房建设。克服资金、政策等多重压力，开元小区 15 栋、机关 1 栋、李雅庄 4 栋等 20 栋高层住宅达到移交住户条件，3513 户职工领到钥匙，辛置大食堂 3 栋、白龙 5 栋、丰峪锦绣家园11栋主体全部完工。二是改善职工生活环境。推进南矿区道路建设，除辛置、鑫钜部分路段外全部完工；提高“四供”质量，南矿区集中供热改造集团公司区内工程全部完工，开元小区、李雅庄家属区、机关高层纳入市政天然气系统。三是维护职工权益。为符合规定的职工办理了住房公积金提取手续；慰问救济职工20954人（次）共计637.6万元；在收入锐减、资金紧缺的情况下，竭尽全力保工资底线，优先保证一线职工工资正常发放，为应对市场冲击凝聚了全员力量。

【停缓建矿井基本情况】 2015年，霍州煤电集团根据各级地方政府规划及省煤矿企业兼并重组整合工作领导组办公室批复情况，资源整合工作涉及4市7县，整合69座小矿为24个板块。洪洞县原10座小矿整合为4座，乡宁县原10座小矿整合为4座，蒲县整合兴乐1座。运城市河津市原26座小矿整合为7座。忻州市静乐县原13座小矿整合为4座。吕梁市临县1座煤矿整合关闭后并入庞庞塔矿。临汾市原29座小矿整合为13座，其中霍州市原8座小矿（其中1座并入曹村矿）整合为4座，其中3座停缓建矿井。

1. 什林煤业位于霍州市什林镇，属整体划转，由霍州煤电（51%）控股。矿井地质条件中等，水文地质类型为中等，属带压开采（带压值较大），煤尘有爆炸性，煤层为二类自燃，属瓦斯矿井。采用平硐开拓方式，生产能力90万吨/年。采矿证、地质报告、初步设计、安全专篇、环评报告、开工报告、营业执照均办理。

2. 兴盛园煤业位于霍州市什林镇，由霍州煤电（51%）控股，整合原梨树园、原义桂、原靖达煤业3座矿井而成。矿井地质条件中等，水文地质类型为复杂，属带压开采，煤尘有爆炸性，煤层为二类自燃，属瓦斯矿井。采用斜井开拓方式，设计产能90万吨/年。采矿证、地质报告、初步设计、安全专篇、环评报告、开工报告、营业执照均已办理。

3. 紫晟煤业位于霍州市辛置镇，由霍州煤电（51%）控股，整合原紫晟煤业而成。矿井地质条件简单，水文地质类型为中等，属带压开采（带压值较大），煤尘有爆炸性，煤层为二类自燃，属瓦斯矿井。采用立井开拓方式，设计产能90万吨/年。现采矿证、地质报告、初步设计、安全专篇、环评报告、开工报告、营业执照均办理。

【领导班子】

董事长、党委书记：
王永革
副董事长、党委常委、总经理：
戎生权
党委常务副书记：
张志康
党委副书记、工会主席：
赵云瑞
党委常委、副总经理：
王建军
张金耀
总工程师：
李慎举
副总经理：
赵耀东
卫广生
刘剑华
秦雪贵
靳文虎
党委常委、纪委书记：
刘永洲

党委副书记：
张立忠
副总经理、安全监察局局长：
李民族
总法律顾问：
陈俊杰
总经理助理：
胡永山

住建　环保

住房城建

【概况】 霍州市住建局是霍州市人民政府负责住房保障和城乡规划建设管理的行政职能部门，内设办公室、政工科人事股、计划统计股、建筑业管理股、市容建设与园林管理股、村镇建设管理股、房产住房管理股等一办六股，下辖规划局、市容管理局、房产管理局、公用事业局、园林局等 5 个二级局和基层企事业单位 33 个，共有干部职工 1000 余人，局党总支下设 16 个支部，有党员 430 余名。

2015 年，住建局在市委、市政府的正确领导和上级主管部门的关心支持下，紧紧围绕市委、市政府各个阶段的决策部署，以十八届三中、四中、五中全会精神为引领，践行党的群众路线，开展“三严三实”专题教育，履行职能职责，团结和带领住建系统 1000 余名干部职工，按照“政治强、业务精、作风正、纪律严”的基本要求，以为人诚实带动作风朴实、以工作踏实保证任务落实，改进工作方法，转变工作作风，提高工作质量，多措并举，确保各项重点工程和重点工作圆满完成，有效推动了住房和城乡建设各项工作的稳步发展。

【市容管理】 2015 年，投资 300 余万元，新添置了城市环卫收运设施，以城中村、城市出入口、城乡结合部、车站、广场等部位为重点，全方位开展了城市环境综合整治活动。重点规范了医院、学校附近，农贸市场出入口及早点、夜市和沿街所有门店的经营秩序和卫生，整治清理广告牌匾 300 余块，取缔各类摊点 580 余家，与 2000 余家商店和单位签订了“门前五包”责任书，重抓监管落实和长效管理。按照省级保洁示范街道和省级容貌示范街的创建标准，投入资金，配套设施，强化措施，前进街已通过省级保洁示范街验收并予公布。

【城市绿化】 2015 年，围绕创建省级园林城市工作，重点在品种、布局、造型和管护上下功夫，质与量并抓，实施城市主要街路、公园、广场、游园等绿化新栽、补栽及提档升级改造工作，在城区主要街道见缝插绿，在大众路、开元街、滨河路等区域增设栽植有万寿菊、九月菊、孔雀草、太阳花等多个品种，花箱 1000 多组，装点美化城市容貌。全年实现新增城市绿化面积约 20 万平方米。

【住房管理】 加大保障性安居工程推进力度，2015 年，保障性住房建设新开工 719 套，基本建成 849 套，超计划完成 8.6%。会同民政等单位做好保障房申请、受理、审核、公示等工作。截至 2015 年底，廉租公租房共竣工 756 套，新增住户 163 户，实现分配入住 577 户；经济适用房共竣工 276 套，实现入住 90 户；新增廉租住房租金补贴对象 148 户，达到 398 户。为规范和培育物业管理市场，以市政府名誉制订《霍州市住宅小区物业管理工作实施方案》，对河畔丽景、州署文化示范园区、州里街等新建小区的物业承接查验等制度进行了规范指导，按照条例规定，配合街道办、居委会指导成立了江湾御景业主委员会，协调建设单位、前期物业等各方平稳过渡小区物业服务。

【城乡规划】 2015 年《霍州市城乡总体规划（2014—2030）》通过评审，并于 12 月 24 日经省政府批准实施。《霍州市绿地系统专项规划》和《霍州市地下管线综合规划》已完成编制。《霍州市天然气汽车加气站布点规划》和《霍州市城市排水防涝综合规划（2014—2030）》编制完成，批准实施。霍东新区、东城区、河西区、旧城区控制性详细规划编制完成方案编制，正在修改完善。完成南环路农贸市场棚户区改造和开元办李诠庄城中村改造两个项目的修建性详细规划。对规划“一书两证”审批流程进行精简，完成流程再造，审批时效压缩至 15 个工作日。2015 年，共办理规划手续 57 项，其中：建设项目选址意见书 14 项，建设用地规划许可证 16 项，建设工程规划许可证 27 项。

【城市供水】 2015 年，推行扩网扩户战略，实施朱杨庄供水工程，受惠群众 420 余户，实施红崖堡和南庄村供水工程，受惠群众 355 户，实施霍州煤电集团开元小区供水工程，完成水表安装 3722 户，对李诠庄供水整体改造涉及用户 900 余户。全年累计新铺设供水主管道 25968 米，新增水表阀门井 230 座，用户总数 37643 户。完善供水服务网站，使群众可以通过网络查询水费、了解供水信息、咨询和投诉相关问题、办理报装等，提高便民服务水平。“供水服务热线”受理用户用水诉求 2800 余人次，及时解决；水质综合合格率、供水管网压力合格率、管网维修及时率均保持 100%。为加快霍东新区建设，开始筹划实施霍东新区供水工程，计划投资约 5600 万元，建设厂区及 42 公里供水管网。2015 年，完成霍东新区供水工程的水环境评价报告、水资源论证报告、可研报告、环境影响评价报告、立项等工作。

【城市排水】 2015 年，全长 7033 米的霍东大道污水管线工程竣工投入使用。对城区排水设施进行清淤，对贯穿城市的北涧河排水管道进行清理。雨水井清淤疏通 1000 余座，更换井盖、井蓖 255 套，市政排水管网清淤 5000 多立方米，确保城市安全度汛。

【城市集中供热】 2015 年，为保持一网平衡，加强安全隐患治理，建设了远程视频监控平台，各换热站实现远程视频监控。全年集中供热新增管网约 44 公里，新增集中供热面积约 50 万平方米。新建换热站 5 座，分别为：诚瑞源、林场、东港湾、二中初中部、滨河小区；改建 1 座即后塞路换热站。截至 2015 年底，换热站共计 30 座，取缔了原有集中供热的全部燃煤锅炉，实现热电联产集中供热城区全覆盖，集中供热面积约达到 454 万平方米。

【城市道桥】 2015 年，实施经三路北段建设工程（高速引道至霍东大道，长 580 米，宽 36 米，总投资 1500 万元）和纬三路（经三路—经七路段）道路建设工程（道路长 912 米，宽 22 米，总投资约 2500 万元），以及城区小街小巷硬化改造工程（投资约 600 万元，主要对后塞路、麻铺巷、秀才巷等 19 条街巷进行改造、硬化），全部完工。纬五路（东环路—经二路）道路改造工程

（道路长 806 米，路宽 22 米，总投资约 1850 万元），雨水、污水、弱电、“三供”管网等地埋管网已敷设到位，路基形成。计划对东门桥实施拆除重建，2015 年完成前期工作和工程招标。

【城市燃气】 2015 年，对液化气站和天然气企业多次开展燃气安全隐患排查和专项整治检查，餐馆场所与燃气供应单位签订安全用气合同，定期进行燃气安全检查，确保燃气市场安全。对无证经营的液化气站点进行全面整改，规范瓶装液化气联系点，与正规气站签订供、销气合同，做到合法经营。天然气增加户数 6047 户，更新改造供气管道 245.4 公里。

【城市照明】 2015 年，在霍侯一级路安装路灯 250 余盏；对滨河北路路灯电缆进行补缺维修；在东环路安装 100 千伏安路灯专用箱变 1 台；对所有箱变配电柜及底座进行修复和刷漆防腐保养，消除设备漏电触电的安全隐患；受理路灯故障电话 45 次，累计完成紧急抢修 20 次，对市区 LED 路灯进行过 3 次彻底大检修，确保城市亮灯率及设施完好率达 98%以上。

【城市公厕】 投资 23 万元建成后塞路公厕 1 处。

【地下管线】 对开元街、鼓楼街、桥西街、大众路、北环路等城市街路实施了弱点管网改造入地工作，落实投资 200 余万元，铺设管网 9.02 公里。按照全省地下管网专项会议部署及要求，投资 560 余万元，实施了城市地下管网普查信息系统建设和专项规划编制工作。

【乡村清洁工程】 以改善农村人居环境为目标，以乡村生活垃圾收集，转运体系建设为重点，加快推进“人员队伍、清扫保洁、村容整饰、垃圾收集处理、长效管理机制”全覆盖，编制完成霍州市乡村清洁工程工作规划，制定完善霍州市乡村清洁工程作业标准和人员工作管理制度、霍州市农村垃圾处置管理办法等，全面加强乡村清洁工程从市政府到各乡（镇、街道）的村（居）委会的监督、管理和工作人员队伍配置，各类人员共计 654 人，其中：市级管理人员 7 人，监督检查人员 12 人，乡（镇、街道）监管人员 132 人，各村（居）清扫保洁人员 503 人，清扫面积 249 万平方米。2015 年，清理“四堆”9989 处，清理积存垃圾 142561 吨，整修残垣断壁 895 处。开展乡村清洁工程达标村创建活动，通过自查验收，全市有 8 个乡（镇、街道）的 38 个村达到创建要求，促进农村人居环境卫生的显著改善。

【节能减排】 继续开展既有居住建筑节能改造，计划改造面积为 5.7 万平方米，其中聚祥小区 4.2 万平方米，化工小区 1.5 万平方米，2015 年，完成前期手续办理和招标工作。同时，为加快推进城市节水建设，加强对各用水户的管理，落实城市排水许可制度。

【领导班子】

局长：

刘怀忠（2011.11—2015.12）

总支书记兼规划局长：

梁红毅（2011.04—2015.12）

副局长：

段连锁（2002.05—2015.12）

纪检组长：

马利民（2011.04—2015.12）

总工程师：

乔鹏军（2007.08—2015.12）

副局长：

孟祥林（2013.05—2015.12）

总支副书记：

刘　峰（2013.04—2015.12）

市容管理局局长：

房延忠（2011.04—2015.12）

【获奖情况】

临汾市城乡规划工作优秀单位：霍州市规划局（临汾市规划局 2016 年 2 月）。

临汾市城乡规划先进个人：申智勇　李明明（临汾市规划局 2016 年 2 月）。

临汾市环卫工作先进环卫集体：霍州市环卫有偿服务总公司东大街保洁队（临汾市人民政府 2015 年 10 月 22 日）。

临汾市环卫工作十佳城市美容师：荀国清（临汾市人民政府 2015 年 10 月 22 日）。

临汾市环卫工作优秀环卫职工：郝秋梅　周国红　李金生　郝李丽　陈爱英　靳燕丽　刘玲玲　刘向全　段小兰　杨云珍　薛雪珍　郭海平（临汾市人民政府 2015 年 10 月 22 日）。

临汾市环卫工作优秀环卫工作者：王晓奇　高　健（临汾市人民政府 2015 年 10 月 22 日）。

（张记锁）

环保局

【概况】　霍州市环保局成立于 1990 年，内含股室 6 个：办公室、法制股、管理股、宣教股、人事股、生态股。下属单位 15 个：稽查队、监测站、防尘办、固体废物管理中心、排污权储备交易中心、信息中心、环境监控中心、环境监察大队、环境监察一中队、环境监察二中队、环境监察三中队、环境监察四中队、环境监察五中队、环境监察六中队、环境监察七中队。

到 2015 年底，有员工 148 人，财政开支 56 人，排污费开支 74 人，退休 18 人；男 85 人，女 63 人；党员 73 人，局班子成员 8 人。大专以上文化程度 128 人。

环保局主要职责：贯彻执行国家、省、临汾市的有关环境保护方针、政策、法律、法规和规章制度；制定全市环境保护规划；负责污染防治工作，组织实施环境管理、综合整治、环境监测、环境宣传；负责生态保护、环境安全、辐射管理、技术推广等工作；负责查处环境纠纷、污染事故、生态破坏事件等工作；组织编制发布环境质量报告和环境状况公报。

【农村连片整治示范项目】　根据《山西省环境保护厅、山西省财政厅关于 2013 年农村环境连片整治示范项目实施方案的批复》，霍州市被确定为山西省第三批示范县（市、区），此项工程总投资 1928 万元，由中央、省、市、县四级共同出资。2015 年，环保局完成了以下的工程建设，水源地保护工程：保护饮用水源 10 处，建设围栏 800 米，警示标志 6 个，水源地保护宣传栏 8 个，标志牌 14 个；生活污水处理站及管网建设工程：新建贾孟村、李曹村两座污水处理站，两块人工湿地，管网建设 18520 米；垃圾中转站工程：新建西张、李曹、红崖堡三座垃圾中转站并配备 3 辆大型垃圾中转车；实施生活垃圾处理工程：共建造贮粪池 119 个；配备用户垃圾筒 7537 个，垃圾箱 450 个，垃圾清运车 21 辆，保洁车 69 辆，吸粪车 19 辆，截至 2015 年 8 月底，所有工程全部完成。

【环境信息中心】

霍州市环境保护局网站（域名 www.huozhouhb.gov.cn）作为霍州市环境

保护局信息公开、新闻发布、政策阐释、环保宣传的主渠道；负责市级环境信息的统一管理，受市环保局委托进行环境信息发布；建立企业事业单位社会诚信档案，向社会公布违法者名单；贯彻执行国家环境信息化建设有关标准和技术规范；配合市环保局做好环境信息化建设规划；负责市环保局办公网络设施和计算机应用设施的建设、运行、运营和维护；负责市级环境信息的收集、存储、处理、上传及发散等具体工作。

【环境管理】 遵循服务经济发展，服务环境建设的原则，执行环境影响评价和“三同时”制度，发挥环保服务窗口的作用，优化办事程序，提高办事效率。2015年，办理环境影响评价审批68家，发放排污许可证24家，批准试生产报告9家，环保竣工验收6家。2015年，立案12起，结案12起，共处罚款12.4万元。

【环境治理】 水环境治理：霍州朝阳污水净化有限公司2014年认定污水处理量为485.5万吨，2015年，增加城市污水管网20余公里，计划污水处理量为538.58万吨，增加处理量为53.08万吨。平均COD（化学需氧量）进水浓度为318毫克/升，平均COD（化学需氧量）出水浓度为15毫克/升，可消减COD160.83吨；平均氨氮进水浓度为24.3毫克/升，平均氨氮出水浓度为2毫克/升，可消减氨氮11.83吨。

霍州煤电集团辛置煤矿桃沟矿井水处理站2014年9月通过验收，环保部核查时认定3个月减排量，2015年认定1月至9月减排量，2015年1月至9月处理水量101.25万吨，进水COD浓度90毫克/升，出水浓度36毫克/升，可消减COD54.67吨；平均氨氮进水浓度为5.28毫克/升，平均氨氮出水浓度为2毫克/升，可消减氨氮3.31吨。

霍州煤电集团李雅庄煤矿二号风井矿井水处理站2014年6月通过验收，2014年环保部核查时认定半年减排量，2015年认定1月至6月减排量，2015年上半年处理水量120.07万吨，排放废水60万吨，进水COD（化学需氧量）浓度96.1毫克/升，出水浓度28.76毫克/升，可消减COD98.06吨；平均氨氮进水浓度为4.7毫克/升，平均氨氮出水浓度为2毫克/升，可消减氨氮4.44吨。

霍州煤电集团丰裕煤业阴底矿井水处理站2015年7月通过验收，2015年认定8至12月减排量，2015年8月至12月处理水量41.04万吨，进水COD浓度48毫克/升，出水浓度21毫克/升，可消减COD（化学需氧量）11.08吨；平均氨氮进水浓度为5.2毫克/升，平均氨氮出水浓度为2毫克/升，可消减氨氮1.31吨。

霍州市化学工业有限责任公司污水处理站污水深度处理及回用项目2015年2月通过验收，今年认定2015年3月至12月减排量，2015年3月至12月处理水量45.06万吨，进水COD（化学需氧量）浓度26.3毫克/升，出水浓度11.3毫克/升，可消减COD（化学需氧量）6.76吨；平均氨氮进水浓度为8.22毫克/升，平均氨氮出水浓度为1.5毫克/升，可消减氨氮3.02吨。

大气污染防治：环保局严格按照《大气污染防治行动计划》和《临汾市关于加强PM2.5防控改善提升市区空气质量实施方案》的要求，开展大气环境治理，严治煤烟污染，严抓工业废气污染，严控机动车尾气污染，严管二次扬尘污染，开展秸秆综合利用，禁止焚烧。

大气环境治理：严治煤烟污染。继续实施热电联产集中供热工程。投资1.2亿元，铺设一次管网6公里、低压管线3.5公里，新扩建换热站7座，截至2015年底有31个换热站，淘汰取缔燃煤锅炉10台。总供热面积可达500万平米，城区集中供热覆盖率达到95％以上。加大天然气置换及扩户进度。截至2015年底，累计投资1亿元，完成天然气扩户2.2万户，全市气化率达82％。开展餐饮业油烟治理，全市所有营业性餐饮炉灶已经全部强制使用清洁燃料。制定烧烤区域规划，开展专项巡查，规范烧烤摆摊，市区环境质量得到有效净化。

严抓工业废气污染。抽调专人，蹲点驻厂，全天候对重点企业环境污染防治设施进行监管，督促落实大气污染防治目标责任。国电霍州发电厂脱硫脱硝设施正常运行，烟气排放全部达标；兆光公司投资3.4亿元，完成所有机组脱硝治理任务，完成投资1.4亿元的一期超低排放治理任务；霍州煤电煤矸石热电厂二分厂已停产关闭，一分厂1#、2#机组完成脱硫脱销改造，正在试运行，待验收，3#、4#机组停产整治完善手续。

严格机动车尾气和油气回收管理。加强霍州机动车检测线管理，派驻专业技术人员，严格上线车辆尾气检测。推进新能源汽车和清洁能源汽车，霍州市350辆出租车全部改装使用天然气，年使用量约180万立方米。霍州市环保、商务部门联合对加油站油气治理和所售汽柴油进行检查，霍州市所有加油站完成油气回收工作。

严控二次扬尘污染。一是加强建筑工地车辆管理，实行封闭式运输。投入10台洒水车辆，在城区各重点路段定时洒水抑尘，减低车辆二次扬尘污染。开展“文明工地”创建活动，要求各建筑企业按标准建设二次扬尘污染防治设施，配备防治设备。二是投资1.78亿元实施“8＋2”（前进街、观坡街、鼓楼西街、鼓楼北街、大众路、南环路、桥西街、北环路、鼓楼东街东门桥至东关段、滨河路南段）城市街道改造工程，改善城区路况，降低车辆二次扬尘污染。

严禁秸秆焚烧。印发《禁止秸秆焚烧通告》《秸秆禁烧和综合利用工作实施方案》等文件，在全市范围内进行广泛宣传。各（乡镇、街道）和有关职能部门组织禁烧巡逻队，全天候巡查，及时制止和查处秸秆焚烧事件，有效杜绝了环境违法行为发生。

污染减排：2015年，可消减SO_2（二氧化硫）5858.75吨，NO_X（氮氧化物）2706.87吨，烟尘148.145吨，粉尘52.75吨，COD（化学需氧量）515.06吨，氨氮41.5吨。

【环境监测】 霍州市环境监测站2015年一直承担着全市空气、地表水、区域噪声、交通噪声等例行监测，环境空气监测三项：PM_{10}、SO_2、NO_2每日一报。全年空气质量级别一级天数为73天，二级以上天数共301天，三级天数为60天，四级天数为4天。2015年全年空气质量监测，SO_2（二氧化硫）年均值为0.065毫克每立方米，NO_2（二氧化氮）年均值为0.036毫克每立方米，PM_{10}（直径小于10微米的颗粒物，俗称可吸入颗粒物）年均值为0.092毫克每立方米。2015年地表水COD（化学需氧量）：王庄桥60.928毫克/升、北益昌41.155毫克/升；氨氮：王庄桥14.735毫克/升、北益昌9.751毫克/升。2015年区域噪声均值为：53.3dB（A），16条交通噪声均值为：60.2dB（A）。

【环境法律宣传】 1.2015年5月8日上午，环保局组织机关干部职工在七里峪景区开展“捡拾垃圾，文明旅行”环保活动。

2.2015年，“6·5”世界环境日，霍州市环保局开展环保宣传活动，在霍州署广场活动现场，霍州市政府副市长郭宏生向群众分发千余份环保资料，指导宣传工作。

3. 到辛置煤矿参加“绿色骑行，低碳环保”百人骑行活动，倡导绿色出行、低碳生活、文明交通的理念。

4. 到国电霍州发电厂参加新《环保法》《大气污染防治法》知识有奖竞答活动，市环保局杨永才局长发表重要讲话，要求在全市企事业单位掀起学习、贯彻、落实新《环保法》《大气污染防治法》的热潮，营造学法、懂法、守法的良好氛围，保护环境、清洁生产，为霍州的经济建设做出积极的贡献。

5. 2015 年 12 月 4 日，环保在工商广场开展新《大气污染防治法》专题宣传活动。

【队伍建设】　全局党员 67 人，局班子成员 8 人。大专以上文化程度 120 人。2015 年，360 人次参加由山西省环保厅和临汾市环保局组织的新《环保法》和《大气污染防治法》培训，提高广大干部职工的业务素质。

【领导班子】

局　长：

杨永才（2011.11—2015.12）

支部书记、副局长：

成周明（2002.01—2015.12）

副局长：

薛小记（2000.12—2015.12）

翟庆云（2008.06—2015.12）

工会主席：

段向党（2002.06—2015.12）

党组成员：

张丽兵（2012.07—2015.12）

张玲丽（女，2012.07—2015.12）

副书记：

秦仰军（2013.04—2015.12）

【获奖情况】

二零一五年度获得新《环保法》知识竞赛优胜奖；二零一五年度获得“青年文明号”称号。2015 年成周明同志被评为第三届十佳环保卫士。

（朱水龙）

交通·邮电·通信

交　通

【**概况**】　霍州市交通运输局是霍州市人民政府主管公路交通的职能部门，主要负责全市公路网络规划、县乡公路建设养护、运输生产管理、城市客运和出租车行业管理及交通战备等工作。承担道路运输市场、运输市场秩序监管的重任。下设办公室、政策法规股、规划投资股、公路科技与安全股、交通路政大队、道路建养中心、财务结算中心、物业租赁管理中心、交通建设工程质量监督站、城市出租客运管理办公室、道路运输管理局。市国防动员委员会交通战备办公室挂靠合署办公。

【**基础设施建设**】　2015年底，全市通车里程为1097.08公里（新增公路通车里程8.05公里，新增高级路面20.54公里，占到总里程的70.69%）。全市公路桥梁117座8593.31米，其中特大桥1座2421.96米，大桥17座3607.16米，中桥21座1258.52米，小桥78座1305.67米。公路密度为143.60公里／百平方公里。

【**公路建设**】　2015年，涉及交通方面的重点工程共有四项：七里峪景区汽车客运站建设工程、上霍线尉侯段改线工程、下马洼—圣佛道路改造工程和霍州市2015年村通水泥（油）路完善提质工程，总投资约5489.8万元。

1. 七里峪景区汽车客运站建设工程，位于七里峪风景区七里峪村西，县道上霍线K20＋000处，是霍州市整体开发七里峪风景区的配套工程，同时也是沁源、古县、霍州及周边游客集散中心。该项目占地面积14257.88平方米，总建筑面积2405平方米。其中，候车楼1581平方米，附属设施824平方米，建设采用二级客运站标准，总投资1400万元。该工程于2015年4月开工，截至12月，候车楼、宿舍楼、安检车间、门房主体工程完工。

2. 上霍线尉侯段改线工程，是上霍线的一部分，由于七里峪旅游景区的开发，上霍线K34＋000～K35＋000段被新建的入口山门牌坊及广场占用，造成上霍线道路中断，为确保上霍线道路畅通，实施该项目。工程包括进山改线段和旧路恢复段两部分，两段路线共长2.468公里，建设标准为三级公路，总投资1884.3万元。该工程于2015年10月完工。

3. 下马洼—圣佛道路改造工程，起点位于霍州市下马洼村，大致向西经段庄村，终止于圣佛村，按四级公路标准设计，路线全长6.3公里，总投资580余万元。该项目分为两段实施，K0＋000～K2＋600段采用四级公路技术标准，设计速度20公里/小时，路基宽度4.5米；K2＋600～K6＋300段方便沿线村民出行，对原路路面进行翻修改造。工程内容主要包括：路基工程、路面工程、涵洞工程、交叉工程、沿线设施和安保工程，2015 年完成 80％工程量。

4. 根据临汾市交通运输局下达霍州市 2015 年村通水泥（油）路完善提质工程建设项目涉及陶唐峪乡、李曹镇、三教乡、北环路街道及退沙街道 5 个乡（镇、街道）36.8 公里。经山西顺畅庆工程咨询有限公司勘测设计，实际里程 37 公里。工程内容主要为路面大中修，路面结构为水泥混凝土路面，增设沿线安全设施等，工程概算投资总金额 1625.53 万元。

【公路养护】 交通运输局以提高农村公路养护质量为重点，以养护管理示范路为引领，以精细化养护为突破，全面提升农村公路养护质量和服务水平，全面推行精细化、规范化、人性化管理。积极探索农村公路养护新途经，理顺农村公路管养体制，对辖区内的县、乡公路的养护工作进行检查、督查、考核、验收。就农村公路养护的具体内容提出较详细的要求，组织公路养护工、筑路机械操作工进行专业培训，加强养护队伍建设，提高养护工专业技能。开展农村公路安全生命防护工程隐患排查，组织专业技术人员对农村公路沿线需要设置安保设施的隐患路段进行排查，县、乡公路建立“一线一表一档”，进行分类统计和分级汇总，实现农村公路交通安全基础设施明显改善、安全防护水平显著提高，公路交通安全综合治理能力全面提升。开展农村公路环境整治，使公路环境美化亮化，2015 年，清理路面垃圾、杂物、塌方 848 立方米，边沟清淤 589 立方米，疏通涵洞 16 道，修复公路安全标志标牌 12 块，达到公路畅、洁、绿、美、安的基本要求。全市农村公路优良率达 82.1％。

【安全生产】 在安全生产管理上，交通运输局严格落实“党政同责、一岗双责、齐抓共管”的工作机制，落实企业安全主体责任、部门监管责任，做好安全从业人员“全培训”、安全防范措施“全渗透”、安全科技支撑“全覆盖”。开展“平安交通”建设活动，发挥 100 名平安志愿者在平安交通创建中的服务示范、引导作用，促进交通运输系统和谐稳定。开展安全生产大检查，重点开展工程建设、道路运输、客运车辆等领域的安全整治活动。全年没有发生任何安全责任事故，保持安全生产的良好局面。

【路政执法】 交通运输局以“规范执法，提升服务”为目标，深化“路政管理提升年”活动，开展“路政宣传月”活动，路政大队三支巡查中队对县级公路巡查实行 8 小时轮班制，确保 24 小时不间断路面巡查，检查各种车辆 2000 余辆，打击损坏路产路权行为。重点治理农村公路乱堆乱放、占道施工、占道经营、私设非公路标志牌等违法行为，查处私设平交道口、车辆敞篷运输造成的滴漏抛洒污染路面、损害公路标志及公路附属设施的行为。2015 年，清理县乡公路沿线非公路标志、标牌 16 块，收取路产赔（补）偿费 23.6 万元，提升路产路权管理和综合服务能力。

【双超治理】 坚持“抓综治、保畅通、保安全、为人民”的治超工作总要求和“标本兼治、综合治理、惩防并举、注重预防”的方针，以学习讨论落实活动中“关于开展公路乱设卡、乱罚款、乱收费专项整治”活动为契机，抓住源头治理和路面管控两个重点，加大执法力度，开展对“双超”车辆的围追堵截，开展“打非治短”工作，集中攻势，加大巡查，对辖区内的所有公路进行分片巡查，对建筑工地、建材市场、矿（砂）

石开采地、煤矿、洗（选）煤厂、储（售）煤场等货物装卸点进行监管，坚决杜绝“双超”车辆上路行驶，超限超载率控制在0.01%以下。

【道路运输】 开展“道路运输安全年”活动，深入运输企业、维修企业、驾校，引导企业和社会各界参与道路运输隐患排查和治理工作。全年出动执法人员2800余人次，查获非法经营活动15起，纠正无证经营、危险货运及客运等重大安全隐患68处。

【城市客运】 在公共交通发展上，交通运输局落实城市公交优先战略，推进“气化公交”步伐，提升城市公交的智能化、现代化水平。在城市出租车管理方面，落实出租汽车公司的主体责任，提升管理水平，使出租汽车行业形象得到明显改善。引深城市客运市场秩序整顿活动，强化出租公司的综合监管，开展车容车貌整治，加大执法检查力度，采用“随车跟踪”“现场拍照”的方法，打击绕道、欺客、宰客和无证经营等各类违法运营行为。查获各类违法出租汽车经营行为214起，规范城市出租汽车行业管理，提高城市客运服务质量。

【党建工作】 交通运输局党总支下设有4个党支部，即：交通运输局党支部、道路运输管理局党支部、公路段党支部、交通企业党支部。全系统有党员178人，2015年发展新党员6人。开展“三严三实”专题教育活动，6月24日，局长孙杏锁给全体党员干部讲“三严三实”专题教育党课，党员干部深受教育和启发。

【交通战备】 交通战备办公室修订完善交通战备应急预案，完善交通运输应急分队，制定保障队伍演练规程，参加探索—2015国防动员演习，8月对国防交通信息管理系统进行升级、数据更新，完善交通战备数据库，进行潜力调查，完成上级交办的各项任务。

【领导班子】

局　长：

孙杏锁（2010.04—2015.12）

书　记：

张晓波（2011.04—2015.12）

副局长：

王　震（2007.08—2015.12）

刘　飞（2002.05—2015.12）

纪检组长：

王晓东（2013.05—2015.12）

总工程师：

韦月杏（2012.07—2015.12）

交战办主任：

张晓波（2007.08—2015.12）

交战办副主任：

李　民（2003.03—2015.12）

【获奖情况】

2015年2月，临汾市交通运输局授予2014年度完成交通运输工作目标责任制先进单位。

（荀宝雷）

公路管理

【概况】 山西省霍州公路管理段始建于1959年，位于霍州市滨河南路62号，占地面积3083平方米，建筑面积1922.88平方米。到2015年底，有干部职工72人，（其中正式职工31人；合同制职工8人；无固定期限合同工10人；离退休人员23人）。机关下设两股一室一大队（两股：财务资产股、工程技术股；一室：综合办公室；一大队：路政大队）及三个养护道班（退沙中心道班、圣佛大道班、朱杨庄道班），拥有筑养路机械设备10台件和700型油料厂一座。担负着霍州境内国道108线19.23公里，省道桃临线16.742公里，G108复线6.645公里，共计42.617公里的养建管工作任务。

【公路养护】 2015年，霍州公路管理段按照“保安全、保畅通、美环境”总体工作目标，加大养护工作力度，养护工作取得明显成效。公路管养里程42.617公里，其中：评定里程42.617公里，优良路33.509公里、国省干线年末好路率达到82.42%，米QI值89.46，打造了“畅、舒、安、美”的道路通行条件。

一是强化养护管理。成立养护综合管理考核组织机构，实行单位全体人员上路养护制度，分阶段制定“路基达标、路面养护、全面养护工作实施方案和考核办法，对路面、路基及绿化平台、边沟、沿线设施及标志、桥涵养护、水毁预防与抢修、冬季养护、台账资料、安全生产等指标进行明确规范和要求，每月对各道班进行考核评比。通过养护管理水平的提升，实现养护工作的规范化、制度化、科学化。

二是做好小修保养。加强公路日常养护工作，全年清理杂物752立方米，清扫路面21521平方米，扫雪打冰621536平方米，倒杂物1574立方米，清理中央隔离带杂物41236平方米，回填砂砾1540立方米，清理路面淤泥20280平方米，清理绿化平台60130平方米，备防滑料100立方米，撒防滑料166立方米，撒融雪剂6吨，清理桥面淤泥1250平方米，铲草40592.5平方米，清理边沟59940米，整修边沟外墙13480平方米，清洗隔离带41112米，标线刷新18713.2平方米，设施刷新5461.48平方米，粉刷路边石42150米，去除重复标志12块，树刷白5357平方米。

三是完成养护任务。在路基养护上，以路肩边坡整修、设施管理养护为重点，加强路基养护工作的管理和整修力度，新填绿化平台3500米，填补绿化带平台缺口26.4立方米，种草2400平方米，整修平台20509.5平方米，整修边坡43480平方米。在分局路基达标评比活动中，取得较好成绩。在路面养护上，临汾公路分局召开路面养护示范会后，霍州公路管理段制定路面养护工作方案，彻底排查路面病害，对全线路面病害进行处置。完成刷油、贴缝、挖补坑槽221.45平方米，水泥稳定碎石填坑槽208.3平方米，贴缝1488米，刷油15.6平方米，确保路面平整舒适。在桥涵、构造物养护上，落实临汾公路分局桥梁养护管理制度、桥梁养护技术规范等要求，加大对沿线桥梁的巡视检查力度，发现问题维修或上报，清洗桥栏12235.24平方米，疏通排水孔130个，疏通涵洞5道。在交通安全设施养护上，对沿线的标志牌、百米桩、轮廓标等设施进行了彻底的粉刷、维修和更换，安装标志牌4套，修复标志牌4套，去除重复标志12块，安装百米桩14根，安装道口标柱65根，修复面包石53米，安装轮廓标255根，提升道路通行的安全保障。在应急工作管理上，为避免冬季路面积冰、积雪、塌方造成交通堵塞，影响通行安全，制定养护应急预案，储备碎石3000立方米、防滑料100立方米、融雪剂20吨、编织袋400条等物资，实行轮流巡路排查隐患制度，一旦发生紧急情况将立即启动应急预案。

【公路工程】 对108线2013年遗留2.6公里路面改造工程进行大修，圆满完成路面改造45000平方米，中央隔带处理467

平方米，平交路口处置3800平方米，安装路缘石9500米及非机动车道的铺筑工程。

【路政管理】 2015年，霍州公路管理段认真贯彻全省路政工作管理会议精神，倡导“以路为先、以车为主、以人为本”管理理念，加强业务知识学习，强化思想政治建设和作风纪律整顿，组织执法人员学习《廉政准则》，开展荣辱观教育，使路政人员增强了廉洁执法、公正执法、文明执法的理念。推行责任路段管理，每个路政员都划分了规定路段，各分管路段发生的涉路行为和违章问题都由相应责任人处理，强化路政员的责任意识，确保路政工作扎实开展。建立健全打击“三乱”制度措施，加大明察暗访力度，强化对路政执法人员的监督，杜绝公路乱设卡、乱罚款、乱收费等“三乱”现象发生，纠正了不文明行为。

开展路政宣传活动，麦收期间出动宣传车1辆，喷刷宣传标语2幅，发放宣传单500份，禁止公路上打场晒粮，确保路面安全畅通。抓好日常路政巡查，从严从快查处各种损坏路产路权的违法案件，办理损坏公路案件5起，收缴路损赔偿费49218元。举全段之力开展G108线路容路貌专项整治活动，对沿线的加水洗车点、摆摊设点、乱堆乱放、乱设广告牌、占道施工等现象进行了集中整治，清理堆积物300立方米，拆除临时广告牌、店名牌160块，增设路政广告宣传标语3块，彻底改变路容路貌，达到畅、洁、美的管理目标，以全新的面貌通过了全国公路大检查。

在档案管理上，对各类路政管理档案进行归类、整理，并确定专人负责文书归档工作，路政档案从制作到归档程序更加规范。在收费票据的使用和管理上，明确票据管理使用人员的岗位职责，票据的申领、保管、发放、填制、报表、建账、监督检查等各个环节进行有机衔接，票据和办公设备专人保管，严防丢失，没有截留、挤占、挪用等违法事件发生。在政务公开上，按六统一标准设置执法公示栏，监督台、岗位职责、执法流程图、认定处罚标准、收费项目标准等内容全部公示上墙，设立监督举报电话和信箱，路政内业管理工作逐步走上制度化、规范化轨道。

推行路政、养护联合巡查、不间断巡查，安全情况做到早发现、早处置、早恢复，发现和处理影响公路安全的隐患。2015年1月27日晚，霍州范围内出现降雪，接到霍州市气象中心发布道路结冰黄色预警信号后，霍州公路管理段立即启动雨雪天抢险应急预案，在第一时间上报请示霍州市人民政府应急办公室、临汾公路分局养路科，对省道桃临线K87＋959米～K91＋500米路段实行道路封闭，通过霍州电视台、电台发出预警信息，提请广大司乘人员注意，提前选择绕行线路，安全出行。在启动应急预案后，段班子成员带领全体职工不畏严寒、坚守一线，连续两天冒雪上路抢险、打冰扫雪，完成应急抢险任务，确保了道路通行安全。

【安全管理】 2015年，霍州公路管理段突出公路系统安全生产这一重点，加强安全监管，强化安全责任，增强安全意识，安全管理水平得到明显提升。全年未发生一起安全责任事故，较好完成安全工作目标。

一是加强安全生产宣传教育。开展安全学习培训、应急教育，组织观看安全教育影片，宣传安全知识、预防事故技巧和自我保护等相关知识，悬挂安全条幅10条，散发宣传资料200余份，提高全员安全生产的“红线意识”。

二是明确安全生产责任。成立“党政同责，一岗双责，齐抓共管”的安全生产机制，明确各部门、责任人安全职责。开展“知责履责”活动，从班子成员到一线职工，层层签订安全责任书、知责履责承诺书，逐级细化分解目标管理责任指标，落实安全生产责任。每月召开安全生产工作例会，每季度召开一次安全工作会议，安排安全生产工作，安全工作迈入制度化、规范化轨道。

三是开展安全专项整治。加大安全检查力度，组织开展雨季、汛期、“打非治违”“平安交通”“专项整治”“六打六治”“平安文明工地”建设等专项安全生产工作，对特种设备、机械设备、机关消防、养护作业场所、施工项目组织等进行专项大检查。投资2万元新建霍侯一级公路K821＋520处箱涵双侧钢筋混凝土护栏24米。投资47.648万元将108线小河桥原牛栏式护栏改造为现有的防撞式护栏，重新改造了4道40米伸缩缝，对原桥面损坏部分进行修置。投资41.64万元，将所管养范围内的所有桥梁牛栏式护栏更新为防撞式护栏。通过这些工程的实施，消除各类安全隐患，提高道路桥梁的安全性能，避免安全生产事故发生。

四是加强安全应急管理。针对节假日及高温天气、汛期等特殊时期、季节都及时更新安全应急预案。高温天气避开高温时段进行施工，汛期成立防汛工作领导组，下设5个应急小组，确定防汛工作车4台，装载机2台，自卸车3辆和必要的抢险物资（编织袋1000条，草袋1000条，石粉1000立方米，石子1000立方米）。举办安全应急演练，提升应对突发情况的处置水平。2月3日，按照山西省公路局、临汾公路分局安排，霍州公路管理段在圣佛大道班举行应急演练，演练期间人员行动迅速、物资准备充足、反应快捷高效。

【精神文明建设】 一是圆满完成了段业务用房建设及配套工程，并于6月机关整体搬迁入驻。配备有图书室、文体活动室、党员活动室、老干部活动室、大小会议室、职工食堂、洗浴室、篮球场、羽毛球场，所有办公桌椅通过政府采购、招投标全面重新配套，彻底改变以往办公环境陈旧的历史，机关办公环境实现“质”的提升。二是加强社会公德、职业道德、家庭美德、个人品德建设工作，组织干部职工举办道德讲堂教育，开展各类文明创建活动。总结推广公路养护技术比武的成功经验，发挥典型引路领的作用，激发干部职工的积极性和创造性。加强公路文化阵地建设，结合公路行业实际，制作悬挂系列文化版面，打造富有特色的公路文化，展示公路行业良好形象。三是做好“六五”普法，制定“六五”普法依法治理工作规划，开展法制宣传月、“法律六进”等活动，对交通运输专业法律法规进行宣传教育和人员培训。推行民主管理，在职代会上签订集体合同，各项决议得到落实。推行“段务公开”“政务公开”，全体职工行使了民主参与、民主管理、民主决策的权利。5月，组织机关干部职工学习习近平总书记在庆祝“五一”国际劳动节暨表彰全国劳动模范和先进工作者大会上的重要讲话。关心困难职工生产生活，每逢元旦、春节等节日期间，都要深入困难职工家中，为他们送去米、面、油等慰问品，形成关心慰问困难职工的惯例。做好信访工作，对涉及群众的信访问题，严格按照有关法律法规答复、解决和上报，维护公路行业安定团结、和谐发展的良好氛围。加快推进“六权治本”，参加霍州市“六权治本”推进会，制定“六权治本”实施方案，结合实际制定权力清单，向群众公示，接受社会监督。

【党建工作】 2015年，霍州公路管理段以“三严三实”专题教育为契机，巩固和发展群众路线教育实践活动和学习讨论落实活动成果，加强机关党建工作，为公路事业发展提供坚强保障。

一是全面落实党建工作责任。强化党建工作第一责任人职责，落实霍州市委制定的“8+2”项目清单，定期研究和安排部署党建工作。2015年，公路段党支部书记薛凌霄参加了霍州市机关党建工作推进会，就公路段单位党建工作进行大会述职，学习交流机关党建工作经验。做好发展党员工作，2015年共发展入党积极分子1人，“七一”入党积极分子参加了霍州市直工委举办的入党宣誓活动。严格党费收缴、使用、管理，使每一笔党费都发挥到最大作用。

二是落实党风廉政建设“两个责任”。落实中央“八项规定”和省纪委“五不准”“六严禁”等规定，严肃整治“四风”，组织干部职工学习《落实中央八项规定精神十问》《中国共产党廉洁自律准则》《中国共产党纪律处分条例》，开展“文山会海”、“三公”经费专项整治，改变文风会风，严肃财经纪律。开展廉政风险防控，建立党风廉政建设和反腐败工作责任分解表，明确责任人和责任股室。健全完善反腐倡廉各项制度，修订完善《“三重一大”集体决策制度》和《贯彻落实〈中共中央建立健全惩治和预防腐败体系2013—2017年工作规划〉》，实行领导班子成员个人重大事项报告制、单位集体决策制、民主生活会制度，形成用制度管人、按制度办事的良好格局。开展“党风廉政宣传教育月”活动，组织全体党员干部参观霍州署廉政文化基地，在单位醒目位置悬挂党员领导干部“十要十不准”，机关办公电脑统一实行廉政桌面，开展廉政文化进家庭活动，发挥廉政文化在党风廉建设中的教育、示范、导向、凝聚和约束作用，促进党员领导干部廉洁从政。重修机关工作人员差旅费管理办法，实行办公用品统一采购，严肃财务结算制度；公务用车一律实行公务派车制度，节假日期间公车一律封存；对婚丧嫁娶事宜，执行红白理事会相关规定，根治了借机敛财歪风的发生；对公务接待等活动，一律严格按照相关规定执行，遏制浪费现象发生。

三是开展“三严三实”专题教育。按照专题教育的安排部署，班子成员带头学习了党的十八大、十八届三中、四中、五中全会精神和习近平总书记系列重要讲话精神，学习党章党规和先进典型，党员干部高度警醒，反躬自省，引以为戒，检查和审视自身存在的问题，结合各自实际撰写心得体会，深入反思在“修身用权律己、谋事创业做人”等方面存在的“不严不实”的问题，推动“三严三实”专题教育的深入开展。通过“三严三实”专题教育，党员干部坚强党性、坚定信念、坚守品德，践行“三严三实”的自觉性不断增强，在公路事业发展中较好发挥共产党员的先锋模范作用。

【领导班子】

段长：

胡凤英（女，2004.02—2015.12）

党支部书记：

薛凌霄（女，2008.12—2015.12）

副段长：

王建国（男，2004.02—2015.12）

齐青海（男，2014.07—2015.12）

（陈智华）

运输管理

【概况】 霍州市道路运输管理局有在编人员 190 人。2015 年 1 月，城市客运管理职能整体划归霍州市道路运输管理局。下设机构除内含办公室外，还设有城区、辛置、退沙、白龙、大张、陶唐峪、李曹 7 个管理站、1 个稽查大队。

【行业管理】 客运管理：2015 年，全市共有班线客运公司 2 个，营运客车 135 辆、3208 座；开通客运班线 40 条，其中省际班线 2 条、市际班线 7 条、县际班线 6 条、县内班线 25 条。日均发送旅客 5625 人次，全年客流量 205.3 万人次。

货运管理：2015 年，全市共有营运货车 2148 辆、22774 吨，全年货运量 250 万吨。货运从业人员 3248 人，其中，具有从业资格证人员 2929 人。

机动车维修管理：2015 年，全市共有汽车维修企业 44 个，其中，二类企业 16 个，三类企业 27 个，维修救援企业 1 个。

驾培管理：2015 年，新增驾校 1 所，全市共有驾校 3 所。全年培训驾驶人 3821 人。霍州市 C1 机动车驾驶员科目一、科目二、科目三考场建设完成并投入使用。

源头治超：2015 年，全市公示货运源头单位 46 个。全年运管治超巡查 1.3 万人次，出动巡查车辆 1700 辆次。

物流管理：2015 年，备案管理物流企业 1 个。

城市客运管理：全市有出租汽车公司 2 个，出租汽车 350 辆；城市公交公司 2 个，公交车 32 辆。出租汽车驾驶员 469 人。2015 年 3 月，霍州市道路运输管理局同霍州市公安交警大队联合组建城市客运稽查队，深入火车站广场、霍煤集团大医院、高铁广场、高速出口等“黑出租”窝点开展“捅马蜂窝”式的稽查行动，采取跟踪调查、执法摄像、围追堵截等方式，克服查处“黑出租”扣车难、取证难、处罚难等问题，截至年底，查获各类违法出租汽车经营行为 214 起，罚款 15 万余元。

从业人员培训：2015 年，参加继续教育培训的驾驶员 1135 人。其中，货运驾驶员 934 人，出租驾驶员 201 人。

【安全管理】 开展道路运输安全“四进”活动，走进庙会、社区、企业、学校，宣传道路运输安全法规政策，普及道路运输安全知识。活动持续 3 个月，出动宣传人员 200 余人次，发放宣传资料 3.2 万余份，宣传范围涉及大张、辛置、退沙、白龙等庙会及中镇文化广场、州署广场、客货运输企业、客运站、驾校等群众集中地点。11 月，组织开展“告别不文明交通行为”宣传活动，散发传单、资料 1000 余份。全年出动安全执法人员 2800 余人次，查获非法经营活动 15 起，纠正无证经营、危险货运及客运等重大安全隐患 68 个。

【标准化管理】 2015 年 4 月，停止收取业户经营许可证和车辆道路运输证工本费；梳理权力事项 49 项，其中行政许可 6 项、行政处罚 40 项，行政强制 3 项；承接行政处罚 40 项属地管理事项。机动车维修经营许可、机动车驾驶员培训经营许可和站场经营许可等前置许可改为后置许可；“首席审批员”进驻市政务服务中心。

2015 年初，同各基层站队、内含股室签订治理公路“三乱”和依法行政责任状；开展行政执法评议考核，开展对各站队办道路运政执法工作监督检查，组织开展执法作风建设教育活动，促进规范、文明、廉洁执法；强化执法监督，宣传贯彻山西省交通运输厅《交通行政执法自由裁量权基准制度》，促进执法公平公正。

【精神文明建设】 2015年5月，白龙管理站一名职工突发脑溢血，病情较重，全局人员捐款24000余元。

【领导班子】

支部书记、局长：

杨瑞波（2011.04—2015.12）

副局长：

吴玲义（2005.07—2015.12）

谭　民（2005.07—2015.12）

朱建文（2010.08—2015.12）

赵进荣（1998.08—2015.12）

王荣华（2012.05—2015.12）

张华栋（2014.11—2015.12）

副书记：

刘永平（2009.07—2015.12）

郭秋生（2014.03—2015.12）

工会主席：

成　华（2013.02—2015.12）

【获奖情况】 2015年获临汾市运管系统先进单位。

（郭秋生）

治　超

【概况】 霍州市治理非法超限超载车辆办公室是正科级事业单位，全额财政拨款，事业编制人员8人，负责组织、协调、指导全市的非法超限超载车辆。治超办建设总投资300余万元，采用现代化技术手段，运用高科技装备，将治超的各种信息资源进行有效整合，不断叠加，延伸功能，形成了集治超监控、管理服务为一体的，基本覆盖霍州市辖区内国、省道，市、乡道及公示源头企业的综合性治超信息网络系统。治超办共建有监控中心指挥系统、路面监控点监测系统、磅房车辆检测系统、源头治超管理系统和安全保障系统等五大系统，是霍州市人民政府按照山西省、临汾市治超领导组的总体要求，强力推行科技治超工程的重要载体。

【安全管理】 2015年，治超办和各成员单位加强治超安全管理工作的领导，提高治超安全管理工作重要性的认识，增加投入（包括人、财、物），强化督查，向当地政府汇报工作，确保治超安全管理工作落实到位。完善治超突发性事件处理应急预案，确保预案真正落实到部门、单位和个人。健全突发事件处理值班制度，明确责任人员，值班人员必须在岗，妥善处理突发性事件，不得擅离职守。完善治超安全设施，包括治超站（点）的安全设施、标志标线、防护设施及必要的消防设备。加强联动机制，保证安全畅通。与各成员单位沟通协调，加强长效联动机制，采用多管齐下、齐头并进的方式，确保治超工作顺利进行。

【依法治超】 2015年，组织治超相关部门负责人带头学习。学习涉及治超的相关法律法规，使全市每个治超领导组成员切实做到了用法律法规指导治超工作。加强对治超执法人员的教育培训。通过对运政执法人员的“点对点”培训，强化治超执法人员源头治超工作素质；通过举办全市源头企业治超工作人员培训班，对46个公示源头企业的238名治超工作人员进行治超法规知识“面对面”讲解，增强源头企业自觉治超的责任意识。加大对治超执法行为的监督检查力度。市治超办工作人员深入治超现场，检查指导治超执法，确保治超案件依法公正处理，杜绝公路“三乱”行为的发生，把依法治超工作推向新的台阶。强化源头企业监管。运管治超巡查人员对公示企业实行24小时三班轮流监管制度，对进出源头企业的货运车辆逐个检查，对超限超载车辆进行现场整改处罚，彻底消除货运车辆超限超载及抛洒现象。强化对非法货源点的取缔。市工商部门与有关乡镇密切配合，采取切实可行措施，对公路沿线货源点进行逐一排查，确保非法源头死灰复燃。加大路面管控力度。建立治超网格化管理责任制。确定市交通局负责全市乡镇道路的路面稽查工作，市公路段负责国、省道路面巡查工作，市交警大队负责城区道路的路面巡查工作，负责到人、稽查到位、不漏缝隙，全天候巡查，始终保持路面巡查高压态势，遏制车辆超限超载。

【科技治超】 建设无人值守系统，加大科技治超。为推进霍州市科技治超，杜绝部分短途超限超载问题，霍州市把科技治超工作作为全市治超工作的重点加以推进，采取分期、分步实施无人值守检测系统规划建设。在车流量较大、没有固定检测站点路段、货运车辆易绕道行驶、货运源头企业数量大的重点路段的上霍线K40＋970处建设一套无人值守系统，完善全市科技治超工作，该系统共投资50万元。该套无人值守系统的建设，推进了全市公路超限检测站，重要源头企业的联网工作，使信息平台使用走向正规化、制度化、规范化。该系统能在0～100公里速度范围内检测公路主线过往车辆的车型、流量、轴数等参数、具备车辆的动态信息处理、超载车辆图像抓拍、数据统计管理等多项功能。经该设备的车辆称重信息，通过GPRS、3G和无线网络远程传输给市、县治超监控中心。如某货车超载三次，会自动录入交通网或公安网，无牌或遮盖牌照的车辆，只要通过治超智能设备就能将车辆全部拍照及称重，便于进行核查。该系统还发挥了监控公路车流量作用，深化科技治超建设，使科技治超工作更加科技化、人性化。

【党建工作】 治超办围绕建设“学习型机关”，加强党的思想政治建设，巩固拓展党的群众路线教育实践活动、“三严三实”专题教育和学习讨论落实活动成果，推动全面从严治党向基层延伸，解决党员队伍在思想、组织、作风、纪律等方面存在的问题，保持发展党的先进性和纯洁性，为治超办的全面发展提供坚强组织保证。

【领导班子】

主　任：

米玉彬（2012.07—2015.12）

书　记：

成晓文（2012.11—2015.12）

副主任：

赵文溢（2012.11—2015.12）

【获奖情况】

2013年荣获山西省社会管理工作先进单位。

（吴霞）

邮　政

【概况】 霍州市邮政分公司服务于霍州市31万人口的用邮，覆盖765.39平方公里，5个街道、4个镇、3个乡、199个行政村、308个自然村。霍州市邮政分公司位于开发区滨河北路，是集行政和综合业务与一体的办公大楼。主要的部室有：综合办公室、市场部、综合营销中心、金融业务发展中心。分支机构：鼓楼北街支局、滨河路支局、李雅庄支局、辛置镇支局、桥东街营业所、北外环营业所、北环路营业所、白龙营业所、团柏营业所、电厂营业所。该分公司现有合同制职工74人，劳务工51人，内退员工4人，退休职工37人。管理人员3人，其中局领导1人，部室主任2人。

【固定资产】 霍州市邮政分公司。主要设备：车辆5辆；ATM自助取款机共7台；办公电脑共29台；终端设备共40台；打印机共43台；捆钞机2台；新增扫描枪2把；包裹捆扎机1台。

【企业管理】 霍州市邮政分公司秉承中国邮政集团公司、省邮政公司、市邮政分公司的管理理念，通过加强对邮政企业人、财、物的科学和系统管理，实现对人、财、物资源的最佳优化，发挥其最佳效能。促进邮政业务的发展，促进生产能力的增强，促进服务工作的改进，促进劳动生产力和企业经济的提高。在新形势下，邮政企业面对着新的机遇和挑战，当前邮政企业坚持解放思想，实事求是，树立正确的世界观和创新意识，摒弃因循守旧、安于现状的观念，大胆研究探索，正在努力实现管理思想现代化、管理机构高效化、管理方式民主化、管理方法科学化。

【服务管理】 霍州市邮政分公司从细节入手，提升服务质量。

一是用心服务，调整服务管理流程，为客户创造良好的服务环境。随着邮政业务发展规模的不断扩大，调整服务流程，规范服务行为，加强和更新服务监督显得尤为必要。调整服务流程的根本出发点就是："用心管理"，要以邮政管理思想现代化为目标，采用科学的思维方式和方法，制定切实可行的服务流程，规范服务行为，为优质服务创造良好的内外部环境。才能使客户在诸多的细节服务方面及时得到享受和满足。

二是提供综合服务方案，开展细节服务。面对激烈的市场竞争，针对客户的不同情况、不同需求，利用遍布全国城乡的邮政网络和先进技术，制定有针对性的、满足客户多种需求的综合服务方案，学会做客户的参谋和顾问，与客户互动沟通，为客户量身定做细节服务，让客户觉得亲切，让客户觉得备受尊重和关注，让客户得到全方位的细节服务享受。

三是树立品牌服务理念，以诚信服务赢得客户的忠诚。市场经济是信誉经济，得人心者得市场，用最优质的、情感化的和超值化的细节服务，发展新客户和巩固老客户，才能赢得客户的忠诚。

【业务指标】

2015年业务指标及完成情况

单位：万元

项目	基本目标	累计完成	完成比例
储汇	1000	944.19	94.42%
函件	55	56.22	102.21%
报刊	137	119.24	87.04%
集邮	85	68.61	80.71%
代理保险	120	276.07	230.06%
电子商务	90	75.65	84.06%
分销	25	11.97	47.88%
机要	0.4	0.37	91.96%
出租	10	13.94	139.39%
快递	96	72.19	75.20%
合计	1618.4	1638.45	101.22%

【业务发展】

1. 机要业务。机要通信是国家保密通信的重要组成部分，是党和国家赋予邮政部门的一项特殊的政治任务。机要部门负责霍州市机要通信的管理，承担着中央、省、市与霍州市各党政机关、企事业单位及国民经济各部门秘密载体的传送任务。本埠服务覆盖霍州全市。机要专业以优质的服务，高度的责任心，保证了党和国家的秘密保密、安全、准确、迅速、万无一失地传送。

2015 年，机要业务累计完成 219 件，完成收入 3678.50 元，完成基本目标的 91.96%。全年未发生丢失、泄密事件。

2. 储汇业务。邮政储蓄自 1986 年恢复开办以来，经历邮政代办储蓄、自办储蓄直至邮政储蓄银行的成立几个阶段。霍州市邮政分公司是代办邮政储蓄，2015 年底建成覆盖全市城乡、矿区，网点面最广的金融服务网络。储蓄业务是该局营业收入的重要来源。

2015 年，该局计划目标 1000 万元，完成 944.19 万元，完成计划的 94.42%。

发展储蓄业务，宣传和推广网上银行、手机银行等电子类渠道业务。全年办理各手机银行 3576 户，办理网上银行 3020 户，使广大居民足不出户，就可以实现汇款、转账、支付、购买金融产品等业务，极大地方便了广大人民群众。

3. 函件业务。函件业务是邮政基本业务之一，是实现通信的一种方式，通信自由是我国宪法所保护的公民的一项基本权利，中国邮政受政府委托，承担着提供普遍服务的任务，起到保障公民通信权利、维护国家信息安全的重要作用，中国邮政集团公司在《中国邮政邮务类发展纲要》中将函件业务定位为邮政重要的核心业务。

函件业务包括：普通邮资封片业务、商函业务、账单业务、无名址函件业务、邮政贺卡业务。随着现代科学技术的不断发展，传统函件业务受到很大冲击，函件作为个人通信的服务功能在不断弱化，但每年的新年贺卡作为新年的节日问候，是其他现代工具无法替代的。2015 年，计划目标 55 万件，完成 56.22 万件，完成计划的 102.21%。

4. 报刊业务。报刊发行业务是邮政部门利用遍布全国的邮政通信联系用户广泛、传递迅速等特点将编辑出版后的报纸、期刊与出版物，以订阅或零售的方式按期投递或销售给读者的业务。

2015 年，报刊发行计划目标为 137 万元，实际完成 119.16 万元，完成计划的 86.98%。报刊业务量累计完成 426.84 万份，其中报纸 415.51 万份，同比增长—8.01%，杂志 11.33 万份，同比增长 11.33%。

5. 集邮业务。集邮业务是从邮政通信业务中派生出来，又与其相关联的一种业务。是以经营邮资票品、集邮品、集邮用品为主的一项邮政业务，是邮政企业为满足广大集邮爱好者收集、鉴赏和研究的需要，为企事业公关宣传、对外联系、提升形象等提供个性化邮品开发服务。

2015 年，集邮业务收入计划目标是 85 万元，完成计划 68.61 万元，完成计划的 80.71%。集邮册数完成 2567 册。

6. 代理保险专业。代理保险业务是邮政储蓄机构受保险公司委托，向客户提供销售保险产品、代收保险费、代付保险金、代办保全等保险服务，并获取收益的一种经营行为。

2015 年，霍州市邮政分工公司保险专业度共发展保费 8119.4 万元，实现收入 276.07 万元，完成计划的 230.06%。

7. 电子商务专业。2008 年山西省邮政信息业务局更名为山西省邮政电子商务局。业务涵盖种类更加广泛，截至2015年，经营的业务有代收话费、邮储短信业务、航空票务代理、自由一族四大业务，其中代收话费、邮储短信业务两大业务为支柱型业务。

代收话费累计代收金额为103.82万元。

代收电费累计代收金额为148.92万元。

2015年，计划目标90万元，完成75.65万元，完成计划84.06%。

【党务工作】 邮政分公司党总支下设三个支部：机关支部、辛置支部、退休支部。党员26人，党总支带领全体职工认真落实“三会一课”，学习以及十八大精神和习近平总书记系列重要讲话精神，贯彻执行党的政策和方针，召开民主生活会，做好党风廉政工作和扶贫工作，党员们在工作上都能以身作则，发挥模范带头作用。

【工会工作】 邮政分公司工会下设民调组织、女工组织、宣传组织、文体组织，该分公司组织健全，活动丰富，在市分公司的各项活动竞赛中取得优异成绩。工会小家的建设更是温暖了全分公司职工的心。每年按时召开二次职工代表大会，该局的重大事件都在职代会上予以解决，该分公司职代会已升为三星级标准。

【领导班子】

局　长：

秦辰龙（2009.07—2015.12）

（黄克）

霍州车站

【概况】 霍州火车站位于山西省临汾市霍州市境内。该站铁路线路中心里程位于南同蒲线自大同站起至蒲州站之间550千米300米处，隶属大秦铁路股份有限公司侯马车务段管辖，为双线电气化区段。霍州站等级为二等站。按技术性质为中间站，按业务性质为客货运营业站。该站线路情况：站内有7条线路，2条货物线，1条待机线，1条轨道车库线。车站管辖专用线：霍州三合专用线、四七五专用线、中冶专用线、什林小线专用线。车站设有区域内燃调车机一台。到2015年底，车站有职工128人。

【货运完成】 2015年装车为35712车，卸车为141车，货物发送吨数为237万吨，运输收入为3038.83万元。旅客发送人数610629人。

【党建情况】 霍州站为党总支，上级为中共侯马车务段委员会，有正式党员45人。设党总支书记、副书记各一人，总支委员3人，共5人。下设行车党支部、货运党支部、客运党支部。3个党支部各设书记一人。

【安全管理】 车站主要卡控接发列车、穿正作业和调车作业的安全。车站制定并实施值班副组长全过程监控施工和穿正作业，除进行接发列车、穿正监控等必要的工作外，只要各专用线有作业，值班站长必须全过程对车辆的静、动态防溜进行现场监控，有效地保证车站的安全生产。车站还逐步规范了职工考勤、台账填记、文件收发、信息上报等考核制度。至2015年底，车站实现安全生产2103天。

【文化生活】 车站为活跃职工文化生活，每天开放文化室、健身房供职工活动。在春节、“五·一”节、国庆节期间经常地开展群众性的乒乓球、台球、拔河、羽毛球等比赛活动；在“三·八”节专为车站女职工举办各种趣味活动，使职工的业余文化生活更加丰富多彩。车站还不断完善对车站小单身、小庭院、小伙食团、小菜地、小浴池、小图书室、小文化室、小药箱的投入和管理，不断深化职工小家建设。

【领导班子】

站　长：

刘国平（2013.9.12—2015.8.11）

郑宝宝（2015.8.11—2015.12.31）

总支书记：

唐明辉（2014.7.28—2015.12.31）

副站长：

乔学雷（2010.11—2015.12）

刘晋中（2015.10.31—2015.12.31）

贾晓龙（2013.9.12—2015.12.31）

工会主席：

刘正军（2012.2—2015.12.31）

【获奖情况】　2015年中有2个班组荣获车务段先进集体荣誉称号，5名职工获得车务段“建功立业”个人荣誉称号，5名职工获得车务段“优秀工会积极分子”荣誉称号，一名职工获得车务段好家属荣誉称号。

（刘红玲）

辛置车站

【概况】　辛置火车站位于山西省临汾市霍州市辛置镇境内。该站铁路线路中心里程位于南同蒲线自大同站至蒲州站之间563千米851米处，隶属大秦铁路股份有限公司侯马车务段管辖，为双线电气化区段。辛置站等级为二等站。辛置站按技术性质为中间站，按业务性质为货运营业站。辛置站站内有10条站线。到2015年底，车站有职工88人。

该站管辖铁路专用线：辛置矿专用线、总仓库专用线、国电霍州发电厂专用线、团柏矿专用线、曹村矿专用线和货场专用线。车站设有专区域内燃调车机一台。

【货运完成】　2015年，装车为31635车，卸车为411车，货物发送吨数为2128506吨，运输收入为34151.2万元。

【党建情况】　辛置站为党总支，上级为中共侯马车务段委员会，有正式党员15人。设党总支书记、副书记各一人，总支委员3人，共5人。下设行车党支部、货运党支部。两个党支部各设书记一人。

【安全管理】　车站实施重点作业的强力卡控。针对辛置矿专用线紧邻车站，作业量占全站装车的70%的实际，车站制定并实行当班值班站长除进行接发通勤列车、穿正监控等必要的工作外，只要辛置矿专用线有作业，必须全过程对车辆的静、动态防溜。车站逐步规范了职工考勤、台账填记、信息上报等考核制度。至2015年底，车站实现安全生产9282天。

【文化生活】　车站以创建星级“八小工程”建设为目标，完善对车站小单身、小庭院、小伙食团、小菜地、小浴池、小图书室、小文化室、小药箱的投入和管理，由工会主席\站长、书记共抓，深化职工小家建设，丰富职工业余文化生活，在春节、“五·一”劳动节、国庆节期间经常开展群众性的乒乓球、台球、拔河、羽毛球、书法及摄影展出等活动；在“三·八”节期间专为车站女职工举办趣味活动，使车站职工的业余文化生活更加丰富多彩。

【领导班子】

站　长：

孔繁贵（2014.12—2015.12）

书　记：

李松虎（2015.03—2015.12）

副站长：

贾红卫（2013.09—2015.12）

焦亮川（2013.10—2015.12）

工会主席：

王云（1998.03—2015.12）

【获奖情况】 在2015年太原铁路局职业技能竞赛中，车站女职工苏红英代表车务段参赛，获得运输收入团体第二名的好成绩。车站文化室获得太原铁路局“优秀文化室”荣誉称号。有4名职工获得车务段“建功立业”个人荣誉称号、4名职工获得车务段“优秀工会积极分子”荣誉称号。

（王云）

圣佛车站

【概况】 圣佛火车站位于山西省临汾市霍州市南环办境内。该站铁路线路中心里程位于南同蒲线自大同站起至蒲州站之间556千米283米处，隶属大秦铁路股份有限公司侯马车务段管辖，为电气化区段。该站为三等站，按技术作业为中间站，业务性质为货运营业站。该站线路情况：站内有7条线路，正线2条，到发线4条，货物线1条。车站管辖专用线：兆光电厂专用线。管辖专用铁路：白龙洗煤厂专用铁路。

【货运完成】 2015年，装车为16380车，货物发送吨数为110万吨，运输收入为1826.36848万元。到2015年底，车站有职工40人。

【组织建设】 圣佛站为党总支，上级为中共侯马车务段委员会，有正式党员9人。设党总支书记1人，总支委员3人，共4人。下设行车党支部、货运党支部。2个党支部各设书记1人。

【安全管理】 安全是铁路一切工作的生命线。该站从卡控接发列车、穿正作业和调车作业的安全抓起，只要是专用线有作业，值班的副站长必须全过程参加对车列的调动进行全过程监控，保证车站的安全生产。车站还规范职工在考勤、各种账簿的填记、车务段文件收发、各种信息上等内容。至2015年底，车站实现安全生产5243天。

【文化生活】 车站以创办优秀文化室、优秀职工小家为目标，活跃职工文化生活，工会经常开展群众性的乒乓球、拔河、书法竞赛等活动，共享和谐候车文化，管理和发展了“八小工程”，让职工树立了爱车站、爱岗位、爱铁路的敬业意识。车站完善对“八小”的投入，做到“八小”管理好，职工爱站爱岗心情好，让职工感受到在车站大家庭里的和谐和团结。

【领导班子】

站　长：

王会民（2013.11.1—2015.8.5）

訾元洲（2015.8.5—2015.12.31）

书　记：

张德贤（2015.8.1—2015.12.31）

副站长：

雷临生（2013.11.1—2015.12.31）

闫润龙（2014.9.18—2015.12.31）

工会主席：

闫润龙（2005.7.1—2015.12.31）

【获奖情况】 车站有1个班组获得车务段“建功立业”集体、3名职工获得车务段“建功立业”个人荣誉称号，1名职工获得车务段“好家属”、2名职工获得车务段“优秀工会积极分子”荣誉称号。

（闫润龙）

霍州东站

【概　况】　霍州东站位于山西省霍州市李曹镇境内，车站中心里程位于大同至西安高速线444km＋521m处，隶属大秦铁路股份有限公司侯马车务段管辖。该站为三等站，按技术作业为中间站，业务性质为客运站。

霍州东站（站中心K444＋521），设到发线4条（含正线2条）；设大型养路机械停留线1条；工务轨道车库线、接触网作业车库线各1条；安全线2条。设基本站台和侧式站台各1座；站台上均设风雨棚1座。车站设旅客地道1座。

车站两端进站方向制动距离内均为超过6‰下坡，在太原南方向到发线接车末端设安全线作为隔开设备，西安北方向利用维修车间岔线作为隔开设备。

【客运完成】　2015年，旅客发送为400839人，客票收入为2171.9万元。到2015年底，车站有职工35人。

【党建情况】　霍州东站为党总支，上级为中共侯马车务段委员会，有正式党员13人。设党总支书记1人，加总支委员2人共3人。

【安全管理】　安全是高铁站一切工作的生命线。车站从卡控接发客运列车作业、为旅客服务抓起，规范职工班前点名、出场接车、现场接车、班后总结的一班作业标准化作业程序，做到一切按照军队标准化为准则，不得有丝毫的麻痹大意，坚决保证高铁站安全再安全。至2015年年底，车站实现安全生产548天。

【文化生活】　车站工会经常开展群众性的健球、乒乓球、拔河、书法竞赛等活动，引导职工共享和谐候车文化建设。车站管理和发展“八小工程”建设，让职工树立起爱车站、爱岗位、爱铁路的敬业意识。在以创办优秀文化室、优秀职工小家活动中，活跃职工的业余文化生活，该站加大对“八小”的投入，做到“八小”管理好，职工业余文化生活丰富多彩。

【领导班子】

站　长：

师记龙（2014.1.20—2015.12.31）

书　记：

巩小东（2014.7.1—2015.12.31）

副站长：

潘福林（2014.3.20—2015.3.13）

毛红梅（2015.3.13—2015.12.31）

工会主席：

徐文僧（2014.7.1—2015.12.31）

【获奖情况】　车站有1个班组获得车务段“宣传工作先进”、“模范职工小家”集体、1名职工获得车务段“建功立业”个人荣誉称号，1名职工获得车务段“好家属”、2名职工获得车务段“优秀工会积极分子”荣誉称号。

（师记龙）

霍州移动

【概　况】　中国移动通信集团山西有限公司霍州市分公司，截至2015年底，共有员工60人。霍州移动分公司主要经营移动电话、数据、IP电话、和多媒体业务、计算机信息网络国际联网和基于移动通信业务的各类增值业务。除提供基本语音业务外，还提供数据、无线上网、宽带接入、移动办公、彩信、飞信、咪咕音乐、和视频、和包（手机钱包）、和阅读、和生活、139 邮箱、MM（移动应用商场）等多种增值业务。拥有“全球通”“神州行”“动感地带”等著名客户品牌。

【业务指标】 截至 2015 年底，霍州移动分公司运营收入共 12632 万元，完成全年目标的 102%；新建通信基站 8 个，累计建设基站数量 221 个；无线固定电话用户数达到 5537 户，电话用户普及率达到 7.4%；移动电话用户 191146 户，移动电话普及率 63%，光缆线路总长达 1400 公里，互联网端口数 30502 个，其中 PON 端口 19320 个，PON 端口使用率 35%，宽带接入用户数 9000 余户。积极完成 WLAN 站点 60 余处。

【基础设施】 霍州移动积极开拓业务市场，截至 2015 年底，建成 21 个专营店，130 个代办网点。霍州移动通信基站 221 个，用户通信份额达 70%。构建 1400 余公里的光缆传输网，建成覆盖全市的移动通信网络，实现通达各乡（镇、街道）、各行政村及主要自然村的数据业务专线接入，4G 网络基本实现乡镇以上级别的连续覆盖，重点景区和重要区域 100%覆盖。

【集团业务】 基于中国移动数据网络的各类集团应用也取得可喜成就，利用集团专线、集团短彩、和教育、无线固话等业务稳定市场；和教育合作学校达 83 所，用户数 19011 人。霍州市的教育三通两平台、林业局林管通项目、地下商业街整体信息化项目、霍州煤电共建共赢项目、综治项目、医保工程、水利局山洪灾害项目、信访局“阳光工程项目”等顺利实施，作为霍州市信息化建设的主导运营商，霍州分公司以在信息化领域雄厚基础和优势，为霍州市信息化进程贡献最积极的力量。

【主要工作】 霍州分公司坚持以客户为中心，勇于创新，锐意进取，开展各项业务的营销，打造企业品牌，满足不同消费群体的需求，体现“正德厚生，臻于至善”的企业价值观。移动营业厅是办理移动业务的主要渠道，以“一流的管理水平，一流的服务质量，一流的社会效应”为目标，热情服务，敬业奉献，取得突出成效。

【工会活动】 提高公司员工的团队合作意识，丰富员工业余文化生活，培养团队协作能力，霍州分公司开展的活动：元旦期间的包饺子活动，举办员工乒乓球比赛、羽毛球比赛、演讲比赛，组织爬山、健步走等活动，通过一系列活动，提升团队凝聚力和团队协作意识。

组织“青年文明号服务社会”系列活动，开展“学雷锋精神，助爱心公益”等系列公益活动。每周开展一次下乡宣传活动。公司组织员工参加反腐倡廉、“三严三实”等党风廉政建设专题教育活动，服务社会，甘于奉献，展现移动人风采。

【领导班子】

经　理：

王延龙（2015.02—2015.12）

副经理：

薛建军（2013.08—2015.12）

刘　俊（2013.08—2015.12）

（李芳芳）

联　通

【概况】 中国联合网络通信有限公司霍州市分公司成立于 2008 年 9 月 5 日，经历邮电分家、移动分营、南北分立、重组融合等，隶属于中国联合网络通信有限公司。

【经营范围】 经营固定网本地电话业务（含本地无线环路业务）、公众电报业务和用户电报业务、国内通信设施服务业务；经营固定网国内长途电话业务、固定网国际长途电话业务、IP电话业务、900、1800兆赫兹GSM第二代数字蜂窝移动通信业务、因特网数据传递业务、国际数据通信业务、26G赫线接入业务；经营3.5G赫兹线接入业务。经营国内甚小口径终端地球站（VSAT）通信业务、固定网国内数据传送业务、用户驻地网业务、网络托管业务、在线数据处理与交易处理业务、国内因特网虚拟专用网业务、因特网数据中心业务、语音信箱业务、传真存储转发业务、因特网接入服务业务和信息服务业务。经营无线数据传送业务、电子邮件业务和互联网信息服务业务中的电子公告服务。经营与通信及信息业务相关的系统集成、设备生产销售、设计施工业务；技术开发、技术服务、技术咨询、技术培训；寻呼机、手机配件的销售、维修；电信卡的制作、销售；客户服务；房屋租赁；编辑、出版发行电话号码簿。（涉及许可证或国家专项规定的，须凭许可证经营或按专项规定办理相关手续）。

【经济效益】 霍州分公司2015年通服收入完成4078万元。4G用户达到13325户；移动宽带用户达到21262户；宽带用户达到24527户；2G用户达到20426户；3G用户达到7937户；固话用户达到13052户。

【通信能力】 基站265个，信号基本涵盖了全部行政村和自然村，宽带接入能力FTTH达到42368线，FTTB达到8976线。

【企业改革】 2015年，霍州联通依托“一纵一横”运营系统，开展市场、建设、运维专业化改革，全面规范管理手段，准确实施评价考核，将任务、资源、激励、权利穿透下沉到最小责任单元，全面激发基层单元活力，推动公司运营水平和管理能力的提升，各项经营指标全面好转，使聚焦战略得以落实。

在企业横向管理改革中，向工单为牵引，业务工单、投诉工单、员工工单、合作商工单相继上线，实现管理工作的流程化和闭环式管理。

霍州联通推进企业纵向专业化改革，一是推进市场营销专业化改革。以自主经营体为核心的渠道建设基本完成，8个自主经营体人员全部到位。“四包一清单”落地执行，全年经营任务分解到8个自主经营体和3个比照自主经营体管理的专业化运营中心、基层单元、个人，透明监控，对标排名，分渠道、多层级考核，市场经营工作全面实现了专业化。二是推进网络建设专业化改革。依托楼宇信息系统，实现网络建设工作从职能管理到支撑服务的转变。使（行政村）信息与基层责任单元关联，实时推送八个维度、四种类型的数据信息，为建设管理、市场营销等提供数据支撑。以综合业务接入区为最小的网络建设管理单元，推行项目经理责任制，对项目的进度、质量、造价负责，对基层责任单元的响应效率和质量负责。通过资源信息与基层责任单元的关联，使网络建设与市场经营高度契合，加强了市场一线对网络资源的关注和管控。三是推进运维体制改革。以改善客户感知、服务经营发展、提升管理效能为目标，统一构建运维生产组织架构。以“集约化维护”和“一体化响应”为切入点，对现有运维流程进行优化，激发一线员工活力：建立基于“集中监控”的业务和故障调度流程；建立基于“运维积分标准化”的考评流程；建立基于“基层责任单元”的资源下沉流程。

【领导班子】

总经理：

游园丰（2014.11—2015.12）

王林杰（2016.2—2015.12）

副总经理：

黄海强（2013.6—2015.4）

岳军明（2015.4—2015.12）

宋晋龙（2010.02—2015.12）

（刘文娟）

商业贸易

供销工作

【概况】 霍州市供销社是为全市农业、农村、农民提供服务的集体合作经济组织，负责全市供销社的组织、管理、服务和指导工作。其办社宗旨就是为“三农”服务。办公地址：前进街1号。内含科室有：办公室、人事股、财务股、统计股、资产管理股、监察办。到2015年底，机关工作人员16人，所属基层社、商场、公司在册职工270人（其中在岗90人）。退休职工250人，所属基层供销社10个（城关社、白龙社、师庄社、阎家庄社、李曹社、大张社、下乐坪社、三教社、冯村社、辛置社）。11个市直公司、商场（农业生产资料服务中心、废旧物资回收公司、棉麻公司、盐业公司、日杂公司、果品公司、工业品公司、土产公司、霍州商场、新桥大楼、鼓楼商场）。主营商品：日用百货、农业生产资料、食盐、烟花爆竹等。

【经营管理】 农资经营：2015年，霍州市农业生产资料服务中心根据《国务院关于加快供销合作社改革发展的若干意见》和中华全国供销总社《关于进一步加强系统工作指导，加快推进供销合作事业发展的意见》文件精神，在山西省供销社和山西省农资集团的支持下，整顿提升全市农资配送服务网络建设，根据统一进货、统一价格、统一配送、统一结算、统一服务的“五统一”管理标准，在全市粮果蔬菜主产乡镇开展规范提升原有网点、新建网点等工作，初步建成以农资服务中心为基础，各乡镇基层社为骨干，农资便民店为终端服务平台的农业生产资料服务网络。累计完成农业生产资料销售1500余万元。

食盐经营：盐业公司坚持市场稽查和配送商品相结合的经营理念，做到“宣传到人，稽查到点，送货上门”。打造终端服务平台，在全市各大厂矿、中小学校、综合超市等地，累计设立食盐专供网点100个，保障供给全市居民合格食用盐。加大盐政法规宣传力度，建立了盐业专营稽查小分队，常年巡回在全市食盐经销网点和市境主要出入路口，打击非法销售行为，保障全市人民的用盐安全。碘盐合格率和供给率达到100%，食盐销售300余万元。

烟花爆竹经营：日杂公司一方面抓好仓储安全管理，实行仓储、经营两分离，质检、量测两到位；另一方面会同公安、安监、工商部门，严查无证经营，通过元旦、春节市场的集中专项整顿，坚持日常的巡回检查管理。2015年，未发生一例假冒伪劣烟花爆竹安全事故，烟花爆竹销售300余万元。

【便民店规范提升】 2015年，按照山西省供销社、临汾市供销社关于基层社改造和便民店目标责任考核工作任务的安排，市社成立以主任李小涛为组长，副主任段耀峰为副组长，市社机关科室负责人为成员的目标责任考核落实小组。确立李曹社、辛置社改造建设和观堆便民店、下王便民店的规范提升工作目标。对李曹社和辛置社的资产结构、经营情况、人员现状进行调查研究，按照“开放办社、多元介入、整合资源、联合合作”的发展思路，着手对李曹社存量营业设施500平方米、辛置社存量建筑面积2400平方米进行改造建设。预算总投资400余万元，截至2015年底，完成前期立项上报工作。针对所属日用消费品便民店普遍存在的标识不清、责任制度缺失、服务承诺失信、商品标价不明、服务质量不高等问题，归类汇总，逐一整改，以观堆、下王便民店规范提升为范本，对所属便民店进行包括标牌制作、制度公示、服务承诺，限时供货等方面的统一规范，统一升级。

市供销社紧跟市场动态，关注农民需求，面对大众创业，万众创新“互联网＋”社会经济发展新状态，在山西省供销农芯乐商场的支持下，在全市各乡镇、市区设立网上供销社服务终端平台100余个，成立山西供销农芯乐商场霍州服务中心，累计培训网上平台服务员150余人，为全市农副产品购销、种植、养殖等相关产业，开辟一条“互联网＋”新的交易平台。

网上供销社服务平台和便民连锁店的开办，拓展销售渠道，实现电子商务和实体店的互联互通，提升供销社的社会定位。①成了农民朋友了解市场商品购销的信息站。便民店不再局限于原有简单的商品供应，把种植、养殖、加工、进城务工等信息，公示挂牌，告知乡邻，得到广大群众的好评。②真正成为农民朋友生产生活所需的农业生产资料、生活用品、常用医药药品、通讯、中介服务的好助手。③成为供销社的形象牌，所属便民店商品明码标价，质量真实可靠，货物齐全保质，统一服务承诺，以诚信待客，诚信做人的具体行动赢得消费者的认可，新供合形象逐渐清晰，日益形成品牌效应，所经营品种涉及日用消费品、农资商品、农副产品的购销以及部分药品等，平均达到500种以上，满足了农民的需求。观堆、下王便民店经市供销社验收达到三星级，所属63个便民店年均销售达到2000余万元，店均30万元左右，经济效益可达到3万至4万元。

【安全经营】 2015年，霍州市供销社加强安全工作，把安全责任落实到领导班子、机关科室、基层单位的每一个层面，渗透到各商场、公司、基层社和每一个零售门店，制定出台安全隐患排查、安全值班、安全防汛、安全工作零报告以及重特大隐患挂牌督办制度和安全生产治理责任追究制度等，构建起行之有效的安全工作责任机制。实行市社领导带头值班，基层单位领导轮流值班，机关科室包片负责，重点部门，特殊岗位专人值班的四级安全响应机制，做到通信畅通、汇报及时、处置迅速。为各单位经营发展营造良好的安全生产环境。

【行风建设】 市供销社把行风建设作为系统工作的保障前提和基础工程。成立由主任为组长的行风建设领导组，研究制订行风建设目标任务和具体实施措施，通过实行政务公开制，首问首办负责制，限时办结制，不作为过错责任追究制等。强化民主监督，阳光操作，文明工作，规范工作，增强工作透明度，提高办事效率，推进供销社整体工作健康稳定发展。

【信访稳定】 市供销社党政班子把维护全系统政治稳定，风清气正，职工权益保障有机统一起来。①把信访稳定工作贯穿于各项工作中。成立信访稳定工作领导组，建立市社、基层单位行政一把手，市社机关首问接待三道防线，把信访问题消化在源头。②在市民政局的政策支持下，建立动态管理，能进能出的职工最低生活保障防线。③建立起以基层单位为主体，市社统一指导调济的职工养老、医疗保险基金上交机制，为部分基层社、空壳公司超龄 待退职工办理了退休手续。④在市总工会的支持下，把全系统的病、残、弱职工，“40、50”下岗职工，纳入困难职工帮扶救助体系。⑤争取基层供销社所在党委、政府和当地支委、村委支持，对普遍存在的资产权限不清、股权确认缺失、挤占挪用设施等等问题进行排查处理，遏制集体资产急剧流失，阵地日渐萎缩等事件的发生。

【领导班子】

主　任：

李小涛（2012.12—2015.12）

副主任：

段耀峰（2012.12—2015.12）

【获奖情况】

霍州市供销社荣获2015年临汾市供销社“便民店连锁商店规范提升工作”先进单位称号。

（索琪昌）

烟草专卖

【概况】 霍州市烟草专卖局组建于1983年6月。下设三个股室，即：专卖股、客服股、综合股。到2015年底，全局共有干部职工30人。党员18人。大专学历29人，中专学历1人。霍州市烟草专卖局（营销部）按照“建设三晋经济强市、实现整体率先发展”的总体目标，围绕“卷烟上水平、服务地方经济”工作重点，各项工作都齐头并进、和谐健康开展。

【主要经济指标】 2015年，全年销售卷烟12190箱；卷烟销售收入32945万元，卷烟销售条均价108.1元，同比增加4.72元。上交地方税金2405.51万元。

【专卖管理】 2015年，烟草专卖局与霍州市人民法院、人民检察院、公安局联系，建立健全法、检、公和烟草专卖联合打假机制，组织召开“四部门”联席会议，成立涉烟刑事犯罪活动组织领导机构，设立联合打假办公室，建立健全联合打假长效工作机制，包括联席会议制度、情况信息通报制度、涉烟刑事犯罪案件移送和备案制度、涉烟刑事犯罪案件督查督办制度、政策调研制度。通过这些措施，打击了不法分子，维护了国家利益和消费者利益，保证霍州市卷烟市场的繁荣与稳定。

2015年，共出动执法检查人员1600余人次，检查车辆370余台次，查获各类违法案件25起，查获各类非法卷烟39.6余件上缴罚没款18000余元，查获案值5万元以上案件1起，移送公安1起。

【领导班子】

局长、经理：

郭文生（2014.11—2015.12）

副局长：

郭小平（2008.03—2015.12）

马　强（2012.06—2015.12）

原海平（2015.10—205.12）

【获奖情况】

2014－2015年度，霍州市烟草专卖局（营销部）荣获省级“文明单位”称号。

霍州市烟草专卖局（营销部）从2002年起已连续七届被省文明办评为“文明单位”。

（原海平）

教育科技

教育科技事业

【概况】 霍州市教育科技局组建于2010年3月，是霍州市人民政府设立的行政管理部门，负责全市教育科技工作的总体规划、统筹管理等；具体履行中小学教师资格的认定、招聘录用、职务评聘、培养培训、考核奖惩及技术承包、咨询、开发等工作的组织、审批、登记、管理等职能。截至2015年底，全市共有各级各类学校98所，其中公办学校88所（普通高中3所、职业中专学校1所、初中10所、九年一贯制学校4所、小学46所、小学教学点21所，特教中心、电大、教师进修校各1所），民办学校10所。共有教师3318人，其中公办学校教师2876人，民办学校教师442人；共有学生35975人，其中小学20349人，初中8747人，高中5732人，职中1115人，特教32人。2015年，霍州市教育科技局以科学发展观为指导，以创办人民满意的教育科技事业为目标，以促进义务教育均衡发展为主线，以提升教育教学质量为中心，竭尽全力抓教学，科学规范抓办学，预防为主抓安全，全力以赴抓教研，全面实施素质教育，不断深化科技服务，全市教育科技事业呈现出蓬勃发展的良好态势。

教育工作

【基础设施建设】 2015年，霍州市把创建“全国义务教育发展基本均衡市”工作纳入全市经济社会发展总体规划，2015年，累计投资1.2亿元，用于全市义务教育均衡发展工作。完成义务教育阶段学校基础教育信息化建设工程，实现生机比10∶1，师机比1∶1的校校通、班班通的多媒体教学网络；完成义务教育阶段学校课桌凳购置更新；完成教学仪器、音体美器材、图书资料、多媒体设施设备的补充配备及达标升级；添置必要的生活设施；配备专职安保人员，购置安保设施，监控设施达到全覆盖；对53所学校实施薄弱化学校建设工程，改善全市中小学办学条件。全市各中小学校面貌焕然一新，校园成为每个村落最美丽的风景线。

【教育投入】 2015年，霍州市财政对教育的拨款为40961.27万元，生均教育事业费，小学8025.51元、初中9054.52元，生均公用经费，小学2466.07元、初中2392.29元。

【师资队伍】 2015年，建立完善义务教育学校校长、教师交流轮岗制度。全市各中小学校长全部进行交流轮岗，交流比例达100%，教师交流比例达11%，师资流动形成常态化。组织教师参加各种职后培训，不断提高教师学历层次和业务能力。城镇学校和农村学校，全部配备县级及以上学科带头人、教学能手或骨干教师，各学校专任教师的学科、年龄、职称、性别等结构逐步趋于科学合理，师生比小学达到13.5∶1，初中达到10.1∶1，满足了开足开全课程的需要。着力加强师德师风建设，出台《霍州市关于中小学教师师德师风管理办法》和《霍州市中小学教师师德师风考核办法》，采取政策高压、明察暗访等方式对违反教育“三乱”行为造成恶劣影响的学校及教师进行严肃查处，规范教师行为，树立行业新风。

【教育民生工程】 2015年，按照《霍州市四类困难家庭学生固定救助办法》，对全市双亲亡故、单亲亡故、父母一方卧病在床、本人重大残疾的四类困难家庭学生统一实施每月110元至194元不等的固定救助，做到不封顶，只要符合标准，就对照发放。将升入大学的霍州籍贫困大学生纳入救助范围，实行跟踪救助。采取舆论引导和政策支持相结合的办法，鼓励关心热爱教育事业的企事业单位和个人捐资助教、爱心助学。成立爱心助学基金会，召开集资大会，常年在市区各大商场、超市设立爱心捐款箱，使助学工作步入制度化、规范化轨道。爱心助学基金会2009至2015年，共募集资金4201014.1元，物资75万元，资助贫困学生570人。北京霍州籍同乡会发起成立京霍情爱心助学基金会，2010至2015年，共募集资金45万余元，物资55万元，资助学生77人。全市优秀民营企业家朱志宏同志成立的紫云爱心助学基金会，2003年至2015年，共资助学生397人，资助金额235.6万元。以霍州籍台湾同胞宗荣禄先生命名的“宗荣禄奖学基金”，1993至2015年，共资助学生1150人，金额11.5万元。由卫计局发起成立的“圆梦女孩”助学基金，2015年成立伊始就资助学生12人，资助金额1.2万元。市总工会“金秋助学”，成立以来共资助学生285人，资助金额47.77万元。2015年8月21日，市四套班子领导、全市广大科级干部、企业家、社会各界爱心人士等在中镇文化广场举办霍州市四类困难家庭学生救助暨爱心助学大会，向广大困难学生慷慨解囊，奉献爱心，现场共募集捐款346万元，救助学生1770名，受到社会各界的高度赞誉。

【九年义务教育】 2015年，投资2698万元对全市初中学校和部分小学进行计算机教室装备，添置多媒体设备，保障各校信息技术课的正常开展，实现优质教育资源的共建共享。在全市各初中学校开展实验操作模拟考试，锻炼了学生的动手操作能力。开展城乡学校之间、优质学校和薄弱学校之间“捆绑式”“结对子”帮扶活动，逐步缩小城乡之间、学校之间的差距，促进城乡教育均衡发展。义务教育阶段学生招生坚持小学“就近、划片、免试”和初中“就近、划片、免试、分配”的原则，实行阳光编班、均衡编班，促进义务教育均衡发展。2015年11月16日至17日，国家教育部督导评估组对霍州市义务教育均衡发展进行评估认定。认为霍州市达到国家规定的义务教育发展基本均衡市要求。通过这一创建活动，全市义务教育整体发展水平上了一个新台阶。

【教育教学质量】 2015年，高考成绩取得历史性进展，突破千人大关，600分以上11人。一本达线人数325人，比2014年净增84人；二本以上达线人数1005人，比

2014 年净增 158 人，再创历史新高。中考成绩持续位居临汾 17 个县（市、区）第三名。高考中考同创历史新高。以高考中考为标志，霍州的教育彻底走出低谷，步入良性发展轨道。市教科局全面加强城乡学校联合，做到教研活动、教师培训、教学质量互联，教育资源、教育管理共享。以课改先行校联合体为依托，结合霍州市实际，采用“专题培训、观摩议课、经验交流、归纳提升、运用推广”的工作模式，开展送教下乡、名师与农村骨干教师结对、农村骨干教师“手拉手”以及教学开放周、优质课展示等活动，构建校际间、班级间、同伴间的促优转困帮扶模式。制定出台《霍州市关于进一步加强教学工作的指导意见》《霍州市中小学教学常规管理量化评估细则》，组织开展教学新秀评选、教科研论文评比、网络集体备课等活动，组织编写小学“三级教案”和初中“教纲”“讲学稿”，引领全市中小学课堂教学同步发展，在全市教科系统形成“校校抓质量、人人抓教学”的良好氛围，得到社会各界及家长的一致好评。

【素质教育】 2015 年，全市高度重视素质教育工作，把促进学生全面发展放在教育工作首位。清明节期间，组织全市中小学生开展“缅怀革命先烈，弘扬优秀传统”主题教育活动，组织学生赴南塔烈士陵园扫墓，进一步加强学生的爱国主义教育。成功举办“中小学生乒乓球比赛”“激情教育梦”师生书画展、“汉字听写大会”“亮形象、比奉献、争标兵”教师演讲赛、“践行核心价值观，争做五好小公民”主题演讲赛、科技实践体验周大型系列活动等。各学校定期举办学生运动会、校园艺术节等活动，开展丰富多彩的大课间活动，保证学生每天一小时阳光体育活动。继承和弘扬地方特色文化，研发《大美霍州》《校园文明举止礼仪》等校本课程。全市各校开展践行社会主义核心价值观教育活动，广大师生的精神风貌改变，道德水准提升，灵魂得到净化，校园内风清气正，处处充满正能量。2015 年，在临汾市第 30 届青少年科技创新大赛上，霍州市共有 18 所学校、80 名教师、614 名学生获奖。市实验小学先后参加全国第十一届至第十五届机器人竞赛（山西赛区）联赛，共荣获 24 个一等奖，19 个二等奖，14 个三等奖。在香港举办的全国“创协杯”创意科技机械人大赛，该校代表队荣获 1 个亚军，1 个第四名，在山西省参赛队伍中名列第一。在第 30 届山西省青少年科技创新大赛终评展示中，市实验小学荣获小学组科技创新成果竞赛一等奖，市实验小学学生发明的“魔力拖鞋”入选全国科技创新大赛决赛，这是临汾市唯一一件入选全国决赛的作品，创临汾市科技创新大赛最好成绩。

【学前教育】 2015 年，全市共有幼儿园 145 所，其中公办园 28 所，民办园 117 所；在园幼儿 10119 名，入园率 98%；幼儿教师 865 名。霍州市学前教育以国家《幼儿工作规程》和《幼儿园管理条例》为指导，坚持以幼儿为主体，以教师为主导，面向全体，寓教于乐，寓教于做，主动发展，使幼儿的智力得到初步开发，逐步养成幼儿良好的生活与行为习惯。按照两个法规要求，提高幼儿教师水平，保证教育质量，改善办学条件，优化育人环境。

【小学教育】 2015 年，全市共有小学 72 所，在校生 20349 人，小学入学率达 100%，毕业率达 100%。全市各小学校全面实施素质教育，落实国家课程标准，开全课程，开足课时，开展大课间活动，落实阳光体育运动，教育教学质量得到提升。

【初中教育】 2015年，全市共有初中19所，在校生8747人，初中入学率达100%。严格规范办学行为，实现“划片、免试、就近”入学，均衡编班，阳光编班，国家课程得以全面开足开全。开展城乡学校之间、优质学校和薄弱学校之间“捆绑式”“结对子”帮扶活动，城乡之间、学校之间的差距逐步缩小。

【高中教育】 2015年，全市有三所普通高中学校，在校生共计5732人。扩大普通高中办学规模，全面推进素质教育，大力实施课程改革，扎实开展教学研究，积极探索多元化的发展思路，办学效益提高，高中教育教学质量稳步提升。

【民办教育】 2015年，全市共有民办学校10所，学生3658人。贯彻落实《民办教育促进法》，坚持“积极鼓励、大力支持、正确引导、依法管理”的办学方针，加大对民办教育机构的检查指导力度，提升民办教育的办学档次，规范办学行为，全市民办教育呈现出健康、有序、快速的发展趋势。

【职业教育】 2015年，围绕市委、市政府总体发展目标，开展面向农村的职业教育，职业教育服务社会的功能逐步增强。职业中专学校实行开放式教学、定单式培养，制定农村职业教育和培训计划，扩大招生和培训力度，使职业教育快速发展。

【成人教育】 2015年，以建设社会主义新农村为目标，开展送科技下乡活动，顺应全市农业调产大形势，以成人学校为依托，针对性地举办农村科技培训，推动农业发展、农民增收，共开展各类技术培训100余次，培训3万余人。2015年，三教乡和师庄乡通过了学习型乡镇临汾市级验收。

科技工作

【产学研创新】 霍州市加强科技创新主体地位，成立生产力促进中心，建立科技信息服务网络平台。通过合作研发、共建载体、转移成果、引进人才、技术培训等方式，有力地推进了全市的科技创新工作。全市共有省级以上研究院所3家，省级民营科技企业5家，临汾市科技创新企业4家。建立霍东新型工业园区和西张垣现代农业生态循环示范园区。鼓励和引导企业探索建立产学研紧密型合作的长效机制，鼓励企业按照发展需求主动与高校院所共同研究确定开发课题，与高校院所开展全方位的科技合作，加强产学研联合，通过“政府搭台，企业唱戏，科研院校对接”等做法，先后促成霍煤新源通新产业投资有限公司、山西文冠果科技有限公司、霍煤鑫炬煤机装备有限公司、同鑫禽业等企业与中国林科院、中国农科院、北京中纬新能生物科技开发股份有限公司、北京林业大学自然保护区学院、山西农业大学、煤炭科学研究总院山西煤机装备有限公司、沈阳天安矿山机械科技有限公司、省畜牧兽医研究所、省农科院等10余家科研院校和机构在新能源、生物柴油、煤机装备、种植业、养殖业和农副产品加工业开展多项技术合作。特别是霍煤新产业曹村工贸橡塑分公司还同匈牙利在密封圈制造方面展开国际合作，邀请匈牙利技术人员定期指导培训。这些合作的开展延伸了企业的产业链，增强了企业的发展后劲。

【工业科技】 根据霍州市产业发展的特点和趋势，为加快培育发展高新技术产业，抓好高新技术的推广应用，推动高新技术企业立项认定工作，先后多次邀请山西省、临汾市科技部门及中介机构深入霍煤鑫钜和霍煤新产业公司从高新技术企业的有关政策、管理办法、认定条件、认定程序以及高企所享受的优惠政策等方面进行详细指导，以此带动全市高新技术产业的发展壮大。霍煤新产业公司着手申报准备工作。组织实施煤矿用多功能液压锚杆钻车研究开发、液化天然气调峰储气设施项目、集中供热工程等创新驱动项目和低碳创新项目，加大对企业技术创新的扶持力度。

【农业科技】 围绕农业科技创新，霍州市组织实施农业科技攻关及农业科技成果示范推广等各类科技计划项目。推广农业新品种、新技术、新成果，重点培育文冠果种植及茶产品开发、西张垣设施蔬菜及核桃种植、白龙生猪养殖等农业支柱产业。发挥农业产业化科技示范基地的示范带动作用，推进农业现代化、产业化和可持续发展，重点在西张垣现代农业生态循环示范园区开展大棚蔬菜、花卉、瓜果等新品种引进和种养新技术的研究示范，逐步形成具有特色的农业科技示范推广中心、综合性农业示范园区，园区具体建设日光温室蔬菜种植区、芦笋供应基地、花卉苗木基地、大型养殖基地、农技培训中心、产地批发市场、集约化育苗基地、质量检测中心等。巩固发展健峰生态农业科技示范基地，建立健峰农业信息技术应用示范基地，信息服务覆盖了全乡种植大户、合作社等，推动农业科技创新工作向纵深发展。

【专利工作】 霍州市教科局加大知识产权工作投入力度，对专利申报推广予以资助，加强专利行政执法，保护专利权人的合法权益。知识产权宣传周活动期间，开展保护知识产权宣传活动，在全市组织悬挂大幅标语10条，街头发放资料3000份，先后3次邀请山西省专利机构专家深入厂矿企业、学校、医药及乡村进行专利培训，具体指导专利申报，宣传普及知识产权。在全市营造知识产权宣传氛围，扩大知识产权的社会影响力，推进自主知识产权技术的展示、对接，加快专利技术的实施转化。利用“科技三下乡”“科技活动周”，开展上门送技服务等活动，提高广大人民群众的知识产权意识，广大群众发明创造的积极性空前提高。2015年，霍州市完成专利申报135项，其中发明35项，完成有效发明14项。申报临汾市级专利推广资助申请1项，即霍煤集团霍源通新产业投资有限公司承担的多功能液压锚杆钻车项目。霍州市也完成本市级专利申请资助和专利推广实施资助。

【科普宣传】 科普宣传是提高人民群众科技文化素质的一条有效途径。本着“实际、实用、实效”的原则，加大科普宣传、科技培训力度，提高群众的科技意识和生产技能，培养造就一批科技意识高、综合素质强的科技带头人，促进全社会科学意识的提升。利用传统庙会，科技活动周等时机，开展以“节约能源资源、保护生态环境、保障安全健康、促进创新创造”为主题的科普宣传活动，提升广大人民群众的科技意识和科学素质。通过一系列的宣传，传播科学思想，宣传科学理念，推广科学技术，提高广大人民群众的科技致富本领，加速科技成果向现实生产力的转化，为霍州市经济社会发展营造良好的发展氛围。

【领导班子】

局　长：

乔桂平（2010.08—2015.12）

副局长：

薛云彪（2002.10—2015.12）

朱志峰（2012.08—2015.12）
董　江（女，2010.03 月—2015.12）
纪检组长：
李海龙（2012.08—2015.12）
督　学：
王虎广（2011.04—2015.12）
总支委员：
张　菁（女，2010.03—2015.12）

【获奖情况】

2015 年，霍州市成功创建“全国义务教育发展基本均衡市”，市教育科技局被授予“山西省省级平安单位”“山西省第五届中小学生艺术展演优秀组织奖”“山西省中学生汉字听写大赛优秀奖”“《山西教育·幼教》杂志优秀通联单位”“临汾市社会治安综合治理工作先进单位”“临汾市尧神杯小学生文明交通我参与主题征文活动优秀组织奖”“临汾市第四届运动会优秀组织奖”“临汾市首届中小学师生书法大赛优秀组织奖”“临汾市科技创新大赛优秀组织奖”等光荣称号。

2015 年，刘小洁被中央电化教育馆授予“教育部—中国移动中小学教师信息技术能力培训项目优秀辅导教师”的光荣称号，陈燕奇荣获“临汾市第 30 届青少年科技创新大赛优秀组织工作者”称号。

（薛忠虎　卢晓华）

霍州一中

【概况】　霍州一中建校于 1948 年，办学历史悠久，人文底蕴深厚，桃李满天下。到 2015 年底，发展成一所 20 轨制的省级示范高中。全校 60 个教学班，在校学生 3186 人，教职工 252 人，其中国家级模范 2 名，省级模范教师 15 名；省级学科带头人 9 名，省级骨干教师 4 名；省级教学能手 10 名，市级教学能手若干；地、市级学科名师、优秀班主任、优秀辅导员、优秀教师等 78 名。从学历结构上看，全日制硕士研究生 12 名，教育硕士研究生 2 名，研究生班结业 8 名，其余均为本科学历；从职称结构上讲，中学特级 3 名，中学高级 44 名，中学一级 88 名，其余均为初级职称；从毕业院校来讲，985 院校毕业的有之，如华东师范大学、北京师范大学，211 院校毕业的有之，如西北大学、华中师大；从年龄结构上讲，60 后的是中坚，70 后的是主力，80 后的是学校可持续发展的不竭动力。特别是 2012 年霍州市委、市政府一次性为学校分配 54 名新入编教师，为一中教师队伍注入新鲜血液。

从 2007 年起，市一中搬迁至霍州东城的新校区，占地 118000 平方米，总建筑面积 61300 平方米，交通便利，视野开阔，主建筑为集教学、办公、实验为一体的综合大楼，综合大楼外观呈弧形，外围长 282 米，气势恢宏，结构合理，功能齐全，成为霍州地标性建筑之一；学校建有 4 栋学生公寓楼，一栋高标准餐饮中心，400 米标准塑胶跑道、标准足球场、6 个篮球场、5 个羽毛球场地等设施；拥有一流的教育教学设备，6 个“56＋1”的微机室；5∶5∶3 结构的理、化、生实验室；1∶1∶1 结构的理、化、生探究实验室；1 个声光电立体呈现的地理探究实验室；2 个语音实验室，60 个多媒体教室。2015 年刚竣工一栋现代化图书大楼，内设梁衡研究会及电子阅览室。新校区规划的教学区、生活区、运动区、布局合理、设备完善、设施一流、整个校园设计理念超前、校园风格独特，总绿化面积高达 60%，是一所集时尚性、公用性、实用性、审美性于一体的绿色生态校园。

从2007年被省教育厅授予“山西省示范高中”以来，市一中倍感鼓舞，凝心聚智，全力以赴深化教育教学改革，狠抓课堂教学效益，教育教学质量攀升，2013至2015年连续三年高考二本B类达线人数均以三位数速度猛增。2015年，高考二本以上达线747人，其中，一本253人，600分以上11人，位居临汾市同类学校前列。

【荣誉】 首先，高考成绩，再攀高峰。2015年高考，霍州市一中再创佳绩，再获突破，以二本B达线747人的惊人之举获得社会喝彩，得到群众满意，受到组织表彰。

其次，示范高中，专项复评，名列前茅。山西省教育厅为了加强对省级示范高中的科学化、规范化管理，决定用两年的时间对全省110所示范高中进行五个专项的检查复评，据此得出结论：合格、黄牌警告、取消资格。这项工作启动以后，市一中集全校之力，聚全校之智；贡献智慧，提供方案；各尽其力，各负其责；你追我赶，争先恐后；勇于承担，拼搏争先，高质量地接受专家组的评估验收。尤其是课堂教学改革，更是锦上添花，勇拔头筹，受到专家组的高度评价。

再次，文化项目，落户一中。2015年9月，市委、市政府站在文化强市的战略高度，依然决定引进文化项目——“梁衡研究会”，经过市“老促会”的精心协调，尤其是通过一中人的鼎力配合，梁衡研究会于9月28日终于在市一中挂牌运行。这个项目的引入具有深远的历史和现实意义。一方面，丰富了“文化育人”办学特色的深刻内涵。另一方面，梁衡的作品能有效地指导师生写好文章。

最后，标准学校，验收通过。普通高中办学条件标准化建设这项工程由山西省政府决定，教育厅组织实施。其理论依据是《国家中长期教育改革和发展规划纲要》，时代背景是2017年全国普通高中新一轮课程改革。新一轮课程改革突出“三新”，即新教材、新课标、新高考。新教材的特点是：凸显时代特征，紧扣时代主题，贴近时代旋律。新课标的特点是：重操作、强素养、利创新、超一流。新高考的特点是：夯实基础、引进中介、强化会考、文理兼备、参照过程。针对这项工程的A级和B级指标体系，市一中进行严密细致的准备工作，圆满通过验收。

【德育工作】 在以人为本的社会里，人的发展是其终极目标。怎样让学生自主发展、终身发展，知识固然重要，但比知识更重要的是道德修养以及适应和改造社会的能力。市一中遵照“德育工作意见”的精神，高度重视德育工作，健全领导机构，合理配置人员，明确制度、目标、任务，有计划、有重点、有步骤地推进全校德育工作。开展各类常规活动，以主题班团活动、重大节庆纪念活动、升国旗、参观国防教育基地为载体对学生进行理想信念教育；以“献爱心，送温暖”活动为载体对学生进行公民素养教育；以新生入学大会、教师个别指导为载体对学生进行生涯规划教育；以设立学生校外实践基地、组织学生实地参观考察、撰写调查报告等研究性学习活动为载体进行科技教育。设立心理健康咨询室，由校长韩学东任组长，4名任课教师兼职担任心理健康辅导员，通过对学生进行专题讲座、考前辅导等方式对学生进行心理健康教育。最终通过上述一系列的活动有效培养学生正确的世界观、人生观、价值观、审美观。

【教学改革】 1. 高效课堂的长效机制和丰硕成果。市一中经过近几年的努力，高效课堂改革取得内涵式发展。组织教师以观摩课、示范课、优质课的形式进行教研，规定每周二为教研日，周三为好课观摩日，定期召开教育教学经验交流会，制定科学的激励机制，为全体教师提供展示才华的机会和空间，为广大青年教师迅速成长构建厚实的平台，以老带新，各取所长、互助互学，共同提高。

以年级为单位抓课堂教学，要求各年级各学科以学科组长为核心统一集体备课，共同编写导学案，以导学案为载体落实课堂教学改革，要求导学案在学期末按学科编著成册，作为再度课堂教学改革的依据，使教学改革有连续性和继承性。

为了确保教学改革的顺利进行，市一中加强现代教育技术和信息化建设，更新升级教室的多媒体设备，加大校园局域网建设，接入高考无忧网资源，安装有网上阅卷系统和电子备课系统，要求所有教师都能利用多媒体手段授课教学。教学手段的现代化和信息化，提高课堂教学效率，成为日常教学工作的常态。

市一中推进评价制度的改革，对学生评价不单纯以考试成绩，注重综合素质、成长过程及个性特长等多方面、多形式评价，主要内容包括学生考试考查成绩登记表、社会实践活动登记表、学期总结评价表、获奖情况登记表、研究性学习记录表、学生自评互评表等，通过对学生原始资料的积累和保存，重在关注学生的发展过程和表现，发挥《综合素质发展报告》的评价功能，加强评价的科学性、客观性、促进学生全面进步。

在课堂教学改革中，涌现出一批有探索精神和创新能力的教师，特别是一部分中青年教师，敢于尝试，潜心研究，不怕失败，在课改中已崭露头角，教学成绩突出。学生普遍认为新的课改模式激发了他们学习的兴趣，开阔视野，获得成长的快乐，加强和师长的情感，融洽和同学的关系，提高阅读、讲话、思维、写作、交际、合作等多方面的能力，增强自信心和上进心，得到身心、知识、技能的全面发展。市一中的高效课堂改革，获得全新的教育教学体验，体现真正的职业价值，用集体的智慧教学，以人为本育人，现代化教学手段如虎添翼，提高课堂效益，在民主、平等的师生关系中寓教于乐。课改是发展之本、课改是强校之路，近三年市一中教学质量突飞猛进，连续攀升，就是有力的佐证。

2. 加强课程建设，多层次研发校本课程。市一中开足开齐国家规定的课程，包括通用技术、信息技术、研究性学习、音体美等非高考科目课程。学生信息技术课程考试通过率达百分之百；音体美每年都有一百多名特长生脱颖而出；通用技术设有专门教师，有通用技术专用教室和设备，每年举行一次学生劳动技术手工作品大赛；研究性学习进入课堂，研究性课题有相关学科的教师指导，悬泉山地理考查等课题研究活动成果显著。

市一中利用一切资源，在校本课程的研发上迈出了重要的一步。校本课程分两大类，即教辅类和综合类。其中教辅类校本教材有《导学案汇编》，每年级 9 册，共 27 册；《霍州人文地理》《霍州自然地理》各一册；综合类有《青草园文集》《中学生应对突发事件的知识和技能》《中学生文明礼仪》等。

霍州籍的梁衡先生是中国当代著名散文学家、政论家、新闻理论家和科普作家，他的作品多次入选语文课本，成就突出，影响很大。一中把梁衡先生赠送的《中学生散文读本》《中学生素质读本审美艺术卷》《中学生素质读本成功立业卷》《中学生素质读本感恩真情卷》《中学生素质读本哲理人生卷》《数理化通俗演义》等书籍以及梁衡先生的个人成长历程开发为一中的校本课程，设有专门的梁衡图书室及电子阅览室，在展厅里有梁衡先生各个时期工作和生活的历程，陈列有梁衡先生所有的作品及部分手稿，既可供研究，也是青少年步入学术殿堂的有力阶梯。以此为起点，力争把一中的校本课程推上一个新的平台。

3. 尝试多样化办学，为学生发展奠基。

面对当今社会的多元化发展，市一中遵循“一切为了学生发展”的办学理念，关注学生的个性发展，积极寻找多样化办学新路径。制定如下计划：首先，学校要求教师把尊重带进课堂，让学生成为学习的主人，把激励带进课堂，让每个学生都有成功的体验，不论学生是否答对，都要让学生体面坐下。教学中，要求教师平等对待成绩不同的学生，平等对待智力和能力不同的学生。其次，学校创造“副科不副”的氛围，让那些确有特长的学生“英雄有用武之地”，一中联合“金话筒”“临汾中传”“西安曲江艺术学校”等社会力量开展各项活动课程，开展各种艺术体育活动，开办各种艺术体育特长班，为学生个性发展奠定良好的物质基础。一中坚持、“因材施教”“因人而异”的方针，正视学生的差异，最终达到“不求人人升学，但求个个成才”的目标，借以满足未来社会的多种人才结构需求。

【文体活动】 校园文化建设是学校综合办学水平的重要体现，也是学生成长的重要途径。“五四”青年节，举办主题歌咏比赛和“迎五四·育青春”的部级演讲比赛；国庆节，以“胸怀天下，报效祖国”为主题的班级演讲比赛；每年举行校运动会和高一新生军训、元旦晚会等文体活动。学校定期不定期组织各类文体活动，促进学生的全面发展，激发广大学生的学习热情。学校社团活动在市一中有深厚的基础和良好的传承，有完善的组织机构和配套制度，隶属于学校政教处领导。社团活动较为活跃，形式灵活多样，内容丰富多彩。开展较好的有“校园之声广播站”“青年志愿者协会”“梁衡文学社”“摄影社团”“舞蹈协会”“体育协会”“美术协会”“播音主持协会”“编导协会”“表演协会”等十几个社团。

【教研工作】 作为霍州教育界的龙头单位，市一中注重与兄弟学校的交流与合作，与市二中帮扶结对，多年派优秀教师到市二中、霍州煤电中学授课，开展教学研讨活动，通过示范课对其教师进行业务培训，提供管理模式，提供检测试题，互通共享教育资源。市一中与邻县的汾西、襄汾、翼城、临汾建立友好的教育教学关系，多次邀请忻州一中的名师到市一中授课指导，高二年级与忻州一中实行同步授课测试制度，提升教育教学效果。多次通过临汾市教育局特约临汾市各校名师到市一中给学生讲学指导，对高考教学质量的提升起到实际作用。学校十分重视教师的专业发展，经常派出各学科教师出外培训学习，参加各种形式的年会和研讨会。市一中还多次集体到河北衡水一中、二中、怀仁一中、新绛中学、泽州一中、山西师大实验中学等在教改方面取得明显成效的兄弟学校学习课堂教学改革的经验；多次学习太原尖草坪中学以及其他学校的先进经验。利用区域资源，在开放办学方面走出一条适合学校发展的路子。多年来作为一中学子高校毕业的实习基地，每年要接收几十名大学生来校实习，为大学生成长铺路搭桥，为学校发展增添活力。

【安全工作】 学校每学期开学大会上，校长都要为学生上一节安全教育课，每学期开展为期一周的“安全教育周”，每学期各班开一节以安全为主题的班会。组织学生参加安全演练，通过板报、标语等开展安全宣传，真正做到安全教育进课堂，安全演练全覆盖，安全宣传全时空。学校校内安全工作做到制度化、经常化、科学化。制定《霍州一中平安校园建设实施方案》，健全安全领导机构，完善值班制度，人员设施配备到位，逐日填写安全日志。与相关部门配合，对校园周边环境进行综合治理，无安全隐患，无影响学校正常教学的娱乐或商业活动场所。

【后勤工作】 后勤工作属硬实力服务性保障。市一中校后勤部门按照“教学主导，后勤先行，爱心教育，服务到位”的指导思想，围绕“优质、责任、高效、节俭”基本理念，变被动服务为主动服务，变告知服务为预见性服务，变局部服务为全方位服务，变任务型服务为优质型服务，变行政指派服务为长效机制服务的思路开展工作。坚持约定时间必须坚守岗位，约定工作必须优质服务，约定任务必须保证完成，约定程序必须履行到位。

后勤实行例会制度，每周五下午召开后勤例会，通报上周检查情况，部署安排下周工作，对工作中出现严重问题的人员，实行辞退或淘汰。抓好档案管理工作，包括后勤工作制度，后勤工作日常检查与评比，消毒工作记录，用电用水工作记录，隐患排查记录等。制度管人，各负其责，时时有人管，事事有人管，有事不推托。

在后勤工作上，学校领导高度重视，以餐饮服务、宿舍管理、校园安全为切入点，在规章制度、资金、人员配备等方面倾注了大量心血。

2015 年，学校完善各种安全管理制度，完善各类突发事故应急预案，加强隐患排查力度，建立各类安全台账，对学校安全隐患及基础设施，各类设备用火、用电、用气、饮食进行定期不定期的安全检查，积极落实整改。后勤人员还加强与年级，与政教处的高度配合，默契合作，严格学校值班制度，加强校园与周边的安全防范，保证学校教育教学工作的正常开展。

【领导班子】

校　长：

韩学东（2005.09—2015.12）

副校长：

成文安（2005.09—2015.12）

陈海平（2005.09—2015.12）

安国华（2005.09—2015.12）

刘光明（2013.11—2015.12）

【获奖情况】

2015 年霍州市委、霍州市人民政府授予教学育人先进集体；2015 年 9 月，霍州市委、市政府授予高中教育优秀奖。2015 年 3 月临汾市社会管理综合治理委员会办公室、临汾市公安局授予 2014 年度市级平安单位。

（董琴琴）

霍州二中

【概况】 霍州市第二中学创办于 1986 年，2015 年底，发展为 12 轨制，36 个教学班，拥有 180 名教职工、2000 余名学生的全日制普通高中。

【校园文化建设】 校园文化建设是霍州市第二中学综合办学的显著特色之一。学校在校园文化建设方面推陈出新：校歌、校训等校园文化主题鲜明突出，演讲比赛、文艺联欢等校园文化活动精彩纷呈，形成学校文化建设的浓厚氛围。

【德育工作】 学校始终以“立德树人”为基本准则，加强学校德育工作。①强化学校德育工作领导职能；②周一升国旗、重大节日纪念活动常态化；③德育工作更注重抓细、抓小、抓实。

【教学科研工作】 学校加大“走出去、请进来”的高效提质发展的投入力度，先后派出数批领导、教师分赴银川、石家庄、忻州等地观摩交流；邀请边境和商晓芹等多位京城名师到校讲学指导，通过互动交流，开阔视野，增长见识，学到经验方法，明确努力方向。

【安全工作】 学校牢固树立“安全为天”的思想，学校安全领导机构、安全管理制度完善健全，安全教育警钟长鸣，安全排查不留空档、不留死角，安全保卫人员24小时全天候值班，防微杜渐。

【高考成绩】 学校高考成绩再上两级新台阶，又是一年大丰收。2013年高考达线39人，2014年高考达线52人，达线增长率为33%，2015年高考达线87人，其中一本38人，二本49人，达线增长率67%。

【特色办学】 多元办学结硕果，特长教育满园春。学校开设音乐、体育、美术、书法、舞蹈、笛子、播音主持、影视编导、空中乘务等科目，学生入学后任选一门特长，为学生高考与就业提供机遇和平台。

【领导班子】

校　长：

李林锁（2014.01—2015.12）

副校长：

胡泽斌（2005.08—2015.12）

李秀玲（女，2005.08—2015.12）

（晁国锁）

职业中专

【概况】 霍州市职业中专学校创建于1987年，是国家级重点中等职业学校，山西省星级管理四星级学校，省市级文明学校，山西省职业教育先进单位，山西省模范单位，山西省教育系统先进集体，临汾市名校。校址位于霍州市北环路18号。校园占地面积45000平方米，建筑面积22000平方米。到2015年底，学校共有教职工150余名，全日制在校学生1500余名。学校现开设有计算机应用、机电技术应用、汽车运用与维修、护理、学前教育、动漫与游戏制作、旅游服务与管理、电子商务8个专业。其中计算机应用专业、机电技术应用专业为省级示范专业，汽车运用与维修专业为临汾市示范专业，护理职业、学前教育专业、动漫与游戏制作专业、旅游服务与管理专业、电子商务专业为热门专业。学校另有驾校一所，年培训学员2000余人，医院一处（床位50张），供医护专业学生实习之用，动漫制作中心一个，为计算机应用专业学生实训使用。学校有校外实习基地25处，北京同仁物业、北京玛钢玮业有限公司、北京欢乐起航幼儿教育集团、国电置业公司、海信（北京）电器有限公司、北京量子伟业发展有限公司、北京汽车制造厂、北京汇智高科等；还有京津学生实习就业服务中心一个，该服务中心就近跟踪服务，加强对学生实习就业指导工作。到2015年底，学校在京津实习就业的学生达2400余人。经过多年努力，霍州市职业中专学校发展为一所学历教育与成人教育相结合、职前教育与职后服务相结合、基础教育与技能培训相结合，长期短期互补、联合自办并存的国家级重点中等职业学校。

【办学理念】 霍州市职业中专学校始终，坚持以立德树人为根本，以服务发展为宗旨，以促进就业为导向，深化体制机制改革，推动教育制度创新，培养高素质职业人才，传承技术技能，促进就业创业，为建设人力资源强市提供人才支撑。

霍州市职业中专学校始终把德育工作放在全校工作首位，要求学生成才先成人。在为地方经济服务和联合办学道路上进行了不懈地探索：先后与北京商鲲教育集团、中国太平洋人保险股份有限公司北京分公司、北京恩众医疗技术服务有限公司、北京天天爱乐钢琴艺术幼儿园、海信（北京）电器有限公司、北京青鸟信息技术教育发展有限公司、北京京运通科技股份有限公司签订联合办学协议，进行订单式培养，使得学校实现健康快速发展。

【办学行为】 学校严格遵守国家各项教育法律法规，开足开全课程，在办学上按照“四个服务”的指导思想：即积极主动地为霍州市及京津地区的经济结构调整服务；为促进就业和再就业服务；为农业、农村、农民服务。为了强化管理，该校建立推动各项工作顺利开展的长效机制，完善各项规章制度；出台制定教师绩效考核办法，中层人员考核方案等；这些制度措施的制定确保全校工作按规办事，有章可循。为了服务全市新农村建设，学校2013年开设计算机动漫与游戏制作专业，2015年开设电子商务专业。这些专业设置坚持学历教育与资质教育并举，形成多专业、多形式、多层次的办学模式，使学校成为文理科教育兼容的综合性学校，职业教育的特点得到发挥。2013年学校被山西省教育厅定为山西省中高职五年制“3＋2”人才培养试点学校，与该校联合办学的高校有：天津冶金职业技术学院、河南三门峡职业技术学院、山西轻工职业技术学院、临汾职业技术学院、太原旅游职业学院、山西管理职业学院。通过与高校的合作，全面提升了学校办学层次，学生根据自己的意愿，直接升入对口大专院校，继续深造，圆了大学梦。“免费上中专，直接升大学，轻松找工作”成为职中办学理念超前的一大亮点，这一举措将推进霍州市职业教育的全面发展，提高学校的办学品味。到2015年底，学校生源覆盖整个霍州市及汾西、洪洞、灵石、乡宁等周边县市，招生人数相对稳定且稳中有升。

【教师队伍】 2015年，学校通过多种渠道优化教师队伍结构，提高教师队伍素质。加快优秀教师的引进步伐。该校结合教学实际，从生产一线聘请技术工人，担任教师，实施了“走出去”战略。学校批派出优秀教师、班主任到兄弟学校学习。鼓励在职培训。学校鼓励教师参加学历进修，参加国家、省、市的各类教育教学论坛、专题培训。有25名教师参加国家级、省级骨干教师培训；有3名教师通过进修取得研究生学历，有33名教师完成大学本科学历进修。学校组织教师进行学校校园网络的建设工作；主动构建“云平台”，先后派遣教务处三名教师到北京世界大学城和岳阳职业技术学院、株洲职业技术学校实地考察，学习先进院校云平台构建技术，方式方法及经验成果。到2015年底，该校教师中研究生学历3

人；本科学历 120 人，教师当中高级职称 26 人，中级职称 64 人，有省级学科带头人 2 人，省级教学名师 1 人，省级教学能手 2 人，省级骨干教师 5 人，专业理论课教师中双师型教师占 71％。学校教师队伍爱岗敬业，为人师表，业务水平高，教学能力强，能普遍使用现代化教育技术手段开展教育教学活动，是一支业务水平较高、实践能力较强的教师队伍。

【教学改革】 教学工作永远是学校的中心工作，要提高办学质量，必须要提高课堂质量，必须突出职业素质教育与技能训练相结合、教与学相结合的特点，向课堂要效益。为了提升教学质量，学校进行了一系列的教学创新：首先创新教学管理，推进教学改革，强化技能训练教学，制定实行一整套完善的教学常规管理和教学检查制度，改革教学考核办法，推进教育与产业、学校与企业、专业设置与职业岗位、课程教材与职业标准、教学过程与生产过程的深度对接，推进课程体系建设；其次，创新教学模式，在抓好常规教学的基础上创新教学模式，教师在教学中普遍应用现代信息技术教学，专业课聘请有经验的企业退休职工授课，让学生真正学到实用技能，学校尽量创造条件，暑期组织学生到相关企业进行实践锻炼，推进校企合作；最后创新学生评价模式，建立以能力为核心的学生评价模式，实行学业、德育、技能、实习综合评价，提高学生综合职业素养，引导学生全面发展。打造老师们之间相互学习的平台，组织骨干教师开展示范课的教学，发挥“骨干教师”的示范引导作用，老师之间相互听课，相互学习，取长补短，共同进步。

【办学特色】 霍州市职业中专学校以市场为导向，开设适应市场需求、服务经济发展的专业，开展“订单培养，对口就业，跟踪服务”的办学模式，学生前两年在校就读，后一年在与学校开展“订单培养”的单位带薪顶岗实习、就业，与该校开展“订单培养”的单位有：北京同仁医院、北京九华体检中心、北京京东方集团、北京玛钢炜业消防科技有限公司、北京现代汽车 4S 总店、恒河通达、量子伟业、中国国电集团、郑州铁路局客运段、北京奥博双语幼儿园等十多家单位。通过这种办学模式，该校培养一大批毕业后就能直接发挥作用的优秀人才。从 2010 年元旦，该校在北京设立京津学生实习就业服务中心，派驻专门教师，对实习就业学生进行全方位跟踪服务。学生就业服务工作中依托“两个平台，一个网络”，即依托北京商鲲教育集团和北京霍州籍同乡会这两个平台，实行就业学生自主管理网络，使得该校学生实习就业工作取得满意成绩，该校毕业生的就业率到达 98％。到 2015 年底，该校仅在京津实习就业学生就达 2400 余人，该校“订单培养，对口就业，跟踪服务”的办学模式，在京津职教界引起强烈反响，得到有关方面专家高度重视，被称为“霍州职教模式”。

【科学管理】 开通霍州职中微信公众服务平台，加强微信平台管理，更好地宣传学校，方便家长、社会对学校的了解与互动。建立“霍州职中教师群”，通过该教师群，教师之间可以相互沟通、探讨、安排学习常规性事项，对学校的发展建设发表意见和建议，更好地提高工作效率。

从严加强学籍管理，对无故不到校的学生，及时与家长沟通，直至按学籍管理规定注销学籍，这既是国家学籍管理的要求，也是提升内涵管理的需要。

落实中职教育免费全覆盖政策，按时组织国家助学金的发放工作。助学金评审工作，在严格评选程序的基础上，安排学生代表全程参加，阳光操作，保证了助学金评选的公开、公正、公平。

重视学生会工作和班级管理，在两操管理、卫生管理、宿舍管理、社团活动中发挥学生会的积极作用，既锻炼学生会成员，又推进学校管理。强化班级文化建设，创建文明班级，每周举行主题班会，组织学习《弟子规》等中华传统文化。每班一个校园板报，给同学们提供展示的平台。每班制定班级公约，增强班级凝聚力。加强法治教育，让同学们更多地懂得法律，懂得规矩，在遵守法律、制度的前提下，快乐学习、快乐成长、快乐成才。坚持以德治校和依法治校相结合，开展多种法制宣传教育活动。

【办学吸引力】 为促进电子商务专业的发展，自2014年开始，学校先后经多方实地考察，和宁波市搜易得教育信息咨询有限公司签订校企合作协议，引进“晋淘易电子商务有限公司”入驻学校，该电子商务有限公司作为学校电子商务专业实训基地，将为霍州市搭建电商服务平台，开展电商运营服务，培训电商专业人才。2015年12月初霍州市有300余名电商创业者通过该平台接受培训并合格结业，这对电商落户霍州市提供重要的人才支撑。依托学校搭建的电子商务服务平台，乐村淘百村电商也开展起营销服务，其构建的“工业品下乡、农产品进场”的电子商务双向流通新平台开展运营，这对增加霍州市居民收入，开创霍州市电商发展起到十分重要的作用。

【领导班子】

校　长：

薛国全（2005.08—2015.12）

书　记：

张爱民（2007.07—2015.12）

副校长：

师玉平（1998.05—2015.12）

张曹喜（1999.04—2015.12）

陈国锁（1999.04—2015.12）

刘平生（2005.08—2015.12）

【获奖情况】

2015年2月被霍州市人武部授予关心支持武装工作先进单位；

2015年9月被霍州市委市政府评为教学育人先进集体，10月被霍州市委市政府授予职业教育优秀奖；

2015年10月被山西省妇女联合会评为“巾帼创业就业技能培训基地”

（朱庆文）

霍州市实验中学

【概况】 霍州市实验中学前身是霍县第二中学（完全中学），创建于1986年，1990年撤县设市后更名为霍州市第二中学，2005年8月按照上级“高、初中分离办学的要求”，霍州市第二中学初中部留在原址改名为霍州市实验中学。

霍州市实验中学是霍州市全日制初级中学之一，位于霍州市北环路79号，占地面积32384平方米，校舍建筑面积16350平方米。到2015年底，办学规制为16轨，有48个教学班，2486名学生（其中寄宿生131名），169名在编教师。学校师资力量雄厚，教学设施齐全，教学环境宜人，教学管理规范，为全面提高学生素质营造良好的条件。

【工作重点】 以稳妥推进课堂教学改革为抓手，强化目标引领与过程管理，加大师资培训力度，内强素质，主动适应课改新常态，“小组合作学习”达到经常化；以“名师工作室”为载体，以名师群体为引领，打造精品课堂，开展名师评选活动，将“示范课”“过关课”“一周一课”“模式展示课”“我最满意一节课”进行有序联动，步步为营，形成独树一帜的教学模式，构建良好合作、互动自然的高效课堂，学校课改工作呈现出勃勃生机。

【学校亮点】 狠抓学生养成教育，注重学生品德修养。开展“主要节日”教育、绿色环保教育、革命传统教育、爱路护路教育及“中国梦”系列教育等活动，以“主题教育”促养成。强化学生习惯培养，规范学生仪容仪表，规范学生行为，以“两个规范”促养成。实施“国学”诵读制度，完善“综合评价”机制，把“行为评价”经常化，结合“课改”促养成。坚持校内、校外教育相结合，通过“家长会”、开放周、关工委、送法进校园、教师家访等途径，“健全教育网络”促养成。“四项措施”促进学生良好行为习惯的形成，提升学生养成教育质量。

【特色工作】 加强校园文化建设，优化校园绿化、美化、亮化效果，提升硬件建设水平，为师生创建优美的工作和学习环境。构建富有浓郁文化气息的墙壁、走廊、楼梯、教室、办公室文化，彰显人文内涵。一如既往加强心理活动室和心理咨询室建设，把心理健康教育辐射到每个班级和每个学生，使学生心理健康化；以快乐大课间、多彩的活动课为平台，助推学生全面发展。丰富多彩的文体活动，凝聚集体的智慧，展示学校的实力。

【均衡发展】 加大义务教育基本均衡工作力度，在原有的基础上，新增1个录播室、3个微机室、2个实验室；新设美术教室和音乐教室；改建浴室；将闲置10余年的旧学生宿舍楼改造成高标准的教师办公楼。

【领导班子】

校　长：

都福平（2014.01—2015.12）

副校长：

王耀全（2005.08—2015.12）

安海峰（2005.08—2015.12）

副书记：

刘秋平（2005.10—2015.12）

【获奖情况】 霍州市实验中学从建校至2015年，荣获“山西省文明学校”“山西省现代教育技术实验学校”“山西省创建平安校园先进单位”“山西省防震减灾科普示范校”“临汾市教研工作先进单位”“霍州市教学育人先进集体”等荣誉。为霍州市义务教育基本均衡发展工作起到引领和带动作用，受到社会各界的好评。

（成连生）

文化旅游

文　化

【概况】　2010年，根据《中共临汾市委、临汾市政府关于印发〈霍州市人民政府机构政策方案〉的通知》（临字〔2009〕13号）的文件精神，将原霍州市文化体育局和霍州市广播电视中心的行政职能划入霍州市文体广电新闻出版局，正科级的建制，为市人民政府工作部门。其主要职能有：贯彻执行上级有关文化、体育、广播电视、新闻出版事业有关方面的方针、政策和法律、法规、规章以及国家有关非遗保护和文化产业方面的政策，拟定组织实施全市文体广电新闻出版事业的发展规划和年度执行计划，促进全市文体广电新闻出版事业的蓬勃发展。内设办公室、文化股、体育股、广电新闻出版股四个股室。下属单位有：文化市场行政综合执法大队（副科建制），图书馆、群艺馆、少年儿童业余体校4个事业单位及影剧院有限责任公司、演艺有限责任公司和电影放映发行有限责任公司3个企业单位。局机关行政编制为11人，其中局长1名，副局长3名，纪检组长1名，总工程师1名，股级职数4名。另有工勤人员1名。局总支下设局机关、少体校、剧团、影剧院、电影院、老干6个支部，共有中共党员55名。

【基层文化设施建设】　到2015年底，霍州市文化体育设施有：文化馆、图书馆、灯光球场、影剧院、中镇文化广场等。2015年10月，霍州市图书馆对电子阅览室、图书阅览室、青少年活动室以及文化活动中心展览厅进行全方位基本设施维修改造，全面对外开放。退沙街道许村、大张镇狮子洼村分别建起高标准的文体广场。霍州市文体广新局对7个乡镇文化镇分别给予资金和器材的配套，确保农村文体活动的正常开展。

【农村文化建设】　2012年，在实现霍州市199个行政村的农家书屋、文化活动室、农村体育健身场所全覆盖的基础上，完善配套资金和相关设施。2015年，为199个行政村的农家书屋分别免费赠订7种报刊和100本图书。为南环路街道、永康社区、新建社区、北兴社区四个街道社区配套了电脑、乐器、音响、书柜、桌椅等，为曲坡、西庄、南王村、周村4个行政村共配套体育器材38件。

【文化活动】　2015年，春节元宵节期间，霍州市文体广新局组织举办“中国梦·霍州情”系列文体活动，有元宵节红火表演、千名科级干部越野赛、羽毛球比赛、元宵节灯展、书画展、戏曲汇演、电影下乡等，既烘托了霍州市节日喜庆气氛，又丰富了广大人民群众业余文化生活。

春节期间，组织举办“迎新春”书画

展，共展出300余幅画；参与协调指导各乡镇组织举办2015年春节系列文体活动，参演单位共计100余个，观众人数达5万余人；2月11日组织20余人参加临汾春晚，演出节目《公廉鉴》；3月，霍州市文体广新局与霍州市文联共同出版发行《霍州民间音乐》刊物；4月2日，组织300余人，参加临汾市在襄汾县举办的帝尧古都文化旅游月锣鼓大赛，一举夺得冠军；6月完成《第四次文化馆评估定级工作》的前期有关筹备工作；参与指导永康华庭杯歌手大奖赛，历时一个月；6月2日，在中镇文化广场组织参与"我要上六一"少儿文艺晚会。9月，对霍州市15个社区基层文化建设进行摸底、建档。10月9日，霍州市文化建设工作会议在退沙街道许村召开，会上进行经验交流发言，现场布置50余块宣传版面，集中展示霍州市近年来文化事业良好的发展态势和取得的巨大成就，霍州市连续三届蝉联"中国民间文化艺术之乡"的称号。

【体育活动】 2015年1月7日，崔爱国等10名霍州籍长跑选手参加厦门国际马拉松比赛。2月27日至3月2日，在霍州市文化活动中心组织举办羽毛球比赛。3月8日组织举办健身操汇演，来自全市的20余支代表队800余人在中镇文化广场参加汇演。3月10日，霍州市文体广新局在霍东大道组织举办"千名干部越野赛"，参赛队员由市四套班子全体、各乡（镇、街道）、市直党政、事业的在职副科级及以上的500余名干部参加。4月17日，霍州市象棋选手董文山、曹焕武代表临汾市参加山西省第十二届农民中国象棋比赛，获团体第二名，董文山获个人第六名。4月25日至29日，霍州市门球代表队在上海举行的中国门球冠军赛中获得第八名，参赛队伍108支，参赛队员1080人。5月9日至11日，霍州市门球代表队在山西省临汾市蒲县举行的沿黄河九省市门球比赛中获得第一名，参赛队伍37支，参赛人数400余人。5月26日至29日，霍州市组织承办临汾市第四届运动会象棋比赛，地点设在霍州市金洲大酒店，此次比赛由各县（市、区）、各机关的20支代表队参加，霍州宏利代表队获得团体第二名，霍州市代表队获得团体第六名的佳绩，霍州代表队的董文山获得个人赛第一名。7月10日至8月1日，由霍州市文体广新局主办的霍州市第11届"HBA"暨"中国银河证券杯"篮球赛，经过20多天的精彩角逐，圆满落幕，期间观赛人数超过万人，形成了良好的篮球氛围。7月25日，成功举办霍州市首届"银河证券杯"羽毛球单项比赛。7至8月，霍州市组队陆续参加临汾市第四届运动会羽毛球、乒乓球、武术、健身球操、太极拳、太极剑、跆拳道、田径等项目的比赛，取得优异的成绩。8月，霍州市20余名运动员参加山西省"苗苗杯"摔跤比赛，荣获团体第三名。8月8日，举办霍州市2015年8月8日全民健身系列活动启动仪式暨"星牌杯"10公里越野赛，参赛人数达到500余人。8月15日，在中镇文化广场成功举办首届毽球比赛，完善霍州市的体育比赛项目。11月上旬，霍州市健身操队代表山西省参加全国老年人健身球操大赛荣获规定套路和自选套路两项金奖，参加第三届"大成杯"健身球操全国邀请赛荣获规定套路和自选套路两项金奖；11月，组织举办八蜡庙鼓乐协会成立一周年庆典活动；12月31日，组织举办"强健体魄·阳光生活"全民迎新年健步走活动，市四套班子领导及社会各界共计3000余人参加，促进霍州市全民健身活动的蓬勃开展。

2015 年 5 月 10 日至 15 日，对霍州市辖区内的体育经营场所进行调查统计。5 月 18 日至 21 日，对霍州市辖区内的体育设施损坏情况进行摸底调查。对损坏器材进行维修和更新。6 月 11 日至 13 日，对霍州市范围内的所有体育经营场所和体育彩票销售网点进行全面检查，对违规场所进行严格查处。

【文化新闻出版市场管理】 2015 年，霍州市文体广新局出动 300 余人次，对霍州市文化市场（音像、网吧、歌厅、印刷）多次进行专项整治，6 月中旬，霍州市文体广新局组织力量对霍州市文化（体育）经营场所进行专项整治，检查各文化经营单位 60 家次，依法查处各类违规经营场所，30 余家次。

霍州市文体广新局开展“4·26”保护知识产权宣传和“扫黄打非”工作，对霍州市出版物市场和印刷复制企业开展专项检查行动，行动中共检查音像制品店 3 家及书店 7 家，印刷企业 5 家，暂扣违法盗版音像制品 98 张（册），取缔经营非法出版音像制品的观坡街音像租赁店。

在“五一”、暑期、“十一”期间开展安全生产大检查行动。将安全生产大检查文件精神传达到全市文化市场经营场所，要求各文化经营单位、场所开展自查自纠工作，开展安全生产专项检查。对检查出安全隐患的歌舞厅、网吧进行现场整治，要求马上整改。

7 月 24 日，在文体广新局四楼多功能会议厅对全市文化经营业主进行法律法规及安全生产知识培训，加强对文化经营业主的教育引导工作，共有百余家文化经营场所负责人参加。培训中明确各种文化经营场所的责任，进一步规范经营秩序。

8 月，开展打击非法“网络共享”网站及设备产品专项治理行动。重点是加强源头治理，严厉打击非法“网络共享”网站及设备产品和打击违规销售、安装使用卫星地面接收设施行为，规范广播电视传播秩序。检查电视维修器材设备经营店铺 3 家，未发现非法销售“网络共享”（电视棒）等设备产品；检查全市各宾馆、洗浴休闲场所等，未发现有非法安装、使用卫星地面接收设施现象。

9 月，组织开展打击盗版教材教辅专项检查，加强对校园周边报刊经营点、图书零售店的清查，遏制盗版教材、教辅读物在学校蔓延的趋势，杜绝淫秽书刊、“口袋书”、政治性非法出版物等违法侵权盗版书刊的流通，保护广大师生的合法权益，净化校园教学环境。

此外，为推进政府软件正版化，尤其是企业单位，以政府办行文通知，促使办公软件正版化工作的顺利进行；与各经营户签订安全目标责任书，完成审证、换证工作。

【文化下乡】 3 月 21 日，在霍州市退沙街道什林村，由市委宣传部牵头，组织启动霍州市 2015 年科技文化卫生“三下乡”活动。在该次活动中，霍州市文体广新局资助退沙办文化站 5 台电脑，价值 25000 元；赠送什林村农家书屋价值 5000 元的图书；该次活动既是送文化，更是送温暖，让广大人民群众共享社会发展成果。

2015 年共送戏下乡 150 场，送电影下乡 2388 场，霍州书表演队巡回在全市农村及社区演出 30 余场，丰富了城乡居民业余文化生活；共指导基层开展文体活动 40 余场，参与人数 3000 人。

【非物质文化遗产】 为使霍州市濒临失传的霍州地方书发扬传承，近年来，在市领导的关心支持下，霍州书的挖掘工作卓有成效。挖掘搜集整理《霍州三弦书唱词》汇编资料。2015 年，《霍州三弦》深入到基层慰问演出 30 余场，受到观众的好评。

2 月 11 日，新编霍州书《公廉鉴》参加临汾春晚节目的录制。6 月 13 日组织参加了全国第 10 个文化遗产日活动，在中镇文化广场及文化活动中心举办以“保护成果·全民共享”为主题的宣传活动。

11 月初，霍州市乡村文化记忆工程启动，组织十余人深入到大张镇的 14 个行政村田间地头，就文化记忆工程进行走访调查，完成摸底建档，计算机登录和有关资料上报工作。

2015 年，对霍州市民间艺术（霍州莺歌）进行扶植和整理。

【领导班子】

局　长：

张建民（2010.11—2015.12）

总支书记：

王海平（2010.04—2015.12）

副局长：

关志红（2012.05—2015.12）

庞天授（2010.04—2015.12）

薛晓波（2012.07—2015.12）

纪检组长：

闫学文（2012.08—2015.12）

【获奖情况】

2015 年，霍州市获“中国民间文化艺术之乡”称号

（关志红）

广播电视

【概况】　霍州市广播电视服务中心担负着全市广播、电视的宣传和事业的发展、规划、管理、服务等职能。下设办公室、总编室、新闻部、播出部、审片室、人事科、广告部、财务室、政工科、技术部、网络中心、广电网站、电台等 13 个部门，共有干部职工 100 人。2015 年，霍州市广电中心紧紧围绕“建设三晋经济强市，实现整体率先发展”的战略目标，以宣传为中心，以创新为动力，以队伍建设为保证，唱响主旋律，打好主动仗，为霍州转型跨越发展营造了良好的舆论氛围。

【党建工作】　2015 年，广电中心在市委的领导下，在全体党员干部的共同努力下，围绕广电中心工作，发挥党支部的战斗堡垒作用和党员的先锋模范作用，提高干部职工的政治素质和思想水平，开展党建和思想政治工作，为广大干部职工营造良好的工作氛围。

1. 认真开展学习教育活动。根据市委的统一安排部署，广电中心在学习讨论落实活动中，认真组织班子成员集中学习习近平总书记系列重要讲话精神，围绕“三严三实”学习教育召开专题研讨会 5 次。

2. 加强思想建设坚持理论学习。坚持政治理论学习与实际工作相结合，抓班子，促队伍，做到勤政务实。加强理论学习，强化班子政治理论素质。学习内容到位，重点学习党的十八大和十八届三中、四中、五中全会精神，习近平总书记系列重要讲话精神以及霍州市的有关文件资料。加强全局观念，提升班子组织水平。始终坚持以人为本，预防为主，领导带头的方针，把抓好党员干部特别是党员领导干部的经常性教育和强化廉洁自律意识作为遏制腐败的治本之策，筑牢党员干部拒腐防变防线。

3. 加强组织建设强化政治保障。按照建设一个好班子，抓好一支好队伍，形成一套

好机制，培养一种好作风的“四好要求”，加强领导班子建设，按照《党章》要求，严格落实党的民主集中制原则，坚持“三会一课”制度，按照召开支委会、支部大会和党课学习，坚持党支部委员经常碰头，有问题及时研究解决。召开领导班子民主生活会，有针对性地解决全中心干部职工在思想、工作等方面存在的突出问题。开展民主评议党员工作，提高组织生活质量，增强党支部战斗力、凝聚力。

4. 加强廉政建设提高拒腐防变意识。严格落实党风廉政建设责任制，强化党风廉政教育，形成反腐倡廉的整体合力。①加强领导、认真负责。把党风廉政建设的任务落实到每个干部身上。②改进工作作风，强化服务意识，提高工作效率。③党员干部严格要求自己，弘扬艰苦奋斗优良传统，坚持执行中央八项规定，从制度上、源头上狠刹“四风”。

【节目宣传】 1. 强化新闻立台，突出宣传重点。突出宣传重点，精办《霍州新闻》电视栏目，《霍州之声》电台栏目，结合新闻宣传需要，电视台策划推出《三八巾帼风采》《争做霍州好人》《新闻眼》《大美霍州》栏目，电台推出《倾听107之文化霍州》《爱在蓝天下》《与法同行》《国学经典诵读》《卫生与健康》《领航之音》《戏曲欣赏》《霍州党史纪事》栏目，围绕市委市政府中心工作，电视台开辟《弘扬社会主义核心价值观》栏目，进行深入细致的报道。加强新闻策划力度，增加深度报道内容，减少报道中的官话、套话和空话，增强时政报道的贴近性和观赏性，提高新闻报道的公信力、亲和力、吸引力和感染力。截至2015年底，电视台共播发《霍州新闻》286期，播发《一周要闻》48期，发稿1460余条。完成全市三级干部大会、市六届人大五次会议、政协霍州市六届五次会议的实况直播，录制了十期时长达200余小时的少儿节目等工作任务。

2. 常抓不懈，对外宣传成绩显著。2015年，霍州市广播电视中心新闻工作者发掘线索，掌握信息，加大对外宣传霍州的力度，2015年，电视台在临汾台播发新闻160余条；广播电台在临汾台播发新闻140余条。霍州广电网站发挥网络平台优势，在纪念抗战胜利70周年期间，链接人民网，开设《寻找历史记忆，缅怀抗战英烈》的专栏，在十八届五中全会期间，链接新华网，开设《回眸十二五，展望十三五，学习贯彻党的十八届五中全会精神的专栏》，为霍州对外的宣传力度打造良好的声势。

3. 加强学习培训，提升新闻人员素质。注重对新闻人员职业道德、职业精神和业务知识的培养学习；坚持每周一新闻例会的学习制度；派专门人员在临汾市电视台进行为期一个月的提升学习；参加临汾市电视台组织的专业知识培训。

【事业建设】 2015年，霍州广电中心把广播电视网络建设作为传播先进文化和加强精神文明建设的重要载体。坚持以发展和巩固并举、有线与无线结合的方针，抢抓机遇争先发展，收效明显。无线数字电视新装用户600余户。完成李曹镇、陶唐峪乡的主干线路铺设，初步形成较好的投资局面。范村、鸭底、源头、北候、杜苏沟、南堡、李曹、杨枣8个村具备了入户条件。平移改造王庄、陈村、寺庄3个村，具备入户条件。村村通卫星接收系统完成1000户的安装任务，涉及峪里、张家楼、李家坟3个村庄。

广播电台实施三教、李曹、陶唐峪3个乡镇农村广播覆盖工程，在市内各主要街道新增广播60余个，重整北山公园广播线路，并更新15余个广播，基本满足了部分农村和市内居民的收听需求。

【安全播出】 霍州市广播电视中心坚持安全发展理念，以高度的政治意识和责任意识，把广播电视网络安全播出工作作为全中心工作的重中之重来抓，通过抓好日常和敏感期的安全防范，以及施工生产，防火防盗等安全生产和安全播出工作，确保广播电视节目信号的安全优质高效传输。该中心没有发生任何安全责任事故。

1. 认真做好网络事故大排查工作。网络中心各个片区组织人员对自己所辖的范围进行定期不定期的有线网络故障大排查。查出的问题及时解决，使各线电视信号的网络传输做到防患于未然，保证信号安全传输。

2. 加强网站网络安全自查工作。按照上级要求，为确保网络安全，对网站进行自查，按照“九查”内容进行逐一比照清查，如对网站的《特别关注》《霍州新闻》《霍州专题》等13个栏目进行全面清查；对每日上传的信息网页进行全部复查；对有安全隐患的“免费发布消息”“推行分类消息”进行撤换；对发现有商业性质的部分广告进行删除，替换成公益广告，如“文明行为高一分，城市形象美十分”“梦娃系列动画等”；向市委宣传部、市政府网络中心、公安局网监科递交信息系统安全等级报告，承诺书和自查报告。

计算机安全防范方面：该中心经过保密技术检查，安装防火墙，同时配置专业杀毒软件，加强防篡改，防病毒、防攻击、防瘫痪、防泄密等。

3. 狠抓安全生产和安全播出隐患大排查工作。该中心组织安全播出领导小组成员和相关技术人员，定期不定期对全中心安全播出责任部门和安全播出、安全生产各个环节，部位进行彻底的排查隐患，包括有线电视前端，北山发射塔、电台、新闻制作室，以及全台防火、防盗、防水等做到不留死角，不漏部位。

【领导班子】

主　任：

张志坚（2013.04—2015.12）

党支部书记：

叶革新（2013.04—2015.12）

电视台总编辑：

朱朝晖（2013.04—2015.12）

副主任：

薛晋骊（女，2003.02—2015.12）

杨治红（女，2007.06—2015.12）

纪检组长：

成记明（2003.02—2015.12）

副总编辑：

刘彦俊（2003.02—2015.12）

杨燕华（女，2007.06—2015.12）

总工程师：

张韦韦（女，2012.07—2015.12）

（段志芳）

新闻信息中心

【概况】 新闻信息中心，正科级建制，全额事业单位，内设机构有办公室、编辑部、网络部、通联部。编制15人，共在岗人数16人。领导职数1正3副，人员主要从原霍州报社调整。出版霍州市委、市政府主办的连续资料《今日霍州》，宣传党的路线、方针、政策、国家法律法规，政府的政令和行政规章。报道市委、市政府的决策和重大工作部署，围绕市委、市政府的中心工作，搞好新闻宣传，推进决策执行；利用网站、公众微信平台、手机客户端等新兴媒体，发布全市政治、经济和社会各方面新人、新事、新经验、新气象，反映人民群众的意见、建议和要求。传播科技知识，发送经济信息，活跃城乡文化，培养新闻写作人才，提升霍州对外美誉度。

【报刊发行】 2015年，新闻信息中心贯彻落实党的十八届四中、五中全会精神，开展“三严三实”主题教育实践活动，围绕市委、市政府中心工作，坚持“政治责任，服务品格，大众情怀，百姓视角”的办报理念和“团结尚学、创新敬业”的工作精神，按照“三贴近”原则，开展“走转改”活动，在提升新闻报道质量的基础上，大胆探索传统媒体与新兴媒体的融合发展，成功创办《今日霍州》电子版、《今日霍州新闻》公众微信，开通新华社霍州手机客户端，新建今日霍州信息网站，实现报纸、公众微信平台、信息网站、手机客户端“四位一体”的宣传格局，为《今日霍州》实现转型升级奠定坚实基础。2015年，《今日霍州》共出版发行71期，较年初计划的52期多出19期，超额完成任务31%，为霍州市经济社会发展提供强大的精神动力和舆论支持。

【宣传报道】 2015年，新闻信息中心围绕市委、市政府中心工作，完善新闻策划机制，对重点、热点新闻进行分类梳理，对重大主题、重大活动、重大典型新闻进行策划把关，使新闻报道有深度、有新意、有特色、有影响。调动采编人员发现新闻、采写新闻的主动性和积极性，集思广益，“深挖井水”，从广度、深度上挖掘新闻源，在新闻创新、提高报道质量上下功夫、做文章。并以社论、消息、述评、通讯、图片新闻、专题报道、系列报道等形式，通过《今日霍州》报纸、网站、公众微信、手机客户端等载体灵活多样地开展宣传报道，把市委、市政府的重点工作和各项决策，及时、准确地宣传到各级各部门、基层一线、千家万户。

【宣传典型】 2015年，《今日霍州》在开辟“廉政言论”“商务之窗”“科普专栏”等专版专栏的基础上，创新设置“争做霍州好人”“践行社会主义核心价值观”“践行三严三实”“科技创新在基层”“冬季行动在进行”等栏目，对活跃在全市各行各业的模范人物和先进事迹进行广泛宣传报道。霍州女孩赵艳在贵州打工，义务照顾跌倒老人4年的感人事迹被央视、山西、贵州等媒体报道后，新闻信息中心立即组织人员远赴千里之外的贵州，于2016年元旦前夕，在贵州省凤冈县见到了这位美丽善良的姑娘，带去家乡人民的问候，将这位打工妹近年来在贵州生活、工作的点点滴滴带回山西，带回霍州。报道以后，社会各界高度关注、纷纷点赞。

《今日霍州·美丽乡村行》是新闻信息中心开辟的新栏目，它以霍州市秀美乡村为着眼点，以“发现美、传播美、引领美”为宗旨，寻找全市“自然生态美、文物古迹美、生活幸福美、文化和谐美、创新引领美”的美丽乡村。深入挖掘美丽乡村内涵、报道农村生活的新变化，农村发展的新亮点，展现广大群众的幸福感和成就感，彰显美丽乡村的魅力。至2015年底，对全市各乡（镇、街道）20个乡村进行深度挖掘和报道，结集出版画册，让全市人民通过图片、文字全方位感受到霍州市城乡变化的新面貌。

【报刊创新】 2015年，新媒体打破了传统媒体“一家独大”的局面。新媒体与生俱来的即时性、交互性和便捷性等特点，给传统媒体带来巨大的冲击和挑战。新闻信息中心于2015年在《今日霍州》电子版成功运行的基础上，正式注册运行《今日霍州》“微信公众平台”，该平台定期发布全市最新新闻、政策动向、应急信息等。广大读者可以扫描《今日霍州》二维码或搜索订阅号“今日霍州”加关注，便可及时收看全市最权威、最主流的新闻资讯。年末，中心建立新华社霍州手机客户端，创办《今日霍州》信息网。至2015年底，《今日霍州》形成报纸、公众微信平台、信息网、手机客户端“四位一体”的全新宣传格局，提升《今日霍州》的覆盖面、影响力、传播方式和传播速度。

【党建工作】 1. 开展“三严三实”专题教育活动。全市“三严三实”专题教育实践活动启动后，新闻信息中心第一时间召开动员大会并成立领导组，制定出台了《霍州市新闻信息中心关于开展“三严三实”专题教育活动的实施方案》。认真学习，查找问题，广泛征求意见，限时整改。新闻信息中心先后制定出台了《霍州市新闻信息中心关于改进工作作风加强内部管理的有关规定》《霍州市新闻信息中心反对“四风”，转变领导干部工作作风实施方案》《霍州市新闻信息中心量化考核机制》《霍州市新闻信息中心考勤制度》等工作制度。

2. 认真落实“两个责任”，强化党风廉政建设。新闻信息中心扎实推进党风廉政建设和反腐败各项工作。强化党风廉政建设主体责任，切实加强组织领导。完善财务管理相关制度，严格财务审批程序，形成“一把手”监管，副职分管，工作人员经手的工作格局。2015年新闻信息中心对三名同志下发了廉情预警通知书，并进行个别谈话，对约谈对象明确了落实党风廉政建设责任制相关要求，提醒其认真学习、自觉遵守廉政建设和作风建设相关规定。

3. 加强民主集中制建设，发扬民主作风。健全各种规章制度。中心班子通过召开会议，征求意见，建立民主集中制学习教育制度，制定详细的工作计划，一把手作表率，带头学习，认真组织班子成员开展深入学习《民主生活会制度》《重大事项公开制度》《廉政制度》等。

【领导班子】

主　任：

朱文平（2013.08—2015.12）

副主任：

陈雪琴（女，1998.05—2015.12）

杨　华（2012.07—2015.12）

梁建峰（2012.08—2015.12）

【获奖情况】

2015年，新闻信息中心共向省市媒体刊发稿件370篇，比2014年多出50余篇。其中：《霍州市1770名寒门学子获社会救助346万元》《霍州：高擎文化旗帜　引领社会风尚》《梁衡为霍州党员干部作官德修养专题讲座》《霍州：为中小企业加油减负》《霍州构建全方位廉政宣教格局》等新闻报道分别在省、市多家媒体刊登、转载。

2015年11月5日，在临汾市召开的庆祝第16个记者节暨新闻宣传表彰大会上，由朱文平同志采写的《霍州建教并重弘扬红色文化》和关莉同志采写的《挑战顶级马拉松的霍州人》分别荣获好新闻二等奖和三等奖。霍州市新闻信息中心被临汾市委宣传部评为“临汾新闻宣传工作先进集体”。

（杨华）

文　物

【概况】　霍州市文物管理局行使全市境内各级各类（地下、地上）文物工作的依法行政、保护管理、科学研究及合理利用的职能。2001 年 1 月，成立霍州市文物管理局，为市政府直属事业单位。到 2015 年底，共有干部职工 50 人，领导班子 5 人，专业技术人员 11 人，文物局下设 7 个科、室、所（馆），分别为办公室、文物科、保卫科、稽查队、霍州署博物馆，霍州市鼓楼文物管理所，霍州市娲皇庙文物管理所。全市共有文物保护单位 558 处，其中国保单位 4 处（霍州署、霍州遗址、娲皇庙、观音庙），省保单位 3 处（鼓楼、祝圣寺、韩壁遗址），临汾市保 2 处，市级文物单位 95 处，其余为一般文物保护单位。

【文物安全管理】　1. 落实文物安全责任、全面排查安全隐患。从 2015 年初开始，结合全市文物古建筑保存状况核查，文物局开展每季度一次的古建筑安全隐患排查工作。经过多次文物安全排查，共发现安全隐患 60 多处，及时下达《安全隐患整改通知单》60 多份，同古建筑所有人（或使用人）签订《文物安全责任书》150 余份。消除古建筑安全隐患，明确文物安全责任，确保全市文物保护安全无事故。

2. 合力狠抓施工安全，规范施工安全管理。赵家庄观音庙环境整治工地、祝圣寺保护修缮工地、段庄三教庙保护修缮工地，自工程开工以来，施工单位对工作人员安全教育到位、安全制度健全，安全警示标牌设立悬挂醒目，安全应急预案落实到位，工作人员能自觉按照安全操作规范施工作业。总之，安全管理比较规范，安全措施比较到位。通过施工单位自身的安全管理，业主单位派驻的专职质量、安全监督员的长期质量、安全监督，及市文物局的每月一次的安全专项检查，实现重点工程安全无事故。

3. 加强消防安全设施建设，打造全市消防安全示范点。2015 年 8 月 27 日，全国重点文物保护单位霍州署消防工程通过上级消防部门的验收，投入使用；全国重点文物保护单位赵家庄观音庙、省级文物保护单位祝圣寺的消防设施建设正在完善之中；省级文物保护单位霍州鼓楼的消防设施建设也得到加强，在霍州鼓楼的二楼上安装消防应急用水，配备灭火器等消防器材。

市文物局在加强重点文物保护单位消防设施建设，对文物安全保护人员及文物工作人员的消防安全知识培训，提高文物保护单位消防安全应急水平。

市文物局利用霍州署博物馆较为完善的消防设施、宽敞的活动场地、具有一定消防安全应急能力的工作人员，定期进行消防安全应急演练，利用霍州署廉政教育播放厅的有利资源进行全市消防安全知识培训，将霍州署博物馆打造成全市消防安全示范点。

【文物保护工作】　1. 开展古建筑保存状况核查。霍州市文物局深入各古建筑保护单位对古建筑保存状况进行核查，从 2015 年 3 月 6 日开始到 4 月底结束，在近两个月的工作中，收集了 317 处古建筑保护状况的详细资料，摸清了霍州市文物保存现状。霍州市“三普”登记在册的古建筑有 317 处，这次对这 317 处古建筑进行全面调查。保存较好的有 134 处，占 42.3 %，存在严重险情的有 148 处，占 46.7 %，存在一般险情的有 34 处，占 10.7 %。在霍州市政府公布的三批县级不可移动文物中，古建筑有 57

处，保存较好的有27处；存在重大险情的有23处；存在一般险情的有7处。从核查数据上看，霍州市古建筑保护形势十分严峻，亟待采取有效的保护措施加以保护。

2. 古建筑类全国重点文物保护单位重大险情排查与元代以前古建筑专项核查按时上报。霍州市文物局深入涉及到的3处古建筑类全国重点文物保护单位，与3处元代古建筑保护单位认真排查，逐一拍照。在霍州市的3处古建筑类全国重点文物保护单位中，全国重点文物保护单位霍州州署、赵家庄观音庙进行文物本体修缮、环境整治及消防配套设施建设完成，保存状况较好；贾村娲皇庙一期修缮工程结束，二期工程方案正在审批之中，存在重大险情的地方是：正殿、东西耳殿内的壁画，壁画墙体有裂缝，壁画局部有剥落，期待能尽快得到保护修缮。

对于元代3处古建筑，逐一查看险情状况，研究维修方案及所需维修经费。通过核查取得这些古建筑的最新数据资料，经过对这些古建筑的数据收集、整理，按要求填写，5月15日如期上传相关数据，上报了纸质资料。

3. 加强不可移动文物基础工作，完成“十三五”县级古建筑文物修缮保护方案。全国重点文物保护单位，省级文物保护单位完善“四有”工作，临汾市级、霍州市级文物保护单位，落实保护范围与控制地带，落实“三有三防”。对重点文物保护单位重大险情排查，文物局及时制作安放各重点文物保护单位的保护标志碑，完善档案资料，配备管理人员，使文物保护更加科学、规范、明确。

霍州市文物局加强管理，编制《霍州市文物局文物保护“十三五”规划》，为下一阶段文物保护奠定了基础。

【可移动文物普查】 此次普查中，普查队员严格文物出入库管理制度，严把普查工作的每一个环节，规范文物录入的每一个步骤。到2015年底，霍州署博物馆馆藏可移动文物录入并上传至国家一普信息平台1016条，实际数量1.3万件。录入并上传行外可移动文物14条，实际数量25件。

2015年5月27日，山西省一普办文物鉴定专家组对霍州市霍州署博物馆近年来新增疑似可移动文物进行鉴定，共鉴定藏品297件（套），最后确定可移动文物52件（套），实际数量79件（套）。

【重点工程】 1. 省级文物保护单位祝圣寺保护修缮工程，到2015年底，完成大雄宝殿的修缮、地藏殿、东西配殿的修缮、维修与复建东北、西北角的四孔窑洞；三期工程，消防设施及环境整治建设在有序进行之中。

2. 县级文物保护单位段庄三教庙保护修缮工程得到省级支持，进展顺利。2015年4月23日，设计方案通过专家组的评审。7月31日，该项工程在省城进行公开招标。8月该工程正式开工。到2015年底，完成周围护坡的修复与建设，山门、戏台、南厢房等文物本体修缮完成。

3. 全国重点文物保护单位赵家庄观音庙环境整治及消防设施建设完成。

4. 贾村娲皇庙二期保护修缮方案正在修改审批之中。

5. 霍州署全年旅游人数达2万人，门票收入约50万元。

【领导班子】

局　长：

薛有生（2007.07—2015.12）

书　记：

孙　炳（2013.04—2015.12）

副局长：
成笃文（201207—2015.12）
纪检组长：
张秀斌（2002.09—2015.12）
工会主席：
刘淑伟（2002.09—2015.12）

（孙炳）

旅　　游

【概况】 霍州市外事旅游局成立于2001年，是市政府直属事业单位，正科级建制，是行使旅游行业行政管理职能，负责本行政区域旅游行业监督管理工作的职能部门。霍州市外事旅游局全额事业编制数为17名，其中局长1名，副局长2名，纪检组长1名，股级领导职数3名。内设机构有办公室、行业督查股、综合开发股。

主要职责有：贯彻实施有关旅游的法律、法规；编制组织实施旅游发展规划和年度计划；指导、协调旅游资源开发、利用、保护和旅游设施建设；组织旅游宣传，开发国内外旅游客源市场；会同有关部门协调旅游交通运输、改善投资环境，指导旅游商品市场开发和旅游安全工作；监督管理旅游经营活动，受理旅游投诉，查处或者参与查处侵害旅游者和旅游经营者合法权益的行为；组织、管理和指导旅游行业人员的教育培训；促进旅游行业发展的其他工作。

【陶唐峪景区开发建设】 2015年，霍州市外事旅游局与山西中景旅游开发有限公司就陶唐峪景区开发建设达成合作意向，签订合作开发协议，邀请太原师范学院汾河流域科学发展研究中心和山西表里山河城市规划设计有限责任公司完成关于陶唐峪旅游景区2014至2030年总体规划编制，就该规划组织霍州市直有关部门、乡镇召开征求意见会，该规划顺利通过山西省、临汾市专家评审。编制完成一期山上及入口功能区概念方案及施工图和二期景区入口区域概念规划方案，通过评审。霍山省级自然保护区陶唐峪片区生态旅游规划完成通过环评。

霍州市外事旅游局多次与当地村、镇协调，与同级和上级国土部门、水利部门、环保、林业部门多次协调，为项目的落地生根和快速推进起到推进作用。到2015年底，开发过程所涉及的国有林地租赁工作报山西省林业厅立项获批，景区地质构造及基岩埋深勘测报告也完成，新农村小区正在测绘和设计之中。

2015年陶唐峪景区开发建设按照“双核、一带、四区”的总体布局展开，“双核”是指以尧祠为主的山水文化展示核和太岳水乡为主的休闲度假体验核，形成串联“山水文化观光区、生态保育区、太岳水乡度假区和综合服务区”“四区”，作为整个景点的一个游览轴带。在尊重景区自然肌理和历史文脉的基础上，创造出人与自然和谐相处、地方文化与水乡特色有机结合的局面，达到生态与旅游共赢的效果。整个景区开发总占地面积为2000多亩，景区建成后，力争把陶唐峪景区建设为山西乃至华北地区具有重要影响力的、综合性观光休闲度假目的地和旅游避暑胜地，打造成为国家5A级景区，打响中镇霍山文化旅游品牌。整个开发建设分三期进行。到2015年底，投资35500万元的一期工程开发建设顺利启动，一期工程包括完成山上步游路建设、河道清理、餐馆、购物、旅游生态公共厕所、停车场、污水处理站等旅游配套服务设施的建设，完成水电设施、尧祠等的修缮和恢复，完善和办理发改、国土、水利等部门的手续，一期工程预计将在2016年10月完工并对外开放。

【宣传推介】 先后参加2015年3月在陕西渭南举行的旅游联盟合作会议、4月的山西省风景区房车露营博览会、5月在浙江义乌举行的国际旅游商品博览会、6月在北京举行的北京国际旅游博览会、11月的昆明国际旅游交易会，对霍州市主要景区房车营地、休闲度假目的地、招商引资优惠政策等方面进行全方位的对外推介。

利用电视、报刊和高铁站、广场等各种媒体资源进行立体式、轰炸式宣传，在大运高速路边安置旅游景区擎天柱广告，高铁站内成功嵌入景区宣传版面，通过各种渠道让广大游客深入地了解霍州旅游。

紧跟网络时代发展趋势，积极创新营销"互联网＋"的宣传模式，巩固并加深与国内知名互联网站——去哪儿网、同程网、携程网的合作，成功签订网络宣传推介协议。

参加由临汾市旅游局组织的上海文创联盟招商会和智慧旅游大会，推广网上智慧旅游，学习旅游发展新经验，适应旅游新常态。

搭建各种平台展示霍州形象，挖掘霍州市"年馍"享誉三晋大地的优势资源，牵头组织"绿和祥福"和"状元年馍"两家优秀企业参加2015平遥中国年展演赛，获得与会领导和参展人员的一致好评，展销会现场就签订众多订单，引来省内媒体的争先采访和报道，增强了霍州市整体城市形象的对外影响力。

【七里峪景区】 上霍线尉候段改线工程顺利完工，该工程总投资1679万元，包括进山改线段和旧路恢复段两部分，两段合计2.508千米，占地规模15.89亩。

污水湿地处理系统，总投资80万元，采用德国SPA污水湿地处理技术，先行建设中镇门湿地系统，实验该技术在七里峪景区的适应性，至2015年底，工程已完工。

发挥动员民间资本新建滑雪场一个，填补霍州市多年来冬季旅游项目的空白，为霍州市及周边地区的广大游客提供丰富多样的旅游目的地选择。

【旅游收入情况】 霍州市三个主要景区：七里峪、霍州署和陶唐峪，接待游客共计6万人次，门票直接收入达124万元。

【领导班子】

局　长：

董　娟（女，2010.12—2015.12）

党支部书记：

梁学军（2013.12—2015.12）

副局长：

董文莲（女，2002.10—2015.12）

朱军华（2012.06—2015.12）

刘学军（2012.06—2015.12）

纪检组长：

苗新胜（2002.09—2015.12）

【获奖情况】

2015年3月被临汾市旅游局评为2014年度旅游产品开发先进单位。

（梁洁）

霍山风景区管理委员会

【概况】 根据临编办发〔2011〕221号文件精神，2011年9月28日霍州市编办以霍编发〔2011〕15号文件同意设立霍州市霍山风景区管理委员会，正科级建制，隶属市政府办公室管理，核定领导职数1正1副，财政拨款事业编制 6 名。霍山风景区管委会职能：1. 负责霍山风景区规划及景区详规的编制、报批和监督实施等工作，负责组织景区建设项目的编制、报批和实施；2. 负责景区内的建设工程选址意见书和建设用地规划许可证、建设工程规划许可证的审查和报批工作，严格执行《霍州市旅游业发展总体规划》，严格控制风景名胜区内的建设规模；3. 负责景区内土地征用、土地使用权出让等具体工作，审查和报批建设用地批准意见书、国有土地使用书；4. 负责景区生态环境保护工作，防止各种性质的破坏和污染。审查和报批建设工程的环境影响报告书；5. 负责景区内林地和林政管理工作。做好封山育林、植树绿化、病虫害防治、古树名木和野生动植物保护等工作；6. 配合太岳山国有林局和霍山管理局搞好景区内林木采伐的监督管理工作；7. 负责景区内森林火灾的预防和扑救工作；8. 协助做好景区内的宗教事务管理和文物保护与管理工作；9. 负责霍州市旅游整体形象尤其是霍山风景区的宣传工作；10. 依据有关法律法规，做好景区规划、建设、土地、环境、林政、宗教事务和文物管理的行政执法工作；11. 负责景区的文明创建和社会治安综合治理工作。12. 负责景区管委会的组织人事、劳动工资、考核奖惩、社会保险、医疗保险和计划生育工作；13. 负责景区内固有资产的经营管理等工作；14. 负责审议批准有关旅游业发展的优惠、奖励政策；15. 拟定旅游行业人才培养规划，组织实施旅游从业人员岗位培训、职业资格和等级制度；16. 承办国家、省、市业务主管部门和市委、市政府交办的其他工作。

【工程建设情况】 从 2009 年起，霍州市委、市政府把七里峪景区开发提上实现转型跨越发展的龙头位置，管委会秉承“文化引领、创意经典、道法自然、科学发展”的开发原则，把景区规划为“一廊三核四板块”共八个区域，一廊即中镇文化科普游憩廊；三核即旅游综合服务核、旅游度假核、中镇文化旅游核；四板块即景区综合服务板块、自然观光板块、度假会议板块、特色文化休闲板块。

截至 2015 年底，已累计完成投资 3.3 亿元，10 项建设工程，其中：2011 年投资 2560 万元，先期修缮和改造 20 公里的景区道路，为后续开发创造条件。2012 至 2013 年启动了总投资 2 亿元的三项建设工程。一是景区入口引导区工程，总投资 5300 万元。主要建设内容包括入口牌坊、中镇大道、镇山广场、中镇门、镇山坛、景区票务处、游客服务中心、停车场及配套基础设施等。到 2015 年底，一二标段全部完工，三标段主体建设完成。霍州市的两届旅游节都在这里盛大开幕。二是林溪晋茶度假酒店工程，该项目为社会资金投资项目。项目总占地面积 20800 平方米，总投资 1.5 亿元，主要建设内容包括精品酒店和 26 栋别墅客房。至 2015 年建设完成 18 栋别墅客房及周边绿化景观、水景景观。三是三眼窑红色教育基地建设工程，该工程占地 2751 平方米，总投资 798 万元。主要建设内容包括书页主体背景墙、雕塑景观、游步道、园林绿化、水景景观工程及配套基础设施等。于 2012 年 9 月底建成剪彩。

2015 年重点推进六项建设工程。1. 上霍线尉候段改线工程。该工程总投资 1800 万元，包括进山改线段和旧路恢复段两部分。进山改线段路线长 1.908 千米，路基宽度 8.5 米，采用三级公路标准，涉及速度 30 千米/小时；旧路恢复段仍按原路面宽 7.5 米进行恢复，路线长 0.6 千米。两段合计

2.508千米，占地规模15.89亩。工程于4月开工建设，到2015年底，建设完成。2.售票区小广场建设工程。项目占地5306.6平方米，总投资249.4万元。11月底建设完成。3.七里峪滑雪场建设项目。该项目为社会投资项目，总投资5000万元，2015年完成投资200万元，建设完成初级滑雪道及游客服务中心，2015年底投入运营。4.综合投资项目。①七里峪景区花箱、垃圾桶购置，投资约14.3万元，8月安装完成；②中镇门区域污水处理设施，投资60万元，建设安装完成；③中镇门安监工程，投资20万元，安装完成；④七里峪景区标示标牌的设计制作，总投资18.2万元，11月底制作完成；⑤红岩松道路连接工程投资80万元，9月底建设完成；⑥林溪晋茶野外拓展项目，投资100万元，6月建设完成并投入使用。五是七里峪景区人工湿地工程。该工程投资概算4057万元，占地500余亩，主要建设内容包括偷水沟林地恢复、人工湿地工程和芳草地、百花湖、战地黄花三个景观建设及蓄水池、驳岸、垃圾处理系统等配套设施，前期手续完备，因霍煤集团投资链断裂，正在商谈工程推进时间表。六是镇山文化博物馆建设工程。总投资估算910.41万元，建设内容包括陈列布展面积1659.92平方米，装修装饰面积1659.92平方米，以及给排水、供电、消防、采暖等配套设施。该项目前期筹备工作（包括图纸设计）基本完成。

在景区基础设施完善的情况下，近三年实现年均接待游客近20万人次，门票直接收入100多万元，综合收入突破1000万元。随着景区知名度的提高及营销影响的扩大，外地游客的增长可带动游客人数以15%的速度增长，带动人均消费以20%的速度增长。景区的建设带动上下游产业的蓬勃发展，景区周边农家乐、宾馆、饭店、运输等如雨后春笋般开设，带动周边乡镇经济发展，解决大量的就业岗位，据预估，至景区建成后，可解决直接就业岗位1000个，间接就业岗位7000个。

【领导班子】

主　任：

赵　利（2011.09—2013.04）

杜忠平（2013.04—2015.12）

支部书记：

王小明（2013.04—2015.12）

副主任：

范振宇（2012.07—2015.12）

【获奖情况】

2013年被临汾市旅游局评为2012年度旅游开发先进单位

2014年被临汾市旅游局评为2013年度旅游开发先进单位

（范振宇）

医药卫生

卫生计生

【概况】 霍州市卫生和计划生育局，组建于2015年9月29日，经霍州市第六届人大常委会第22次会议决定成立，是在原卫生局和计生局整合调整的基础上形成的。承担着全市医疗卫生、预防保健、计划生育、卫生行政执法、健康教育等行政管理工作。2015年，市卫计局推进医改，提高医疗服务质量和水平，加强基本公共卫生服务，巩固和扩大计生“国优”创建成果，强化目标责任落实，推进各项工作开展。

【公立医院改革】 把推进医药卫生体制改革作为改善民生、助推发展的重要工作，全力推进。制定出台《霍州市公立医院改革实施方案》和五个配套文件，推进公立医院改革。2015年7月1日起，霍州市人民医院药品实行零差价销售，药品差价由市财政进行补贴，补助资金77万元。工作人员财政基本工资上调10%，达到70%，医保、养老等职工保险逐步落实。城镇职工医疗保险、城镇居民医疗保险、新农合参保率保持高位有所提升，2015年新农合参合人数16.24万人，参保率达到98%，人均筹资标准由每人390元提高到470元，总资金达7508万元，大病统筹、重大疾病医疗保障等医药费用补偿标准提高。基层公立医疗卫生机构和村卫生室基本药物制度得到加强，全年共采购基本药物1125.94万元。公立医院高值耗材网上阳光采购全面启动。基本公共卫生服务均等化工作推进，人均基本公共卫生服务经费财政补助标准提高到40元，达到国家要求，为保障人民群众健康打下基础。

【计划生育基本国策】 2015年，卫计局与各乡镇、各成员单位签订目标管理责任书，落实目标责任。坚持计划生育基本国策，稳妥推进调整生育政策，实施“双独”和“单独”二孩生育政策，保持了适度低生育水平。严格实行“一票否决”，在评先评模、干部录用、晋升等工作中，严格执行计划生育工作“一票否决”。保持严打“两非”的高压态势。加强出生人口性别比综合治理力度，组织公安、食药、综治等部门联合开展打击“两非”行动，防控采血鉴定胎儿性别行为，出生人口性别比逐年下降，趋于正常水平。做实计划生育民生工程。2015年，共投入奖励扶助资金314万元，为奖扶对象设立专户，保证资金发放，以“直通车”的方式直接拨入奖扶对象个人专户。推进关爱女孩行动，为12名贫困女孩提供1.2万元助学金，帮助其实现求学梦。开展免费孕前优生检查，为1280对计划怀孕夫妇提供检查，筛出高风险人群562人，降低出生缺陷和出生风险。加强流动人口计生服务管理。

深化流动人口“一盘棋”工作机制，优化流动人口计生基本公共服务，把为流动人口提供市民化、均等化服务做到实处。开展生育关怀，提高计划生育家庭的幸福指数。推动相关民生政策与计划生育利益导向政策的衔接，开展生育关怀行动。2015 年，共为 212 名村级计生服务员和 2122 户农村独生子女家庭、贫困家庭、特别扶助家庭办理意外伤害、医疗保险及爱心综合险，几年来先后共理赔 25 人，合计 12 万元。与这些家庭开展帮扶结对，为他们解决实际困难，为他们送去温暖和关怀，提高计划生育家庭的幸福指数。确保全员人口信息系统健康运行。狠抓人口信息网络建设，定期补充、完善相关信息，确保全员人口信息入库率 100%，准确率 99.7%，为霍州市经济发展和政府决策提供翔实人口数据。

【医疗服务质量】 2015 年，加强对口支援共建。山西省人民医院对口支援霍州市人民医院。在受援期间，省人民医院长期派驻专家在市人民医院开展诊疗活动，对医院人员进行全面培训，协助医院新技术、新项目的开展，建立特色科室、完善远程诊疗、双向转诊等，整体提高医院的管理水平和医疗服务水平。广泛推行同级医院检查检验结果互认制度。制定《霍州市人民医院医学检验检查结果互认实施方案》，共确定互认医学检验项目 29 项、影像学检查项目 4 项，方便群众就医。引进先进设备，提高医疗服务能力。市人民医院引进的荷兰飞利浦公司生产的最新 1.5T 超导磁共振成像仪，是国内最先进的具有强大检查功能的磁共振成像系统，它在临床工作中的应用，提高医院的医疗服务能力。全面提升医疗卫生服务水平。各医疗卫生机构全面推行临床路径管理制度，开展优质护理服务评价活动，强化行风建设，提升服务意识，优化服务质量。全市医疗机构硬件设施完善，服务态度好转，经济效益和社会效益提高，医疗综合服务和建设能力增强。

【疾病预防控制】 2015 年，以流动儿童为重点，开展预防接种工作，疫苗预防接种率达 95%以上。做好重点传染病防治工作，把人禽流感、甲流、艾滋病、狂犬病、乙脑、流感等纳入重点传染病防治，提高传染病重大疫情预测预警能力。做好传染病疫情报告、个案调查，全市医疗机构网络直报率达 95%以上，传染病报告率达 98%以上。开展艾滋病自愿咨询检测和抗病毒治疗工作，开展结核病“三位一体”防治服务规范管理年活动，新涂阳肺结核患者治愈率达 90.5%。食品安全风险监测达到 100%，按时、按质、按量完成全年采样任务。

【卫生行政执法】 2015 年，依法开展监督执法，履行法定职责。组织卫生、食药、住建、教科等部门集中开展食品药品、用水卫生、放射诊疗、学校卫生、公共场所卫生等方面的专项整治活动和以医疗秩序和消毒隔离中毒为重点的“亮剑行动”，对全市医疗机构、诊疗设施、中小学校、公共场所、企业单位、饮用水源等重点领域进行全面整顿治理，建立食品药品和城乡饮用水安全风险检测机制，规范医疗卫生市场，整治公共场所卫生，提高群众的健康卫生意识，为全市人民提供较为健康卫生的生活环境。

【中医药能力提升】 为弘扬传统医学，推动中医药事业发扬光大，2015 年，卫计局加大投入力度，实施霍州市中医院建设工程，建立北环社区卫生服务中心、开元社区卫生服务中心两所主打中医药疗法的基层医疗机构。20%的村级卫生医疗机构推广开展中医药诊疗服务，初步满足群众对中医中药服务的需求。推进基层中医药服务能力提升工程，先后组织基层医疗机构130人参加中医药服务能力提升培训，把中医按摩、刮痧、拔罐推广至基层。为了使儿童常见病、多发病得到更好的治疗，霍州市专门组织开展中医小儿推拿培训，培训基层小儿推拿人员15人，为群众提供免费的中医小儿推拿健康服务指导。

【医德医风建设】 2015年，卫计局深化行政审批制度改革，加强卫生计生法制建设，完成“六五普法”，推进“六权治本”，建立权力清单和责任清单制度，编制卫生计生行政职权运行流程图，完善廉政风险防控机制。开展学习讨论落实活动和“三严三实”专题教育，全面强化政风行风和医德医风建设，“打击非法行医”和“医务人员收受红包、开单提成”两个专项整治成效显著。在全市乡镇卫生院开展涉农资金专项整治活动。制定具体可行的实施方案，成立涉农资金专项整治活动工作领导小组及办公室，全面摸清上级下拨及本级财政安排涉农资金项目，突出重点环节，开展自查自纠。重点自查资金使用方向是否符合政策规定，发放对象、标准是否符合政策要求等。专项整治工作有效开展，专项资金的使用得到规范，遏制了违规违纪现象的发生。坚持依法治医和以德治医相结合，以石兰峰精神教育激励卫生计生工作人员，强化医德医风建设。解决和处理医疗纠纷，化解卫生计生领域信访隐患，办好人民满意的卫生计生事业。

【惠及民生实事】 2015年，市卫计局践行“三严三实”，坚持问题导向，着眼群众需求，全面落实改善民生的九件实事：免费为农村60岁以上老年人进行健康体检；为全市3000余名农村妇女进行免费宫颈癌筛查；免费为1280对育龄夫妇提供了孕前优生健康检查；全面推行计划生育阳光便民办证服务；为全市6岁以下儿童提供免费健康管理服务；在二级医院推行了同级医院检查检验结果互认；在全市二级公立医院开设健康教育讲堂；免费提供中医小儿推拿健康服务；免费为全市每一个农村家庭发放健康知识口袋书。“九件实事”让广大人民群众得到更多的健康实惠。在全市卫生计生系统开展“人人参与爱国卫生，共建共享健康霍州”为主题的爱国卫生清洁运动，坚决狠刹“卫生系统不卫生”等不良习气，树立卫生系统良好形象。

【领导班子】

机构合并前：

卫生局

局　长：

董春波（2010.04—2015.09）

总支书记：

武燕平（2012.09—2015.09）

计生局局长：

贾亚龙（2013.03—2015.09）

支部书记：

邱彩花（女，2011.04—2015.09）

副局长：

张　铭（2012.06—2015.09）

李红梅（女，2012.06—2015.09）

纪检组长：

范淑芳（女，2012.09—2015.09）

计生协会副会长：

邢丽娟（女，2012.09—2015.09）

机构合并后：

局　长：

贾亚龙（2015.09－2015.12）

党组书记：

邱彩花（女，2015.09－2015.12）

副局长：

武燕平（2015.09—2015.12）

张　铭（2015.09—2015.12）

李红梅（女，2015.09—2015.12）

范淑芳（女，2015.09—2015.12）

纪检组长：

段晓琴（女，2015.09—2015.12）

【获奖情况】

2015年，政府市长崔山原被评为山西省落实计划生育基本国策好市长。

2015年，霍州市人民政府被临汾市人民政府授予人口和计划生育目标责任制考核综合先进奖。

2015年，师庄中心卫生院、冯村卫生服务站被临汾市卫生和计划生育委员会授予“群众满意的乡镇卫生院”称号。

（董晓峰）

新型农村合作医疗

【概况】 新型农村合作医疗管理中心共有工作人员41名，乡镇合医办审核员24人；中心内包含四个科室：办公室、审核科、财务科、监管科，工作人员共计17人，分别是主任1人，副主任1人，办公室4人，审核科5人，财务科5人，监管科1人。

【农民参合情况】 2015年，霍州市新农合以村为单位覆盖率达到100%，参合农业人口总数达到162456人。

【资金筹集情况】 2015年，共筹集新农合基金总额7636.48万元，其中，农民个人缴纳1462.1万元，霍州市财政补助799.43万元，临汾市级财政补助532.95万元，省级财政补助1332万元，中央财政补助3510万元。

【新农合基金使用情况】 2015年，大病统筹（住院）补偿支出。住院统筹累计补偿16066人次，补偿医疗费用金额5209.38万元。其中，购买大病保险支出363.9万元。住院补偿15067人次，补偿费用4795.53万元，住院受益率与2014年同期比较降低了1.49%；住院分娩补偿999人次，补偿费用49.95万元，住院受益率与2014年同期比降低了15.16%；总体住院受益率与2014年同期比较降低5.62%。

门诊统筹补偿支出。门诊统筹基金支出1426.88万元，其中门诊补偿人次455328人，门诊支出1045.1万元，累计门诊就诊率为278.77%，普通门诊次均费用28.9元，实际补偿比79.8%，慢性病补偿381.78万元，慢性病补偿人次2449人。

【保障基金安全】

1.2015年，新型农村合作医疗中心和定点医疗机构审核员、监管员签订责任书，明确各自职责。通过调整实现分工优化，促使新农合工作取得明显成效，使得各位监管、审核人员能尽心尽力、尽职尽责，也使参合农民补偿及时，基金运行平稳。

2. 为规范新农合定点医疗机构行为，确保新农合工作健康有序发展，加大监督检查的力度，发现问题及时解决，确保新农合工作的平稳运行。一是要求监管员现场监督补偿流程，确保补偿款如实发放到参合患者手中。二是每个定点医疗机构派驻一名专职监管员，坚持“一日两查”，规范定点医疗机构医疗服务行为，杜绝套取新农合基金的现象发生。三是中心监管科每周不少于3次，“不打招呼、不定时间”地对病人住院情况和定点医疗机构医疗服务情况进行监管，每月还要对补偿过的参合患者随机抽取，进行电话回访，核实治疗情况和补偿情况。四是每周五召开监管员例会，各定点医疗机构专职监管员认真如实汇报一周工作情况及监管中发现的问题，做到及时发现，及时处理，向监管科报《病人在院表》备案保存。形成事前认定、事中监督、事后回访制度，真正做到监督管理上无盲区、无死角。

3. 建立健全“清单定责”和“廉政预警”机制，签订“清单定责”机制目标责任书，明确岗位职责，避免“门难进、脸难看、话难听、事难办”的现象，严格杜绝“吃、拿、卡、要”的腐败行为。中心全体工作人员以及各乡（镇、街道）经办人员工作期间统一佩戴胸牌，制作工作服务卡，使参合农民及时找到所办业务对应工作人员，提高了服务质量。

【创新措施】

1. 省级医院即时结报。2015 年 4 月 14 日，召开全省新农合工作暨省级结算启动会议，会议确定从 5 月 1 日起，包括临汾市在内的 7 个市在 10 所省级定点医院住院治疗，所发生的医疗费用出院时即可享受即时结报，个人只需承担自付部分，应由新农合补偿部分由就医所在医院直接垫付减免，节省群众为报销费用而往返于省城和居住地额外产生的费用，方便参合群众。2015 年。省级医疗机构直补 908 人，补偿 584.93 万元。

2. 慢性病进乡补偿。2015 年 11 月 6 日，新型农村合作医疗中心安排部署 2015 年的慢性病补偿工作，沿用深入乡镇的补偿模式，补偿工作开展前一周设定并公布各乡镇补偿日期，乡镇经办人员提前做好初审工作，中心慢性病工作小组按照设定日期，逐一对各乡镇辖区内的慢性病患者办理补偿，即使加班加点也确保当日完成该乡镇所有慢病患者的补偿工作，通过实际行动把方便带给参合农民，得到广大农民朋友的好评。全年慢性病共计补偿 2449 人次，补偿金额 381.78 万元。

3. 开展单病种付费工作。2015 年，霍州市在同德医院和鼓楼社区卫生服务中心开展白内障单病种付费工作的基础上，根据上级要求，结合霍州市实际，通过与定点医疗机构探索和费用测算，扩大单病种付费工作范围。2015 年 2 月 1 日，率先在 6 所县级定点医疗机构推行单病种付费工作，确定病种 10 种。在按病种付费工作的不断完善和推进的过程中，又增加定点医疗机构 3 所，病种 6 种。通过单病种付费工作的开展，扩大医疗资源的利用率，控制了医疗费用的不合理增长，减轻参合患者的医疗费用负担。

【特殊病种大额门诊】 全市统一特殊病种大额门诊为 35 个病种，其中Ⅰ类为 11 种，Ⅱ类为 24 种，补偿比例为 60%，全年累计封顶线Ⅰ类为 8000 元，Ⅱ类为 2000 元。

Ⅰ类 11 种：（1）心脏换瓣膜术后；（2）重症肌无力；（3）帕金森氏症；（4）特发性紫癜；（5）慢性中度及重度病毒性肝炎；（6）慢性再生障碍性贫血；（7）肝硬化失代偿期；（8）系统性红斑狼疮；（9）血管支架植入术后；（10）终末期肾病；（11）慢性化脓性骨髓炎。

Ⅱ类为 24 种：（1）慢性心力衰竭；（2）肺心病；（3）冠心病（非隐匿型）；（4）肾病综合征；（5）癫痫病；（6）重性精神疾病；（7）银屑病；（8）白癜风；（9）风湿性心脏病；（10）甲状腺功能亢进（或减退）；（11）糖尿病（合并严重并发症）；（12）慢性阻塞性肺气肿；（13）急性脑血管病后遗症；（14）慢性溃疡性结肠炎；（15）高血压

病（有心、脑、肾、眼并发症之一）；（16）心脏病并发心功能不全；（17）类风湿性关节炎（严重肢体功能障碍）；（18）活动性结核病（免费项目除外）；（19）支气管哮喘；（20）脉管炎；（21）膝关节骨性关节炎（严重肢体功能障碍）；（22）股骨头坏死；（23）强制性脊柱炎；（24）肾功能不全。

【重大疾病补偿工作】 病种为（1）儿童白血病（儿童急性淋巴细胞白血病、儿童急性早幼粒细胞白血病）；（2）儿童先心病；（3）重性精神疾病；（4）乳腺癌；（5）宫颈癌；（6）终末期肾病；（7）结肠癌；（8）直肠癌；（9）食道癌；（10）胃癌；（11）肺癌；（12）急性心肌梗塞；（13）Ⅰ型糖尿病；（14）甲亢；（15）脑梗死；（16）唇腭裂；（17）血友病；（18）慢性粒细胞白血病；（19）艾滋病机会性感染；（20）耐多药肺结核（按晋卫农〔2013〕3号文件和临卫发〔2013〕28号文件执行）；（21）儿童苯丙酮尿症；（22）儿童尿道下裂；（23）儿童先天性巨结肠；（24）儿童先天性肥厚性幽门狭窄（按晋卫基层发〔2014〕16号执行）。重大疾病实行定点医院救治、按病种限额付费、即时结报，协议化管理。

重大疾病共计23例，向省级医疗机构补偿拨付11例，其中包括儿童急性淋巴细胞白血病1例，慢性粒细胞白血病2例，急性心肌梗死7例，先天性室间隔缺损心脏病1例。重大疾病医药总费用54.57万元，新农合补偿费用38.13万元。

【领导班子】

主　任：

张建平（2007.07—2015.12）

副主任：

郝建平（2007.07—2015.12）

（贾瑜璟）

人民医院

【概况】 霍州市人民医院创建于1947年，是一所集医疗、教学、科研、预防、保健和康复为一体的二级甲等综合公立医院，是全市城镇职工、城镇居民基本医疗保险、新型农村合作医疗和各种商业保险定点医院、交通事故绿色通道定点医院、法医协作医院。全院编制床位220张，年门诊60000余人次，住院9000余人次。

医院设备先进，技术力量雄厚，到2015年底，共有人员390人，在编240人。专业技术人员313人，其中高级职称32人，中级职称132人。拥有：荷兰飞利浦1.5T超导磁共振成像设备、德国西门子螺旋CT、美国GE新一代双能DR成像系统、日本岛津500毫安X光机、数字HD高清晰腔镜手术系统（腹腔镜、关节腔镜、膀胱镜、宫腔镜）、德国西门子四维彩超、双能骨密度仪、奥林巴斯CV—290电子胃肠镜、C—14呼气试验检测仪、阴道镜、德国WOLF电切镜和钬激光碎石系统、血液透析机、法国梅里埃微生物诊断系统等大型设备，医院的诊治水平得到长足发展。

医院科室设置齐全，心血管内科、神经内科为山西省县级医院重点专科；神经内科、骨科为临汾市重点学科；神经外科、产科为霍州市重点学科。开展腹腔镜、宫腔镜、膀胱镜、关节镜、经尿道前列腺电切术、经尿道膀胱治疗肿瘤电切术等先进的技术，居于该区域领先地位。其中心内科冠心病监护病房（CCU）、重症监护室（ICU），神经内科康复室，成为霍州市最具规模的特色科室之一，设备先进，技术精湛，可以独立完成各种冠心病、急危重症患者及多种手术后病人的监护与康复。

2014年至2015年，山西省人民医院对口支援霍州市人民医院。在受援期间，省医将长期派驻专家在市人民院开展诊疗活动，对医院人员进行全面培训，协助医院新技术、新项目的开展，建立特色科室、完善远程医疗、双向转诊等，整体提高医院的管理水平和医疗服务水平。

【业务工作】 2015年，全年门急诊67047人次，出院8394人次，体检1900余人次。住院手术1488台次，腔镜手术55台次，占3.7%；急诊手术976例，占65.6%。农合转诊1295人次（不含重复转诊）。床位使用率79.2%。出院医保1576人次，占18.8%，基金支付比73.1%；出院农合5039人次，占60%，实际补偿比例59%。

业务收入5695万元，较2014年增长8.3%；其中医疗收入3204万元，较2014年增长10%；医疗支出4498万元，占总支出的63%；药占比33.7%，医用材料费用比13.8%，两项费用合计占业务收入的47.5%。人员费用（工资、效益工资和社会保险费用，不含福利、培训进修、继续教育等费用）2805万元，占总收入的38%，同比增长22.5%；占业务收入的49.3%；占总支出的39.8%。职工待遇相对于业务发展明显改善，结构调整仍需加强。

【平台建设】 1. 技术协作平台助长核心能力。山西省人民医院对口支援继续深入，消化内镜中心专家每周来医院出诊1至2天，2015年，共出诊46次，完成胃镜检查660例（其中无痛胃镜249例）、肠镜检查323例、内镜下息肉（肿物）摘除术88例、上消化道异物取出术5例，带领指导医院医师提高技术水平，胃肠镜和无痛胃镜检查技术成熟，能独立开展部分内镜下治疗，带动幽门螺杆菌和病理检查，扩大医院医疗服务半径。磁共振专家每日坐诊，全方位参与技术操作、设备调试、阅片诊断和科室管理，每周为临床医师开展一次磁共振影像诊断知识培训。与山西省心血管病医院构建医联体，参与STEMI项目，为心血管专业能力提升打通新渠道。

2. 人才培养平台提升专业素质。立足医院人才短缺、技术能力薄弱的现状，坚持实施分层次分阶段的人才目标培养，内训外培，联合并进。举办临汾市级继续教育项目4次，集体培训活动60次，累计培训1300余人次。各专业外出进修16人次，短期交流培训500人次。覆盖全院管理、医疗、护理、医技等各个专业，通过高度开放的培养平台，实行培训、总结、落实的流程化管理，使员工不断开阔视野，增长知识，掌握发展趋势，明确行业要求，学习先进技能，学有所得，学以致用，逐步缩小同行业差距，提高整体业务素质。

3. 专业设备平台拓展医疗空间。为医院临床医技科室更新、购置专业设备8台套，至2015年底，运行设备共728台件，其中50万元及100万元以上设备共19台套，总价值5200余万元，完成了专业设备的提质上档、升级换代。磁共振、四维彩超、以腹腔镜为中心的综合腔镜系统、电子胃肠镜等成为攻医院现代化建设的重要标志，为提升专业水平、拓展医疗空间构筑物质基础。

4. 基础设施平台夯实服务支撑。医院投资130余万元对急诊综合楼进行扩建装修，核磁室、超声科、儿科病区、消化肾内五官病区环境焕然一新。优化急诊科布局流程，建立急诊监护室。更新手术室、产房门控装置，重点部门建设日益规范。更新多功能病床40余张，安装床间隔帘，确保就医环境舒适安全。补充转运台车、对接车等基础设备，满足特殊诊疗需要。推动后勤保安、保洁和食堂工作社会化，降低运行成本，提高服务效能和效果，改善了群众就医感受。

5. 信息化平台充实决策依据。逐步完成以人财物为中心的医院管理信息系统、以病人为中心的临床信息系统基础环境搭建、子系统上线、系统升级及接口开发，HIS、LIS、CIS实现无缝衔接，初步建成以电子病历为核心，HIS、LIS、PACS、输血、药事管理等系统全面运行的信息网络架构。门诊、住院医生、护士工作站等端口运行顺畅，覆盖了80%以上的主要业务工作，数据采集由手工统计有序转入自动化程序。

顺应医疗行业“大数据”信息化建设要求，更新改进新农合网、医保网，与局域网实现实时对接；加入孕产妇信息、出生医学证明、传染病报告、血液透析病例报告及药械不良事件等网络报告系统。开通微信公众平台和微导诊、爱心诊室，借助“互联网+”延伸便民服务，把健康“管到家”。

【医院管理】 1. 优化扁平化管理模式。高度重视医院管理在医院发展建设中的关键作用，加强管理队伍培养，利用休息时间，组织中层干部参加系统的管理知识培训和院长职业化培训，提高自身管理能力。加强职能部门间的沟通与协作，通过院长查房、联席会议等形式，促进大部制、走动式管理本土化，工作重心前移，真正从管理机制、管理行为、管理结果上把以病人为中心的理念管到实处，管出实效。

2. 改进医疗质量安全。坚持推行全过程、全员参与的全面质量管理，完善院、科、个人三级质管体系。落实医疗质量持续改进方案、患者安全目标及考核方案等。坚持落实十五项核心制度、患者安全管理、夜查房、周例会制度，把日督导、周例会、月考核、季小结、年目标融合贯通，规范过程，严控质量，确保安全。出院危重病人265人次，抢救成功率88.6%。科室终末病历检查率100%，院级终末质控≥95%，出院病历7日回收率89.9%，甲级病历率96.7%，无丙级病历。形成科主任、质控员、上级医师、职能科室等层级联合，自控、互控、他控齐抓共管的长效机制，强化围手术期和危急值管理，鼓励不良事件报告，确保患者安全。开展出院病人随访和回访，随访率>60%，回访率>70%，受到广大患者及家属好评，提高患者满意度。

开展合理用药专项整治、抗菌药物专项整治等系列活动，健全组织机构，完善活动方案，落实措施保障，把阶段性的活动成果固化为常态机制和规范习惯。推行临床药师管理制度，严格抗菌药物分级管理，开展医嘱点评、处方点评，对抗菌药物、活血化瘀药物、辅助用药、激素、孕产妇及儿童用药开展专项点评；对临床用量较大的脑代谢药物、活血化瘀等中药注射剂实行动态监控、预警管理，共同促进临床合理用药。抗菌药物使用率<60%，治疗用抗菌药物微生物送检率达20%以上，普外科Ⅰ类切口手术（含补片置入）预防用抗菌药物保持“零”水平，抗菌药物使用强度降至40左右，各项指标基本达到要求。开展临床路径和单病种管理，2015年共有28个病种进入临床路径，入组1391例，入组率89.3%，占出院病人数16.7%，完成1336例，完成率96%。为促进医疗服务同质化和持续提升医疗质量开通专线。落实《医疗机构临床用血管理办法》《临床用血技术规范》等法律法规，从

申请、配血、发血、取血、输血、储血、质控、监测报告等每个关键环节逐一规范。科学评估，严格按指征输血，做到合理用血，杜绝人情血、安慰血，减少输血不良反应。2015年，实施输血治疗216人次，使用去白悬浮红细胞658U、血浆35500毫升、全血800毫升、血小板10个治疗量、冷沉淀14U，成分输血99.7%；发生1例输血浆不良反应。血库服务周边县区9所医疗机构，发放去白悬浮红细胞1884U、血浆55950毫升、血小板43个治疗量。

发生医院感染22例次，发病率0.26%，无菌手术切口零感染，无医院感染暴发。上报传染病例364例，乙类传染病例271例，无甲类传染病，无迟报、漏报、缓报、瞒报。

3. 源头治理严控安全风险。严格执行药品、器械、耗材、设备等招标采购程序，参加山西省药械集中竞价采购网医疗设备阳光采购平台。射线装置日常环境、压力容器、计量器具全部通过相关部门安全检测，达标运行。监测并报告医疗器械不良事件119例，药品不良反应126例。无严重不良事件。掌控细节，严格采、供、用流程，为医疗安全保驾护航。

4. 坚持公益性医院的基本定位。落实公立医院改革措施，实行“五升两降一取消”，破除以药补医，调整服务价格，推行聘用制度。开展上级、同级医院检查检验结果互认，推行错峰预约、分时段预约，预约诊疗14530人次。克服人员短缺、政府投入不足的诸多困难，让利于民，科学整合人员、病区、床位等资源，自主招聘医药护技专业人员和毕业生25名，保障医疗功能落实到位。

【技术创新】 2015年，骨科开展VSD负压吸引装置术3例、关节镜检查3例；神经内科开展双联抗血小板药物治疗TIA或小卒中132例，减少进展性卒中的发生机率；普外科独立完成首例腹腔镜下小儿疝囊高位结扎术，在省人民医院对口支援下成功开展腹腔镜下直肠癌根治术、阑尾切除术各1例；神经外科开展经皮气管切开术24例，深静脉穿刺9例，腰大池引流10例；妇产科开展无痛人流，完成腹腔镜下卵巢囊肿切除术1例，宫腔镜检查4例，新生儿听力筛查达90%。消化内镜中心检诊2524人次，其中胃肠镜检查治疗1751人次，自主完成胃肠镜检查、无痛胃镜、胃肠息肉（肿物）摘除除术、上消化道异物取出术累计826例，在省人民医院专家支援下，成功开展ERCP 1例。9月引进磁共振后，开展全身各部位平扫共计993人次。新技术新项目的广泛开展为医院工作注入新活力。

【优质服务】 1. 依托对口支援，建立上下联动的分工协作机制。向上聘请省人民医院专家，为普外、泌外、妇科、磁共振室、消化内镜中心提供技术支持。各科专家定期、不定期参加科室交班、查房、专家门诊，进行教学查房、专题讲座、病历讨论及手术指导，提高医疗技术水平，提升科室竞争力，取得了良好的经济效益和社会效益。以腹腔镜为核心的系列微创手术顺利落地逐步成熟，弥补多项院内和县市内技术空白，方便了百姓就近就医，部分缓解了就医难、就医远的现实问题，使大病不出县的目标成为可能。

向下加强与基层社区医疗卫生机构的纵向协作，整体提升基层慢性病诊疗服务能力，提供便民惠民服务。与李曹卫生院、三教乡卫生院、白龙镇卫生院、武警临汾市支队霍州市中队开展对口支援工作，派出主治医师以上人员坐诊、开展临床诊疗、教学培训、健康教育等技术指导，免费接收受援医院业务人员进修学习，逐步提高受援医院技术水平，增强驻地武警部队卫生队卫勤保障能力。与鼓楼街道办事处社区卫生服务中心、北环路街道办事处社区服务中心建立医疗联合体，为社区居民提供方便、快捷、经济的医疗服务。

2. 优质护理服务实现住院护理单元全覆盖。9 个临床护理单元全面实施优质护理服务，坚持落实以“规范护理服务行为，提高满意度”为主题的实践活动。实行责任护士包干制，增强护患沟通，优化出入院流程，修订交接班规范，开展入院评估和自理能力评估，增加口腔护理、及尿道口护理包，增加责任护士巡视病房频次，及时观察病人病情变化，提高专科护理水平，确保患者安全。规范护士仪表，树立良好职业形象；制定护士分层管理方案，根据护理能力、技术水平、学历、专业技术职称等条件将临床护士分为 N0 级至 N3 级，层级与岗位的任职条件相匹配，能级对应。科学增补、调配护理人员，根据科室工作特点增设加强班，保证特殊时间的护理质量；开展服务创新，在胃镜室为患者准备水果糖，防止低血糖意外发生；清醒病人择期手术时，在术前麻醉下为病人留置尿管；为手术室新增过床易；根据儿童特点，在儿科病室墙壁上绘制卡通图画，美化环境；提供有温度的服务。每季度组织优质护理专项检查。通过周例会及质量管理委员会会议及时通报，提出改进措施，实现了持续改进。开展护理技术操作比武，发挥护士长的传帮带作用，一对一、手把手对低年资护士进行操作培训，严格岗前培训、科室轮转及定岗前考核，用合格的人，做规范的事。护理满意度达 95.7%，收到书面表扬信 84 份。

3. 传播医学知识，促进身心健康。把健康教育融入日常医疗护理工作，利用黑板报、宣传版面、屏幕演示等方式，开展健康教育活动。开展健康教育讲堂 36 次，下乡 4 次，累计服务 1000 余人，发放各种宣传资料 1000 余份。举办糖尿病讲座 4 次，发放资料 180 余份，参加世界无烟日、糖尿病日和艾滋病日主题活动，深入公共场所，发放健康教育宣传资料 1 万余份，把健康送到群众身边。

4. 乐于承担社会责任，100%完成政府指令性任务。配合教育局、武装部、公安局圆满完成 1738 人次高考体检、300 余人次征兵体检、入所人员约 1000 人次体检。为五保户办理医疗救助对象“一站式”住院服务 14 人次。全力支持警医联建，派出驻所医护人员 24 小时值班，共计 730 人次。全年为肢体、语言、听力、智力等残疾人员评定残疾等级 336 人次，从 8 月 1 日起免除评残费。开通绿色通道救治 13 人次。完成政府重大会议、重要活动保障任务 25 次，出车 17 次，派出医护人员 117 人次。组织 20 余名医务人员下乡义诊 2 次，服务群众 300 余人次，组织专题健康教育讲座 1 次。

5. 真诚关爱职工，构建和谐医院。倡导院内二次优质服务，为全院 395 名职工进行全面体检，建立健康档案。为医务人员洗手设施安装自动加热装置，改善工作条件。利用五一劳动节、“5·12”护士节等节假日开展文化娱乐活动，丰富广大职工业余生活，释放压力，陶冶情操，增进交流，加深理解，融洽关系，营造互助共享、和谐共事的良好氛围。

【领导班子】

院　长：

乔亚明（2012.08—2014.12）

书　记：

张春生（2012.08—2014.12）

副院长：

杨冬莲（女，2001.11—2014.12）

院长助理：

张军丽（女，2015.01—2015.12）

【获奖情况】

1. 山西省临床检验质量控制中心授予医院检验科为“实践质量评价优秀单位”称号。

2. 医院神经内科被授予“临汾市五四红旗团支部”称号。

3. 骨科被授予“临汾市青年五四奖状”。

4. 国家卫生和计划生育委员会、联合国儿童基金会、世界卫生组织授予霍州市人民医院“爱婴医院”称号。

（张州龙）

中医院

【概况】　霍州市中医院建成于1986年10月。医院设内儿科、外科、妇科、五官科、皮肤科、康复科、烧伤科及辅助科室，开设病床50张，到2015年底，有工作人员83人，其中卫生专业技术人员76人，是一所集医疗、教学、科研、急救、预防和康复为一体的中医医院，承担着霍州市周边10余万人民群众的预防保健、常见病诊疗、大病预约、转诊及手术病愈后的康复，护理等职能。中医院从1987年开始接诊病人，诊疗原则为“突出中医特色，中西医结合”。1992年获山西省卫生厅“文明中医院”称号；1996年获临汾地区“先进单位”称号。医院还承担全市每年中高考学生一万余人的体检工作，承担着全市突发事件的紧急救援工作，如2002年霍州赤峪矿“8·4”矿难事故、2003年“非典”期间，出入霍州市人员的排查工作等，完成了上级交付的各项工作任务，受到市委市政府的高度评价。

【中医院迁建】　霍州市中医院旧址位于霍州市桥西街46号。自2005年开始，由于管理滞后、经营不善等诸多原因，中医院各项业务逐步下滑。院内房屋年久失修，裂缝滴漏，破烂不堪，成为危房；原有的医疗设备全部丢失损坏，公共财物遗失严重。2010年，上级部门批准新建霍州市中医院门诊住院楼，该项目是中央预算内工程项目，共投资1650万元，其中国家专项资金1300万元，地方配套350万元，新建于霍东新区经五路东侧、开元小区南侧，占地13亩，该项目为地上四层（局部五层），框架结构，建筑总面积6400平方米。2011年11月动工，2013年底主体工程完工，2014年开始进行室内装修。

2014年6月，经霍州市人民政府批准，位于桥西街46号的原中医院土地挂牌出让。

【党风廉政建设】　医院党风廉政建设领导小组对医院的党风廉政建设负全面领导责任，院领导班子成员根据工作分工，对分管科室的党风廉政建设和行风建设负领导责任；各科室主任对该科室的行风建设负主要领导责任；每位职工对本人的行为负全责，接受党组织对自己的监督和教育。院领导带头廉洁自律、厉行节约，认真执行中央“八项规定”和省、市有关廉洁自律规定和要求，严格落实党风廉政建设责任制，做好分管科室的党风廉政建设工作，推进党风廉政建设和反腐倡廉斗争，确保医院的和谐、稳定、健康发展。开展党的群众路线教育实践活动，自觉践行“三严三实”要求，解决党风政风方面存在的突出问题，从严落实“一岗双责”和“两个责任”制度，把党风廉政建设和纠风工作与业务工作同研究、同部署、同检查、同落实，坚决执行党的政治纪律、组织纪律、财纪纪律、工作纪律和生活纪律，在政治上、思想上和行动上与党中央保持一致，做到令行禁止，言行一致。把党风廉政建设工作情况列入各科室年度业绩考核内容，作为科室及科室人员评优表模的重要依据，对受到责任追究的，实行“一票否决”，取消该科室及相关人员评优资格。建成一支班子成员凝聚团结、全体同志互相促进的具有较高素质和能力的工作队伍。

【人才培养】 2015 年，中医院先后派出 6 个专业 20 余人次去省级、市级医院进修学习，根据医院学科建设的需要，中医院拟将新开设两个中医专科门诊，待新建门诊住院楼投入使用后，正式挂牌，扩大临床诊疗范围。中医院部分临床医务人员深入基层医院坐诊，指导基层临床医务人员诊疗活动，开展健康教育活动，缓解基层医院医疗资源不足的问题。

【发展规划】 中医事业事关未来，功在千秋。由于历史原因，医院起步较晚，底子薄，专业技术人员匮乏，加之近年来医院停运，医院面临着前所未有的挑战和机遇。作为医院的管理者，必须锐意改革，与时俱进。首先，要利用中医药优势，形成自己的亮点。中医中药经过几千年的医学实践，在国内和国际的地位和影响力提升，必须找准切入点，针对患者所需，开发医学新领域，满足不同层次患者的医疗需求。其次，要走专科专病之路。利用传统的中医药治疗方法，结合现代医学技术，走出一条专科专病模式，以点带面，发展壮大自己，引进新技术、新项目，促进专科的全面发展。最后，要依靠服务质量竞争发展自己，树立品牌意识，为广大患者提供优质、安全、温馨、便捷的服务。通过在基层培训中医药适宜技术，培养中医人才等活动，获得充足的市场份额，取得社会效益和经济效益。遵循“发挥中医药特色，中西医结合”的建院方针，结合本地的发展水平，因地制宜探索出一条适合自己的路，为建设健康和谐社会做出更大的贡献。

【领导班子】

院　长：

王雅琳（女，2012.08—2015.12）

（薛炜）

爱国卫生工作

【概况】 霍州市爱卫办是霍州市爱国卫生运动委员会的办事机构，现有干部职工 9 人（其中正科级 2 人，副科级 3 人），主要职责是：负责全市爱国卫生工作的组织协调、监督指导、检查评比、表彰奖励等，开展环境治理、除害防病、农村改厕为重点的群众性爱国卫生运动。

【环境整治】 2015 年，启动城乡爱国卫生清洁运动。在城区集中开展垃圾整治、摊点整治、广告牌匾整治、早市夜市整治、建筑工地环境整治、建筑立面整治、公共设施整治、园林绿化整治“八大整治”；在乡（镇、街道）及村庄开展乡村环境整治工程、农村饮水安全工程、卫生厕所普及工程、居民健康教育工程的“四大工程”。在城乡道路、旅游景区、街道社区街办、机关、企事业单位和家庭均开展环境卫生清洁运动。深化“乡村清洁工程”。出台

《霍州市农村垃圾处置管理办法》和《农村环境卫生考评细则》，启动农村垃圾集中处理工作，建立农村垃圾清扫保洁收集清运处理机制，加大环境卫生整治的督促检查力度。

【爱国卫生月】 2015 年 4 月，爱卫办开展以卫生宣传教育、树立“大卫生”观念和彻底清除卫生死角为主要内容的“爱卫月”活动。下发《关于开展第二十七个“爱卫月”活动的通知》，利用庙会、集会等时机，采用散发宣传单、设立资询台等多种形式，宣传健康知识、卫生标准、除四害、农村改厕等卫生知识。开展以公共场所卫生、村容环境卫生等为主要内容的专项整治。开展健康教育，杜绝疾病的发生和传播，开展春季除“四害”工作。

【农村改厕】 利用庙会、检查等机会深入各乡（镇、街道）宣传“沼气式”“双瓮漏斗式”无害化卫生厕所；制定详细的改厕工作方案；对全市卫生厕所进行摸底造册备案，把农村改厕工作纳入新农村爱国卫生建设的工作重点。

【“除四害”】 2015 年，开展以整治“四害”孳生、栖息环境为主要内容的治理活动；下发《关于全市统一灭鼠的通知》《春季灭鼠活动的实施方案》《关于开展夏、秋季消杀活动的通知》《关于开展秋季灭鼠活动的通知》等文件；从省消杀站购回“除四害”药物，免费发放；对重点单位进行密度监测，预防和减少病媒传播疾病的发生和蔓延。

【领导班子】

主　任：

武　翔（2011.04—2015.12）

党支部书记：

李　涛（2013.12—2015.12）

副主任：

毋历华（2002.05—2015.12）

朱志华（2002.12—2015.12）

李　毅（2007.08—2015.12）

（李毅）

医药管理

【概况】 霍州市医药有限公司始建于 1956 年 7 月，2006 年 10 月由原山西省霍州市医药药材公司改制而成，是一个具有独立法人资格的医药商业骨干企业。注册地址：霍州市鼓楼东街 146 号。经济性质为：有限责任公司。公司机构设置为“八部一办”：即财务部、质管部、采购部、仓储部、销售部、物流部、信息部、医保部和办公室。现有药品从业人员 150 人。经营范围为中药材、中成药、中药饮片、化学药制剂、抗生素、生化药品、生物制品（除疫苗）、精神药品（限二类）、蛋白同化制剂及肽类激素、医疗器械、保健食品十二大类共计 5800 余个品规的医药商品，担负着霍州市、霍州煤电集团、铁路职工、居民及门诊大额疾病医保刷卡，霍州、汾西等地基药配送及全市 30 万人民群众防病治病、康复保健、抢险救灾药品供应任务。

【经济指标】 2015 年，商品销售收入：实际完成 12626.43 万元，占年计划 10000 万元的 126.26%，与上年同期的 8327.73 万元相比提高 51.62%。实现利润：实际完成 195.24 万元，占年计划 150 万元的 130.16%，与上年同期的 143.43 万元相比提高 36.12%，净增绝对额 51.81 万元。上缴税金：实际上缴 455.4 万元，占年计划

365万元的124.77％，与上年同期的363.64万元相比提高25.23％，净增绝对额91.76万元。

2015年度商品销售收入统计口径因企业内部改革按两个公司计算，含批发调零售的3238.11万元，实际纯销净额为9388.32万元。

【营销策略】 连锁销售中心：以“七加一”门店为引领，优化市场定位，优化品种结构，优化营销手段，从2015年7月启动会员制管理工作以来，发展会员7115人，采取厂商搭台，门店唱戏的营销模式，先后推出黄金单品突破、购药赠送礼品、预定免费熬胶、充值购药卡等便民让利服务活动，拉动零售额的持续增长。医院销售中心：抓住市人民医院、霍州煤电集团总医院两大客户不放松，实施适时跟踪服务，融洽战略合作关系，协定销售目标任务，提高供货占比份额。基药销售中心：实施霍州、汾西全覆盖，抢抓基药货源，增加配送品规，提供优质服务，提高所配药品到货率。保障霍州、汾西两地政府办基层医疗卫生机构和村卫生室的临床用药需求，全年基药配送金额达1492.96万元，其中霍州区域完成821.48万元，汾西区域完成671.48万元，配送品规及配送金额位居全省配送企业前列。外埠销售中心：借助“晋临医药联盟”，培育优势品种，实行区域总代理，先后将江西汇仁肾宝片、山东东阿复方阿胶浆、李时珍药业系列品种作为进军外埠市场的主打品种，为全面推进走出去战略的实施起到举足轻重的作用。

【医保工作】 加大医保工作规范运作力度，推进网点重新布局战略，拓展医保刷卡服务范围，全面提升医保工作的整体水平。①强化组织领导，发挥分管经理、定点药店店长和医保专管员的职能作用，形成齐抓共管的格局。②强化医保工作的责任意识，提高员工医保知识水平和操作技能，紧扣医保服务协议，规范刷卡服务行为，从各个方面促进医保规范运作进程。③推进医保定点药店重新布局战略，将位于辛置北村的健民连锁店经营地址迁到李雅庄矿家属区附近，并于2015年9月开通城镇职工、城镇居民医保刷卡业务，给周边参保人员刷卡购药提供便利，使医保定点药店总数达到8家。④拓宽医保业务服务范围。经市医保中心审核批准，2015年3月，在第二连锁店开通医保门诊大额疾病服务业务，承担7种疾病159人的用药任务，为医保业务的再拓展培育又一新的亮点，在该店开通24小时售药服务，解决广大人民群众夜间购药不便的老大难问题。

【质量管理】 ①精心组织，认真准备。2015年1月17至18日德顺源大药房18家连锁店经临汾市食药局GSP现场检查验收，深受专家组的好评，一次性取得GSP认证证书。②充分发挥质量管理领导组及质管部的职能作用，紧扣GSP标准，强化日常监管力度，确保质量管理体系有效运行。③提高全员质量意识，重抓岗位质量职责落实，把质量管理体现在平时工作之上，渗透在日常工作之中，形成人人抓质量，事事促规范的良好氛围。四是在通过新版GSP认证的基础上，改进GSP实施过程中的薄弱环节，先后解决计算机系统权限管理不到位，仓库温湿度夜间超标，电子监管扫码核注核销不准，库存药品实货与系统所录商品批号不相符等问题。⑤按照山西省GSP认证细则要求，先后完成药品购进质量评审、冷链系统验证、温湿度自动监测系统校准等项工作。推进坚持质量管理常态化，全面提升企业自身质量管理水平。

【员工培训】 霍州市医药有限公司首先采取“请进来，走出去”的方式，借助战略合作伙伴资源平台，先后与同仁堂、九芝堂、汤臣倍健等厂商联合举办16期药品知识、营销策略、服务技巧等方面的系统培训。其次是与步长药业合作，组织60名青年员工赴浮山县凤凰山庄开展为期三天的封闭式拓展训练，进而增强职工队伍的责任意识，团队意识和协作能力。其三是重新修订出台《关于加快专业技术队伍建设的有关规定》，为员工报考技术职称提供政策支持，促成全司上下踊跃考取各种专业技术职称和岗位技能资格证书的热潮。有60名员工通过临汾市人社局组织的计算机技能考试，有7名员工通过了中药调剂员岗位技能资格考试，有1名员工通过助理会计师资格考试。

【品牌建设】 2014年创建山西德顺源大药房连锁有限公司。为了做好新旧品牌过渡，着重抓企业规范管理和品牌建设工作。①按照连锁公司运营模式，委托专业人员设计具有时代气息的公司LOGO，统一更换18家连锁店的门头牌匾，做到了标识一致，形象统一。②全范围开展企业品牌宣传工作，与市电视台合作，冠名赞助播出霍州新闻，以此提高新品牌的影响力；在市广播传媒制作中心新闻节目前和黄金时段插播德顺源大药房简介，营造宣传氛围；与专业广告公司合作，量身制作宣传片，进一步提高德顺源大药房的影响力。从高空到平面，通过全方位，多渠道的立体式宣传，收到了良好的效果。③与市摄影家协会共同举办“德顺源杯”摄影大赛活动。四是自加压力，主动让利于民，对高血压、糖尿病、心脑血管用药三大类68种常用药品价格统一作了下调，平均降幅达15.8%，受到社会各界的好评。

【领导班子】

董事长、总经理：

张国新（2006.10—2015.12）

董事、副总经理：

苏小明（2006.10—2015.12）

张海杏（2006.10—2015.12）

李成文（2015.03—2015.12）

（高继忠）

食品药品监督管理

【概况】 霍州市食品药品监督管理局设置5个内设机构、1个稽查队和6个乡镇监管站。截至2015年12月，共有行政人员20人，事业人员11人，工勤人员2人。其中局长1人，副局长3人，纪检组长1人。

【学习教育活动】 1. 开展学习讨论落实活动。按照市委统一部署，在市委第六督导组的精心指导下，该局开展以“深入学习贯彻习近平总书记系列重要讲话精神，净化政治生态、实现弊革风清、重塑山西形象、促进富民强省”为主题的学习讨论落实活动。活动中，坚持问题导向，坚持边学习、边讨论、边落实，聚集作风建设，扭住工作中心，严格按照既定要求、既定程序统筹协调、稳步推进。一是深入学习。开展集中学习24次，举办十八届四中全会专题讲座1次，做好笔记，写出心得，夯实理论根基。二是开展实地教育。赴南塔烈士陵园扫墓，参观霍州署廉政文化馆，实地接受教育。三是深刻反思剖析。通过广泛征求意见查找出政治生态存在的14个问题，追根溯源，深刻反思，撰写反思剖析报告。四是制定权责清单。结合监管工作实际，制定“权力清单”和“责任清单”，使权力运行更加公开、更加透明。五是抓好整改落实。针对问题制定整改方针，明确整改措施和时限，责任到人，确保实效。

2. 开展“三严三实”专题教育活动。按照市委组织部《关于在全市基层党组织中开展“三严三实”专题教育的通知》（霍组发〔2015〕6号）精神，该局高度重视，认真组织，紧紧围绕协调推进“四个全面”战略布局，对照“严以修身、严以用权、严以律己，谋事要实、创业要实、做人要实”的要求，聚焦对党忠诚、个人干净、敢于担当，开展政治理论学习10次，讲专题党课1次，开展专题学习研讨4次，开展专项整治1次，查找“不严不实”问题28条，通过学习教育、专题研讨、整改落实，增强班子凝聚力、战斗力、向心力，为深化食品药品监管工作提供坚强的思想、政治和组织保证。

【业务培训】 1. 坚持集中学习。霍州市食药局每周定期开展两次集中学习，把食品药品监管法律法规、总局规章、执法规范和日常监管执法工作有机结合起来，坚持学中干，干中学，聚焦问题，把握重点，提升工作能力和水平，适应监管工作发展的需要。2. 提升学习层次。组织监管人员参加省局、总局高级研修学院组织的食品药品监管专业培训，提升学习层次，加强研讨交流，提升执法人员专业素质。3. 开展行政执法培训。5月4日，该局组织执法人员参加临汾市局组织的行政执法培训，经统一培训、考试，28名执法人员取得山西省人民政府颁发的行政执法证。4. 开展食品药品协管员聘任暨培训工作。8月12日，该局在市委党校六楼报告厅召开2015年食品药品协管员聘任暨培训工作会议，聘请217名食品药品协管员开展食品药品法律法规专题培训。

【食品药品宣传】 霍州市食药局以舆论宣传为先导，开展全方位、多层次、立体式的广泛宣传，为食品药品监管工作提供舆论保障。1. 开展集中宣传。先后组织开展“3·15”消费者权益保护日，“3·21”科技、文化、卫生“三下乡”，“3·31”食品药品投诉举报，食品安全宣传周等宣传活动，领导带头，干部参与，走上街头，深入乡村，面对面向群众宣传法律法规和安全知识，主动接受群众咨询，增强群众法律水平和自我保护意识。在“三下乡”活动中，该局向退沙街道捐赠了价值1.5万元的食品药品安全知识读本1000册、宣传围裙500套，满足基层群众对食品药品安全知识的需求。2. 开展主题宣传。开展新《食品安全法》主题宣传，设立10个公交站宣传栏，制作宣传版面400块，发放到各行政村、学校，建立宣传园地。联合开展“食品安全进校园”主题宣传，11月27日，在市实验小学举行启动仪式，举办安全讲座，开展“千人签名”活动，增强在校学生食品安全意识。3. 通过现代媒介开展宣传。通过霍州电视台、霍州广播电台、《霍州报》等大众传媒宣传工作动态、法律法规和安全知识，扩大宣传覆盖面。4. 发挥机关网站的宣传优势。通过机关网站更加主动、更加快捷、更加全面地开展宣传，引导公众理解、支持、认同食品药品监管工作。

【食品药品许可】 伴随着食品药品监管体制改革的不断深入，霍州市食药局全面担负起食品生产、流通、餐饮服务等许可工作职责。2015年4月，该局克服人员少、任务重等诸多困难，将食品生产、流通、餐饮服务、药品等许可工作全部纳入霍州市行政审批中心统一办理，使许可工作更加公开、更加透明、更加高效。在工作中，坚持公开、公平、公正的原则，公开许可内容、许可程序、许可时限，建立完善各项规章制度，坚持用制度管权、用制度管事、用制度管人，为行政相对人提供规范有序、方便高效的服务。2015年，共核发食品生产加工小作坊许可证11份、食品流通许可证340份(其中保健食品15份)、餐饮服务许可证36份，办理小餐饮登记证60份。新开办药品零售企业4家，通过GSP认证药品零售企业25家。

【食品药品日常监管】 1. 加强督查指导，促进规范管理。霍州市食药局采取五项举措，提升企业规范管理水平。①下发自查通知书。2015年初向全市食品药品生产经营企业下发自查通知书，明确自查重点和要求，督促企业开展自查自纠，消除安全隐患，提升安全管理水平。②签订安全责任书。为强化企业责任意识、安全意识，该局与全市食品药品生产经营企业签订安全责任书，明确要求企业严格遵守食品药品监管法律法规，加强生产经营日常管理，确保食品药品安全。③严格执行"月初定计划月末现场查"工作制度。每月由各监管站确定3至5家企业进行集中规范，通过现场指导、教育培训、隐患排查等方式对各企业制度执行、记录管理、质量控制等关键环节进行统一规范。月底由局领导班子进行现场督查指导，一级抓一级，层层抓落实，确保全市食品药品生产经营管理水平得到稳步提升。2015年，共规范食品生产加工小作坊12家、食品流通企业60家、餐饮服务单位54家、药品经营企业10家、保健食品经营企业10家、化妆品经营企业12家。四是开展监管信息平台录入工作。按照痕迹化管理的要求，将食品生产加工企业、食品流通企业、保健食品化妆品经营企业基本信息逐一录入，在日常监督检查过程中将监管信息及时录入，实现动态化监管。2015年，共录入食品生产加工企业12家、食品流通企业238家、保健食品经营企业51家、化妆品经营企业31家。加强企业信息化建设，督促19家食品流通企业建立了电子台账。五是建立健全诚信档案。各监管站将辖区食品药品生产经营企业许可情况、日常监管情况等书面资料建档留存，实行"一店一档"，建立基础信息库。

2. 加大培训力度，提升人员素质。各监管站、各职能股结合自身实际，科学制定培训计划，精心遴选培训内容，定期组织食品药品生产经营企业从业人员开展集中培训，免费发放培训资料，重点就制度执行、人员管理、进货查验、台账记录、质量控制等内容进行重点培训，促进从业人员依法规范管理。4月16日，组织86家小作坊负责人进行专题培训。

3. 保障重大活动，服务全市大局。霍州市食药局把保障重大活动食品药品安全作为一项重点工作，服务全市经济社会发展大局。2015年，先后保障市政协六届五次会议、六届人大五次会议和中高考期间的食品药品安全，参与和服务省级文明城市、省级卫生城市创建复查工作，履行监管职责，规范食品药品市场秩序。明确工作责任，细化工作措施，及时同有关餐饮服务单位签订《重大活动餐饮服务食品安全责任承诺书》，组织工作人员深入霍州宾馆、霍煤集团宾馆、晋隆源商务大酒店等服务单位现场监督、集中检查、重点驻守，坚决消除安全隐患。高考期间，该局工作人员放弃休息日，冒着酷暑，不间断地在考点周边进行值守、巡查，提升应急处置能力，保障重大活动期间食品药品安全。

【食品药品违法案件查处情况】 1. 加大稽查力度，依法查办案件。在监管工作中，该局各职能股、各监管站各司其职，密切配合，加大稽查工作力度，重点围绕无证经营、超范围经营、生产经营假冒伪劣产品开展市场稽查，及时发现食品药品领域存在的违法违规行为，坚决取缔无证生产经营行为，依法打击违法违规行为，维护市场秩序。加强部门协调，开展联合执法。9 月 17 日，联合市公安、工商、信访等部门查处违规销售“苗疆老祖酒”案件。2015 年，共立案 49 起，结案 49 起，处罚人民币 10.94 万元。

2. 畅通举报渠道，提升处置能力。该局畅通“12331”投诉举报电话，运用“12331”投诉举报平台，开展专题宣传，充实执法力量，主动接受群众投诉举报、反映问题，有效处置食品药品生产经营过程中出现的各类问题和矛盾，使群众的合理诉求依法得到及时有效的保障，维护人民群众的合法权益。2015 年，共受理群众投诉举报 25 起，其中涉及食品 19 起（其中保健食品 1 起），药品 4 起，化妆品 2 起。各监管站、各职能股按照职责分工，组织执法人员对被举报单位逐一进行现场检查核实，依法对违法违规行为进行查处，及时向举报群众进行答复，赢得人民群众的信赖和支持。

【食品药品检验】 1. 配合省局、临汾市局开展食品检验。2015 年 8 月，山西省食药局专业检验人员深入霍州市对食品生产企业生产的肉制品、纯净水、小麦粉、食用油、蛋制品、豆制品等 6 类食品进行现场抽验，对企业自检工作进行检查指导，提升企业食品检验工作水平。该局积极组织开展食品送检工作，邀请临汾市质量技术监督局检验中心工作人员深入辖区对 18 家食品生产加工企业生产的小麦粉、肉制品、蛋制品、淀粉制品、豆制品、纯净水、食用油等 7 类食品进行采样工作，合格率达到 92.8%。积极应用快速检测技术，对餐饮业火锅底料进行苏丹红、罂粟壳检测 84 份次，未发现违法添加行为。

2. 配合市局开展药品年度抽验。2015 年 5 月，该局配合临汾市食药监局开展年度抽验工作。工作人员严格按照工作程序和要求，重点药品经营企业、医疗机构开展现场抽验，共抽取药品样品 27 个品种，为药品监管工作提供技术支撑。

【基层监管站执法能力建设】 霍州市食药局加大投入力度，强化基层监管站执法能力建设。1. 加强基础设施建设。按照上级关于乡镇监管站“十个一”建设标准，协调解决 6 个乡镇监管站办公场所问题，配备执法车辆、办公桌椅、电脑、打印机、照相机、执法记录仪等设施设备，为开展监管工作提供硬件保障。2. 完善软件管理，明确工作职责。结合乡镇监管站工作实际，建立健全各项工作制度，制作监督台，作出公开承诺，明确工作职责，细化工作流程，确保基层监管工作有序运行。

【领导班子】

局　长：

张凤梅（女，2013.04—2015.12）

支部书记、副局长：

崔世娟（女，2013.04—2015.12）

副局长：

崔卫民（2010.03—2015.10）

高琴玲（女，2012.06—2015.12）

纪检组长：

高晓华（2012.08—2015.12）

党组成员、副主任科员：

崔卫民（2015.10—2015.12）

（高亮）

红十字会

【概况】 山西省霍州市红十字会是从事人道主义工作的救助团体，副科级建制，内设办公室和赈灾救济股两个职能股室，到2015年底，有工作人员4人。

【体制建设】 山西省霍州市红十字会成立于1990年9月，为霍州市卫生局下属单位。

2008年9月9日，霍州市编制委员会下发“霍州市红十字会职能配置、内设机构和人员编制方案”（霍编发〔2008〕12号）文件，设置霍州市红十字会，副科级全额事业单位，编制4人。

2009年，根据山西省委组织部、省人事厅《关于工会、共青团、妇联等人民团体和群众团体机关及党群系统所属事业单位参照〈中华人民共和国公务员法〉管理的通知》，红十字会申请参照公务员管理，2010年临汾市组织部批准红十字会参照公务员管理（临组通字〔2010〕58号），经审核，红十字会3人符合参照公务员条件。

2015年4月14日，霍州市编办下发文件（霍编发〔2015〕2号），霍州市红十字会由卫生局代管改由市政府领导联系。

【冠名医院】 经山西省红十字会、临汾市红十字会批准，霍州煤电集团总医院冠名“霍州红十字医院”，2011年5月6日，在霍州煤电集团总医院会议室举行揭牌仪式，临汾市红十字会专职副会长张贵虎参加会议亲自揭牌。

【工作情况】 1. 开展备灾救灾的准备工作及募捐救助工作。霍州市红十字会纳入霍州市政府应急预案体系，建立各类红十字应急救援队伍，在自然灾害和突发事件中，对伤病人员和其他受害者进行救助。根据《中华人民共和国红十字会法》等，红十字会依法在全市开展募捐和接受捐赠工作，面向困难群众开展人道救助工作，开展“博爱助医”“博爱助学”“博爱助困”等公益项目。在2015年元旦春节期间开展“博爱送万家”活动，改善霍州市城乡贫困家庭的生产及生活条件。

2. 开展卫生救护培训工作。霍州市政府将红十字应急救护培训纳入突发事件应急体系建设规划。按照上级红十字会及霍州市防震减灾指挥部工作安排，红十字会开展防灾减灾应急救护培训，普及重点行业、重点人群的培训工作，推进应急救护知识进乡镇、进社区、进学校、进企业、进机关，提高人民群众应对突发事件的反应能力和现场自救互救能力。

3. 管理好石兰峰纪念馆和石兰峰墓园。石兰峰纪念馆及石兰峰墓园是霍州市的一处传统爱国主义教育基地，位于霍州市李曹镇李曹村。2002年6月，编辑出版《人民的好医生——石兰峰》一书，重修石兰峰墓园，在全社会收集资料，建成石兰峰纪念馆。每年清明节期间，免费对全社会开放，由红十字会负责组织好全市人民群众特别是当地学校、机关、亲属、卫生系统各单位的扫墓活动，发放宣传资料，做好讲解工作。

4. 开展无偿献血、造血干细胞捐献、遗体和人体器官捐献工作，搭建爱心奉献平台。

5. 开展国际与地区间的交流合作，发挥红十字民间外交作用。

【红十字事业】 红十字事业是中国特色社会主义的重要组成部分。“人道、博爱、奉献”的红十字精神，与中民族优秀传统文化一脉相承，与社会主义核心价值体系高度契合，是人类社会文明进步的重要体现。红十字会将以人道惠民为根本，坚持依法治会，全面深化改革，优化创新红十字人道公益体系，推进红十字事业又好又快发展，开创霍州市红十字事业新局面。

【领导班子】

会　长：

朱源洪（2008.09—2015.12）

专职副会长：

薛炜（2015.04—2015.12）

副秘书长

田向东（2007.08—2015.12）

（薛炜）

妇幼保健

【概况】　霍州市妇幼保健院成立于1976年，是政府设立的公共卫生事业机构，以贯彻落实《母婴保健法》《中国儿童发展纲要》《中国妇女发展纲要》为主线，以开展群体保健为中心，促进妇女儿童健康为主题，面向群众面向基层预防为主的妇幼卫生工作方针，从而降低孕产妇死亡率、婴儿死亡率及出生缺陷发生率，以为妇女儿童服务为宗旨，提高出生人口素质为重点，全院共有在职职工35人，专业技术人员34人，共设六科一室，即妇保科、儿保科、健教科、功能科、信息科、财务科和办公室。主要仪器有B超、阴道镜、视力筛查仪、血球分析仪、心电图机等。

【卫生项目】　为了保护广大妇女儿童身心健康，降低孕产妇死亡率、儿童死亡率，提高住院分娩率，2009年启动“降消”项目，农村孕产妇住院分娩与新农合相结合，对在定点医疗助产机构分娩农村孕产妇住院分娩进行补助，2015年，农村孕产妇住院分娩共补助1503人，补助金额45.05万元，对农村待孕妇女实行增补叶酸预防神圣管缺陷项目，减少出生缺陷的发生。叶酸免费发放覆盖所有农村待孕妇女（包括流动人口），确保孕妇女服用正确，安全及时，提高叶酸的发放率和覆盖率。2014至2015年共发放叶酸15560瓶，服用2615人，知晓率达95%。开展孕产妇艾滋病乙肝梅毒婴传播项目服务，负责全市预防艾滋病、梅毒和乙肝婴传播工作的日常管理、技术培训和业务监督指导。结合孕产期保健服务，为孕产妇提供预防艾滋病、梅毒和乙肝母婴传播的健康咨询和检测工作，为阳性孕产妇及所生儿童提供干预措施。

【宫颈癌筛查】　宫颈癌筛查为防治妇女常见病多发病起到重要的屏障作用，2015年，对全市35至64岁的农村适龄妇女进行宫颈癌免费筛查，共发放宣传材料2万余份，印制相关表册3万余份，体检3147人次，确诊3例，可疑26例，进行有效的治疗及跟踪随访。

【新生儿疾病筛查】　从2004年新生儿疾病筛查工作启动以来，妇幼保健院根据新生儿疾病筛查实施方案的要求，宣传新筛的重要性和迫切性，使广大家长在知情基础上自愿进行筛查。2015年，共筛查2960例，筛查率98%。

【出生医学证明管理】　根据《母婴保健法》及《山西省出生医学证明管理办法》的要求，出生医学证明实行微机化管理，专人专管，证章分开，严格分级管理。

【健康教育】　健康教育是一项与全民健康有关的事情，是提高全民健康水平的有效手段，通过制定详细的工作计划，采取进村入户，媒体宣传、举办孕妇学校、预防艾滋病、梅毒和乙肝婴传播工作，母乳喂养宣传周宣传，健康快车，媒体宣传及发放资料等方式和活动，提高全民健康教育知识的知晓率。

【三网监测】 2015年，霍州市妇幼保健院以县、乡、村三级网络为依托，加强信息的统计、上报、反馈、核实工作，实行每月例会制度，进行培训，提高基层妇幼人员的整体素质，使妇幼信息做到及时、准确、科学，为政府制定政策提供科学依据。

【领导班子】

院　长：

刘华新（2013.04—2015.12）

书　记：

陈　静（女，2002.08—2015.12）

（成如珍）

疾控中心

【概况】 霍州市疾病预防控制中心的前身是霍县防疫站，创建于1974年，2002年正式更名，是政府设立的公共卫生事业机构。至2015年12月，共有在职职工33人，内设计划免疫科、结核科、检验科、地病科、慢性病科等11个科室。

【计划免疫】 计划免疫实行市、乡、村三级接种制度。2015年全市“七苗”接种率均达95%以上。

【传染病防控】 全市传染病管理，实行市、乡、村三级报告、预防、控制管理制度。2015年，共报告法定传染病755例，报告及时、准确。无传染病暴发流行。

【结核病防治】 2014年12月1日，结核病“三位一体”工作模式在霍州市全面启动。结核病定点医院为霍州市人民医院。实行“三位一体”工作模式后，市疾控中心职责为：开展日常督导，加强结核病信息管理，定期开展结核病疫情分析。市人民医院职责为：做好病人发现工作；做好病人接诊、登记、报告、诊断、治疗等工作。乡镇卫生院、社区卫生服务中心职责为：落实结核患者的管理，定期对接受治疗的结核患者进行访视，督促患者按时服药、复查。

【艾滋病防治】 2015年，市疾控中心加强艾滋病管理工作，报告新确诊感染者1例，对其亲密接触者进行HIV抗体检测，定期随访。2015年，对霍州市看守所新入所监管人员进行常规HIV抗体检测，共计检测179人，结果均为阴性。2015年，开展自愿咨询和检测工作，共咨询检测22人，结果均为阴性。

【慢性病防治】 市疾控中心于2015年11月底，从市卫计局接管重型精神病管理工作。在没有任何资料的情况下，中心工作人员通过自己摸索学习、深入调查摸底、邀请临汾市精防办大夫现场指导等办法，正常有序地开展此项工作。霍州市登记报告患者548人，在管患者461人，非在管患者71人，死亡11人，失访5人，规律服药72人。

【生物制品管理】 市疾控中心为加强对疫苗的管理工作，于2015年1月21日，成立生物制品科。加强对疫苗购进、冷链、运输、储存等一系列的管理工作。

【地方病防治】 国家卫生计生委于2015年组织开展全国人体重点寄生虫病现状调查。霍州市被确定为城镇调查县。为保质保量完成调查任务，疾控中心制定实施方案，开展培训，进行摸底调查，调查点常住人口为1123人，将调查点分为三片，选取开元街路南片为目标人口，共登记287人，发放粪盒270份，回收259份，有效份数250份，收件率87%，未发现华支睾阳性涂片。

霍州市大骨节病区仅分布在三教乡的干节，神半节和南车腰三个村，根据全省监测方案要求结合霍州市病区分布实际情况，2015年9月对上述三个村的所有7至12岁儿童进行病情调查和手腕部X线监测。共检查适龄儿童55人，未发现活动性大骨节病例。

碘盐监测：2015年，共监测样品300份，其中合格碘盐237份，不合格碘盐43份，非碘盐20份。合格碘盐食用率为79%，碘盐覆盖率93.3%，碘盐合格率84.6%，盐碘中位数24.6mg/kg。

水质监测：2015年，共检测6份城市水源末梢水。丰水期、枯水期分期监测，34项指标均达到国家标准。

布病防治血清学监测：2015年，共采集高危人群血清811份，RBPT阳性18份，SAT阳性者16份，新发病例2例，隐性感染9例，既往病例5例。

【邻导班子】

主　任：

孙建勇（2013.04—2015.12）

副主任：

王温良（2002.10—2015.12）

马晓丽（女，2007.08—2015.12）

刘华新（2002.10—2015.12）

（刘红林）

社会生活

民政事业

【概况】 霍州市民政局是主管社会行政事务的政府职能部门。2015 年，根据山西省、临汾市民政工作精神，围绕霍州市的工作大局，立足于保障和改善民生，完善社会救助体系建设；立足于增强公共危机防范意识，提升综合减灾救灾水平；立足于加强基层民主政治建设，保障人民群众的民主权利；立足于支持和服务国防建设，做好优抚安置工作；立足于加强和创新社会管理，全面提升社会事务管理服务水平。为"建设三晋经济强市，实现整体率先发展"做出积极贡献。民政局内设办公室、社会福利股、民间组织管理股、优抚安置办、基层政权股 5 个股室，下辖低保中心、福利中心、救助站、地名办、婚姻登记处 5 个事业单位，有工作人员 58 人。

【城乡低保】 城乡低保严格按照户主申请，乡（镇、街道）受理、入户调查、民主评议、张榜公示、乡（镇、街道）初审，民政部门审批的程序进行操作。严格执行分类施保，分类管理，定期复审制度。建立保障对象能进能出，保障标准有高有低的动态管理机制。根据《国务院关于进一步加强和改进最低生活保障工作的意见》和《民政部关于最低生活保障审核审批办法（试行）》及山西省临汾市相关文件精神，印发《霍州市城乡居民最低生活保障操作规程》，规范低保申请、审核、评议、审批、公示程序。完善对象认定条件，明确户籍状况、家庭收入和家庭财产是认定最低生活保障对象三个基本条件。城市低保在强化入户调查、邻里访问、信函索证等调查手段基础上，建立与市公安交警大队、房产管理局、工商局及交通局城市客运等相关机关信息共享的救助申请家庭经济状况人工核对机制。农村低保明晰家庭经济状况核查的内容和方法，改进工作手段，提高低保认定的准确性。2015 年末，保障人数及保障金发放情况分别为：城市低保保障人数 1728 户，3849 人，发放金额 1473.73 万元。农村低保保障人数 1086 户，2497 人，发放金额 555.15 万元。

【农村五保】 贯彻落实《国务院五保供养条例》和《山西省五保供养办法》，全面落实各项农村五保供养政策，规范农村五保供养申请、审核、审批程序。严格按照个人申请、调查评议、张榜公示，乡（镇、街道）审核，民政局审批上报的程序进行操作，实现应保尽保，按标施保。2015 年，霍州市人民政府出台《霍州市农村五保供养服务机构管理实施细则》（霍政办发〔2015〕36 号），加强全市五保供养服务机构建设和管理。至 2015 年底，农村五保供养对象为 534 人，其中，集中供养 142 人，分散供养

392人；集中供养标准为7200元/年·人，分散供养标准为6600元/年·人。2015年，累计发放五保供养金240.3万元。2015年，根据《山西省民政厅关于开展农村五保供养专项整治工作的通知》，集中一个月时间，开展农村五保专项整治工作，把应保尽保，按标施保及安全保障作为专项整治工作核心，全面核查住房、消防设施、电气设备和防火防汛设施，检查饮食卫生。对各项规章制度是否健全，责任落实是否到位，安全隐患是否排除等方面进行全面细致检查，确保五保对象的基本生活得到有效保障。

【社会救助】 1.开展城乡医疗救助工作。扩大救助覆盖率，提高医疗救助的惠及范围和救助水平，农村五保、城乡低保、不享受公费医疗报销的优抚对象均取消救助病种限制、救助起付线，提高救助比例。规范申请、审核、审批程序，印发《霍州市城乡医疗救助操作规程》（霍政民发〔2015〕12号）。严格按照救助对象个人申请、调查评议、张榜公示、乡（镇、街道）审核、民政部门审批的程序进行操作。完善医疗救助制度，严格规范管理，优化办理流程。制定《城乡医疗救助“一站式”即时结算实施细则》，对农村五保对象、重点优抚对象、城市低保对象先行开展医疗救助“一站式”即时结算服务，为困难群众提供方便快捷的就医渠道，减少救助环节。2015年，社会救助人数及救助金发放情况分别为458人，224.6万元。

2.全面落实社会救助暂行办法，及时有效缓解城乡困难群众突发性、临时性生活困难，救助范围扩大，救助标准提高。探索开展“救急难”工作，对因家庭遭遇突发事件、意外伤害、重大疾病或其他特殊原因导致生活陷入困境，其他社会救助制度暂时无法覆盖或救助之后仍有困难的低收入家庭和特殊困难家庭给予应急性、过渡性救助。2015年，根据国务院、山西省、临汾市相关文件精神，出台《霍州市城乡居民临时救助操作规程》（霍政民发〔2015〕21号）对“四类家庭”（双亲已故、父母一方卧床、单亲家庭、本人残疾）在校贫困生和贫困大学生救助和急难救助（意外事件、重大疾病救助）、低收入家庭中重残、重病人员救助，进行规范化管理。临时救助金按照社会化发放和现金发放相结合的方式进行。在具体工作中根据“救急难”工作的特点，本着便民简易的原则，将小额救助金审批权委托乡（镇、街道）进行审批。由乡（镇、街道）根据救助对象申请的相关材料和困难的特殊情况及维持当前基本生活的需要，给予不超过300元的临时困难救助。救助金额在500元以上的，由乡（镇、街道）按程序上报审批，实行社会化发放；300元以下以发放现金为主。2015年度，各类临时救助金发放情况：“四类家庭”在校贫困生救助3563人，发放救助金176.67万元；贫困大学生救助378人，发放救助金76.65万元；急难救助107人，发放救助金23.87万元；低收入家庭重残重病救助78人，发放救助金2.9万元；80岁以上高龄补助8213人，发放补助金271.1万元。2015年，累计救助对象12339人，累计发放救助金550.12万元。

【防灾救灾】 灾害应急预案体系基本形成，预防减灾救灾救济工作得到有效保证。开展“5·12”全国防灾减灾日宣传活动，把防灾减灾融入到群众的日常生活中，公众的防灾减灾知识普及率明显提高，应对自然灾害的能力大为增强。下拨救灾物资，做到救助对象民主评议、张榜公示、公开发放，接受监督，确保灾民和困难群众的基本生活。2015年，下发棉大衣300件，棉被1904张，棉褥1500床，面粉13068袋。

【优抚安置】 双拥优抚安置政策全面落实，军政军民关系融合发展。1. 开展“爱心献功臣”和重大节日走访慰问驻军活动，组织老复员军人到山西省荣军医院疗养，给重点优抚对象和参战参试人员进行体检，逐人建立体检档案；2. 解决重点优抚对象“三难”问题，把符合条件的优抚对象纳入城乡低保范围；3. 把重点优抚对象纳入到重特大病医疗救助范围，2015年，共救助57人；4. 全面落实优抚政策，优抚对象的抚恤优待补助资金做到足额到位，及时发放。义务兵家属优待金足额兑现，保障优抚对象的合法权益。

【基层政权】 村（居）民自治活动有序开展，基层政权进一步巩固。1. 健全村（居）民自治组织，保证了村（居）委会工作的正常开展；2. 健全和完善村（居）民自治制度，以村（居）民代表会议为平台，村（居）民自治章程为规范，推进村（居）委会工作的民主决策、民主管理和民主监督；3. 推进村（居）务公开工作，规定公开的内容和时间，规范公开的形式和程序，促进村（居）务工作的公开透明、公众监督；4. 指导各村和社区开展丰富多彩的文体活动，丰富村（居）民的文化生活。通过开展村（居）民自治活动，促进农村和社区稳定发展和居民的安居乐业。

【民间组织】 严格社会团体和民办非企业单位登记的申报、审核、审批等程序，强化档案管理。加强社团和民间组织的检查指导，坚持定期年检工作，推动社团组织良性发展。全市2015年共有社团40家，民办非企业单位70家。

【婚姻登记】 建立健全婚姻登记管理制度，推进婚姻登记规范化建设、加强信息化管理，实现全省婚姻登记信息联网，全面提升婚姻登记管理服务水平。2015年，共办理结婚登记3992对，离婚494对。无一例违规登记，登记合格率达100%，档案入档率达100%。

【社会事务】 1. 根据《国务院关于开展第二次全国地名普查的通知》（国发〔2014〕3号）和省、市精神，制定《霍州市第二次全国地名普查实施方案》，2015年，开展组织筹备、启动动员、成立机构、制定方案、人员培训、搜集资料等各项工作，按方案时间完成第一阶段工作任务。2. 加强对孤残儿童、弃婴的救助保护，全面落实孤儿养育费标准，每人每年7200元按季度实行社会化发放；对23个在校孤儿实行四套班子领导包联帮扶服务，给予助学救助。3. 加强流浪乞讨人员救助站管理建设，完善配套桌、椅、床、柜、被褥等设施设备，规范救助程序，落实救助资金，开展在车站、繁华区域、桥梁涵洞、闲置房屋等场所的经常性排查搜救，并提供食宿、衣物、疾病治疗等救助，2015年，救助流浪乞讨人员371人，救助资金8.5万元，实现城市街面无流浪未成年人的目标。4. 加快发展社会养老服务业。在发挥现有农村敬老院和社会福利中心资源优势的基础上，加强对两所民办养老院的监督管理。对全市养老服务机构进行安全隐患大排查、大整治，把安全隐患消除在萌芽状态，真正做到以人为本，安全为天。继2014年建成8个集休闲、娱乐、餐饮于一体的老年人日间照料中心后，2015年又新建3个。为建立健全以居家养老为主导、社区养老为依托、机构养老为补充的社会养老服务体系提供基础保障。

【领导班子】

局　长：

董亚星（2007.07—2015.12）

书　记：

李建平（2007.08—2015.12）

副局长：

李红平（1998.04—2015.12）

（朱小华）

残疾人事业

【概况】 霍州市残疾人联合会是代表残疾人利益，维护残疾人合法权益，团结教育残疾人，为残疾人服务，管理和发展残疾人事业的人民团体，内设综合股、组织宣传文体股、康复股、维权股4个股室，下设残疾人康复和托养中心、残疾人就业服务所和残疾人辅助器具供应站3个事业单位，正式在编工作人员10人。全市在册残疾人17370人，占全市总人口的6%左右，持二代残疾人证有5046人。

主要职责是：宣传贯彻《中华人民共和国残疾人保障法》，维护残疾人权益，开展各项业务和活动为残疾人服务，承担政府委托的部分行政职能，管理和发放《中华人民共和国残疾人证》，管理和指导各类残疾人群众组织，培养残疾人工作者，发展和管理残疾人事业。

霍州市残疾人联合会始终立足于改善和保障残疾人民生，全面落实相关康复政策，完善基层组织建设，维护残疾人合法权益，拓展残疾人就业机会，转变工作作风，加强和创新管理模式，为残疾人提供优质化服务，提升代表、服务、管理水平。

【组织建设】 推进基层残疾人组织规范化建设，完善残疾人工作市、乡、村三级工作网络体系。12个乡（镇、街道）残联配备了理事长、专职委员和网络管理员，223个行政村（社区）配备176名村级残协专职委员，落实专职委员每人每月60元的误工补贴。以集中和分散相结合的方式，对全市残疾人工作者进行全方位的业务培训，派出工作人员分别到太原、长治、运城、临汾参加山西省、临汾市残联举办的各种培训，提高为残疾人服务的积极性和主动性，提高残疾人工作者的政治素养和业务水平。制定管理办法，加强对市、乡、村各级残疾人组织的管理。做好残疾人证件的核发工作，2015年，累计核发二代残疾人证427件，截至2015年底全市共有持证残疾人5046人。

【康复工作】 2015年，全面推进残疾人“人人享有康复服务”目标的实现。1. 重视康复宣传工作。利用各种媒体开展宣传，向残疾人及其家属提供实用的康复信息，传授康复方法，提高残疾人的自我康复意识。2. 做好康复业务培训工作。采取集中办班的形式，开展康复协调员培训，培训乡（镇、街道）、村（社区）康复协调员185人，建立社区康复协调员培训档案。通过培训，使康复协调员了解残疾人康复工作相关政策和业务知识，掌握残疾预防及康复知识，提高为残疾人康复服务的能力。3. 切实抓好康复项目的落实工作。严格按照山西省、临汾市残联要求，把落实康复项目的实施作为康复工作的重头戏。开展盲人定向行走培训，共培训各乡（镇、街道）70人。开展由山西省康复研究中心组织实施的“复明6号”流动手术车贫困白内障手术救助活动，共实施贫困白内障手术100例，其中30例患者享受全免费。配合临汾市残联对假肢安装进行筛查，为16名残疾人装配假肢。对有需求的残疾人发放轮椅156辆、助听器21台；转介残疾儿童9名；为其他肢体残疾人发放各类辅具514件。

【就业工作】 残疾人就业工作是残疾人工作的重中之重，又是残联工作中最难做的一项工作。霍州市残疾人就业主要做了以下工作：1. 按要求完成“残疾人就业与职业培训实名制统计系统”录入工作。2. 加大残疾人职业技能和农村实用技术培训工作。全年给山西省、临汾市输送的10名职业技能培训人员，结合残疾人就业援助月，选送18名残疾人到山西省残疾人职业技能培训学校学习电子商务知识，对299名残疾人组织两期农村实用技术培训，其中在霍州市健峰农业生态科技有限公司以公司加农户的形式培训三教乡残疾人及亲属，培训内容小米、玉米和驴的饲养，培训人数130人。3. 做好“一店三基地”建设培育工作。根据省、市“一店三基地”建设标准，对以前的各个扶贫基地和按摩店依照标准进行认真检查、督导，夯实“一店三基地”培育工作。

【维权工作】 通过法律法规和维权知识宣传，增强残疾人法制观念，提高维权的意识。1. 成立市残疾人法律救助工作站，2015年，为2名残疾人提供法律援助，还免费为残疾人进行法律咨询，主动和司法部门联系，与律师相互交流共同探讨，为贫困残疾人提供法律救助服务。2. 确定专人负责残疾人机动轮椅车燃油补贴工作，对补贴人员和机动车辆严格按照标准要求进行审查，为25名肢体残疾人足额发放机动轮椅车燃油补贴。3. 接待90余名残疾人来访，解决80名残疾人的诉求事宜。

【社会保障工作】 1. 按要求完成2015年“两补”发放工作。通过市、乡、村三级认真核实、公示，除一名外出无法联系的一级残疾人外，全市共有525人享受该项补贴，每人480元，共发放资金25.2万元，发放工作全部以打卡的方式直付给残疾人，其中山西省级12.6万元，霍州市12.6万元。2. 共有582名残疾人纳入低保。3. 对1000余名重度一级、二级贫困残疾城镇居民和农村居民实施养老保险补贴。4. 对100名一级、二级精神、智力、肢体残疾人给予居家托养补贴，数据全部录入数据库。

【宣传文体工作】 2015年，残联的宣传文体工作主要有：1. 利用电台、报纸及街头宣传等形式开展宣传活动。主要包括中央、山西省、临汾市残疾人法律法规、残疾人社区康复、精神病防治等内容，印刷发放办理残疾人证须知等各项宣传资料。利用第二十五次“全国助残日”、第十六次“全国爱耳日”和“科技、文化、卫生”三下乡等活动广泛宣传发动，使大部分残疾人和亲属及时了解掌握残疾人事业的相关知识，依法维护自己的权益。2. 在霍州市电台开办“爱在蓝天下”专题节目，全年共播出54期；在《今日霍州》开设残疾人专题栏目，全年刊出残疾人法律法规及有关知识30期；2015年下半年，以出租车游字打标语的方式对事关残疾人的重要活动和主要政策进行宣传。3. 撰写信息15篇，利用信息网络平台发出各种短信息30条。及时将相关信息以书面或通过网络报中央、山西省、临汾市残联。4. 通过电视台播出残疾人新闻节目10余条。5. 爱耳日和助残日期间，组织残联志愿者服务队深入残疾人家中和州署广场开展系列活动，发放各种宣传资料50000余份，“康之声”有关专家免费为残疾人进行听力检测，弘扬“奉献、友爱、互助、进步”的志愿者精神，营造了“我为人人、人人为我”

的浓厚氛围，使残疾人事业在社会影响扩大。

【信息化建设】 2015年，推行“亲情一家人”优质化服务活动。为了做到及时全面掌握残疾人基本信息和需求情况，为每个残疾人因人制宜地制定优质化服务方案，将各级各部门为残疾人提供的各项保障、服务和帮扶与残疾人实现有效对接，霍州市残联成立“亲情一家人”优质化服务办公室。专门对“亲情一家人”网站基础信息进行完善，对各股室服务活动开展情况进行及时收集汇总，及时录入到“亲情一家人”优质化服务网站。累计为17370名疑似残疾人录入了基本信息和需求，其中持证残疾人4974人，制定优质化服务方案2700余人次，落实服务2300余人次。

【全国残疾人基本服务状况和需求专项调查】 从2014年9月起，霍州市残联开展全国残疾人基本服务状况和需求专项调查，此次专项调查是国务院为出台“十三五”残疾人工作政策提供依据的基础性调查工作，调查分两个阶段：核查、入户调查、录入信息。为了使专项调查工作顺利进行，市政府、市残工委高度重视，成立由副市长薛泽会牵头的专项调查工作领导组和以残联为主的专项调查办公室，制定专项调查工作方案，明确专项调查工作的目标、任务、方法、步骤及各项任务的完成时间、节点，具体要求，使各项任务有条不紊、循序渐进地展开。

2014年10月8日开展核查工作，10月25日完成。组建由各乡（镇、街道）残联理事长、理事、网络管理员、村残协专职委员组成的核查队伍。以村（社区）为入户核查单位，开展入户核查登记；以乡（镇、街道）为数据录入单位，集中进行数据复核录入；以市为单位开展初步统计分析工作。

2015年1月1日开始进行专项调查第二阶段，即：入户调查阶段。1. 入户调查详尽细致，做到乡不漏村，村不漏人。在入户调查阶段，每个调查员对每个调查项目做到解释到位，对每个调查对象的服务状况和需求做到了解详尽，询问细致。2. 每个村（社区）调查结束后，由残联班子成员包乡（镇、街道）督查，及时复查，把问题解决在第一线。每个乡镇调查结束后，高标准验收，发现问题，再次入户。真正做到高标准、严要求。3. 录入工作准确高效。12个乡（镇、街道）共有134人参与调查，共调查残疾人4836人，录入信息4523条。为此抽调专人进行严格培训，录入工作得以准确高效。

【领导班子】

理事长：

闫记红（2010.11—2015.12）

党支部书记：

郭伟华（2014.01—2015—12）

副理事长：

何广文（2007.08—2015.12）

朱文华（2003.02—2015.12）

秘书长兼理事：

高　荣（女，2003.02—2015.12）

理　事：

何东红（2003.07—2015.12）

（杨泽艳）

民族宗教

【概况】 霍州市民族宗教事务局担负着全市民族宗教事务的工作，内设民族宗教股和办公室，行政编制4人。主要职能是依法履行民族宗教管理职能，保护公民宗教信仰自由和正常的宗教活动，促进民族宗教团结稳定和谐发展。全市有佛教、道教、天主教和基督教活动场所 42 处，信教群众 3 万余人。

2015 年，民族宗教事务局全面落实党和国家的民族宗教政策，与时俱进，开创民族宗教管理工作新局面，提高民族宗教工作法治化水平，发挥宗教的积极作用，促进民族团结、宗教和睦、社会稳定。

【民族宗教维稳基础工作】 2015 年，坚持“民族宗教无小事”的思想，做好民族宗教团结和稳定工作。1. 开展少数民族工作调研，对辖区内少数民族流动人口进行清查，做到情况清，底子明。2. 健全和完善市、乡、村三级民族宗教网络，完善民族宗教突发事件应急预案和应急网络体系建设，落实《宗教工作联席会议制度》《宗教场所安全管理制度》《突发民族宗教事件应急预案》《宗教场所突发火灾应急预案》等一系列制度，为民族宗教工作开展提供保障和支持。

【清真食品监管】 严格按照《山西省清真食品监督管理办法》和霍州市清真食品监督检查实施方案要求，发挥清真食品网格化监督平台作用和清真食品监督员作用，2015 年多次开展清真食品安全专项检查，坚决杜绝假冒清真食品和“清真不清”现象。

【民族宗教工作法治建设】 开展“六五”普法工作，组织开展法律法规学习。2015 年 6 月 25 日，以“国法和教规的关系”为主题，举办政策法规学习培训座谈会，各宗教团体负责人、场所负责人参加培训。组织机关干部、场所负责人开展民族宗教政策法规答题，注重学以致用，注重解决实际问题。利用农村庙会，在佛、道教场所，发放宗教法律法规宣传资料、文明敬香倡议书。编制权责清单 21 项，其中行政许可类 4 项、行政确认类 1 项、行政处罚类 9 项、其他类 7 项，编制行政权力运行图 21 张，廉政风险防控图 21 张。

【依法管理宗教事务】 2015 年，在宗教界按照“爱国爱教、知法守法、团结稳定、活动有序、教风端正、管理规范、安全整洁、服务社会”的标准，开展和谐寺观教堂创建活动。

1. 结合“教风年”建设，指导各宗教场所采取集中培训和邀请品学兼重的教职人员进行讲课，加强对教规教义的学习。基督教参加地区演讲赛，两会对教职人员进行 3 天培训；2015 年 11 月 6 日，霍州道教代表参加临汾市道教协会第一次代表大会；4 个佛教场所有固定的教职人员讲经布道。各教通过讲经活动对宗教教规教义进行新的阐释，发掘正能量的内容，营造遵规守教的良好氛围。

2. 结合宗教活动场所换证工作，加强对宗教场所的安全管理。一年中多次对宗教活动场所的建筑物、消防设备、电力线路、安全通道、食品卫生、火源管理及值班记录等方面进行检查。与文物部门协调配合，积极筹措资金，对祝圣寺大雄宝殿及后殿进行修复；天主教桥西教堂装修一新，2015 年 10 月 29 日举办圣堂祝圣典礼；刘家庄天主堂拆旧建新。

3. 结合宗教活动场所换证工作，对场所财务进行规范。制定活动场所财务监管实施方案，成立监管领导组，把财务公开与“创建和谐寺观教堂活动”相结合，指导各宗教活动场所成立民主管理小组，财务管理小组，建立财务管理制度，保证场所财务做到民主管理，公开透明，与每个季度上交公开底稿和公开照片等资料。

【支持宗教慈善工作】 落实中央六部门《关于鼓励和规范宗教界从事公益慈善活动的意见》精神，召开 1 次宗教代表人士座谈会，学习和领会文件精神；2015年9月，举办宗教慈善周活动，引导宗教界在促进社会和谐发展中发挥作用。支持天主教医院深入到农村开展义诊送药活动；基督教教会人员积极参加义务劳动；安息日会组织人员到师庄乡周村慰问孤寡老人赵金花，送去面粉、食用油、月饼。天主教组织践行团慰问贫困户和残疾人，到养老院慰问老人，与老人进行联欢和献爱心互动；向贫困生捐资助学。同德医院深入到霍州市农村，为困难群众开展义诊施药活动。根据地市开展“送温暖，献爱心”活动通知精神，各教都到民政部门捐款，捐赠4040元。

【宣传工作】 开展“六五”普法工作，组织“民族宗教政策学习宣传月”活动。宣传贯彻《宗教事务条例》《山西省宗教事务条例》《山西省清真食品监督管理条例》《宗教活动场所财务监督管理办法》等法律法规，通过开通宗教局微博、民族宗教微信群等信息平台发布28条，向临汾市民族宗教局上报信息13条。

【领导班子】

局　长：

晋学清（女，2013.04—2015.12）

（马璐）

住房公积金管理

【概况】 临汾市住房公积金管理中心霍州管理部隶属临汾市住房公积金管理中心下属事业单位，设有三个科室，分别为办公室、业务科、信贷科，共有员工9名。2015年，霍州市管理部围绕年度促发展、惠民生、保稳定的工作任务目标，以扩大住房贷款、住房消费为重点，以确保资金安全和提高服务为主线，加大归集力度，发展个贷业务，抓好党风廉政建设和干部队伍建设等工作，各方面都取得了较好的成绩。

【住房公积金归集】 2015年，全市实缴单位187家，实缴职工12622人，缴存金额7013.7万元，占年度计划的110%，同比增长11.5%。当年新增单位3家，新增职工817人，占年度计划的110%，截至2015年底，缴存总额45602.49万元，缴存金额22756.49万元。

【住房公积金贷款发放】 2015年，发放个人住房贷款116笔2760万元，收回贷款2149.31万元，累计发放贷款1947笔，金额21373.02万元，收回贷款10198.68万元，贷款余额1.12亿元，个贷率为49%，比上年同期增长5个百分点。贷款职工中，低收入群体占17%，中收入群体占78%，高收入群众占5%。

【住房公积金提取】 2015年，提取住房公积金3794笔，金额1.36亿元，其中，住房消费提取占72%（购买、建造、翻建、大修占52%，偿还购房贷款本息占10%，租赁住房占30%，其他占11%）；非住房消费提取占28%（离退休提取占75%，完全丧失劳动能力并与单位终止劳动合同关系提取占1%，户口迁出该市占17%，其他占7%）。

【住房公积金基数调整】 2015年，财政补贴住房公积金部分由工资总额的11%提高到工资总额的12%，达到市住房公积金管委会要求的上限比例。

【住房公积金政策调整】 为进一步提高住房公积金使用效率，支持缴存职工自住和改善性住房需求，根据部分相关文件精神，经市住房公积金管理委员会会议审议通过，系列便民新政策有关事项通知如下：

1. 提高贷款额度。购建房贷款最高额度由40万元提高至60万元，由于特殊需求，在保证资金安全和具有足够偿还能力的情况下，经市中心批准，贷款额度可适当提高，但不超过省定最高标准100万元；新修贷款最高额度由30万元且不超过房价的70%提高至40万元，采取非房产抵押方式的不受房价70%的限制。

2. 降低二套房首付款比例。住房公积金贷款已结清，且贷款期间信誉良好，可再次申请贷款，二套房首付款比例由30%降低为20%。

3. 放宽装修贷款担保方式。装修贷款担保方式放宽为以市住房公积金管理中心认可的担保方式作担保，不再限于以所装修房屋做抵押。

4. 直系亲属购房的缴存职工可申请贷款。本市缴存职工的直系亲属（仅限于父母和子女）购房，缴存职工可申请住房公积金个人住房贷款。

5. 扩大贷款购房总价范围。贷款购房总价包括主体房屋、地下室、储藏室。

6. 降低解押时住房公积金质押比例。借款人信誉良好，其住房公积金贷款五年以上从未逾期，解押时住房公积金质押比例可由原来贷款余额的50%降低到30%。

7. 允许质押人和联保人贷款。质押人申请贷款时，其账户内的住房公积金不能再做重复担保；借款人未逾期的，其联保人可申请贷款，但原承担的保证责任不解除。

8. 放宽租房提取。缴存职工无购建房行为的，凭身份证和房产部门出具的无房证明可一次性提取5年租金，最高提取额度5万元。

【风险防范】 为确保资金运行安全，管理部以严格落实住房公积金廉政风险防控实施细则抓起，从加强缴存、提取、放贷及大额资金管理调配等业务环节入手，全面排查廉政风险隐患，健全风险防控机制，从严落实资金管理制度。实践中，公积金霍州管理部特别注重逾期贷款的清理，通过内部网络对每笔业务和资金流向进行实时监控，把好提取、贷款准入条件的关口，防止少数企业和个人利用政策放安宽的条件骗提骗贷。公积金霍州管理部成立专门催收小组，指定专人负责，采取电话、上门函等措施，降低风险率。查漏补缺，完善提高，把资金运行风险降到最低，确保资金安全和完整。

【廉政建设】 霍州管理部坚持标本兼治、综合治理的方针，推进住房公积金廉政风险建设工作，保障住房公积金所有者合法权益。根据《2015年霍州管理部党风廉政建设工作目标责任书》，全面履行管理部主任作为第一责任人的职责，结合管理部工作实际，明确责任范围。在任务分解方面，根据党风廉政建设的具体要求，细化、量化各项工作任务，按照各科室的工作职责分别落实到每一个人。在实施保障方面，严格遵守市中心党委出台的《违规办理业务过错责任追究办法》及《党风廉政建设责任追究制度》等一系列政策规定，把工作人员贯彻落实“一岗双责”及中央八项规定落实情况列入管理部年度考核内容之一。由于高度重视，责任明确，保证党风廉政建设责任制在该管理部的贯彻落实，使干部职工的廉洁自律意识内化于心、外化与行，真正做到用制度管人、管事、管权，约束干部职工的行为，切实发挥制度在党风廉政建设中保障作用。

【领导班子】

主　任：

王　平（2014.01—2015.12）

（王海香）

乡镇工作

三教乡

【概况】 三教乡地处霍州市东北隅，距市区12公里，北靠晋中市灵石县，东邻长治市沁源县，西接师庄乡，南连大张镇、李曹镇，属典型的中温带季风气候，总面积156平方公里，所辖32个行政村，57个自然村，总人口22251人。现有耕地63654亩，基本农田54240.3亩。乡人民政府驻地下三教村。党委政府机关内设党建办、综合办、社会事务办、经济发展办四个办公室，设农村服务中心、综合便民中心、计划生育服务中心、财务管理中心、经济发展中心五个办事机构，共有工作人员31人。

【经济发展】 2015年，三教乡以发展现代农业为重点，大力发展特色林果、无公害蔬菜、精品杂粮、规模养殖四大产业，延伸农副产品产业链条，提高农副产品附加值，引进、培育、发展祥丰种养基地、干节生态农业、鑫隆玉米加工、胜利土特产加工等一大批农林项目、龙头企业，农业园区。依托龙头企业引领、农业园区带动，种植基地支撑，农民合作社联户，立足增强产业实力，优化经济结构，转变增长方式，各项经济指标大幅提升，为夯实纯农业乡镇转型跨越发展奠定良好局面。全乡2015年发展优质苹果4180余亩，核桃11320亩，无公害蔬菜3000亩，古衙黄、梨湾小米等精品杂粮3000余亩。养殖业方面，猪、羊、鸡、驴、鹿全面发展，全乡猪存栏1.2万头、羊2.3万只、肉鸡8.4万只、驴380头、鹿60头等。2015年，农村经济总收入达到51840万元，同比增长15%，农民人均收入达到13419元，同比增长15%。

【农技推广】 2015年，三教乡农业技术推广完善"一村一品"全覆盖工程，现有龙泉富硒苹果、杜庄苹果、干节核桃、东城种羊、东王村马铃薯、李垣苗木等特色品牌，16个村通过认证，6个村被市农委确定为"一村一品"示范村。现有34个专业合作社，其中，规模养殖12个，无公害蔬菜7个，精品杂粮6个，特色林果10个，家庭养殖专业村8个。聘请农业专家、技术人才为农户"传经送宝"，举办养羊、养鸡、芦笋种植、病虫防治，果树修剪等6场专题培训，完成龙泉村200亩核桃基地"高接换优"项目。培育东城玮丰养羊、绿源农牧科技东王村基地、李垣国福苗木基地等科教示范基地和企业，涌现出一大批科教示范村、科技示范户和科技带头人。2015年，全乡购买农机的户达到105户，大型农业机械达到92台。

【农田水利】 2015年，三教乡启动总投资达930万元的马刨泉灌区涉及梨湾、东城、下辛庄、杜庄4个村6500亩的高标准农田建设项目。项目建设内容包括水利方面新打机井3眼，配套机井7眼，架设输变线路0.4公里，铺设塑料节水灌溉管道43.9公里，衬砌渠道20.8公里；农业方面土壤改良150亩；田间道路方面机耕路建设6.09公里；林业方面道路绿化植树1.12万株；科技推广谷子种植150亩。完成总投资达1362万元涉及12个村的13272亩小型农田水利重点项目建设。实施马刨泉供水站维修工程，赵壁村、上辛庄村、东城村、李比村、主乐村蓄水池维修工程及主乐村控制室维修工程，史家庄饮水工程，王家山头、赵比水源维修工程，山底村30U型渠修建工程。加强供水工程管理，安排专人对水源地、供水设施进行经常性巡查。加强水利抗旱工作，实行班子成员分片、包村干部驻村的工作制度，通过科学谋划，强力推进，促进农田水利工作开展，完成下达的抗旱灌溉面积和亩次，达到节水增产的效果，确保粮食产量的提升。

【新农村建设】 2015年，三教乡完成总投资达1362万元涉及12个村的13272亩小型农田水利重点项目建设；完成17公里涉及8个村7条“村通水泥（油）路完善提质工程”。以点带面、连片推动，开展以东城、梨湾、杜比、李垣等村为重点乡村清洁工程。龙泉村在省级生态示范村的基础上成功创建临汾市美丽宜居村庄。完善三教乡集镇总体规划设计工作，形成“一心”（上辛庄、李涧）“三轴”（南北贯穿乡域的冯霍线、东城至杜庄路段、上三教至冯村路段）“三片区”（歇马滩片区，马刨泉片区、库拔片区），“一山”（油盆峪森林保护区）的总体布局的空间结构。安排专人负责，推动乡村各项年度任务落实到位，加快美丽乡村建设步伐。

【党建工作】 2015年，三教乡党委发挥龙头带动作用，推动“一建十带”工作机制，在基层党支部中，强力实施“抓两头带中间”党建行动，创新工作机制，打造五好党支部，在全乡党员干部中实行党员联户制度，争当“八大员”活动，党员先锋模范作用凸显。

落实“12388”工作法，实行了“5222”工作机制，即成立“便民服务中心、矛盾协调中心、劳动保障中心、案件查处中心和文化活动中心”五个中心；确定“两定”目标：定业务工作目标和定包村工作目标；两下机制：下村询问题、下村解难题；两考制度：机关干部百分制考核，农村干部千分制考核。全面落实“定查评”工作法，“八个流程促‘定’”，“三个时段促‘查’”，“两个结果促‘评’”。2015年，确定的两定目标108项，全面完成。

推进村务监督委员会建设，使村务监督委员会对人、财、事上的监督逐步迈入正轨。强化组织经费保障，全乡党建工作经费、活动经费和村党组织书记工资待遇都落实到位。32个行政村党组织活动场所都达到“三室八有”标准。10名大学生村官考录公务员和事业编制，流转工作走在全市前列。成功创建1个明星党支部，7个红旗党支部，4个五好党支部。培养积极分子40名，预备党员15名，转正党员13名。

【综合治理】 2015年，三教乡全面加强环境整治，打造环境优美乡镇，建设美丽乡村。乡村联动，以点带面、连片推进，加强环境整治。各村定人、定岗、定路段，定期清扫垃圾，保持乡村卫生；强化公路沿线环境整治。完善霍冯线10公里通道绿化工程，补植补栽各类绿化苗木2000余株，保持主干道的美化、绿化、净化。完成东城村风景树栽种100余株。加大环卫投入力度。新增库拔、赵比、李比、杜壁4个垃圾清倒点，为各村配备垃圾清运车17台、垃圾桶2000余个。集体林权制度改革中，林权证发放率、建档率、矛盾调处率均达到100%。全乡退耕还林8000余亩，切实加强林地保护，加大林区巡查力度，杜绝林区内随意放牧、损树毁树、偷砍乱伐、挖沙采石、乱占林地的现象，加强林区管理和保护。

建立健全安全工作领导机构，明确专人分管，层层签订责任书，32个行政村全部建立安全监管机构。乡村两级制定防汛、防火等多个领域应急预案，完善安全防范长效机制。开展百日安全生产大检查、汛期危房排查、“打非治违”等活动，排查出非煤矿山隐患7条、道路交通隐患90条、食品药品隐患2条、建筑施工隐患7条、中小学校园隐患31条，都整改到位，确保人民群众生命财产安全。对境内5家非法无证经营的企业，通过断电、断水、拆除设备、强制关停等手段，坚决取缔。制定落实年度汛期防灾方案和制度，完善群测群防网络。各村利用黑板、标语、宣传单等形式宣传普及防灾减灾知识，地灾点警示牌的设立保护与“两卡”全部发放到位。积极协调解决李雅庄煤矿采煤沉陷区落塌引发的高王庄第二批C、D级沉陷地质灾害危房搬迁7户的遗留问题。全面完成涉及6个村25户农村地质灾害治理搬迁，地灾防治工作取得明显成效。

建成综合便民服务中心，选配好优秀的中心管理人员和责任心强的窗口工作人员，窗口工作人员按照AB岗的要求进行确定，做到建设有人抓，运行有人管，服务有人办。将“七站八所”在便民服务中心进行集中，实行一次性告知、限时办结、责任追究、效能评估、投诉举报等工作制度，规范办事程序，提高办事效率和服务水平。完善32个行政村村级代办点、村级联络员等便民服务上下联动机制，实现服务群众“零距离”。

坚持“重视信访就是关注民生”的理念，全乡32个村都建立治保会、调委会和联防队等综治机构，推进“法治乡村”建设。坚持“抓信访就是重民生”的理念，加大信访工作力度。健全乡信访服务办公室工作机制，在各村成立信访服务站，乡村两级随时掌握工作动态，随时处理信访问题，做到把问题化解在基层，把矛盾化解在萌芽，做到信访苗头早发现早处理。2015年，全乡受理群众信访案件86起，已办结80起，办结率达到93%。

【科教文卫】 2015年，三教乡秉持“立足基层，服务大众”的文化建设理念，在文化建设的设施完善、服务提升、特色引领和综合联动等四个方面取得突破，走出一条开展文化建设，繁荣乡村经济的新路子。弘扬社会主义核心价值观，深挖三教“儒释道”文化，创建机关楼道文化，巩固提升省级文明和谐乡镇创建成果。开展群众喜闻乐见的文化体育活动，营造健康向上、文明和谐的良好风尚。完善32个村文化活动广场建设，配备体育器械。先后举办正月十五元宵节4场文艺汇演、“学雷锋、树新风，庆三八”文化体育活动，各村每月进行一次汇演，聘请广场舞教练对32个村的妇女进行培训达1000余人次。

把教育工作纳入乡党委、政府的重要议事日程和干部管理目标，学校建设纳入全乡发展规划，实行干部联系学校制度，召开教师节表彰大会，对涌现出的模范教师、先进学校进行隆重表彰。推进九年义务教育，幼儿学前三年入园率达到85%，小学、初中适龄学生人学率达到100%。小学、初中在校生年保留率达到100%。加强义务教育均衡发展，投资8万元用于金税学校和库拔小学操场硬化、浴室修建。投资43万元用于校园文化建设、电脑配备、墙体粉刷等。为各学校配备保安、安装监控、饮水机等，改善学校的办学条件。全乡有幼儿园4所，幼儿180人，专任教师18人，入园率达85%；有小学8所，在校学生203人，专任教师60人，小学适龄儿童入学率100%；库拔中学于2015年8月撤并到大张中学。

各级各类医疗卫生机构34个，其中卫生院2所，农村卫生站32个，病床20张，每4人拥有医疗床位1张，固定资产总值25万元。专业卫生人员15人。其中执业医师11人、执业助理医师1人、注册护士3人。2015年医疗机构完成诊疗3000余人次。

2015年，三教乡人口年平均出生控制在6‰以内，年平均自然增长率不超过6‰，符合政策生育率达90%以上。生殖健康服务覆盖达到90%，育龄群众优生优育知识得到普及，计划怀孕夫妇优生科学指导率达到95%以上，孕前免费优生咨询指导率达到95%以上。以“三强三化”为工作目标，夯实基础，巩固提升临汾市级“依法行政示范乡镇”。2015年，全乡完成孕前优生健康检查任务155对，一孩上环93例，村级专管员上门送药具600余人次，动员500余名妇女查环、查孕、查病，一孩生育证办理180份，二孩办证56份，新增国家奖扶4人，独生子女办证11份。完成300余人国家工作人员生育情况统计工作。

【社会保障】 2015年三教乡倾情帮扶弱势群体，落实最低生活保障、四类贫困家庭学生、农村80岁以上老人等弱势群体帮扶救助政策，总结出“123456”工作法，受到山西省民政厅调研组的好评。2015年，完成农村低保复核80户207人，城市低保复核41户72人，救助四类贫困家庭学生136人、80岁以上老人270人，投资8万元完成三教乡敬老院维修窑顶，修建高标准食堂。完成低收入农户冬季取暖用煤货币化补贴发放任务。各类弱势群体都享受到不同程度的保障。至2015年底，农村最低生活保障户数71户，16人，支出3.1万元，月人均160元。农村五保户集中供养13人，支出9.36万元，农村五保户分散供养58人，支出20万元。

全乡参加养老保险的人数7940人，参保率98%，筹养老保险资金87.63万元。60岁以上享受新型农村养老保险的2105人，享受率100%，每月发放养老金168400元，月人均80元。

医疗农合应参保19518人，实际参保17957人，参保率达92%，筹资达215.484万元。

【重点项目】

1. 完成总投资536万元4100亩的东王片高标准农田建设项目。启动实施总投资达930万元涉及梨湾等四村6500亩高标准农田建设项目的前期工作，已进入施工阶段。

2. 完成总投资达1362万元涉及12个村的13272亩小型农田水利重点项目建设。

3. 完成17公里涉及8个村7条“村通水泥（油）路完善提质工程”。

4. 新建东王村祥丰养殖厂、杜庄瑞华养羊厂等项目。

5. 做好农村土地承包经营权确权登记颁证工作，全乡32各村完成一次公示。

6. 加大招商引资力度，宣传推介油盆峪、旋风峪绿色旅游资源和原霍县抗日民主政府所在地红色旅游资源的景区开发。

7. 实施32个行政村文化阵地建设全覆盖，文化活动蓬勃开展。

8. 以点带面、连片推进，开展以东城、梨湾、杜壁、李垣等村为重点乡村清洁工程。

9. 完成梨湾村、山底村文化广场修建，宋比村道路维修，杜庄村路旁植树的4个村的“一事一议”工程。

10. 实施郭家庄和杨节村乡土树种2000亩储备项目的补植补栽工作；加快推进核桃林基地建设，在李垣等四村1800亩干果林基地补植补栽核桃8500余株。

【其他工作】 按照全市创建国家级新农村建设档案工作先进市的要求，配备了专门的档案室，完善办公设备，推进创建工作，全乡共有8个村的档案工作实现标准化，龙泉村达省三级标准，三教乡档案室达到省二级标准。

落实土地政策法规，完成大西高铁260余户失地农户入保登记工作。依法调处国土资源纠纷案件，打击私搭乱建、非法采矿、违法批建等非法占地行为，确保耕地保有量和基本农田面积。

【领导班子】

党委书记、人大主席

郭丽华（女，2012.08—2015.12）

党委副书记、乡长

马魁东（2013.03—2015.12）

党委副书记

赵　琛（女，2014.01—2015.12）

纪检书记

杨华伟（2015.11—2015.12）

武装部长

朱慧峰（2014.05—2014.12）

党委委员

李明（2014.07—2015.01）

蒋成丽（女，2014.05—2014.12）

副乡长

杨华伟（2014.05—2015.11）

【获奖情况】 2015年三教乡获临汾市“科普工作先进集体”；三教乡团委获临汾市“五四红旗团委”；郭丽华同志获临汾市“科普先进工作者”。

（王怀忠、杨智平）

师庄乡

【概况】 师庄乡位于霍州市北部，东与三教乡接壤，西南与退沙街道毗邻，北与晋中市灵石县交界，属温带大陆性气候，总占地面积90.4平方公里，耕地23000亩，全乡共有31个行政村，46个自然村，总户数4900户，总人口15000人，下辖32个农村支部，5个机关企事业支部，共有党员802名。明星支部1个，红旗支部1个。2015年，全年农村经济总收入完成18786.8万元，较2014年增长15.1%，农民人均纯收入达到10505.2元，较2014年增长9.1%。

【民生工作】 师庄乡共有15000人，有12000余人移居城镇，常住人口不足4000人，且大多为老弱病残，民生工作对于这样一个边远山区乡镇来说显得更为重要。推进人口转移，保护传统村落，实现和谐发展是师庄乡最大的民生。为此，师庄乡重点抓了以下几个方面的工作：

1. 人口转移。人口转移市民化是山区乡镇实现城镇化的大趋势。2014年完成上靳安、红洼两村整村搬迁的扫尾工作，成王庄庄、尉家沟两村整体搬迁也进入实质性工作阶段，2015年郝家腰村完成了整体搬迁前期准备工作，预计2016年上半年可全部整体搬迁，再次造福师庄乡民众。

2. 人民群众基本生产生活需求。尽管师庄乡村子小、村民少、学校少、学生少，但还是把教育、医疗、环境卫生、水、电、路等与群众息息相关的生产生活要素作为全乡工作的头等大事来抓。教育抓安全，特别是寄宿制学校的住房及食品安全工作。医疗抓服务，方便就医，提高医疗水平。水利除东庄水网改造外，利用一事一议机制解决5个村的村民饮水工程。道路损坏及时维修，确保村民生产生活出行便利。特别是狠抓环境卫生整治工作，开展乡村清洁工程，配备环卫车16辆，垃圾桶2600个，清理垃圾千余吨，墙体刷白20000余平米，刷写标语130余条，粉刷树木2.2万余株，清除林带杂草500余亩，制定村规民约，建立长效机制，村容村貌明显改观，人居环境日益好转。

3. 强农惠农政策落实。粮食补贴、农机补贴、低供煤货币化补贴、地质灾害、沉陷区项目建设等党和国家惠农政策不折不扣予以落实。乡便民服务中心运行正常，减少村民办事环节，提高服务效率。

4. 社会保障工作。按照建设新型社会救助体系的要求，落实农村最低生活保障、80岁以上老人、四类困难家庭学生和贫困大学生等弱势群体的帮扶救助政策，解决困难群众生产生活难题。新型农村养老保险参保率达到92%，新农合参合率达到96%。完成低保工作，“五保户”集中供养率达到60%以上。

5. 高度关注弱势群体。师庄乡残联对29个一级残疾人办理补助金，对38个有需求的残疾人配备轮椅、低视力助视器等日常生活用品，让残疾人感受到党和政府的温暖和关怀。开展残疾人基本服务状况和需求专项调查，了解残疾人在生活救助、社会保障、康复服务、就业帮扶等方面的现有状况，为开展帮扶救助奠定坚实基础。2015年，师庄乡残联工作代表霍州市接受省残联的检查验收，受到省市领导的肯定和好评。

【项目建设】 针对师庄乡地广人稀，干旱少雨，土地贫瘠，交通不便等实际情况，因地制宜抓调产，重特色，上项目，求突破。种植业方面，一是抓好红星小杂粮种植合作社扩展工程，2015年新发展5个村，全乡有13个村种植面积达到千亩以上；二是位于师庄乡白山村的宁加华种植合作社、文冠果种植基地面积扩展至1000亩，种植500亩，主要涉及白山、赵山两个村。文冠果浑身是宝，叶子可以做茶叶，果皮可以制药剂，果实可以加工食用油，材质为传统的“降龙木”，号称北方的“红木”，是优质的家具木材。该项目在全山西省也是独此一家。新成立山西文冠果科技有限公司，新建文冠果茶叶厂一个，市场前景广阔。在省农博会上展出后，中央电视台发现之旅频道等几家媒体先后进行采访报道。该项目的实施，实现师庄乡企业零的突破。在养殖业方面，除传统的散养羊始终稳定在万只以上外，新发展各类养殖合作社7家，特别是投资600万元的恒晟养殖专业合作社正式建成后，养鸡和养猪规模分别达到30000只和2000头以上，成为师庄乡养殖业的龙头。

【安全信访】 1. 全面加强安全生产。严格落实安全生产的各项政策法规，按照党政同责、一岗双责、齐抓共管、失职追责的总要求，责任到人，认真排查，全面整治。一是抓私开矿，到2015年底，全乡所有的私开矿全部关闭。对经雨水冲刷或自然塌陷致坑口开漏的情况，一经发现，立即封堵填埋，实行常态化巡查，杜绝私开矿的死灰复燃。二是抓防火，护林防火期间，采取专业队巡查和群防群治的方法，发现火情，及时扑灭，全年没有发生火情事故。三是抓防汛，针对全乡旧房多，危房多的实际情况，进行防汛演练，认真排查，发放躲迁通知书，特别是对尉家沟村仅剩的6户村民，出资补贴，新建高标准彩钢房，从根本上保证他们的住房安全。四是抓道路交通、食品药品、学校、易燃易爆品等安全工作，排除隐患30余处，2015年没有发生安全责任事故，确保人民群众生命财产安全。

2. 抓好信访维稳工作。在发挥乡矛盾纠纷排查调处中心和村民调委员会作用的基础上，坚持乡领导班子轮流接访制度，特别是重视下访，领导亲自深入一线，实地了解情况，找准问题症结，有的放矢，对症下药。各项工作开展从一开始就把制度、办法制定科学，实施力求公正公平，从源头上治理矛盾纠纷的形成。对历史遗留或新出现的问题，不等不靠、不推不拖，敢于面对，勇于解决。有效化解沉陷区治理、地质灾害等复杂历史遗留问题，为全乡的平稳发展打下了基础。全年信访大幅度减少，没有发生大的集体或越级上访案件，信访形势持续好转，受到上级领导的一致好评。

3. 强化综合治理。提升辖区网格化管理，各村网格长、网格员登记规范，都能及时上报信息，开展服务，及时与市乡两级综治部门沟通联系，为群众解决具体问题。加大群众的教育引导力度，党员干部带头移风易俗，倡导新风，开展健康向上的文体活动，涌现出周村的柔力球、师庄的广场舞、坡底的威风锣鼓等文艺表演团队，感染村民，凝聚人心，转变风气，丰富人民的精神文化生活。

【组织建设】 1. 践行“三严三实”，促进工作作风转变。“三严三实”专题教育活动开展以来，师庄乡学习习近平总书记系列重要讲话精神，坚持以上率下，乡班子成员带头集体学习32次，带头讲党课，带头查摆不严不实问题，召开专题研讨会5次，落实党委书记“第一责任”、分管书记“具体责任”，班子成员“基本责任”，村支部书记“直接责任”，层层传导压力。开展各类培训，组织村“两委”主干、普通党员、积极分子培训学习10余次，受训达700余人次，增强他们的政治素质和业务能力。在基层干部不作为乱作为等损害群众利益问题专项整治活动中，全面开展自查，共梳理汇总出不作为问题2条，乱作为问题1条，全部明确了责任主体、整治措施和完成时限；在“三资清理”整治和“以群众举报乡村干部腐败为切入点，集中解决群众信访诉求问题”专项治理活动中，全乡共有7人受到党纪处分，2人移交司法部门，通过一系列行之有效的专项整治活动，全乡党员干部工作作风明显好转。

2. 建设坚强有力班子。师庄乡狠抓乡党委班子建设，制定完善党建第一责任人制度、乡领导干部签到、班子例会、领导分片包联、重大事项决策等制度，用制度管人管事，用制度推动落实，千方百计为党委班子“强身健体”。师庄乡坚持重大事项民主决策机制，推行班子成员分片包联的“五包”机制，每名班子成员包一个片区，“包信访、包安全、包稳定、包项目、包发展”，做到“千钧重担大家挑，人人肩上有指标”。

3. 加强基层组织建设。师庄乡对全乡各基层组织进行摸排调研，对于各支部存在的软件硬件等问题，拉出清单，该配齐桌椅、电教设施的全部配齐，该修理接通网线的全部接通。投入近10万元为各支部活动阵地重新制作版面，对个别办公设备短缺的阵地也予以配置，使党员干部活动有场所，群众办事有渠道。对党组织管理存在问题的，摸清党员底数，掌握党员去向情况，做到底数清楚，去向明晰，联系畅通。到2015年底，各村均重新完善村党支部活动阵地，党员干部过上了正常的组织生活。在党员队伍建设上，除抓学习整体提升素质外，抓党员联户，发挥党员模范带头作用。严把入党关口，疏通党员出口，真正把优秀的青年选入党的队伍，把不合格的党员清除出去，确保党员队伍的纯洁。落实乡村书记抓基层党建“面对面”述评，全面落实党建第一责任人制度、党员承诺评议制度、“一课三会”“四议两公开”等制度，完善基层组织民主管理、民主监督等制度，以制度规范行为，以制度保障工作，以制度促进作风。

4. 推进党风廉政建设。全面落实党风廉政建设“两个责任”，推行“四述两谈”制度和“12388”工作法，开展乡村两级领导干部党风廉政教育活动，严格落实中央八项规定和霍州市相关规定，狠刹三股歪风，整治吃拿卡要，推行以“述纪、述廉、述作风、述两个责任、廉政约谈、廉政座谈”为主要内容的“四述两谈”制度，增强党风廉政建设的针对性、创新性、有效性、严肃性。强化廉政风险防范管理，发挥“廉情预警”机制作用。全方位抓好党风廉政建设和工作作风建设，全面落实从严治党。严格村级财务“两支笔”审批制度，强化监督检查，实行“三务”公开，接受群众监督，使农村各项工作逐步走上科学化、制度化、规范化轨道，最大限度地预防农村干部职务犯罪的发生。师庄乡开通举报电话和信箱，鼓励干部群众进行监督举报，加强对不良风气的监督和制止，做到人人高效率、事事快节奏、件件求实效，促进干部清正、政府清廉、政治清明，凝聚推动发展的强大合力。

【领导班子】

书　记：

张文轩（2013.03—2015.12）

乡　长：

闫会滨（2013.03—2015.12）

人大主席：

朱瑞华（2013.04—2015.12）

副书记：

刘景娟（女，2014.01—2015.12）

纪检书记：

王志俊（2012.08—2015.12）

副乡长：

李建国（2012.06—2015.12）

闫娴蓉（女，2014.03—2015.12）

党委委员、武装部长：

韩光兵（2012.08—2015.12）

党委委员、组宣委员：

刘惠娜（女，2014.03—2015.12）

（刘惠娜）

陶唐峪乡

【概况】 陶唐峪乡地处霍州市东部，霍山脚下，总面积64平方公里，下辖24个农村党支部，27个行政村，36个自然村，耕地面积3.6万余亩，林地面积17万亩，人口20736人，5300余户。至2015年底共有中小学12所，幼儿园5所，学生1700余人。

陶唐峪乡主导产业为种植业和养殖业，种植业以粮食、苹果为主，干果和中草药为辅，养殖业以养猪、养羊为主，养鸡为辅，重要的农副产品加工企业有聚盛牧业有限公司和丰陶源食品有限公司，服装外贸加工企业有晋颐兴服饰有限公司。

【民生建设】 2015年，陶唐峪乡党委将民生改善作为一切工作出发点和落脚点，坚持发展为民的总方向，倾力抓教育，倾情抓社保，倾心抓卫生，全乡群众的幸福指数提高。

【教育事业】 实施校改工程，投资112.3万元新建茹村学校教学楼工程，投资170.39万元新建义旺学校实验楼及宿舍工程，投资64.02万元新建了阎家庄功能实验室及操场硬化工程，截至2015年底，主体工程全部竣工，预计2016年全部投入使用。投资60余万元新建陶唐峪乡中心幼儿园。校改工程的实施改善全乡的教育教学条件、优化学校布局、解决学生寄宿难题。整体上提升全乡基础教育办学水平，缩短城乡教育差距，使陶唐峪乡基本达到义务教育阶段学校均衡发展标准，为霍州市义务教育均衡发展奠定基础。

【百亩沟村整体迁建项目】 百亩沟村新村迁建工程经霍州市委、市政府和乡党委、乡政府的支持，村党支部、村委会的推进，各方协调，由辛置煤矿出资5799万元，用于全村迁建中村民住房院落的赔偿及村内水、电、路等公益事业的建设。截至2015年底，全面完成60余户村民的新居建设工程，建成集幼儿园、小学、村级卫生所、支部村委办公楼为一体的综合办公服务区。新建天主教堂1座、水塔1座，实施全村下水、15000余平方米的新村道路硬化工程和所有街巷的绿化、亮化工程。

【民生设施建设】 推进天然气覆盖工程，制定相关规划，主管道铺设至陶唐峪景区，尽可能向周边村延伸辐射，部分村主管道铺设完成。陶唐峪乡老年公寓建设项目推进，截至2015年底，完成“三通一平”基础性工程，该工程总投资1300余万元，总建筑面积4200余平方米，主要用于老年医疗康复及老年活动中心，预计2016年全面完成。

【民生保障】 宣传落实民生保障政策。全乡新农合参合人数达到16400人，参合率连年保持在95%以上。新型农村社会养老保险参保人数达到9260人，达到90%。全面落实最低生活保障制度，为85户、235人办理最低生活保障，基本实现应保尽保。享受80岁及以上补贴的老人110人，享受四类贫困学生补贴的123人。全乡五保户集中供养率达到70%。截至2015年底，全乡土地确权工作和小型水利工程接近尾声。

【创建文明和谐乡镇】 乡党委将文明创建工作摆上党委议事日程，严格明确职责，制定创建方案规划，召开专题会议，分析问题，查找不足，寻找差距，改进提高。在乡、村两级干部的努力下，部分村庄整体面貌焕然一新。根据实际情况，指导茹村制定“宜居村”建设规划，上报市农林委。《今日霍州》对观堆、义城、南杜壁进行“美丽乡村行”报道。观堆村按照创建省级卫生村标准，进行了省级卫生村创建。

【项目建设】 2015年，陶唐峪乡以项目建设为抓手，一批涉及经济增长、社会发展、民生改善的项目推进。

提升三大基地。以辛庄大棚为中心的设施蔬菜种植基地日光节能温室达到80余棚。在成家庄、沙窝、观堆、南杜壁等村实施退耕还林干果项目，新发展优质核桃1000余亩，将核桃种植面积扩展至4000余亩，培育形成干果林基地。孔涧村发展种植油牡丹140余亩，扩大南李庄聚盛牧业羊场和王海平羊场的养殖规模，实现科学饲养，2015 年出栏育肥羊 5000 余只。

扶持龙头企业。扶持聚盛牧业等农产品加工龙头企业做大做强。农业龙头企业带动农村经济增长、转移农村剩余劳动力、改善生态环境的作用凸显。

培育民营企业。在“大众创业，万众创新”的引导下，观堆村晋颐和兴服饰有限公司积极联系劳动部门，引进服装加工机器 100 余台，进行外贸加工，解决 100 余人的就业问题。辛庄村投资 300 余万元创办山西丰陶源食品有限公司。在农村基层党组织的引导支持下，陶唐峪乡民营企业迅猛发展，为农村集体经济“破零”奠定坚实的基础，为全乡经济社会发展注入持久动力。

发展各类农业合作组织。陶唐峪乡以发展规模化、标准化、产业化农业为目标，扶持有志向、有实力、有能力的农村创业带头人发展农业合作组织，扩大产业规模，提升技术水平，实现联产联营。截至 2015 年底，共发展养殖、种植专业合作社 25 家，覆盖农户 300 余户，农产品种植规模扩大，农业产业化水平显著提升。

【社会建设】 2015 年，乡党委严格贯彻落实市委、市政府各项安排部署，创新社会事业管理方法，坚持和谐安民的总导向，抓安全，保稳定，强治安，治环境，社会秩序和谐稳定。

“稳”抓信访。围绕“事要解决”的原则，严格履行领导班子接访、包案制度，对信访矛盾不回避、不推诿，一大批信访积案得到有效化解，涉及霍永高速、大西高铁、义邢线和南赵线改造等重点工程建设的一大批信访事件得到有效解决，维护全乡和谐稳定的大局，全年接访案件 35 起，消化解决 34 起，结案率 97%。全年无一例进京上访事件。

“常”抓安全。成立防火防汛工作领导小组，制定突发性重大事件应急预案，组建 30 人的应急分队，建立以包村领导为主要责任人、村、支两委干部为第一责任人的安全生产责任机制。开展防火防汛应急演练 2 次，全年共查处安全隐患 5 处，2015 年底全部整改完成，规范石料加工厂的管理，坚决关闭无证砂场，杜绝私挖乱采，排除安全隐患，全年无重特大事故发生。

“狠”抓治安。开展普法教育活动，全面推行网格化管理，对民爆物品、学校周边、村民聚集区等区域进行专项整治，强化对刑满释放人员等特殊人群的教育帮助。社会治安综合治理工作有效开展，各类违法犯罪活动和邪教组织得到打击和遏制，人民群众的社会安全感和满意度不断提高。全年，乡、村两级共排查出各类矛盾纠纷 25 起，调处 23 起，调处率 92%，没有一起民转刑事件发生，无越级上访事件发生，有效维护辖区社会政治稳定大局。

“强”抓环境。陶唐峪乡按照上级开展乡村清洁工程要求，坚持建设美丽陶唐的总导向，建机构，抓监管，强保障，全乡面貌焕然一新。成立乡领导包村，村委主任直接负责的乡村清洁工程工作领导组，召开 4 次专题工作会议。建立环卫队，根据各村实际情况划分责任片区，责任到人。制定相关卫生保洁运行制度、村规民约、日常自查制度、督查巡查工作机制。开展环境整治，尤其是针对公路沿线的“脏、乱、差”现象，坚持全民参与和专业队伍相结合，加强全乡公益性岗位的管理，加大日常保洁力度，完善各村垃圾池等配套设施建设。2015 年，投资 20 余万元，1000 余人次参与环境卫生整理，新建垃圾池 10 个，刷白树木 2 万余株并圈红，涂刷墙壁 5 万余平方，清理垃圾

8000余立方米。配备垃圾清运车辆16辆，垃圾桶3700个，规划垃圾填埋场2个，人居环境日益好转，乡村面貌焕然一新。

【党的建设】 专题教育方面。通过开展“三严三实”专题教育，陶唐峪乡学习习近平总书记系列重要讲话精神，坚持从严要求，强化问题导向，引导全乡党员干部对照市委提出的“五个着力于”目标要求，查找自身存在的问题和差距，增强践行“三严三实”的思想自觉和行动自觉。严格执行党委中心组学习制度，每月组织1次以上的中心组学习。开展基层干部不作为、乱作为等损害群众利益问题专项整治，重点整治不作为、乱作为、贪腐谋私、执法不公等问题。针对排查出的问题，建立整改清单，明确责任主体、整治措施和整治期限，实行销号管理，确保整治工作落到实处。严格落实“清单定责”机制、“四述两谈”制度、“廉情预警”工作机制。

队伍建设方面。党员干部践行“三严三实”要求，贯彻《准则》和《条例》，联系思想、工作和生活实际进行对照反思，真正把党的政治纪律和政治规矩内化于心、外化于行，更好地规范自身行为。陶唐峪乡始终坚持日常教育与集中培训相结合，采取“请进来”和“走出去”等方式，开展“领头雁”延伸培训，实现全乡27个“两委”班子和骨干党员培训的全覆盖，全年组织集中培训5期，其他各类培训10次，培训党员428人次，在发展党员方面，严格按照《发展党员细则》的相关要求，把握好每一个环节，确保成熟一个，发展一个，全年共培养入党积极分子43人，发展党员15人。乡党委制定《陶唐峪乡处置不合格党员工作实施方案》，构建流动党员“六个一”动态管理机制。通过对“三严三实”的深入学习，领导干部增强“严”和“实”的责任感，全乡干部作风建设转变。

基层组织建设方面。严格落实“定查评”和“四议两公开”工作法，截至2015年底，年初确定的88件乡村两级惠民实事全部完成。乡党委坚持把支持基层党建作为基层组织建设的着力点，从建立保障机制，改善基层条件，强化党内关怀入手，拨付资金投入基层，真心诚意服务基层，夯实基层党建基础，投资12余万元用于村级组织活动场所配套建设，推行村级组织党员联户制度。鼓励村、支两委党员带头创业带富。乡党委全面落实书记抓基层党建工作“8＋2”项目清单工作，推进市委8项规定项目和乡2项自选项目。选派2名同志到软弱涣散党支部沙窝村和辛庄村担任第一书记。沙窝村制定以核桃林基地建设引领全村经济发展的规划；辛庄村确定发展设施蔬菜种植的规划。明星、红旗党支部建设水平逐步提高，起到示范引领作用，在全乡形成追、赶、超的良好互动局面。

作风建设方面。坚决纠正“四风”，厉行勤俭节约，坚决杜绝公车私用、超标准接待、超占办公用房、违规建设楼堂馆所等现象发生；推进“12388”工作法，设立监督台和意见箱，实行领导干部轮流接访、定期带案下访、机关24小时值班等制度，接受群众监督，方便群众办事。

反腐倡廉建设方面。落实党风廉政建设和反腐败工作，强化两个主体责任，加强廉政教育，加大农廉建设力度，推行党务、政务、村务公开，开展“纪律松弛吃拿卡要”专项整治，整顿纪律作风，强化监督检查，狠刹不正之风，在全乡营造健康文明风尚，使广大党员干部增强党性，树立形象，为转型跨越发展提供纪律保障和环境支撑。

【领导班子】
党委书记：
张　斌（2013.03—2015.12）
党委副书记、乡长：
张　伟（2013.03—2015.12）
人大主席：
王丰奇（2013.05—2015.12）
党委副书记：
李建华（2014.01—2015.12）
纪检书记：
黄华君（2015.11—2015.12）
武装部长：
安宝山（2014.05—2015.12）
副乡长：
武晓伟（2013.03—2015.12）
朱三桂（女，2014.05—2015.12）
组宣委员：
郭　飞（2014.05—2015.12）

（李政）

大张镇

【概况】 大张镇地处霍州市东郊，总面积36平方公里，耕地面积28078亩，镇辖14个行政村，有29376人，下设19个基层党组织，有党员935名，镇党委、政府内设综合办公室、党建办公室、经济发展办公室和社会事务办公室，设农业服务中心、文化服务中心、企业服务中心、计生服务站、国土资源所、财政所6个事业机构。

2015年，全镇经济总收入6.92亿元，同比增长15.5%，农民人均纯收入12576元，同比增长10.3%。大张镇总体自然结构是"一滩六垣两河"（大张—靳壁—下乐坪滩，靳壁垣、北张垣、张望垣、上乐坪垣、青郎坪垣、西张垣，北涧河、南涧河）。大张镇的产业结构以种植业、养殖业、加工业和商贸服务业为主。2015年，大张镇党委、政府把服务全市重点项目作为全镇工作的主线，为"建设三晋经济强市、实现整体率先发展"和"进军全省第一方阵、建设幸福美丽霍州"宏伟目标做出应有贡献。

【民生工作】 1. 经济发展方面。大张镇以种植业、养殖业、加工业和商贸服务业为重点，狠抓产业结构优化升级，逐步形成推动全镇经济可持续发展的主导产业。种植业以温室大棚、无公害大葱、核桃、小杂粮等为主，重点完善西张垣设施蔬菜（包括反季节蔬菜、花卉、育苗中心、草莓、芦笋等）、青郎坪无公害大葱、张望核桃林，实施草莓基地、西张垣优质核桃基地、五里垣小杂粮及千亩芦笋等种植项目；养殖业规模以上的有上乐坪村的同兴种鸡、绿色田园种鸡、向阳养鸡等，大张村的绿壳蛋鸡养殖基地、瑞健养猪场，西张垣的同兴种禽养殖二场、贾孟村"黄土地"规模养羊基地等，全镇新增规模养殖户21户；加工业以豆腐、粉条、香油、面粉等传统优势加工为主，提升生产能力和经营效益，较具品牌影响的有"薛师傅"玉米面条（在央视科教频道"我爱发明"栏目播出）、昌源面粉、庆余面粉、"隆丰昌"粉条、上乐坪年馍、贾村枣花馍（在央视"舌尖上的中国"播出）等；商贸服务业全镇新增商贸户43户，形成西张、大张、贾村、下乐坪四条繁华商贸街，功能齐全的城东商贸服务中心日渐完善；全镇14个村都组建农村合作经济组织，农户入社率达80%以上，农产品质检机构成立率达100%，涌现出大棚协会、芦笋协会、芦笋种植合作社、无公害大葱专业合作社、养殖合作社、商贸服务公司等中介组织，为农民提供资金、技术、信息、市场等方面的服务；通过发展第三产业和对劳动力进行技能培训，就地转移对外输出了农村剩余劳力，使第一产业劳动力比重仅占全镇劳动力的三分之一，大幅增加农民收入；加强改革创新和人才创新，开展农村土地确权登记工作，按照“一乡一业”发展和重点产业发展，培养专业技术人才。

2. 基础建设方面。大张镇抢抓城市东扩战略机遇，完成详细的美丽乡村建设总体规划，成立领导组，完成年度建设任务；启动实施大张、西张、贾村的城镇化建设，加快全国重点镇建设步伐，推动贾村美丽宜居示范村建设；巩固完善新农村档案管理示范创建工作，确保标准不降低，工作能延续，完善上报《霍州年鉴（大张镇资料）》和《霍州政区大典（大张镇资料）》，推进第二次全国地名普查工作，编撰完成两部具有较高水平的村志——《大张村志》和《贾村志》。

3. 落实惠农政策方面。大张镇积极做好粮食补贴、农机补贴、新型农合、新型农保、城乡低保、救急难、低供煤货币发放等项惠民工作，建立镇便民服务中心和社会救助服务中心，各村建立代办点，推行“六权治本”，落实“阳光行使权力”，建立机构，健全制度，方便群众，提高效率，对弱势群众针对性地开展救助救济工作，五保户在镇敬老院集中供养，供养率达70%，困难群众的基本生活得到多重保障。北张村还建起投资14万元的日间照料中心，为60岁以上老人提供更为舒适的活动场所。

4. 林业及水利方面。巩固完善林权制度改革，林证发放率、建档率、矛盾调处率均达100%；加强林地保护，严格护林防火，辖区内无林地放牧、损树、偷砍伐、挖沙采石、乱占林地行为，林地无火灾发生；全镇14个村都完成安全饮水工程，大张、下乐坪、贾村三个村还接入城市供水，加强境内河道管理，修筑堤坝1200米，实施小型水利工程，全面完成人畜饮水、农田灌溉、生态治理、防汛抗旱及山洪灾害防治预警平台建设任务。

5. 教科工作方面。推行教育一把手工程，建成大张、西张、下乐坪、贾村、靳壁等标准化学校和大张、上乐坪公办幼儿园，全镇幼儿入园率和义务教育普及率均达100%，对5所学校校园设施进行维修改造，加强校园安全和校园文化建设，全国教育均衡发展验收；推进科技兴农，开展科普宣传和培训工作，推广应用科技成果，报送科技动态信息，培育科技产业化示范基地、示范村、示范户和科技带头人。卫计生工作创新载体，常抓不懈，健全网络，强化服务，提升人民群众的健康水平。

【安全发展】 大张镇牢固树立大安全意识，建立健全安全工作领导机构，落实人员、责任、设施，开展“打非治违”“六打六治”“安全生产大检查”和“安全生产月”活动，对煤矿、非煤企业、交通运输、学校、食品卫生、地质灾害、民爆物品、防汛、建筑、消防、危化、森林防火、秸秆焚烧、防震减灾等项工作进行排查治理，有效消除隐患，落实安全法规和责任，健全安全制度，制定应急预案，开展应急演练，加强安全巡查，全镇没有发生安全事故；2015年，先后组织山洪灾害及防汛演练和学校地震、消防应急疏散演练。全面引深法治建设和综合治理，推进“六权治本”，加快法治政府建设，推进法治社会建设，加强社会服务管理中心建设，推行网格化管理，积极开展普法活动、反邪教宣传和平安创建，净化校园及周边环境，加强治保、民调、联防、禁毒等基层综治组织的整顿和培训，提高防范和打击效能，维护稳定的社会治安秩序，辖区无发生重大刑事案件和“法轮功”等邪教组织及人员活动；坚持依法行政，特别是落实《土地法》《资源法》和《城乡建设规划法》，严格规划审批和执法监察，规范征地行为，打击各种违法占地、违法违章建设、滥占耕地和非法采矿行为，加强地质灾害防治工作，依法拆除西张村4处违法建筑，无证非法采矿查处率达100%，为建设文明和谐新大张创造了良好的社会环境。

【信访稳定】 随着霍州市城市东扩步伐加快，大张镇辖区服务重点项目引发的征地矛盾日趋增多，有些形成常访、闹访、越级访苗头，信访形势不容乐观。针对这种情况，大张镇党委、政府认真落实信访工作制度，明确责任，限时处理，解决各类矛盾和问题；推行信访服务中心工作模式，坚持领导接访，建立信访网络，实行“一站式”服务，开展网上办案和分类办理，及时化解各类矛盾纠纷，及时办结上级及网上交办的案件，全面遏制越级上访、集体上访、重复上访、非正常上访的发生，坚决杜绝重大群体访事件；时刻紧绷维稳工作之弦，立足大局，不讲条件，不遗余力，顶住压力，迎难而上，重要节日和关键节点多次赴省进京值班，快速反应，果断处置，确保万无一失，全国两会、9·3阅兵、十八届五中全会及省全委会等期间没有造成不良影响，信访工作逐步向制度化、规范化和法制化轨道迈进。

【环境卫生】 大张镇地处城乡结合部，环境卫生整治工作任务较重。2015年，大张镇按照上级要求，开展省级卫生文明镇村创建，全面开展爱国卫生清洁运动，全面实施乡村清洁工程和农村环境连片整治项目，镇村环卫设施和村容村貌变化明显、焕然一新。镇、村都达到“组织机构、工作方案、责任人员、具体任务、专项经费”的“五明确”。广泛宣传发动，健全环卫制度，各村确立专人主抓，组建环卫队，确定保洁员，划分责任区，落实工资待遇，配备环卫设施，发放清扫服装，加强督促检查，实行严格考核，在全镇形成环境卫生常抓不懈、常整常新的长效机制。2015年，全镇共投资170余万元，出动人力2000余人次、机械1000余台次，清理垃圾2万多立方米，新修建文化墙20余处，修复残墙断壁6处。各村都进行街巷道路硬化、绿化、亮化、排水、环卫等基础设施的配套。截至2015年底，全镇共配备垃圾转运车25辆、小型装载机12台，设立垃圾中转站1个、污水处理站1个、垃圾处理场15个、定点垃圾点78个，修建花池280个，安装路灯390盏，铺设污水处理管网2300米，使用沼气625户，接入天然气7600余户，粉刷墙壁32000余平方米，刷新树木6万余株。大张镇开展环境卫生整治观摩评比活动，制定整治标准，定期组织各村两委班子开展流动现场观摩，根据各村卫生整治的实际成效，进行集中打分排队，整治得分第一名的村授发流动红旗，现场给予资金奖励，把每次的评比打分结果纳入村干部的年终目标责任考核中，重奖重罚，使环境卫生工作真正做到时时有人抓，处处有人问，抓有成效、问有改进，向制度化、规范化、常态化和长效化的“四化”标准不断迈进。全镇涌现出大张、贾村、靳壁、小张望、狮子洼、北张等典型村，大张镇代表霍州市迎接山西省、临汾市爱国卫生清洁运动的督导检查。

【项目建设】 全镇共完成项目储备63个242亿元，完成项目签约21个49.87亿元，完成项目落地17个26.65亿元，完成项目开工11个19.47亿元，项目资金到位16.323亿元，完成固定资产投资15.3亿元，绝对额居各乡镇首位。完成义务教育均衡发展、农业综合开发项目、退耕还林工程及造林工程等年度项目任务。做好全市重点工程建设的各项协调服务工作，做好征地、拆迁等棘手工作，服务好农业产业园区、新型工业园区、天然气液化、开元小区、职教中心、经三路、纬三路、纬四路、纬五路及污水管网、供水、供暖等全市重点工程项目，确保这些项目的实施和推进。2015年度，大张镇完成重点项目主要有：一是明凯翔塑料制品项目。项目位于狮子洼村工业路旁，占地5亩，总投资1000余万元，分三期建设，完成投资550万元，一期、二期建成投产，生产一次性新型环保餐饮具；二是金鑫顺仓储物流商贸项目。项目位于靳壁村高速路引道旁，占地30余亩，总投资700余万元，建成仓储面积10000余平方米的仓储中心；三是贾村城镇化建设。贾村城镇化建设共分六个部分，分别环绕贾村东北西方位，共占地100余亩，总投资额4.2亿元，建设25栋新型住宅楼和80余座二层商住小楼，安置1200余户，建成“文锦苑”“汾东小区”“文锦佳苑”“锦绣花园”“惠民馨苑”五个新型小区及新型商住一条街；四是小型农田水利重点项目。项目属小型农田水利重点县项目，总投资788.8万元，在北张、贾村、狮子洼、下乐坪、贾孟、靳壁、上乐坪等村实施低压管道输水节水灌溉12525亩，新建机井6眼，维修机井16眼，安装变压器11台，铺设管道102千米，工程基本完工；五是狮子洼村文体广场。工程总投资30万元，整治排水沟，安装器材，建成2300平方米集健身、娱乐、比赛等功能于一体的综合农民文体广场；六是霍东新区道路配套建设。工程涉及霍东新区规划的经二路、经三路、纬三路、纬四路、纬五路等道路，包括主路、人行道、绿化带及水、暖、气、污等管网建设。七是常氏仁德医院项目。项目位于贾村纬五路旁，总投资1500万元，建筑面积3000余平方米，是一所以骨科、风湿为强项的综合性医院；八是改善薄弱学校办学条件校舍建设及维修工程。工程总投资245万元，对北张、下乐坪、靳壁、贾村、大张五所学校进行维修改造。九是大张、上乐坪幼儿园建设。大张幼儿园位于原大张镇中学，占地8亩，投资580万元，按标准化幼儿园要求建设，建成投入使用。上乐坪幼儿园总投资70万元，在原上乐坪小学基础上进行改造及设施设备配套；十是安缘新型建材项目。项目位于大张镇下乐坪村东，占地15亩，总投资800余万元，生产新型蒸压加气混凝土砌块砖；十一是绿色田园种鸡孵化项目。项目位于上乐坪村，占地30亩，总投资500万元，安装孵化设备15台，年产3000万套父母代种鸡，是仅次于同兴种鸡的孵化企业；十二向阳养鸡场。该养殖场位于上乐坪村，占地5亩，总投资300万元，建成3个大型综合养殖棚，集饲料加工、养殖、防疫、营销于一体，2015年底，存蛋鸡23000只，日产蛋650余公斤；十三是大张村生活污水管网工程。工程属改善人居环境项目，总投资100万元，在大张村铺设生活污水管网2000米；十四是大张镇第一中学。学校始建于2005年，2015年加大资金投入，进行了全方位、立体化的包装建设，校园面积35000余平方米，总建筑面积12000余平方米，建有教学办公楼、科技楼、男女公寓楼、餐厅等，各类设施设备配套均高标准通过了国家教育均衡的验收和认定。十五是仁福培训学校。仁福培训学校位于大张镇大张村东，是一家集文化课、艺术、体育等培训于一体的综合性的培训机构，在全市很有知名度。

【基层党建】 大张镇以中共十八大和十八届三中、四中、五中全会及习总书记系列重要讲话精神为指导，围绕“三严三实”专题教育、思想政治建设、基层组织建设、党员队伍建设、工作制度建设、作风建设和反腐倡廉建设等方面开展工作，强化基层党组织“两个功能”，不断提升基层党建工作整体水平。“三严三实”专题教育方面。按照上级部署和实施方案要求，严格步骤，扎实开展，认真做好专题教育各项工作任务。同时在专题教育中深入开展了农村集体“三资”管理专项清理整治工作、“以群众举报乡村干部腐败为切入点集中解决群众信访诉求问题”专项治理及基层干部不作为乱作为等损害群众利益问题专项整治工作，力求“三严三实”专题教育取得实实在在的成效。思想政治建设方面。落实全市宣传工作部署安排，积极创建学习型党组织和学习型乡镇，开展理论学习，召开党的十八届五中全会精神宣讲会，加强精神文明建设和宣传报道舆情工作，开展社会主义核心价值观教育、调查研究和丰富多彩的群众性文体活动，创建文明乡镇。基层组织建设方面。大张镇在2014年村“两委”换届的基础上，2015年，在各村建立健全村务监督委员会，推进村级民主监督的科学化、规范化、制度化建设。大张镇以“五个好”和“双十工程”为主要内容，提升服务水平，基层党组织普遍晋位升级，在全镇选树了贾村、下乐坪、大张、狮子洼、北张等一批明星、红旗党支部；围绕班子建设，讲党性、强素质、建制度、转作风、干业绩、促发展，选优配强领头雁，激发班子内动力，增强班子凝聚力，提高班子战斗力，打造发展稳定强堡垒。大张镇加强农村班子建设的典型经验在全市基层党建工作会议上进行了交流发言。大张镇对软弱涣散基层党组织集中教育整顿，涉及青朗坪、西张、张望三个村，青郎坪村完善了投资25万元的新建村级组织活动场所，西张村集中解决疑难信访问题，化解两委选举矛盾，西张村、张望村分别投资5万元和4万元对活动场所进行了维修改造，处理窑顶，粉涮墙壁，美化院落，配备办公设施，制作版面，使这两个村活动场所均正常运行，发挥作用，使村党员干部有了归属感和集体感，心静了下来，力聚了起来，工作实了起来。党员队伍建设方面。大张镇注重加强农村党员队伍的教育和管理，优化党员结构，提升了党员队伍的生机活力和整体素质。完成发展党员、党费收缴、党员培训等项工作任务。工作制度建设方面。大张镇推行“定查评”“三会一课”“党员联户”“面对面”述评、党代会年会、党代表工作室及党建第一责任人制度，2015年，镇村共确定的54项目标及“8＋2”项目清单，经过严格督查，狠抓落实，各项目标均较好完成；在各村推行“四议两公开”工作法等民主管理制度，实行农村财务报账制和电算化管理，加强对大学生村干部和农村“两委”主干的管理考核，有序开展“十个一”活动，教育、引导、帮扶大学生村干部积极创业；利用干部在线学习和远程教育等方式，加强对镇村干部及党员的教育培训；邀请组织、宣传、纪检、农业等部门领导及党校讲师对农村“两委”干部进行领头雁培训，通过培训并结合干部下乡，各村都制定工作目标和农民增收项目，增强基层党组织的凝聚力、创造力和战斗力。作风建设方面。大张镇严格落实中央八项规定、省市有关规定及霍州市“约法三章”，严肃组织纪律，厉行勤俭节约，反对铺张浪费，坚决杜绝公车私用、超标准接待、超占办公用房、违规建设楼堂馆所等现象发生；推进“12388”工作法，整治党员干部中存在的“四风”问题，制作“12388”工作法服务胸卡、设立监督台和意见箱，实行领导干部轮流接访、定期带案下访、机关24小时值班等制度，接受群众监督，方便群众办事，干部作风明显好转。反腐倡廉建设方面。大张镇落实党风廉政建设责任制和各项廉政制度，履行主体责任和“一岗双责”，实行“四述两谈”，加强廉政教育和廉政文化建设，加大农廉建设力度，推行党务、政务、村务公开，整顿纪律作风，严格纪律审查，强化监督检查，狠刹不正之风，在全镇营造健康文明风尚，使党员干部增强党性，树立形象，为经济社会发展提供纪律保障和环境支撑。

【领导班子】

镇党委书记：
李晓斌（2011.11—2015.12）
党委副书记、镇长：
周霍津（2013.03—2015.12）
镇人大主席：
马　丽（女，2013.04—2015.12）
副书记：
荀会龙（2014.01—2015.12）
镇党委委员：
董斌斌（2012.06—2015.12）
镇纪检书记：
庞瑞林（2014.01—2015.12）
镇武装部长：
刘会才（1999.03—2015.12）
副镇长：
冯艳萍（女，2012.06—2015.12）
党委委员、组宣委员：
高艳华（女，2014.05—2015.12）

（高艳华）

白龙镇

【概况】 白龙镇位于霍州市城区西郊，交通便利，人杰地灵，全镇辖14个行政村，26个自然村：白龙，寺庄，陈村，涧北，牛腰，前柏木沟，后柏木沟，韩南庄（辖涧庄），马岭，养马岭，燕南庄（辖贾垣），虎头山（辖师家庄、琵琶垣、蔡家庄、前沟、葫芦把），柳树腰（辖郑家庄、孟家庄、风子垣），陈家庄（辖耿家庄），后人口23240多人，其中常住农业人口18642人，全镇耕地总面积12990亩，其中水地1870亩。现有国有、省属企业3个（霍州煤电集团下属的白龙煤矿、团柏煤矿、和兆光发电厂），规模较大的民营企业30余家。

【经济发展】 2015年，白龙镇确立现代农业、新型工业、商贸服务业、文化产业四大产业发展格局，为各项目牵线搭桥、扶持服务。全镇先后新上规模以上项目18个，总投资近7亿元。现代农业蓬勃发展，组建各类种养殖专业经济合作社16个，有10万只以上鸡场3个，千头以上猪场3个，百只以上养羊户24家，2万只鹌鹑养殖场1个，肉鸡养殖占到全市总量75%。推进特色种植，陈村中药材新增种植200亩，特别是后柏木沟村作为全市两个干果林种植示范村之一，以金核桃种植合作社为依托，栽植核桃1200亩，牡丹200亩，全村人均核桃6亩，全市首屈一指。新型工业发展迅猛，总投资2100万元的陈村昌鑫机械设备有限公司，常年与上海、台湾等公司合作，年产规模达10000吨，销售额达6000余万元；陈村禾丰生物肥料有限公司年产生物有机肥5万吨，年产值3000余万元；白龙村2015年完成造地1000亩，与江苏创普新能源公司洽谈投资1.2亿元的30兆瓦太阳能发电项目。商贸服务业发展繁荣，白龙商贸城、东明装饰城等5个大型商贸城规范运营，全镇组建专业运输队1个，百人以上劳务输出队3个。利用企业闲置土地，投资2000余万元新建全镇规模最大的汽车驾校，建成全市唯一的驾照考点，结束了全市没有驾照考点的历史。文化产业振兴壮大，以白龙威风锣鼓、陈村武术为龙头，健身操、广场舞各类群众文体活动蓬勃发展。正月十三，全镇隆重举行元宵节文艺汇演，各支表演队进行精彩的亮相和表演。威风锣鼓代表霍州在临汾帝尧古都文化旅游节锣鼓大赛上勇夺桂冠。书画协会璀璨增辉，白龙村、陈村等利用传统庙会，由白龙书协和市老干书协联袂展出各类书画艺术精品，营造浓厚的文化氛围。白龙、陈村、寺庄等村武术队和摔跤队，连续多年代表霍州市参加省级比赛，收获颇丰。2015年，全镇经济总收入完成136991万元，同比增长15%；农民人均纯收入达到11349元，同比实现增长9%。

【服务群众】 2015年，白龙镇把群众需求作为工作重点，下基层、接地气、排民忧、解民难，建立健全服务群众的常态化机制。①镇村两级整合队伍成立“一队两中心”。执法巡查队，坚持每天巡查管辖区内社会治安、安全生产、环境卫生、违法占地、环境污染、森林防火、水利防汛、大操大办等工作，确保及时发现及时处理；便民服务中心，整合七站八所职能，设立综合、党建、民政、计生四个窗口，快捷服务、方便群众；信访服务中心（民调室），坚持每周一镇党委书记接访，村支书、主任在村内集中接访，及时化解群众诉求。②镇机关干部通过“进村赶考五个一”活动，把群众找干部变干部找群众，把矛盾化解到田间地头，把致富的路子铺到群众家门口。2015年，全镇干部共深入农户200余次，解决群众疑难问题70余件。③在市发改局、住建局和供电公司的帮助下，完善水、电、路灯、下水等配套设施，还投资31余万元，新修田间机耕路15公里。④环境整治持续发力。把环境治理的重心由全镇主干街道向农村街巷延伸，先后两次现场观摩学习，巩固成果、提升标准。各村全都建立环境治理长效机制，配备垃圾清运车、垃圾桶，设置垃圾点、垃圾场，强化垃圾收集、倾倒，累计清运垃圾5万余立方米。清理“四堆”，煤泥柴堆进院、建筑废料拉到指定位置、粪堆进地，整治长期以来街道两边乱堆乱放的顽疾。街道两侧墙壁全部喷黄，两旁树木刷白描红，给广大居民创造优美的生产生活环境。⑤利用广播、黑板各种宣传媒介，开展以社会主义核心价值观为主要内容的全民教育活动，各类爱国主义教育图文上墙上榜，对广大农民的言行起到引导作用。⑥基础设施逐步完善。全镇完成道路硬化15公里。养马岭投资15万元更换吃水管道，群众用上自来水。集中供暖、天然气入户，部分群众告别土暖时代。⑦教育事业蓬勃发展，投资800万余元的白龙中心幼儿园顺利建成，广大适龄儿童实现就近入园。后湾新农村建设开展，新建住宅楼2栋3000余平方米，改善群众居住条件。陈村、白龙、寺庄、后柏等村新建修缮文化广场，农民文化生活日趋丰富，陈村、镇机关“天眼”工程保障了百姓平安。⑧便民政策落实到位。坚持把保障和改善民生作为头等大事来抓，刷新“五好”标准，新农保、新农合参合率达到95%，对31个“五保户”进行供养，白龙镇陈村在全市率先新建了日间照料中心，完善硬件软件设施，妥善照顾老年人。及时完成6150户的低供煤货币补贴登记发放工作，做好163名孤儿、残疾儿童等四类学生、35名贫困家庭大学生和158名80岁以上老人的救助工作，老弱病残等各类弱势群体得到及时帮扶。⑨推进村级卫生服务室建设，加强计划生育工作，提供计生优质服务，稳定低生育水平，提高人口素质，全镇人口自然增长率控制在5‰以内。⑩创优发展环境，做好市重点工程协调服务工作，汾河、对竹河治理，安排专人配合服务，确保重点工程顺利实施。对竹河治理工程推进，建成河坝1600米，河道疏通1万余立方米。为二电、云厦公司、团柏矿等企业搞好协调服务，推动企业健康发展。

2015年，白龙镇以创建临汾市级文明村、文明镇为抓手，加强精神文明建设，加强群众德育教育，在全镇树立文明新风，顺利通过临汾市文明创建验收，得到了临汾市文明办领导的肯定。全镇开展“五类模范家庭”评选活动，评选出卫生家庭、和睦家庭、敬老家庭、重教家庭、创业家庭156户，参与霍州市“最美村官”“争做霍州好人”等评选活动。文化活动丰富多彩，农村广场扇子舞、女子健身操、武术表演、消夏篮球赛活动等有声有色。白龙摔跤队连续9年参加省少儿摔跤大赛，成绩显著，2015年获得团体第三名和个人4块金牌的成绩。以镇文化站为主阵地，形成村村都有文化活动室、农家书屋、文化广场的格局。全镇现有14家村级文化活动室和农家书屋，建有2000平方米上的文化广场2处，300平米左右的广场12处，其中寺庄村广场面积达到10000余平方米。创新社会管理，全市率先实行农村网格化管理，以“三活”“四清”“五必报”为内容，网格长对所辖网格的农户情况准确掌握，成为本网格的“活户籍、活档案、活地图”，做到家庭情况清、人员类别清、区域设施清、隐患矛盾清，发现安全隐患及不稳定因素必报、新增孕妇必报、外来人员流入必报、居民房屋出租必报、公共设施损坏必报。农村网格化管理的实施避免工作“盲区”和“真空”，实现农村管理服务全覆盖。2015年，重点加强对道路交通、建筑施工、人员密集场所、危险化学品、烟花爆竹、商场市场学校、医院、公共娱乐场所、饭店、劳动密集型企业等人员密集场所的检查，组织各领域专项检查45次，发现消除各类安全隐患27处。推进平安创建，强化社会治安综合治理建设，各村都组建治保专业队伍，避免许多恶性事件发生。

【党建工作】 2015年，白龙镇以服务型党组织建设为依托，全面加强党建工作。创新组织设置，搭建服务平台。推行党员设岗定责，打破原来以村民小组设置党小组的模式，按照岗位类别，将各村党员重新划分成增收致富、民事调解、治安应急、红白理事、文化生活等5个服务群众党小组，采取党员自愿报名、组织推荐，双向选择的方式把党员配备到适合自己作用发挥的工作岗位。2015年5月在陈村召开了改进服务群众工作现场动员会，引导基层支部突出服务抓党建。创新管理模式，激发内生动力，加强党员培训教育，坚持“三会一课”制度，开展各类大学习、大讨论活动，邀请市委党校、农委等部门讲师、专家进村授课，组织党员到外地观摩学习先进经验和技术，提升全体党员服务能力。结合“定查评”工作法和党员承诺评议制，坚持年终党员大会述职评议报告制度，激发党员的履职热情。创新工作内容，落实服务措施，农村党员在各个岗位发挥先锋模范作用，在产业发展上充当“领头羊”，通过干部包项目、党员联户制度，扶持引导全村产业发展。在移风易俗上充当“文明新风示范员”。农村党员带头制止婚丧嫁娶大操大办，移风易俗。白龙镇针对婚丧嫁娶大操大办问题制定一套严密的整治方案，对全镇婚丧嫁娶操办进行规范和治理。发挥各村红白理事会职能作用，制定相应规章制度，规范该辖区内所有婚丧喜庆事宜。对婚丧操办帮厨队伍严格管理，村镇、食药局审批方可从业服务。严格禁止操办非婚丧事宜。除婚丧事以外，孩子满月等一律不得摆席设宴。严格执行党员干部婚丧事宜申报、公示、承诺制度。全镇喜事新办、丧事简办，现在村内过事，桌数不超 15 桌、菜品从原来的 16 个减少到 6 个菜 2 个汤，礼金在 50 至 100 元之间，相比以往，节约费用三分之二以上，减轻农民负担，受到群众的欢迎。这一做法得到山西省信访局的肯定，在 2015 年 9 月 23 日的山西日报、山西新闻网进行“让矛盾就地解决，在一线案结事了”的专题报道。在治安应急上充当“急先锋”。通过治安巡逻对发现的乱倒垃圾等违规事项及时制止，对发现的民事纠纷就地调解处理，对发现的安全隐患及时处置，对发生的治安纠纷维护现场秩序，及时上报公安部门及镇政府，确保一方平安。落实“两个责任”，强化廉政建设。落实党委主体责任和纪委监督责任，推进党风廉政建设和反腐败斗争，全面推进党务公、政务、村务公开，自觉接受群众监督。抓好农村集体“三资”管理服务工作，实现“三资”监管常态化和长效化，执行村级重大事项“四议两公开”工作法。坚持不懈纠正“四风”，改进了机关人员工作作风，提升工作效能。落实中央八项规定、纠正“四风”，严肃查处党员干部违法违纪案件 7 起，给广大党员干部敲响警钟，起到了警示作用。

2015 年，白龙镇实现创新管理“六个率先”、产业转型“四个领先”，经济转型和社会事业均取得长足发展，为建设美丽幸福新霍州做出更大贡献。

【领导班子】

党委书记：
郭惠民（2012.08—2015.12）
党委副书记、镇长：
王建华（2013.03—2015.12）
人大主席：
靳　华（2013.05—2015.12）
党委副书记：
王云平（2013.12—2015.12）
纪检书记：
叶伟新（2013.12—2015.12）
副镇长：
李志华（2002.09—2015.12）
朱建文（2012.08—2015.12）
武装部长：
晋明华（2014.05—2015.12）
组宣委员：
郭文俊（2014.05—2015.12）

（闫志坚）

李曹镇

【概况】 李曹镇地处霍州市地区东部，距市区 10 公里，东临沁源、古县，南临陶唐峪乡，西连大张镇，背靠三教乡，南北约13公里，东西宽23公里，总面积275平方公里，其中山区占75.6%，丘陵占24.4%，辖32个行政村，人口约26540人，为霍州市面积最大乡镇之一。李曹镇人民政府驻李曹村，全镇机关人数29人。镇机关包含科室主要有：综合办、党建办、社会事务办、农业服务办，下设计生所、民政办、林业站、工、青、妇等组织。

2015年，镇党委、政府打造“生态农业大镇、旅游休闲名镇、新兴工业强镇、幸福美丽新镇”，全面加快转型跨越、率先发展，2015年，全镇经济总收入6.1亿元，增长15.3%，农民人均纯收入达到10598元增长9%。

【重点工程】 2015年，完成霍州东站站前大道、迎宾大道南扩、霍州东站通道绿化、上霍线尉侯段改线、七里峪客运站、站前广场排洪渠等工程的征地拆迁和外围保障任务，确保各项重点工程的顺利推进。

【项目建设】 投资1400余万元的七里峪滑雪场，投资600万元的森林假日拓展训练场营，投资1000万元的安家庄、沟东、驹沟、杨枣循环公路，投资928万元的9村环境连片整治示范项目，投资250万元杜苏沟等5村农业中低产田改造，投资200余万元的下王、石鼻、源头3所小学均衡发展工程，投资100余万元2处人畜安全饮水等一批项目工程全面完成，完善基础设施，推动产业升级，为全镇发展积蓄强大后劲。

北片畜牧，绿源乳业发展壮大，石鼻万头猪场和十万只鸡场投入运营。南片果业，以下王为中心全镇苹果产量达到2500万公斤。沿山干果，对罗涧核桃基地5000亩基地进行补栽补植，投资50多万元新栽植1500亩。石鼻9村片区土地综合改造3000余亩，杜苏沟5村坡耕地改造2000余亩。山区旅游，新建3家农家山庄、纳凉小屋。沿线苗木，投资300万元，新增栽植各类苗木200余亩，总规模达到了千亩。广场商贸，依托高铁广场，扶持“绿和祥福”等系列产品，提升李曹镇农副产品的知名度。

【民生事业】 2015年完成11.6公里的农村公路提质工程，29.5公里防渗渠改造，清理20公里灌溉渠道，改造荒山荒坡400亩，完成20户危房改造，搬迁户4户，完成春季抗旱保浇1.5万次，加快各村的“一村一品”发展。李曹镇配齐农业科技推广站的相关设施，建成以源头为中心的畜牧养殖基地和小麦示范基地，以下王、柏乐为中心的苹果示范基地，提升群众的生产生活水平。惠民政策全面落实。全面扩大社会保障覆盖面，全镇152名四类困难家庭学生和299名80岁以上老人的固定救助；67户124人享受城镇低保，154户350人享受农村低保；162名优扶对象的抚恤补助优待经费及时足额发放；98名五保户中，有意愿的41人全部集中供养；33人受到大病救助；新型农村养老保险参保率达到96%、新农合参合率达到98%；建成老年人日间照料中心，集老年人日常休闲、娱乐、健身服务于一体，形成特色品牌，普通群众的生活有更多保障。

【信访维稳】 李曹镇把化解信访矛盾作为一项重要政治任务，从严要求，狠抓落实，逐一化解，完善接访、包联、调处机制，做到小事不出村，大事不出镇，实现全年赴省进京“零上访”的目标。实行网格化管理，将全镇划分为32个网格，配备网格长和信息员，逐门入户开展信息采集工作，做到全面覆盖辖区，“平安李曹”建设深得民心，确保社会秩序的和谐稳定。

【基层组织建设】 2015年，李曹镇党委落实“党要管党、从严治党”要求，围绕经济抓党建，抓好党建促发展，凝聚了一心一意谋发展、群策群力促转型的强大合力。开展“三严三实”专题教育。按照市委统一部署，镇党委先后召开5次专题研讨，班子成员真正把自己摆进去进行反思，制定问题清单和整改清单，全面推进整改落实，做到“见人、见事、见思想”。加强学习型党组织建设。2015年，镇、村两级共确定目标任务125项，向群众作出公开承诺。对摸排出杨枣、峪里、秦家岭3个后进支部，安排1至3名下派干部组成工作组驻村工作，帮助健全组织、配强班子、用好阵地、理清思路，扭转后进局面。推进党风廉政建设。全面落实党风廉政建设“两个责任”，深入推行“四述两谈”“12388”工作法、廉情预警和清单定责、约法三章等制度，严格落实中央八项规定和省市相关规定，狠刹各类不正之风。

【领导班子】

党委书记：

荀彦龙（2013.03—2015.12）

党委副书记、镇长：

房　鹏（2013.03—2015.12）

人大主席：

孙　峰（2013.05—2015.12）

党委副书记：

郭　斌（2014.01—2015.12）

纪检书记：

关晓燕（女，2014.01—2015.12）

副镇长：

武丽华（女，2012.06—2015.12）

曹耀华（2012.06—2015.12）

武装部长：

朱颖鹏（2014.03—2015.12）

组宣委员：

王保平（2014.03—2015.12）

老干书记：

乔李生（2012.06—2015.12）

（王保平）

辛置镇

【概况】 辛置镇位于霍州市南部，距城区10公里，东与陶唐峪乡交界，西与汾西县毗邻，南与洪洞县接壤，北与南环路街道相连，总面积46.6平方公里，下辖20个行政村，全镇总人口78000人，其中农业人口5293户，22507人，耕地面积24026亩。辛置镇内设党政综合办公室、经济发展办公室和社会事务办公室，设农村综合便民服务中心和计划生育服务站2个直属事业机构，市直派驻事业机构设辛置农业服务中心站和辛置财政所。辛置镇行政公务员编制共37名，实有26名；事业编制实有8名。2015年，全镇农村经济总收入达到17.69亿元，同比增长15.11%，农民人均纯收入达到11988元，同比增长9.13%；粮食产量稳定在450万公斤，辛置村、北村、辛庄村率先实现小康，为建设“环境优美、经济繁荣、和谐文明”的幸福靓丽新辛置开创良好的局面。

【新农村建设】 2015年，辛置镇新农村建设推进。辛置村投资2000万元的鼎和小区一期、二期工程建成，装修完毕；南下庄村投资3000万元的安居小区4栋楼主体建成，配套设施基本完善，具备入住条件；总投资2150万元的北村新农村住宅小区一期工程主体建成，完成装修，可提供住房20

套，铺面8间；塔底怡园小区配套建设逐步完善，已有部分居民入住。

【基础设施建设】 2015年，辛置镇农业基础设施建设完善。辛置村投资40余万元改造鼎和小区排水渠700米，栽种梧桐、冬青、冬青球千余株，完成小区院内绿化工程，投资26万元新建村内仿古门楼；下曹村投资12万元安装村内主干道两侧监控设备24个；宋庄村农网改造全部完工；南东村投资3万余元维修水渠500米，灌溉农田400亩；新建垃圾池2个；阴底村投资10万元成功维修饮水管道，解决人畜吃水问题；安装太阳能路灯73盏，维修电源路灯50盏；栽种村东至村西沿路漳河柳、侧柏共600余株，完成村内绿化工程；塔底村投资8万余元修筑水渠100米，可灌溉农田150亩；栽种梧桐20株，绿化怡园小区；北泉村自筹5000元平整村庄至垃圾场道路200米；投资5万元，维修灌溉管道1000米，方便百余亩土地灌溉；北益昌村投资5万余元，重建二郎庙西墙、西厦，对庙内进行维修；前河村投资6000余元维修、补漏从董家庄沟引至前河村水渠5000米；对300亩核桃树进行浇水、补苗，加强管理；投资7000元完成田间道路整修；投资1万元修建垃圾池两个；下马洼村投资3万余元将废弃旧教室成功改造成三间办公活动室；投资1万元整修东西两垣机耕道路300米；十里铺村投资8万元铺设灌溉管道800米，整地130亩；段庄村投资1.6万元建成垃圾池8个；与上级部门沟通协调投资近100余万元，维修硬化村中主干道1000余米，方便村民出行；栽种吊柳100余株；董家庄村投资1万元新建防洪排水渠40米；投资8000元铺设饮水管道200米；辛庄村从2014年至2015年实现填沟造地50亩，投资20余万元安装高灌、水泵、铺设配套管道3900米，方便500亩农田灌溉，栽种杨树1000余株，绿化主干道两侧；南下装安装太阳能路灯75盏；投资30万元完成西坡道路硬化3公里；投资20余万元完成村内道路维修；北村安装太阳能路灯70盏；投资10余万元维修机耕路150米；投资10万元维修防渗渠600米，解决350亩农田灌溉问题；后河底村修渠200余米。

【重点项目建设】 2015年，辛置镇千方百计引项目，上下联动争项目，齐心协力建项目。投资1.6亿元涉及1.9万户的天燃气扩户工程成功接入，方便群众生活，促进经济发展；投资1.2亿元的集中供热项目与太原巨能公司签订合作协议，完成前期准备工作。

【交通建设】 辛置镇镇区道路综合改造总投资9000万，是辛置镇的窗口工程。2015年，完成郭庄村108线接口—二处兴盛苑小区；二处丁字路口—中煤电厂门口；北村三食堂口—前河底村；惠民桥—辛置村四段道路改造工程，共计22公里；截至2015年底，中煤电厂—北村三食堂、惠民桥—108线两段道路工程改造正在施工建设中，该工程的完工将有效缓解一处、二处的交通压力。

【环境整治工作】 2015年，辛置镇环境卫生整治翻天覆地。将总投资约3504万元的霍煤南矿区集中供热改造工程、投资6000万元的二处南矿区污水处理站工程、投资9000万元的镇区道路综合改造工程、投资1.2亿元天然气接入工程作为全镇完善城镇功能和环境卫生整治工作的重中之重，以上几项工程的完工将全面改善镇区大气环境，消除90%的土锅炉隐患，提高工业、生活污水的处理能力，避免二次扬尘，提升空气质量。2015年4月8日，召开辛置镇村爱国卫生清洁运动推进会，会上宣读《辛置镇村爱国卫生清洁运动工程实施方案》，给沿路、沿线村庄发放垃圾清运车10辆，发放垃圾桶12000个；修建集中垃圾填埋场3个，解决郭庄、段庄村、北益昌等十个村“垃圾围村”的局面；分别在下曹和段庄显眼位置安装环境卫生宣传版面，制定《农村环境卫生村民自治公约》。

【社会保障工作】 2015年，镇、村两级高度重视民生工作，时刻心系群众、心系百姓。夏收期间，辛置村“两委”班子联系收割机，免费为全村村民收割小麦500亩，每年免费为村民伏耕和秋耕各500亩，每年给高考达二本线以上的学生每人予以1000元奖励；前河底村每年给每位村民补贴电费60元；北村每年给高考达二本线以上的学生予以1000元奖励；郭庄村免费为村民深耕农田400亩，辛置镇扩大农村合作医疗覆盖面，全镇参合率达到95%以上；全镇享受低保救助达658户1064人，真正做到应保尽保；每年发放11.2万元现役军人优待金；危房改造加大排查、监督和补偿力度；推进低保工作，全镇享受低保救助达279户680人。

【文教卫计工作】 2015年，推进全镇各项社会事业。文化事业蓬勃发展，村级文体活动遍地开花；计生服务水平提升；教育投入持续增加，教育资源逐步整合，学校标准化建设步伐加快。

【党建工作】 2015年，党建工作顺利开展。全镇学习贯彻习近平总书记系列重要讲话精神，围绕“从严治党落实年”，研究部署全年党建工作目标、推进“三严三实”学习研讨活动、整改软弱涣散党支部、解决党建基础薄弱问题、确保机关党建工作走在前头列，推动各项工作任务全面落实。

【信访、综治、安全工作】 2015年，信访工作开展，矛盾调解及时到位，设立便民服务平台和便民服务中心，累计接待群众36人，化解纠纷10余起；安全工作万无一失，通过扩大宣传，强化监管，定期巡查，严厉打击，全年无一例重大安全事故发生；综治工作推进，全镇无一例重大治安案件和刑事案件发生，确保社会稳定。

【领导班子】

党委书记：

房文斌（2012.08—2015.12）

镇党委副书记、镇长：

张　浩（2013.03—2015.12）

人大主席：

赵丽娟（女，2013.04—2015.12）

党委副书记：

闫万林（2003.01—2015.12）

纪检书记：

李旺龙（2014.01—2015.12）

武装部长：

马奎军（2001.06—2015.12）

副镇长：

万瑞萍（女，1990.07—2015.12）

杨卫华（2012.06—2015.12）

成彩梅（女，2012.06—2015.12）

党委委员、组宣委员：

要　将（2014.05—2015.12）

（张秀灵）

南环路街道

【概况】 南环路街道办事处位于霍州市城南，是霍州市的南大门，地处南涧河下游城区南部，东和大张镇衔接，西与白龙镇隔汾河相望，南与辛置镇接壤，北靠南涧河和鼓楼街道、开元街道为邻，办事处驻南坛村，距霍州市城区500米，总面积15平方公里。南环路街道办事处前身为城南乡（城南乡于1995年1月1日由原城关镇改制而成），2001年撤乡并镇后更名为南环路街道。既保持原来的农村格局，又有城市功能。

境内大部分为丘陵，地势为东北向西南倾斜。位于内陆高原区，属北温带，为典型的大陆性气候，春季干旱多风，夏季雨量集中，秋季温和凉爽，冬季干冷少雪。全年气候温和，四季分明，土地肥沃。境内有南涧河，由东向西注入汾河，境内河道长2千米，是唯一的一条常年性河流。境内矿产资源主要为煤炭，集中分布在东湾村、赤峪村。种植作物以粮食和蔬菜为主。小麦、玉米均两季轮作。畜牧业以养殖业为主，养殖品种以猪、牛、羊、鸡为主。

2015年，南环街道党工委、办事处团结带领全处广大干部群众，贯彻落实党的十八大、十八届三中、四中、五中全会精神，按照市委六届五次全会和全市三级干部大会总体部署，围绕建设幸福美丽新南环总体目标，凝心聚力，真抓实干，开拓创新，攻坚破难，推动各项工作实现整体提升，经济社会取得发展。2015年，全年实现经济总收入4.92亿元，增长15%；农民人均纯收入达12719元，增长9%，呈现出后劲增强，效益提升，环境好转，社会稳定，群众安居乐业的良好态势。

【党建工作】 南环路街道把党建作为主业，将党建主业和第一要务有机结合，适应新常态，创建新平台，主动新作为，发挥基层党组织的战斗堡垒作用，夯实党建，普惠民生，创建平安，推进发展。

1. 强化两级班子建设。党工委自身建设上，南环路街道按照“一岗双责”“权责清单”，强化责任落实；以问题为导向深化整改，实现作风转变；健全各项工作机制，强化六权治本；领导班子严实要求，以上率下，发挥很好的引领示范作用。基层班子建设上，党工委主要从四个方面抓起：一是选好接地气的班子。第十届农村基层组织换届中，党工委坚持风清气正选班子，严刹选举歪风，严把换届选举程序，严禁十种人当选，使换届选举充分体现民意。全处换届工作把关审核严格，推进顺利，群众满意度较高，为开展工作打下基础。二是建好为民服务的责任机制。两委换届结束后，党工委明确要求，各村必须明确班子成员分工，凡是涉及群众利益的事项必须定责到人，做到事事有人管理，结合12388工作法，对班子成员分工及联系方式进行长期公示。红崖堡村还专门确定班子成员负责卫生责任片区，把具体的街巷卫生管理明确到人。三是强化为民服务的素质。换届之后，立即对两委主干进行履新培训，上好三堂履责培训课。邀请市委党校胡韩平就农村干部明确职责、落实自治、干事创业进行专题辅导；邀请市人民检察院结合农村实际，就“如何预防职务犯罪”进行专题培训；组织办事处纪检、经管、民政等工作人员对农村业务进行具体辅导。通过培训，让干部们既熟悉业务，掌握方法，又心中有责，心中有戒。年内，又先后组织主干培训6次，把两委主干能力提升作为常态任务。四是推行实绩考核的评价体系。结合“定查评”工作，对干部抓工作落实情况定期督查，把“软任务”变成“硬指标”，确保各项工作任务落实，推动干部抓工作促发展的工作积极性和主动性。

2. 提高党员干部整体素质。南环路街道始终将党员队伍建设放在重要位置，加强党员干部教育、管理和培养，建设一支高素质的党员干部队伍。一是狠抓党员教育。严格落实基层组织“一课三会”制度，通过集中培训、以会带训、积极分子培训、“领头雁”延伸培训等多种方式，开展党员教育培训，提高党员整体素质。二是搭建党员发挥作用平台。把党员作用概述为：律己树形象，承诺严实干，参与定查评，当好八大员。村级事务中，推行四议两公开法，发挥党员在决策中参政议政作用，要求党员从严律己，树立形象，对违反组织原则，损坏党员形象的严处严惩，2015 年对 2 名违纪党员进行纪律处分；推行党员承诺评议制度，党员联户制度。全处党员承诺事项 420 余条，完成 316 条，普遍参与到支部定查评工作，党员联户 2800 余户，全部公示，一年中集中帮群众解决 200 余件实事，处理 30 余起矛盾纠纷，发挥八大员作用。

3. 基层组织管理。全面推行“定查评”工作法，对各支部的工作实行目标管理，2015 年全处共确定“两定”目标 52 项，完成 49 项，剩余 3 项在实施当中。建立处村干部工作微信群，党工委的一些要求及各村工作情况及时上传到群，党工委第一时间掌握工作进展，对各村工作情况进行动态监管，也使各村工作能够平行比较，互相竞比。对卫生院进行支部改选。开展软弱涣散基层组织包联整顿，南沟村党支部经过整顿转化和帮扶升级后，在基础设施、经济发展、班子建设方面得到改善。2015 年该村新打机井一眼，解决困扰群众多年的浇地难题；进行环境卫生整治，深受群众赞誉。落实一课三会制度，四议两公开制度，书记面对面述职，四述两谈工作机制。结合南环路街道实际，制定《南环办村级工作目标千分制考核方案》，对各村干部的工作实行量化打分。针对农村工作中群众关注较多的入党、批建、低保、财务管理等工作，专门研究制定《南环办村级管理十项制度》，创新推行干部履责月报制度，使履责督查常态化，推进权责清单的落实。

4. 推进党风廉政建设。开展街道、村两级领导干部党风廉政教育活动，落实党风廉政建设责任制，推行落实“12388”工作法，全面落实“清单定责”和“廉情预警”机制，全面推行“约法三章”，先后 10 余次组织党员干部共同学习《廉政准则》和中央“八项规定”，观看警示教育片 8 部。依托阳光农廉网，建立健全反腐倡廉的民主监督、党务公开、村务公开等各项制度，规范处村干部的执政行为，增强党员干部拒腐防变意识，凝聚推动发展的强大合力。在反腐和信访压力下，出现一些干部不干事，怕出事，不作为，懒作为的情况，党工委在鼓励广大干部干事创业，激发积极性的基础上，对干部履职事项进行明确规定，制定出台《南环办村级管理十项制度》，明确决策办事的程序要求，使干部敢干事，会干事，不出事，形成明责履责，避免事后问责，保护干部。在日常监管中，推行月报制度，发现问题，及时提醒整改，保证工作顺利推进，保护干部干事创业的积极性。全处上下形成了全力服务好大局、服务好群众、服务好发展的良好氛围。

【新农村建设】 2015 年，烈士陵园周边进行绿化，使烈士陵园周围环境美化。经过多方协调，对办事处周边环境进行集中整治，对办公楼进行维修，改善办公环境。开展乡村清洁工程，加强农村环境卫生整治，全处各村投资 100 余万元，集中开展以清理

“四堆”、粉刷墙壁、铲除杂草、修补残垣断壁、合理修建垃圾池、新建文化墙为主要任务的环境卫生大整治，重点抓好沿河、沿路及主要街道的环境整治工作。实施霍侯一级路沿线旧108国道圣佛段卫生整治，加大南环路沿线各村的环境卫生整治，对残垣断壁进行整修，对沿线树木进行补植补栽、修剪和涂刷油漆，保持乡村主干道的美化、绿化、亮化，建成红崖堡垃圾中转站，全处村容村貌焕然一新。建立完善环境整治长效机制，出台《南环办环境卫生长效管理考核办法》《清扫保洁人员管理办法》，各村都固定保洁人员，制定卫生公约，健全管理制度，实现日常保洁制度化、环卫整治常态化。

【产业发展】 2015年，南环路街道按照“农业巩固三大产业，工业建设两大片区，商贸打造三大片区”的产业发展总体思路，因地制宜，搭建平台，促进发展。东湾芦笋、南坛花卉、城南大葱三大基地持续增加资金投入，扩大产业规模，提高设施配套水平，实现巩固提升。扶持发展畜牧养殖业，支持康泉鸭蛋加工厂拓宽销售网络，培育南坛、南庄两村的土鸡散养基地发展壮大。东湾老企业基地，加大资金投入。东湾无纺布加工厂改进生产工艺，提升产品质量和产量，提高产品的市场占有率。2015年投资20万元新建的欣荣厨具厂，建成投产，生产产品20余套，成为南环路街道新产业转型又一亮点。圣佛服装加工厂完成注册登记，开拓销售市场；旭田农化实业有限公司投资百余万元兴建养鸡厂存在进行鸡苗养殖。鲜肉食品厂生猪机械化屠宰加工2015年正式投入运营。优化产业结构，增强发展的后劲与活力。商贸服务业不断发展，以霍侯一级路和南涧河路为中心规划设计的商贸服务区，在物流服务、交通运输、汽车服务、商贸服务等方面取得实质性推进。2015年共新上汽车保养、装潢中心8家，形成汽服特色市场。投资300余万元的霍山酒业，完成商品注册，正式走向市场。投资400余万元的鑫达物流园完成仓库建设，开始招商，整个对南沟焦化厂旧址实现产业转型，形成物流连片园区。

【民生改善】 2015年，南庄、南坛、红崖堡、龙口四村筹资400余万元实施天然气，城市供水接入工程。到2015年底，南坛村民开始使用天然气和城市供水，其余各村正在紧张施工当中。圣佛村经过协调预留天然气主管道。全年共补贴各类资金180余万元，调动广大农民的生产积极性，促进农民持续增收。2015年，全街道新型农村合作医疗参合人数8002人，参合率达98%，农村养老保险参保人数3385人，参保率达80%。共发放小麦补贴20余万元，玉米补贴16.7万元，杂粮补贴11万元。为33户81人农村贫困家庭办理低保审核手续，为83户83名80岁以上老人按时发放生活救助，为27户28人申请办理重病重残救助。为2505户低收入农户及时、保质保量发放低供煤补贴75.15万元。上报城建局廉租房23家，其中新增12家，10家危房改造户的改建工作全部完成，10余万元的补助资金正在审批当中。以争创“全国计划生育优质服务市”为目标，建立完善计划生育“村为主”各项工作机制，开展“优质服务”活动，为贫困大学生发放生育关怀救助3000元。开展南环团委“爱绿护绿·共建美好家园”植树活动；配合市政府“省级文明城市创建”各项工作。完成文明和谐乡镇创建及验收工作。以全市“创建全国义务教育发展基本均衡市”为契机，东湾学校完善整理

"8·23"档案，使各项工作都有了延续，有了痕迹；对东湾小学旧校舍进行修复，对操场实施硬化，改善校园环境。完成民兵整组工作，有6名青年光荣参军。以各村文化健身广场为阵地，组建南庄莺歌、东湾健身队等民间文体组织，开展丰富多彩的文化娱乐活动。

【平安创建】 南环路街道党工委和办事处一直把安全稳定工作当作头等大事来抓，在全处牢固树立"没有安全，就没有发展"的理念。抓好安全生产、信访稳定和综合治理工作，确保全街道的和谐稳定。加大依法治处、治村力度，推进平安创建活动，打击各类犯罪活动和各类邪教组织的非法活动，维护安全稳定的良好局面。对街道辖区内6处违法建设工地做停工处理。开展安全整治和教育整顿，对街道存在的安全隐患问题进行全面深入的排查，坚持每月至少进行2次安全排查，全年共出动100余人次，开展18余次大检查，下发整改通知书30余份，落实整改20余件，停业整顿了5家存在安全隐患的企业。对各企业集中进行安全知识培训。做好防火、防汛、防震减灾工作，加大宣传教育、隐患排查、危险源管控，健全应急分队，配套装备物资，坚持高火险期领导值班带班制度、每日巡查制度、防汛期间24小时值班制度，采取全方位、全覆盖、不间断的巡查，全处范围内没发生一起安全事故。强化林地保护监管，各村护林员做到全天候巡查不间断。坚持把做好群众工作作为第一要务，把群众满意作为第一标准，在各村建立矛盾纠纷调解室、信访服务站，耐心细致地接待上访群众，一大批困扰发展的信访问题得到妥善化解，维护了和谐稳定。圣佛村历时7年的拆迁户安置工作解决，老百姓自发敲锣打鼓送锦旗表感谢；南沟焦化厂土地租赁难题与91户签订协议，剩余16户正在做思想工作；南坛村15户十余年的土地纠纷问题，南坛村何林勇宅基地安置、龙口村邻里纠纷，通过协调，得到解决；圣佛矿区学校建设通过促动霍煤结合实情与村民沟通，完成主体工程建设，正在装修之中。这些疑难信访问题的实质性推进，为全处平稳较快发展创造良好的环境。

【领导班子】

党工委书记：

闫会波（2013.03—2015.12）

党工委副书记、办事处主任：

徐水林（2013.03—2015.12）

人大工委主任：

朱文辉（2011.05—2015.12）

党工委副书记：

孙秀兰（女，2014.01—2015.12）

纪工委书记：

李学玲（女，2014.01—2015.12）

党委委员、武装部长：

黄建斌（2001.5—2015.12）

副主任：

荀大燕（女，2012.07—2015.12）

杨京瑾（2013.03—2015.12）

赵保平（2014.05—2015.12）

组宣委员：

于晓艳（女，2014.05—2015.12）

【获奖情况】

被临汾市科学技术协会评为"科普工作先进集体"。

被临汾市综治委评为"综治工作先进集体"。

闫会波同志被临汾市评为落实计划生育国策的乡镇好书记、好乡镇长。

（于晓艳）

鼓楼街道

【概况】 鼓楼街道位于霍州市中心城区，总面积5.1平方公里，东与开元街道相连，西与白龙镇接壤，南与南环街道交界，北与北环办相望。海拔标高500米左右，辖区内平川占98%。

鼓楼街道下辖南街、西街、北街、北峰四个农村居委会和前进、文庙、永新、滨河四个城市社区，总人口22253人，其中农业人口11441人，非农业人口10812人，耕地面积948亩。办事处党工委下设12个党支部，共有党员334名。

鼓楼街道有着得天独厚的人文地理条件。鼓楼东街、鼓楼西街纵贯东西，鼓楼南街、鼓楼北街横穿南北，东临南同蒲铁路，西接霍候一级公路，汾河横贯辖区。辖区内既有华怡商场、泰昌商场、唐荣市场、现代家具装饰广场等大型购物中心，又有全国重点文物保护单位霍州署、鼓楼等历史遗迹。鼓楼街道办事处历史悠久、人文荟萃、物华天宝、人杰地灵，是全市政治、经济、文化中心。

【民生事业】 鼓楼街道坚持把保障和改善民生作为出发点和落脚点，落实惠民举措，大办惠民实事，多谋民生之利，多解民生之忧，在学有所教、劳有所得、病有所医、老有所养、住有所居上持续取得新成效。2015年，鼓楼街道完成十件惠民实事。一是建成鼓楼便民服务中心。在原有基础上，投资10余万元，整合资源，合署办公，综合民政、社保、计生、住建、国土、党政服务、政策咨询等便民服务功能，实现服务群众一站式受理、一次性办结，真正实现服务群众零距离；二是实施辖区背街小巷硬化工程。投资500余万元，完成辖区15条背街小巷的硬化改造任务，整修道路，安装路灯，方便居民出行，改善环境面貌；三是规范小区物业管理。由社区牵头对鼓楼花园等4个居民小区的物业进行规范，组建业主委员会，物业管理真正实现民主化、标准化、规范化；四是推进社区文化建设。实施文明小区创建、“星级文明户”、社区“道德模范”评选工作。共创建4个文明小区，30户星级文明户，8名道德模范；五是实施公办幼儿园建设。投资1000余万元，新建3所高标准公办幼儿园。其中，鼓楼一校附属幼儿园、鼓楼三校附属幼儿园建成，将于2016年9月投入使用。六是实施“暖心工程”。落实城市低保498户1238人，农村低保57户103人，集中供养五保户1户，给2户重病特困家庭、75名80岁以上老人发放生活救助。七是开展献爱心送温暖活动。组织办事处和4个居委会开展冬季献爱心送温暖活动，募捐资金1.4万余元，全部发放到困难群众手中；八是对困难家庭上学子女和困难党员进行帮扶资助。救助困难家庭76户、学生78人。开展“一对一”结对子活动，帮扶困难党员23人；九是开展文明殡葬移风易俗活动。广泛宣传、深入发动，倡导杜绝陋习、文明健康的社会新风尚。十是建立办居两级矛盾调处中心。办事处及各社区居委会全部实现有人员、有场所、有制度，做到小事不出村，大事不出办，把矛盾化解在基层，把问题处理在萌芽状态。

【项目建设】 鼓楼街道按照项目建设年活动的有关要求，结合区位优势，实施涉及旧城改造、商贸服务、市场建设等方面的重点项目，全部按计划完成目标任务。其中：总投资3亿元的南环路农贸市场建设项目，是霍州市近年来投资最大的农副产品市场建设项目，到2015年底，项目完成三分之二的工程量。该项目是一所集农副产品、古玩、字画、服装等销售为一体大型综合性市场，建成后，可辐射洪洞、灵石、汾西等周边县市，解决就业岗位300余人。总投资5.3亿元的西街城中村改造项目是一项集城镇化建设、旧城改造、公益建设为一体的旧城改造工程，2015年，鼓楼街道克服重重困难，解决项目建设过程中存在的一些问题，项目有了较大进展。总投资12亿元的霍州署文化产业示范园建设项目。总投资2亿元的鼓楼地下商业街建设项目，建成投入运营。在项目施工及经营过程中，鼓楼街道积极配合，为项目建设提供支持；总投资700余万元的公租房建设项目，位于鼓楼街道北街居委会。项目施工过程中，做好协调服务，到2015年底项目竣工建成；总投资500余万元的背街小巷硬化工程，全部完工。

【安全工作】 一是强化安全生产责任。健全安全工作领导机构，明确一名副主任专门分管安全工作，每个社区、居委会都配备了专门的安全办公场所和安全员。签订安全生产目标责任书，将各项安全任务全部落实到人。制定《安全乡村建设实施方案》及时上报有关申报材料，完成安全乡村创建任务。在工作中，落实人员、责任、设施设备，实行安全例会、隐患排查、责任事故约谈、重大危险源监控、安全监管人员奖惩、安全教育培训、安全督办检查等工作制度。制定安全应急救援方案，完善安全防范长效机制。落实隐患排查治理报告制度，建立安全工作台账，按时向市安委会报送《隐患排查登记表》。开展“六打六治”、安全生产大检查、安全生产月、汛期危房排查、“打非治违”等活动，全面排查商户门店、道路交通、食品药品、建筑工地、中小学校等行业和领域的安全隐患。制定应急预案并开展安全演练。2015年，共组织开展安全专项检查80余次，排查出各类安全隐患40余起，全部制定落实整改措施。二是强化法治建设。全面推进各居委会、社区的法治建设。建立两级社会服务管理中心，配备办公设施，制度版面上墙，档案资料完善；推进网格化管理，全办31个网格，全部配备专职网格员、网格长。各网格管理人员能够发挥作用，发现问题能够及上与上级综治部门联系；各居委会都建立综治办、治保会、调委会和联防队，构建点面结合、专群联防、灵活多样的社会治安防控体系，有效提升社会管理水平。三是强化汛期安全防范。建立健全防汛组织机构，制定防汛工作方案，落实防汛工作首长负责制，明确防汛责任人。加强汛期值班工作，深入防汛一线，坚持24小时轮流值班，随时掌握汛情。对市防汛指挥部下达的险工险段及时进行自查整改，对河道私挖乱采、倾倒垃圾等行为进行打击，消除安全隐患，确保汛期安全。

【信访工作】 2015年，鼓楼街道加大信访工作力度，以实现全年无进京、赴省上访事件为目标，以维护群众根本利益、化解矛盾为宗旨，为经济社会全面提速，加快发展营造了良好的社会环境。一是高度重视信访工作。把信访工作上升到与经济发展同等重要的位置，做到大会讲、小会谈、平时问、有人管。按照属地管理，谁主管、谁负责的原则，办事处和各社区、居委会都成立信访调解工作领导机构。设立信访服务中心，明确专职人员，24小时有人值班，工作机制健全，书记、主任每周一轮流接访雷打不动，班子成员值班接访形成常态。在事要解决上下功夫，实行重点时段信访零报告制度，对领导批示件、上级交办件及时处理，2015年，鼓楼街道接到省巡视组交办案件2件，网络交办件6件，全部办结，受理群众来访登记13起，全部处理。真正做到件件有答复，事事有结果。二是落实工作制度。严格落实市信访中心值班、信访首问、信访领办、领导包案、矛盾纠纷排查等多项工作制度，领导一包到底，协调联动处理，及时化解矛盾。建立信访隐患排查机制，对一些信访苗头及早介入，做到早预测、早调查、早处理。对一些突发集体上访，反映快速，处置到位，真正做到抓早、抓细、抓小、抓具体。三是完善工作网络。按照“各司其职、各负其责、依法治访、齐抓共管”的原则，构建主要领导负总责，分管领导具体抓，有关领导协同抓，一级抓一级，层层抓落实的信访工作网络。加强信访档案的管理，对信访案件及时登记，对处理过程和结果进行记载。2015年，鼓楼办未发生一起非正常上访、越级上访现象，结案率达到100％。

【环境卫生】 鼓楼街道地处城区，地理位置特殊，环境面貌的好坏直接关乎城市形象。2015年，鼓楼街道根据乡村清洁工程、爱国卫生运动的要求，在巩固原有环境卫生整治成果的基础上，按照统一规划、集中治理、总体推进、立足长远的原则，打出组合拳，布好连环阵，全民总动员，上下齐参与，全面提升辖区的环境卫生整治工作水平。一是规范机构建立机制。成立专门的环境卫生整治办公室、环卫公司，充实设备和人员，制定出台《环境卫生整治细则》《环境卫生考核办法》《保洁人员工作职责》《卫生公约》等规章制度，聘用43名专职保洁人员，配备专门保洁车、清扫工具及服装，购置15辆垃圾清运车，形成有机构、有人员、有制度、无死角的“三有一无”工作机制。二是明确任务定岗定责。2015年初，组织召开专门的环境卫生工作会议，与各居委会、社区签订环境卫生目标责任书，层层落实工作任务。办事处环卫公司负责全办43条背街小巷的清扫，在工作中，克服人员少、任务重、缺资金等不利因素，实行分段负责，定岗到人，末位淘汰等办法，确保垃圾日清日洁，无三堆、无杂物。对各居委会环境卫生责任区实行定期不定期抽查制度，每月一考核，每季一评比，年终严格按照标准分类进行奖征。2015年，累计投入环境卫生整治资金80余万元，清运垃圾1300余吨，粉刷墙壁5万余平方米，新增垃圾池50余个。三是发动全员参与。开展“进街入户”爱国卫生清洁工程，班子成员齐上阵，街道、居委会两级总动员，举全办之力创建省级卫生文明办居。集中一个月时间，开展环境卫生专项整治，印发宣传资料8000余份，发放垃圾箱2200个，打造南街新区等环境卫生亮点区。办事处和4个居委会全部创建成功，受到社会各界的肯定和认可。

【党建工作】 鼓楼街道根据市委“8＋2”项目清单总体要求，把履行党建责任作为重中之重，创新担当、精准发力、上下联动、积极作为，全力实施“141”党建工程，实现党建工作和经济发展的双向互动。1.加强思想政治建设。一是开展学习型党组织建设。各项学习制度健全，每周一、三、五集中学习，周五廉政专题学习从不间断，2015年重点结合学习讨论落实活动和“三严三实”专题教育活动的开展，学习习近平总书记系列重要讲话精神，党的十八届四中、五中全会精神，山西省、临汾市的有关领导讲话等重要内容，邀请市委党校教师进行专题辅导。新的《廉政准则》和《纪律处分条例》颁布后，第一时间组织全体党员进行了学习。通过学习，广大党员干部精神上补“钙”，为人民服务的思想热情得到全面提升。二是提升宣传思想工作。年初，制定工作计划，制定公共突发事件宣传应急预案，建立舆情信息队伍和专职通讯员。文化站机构、人员、设施健全，开展工作正常，经费到位。三是推进精神文明创建。年初制定工作方案，开展文明乡镇、文明居委会、文明社区的创建工作。2015 年，鼓楼街道代表全市迎接省级文明城市的验收，得到各级领导的肯定和认可。全年组织开展群众性文化活动 5 次，开展公民道德宣讲 2 次，开展未成年人思想道德建设活动 3 次。开展专题调研，形成调研报告，及时上报有关部门。2. 夯实基层党建基础。年初，党工委在上级点、群众评、班子找的基础上，研究确定“紧扣党建中心、实现五大突破”党建工作思路，细化成 58 项具体工作，与各支部签订目标责任书。把红旗、明星党支部建设、软弱涣散党支部整治、党代表工作室建设、党员活动阵地建设、社区“三有一化”建设、“定查评”工作法、“联述联评联考”等纳入党建工作目标，采取有力措施，抓好落实。在工作中，定期听取各支部的进展情况报告，通过比、学、赶、帮，营造想干、敢干、快干、会干的党建工作氛围。一是深入推进党员联户制度。4 个居委会党支部 210 名党员全部实现党员联户，联户党员发挥“八大员”作用，把服务基层、服务群众的触角延伸到每一户家庭、每一个群众。二是健全工作制度。健全和完善“三会一课”“四议两公开”“定查评”等基层党建工作制度。年初确定 58 项工作任务，全部按时完成。还根据网格化管理要求，建组织在网格，引资源进网格，把支部的作用发挥在网络，全办 56 个网格全部纳入党建工作体系，做到党建工作信息准、情况明、底子实、服务好；三是培育“领头雁”，营造干事创业好氛围。结合学习讨论落实、“三严三实”专题教育等活动的开展，抓党员特别是党员干部的教育培训，增强其抓党建、促发展的能力和水平。全年开展党员集中培训 3 次，累计培训党员 460 余人次，使广大党员干部特别是支部负责人推动发展的信息更足，践行宗旨的意识更强，服务群众的本领更高。注意发挥大学生村官作用，将 6 名大学生村官全部选派到各支部任职，其中 1 名担任支部书记，有 2 名考入事业单位，为基层党建工作注入生机和活力。四是推进在职党员进社区活动。组织 79 名在职党员成立“党员志愿服务队”，促使广大在职党员沾土气、接地气、聚民气、扬正气。滨河社区党支部 22 名在职党员成立 2 支党员志愿服务队，每月开展一次志愿服务活动，服务内容涉及政策宣传、治安巡逻、纠纷调解、帮扶救助、应急处置五大方面，通过这些活动的开展，真正把广大在职党员的先进性体现在行动上。五是全面实行无职党员设岗定责。按照“有职有责、有岗有位、有位有为”的有求，在 4 个农村居委会开展无职党员设岗定责活动，规范设置 5 大类 12 个岗，158 名党员到岗领责，真正发挥党员的先锋模范作用。3. 推进党风廉政建设。建立健全党风廉政建设责任制，党工委主体责任、纪工委监督责任落实到位。开展“四述两谈”，真正做到党风廉政建设与经济社会发展同部署、同落实、同检查，形成一级抓一级，层层抓落实的党风廉政建设工作格局。一是加强组织领导。始终坚持将党风廉政建设当做一项重大政治任务来抓，精心组织、狠抓落实，成立由党工委书记任组长的领导小组，把落实情况纳入干部目标管理和考评体系，纳入部门绩效考核，做到“真兑现”“硬挂钩”。二是强化科学部署、将党风廉政建设的主要责任进行分解，制定具体的考核办法和考评细则，层层签订责任书，实行目标化管理。党支部书记带头履行党风廉政建设主体责任，“四重四亲”责任落实到位，班子成员“一岗双责”责任明确。班子成员，各社区、居委会主要负责人开展“四述两谈”、廉政约谈、廉政座谈，参加临汾清风答题活动。三是抓案件查办。坚持“有案必查，有腐必惩”的原则，发挥群众监督和社会监督作用，架起“高压线”、通上“高压电”，严治“懒散奢”，严惩违纪行为，以“零容忍”的态度下重手、出重拳，形成震慑。全年自办案件2件，配合市纪委查办案件1件，有7人受到相应处理，上级交办案件1件已结案处理。四是建立长效机制。坚持将党风廉政建设作为推动一切工作的保障，积极响应市纪委的要求，严格“约法三章”，遵守各项纪律，组织开展专项行动，治庸、治懒、治散、治奢，转变干部作风。抓早抓小抓苗头，把抓作风建设变成常态化、制度化、规范化。使基层干部警钟长鸣，发条常紧。

【领导班子】

党工委书记：

杜　明（2011.09—2015.12）

主　任：

尚海虹（2013.04—2015.12）

人大主任：

马四玲（女，2013.04—2015.12）

副书记：

曹记芳（女，2001.05—2014.12）

张秀梅（女，2001.05—2015.08）

纪工委书记：

李丽霞（女，2015.11—2015.12）

党委委员：

张少民（2001.04—2015.12）

郝保平（2014.05—2015.12）

副主任：

乔玉川（2007.07—2015.12）

李丽霞（女，2012.07—2015.11）

【获奖情况】　2015年1月鼓楼街道办事处被山西省人力资源和社会保障厅、山西省统计局、山西省第三次全国经济普查领导小组办公室授予“第三次全国经济普查先进集体”称号。

（朱江华）

北环路街道

【概况】　北环路街道下辖北关、邢家泉、永合、三合、沟口5个农村居委会和永泉、北兴两个社区居委会，辖区面积6.8平方公里，有耕地1445亩，总人口16482人，其中农业人口5502人。

北环路街道2015年围绕“建设三晋经济强市，实现整体率先发展”的宏伟目标，坚持以巩固扩大党的群众路线教育实践活动成果和“三严三实”专题教育为主线，把安全稳定作为一切工作前提，抓城镇改造、项目建设、环境整治、民生改善、社会管理、党的建设6个方面的工作，坚持稳中求进的总基调，推进经济社会健康、稳步发展。2015年，全办事处农村经济总收入达6.5亿元，同比增长9.1%；农民人均纯收入达12863元，同比增长7.9%。

【项目建设】　北环路街道在确保全市重点项目工程在辖区无障碍施工的前提下，以稳中求进的总基调推进项目建设，以全面实现辖区企业从高耗能、重污染向节能、环保的转变。中镇国际花园小区项目建设进展顺利。1＃—8＃楼全面竣工。常鑫公司陶瓷生产线升级改造是全市的新兴产业项目，完成线路架设、煤气站建设等前期工程，完成投资800万元。投资300万元，建筑面积为2100平方米的国债投资项目——北兴社区综合服务大楼建设工程全部竣工。投资1000万元的沟口砖厂煤矸石烧结砖改造项目全面完成，投入生产。北山纯鲜奶基地投资50万元新上巴斯酸奶生产线。中通快递、圆通快递、吉祥生鲜便利等一批第三产业在北环蓬勃发展。为北环路街道的经济注入勃勃生机。按照年初市政府签订的责任状，完成重点项目“六位一体”工作目标任务。全年共计完成固定资产投资6.8亿元。

【新农村建设】 实施“城中村”旧房改造工程。永合北环路两侧对旧房逐步实施改造。2015年，改造后的建筑面积达2万平方米，总投资4000万元。2015年11月沟口居委会投资15万元实施居民户煤气置换天然气工程。

【环境整治】 投资30万元对北关主街北段进行全面整治，修整排水渠、建起道德文化墙。投资10万余元整治北关“水月庵”周边环境，彻底治理脏乱差，投资20万元硬化世纪路路面。5个农村居委会以乡村公共场所绿化工程为契机，对主街、校园等公共场所全部实施绿化。各村主要街巷全部达到绿化、美化、亮化、硬化的“四化”标准。2015年制定出台《北环办环境卫生集中整治方案》《北环办关于建立环境卫生长效机制的实施意见》，先后分别在4月和9月开展两次环境卫生集中整治，以“治乱点、攻难点、建亮点”为目标，全民动员进行环境整治，全年街居两级用于环境卫生整治的总投资达80.9万元，动用机械1828台班次，清理陈旧垃圾9670立方米，治理残墙断壁78处，彩钢围栏4处，长度共计1180米，清理堆放物126处，新建垃圾池5个，在沟口村北设立垃圾场，新增垃圾清运车3辆，家用垃圾桶1400个，日常保洁机制完善，环境质量提升。

【教育科技】 坚持实施教育党政一把手工程，全面推进义务教育均衡发展。完成投资70万元的北关小学操场硬化工程、投资30万元的邢家泉小学教学楼项防水工程及校舍维修工程。投资200万元的北环路小学多功能室大楼建设主体工程。3所公办小学的办学条件在全市同级名列前位。辖区内幼儿学前三年入学率、小学初中适龄学生入学率、小学初中学生在校保留率均为100％。坚持实施科教兴办战略，开展科普进农村、进社区活动，2015年，着重培育永合投资200万元，集养殖、配种、生产加工为一体的农业科技产业化示范基地北山纯鲜奶生产线，培育北关、永合两个科技示范村，培养养猪、羊、牛科技示范户25户，培育育婴、编织、生产、加工等类型的科技带头人30名，农村、社区先后组织农业科技培训2000余人次。北兴社区作为全市的先进单位先后接受国家、省科协的检查验收。

【安全稳定】 严格落实“党政同责、一岗双责、齐抓共管”的安全责任制。2015年初，北环路街道和农村、社区签订安全工作目标责任书，按属地管理、行业分类的原则，各农村、社区和54个生产经营单位层层签订责任书，全年共出动安全隐患排查318人次，检查生产经营单位54个，发现各类安全隐患28起，整改26起，确保连续10年无任何安全事故发生。2015年3月，组建由30名基本民兵组成的应急队伍，配备服装、设备、先后组织防汛救灾、抗震救援、维稳防恐应急演练5次。5个农村居委会、两个社区都建立了矛盾纠纷调解室，做到人员、阵地、制度“三到位”，发挥市、乡、村三级信访网络作用。在做好全国“两会”“9·3”阅兵等重大节典维稳工作，全年共排查出各类信访矛盾18起，化解18起，化解率100%，接访26起（其中网络接访4起），报结24起，调处率91%。对辖区内两名原城关公社电影放映员和1名农机员进行调查、摸底、上报，上级部门进行妥善处理解决。

【法治建设】 在“六·五”普法期间，北环路街道被授予省级依法治理示范单位，2015年作为全市先进单位，接受临汾市“六·五”普法工作验收。2015年11月成立北环办社区戒毒康复中心。

【综合治理】 5个农村居委会、两个社区都建立“一村一警”机制，开展“九小场所”整治等一系列“城中村”整治活动，引深“平安创建”，辖区内35名网格长全年共上报信息2165条。开展“崇尚科学·反对邪教”活动，实现辖区连续11年无重大刑事案件和群众体性事件发生。

【保障民生】 农村、城市低收入家庭的最低生活保障做到应保尽保，据实增减。四类人员、贫困家庭、大病救助率实现了100%。农村60岁以上老人生活补贴金、粮食直补、良种补贴等各项惠农政策不折不扣地落实到位。对1801户农村低收入家庭冬季取暖煤改货币补贴按时足额发放。农村新型合作医疗参合4506人，新型农村养老保险参保2360人，参合率、参保率均在95%以上。

【人口与计生】 利用一街、一院、一室“三个一”计生文化活动场地，广泛宣传人口与计生政策，巩固扩大创建国家计生服务先进市成果。完成281个单位，2376户次的登记建制工作。

【武装工作】 进行民兵整组，对5个农村居委会、两个社区的635名民兵的序列进行编组，7个居委会的民兵连活动阵地实施标准化建设，全部达到有阵地、有旗子、有牌子、有版面、有活动的“五有”标准。利用各种形式广泛宣传新的《兵役法》，进行兵役网络登记62人，输送8名优秀青年应征入伍。2015年6月17日，作为全市的武装工作先进单位，接受临汾市军分区副司令员侯延文一行的检查验收。

【宣传文化】 制定《北环办2015年突发事件宣传应急预案》。利用《北环简报》进行舆情报道，及时报道工作新动向，弘扬正能量，全年共刊发32期。街道办和5个农村居委会、两个社区都设立道德讲堂。“六·一”期间党政班子成员分别深入3所公办小学开展未成年人道德教育9次。在北关主街北段建起道德文化墙。投资15万元在办公楼四层大会议室重新建立街道文化站。成功举办中镇文化广场2015年元宵节文艺活动。在公园舞蹈、永合战鼓、门球、武术表演队伍扩大规模的基础上，2015年，组建北关百人威风锣鼓表演队。群众文化活动蓬勃发展，5个农村居委会的农民文化活动中心建设的超标准日益提高，在辖区形成浓厚的文化氛围。

【党建工作】 北环路街道2015年坚持以摒弃“四风”净化政治生态为党建工作的重点，引深党员的群众路线教育实践活动成果，开展“三严三实”专题教育，将“三严三实”专题教育延伸到农村、社区和各基层支部。在抓好思想政治建设、干部队伍作风建设、党风廉政建设的同时，注重基层党组织的战斗堡垒作用和党员的先锋模范作用的发挥。先后建立健全“班子周会制度”“党工委中心组学习制度”。5个农村居委会成立“村务监督委员会”，做到牌子、制度、人员“三到位”。机关党员干部坚持每周一、三、五集中学习。坚持把建设学习型班子、学习型机关放在首位。落实党风廉政建设的“两个责任”，建立健全“清单定责”和“廉情预警”机制，深化拓展“联述联评联考”，推进“四述两谈”，强化街道、居委会两级干部和农村“领头雁”培训。邀请市委党校讲师李晓燕讲解十八届五中全会精神，李海亮讲解《廉洁自律准则》和《党纪处分条例》，组织党员干部到霍州署进行廉政教育3次，在办公楼门厅建起廉政文化大厅，在二层楼道建起廉政文化长廊，推进了党的基层组织建设，为辖区的经济社会发展提供坚强的政治保证。2015年培育北关、邢家泉、三合3个“红旗”“明星”支部。沟口居委党支部存在的软弱涣散现象，街道党工委采取“一村一策”的方式，配合市里下派的第一书记工作，解决存在的突出问题，一年内该村的面貌发生翻天覆地的变化，沟口党支部步入先进支部行列。

【获奖情况】

2015年，北环办被授予省级第三次全国经济普查先进单位；

2015年，北环办被授予临汾市级科普进社区先进单位；

2015年，北环办北兴社区居委会被授入汾市级科普工作先进单位。

【领导班子】

党工委书记：

白　亮（2011.11—2015.12）

党工委副书记：

郭国彪（2013.01—2015.12）

人大主任：

陈菊菊（女，2015.01—2015.12）

杜银全（2015.01—2015.12）

党工委委员、纪检书记：

杨　峰（2012.09—2015.12）

党工委委员、武装部长：

刘向龙（2013.01—2015.12）

党工委委员、组宣委员：

朱燕燕（女，2014.05—2015.12）

（张建平）

开元街道

【概况】　开元街道办事处位于霍州市东城区，东邻大张镇，西接鼓楼街道，南望南外环，北靠北环路街道。下辖东堡、东关、赵家庄、李诠庄4个农村居委会和新建、永康两个社区，以及煤电集团城市居委会。辖区总面积4平方公里，其中耕地面积1021亩，总人口15686人，其中农业5700人，非农9986人。开元街道办事处驻永康路南段，全办机关人数22人，公务员11人，事业单位11人。办事处机关内含科室包括：综合办、党建办、社会事务服务中心，下设计生所、民政、林业，还有妇联、共青团委等组织。

2015年开元街道党工委、办事处一班人围绕“建设一流街道办事处”总体目标，团结奉献、敢于担当、实干践诺、拼搏争先，完成各项目标任务，推动开元经济社会平稳健康发展。全年农村经济总收入完成36029万元，同比增长15%，农民人均纯收入完成14000元，同比增长15%。

【重点项目建设】　开元街道是霍州市

城中村改造的重点区域。按照市委、市政府“新区开发、旧城改造”双轮驱动，构筑五大城市发展板块，建设幸福美丽霍州的战略部署，学习“积极作为、攻坚克难、依法办事、为民谋利”的太原城中村改造精神，实施系列城中村改造重点项目，形成一批高档住宅小区，扮靓城市形象，提升城市品位。其中，新建南路建设暨东关、赵家庄城中村改造工程为省重点项目，美景一号、星河蓝湾、李诠庄新农村标准化住房为临汾市重点项目，实现固定资产投资5.5亿元，完成情况位居各乡镇前列。其中，新建南路建设暨东关、赵家庄城中村改造，一期工程完工，一期还迁群众52户全部还迁，二期工程建设14栋住宅楼，现12栋主体封顶，全面加快东关、赵家庄城镇化发展进程。美景一号、星河蓝湾、李诠庄新农村标准化住房，主体工程全面完工，部分达到入住条件。大众路东二巷道路扩建及旧城区改造（富世嘉华），1栋16层住宅楼主体封顶。华翰瑞府3栋6层住宅楼主体封顶。新建北路建设工程正在进行前期工作。

【民生改善】 2015年，按照全市“五有”是底线，政府兜底；“五好”是目标，不断刷新的工作思路，加大民生工作力度，使人民群众共享发展成果，幸福指数不断提升。

1. 社会保障工作，按照建设新型社会救助体系的要求，落实农村最低生活保障、80岁以上老人、四类困难家庭学生和贫困大学生等弱势群体的帮扶救助政策，解决困难群众生产生活难题。及时下发粮食补贴、农机补贴等惠农政策，真正把党和政府的惠民政策落到实处。推进社会保险参保工作，新型农村合作医疗、新型农村养老保险参保率达到95%以上，社会保障水平提高。按照全省统一部署，完成1861户低收入农户冬季取暖用煤补贴的发放工作，保障群众冬季取暖，得到群众广泛好评。完成农村妇女“两癌”筛查、残疾人入户调查、60岁以上老人数据核实等工作。

2. 便民服务，按照“六权治本”的要求，落实“阳光行使权力”，巩固提升12388工作法，完善提高便民服务中心运行管理，明确办事流程、岗位责任、工作制度，缩短办事时限，提升工作效率。2015年，新建社区也建成40余平方米的便民服务中心，设立党建、民政、计生、住建、综治5个便民服务窗口，为群众提供“一门式受理”“一站式服务”。群众需要社区盖章、签字、出证明，不用东奔西跑，来回跑冤枉路，直接到便民服务中心就可以办理，方便了群众。

3. 计生工作，按照全市创建国家级计生优质服务示范市的安排，开展上环、查环、查孕等服务，落实计生家庭奖励扶助政策，完成辖区191个单位1309名国家机关干部的信息建档工作。在2015年全省医改、卫生、计生等目标责任完成情况年度考核中，开元街道代表霍州市接受上级检查指导，受到上级的肯定。

4. 教育事业，把教育工作纳入党工委、办事处的重要议事日程和干部管理目标，学校建设纳入办事处发展规划，实行干部联系学校制度，连续8年召开教师节表彰大会，对涌现出的十大魅力教师及魅力校长进行表彰。加强基础设施建设，实施东关、东堡、赵家庄幼儿园工程，完善配套设施，缓解周边适龄儿童的“入园难”问题。赵家庄小学总投资800余万元的教学楼建设项目完成，正式投入使用。李诠庄小学自筹资金新建标准化警务室，翻新学校围墙，完成环境整治装饰粉刷工程。赵家庄中学完成校园厕所的升级改造，为学生文明习惯的养成和校园环境的改善奠定坚实基础。2015年赵家庄中学中考成绩再创新高，达临汾一中录取线9人，达市一中录取线32人，带动开元教育事业的发展。

5. 档案工作，按照全市国家级新农村建设档案工作先进市的要求，巩固完善档案工作创建成果，对2015年以来的档案资料严格按照有关规定建档归档。办事处、居委会两级档案室都有机构、有分管、有人员、有装具，档案管理标准规范、归口合理。开元街道档案室达到省二级标准。

6. 林地保护，加大林区巡查和政策宣传力度，林区内无随意放牧、损树毁树、偷砍乱伐、挖沙采石、乱占林地等现象，加强林区管理和保护。

7. 水利抗旱，加强供水工程管理，成立饮水安全管理领导机构，划分水源地保护区，设立警示牌，安排专人对水源地、供水设施进行经常性巡查。全面加强抗旱工作，建立健全抗旱工作组织机构，实行班子成员分片、包村干部包村的工作制度，完成上级下达的抗旱灌溉面积和浇灌亩次。

8. 残联工作，开展助残扶贫、贫困残疾人家庭无障碍改造等工程，并对残疾人进行入户调查，了解残疾人在生活救助、社会保障、康复服务、就业帮扶等方面的现有状况，为开展帮扶救助奠定基础。

9. 工会工作，开展春季送温暖、金秋助学等活动，完善职工工资协议签订工作，保障劳动者的合法权益，规范劳动用工市场的正常秩序。

10. 人武工作，将武装工作经费纳入单位年度财政预算，2015年投入1万多元，加强营部正规化建设。到2015年底，营部达到“六有一化”标准，即有旗子、有牌子、有柜子、有档案、有办公设施、有职责制度、能活动。各类用具器材一应俱全，基础设施建设得到了明显提升。

11. 国土资源，推进国土资源保护、地质灾害防治、护林防火、河道管理等工作，办事处、居委会成立领导机构，制定下发实施方案，明确工作职责，辖区内没有违法占地、挖石采沙、破坏河道等现象。

【环境整治】 开元街道地处城区，环境面貌事关全市的对外形象和发展面貌。2015年，克服辖区群众杂乱、历史欠账多、基础设施差等困难，加大环境卫生整治力度，打造整洁卫生、亮丽宜居的发展环境。

1. 提高标准，严格要求。在全市城乡爱国卫生清洁运动启动之后，按照创建国家级卫生城市的要求，在全街道开展“树立文明新风，争做文明开元人”主题活动，明确各居委会支部书记、居委会主任为环境卫生工作第一责任人，划分责任区，签订责任书，推进环境卫生整治。

2. 强力整治，消除顽疾。对辖区所有的柴堆、煤堆、粪堆、料堆和陈旧垃圾进行集中清理，累计清理垃圾1万余立方米，粉刷墙面6万余平方米。实施南涧河北岸开元段高标准的美化绿化，组织机关、农村党员干部进行义务劳动，倾倒垃圾1000余立方米，栽植绿化苗木600余株，进行涂红刷白，改善河畔的环境卫生面貌。

3. 健全机制，确保长效。在人员配备上，针对以往主干道干净整洁，而小街小巷脏乱差的问题，配备40余名环卫工人，对辖区大街小巷进行清扫，每天清扫2个小时；每村配备2名监管员，共8名，加强对环境卫生的监管。在垃圾清理上，针对以往垃圾倾倒不及时，在城市环卫队每天倾倒一次垃圾的基础上，配备4台农用奔马车、一台厢式垃圾车每天不定时倾倒垃圾，做到垃圾日产日清、随产随清。环卫工人工资、倾倒垃圾的费用、整治工作经费三项累计达70多万元。通过机制创新，加大投入，环境卫生面貌有质的提升，得到群众的普遍好评。

【发展局势】 开元街道党工委、办事处一班人牢记市委书记陈纲“为官一任，不能富裕一方、发展一方，最起码要保一方平安、保一方稳定”的要求，全面强化辖区安全维稳工作，营造和谐稳定的发展环境。

1. 加强安全生产。健全安全工作制度，层层签订安全生产责任书，辖区各居委会、各企业、各学校全部成立安全生产领导组，每月召开一次安全工作例会，开展一次安全隐患排查。开展百日安全生产大检查、汛期危房排查等活动，对辖区的酒店、超市、商铺、锅炉、学校、居民区等进行全面排查整治，整治安全隐患20余处，确保人民群众生命财产安全。

2. 维护信访稳定。开展农村集体“三资”管理专项清理整治和“以群众举报乡村干部腐败为切入点集中解决群众信访诉求问题”专项治理工作，实行领导干部固定接访、带案下访制度，预防和妥善处理各类苗头性、倾向性事件，做到信访苗头早发现、早处理、早化解，对市里交办的5起信访案件，全面强化事要解决、人要稳控的工作力度，确保案件全部办结，全办上下信访隐患基本消除，信访形势持续好转。

3. 强化综合治理。提升辖区网格化管理，各片网格长、网格员登记规范，都能及时上报信息，开展居民服务，及时与市、乡两级综治部门沟通联系，为群众解决具体问题。推进殡葬习俗改革，加大群众的教育引导力度，党员干部带头移风易俗，倡导新风，改革成效显现。开展社会主义核心价值观系统工程，党员干部带头移风易俗，倡导新风。特别是各居委会、社区制定婚丧事宜操办管理办法，坚持喜事新办、丧事简办、节俭办事的原则，坚决制止大操大办，破除陈规陋习，受到了群众的积极响应。

【党建工作】 2015年，坚持把做好党建工作作为最大的政绩，开展“从严治党落实年”活动，全面加强干部队伍思想作风建设，为开元经济社会发展提供坚强有力的人才支撑和智力支持。

1. 加强思想政治建设。开展学习讨论落实活动、“三严三实”专题教育活动，对十八届四中五中全会、习近平总书记系列重要讲话精神、省委王儒林书记重要讲话等内容进行学习，做到规定内容全学习、每名党员全覆盖。学习过程中，班子成员坚持先学一步，学深一层，带头参与学习，带头党课辅导，带头讨论交流，完成“严以修身”“严守党的政治纪律和政治规矩”“严以律己”“整治诬告歪风强化担当作为”“严以用权”等5个专题学习研讨。每名党员干部都有笔记、有心得、有感想、有成效，切实武装头脑，指导实践，推动工作，凝聚干事创业的强大合力。

2. 优化党员干部队伍。在各居委会，推进党员联户制度，引导党员发挥政策法规宣传员、社情民意收集员、安全维稳管理员、矛盾纠纷调解员、环境卫生监督员、文明新风示范员、致富发家指导员、急难险重突击员“八大员”的作用。在社区，推进在职党员进社区，根据社区工作需要和党员个人特长，设置10个公益性岗位和若干服务项目，凡是到社区报到的在职党员，每人至少认领1个社区服务岗位或服务项目，建立在职党员“工作在单位、活动在社区、奉献双岗位”的新机制。在机关党员干部中，开展“三比三看三争”活动，即“比学习劲头，看思想认识，争当学习标兵；比奉献精神，看工作业绩，争当先进典型；比改进作风，看实际行动，争当作风表率”，通过加强学习、提升效能、岗位建功、改进作风和党员先锋岗、党员示范窗口等形式，发扬广大党员干部的先锋模范作用，形成联系服务群众的长效机制。

3. 强化基层组织建设。以执行书记“8＋2”项目清单为载体，深化拓展“联述联评联考”，落实基层党建第一责任人制度，召开了党工委、居委会两级书记“面对面”述评活动，提高基层支部书记抓好党建工作的积极性和主动性。加强乡镇党代表工作室运行管理。整顿软弱涣散基层党组织，坚持“一支一策”，对6个村级党组织和新建、永康2个社区党组织，派驻工作组驻村开展整顿工作。新建社区购置了300多平方米独立的办公活动场所，党员活动室、文体活动室、便民服务中心等设施一应俱全，满足社区党员活动需求，是霍州市社区硬件建设标准较高的社区之一。10月28日，省委常委、组织部长盛茂林在新建社区检查指导时，对开元街道社区党建工作给予肯定和好评。

4. 健全完善党建工作制度。落实“定查评”、党员承诺评议、党建第一责任人等制度，推行“四议两公开”工作法，全面加强居委会“两委”主干、大学生村官的管理考核工作和党员发展、教育、管理工作。完善“四议两公开”、党务村务公开、村务联席会议等制度，各居委会都建立健全村务监督委员会，实现村务监督委员会全覆盖，加大村级权力运行的规范和监督。落实党风廉政建设“两个责任”，推行“四述两谈”“清单定责”“廉情预警”“约法三章”等制度。配备一名专职纪工委副书记，配套谈话室，完善各项工作制度。推进不作为乱作为等损害群众利益问题专项整治，共排查问题8条，查办案件2起涉案2人，强化基层监管，推进了廉政建设，有力维护了党纪国法的严肃性。落实中央八项规定及省市有关规定精神，厉行勤俭节约，反对铺张浪费。执行24小时值班、外出登记、签到签退、请假销假等制度，强化机关纪律作风，营造风清气正的氛围。

【领导班子】

党工委书记：

段小刚（2011.03—2015.12）

党工委副书记、办事处主任：

刘亚明（2013.03—2015.12）

人大工委主任：

乔宝山（2013.04—2015.12）

党工委副书记：

朱江鹏（2001.04—2015.12）

陈华斌（2011.04—2015.12）

纪工委书记：

成安梅（女，2013.12—2015.12）

党工委委员、武装部长：

石立山（2001.04—2015.12）

党工委委员：

陈文华（2001.04—2015.12）

张保平（2001.04—2015.12）

办事处副主任：

杨吉良（女，2001.04—2015.12）

刘晋惠（女，2001.08—2015.12）

组宣委员：

肖明霞（女，2014.03—2015.12）

（刘若瑜）

退沙街道

【概况】 退沙街道位于东经111°14′，

北纬 36°38′之间，辖 8 个行政村，地处霍州市西北部，东和师庄乡、大张镇接壤，西和汾西县永安镇为邻，南与北环路街道衔接，北和灵石县南关镇毗邻。街道办事处机关驻什林村，距霍州市区 8 千米。下辖退沙、什林、王庄、许村、朱杨庄、枣洼、坡底、姚村 8 个村民委员会及李雅庄生活社区。辖区总人口 4 万人，其中农村人口 14082 人。单位共有职工数 20 人，含综合办、党建办、社会事务办、经济事务办 4 个科室。

2015 年，退沙街道在市委、市政府的领导下，践行“三严三实”，推行“12388”工作法，团结带领全办干部群众，沉心扑身，锐意进取，奋力建设幸福美丽新退沙，各项工作位居全市前列，完成省委书记、省委组织部长的检查指导工作，承办全市文体工作现场会，党员联户制度在全市推广。

【党建工作】 2015 年，退沙街道结合“从严治党年”的实施，推行“党员联户”和“入党推优”制度，落实“定、查、评”工作法，带动全办各项工作加速发展。

1. 开展“三严三实”专题教育。退沙街道把“三严三实”专题教育作为重要的政治任务，抓在手上，体现在行动上。一是提前着手，精心组织。贯彻落实上级要求，坚持早安排、早动手、早部署，以党工委书记讲党课开始，推动专题教育开展。二是深入研讨，触及灵魂，推进专题学习研讨。自专题教育开展以来，围绕“严守党的政治纪律与政治规矩”等专题，共进行 5 次研讨活动。三是动真碰硬、彻底整改。贯彻“严”和“实”的要求，突出整改不严不实问题 16 项，特别是严肃值班纪律、工作纪律，查处中午饮酒、上班缺勤等问题，实行即时处理，约谈 5 人，查处案件 3 起。

2. 推行“党员联户”制度。按照居住相近便利包联、双方自愿双向选择、根据能力分类联户三种模式，将各村农户按“网格化”分成若干个小组，由政治素质高、带富能力强的党员确定 10 至 15 户农户作为联户对象。联户党员围绕“八大员”职责，公开承诺，接受监督。在每月 25 日党日活动中，对自己联户作用发挥情况和服务群众的实事好事进行报告，履责践诺。截至 2015 年底，全街道共有 260 余名农村党员联系群众 3000 余户。2015 年，累计走访农户 3000 多人次，帮助群众解决生产生活难题 400 多个，开展各类政策宣传 3400 余人次，受理各类群众诉求 100 多个，调处矛盾纠纷 120 余起，为民办实事 200 余件。2015 年 10 月，省委组织部部长盛茂林、临汾市委书记罗清宇、组织部部长李新春专门对退沙街道的党建工作进行调研，给予肯定和指导。

3. 实行“入党推优”制度。退沙街道实行发展对象推优办法，具体环节是“三库两推一考”，村民通过写入党申请进入信息库，进入信息库后通过村民代表推优，优秀者参加市委组织部统一培训进入储备库，成为入党积极分子，入党积极分子通过支部全体党员推选成为培养对象，进入培养库，最终通过支委会对培养库的人选进行考核才可以成为发展对象。2015 年，通过推优新发展党员 8 名。通过实行发展对象推优，把住入党关口，保证党员队伍的先进性。

4. 发挥村务监督委员会职能作用。退沙街道坚持“从严治党务必从严治村”。在 8 个行政村全部成立 3 至 5 人的村务监督委员会，对村民会议和村民代表会议决议的执行情况和村务公开等情况进行监督，主动收集受理村民的意见建议，及时向村党组织和村民委员会反映，将相关解决处理情况向村民反馈。各村村务监督委员会重点督办“三重一大”事项62项，促进工作落实。还将发展集体经济作为村务工作的重要方面，多渠道推动集体经济发展，争取各村集体收入都破零。

5. 落实“定、查、评”工作法。街道党工委、各村党支部把2015年所办的事项和解决的问题一件件“定”在年初、“查”在年中、“评”在年底。2015年，全街道共制定两定工作目标38个，到2015年底，完成了36个。“定查评”工作法，推动基层党组织的建设，实现服务任务的项目化；推动转型跨越发展，实现服务中心具体化；推动民生问题解决，实现群众路线机制化。

【产业发展】 2015年，退沙街道致力于优化产业结构，改造提升传统产业，培育壮大新兴产业，发展第三产业。

1. 盘活闲置土地，改造提升传统产业。利用闲置土地，兴建投资2500万元的许村国新能源加气站。通过开展“一企一策”精准帮扶，实施退沙村何红马砖厂、许村洪昌肥业、晋丰生物肥业扩容改造项目，投资1000万元的许村晋丰肥业项目当年开工，当年投产。

2. 整合资源，做大做强精品农业。什林垣生态农业示范工程和许村垣千亩核桃基地巩固提升，成效凸显。什林垣打深井一眼，规划3公里的田间道路和四个蓄水池，为扩大规模创造了有利条件。各村专业合作社发挥自身优势，退沙双凤花木、芦笋种植，形成了“公司＋基地＋农户”的模式，用基地带动农户有效增加收入。扶持有条件的村发展高效种植业、特色养殖业，新建退沙赵鑫猪场、姚村养羊场。

3. 坚持多措并举，发展第三产业。许村朱家大院成功入选中国传统古村落保护名录，争取到保护性修缮资金300万元，规划编制完成，2016年动工建设。依托辖区内大企业的发展，成立什林村、退沙村劳务输出公司，组建什林村、朱杨庄村、许村运输中介服务中心。通过推动三次产业协调发展，全办经济实力整体增强。

【创卫工作】 退沙街道在2015年初启动创建省级卫生村镇的工作，年底顺利通过省级验收。在创卫工作中，重点是实施“四化”工程。

1. 实施净化工程。对全街道辖区内的“五堆”（垃圾堆、煤堆、柴堆、料堆、粪堆）和积存垃圾进行一次集中彻底清理，以办事处管辖的四条通道（新108国道、旧108国道、玉霍线、什化路）道路两旁和各村主街道整治为重点，向主街道两侧背街小巷延伸，以此辐射全办区域，确保做到视线范围内没有“五堆”和“有色垃圾”的存在。2015年，全街道累积清理“五堆”达1200余处。

2. 实施绿化工程。对全街道各村一街两院三路（一条主街道，学校和大队两座院，通村路、通学校、通大队三条路）实施绿化工程。整个绿化工程以常青树种为主，一次栽植一次成型一次成景。2015年，全街道种植、补栽树木达6000余株。投资60万元的许村村庄绿化工程绿化三个山头两条沟，改善生态条件。

3. 实施亮化工程。各村主街道全部安装路灯，有条件的村对人口居住较密集的背街小巷也安装路灯，继2014年什林、退沙两村实施整村亮化之外，2015年坡底、朱杨庄也实施整村亮化工程，安装太阳能路灯200余盏。实施整村亮化的村达到一半以上。

4. 实施硬化工程。通过争取市交运部门支持，办事处对通未连通的道路全部进行硬化。2015年，共硬化乡村道路5公里。

【项目建设】 项目建设是各项工作的生命线，具有带动功能，2015年，退沙街道重点抓8个项目建设：

1. 原108国道（退沙—许村段）景观大道建设工程。计划投资1000万元，对原108国道退沙至许村段道路两侧，进行美化、亮化、硬化、绿化，形成靓丽景观。通过实施该工程，将原108国道退沙至许村段打造成一条景观大道，使之成为霍州市形象的一张靓丽名片。到2015年底，完成全部前期手续，正在进入招投标阶段。

2. 四村阵地建设投入使用。退沙街道筹资200多万元，完成许村、王庄、朱杨庄、枣洼4个村的阵地新建，其中，许村、王庄和朱杨庄正式入驻，枣洼力争2016年完成配套设施，早日投入使用。通过实施阵地建设，使全办各村都告别没有阵地的历史。下一步，将把村级组织活动场所建成集办公议事、党员活动、教育培训、便民服务、文体娱乐等多功能于一体的综合阵地，让群众公平均等地享受一站式公共服务带来的实惠，共享改革发展成果。

3. 实施朱杨庄水网改造项目。投资100多万元，对朱杨庄村实施水网改造工程，全村共铺设管网8万米，引进城市水源，满足全村600余户居民的饮水需要。

4. 什林村机井建设工程。投资100万元，在什林垣新打850深的机井一眼，配套解决整个垣面的灌溉问题，为建设生态农业示范园区创造条件。

5. 实施枣洼村人畜饮水解困工程。投资100万元，完成枣洼村人畜饮水改造工程，260户900多村民告别没有自来水的历史，彻底解决该村人畜安全饮水问题。

6. 全办处村两级民调中心建设工程。办事处通过筹集资金50余万元，对退沙街道及所辖八村矛盾调处中心进行改造升级，街道、村全部配备办公室、办公桌椅、电脑、电视等设备，真正实现街道、村民调网络互通，建立小事不出村、大事不出办的矛盾化解平台。

7. 王庄村健身广场改造升级工程。退沙街道在王庄实施村民文化广场健身，通过多方筹集资金建设大小广场三处，面积达3500余平方米。

8. 王庄村人畜饮水机井建设工程。投资50万元，新打450深机井一眼，解决人畜饮用水的燃眉之急。

9. 许村小学改造工程。总投资150万元，完成主体建设，2015年暑期彻底完成投入使用。

10. 朱杨庄、坡底两村的整村亮化工程。

【民生改善】 1. 加大民生投入。落实各项支农惠农政策，保证粮食直补、良种补贴、农机具补贴、低供煤补贴等专项补贴、民政救助资金及时足额到位。除规定动作之外，什林、许村等村集体为村民交纳医保费用。什林、退沙、许村、王庄等村对考入重点高中奖励1000元，考入重点大学奖励2000元。什林、王庄、姚村、朱杨庄等村为村民全部免费浇地。退沙村对60岁以上老人每月发放高龄补贴，2015年，全街道各村民生投入资金达300余万元。

2. 加大危房改造。为实施好农村危房改造工作，改善农村住户居住条件，在2015年农村危房改造工作中，退沙街道严格落实上级政策，将居住在危房的五保户、低保户、残疾人家庭、其他贫困户确定为危改对象。严格坚持农户申请、村级初审、办事处审查的审批程序，推进危房改造工作，确保危房改造工程质量。2015年，改造危房户50户，申请改造资金50余万元。完成地质灾害治理搬迁18户，总兑现资金195.7万元。

3.“一事一议”资金全部用于民生改善。将“一事一议”资金全部用在安全饮水、排水渠治理等民生工程上。总共筹资320万元，全部用于路、水、电、校的建设，方便老百姓生产生活，实现共建共享。

【社会管理】 1.抓安全。树立隐患即事故的理念，落实各项安全制度，确保辖区内不发生安全事故。①抓好公共安全，成立由5名精干人员组成的综治巡查队，配备专业综治巡查车辆，定期对辖区内的非煤矿山、民爆物品、食品药品、危险化学品、加油站、建筑工地、道路交通、娱乐场所、人口密集区域等重点领域进行巡查，建立详细的巡查档案，对巡查中发现的隐患问题建立台账、明确责任、制定措施、限期整改、严格验收。②打击私挖滥采。退沙街道制定打击非法开采“345”工作制度，即组建三支巡查队伍（村委、国土所、办事处），设立四条报告线（村委、企业、线人、有奖举报），实施五项处罚措施（抓人、扣机械、没收非法矿产品、重罚、追责）。对境内非法开采重点区域、重点部位进行不间断巡查，无缝隙排查，对非法开采行为始终保持高压态势，一旦发现，从快从严从重处罚，决不姑息，坚决杜绝非法开采行为，为全街道经济社会发展提供安全保障。③做好国土资源保护工作，依法履行用地报批程序，杜绝私搭滥建等非法占地行为发生，确保耕地保有量2.1万亩和基本农田8504亩红线不越过。依法维护矿业秩序，无证非法采矿查处率达100%，依法调处2015年国土资源纠纷案件达100%。④做好森林防火工作。对辖区内护岸林、水保林等重要区域和放牧人员、聋哑智障等重点人员登记注册，建立台账，明确专人看管。⑤做好校园安全工作，对全街道7所中小学及3所幼儿园校门外设立警示牌或安装减速带，10月对学校锅炉使用情况和学校食堂进行检验。⑥做好防汛及河道管理工作。按照市防洪指挥部的要求，制定防汛方案，检查整改危险地段及时处理。8月对许村南北渠道、姚村和坡底村渠道、什林村南北渠道、退沙村西渠道的淤泥杂物进行清理疏通。⑦做好地灾防治工作。排查出危房10多家，强制人员搬离，将损害房屋等受灾情况上报市民政局和市住建局，确保汛期期间人员安全。

2.调处矛盾。街道及各村建立健全矛盾调处网络，在全市第一家实现处、村两级联网互通。各村都有专人负责，各尽其责，各履其职，看好自己的门，管好自己的人，办好自己的事，矛盾自己化解，漏洞自己堵塞，争取小事不出村，大事不出办事处。坚持书记、主任接访制度，共调处信访案件36起，调处率达100%。

3.推进平安创建。以建设“平安退沙”为目标，深入开展平安创建活动，实施“六六创安”工程，推进网格化管理，发挥全办28名网格长的作用，各村也相应成立巡逻队、治安联防队、民调小组，抓好平安村镇、平安企业、平安校园建设，引深平安退沙创建活动，构建和谐退沙。

【文明创建】 1.加大投入力度，打造高端文化平台。一是健全完善文化管理的长效机制。设立专抓副职，8个村都有文化员专门负责此项工作。二是开展文化宣传工作。通过山西台宣传传统的元宵社火活动，通过临汾台两次宣传许村古村落，组织人员参加省文博会。三是完善文化基础设施。办事处建立专门的文化站，各村都建立大小不一的图书室，退沙、许村还设立特色文化展示室，集中展示村民的书画作品等。

2. 坚持以人为本，打造优秀文化团队。一是调动文艺骨干和文化乡贤的积极性。全办共培养文艺骨干36人。二是发挥“特色文化家庭”的示范作用。发展培养文化家庭30多家。三是组建特色文体活动队伍。全办共组建女子健身操队伍、篮球队、锣鼓队等各类文体队伍22支，带动各项文化活动的蓬勃开展。

3. 创新载体，开展特色文化活动。2015年，组织策划一系列的活动，公共文化活动好戏连台，形成渗透性很强的文化影响力。一是精心组织“元宵节文艺汇演活动”。山西电视台午间新闻播报进行报道。二是创新举办“美丽退沙乡村行”系列消夏文艺汇演。全街道共举办6场，表演近200个节目，参与群众超过3000人次。临汾台进行专门报道。

4. 延伸文化内涵，培育精品文化品牌。2015年，培育一批精品文化品牌。一是培育“七色服务”品牌活动。全街道360名志愿者开展服务群众活动1200多人次，形成文明助人、共建和谐的新风尚。二是培育评选“退沙好人”品牌活动。涌现出敬老孝亲好人、见义勇为好人等100名。三是培育“清洁退沙”品牌活动。提出创建省级卫生村镇的目标，在全街道开展全方位、立体化的环境卫生集中整治。

5. 注重挖掘整理，保护文化遗存。退沙街道把传统文化的保护、整理、弘扬作为文化建设一项重要工作。一是启动许村传统古村落保护性修缮工程。二是启动省级文物保护单位王庄三教庙的保护性修缮工程。三是完成《退沙村志》的编撰。四是编创许村古村婚俗节目。退沙办的历史文化遗存和传统文化得到挖掘整理和保护修缮，弘扬传统文化。

【领导班子】

党工委书记：

杨海林（2012.08—2015.12）

党工委副书记、办事处主任：

樊记虎（2010.12—2015.12）

人大工委主任：

梁　栋（2013.04—2015.12）

党工委副书记：

刘泽兵（2014.01—2015.12）

纪工委书记：

冯振平（2012.08—2015.12）

党工委委员：

刘会忠（2012.08—2015.12）

刘羽飞（2014.05—2015.12）

办事处副主任：

张燕珍（女，2003.01—2015.12）

闫姿旭（2013.03—2015.12）

吴合香（2014.05—2015.12）

武装部长：

成黎明（2014.05—2015.12）

【获奖情况】

刘会忠被评为临汾市综治工作先进个人。

（赵文生）

驻霍单位

四七五处

【概况】 四七五处属国家物资储备局下属事业单位，1967 年选址，1968 年开工建设，1970 年成立投入使用。主要承担着国家战略物资的储存任务。到 2015 年底，四七五处编制 110 人，共有职工 148 人，其中在职职工 69 人、离休 3 人、退休 76 人。机构设置为：处长办公室、党委办公室、物管科、保卫科、财务科、行政科、国有资产科、劳人科、国储临汾物流有限公司。

2015 年，四七五处坚持稳中求进、稳中有为的工作总基调，坚持储地融合，稳定发展，开展"两学一做"学习教育活动，抓好物资出库任务，强化安全管理，加强基础管理，各项工作取得可喜进展。

【物资管理】 2015 年，四七五处以主业为导向，加强国储物资管理工作，以"物资管理工作精细化、规范化、科学化"为目标，学习贯彻落实新的《国家储备火炸药管理办法实施细则》，规范物资管理工作，保质、保量、保安全完成了国储物资管理工作任务。

一是加强制度建设。及时组织物管人员学习新下发的《国家储备火炸药管理办法实施细则》，在日常管理工作中贯彻落实，使物管队伍在思想认识和专业知识上得到提升。根据新《细则》修订和完善物资管理工作制度和考核办法，细化物资出入库流程，推动全处物资管理工作。二是严格遵守操作规程，完成国储各项任务。全年按照"三级检查"制度要求，由处领导带领相关人员对所有物资库房进行季查。按照"四保"要求和"八字"方针，落实物资保管三级检查制度。定期对库房物资进行物、证、账、卡核对，加强库房设施设备的日常管理和维修保养，做到库房门、锁启闭灵活，各种设施、设备完好无损。物资完好率达 100%，物、证、账、卡相符率达 100%，温湿度合格率达 100%，达标库率达 100%。三是加强对物管队伍的思想政治教育和业务技能的培训工作。针对人员竞聘上岗后物管科人员变动大的情况，分管处领导亲自负责抓好人员调整后的业务学习和岗位技能的培训工作，及时通报国家物资储备的发展趋势和管理局对物资管理提出的新要求，结合实际，带领物管队伍开展岗位练兵活动，履行职责，齐心协力管好国储物资。四是根据管理局工作要求创建标杆库建设工作。五是为客户提供优质服务，相互配合对代储粮各库房进行监督管理。建立物资代管工作台账、档案、垛卡、凭证、报表等，确保客户的需求，保质、保量、保安全完成代储工作任务。

【安全保卫】 2015 年，四七五处落实安全工作的各项要求，坚持"党政同责、一岗双责、失职追责”原则，加大人力、物力和财力的投入，以开展安全审计工作为载体，强化职工安全生产教育，完善各类突发事件的处置预案，加强安全检查落实整改措施。开展安全现状评价和职业健康体系建立，落实安全生产责任制，各项安全工作实现“六无”目标。

一是以创新为理念，加强安全动态管理。四七五处根据管理局安全工作新要求，按照素质高、作风硬、行动快、能战斗的半军事化队伍标准配备保卫人员，制定训练计划、训练科目和相关的管理制度。完善安全保卫各项资料档案，通过安全审计检查，达到一类仓库运行标准。二是建立健全安全责任体系。对安全责任进行层层分解，处与各科室、各班子成员，各科室与科室人员签订安全责任书，把责任落实到岗，落实到人。安全管理目标与主要业务同部署、同检查、同考核，逐步形成一套完善的安全管理体系。三是抓职工安全教育，开展全员安全学习教育培训，提高全员安全意识。采用黑板报、职工大会、处务会、电子屏等形式开展学习《国家储备仓库安全保卫办法》《安全生产法》《消防法》《机关、企事业单位内保条例》《危险化学品管理条例》等法律法规的学习，增强干部职工的安全责任意识。在加强学习教育的同时，开展“安全生产月”活动，提高职工做好安全工作的主动性和自觉性，确保“安全生产月”活动的开展。

【三共建设】 2015 年，四七五处继续与驻库武警临汾支队四中队开展“思想共建，队伍共管，安全共保”的三共活动。双方以落实“六项制度”为纽带，通过加强联系，协同配合，优势互补，使警储关系更加融洽，安保能力提升。一是关心官兵生活。元旦、春节、“八一”建军节、中秋节对部队进行走访慰问；新战士下连队后，对新战士进行慰问座谈与交流，适时进行安全形势教育；冬季前安排维修人员对部队的锅炉采暖设施进行检查与维修，确保部队官兵的正常取暖；在老兵退伍之前，看望即将退伍的战士。二是申请国家专项资金为武警战士新建生活和执勤配套设施的三层楼房，为战士的生活和执勤创造优越的条件。三是加强与驻警部队的协调配合能力，定期召开联席会议，及时交换监督情况反馈卡等，共同分析安全形势，解决安全工作中存在的问题，达到安全工作相互监督，相互制约，相互帮助目标，联防能力增强，四七五处与驻库部队先后进行 4 次反恐演练和 8 次防火演练，2 次防震桌面推演和 2 次防洪桌面推演，提升双方应对处置突发事件的协调配合能力。

【经营工作】 2015 年，为适应国家对事业单位改革的总体要求，完善管理体制和运行机制，提高单位公益服务水平，规范经营业务，根据管理局的统一部署和要求，四七五处成立临汾国储物流有限公司，制定《四七五处规范管理体制和运行机制实施方案》。物流公司的成立明确改革的目的就是要以事企分开为切入点，剥离事业单位经营业务，强化事业单位公益性服务职责，全面增强事业单位活力，降低运行成本，确保国家储备物资和国有资产安全，确保国有资产保值增值。改革的主要任务是剥离四七五处原有经营业务，由新成立临汾国储物流有限公司接管经营。四七五处不再从事任何经营活动，集中精力做好国储物资和国有资产的管理工作。新成立的物流公司在山西国储物流有限公司的指导下开展经营活动。方案坚持以人为本的基本原则，建立竞争性用人用工机制，确定业务办事处岗位及人员编制，制定人员竞聘上岗办法等配套措施，确保事企分开工作的推进。

【党建工作】 一是学习党的十八大精神和十八届四中、五中全会精神。制定学习宣传贯彻党的十八大精神工作安排。召开党支部专题组织生活会和领导班子民主生活会。编发简报6期，出宣传板报4期，党员干部写心得体会30篇。二是2015年11月18日进行党委换届工作，按照中国共产党党章规定程序要求，通过党员大会投票选举产生新一届四七五处党委。三是严格党的纪律，贯彻民主集中制原则。在“三重一大”事项决策上，处党委班子严格遵守集体研究、会议决定的原则，保证决策的科学化、民主化、公开化。四是加强反腐倡廉建设，贯彻落实管理局党建暨纪检监察工作会议精神。年初，处党委、纪委与领导班子成员及各科室责任人签订《党风廉政责任书》，先后制定《四七五处贯彻落实中央关于改进工作作风、密切联系群众八项规定的实施办法》《中共四七五处委员会关于开展廉政风险防控机制建设的实施方案》等制度。组织领导干部和纪委信访工作人员学习《信访条例》等信访法规制度。按照“谁主管、谁负责”以及依法、及时、就地解决问题与疏导教育相结合的信访工作原则。为职工群众答疑解惑，实现矛盾不上交、信访不上行，把信访群众吸附在本处，稳定了民心，维护单位的和谐。五是开展“文明和谐创建”建设活动。按照活动计划，开展创建工作。依托简报、黑板报、宣传栏、各种会议和文体活动等载体向职工宣传新形势下的储备形势，弘扬储备精神。

【领导班子】

副处长：

陈　钰（2016.4—2015.12）

工会主席：

张福生（2013—2015.12）

副处长兼纪检书记：

杨　迈（2015.9—2015.12）

党委成员：

闫惠斌（2015.11—2015.12）

【获奖情况】

2015年被临汾市公安局、临汾市综治办授予“平安单位”称号；2015年、2016年被山西储备物资管理局授予“达标单位”称号；2015年、2016年保持省直“文明和谐单位”称号。

附　　录

受临汾市级表彰的先进集体

市信访局

霍州市被临汾市“两办”评为信访工作先进县。

党史办

被临汾市委、临汾市人民政府评为工作先进单位。

受省级表彰的先进集体

市委政法委

霍州市被山西省社会治安综合治理委员会评定为省级平安县（市、区）。

市委办

霍州市委办公室在 2015 年《中办通讯》工作中成绩突出，荣获三等奖。

市委统战部

霍州市被山西省委统战部评为先进集体。

市老干部局

被山西省委组织部、省委老干部局、省人社厅评为全省老干部工作先进集体。

市科协

霍州市科协被中国科协办公厅评为全国科普日优秀组织单位。

市档案局

霍州市档案局被人力资源部、国家档案局授予“全国档案系统先进集体”荣誉称号。

市妇联

被山西省妇女联合会评为 2015 年度妇女报刊新闻宣传工作先进集体。

市文化局

被文化部评为 2014－2016 年度中国民间文化艺术之乡。

爱卫办

霍州市被山西省爱国卫生运动委员会评为 2015 年度卫生城市。

附录 1　　**2015 年中共霍州市委员会文件**

月	日	发文号	文件标题
1	14	1	关于给予张爱国留党察看一年处分的批复
1	14	2	关于建议依法罢免韩会明霍州市人大代表职务临汾市人大代表职务的批复
1	14	3	关于建议依法罢免陈海梅临汾市人大代表职务的批复
1	16	4	关于加强和完善党委（党组）中心组学习的意见
2	10	6	关于落实党风廉政建设党委主体责任和纪委监督责任的实施意见（试行）的通知
3	10	7	关于命名表彰农村明星红旗党组织的决定
3	20	8	关于临督字〔2015〕3 号罗清宇书记批示件办理情况的报告
3	26	9	关于《关于维持给予王泽兵留党察看一年处分的决定》结论的批复
4	2	10	关于给予荀小明开除党籍处分的批复
4	11	11	关于《霍州市创建全国计划生育优质服务示范市实施方案》的通知
5	5	12	关于调整霍州市国防教育委员会组成人员的通知
5	26	13	关于恢复杨保国党员的权利的批复
5	28	14	关于“三严三实”实施方案
5	29	15	关于调整霍州市委保密委员会组成人员的通知
6	18	16	关于对郭建华赌博问题进行立案查处的批复
6	18	17	关于给予郭建华党内严重警告处分的批复
6	25	18	关于给予刘忠留党察看一年的处分的批复
6	30	19	关于落实党风廉政建设“两个责任”建立健全清单定责和“廉政预警”机制的实施方案
7	8	20	关于临督字〔2015〕21 号罗清宇书记批示办理情况的报告
8	19	21	关于推选全省优秀乡镇党委书记人选的申请
9	18	24	关于印发《霍州市加快推进“六权治本”工作实施方案》的通知
9	30	25	关于建议李小波同志为县（市区）法院院长人选的请示
9	30	26	关于终止奚建华临汾市第三次代表大会代表资格的请示
10	25	27	霍州市改善城市人居环境规划纲要（2015—2017）的通知
11	23	28	关于成立统一战线工作领导小组的通知
11	27	29	关于霍州市反腐败协调小组人员调整通知
11	27	30	关于贯彻《中国共产党统一战线工作条例（试行）》的实施意见

续表

月	日	发文号	文件标题
11	30	31	关于市委依法治市领导组更名为法治建设领导小组及组成人员调整的通知
12	14	32	关于省委巡视二组反馈意见的整改情况报告
12	28	33	关于临汾市纪委督导组质询问题的整改专题报告
12	30	34	关于表彰农村红旗明星五好党组织的决定

附录 2

2015 年中共霍州市委员会办公室文件

月	日	发文号	文件标题
1	2	1	关于切实做好当前安全生产和人员密集场所管理工作的紧急通知
1	6	2	关于对违规收送礼金、红包问题开展专项整治
1	8	3	关于霍州市学习讨论落实活动市级有关领导干部包联工作方案的通知
1	8	4	关于引深学习讨论做好深刻反思剖析工作
1	26	5	关于调整霍州市维护稳定工作领导小组组成人员的通知
3	9	6	关于在全市学习讨论落实活动中深入开展整治工作的实施方案
3	13	7	关于开展“文山会海”和“三公”经费管理不严等违反中央八项规定精神突出问题专项整治工作的通知
4	9	8	关于认真做好全市学习讨论落实活动“回头看”工作的通知
4	10	9	关于印发《2015 年度霍州市四大班子领导包联重点项目一览表》的通知
4	13	10	关于印发《霍州市农村土地承包经营权确定登记颁证工作方案》的通知
4	23	11	关于印发全市《项目提质增效年工作方案的通知》
4	23	12	霍州市城乡爱国卫生清洁运动 2015 年活动
5	13	13	关于印发《霍州市档案馆关于认真做好档案资料收集、整理、移交工作的通知》
5	26	14	关于开展“以群众年报乡村干部腐败为切入点集中解决群众信访请求问题”专项整治实施方案的通知
5	27	15	关于“三严三实”专题教育责任分工的通知
5	27	16	关于“三严三实”协调小组的通知
6	16	17	关于《霍州市开展农村集体“三资”管理专项清理整治工作方案》的通知
7	31	18	关于进一步做好全市软弱涣散基层党组织集中整顿和精准帮扶的通知
8	3	19	关于调整霍州市爱心助学基金会的通知
8	24	20	关于 2015 年省定临汾市定目标责任考核指标任务分解的通知

续表

月	日	发文号	文件标题
8	24	21	关于成立创建全国科普示范市工作领导小组的通知
8	25	22	关于成立中共霍州市委督促检查工作小组的通知
9	7	22	关于加强领导干部外出请假报备工作的通知
9	7	23	关于转发《中共山西省委办公厅关于做好2015年中秋国庆节日期间贯彻落实中央八项规定精神持之以恒纠正“四风”工作的通知》的通知
9	18	24	关于印发《霍州市推行政府工作部门权力清单制度实施方案》的通知
9	30	25	关于转发《中共临汾市委办公厅关于进一步落实“两个责任”做好国庆期间纠正“四风”工作的通知》的通知
10	20	26	关于开展“送温暖、献爱心”社会捐助活动的通知
11	4	27	关于转发《省委巡视二组关于对霍州市巡视情况的反馈意见》的通知
11	6	28	“三严三实”专题教育基层干部不作为乱作为等损害群利方案
11	12	29	关于成立霍州市民营经济发展工作领导小组的通知
11	19	30	关于切实做好2016年度党报党刊征订工作通知
11	24	31	关于推进“阳光百姓工程”的实施方案
12	11	32	关于学习贯彻《中共说法自律准则》和《中国共产党纪律处分条例》的通知
12	11	33	关于学习贯彻省委十届七次全会精神的通知
12	16	34	关于朱巨鹏等两名同志公务员日常登记公示结果的报告
12	29	35	关于做好2016年元旦春节期间有关工作的通知
12	29	36	关于做好《霍州年鉴（2016）》编纂的通知

附录3

2015年霍州市政府文件

月	日	发文号	文件标题
2	4	2	关于表彰二０一四年度民兵工作先进单位和个人的通报
2	13	4	关于印发霍州市低碳创新行动计划的通知
2	13	5	关于加强城市基础设施建设的实施意见
2	13	6	关于进一步支持农信社改革和发展的意见
4	1	8	霍州市2015年民兵整组工作实施方案的通知
4	16	9	关于申报阿里巴巴“千县万村”计划试点县的报告
4	17	10	霍州市减轻企业负担促进工作稳定运行若干措施的通知

续表

月	日	发文号	文件标题
4	22	11	关于弃地建新区调整利用挂钩指标的请示
5	25	12	关于申报“2015 年电子商务进农村综合示范县”的报告
6	2	13	关于落实和承接临汾市取消和下放一批行政审批项目等事项的通知
6	8	14	关于报批《霍州市城乡总体规划（2014—2030）》的请示
6	17	15	关于对霍达石料厂信访举报事项的检查报告
7	7	16	关于对《霍州市利用总体规划（2006—2020）调整方案进行审查请示
7	7	17	关于工矿废弃地建新区调整利用挂钩指标的请示
8	7	18	进一步明确安全生产监管职责的通知
8	12	19	印发霍州市 2015 年推进简改放权改管结合转变政府职能工作方案的通知
8	15	20	关于印发霍州市安全生产大检查工作实施方案的通知
9	6	21	关于建立统一的城乡居民基本养老保险制度的实施意见
9	15	22	2015 年度资源枯竭城市转型绩效考核自评报告
9	22	23	关于印发执行“八项规定”持续狠刹“四风”实施方案通知
9	25	24	关于霍州市化学工业有限责任公司转型发展期间确保企业安全稳定的报告
10	22	26	关于实施霍东新区供水工程的决定
11	11	27	关于落实和承接临汾市取消和下放一批行政审批项目等事项的通知
11	18	28	关于实行最严格水资源管理制度的实施意见
11	19	30	关于印发霍州市财政投资评审管理暂行办法的通知
12	10	31	关于霍州市文化设施有关情况的报告
12	21	32	实行安全生产”一岗双责”制度的实施意见

附录 4

2015 年霍州市政府函

月	日	发文号	文件标题
1	5	1	关于给予张爱国行政撤职处分的批复
1	6	2	关于呈报国家第三批节能减排财政政策综合示范城市典型示范项目审批意见
1	7	3	关于申报国家第三批节能减排财政政策综合示范意见的函
1	26	4	霍州市 2014 年资源型城市吸纳就业等培育专项项目的有关报告
1	27	5	关于霍州市小型农田水利重点县工程项目部的批复
2	3	6	关于霍州市 2015 年农村公路村通水泥（油）路完善提质工程配套资金承诺的函

续表

月	日	发文号	文件标题
2	5	7	关于提高机关公务员津贴补贴标准的报告
2	5	8	关于提请市人大常委会审议《霍州市城乡总体规划（2014—2030）》的议案
2	16	9	关于上霍线—霍州东站道路绿化工程建设项目的批复
3	3	10	关于山西省霍州市化学工业有限责任公司环保安全试生产的承诺
3	9	11	关于停用主城区和大张水源地承诺
3	12	12	报送霍州市 2015 年国有建设用地供应计划的函
3	13	13	七里峪景区售票口小广场项目建设真实性声明
3	13	14	七里峪景区售票口小广场项目建设资金的承诺
3	12		关于申请重新核实 2015 年应参合人数的报告
3	20	15	关于陶唐峪乡老年公寓建设项目真实性声明
3	20	16	关于陶唐峪乡老年公寓建设项目配套资金的承诺
3	20	17	关于陶唐峪乡老年公寓建设项目运行保障承诺
4	8	18	关于变更霍州市农产品安全检验检测站建设项目地址的报告
4	10	19	关于给荀小明开除公职处分的批复
4	15	20	成立霍州市农村饮水安全工程项目部的批复
4	16	21	关于申报阿里巴巴“千县万村”计划试点县的函
4	17	22	关于申请“全国义务教育发展基本均衡市”市级复核的函
4	9		关于对汾河流域生态修复规划纲要（2015—2030）反馈意见的函
4	27	23	关于呈报《霍州市城市区域环境功能区划分技术报告》的请示
4	30	24	关于迁移大张水源地承诺
5	5	25	关于霍州市下马洼—圣佛道路改造工程配套资金的承诺
5	6	26	授权委托书
5	8	27	关于霍州市农业科技培训中心归属霍州市农业委员会管理使用的批复
5	13	28	关于对三教乡库拨中学、大张镇第二中学整体合并到大张镇第一中学批复
5	22	29	关于对《霍州市土地利用总体规划 2006—2020 局部调整方案》进行审查的报告
5	22	30	关于霍州市技工学校学生公寓建设项目自筹资金的承诺
5	22	31	关于霍州市技工学校学生公寓建设项目配套资金的落实和运行保障的承诺
5	22	32	关于霍州市技工学校学生公寓建设项目的真实性声明

续表

月	日	发文号	文件标题
5	25	33	呈报霍州市创建电子商务进农村综合示范县实施方案的报告
5	25	34	关于创建电子商务进农村综合示范县承诺书
6	2	35	关于霍州高铁车站广场南侧排水涵洞工程建设资金的承诺
6	10	36	关于尽快实施霍侯一级路 814K＋914—817K＋600 段路面改造
6	18	37	创建“全国义务教育发展基本均衡县”工作承诺
6	18	38	关于开展涉企收费专项清理规范工作的报告
6	25	39	关于对霍州市粮食局 2012 年入库的储备粮进行轮换请示的批复
7	7	40	关于霍州市安全生产监督管理局 2015 年度安全生产监督执法工作计划批复
7	16	41	关于霍州市 108 国道退沙至许村段道路建设资金的承诺
7	23	42	关于陶唐峪乡老年公寓建设项目开工承诺
7	29	43	关于给予杨华行政记大过处分的批复
7	29	44	关于给予乔桂平行政记大过处分的批复
7	29	45	关于印发《霍州市农村五保供养服务机构管理实施细则》通知
8	4	46	关于霍东新区供水工程项目建设真实性的声明
8	4	47	关于实施霍东新区供水工程的决定
8	4	48	关于霍东新区供水工程项目建设资金的承诺
8	12	49	关于霍州市辛置公交客运有限公司更新 5 辆公交客运车辆申请报告批复
8	27	50	关于霍州市新型农村合作医疗管理中心申请省级、中央财政补助上报资料证明
9	10	51	关于给予刘怀忠行政警告处分批复
9	29	52	关于霍州煤电集团什林煤业有限责任公司对白龙水源地准保护区范围煤炭资源进行开采的批复
9	30	53	关于对霍州市农村环境连片整治示范项目自查验收情况的报告
9	30	54	关于申请验收霍州市农村环境连片整治示范项目的报告
9	30	55	（报临汾财政局）关于申请验收霍州市农村环境连片整治示范项目的报告
9	30	56	关于霍州市光伏扶贫试点项目资金使用方案申请的批复
10	13	57	关于申请霍州市职教中心验收的报告
10	20	58	关于对霍州市农产品质量安全检测站建设项目评审的批复
10	26	59	关于提请市人大常委会审议机构组建调整设置的议案

续表

月	日	发文号	文件标题
11	10	60	关于《霍州市城市排水防洪综合规划（2014—2030）》的批复
11	11	61	关于山西兆光发电有限责任公司等节能减排典型示范项目实施情况鉴证结果报告
11	11	62	霍州市天燃气（煤气站）汽车加气站有关规划（2015—2020）请示的批复
11	16	63	关于大西客运霍州段有关遗留问题的函
11	20	64	关于国务院减负领导组反馈问题的整改批复
11	30	65	关于霍州市城区暴雨强度试编制规划的批复
12	4	66	关于山西霍州国新液化天然气有限公司进出口道路改造说明
12	16	66	关于霍州市化学工业有限责任公司转型发展的承诺
12	24	67	关于迁移大张水源地的承诺
12	24	68	霍州市七里峪水库工程建设的批复
12	24	69	霍州市七里峪水库工程建设的承诺

附录 5

2015 年霍州市政府办公室文件

月	日	发文号	文件标题
1	19	2	关于印发全市安全生产大检查工作实施方案的通知
1	20	3	关于春节期间对烟花爆竹零售摊点实行安全检查通知
2	10	4	关于认真做好全市机关事业单位“吃空饷”问题集中治理“回头看”和整改有关工作的通知
2	13	5	霍州市安全生产事故灾难应急预案
2	13	6	霍州市非煤矿山生产安全事故应急预案
2	13	7	霍州市危险化学品事故灾难应急预案
2	13	8	霍州市石油天然气储运事故灾难应急预案
2	13	9	霍州市住宅小区物业管理工作实施方案的通知
2	13	10	关于严厉打击非法采矿资源行为的实施方案
3	9	11	霍州市深化环境保护大检查实施方案的通知
3	12	12	霍州市发展和改革局主要职责内设机构和人员编制规定的通知
3	12	13	霍州市经济和信息化局主要职责内设机构和人员编制规定的通知
3	12	14	霍州市农业林委员会主要职责内设机构和人员编制规定的通知
3	12	15	霍州市文化局内设机构和人员编制规定的通知

续表

月	日	发文号	文件标题
3	12	16	霍州市卫生和计划生育局主要职责内设机构和人员编制规定的通知
3	12	17	霍州市工商和质监管理局主要职责内设机构和人员编制规定的通知
3	12	18	霍州市金融工作办公室主要职责内设机构和人员编制规定的通知
3	16	19	霍州市行政审批违规和滥用审批权问题专题整治方案
3	24	20	印发霍州市突发地质灾害应急预案的通知
3	25	21	霍州市创建林业生态县实施方案
3	27	22	关于印发全市地下管线普查工作实施方案的通知
3	31	23	关于在清明节期间开展烈士纪念活动的通知
4	13	24	霍州市 2014 年度土地矿产卫片执法监督检查工作方案
4	17	25	霍州市涉煤行业行政许可审批和行政执法突出问题专题整治方案的通知
4	22	26	关于做好我市 2015 年全国 1%人口抽样调查工作的通知
5	13	27	关于立即在全市范围开展安全生产大检查的通知
5	22	28	2015 年度地质灾害防治方案的通知
5	25	29	关于做好 2015 年度农村地质灾害治理搬迁工作的通知
6	9	30	霍州市严厉打击环境污染违法犯罪专项行动工作的方案
6	10	31	霍州市防汛抗旱应急预案的通知
6	18	32	印发霍州市美丽宜居示范村三级联包活动方案的通知
6	18	33	霍州市改善农村人居环境 2015 年行动计划的通知
6	25	34	关于做好全市汛期地质灾害防治工作的通知
7	21	35	关于印发市国家资源型经济转型综合配套改革试验 2015 年行动计划的通知
7	28	36	关于印发霍州市五保供养服务机构
7	31	37	霍州市道路交通安全应急预案
8	19	38	关于调整充实霍州市燃气安全隐患专项整治联席会议组织机构的通知
8	19	39	关于印发中国人民抗日战争暨世界反法西斯战争胜利 70 周年纪念活动的通知
9	18	40	印发霍州市村通水泥（油）路完善组织工程建设实施方案的通知
9	25	41	关于切实加强 2015 年中秋节和国庆节期间安全生产工作的通知
9	30	42	霍州市农村环境连片整治项目长效运行管理暂行办法
9	30	43	霍州市 2015 年低收入农户冬季取暖用煤货币化补贴实施方案

续表

月	日	发文号	文件标题
10	13	44	印发霍州市洗煤综合利用工作实施方案的通知
10	22	45	关于整合不动产登记职责的通知
11	11	46	关于关闭霍州市化学工业有限责任公司水泥厂矿山车间石灰岩矿等23家采矿许可证过期的通知
11	16	47	加强县级财力税种通知
11	17	48	霍州市新型职业农民遴选标准资格认定管理办法扶持奖励办法的通知
11	18	49	关于印发霍州市实行最严格水资源管理制度工作方案的通知
11	25	50	关于印发霍州市气象探测环境保护专项规划的通知
11	27	51	关于加快推进山西霍州国新液化天然气有限公司加气站项目建设
12	8	52	霍州市突发事件预警信息发布管理办法（试行）的通知
12	8	53	霍州市气象现代化建设实施方案
12	8	54	霍州市气象灾害应急预案（修订）的通知
12	15	55	关于张斌等2位同志公务员日常登记公示结果的报告
12	30	56	关于印发霍州市严厉打击土地矿产资源违法行为“百日行动”实施方案的通知
12	30	57	霍州市网络化环境监管实施方案

附录6

2015年霍州市政府通知

月	日	发文号	文件标题
1	6	2	关于调整霍州市人民政府安全生产委员会成员的通知
1	6	3	关于开展全市应急预案大检查的通知
1	15	4	关于上报权力清单和责任清单事宜的通知
1	21	5	关于成立霍州市公务用车制度改革领导组的通知
2	2	6	关于调整霍州市畜禽屠宰和检疫工作领导组成员的通知
2	3	7	关于成立霍州市小型农田水利重点县建设项目领导组的通知
3	6	8	关于切实加强全国“两会”期间煤矿安全生产工作的通知
3	25	9	关于成立霍州市林业生态县创建工作领导组
3	27	10	关于成立霍州市城市地下管线普查工作领导组的通知
4	15	11	霍州市2015年度应急预案编制（修订）和2015—2017年度应急演练工作计划的通知

续表

月	日	发文号	文件标题
4	15	12	成立霍州市农村饮水安全工程建设项目领导组的通知
4	16	13	关于霍州市减轻企业负担促进企业稳定运行联席会议制度
4	16	14	调查霍州市行业整顿城市信用社撤销清算领导小组成员的通知
4	16	15	关于调查霍州市农机购置补贴工作领导组的通知
4	16	16	关于成立霍州市促进电子商务发展工作领导组的通知
4	17	17	关于组织申报阿里巴巴“千县万村”计划试点县的通知
4	17	18	关于成立霍州市油气输送管道安全隐患整改工作领导小组的通知
4	20	19	关于成立霍州市山洪灾害调查工作领导组的通知
4	22	20	调整霍州市打击侵犯知识产权和制售假冒伪劣产品工作领导组
4	22	21	关于成立霍州市节能减排财政政策综合示范工作领导组的通知
5	2	22	关于调整霍州市处置非法集资领导组组成人员的通知
5	25	23	关于成立霍州市润丰、汇鑫合作社债券案处理工作组的通知
5	26	24	关于成立华润新能源霍州风力发电项目建设协调领导组的通知
5	28	25	关于建立霍州市义务教育均衡发展联席会议制度的通知
7	3	26	关于霍州市政府推进职能转变协调小组的通知
7	3	27	关于调整市征兵领导组组及办事机构组成人员的通知
7	17	28	关于调整霍州市劳动人事争议仲裁委员会成员的通知
7	31	29	关于 2015 年度保障性住房建议计划分解的通知
8	18	30	关于成立霍州市改善城市环境工作领导组的通知
8	19	31	关于调整霍州市土地承包仲裁委员会的通知
8	19	32	关于调整霍州市农村土地治理工作领导组的通知
9	6	33	关于成立百里汾河生态文明扩区霍州管理委员会的通知
9	28	34	关于成立霍州市城中村城效村改造工作领导组的通知
10	20	35	成立霍州市土地利用总体规划修改方案编制工作领导组的通知
10	20	36	关于调整霍州市农民监督管理领导组的通知
10	20	37	关于成立霍州市不动产登记工作领导组
10	27	38	关于成立霍州市安民路建设工程领导组的通知
11	16	39	关于霍州市“十三五”规划编制领导组的通知

续表

月	日	发文号	文件标题
11	16	40	关于成立和调整霍州市生活必需品市场供应应急指挥部等议事协调机构及组成人员的通知
11	17	41	关于对2015年10月份全市土地监管情况的通报
11	18	42	关于调整部分市政府领导工作通知
11	27	43	关于调整霍州市第二次全国地名普查领导小组成员的通知
12	1	44	关于启动霍州市人民政府办公室新印章的通知
12	1	45	关于启用霍州市农业林业委员会等六枚印章的通知
12	23	46	关于对霍州区域性火灾隐患予以销案的批示
12	28	47	关于调整霍州市处置非法集资领导组成员的通知
12	30	48	关于印发霍州市龙口至段庄公路工程竣工验收鉴定证书的通知

霍州市2015年大中型工业企业主要经济指标（一）

附录7　　　　单位：千元

	隶　属	2015年		
		工业总产值（现价）	实现利税	营业收入
霍州煤电集团有限责任公司	省	2915707	21676	7317744
山西兆光发电有限责任公司	其他	1900657	575631	1970171
中国国电集团公司霍州发电厂	集体	1552287	464909	1482003
山西省霍州市化学工业有限责任公司	县	470050	－74106	421638
曹村工贸有限公司	集体	148943	8571	148943
辛置实业有限公司	集体	119136	4111	700362
李雅庄工贸有限公司	集体	105014	7711	390016
白龙工贸有限公司	集体	96895	7815	106314

霍州市2015年大中型工业企业主要经济指标（二）

附录8　　　　单位：千元、人

	资产合计	负债合计	流动资产额	从业人员平均人数
霍州煤电集团有限责任公司	29475588	24909742	17118083	22862
山西兆光发电有限责任公司	5394343	4262969	568102	649
中国国电集团公司霍州发电厂	3615336	2652948	129588	924

续表

	资产合计	负债合计	流动资产额	从业人员平均人数
山西省霍州市化学工业有限责任公司	354073	576192	204796	623
曹村工贸有限公司	203585	187718	185237	441
辛置实业有限公司	103237	44995	87547	646
白龙工贸有限公司	97321	77305	90569	597
李雅庄工贸有限公司	34382	4433	12685	546

霍州市 2015 年煤焦产品产销存

附录 9　　单位：万吨

		年初库存	生产量	销售量	年末库存
原　煤		16.93	917.68	3.47	28.90
煤电集团		16.93	917.68	3.47	28.90
市以上煤矿		16.93	917.68	3.47	28.90
市及市以下		—	—	—	—
洗精煤		34.13	670.83	684.15	20.81
其它洗煤		93.12	288.32	239.88	92.39
焦　炭		—	—	—	—
万元 GDP 能耗		3.71		3.44	
一次能源折标煤		655.50		505.09	
二次能源折标煤		816.77		1114.22	
外　运	原　煤	—		—	
	焦　炭	—		—	
	洗精煤	684.15		843.99	

霍州市 2015 年固定资产投资

附录 10　　单位：万元、%

指标名称	本年累计完成		去年同期值		比上年同期增长	
	合　计	地　方	合　计	地　方	合　计	地　方
甲	1	2	5	6	3	4

续表

指标名称	本年累计完成		去年同期值		比上年同期增长	
	合　计	地　方	合　计	地　方	合　计	地　方
固定资产投资完成额	1648586	1602476	1516723	1460788	8.7	9.7
一、按报送渠道划分						
固定资产投资	1609328	1563218	1464119	1408184	9.9	11
房地产开发投资	39258	39258	52604	52604	－25.4	－25.4
二、按产业分						
第一产业	184003	184003	53157	53157	246.2	246.2
第二产业	312566	270450	460758	406822	－32.2	－33.5
其中：工业	312566	270450	460758	406822	－32.2	－33.5
电力			53566	6318	－100	－100
第三产业	1152017	1148023	1002808	1000809	14.9	14.7
三、按构成分						
建筑、安装工程	1362206	1334518	1104253	1072792	23.4	24.4
设备、工具、器具购置	156597	138675	268544	245480	－41.7	－43.5
其他费用	129783	129283	143926	142516	－9.8	－9.3
四、按经济类型分						
国　有	802581	787825	896315	873630	－10.5	－9.8
非国有	846005	814651	620408	587158	36.4	38.7

霍州市 2015 年公安户籍人口数

附录 11　　单位：人

	户数	人数	城镇	乡村	男	女	出生	死亡
全　市	127616	307870	129974	177896	160261	147609	3709	1292
鼓楼街道	13979	30100	24353	5747	15309	14791	387	109
北环路街道	7417	15894	11161	4733	8167	7727	190	65
开元街道	7621	15646	9722	5924	8100	7546	282	55
南环路街道	5340	13267	4143	9124	6734	6533	175	33
退沙街道	9754	23391	8261	15130	12298	11093	362	216
辛置镇	32460	70855	54091	16764	38614	32241	703	281

续表

	户数	人数	城镇	乡村	男	女	出生	死亡
白龙镇	11268	28235	9267	18968	14838	13397	362	216
大张镇	10650	30417	129	30288	15068	15349	426	91
李曹镇	10102	26540	8730	17810	13479	13061	274	119
陶唐峪乡	6205	18757	9	18748	9573	9184	265	87
师庄乡	5008	13400	108	13292	7031	6369	141	70
三教乡	7812	21368	—	21368	11050	10318	229	69

附录 12

霍州市 2015 年分乡镇主要农村经济指标

	农作物播种面积（亩）	粮食播种面积（亩）	小麦播种面积（亩）	玉米播种面积（亩）	蔬菜播种面积（亩）	蔬菜产量（吨）	水量产量（吨）	果园面积（亩）
白龙镇	18861	18140	10500	6660	621	802	46	130
辛置镇	24345	22886	19200	3343	1190	4349	12	5
大张镇	49950	46800	28001	11295	2430	18060	362	306
李曹镇	54507	52610	31380	13100	1578	5582	5905	5643
陶唐峪乡	36714	35065	26369	8000	962	4862	2305	2145
三教乡	55571	53711	33701	14321	1860	2538	7384	3980
师庄乡	27837	27248	23500	2870	129	617	179	431
退沙街道	12078	11479	7500	3100	149	74	119	40
北环路街道	2667	2497	1350	1148	170	634	—	—
开元街道	3480	1129	330	799	2350	10761	—	—
鼓楼街道	2323	1047	250	796	1277	5354	—	—
南环路街道	10445	8053	4500	3391	2391	10195	—	—
合　计	298778	280665	186581	68823	15107	63828	16312	12680

地区生产总值

（按当年价格计算）

附录 13

单位：万元

	2015 年	2014 年	2015 年为 2014 年%
地区生产总值	745540	890268	−11.3
第一产业	33719	37337	−4.4

续表

	2015 年	2014 年	2015 年为 2014 年%
第二产业	486164	645210	—18.1
工业	434025	585392	—18.4
建筑业	52139	59818	—14.2
第三产业	225657	207721	8.6
运输仓储邮电业	42757	45784	—6.5
批零贸易业	36340	32580	18.2
住宿餐饮业	9346	9162	10.2
金融业	34024	34652	7.4
房地产业	34654	30574	11.1
其他服务业	68239	57711	14.9
农林牧渔服务业	297	258	15.3
人均地区生产总值（元）	25737	30880	—11.8

注：增长速度按可比价计算，数据为初步核算数据，其余增速从 2015 年四季度报表中查不变价速度

附录 14

农村基本情况

	单位	2015 年	2014 年	2015 年为 2014 年%
乡村户数	户	61335	59958	102.3
乡村人口数	人	201732	198888	101.4
乡村劳动力	人	93017	89474	104.0
农林牧渔业	人	52727	51127	103.1
工　业	人	9651	9702	99.5
建筑业	人	7200	7404	97.2
交通运输和邮电业	人	6658	5582	119.3
批发零售贸易餐饮业	人	10354	10191	101.6
其　他	人	6427	5468	117.5
自来水受益村数	个	196	196	100.0
通汽车村数	个	199	199	100.0
通电话村数	个	199	199	100.0
通电村数	个	199	199	100.0
通公路村数	个	199	199	100.0

注：2010 年将 7 个农村居委会加入

农林牧渔业总产值

（当年价格）

附录15

单位：万元

	2015年	2014年	2015年为2014年%
农林牧渔业总产值	62583	68387	91.5
农业产值	34434	40817	84.4
林业产值	4677	4579	102.1
牧业产值	22831	22433	101.8
渔业产值	76	68	112.1
农林牧渔服务业	565	490	115.3

主要农作物播种面积

附录16

单位：公顷

	2015年	2014年	2015年为2014年%
总耕地面积	23372	23360	100.1
总播种面积	19919	19945	99.9
粮食作物	18711	18678	100.2
小　麦	12439	12438	100.0
玉　米	4588	4305	106.6
油　料	110	140	78.7
棉　花	24	27	87.9
药　材	—	—	—
蔬　菜	1007	1004	100.3
瓜　类	66	96	68.8

主要农产品产量

附录17

单位：吨

	2015年	2014年	2015年为2014年%
粮　食	66968	75973	88.1
小　麦	46604	46282	100.7
玉　米	18204	29691	61.3
油　料	179	199	89.8

续表

	2015年	2014年	2015年为2014年%
棉 花	14	15	96.0
蔬 菜	63828	70948	90.0
瓜 类	1774	2160	82.1

附录18

牲畜年末存栏情况

	单 位	2015年	2014年	2015年为2014年%
一、大牲畜年末头数	头	2942	3984	73.8
牛	头	2412	3148	76.6
马	头	40	35	114.3
驴	头	278	544	51.1
骡	头	212	257	82.5
在大牲畜中：役畜	头	1528	1643	93.0
二、年末猪存栏头数	头	39386	33557	117.4
三、年末羊存栏只数	只	38668	41074	94.1
能繁殖母羊	只	12752	13261	96.2
四、家禽	只	505800	479600	105.5
五、养兔	只	10000	10000	100.0

注：猪、牛、羊、禽为抽样推算数

附录19

畜牧业主要产品产量

	单 位	2015年	2014年	2015年为2014年%
当年出栏的肉猪	头	88138	83941	105.0
猪肉产量	吨	7611	7247	105.0
当年出栏的肉用牛	头	945	965	97.9
牛肉产量	吨	131	134	97.9
当年出栏的肉用羊	只	37284	35850	104.0
羊肉产量	吨	528	509	103.7
当年出栏的家禽	只	540600	503800	107.3
禽肉产量	吨	795	741	107.3

续表

	单　位	2015 年	2014 年	2015 年为 2014 年%
当年出栏的兔	只	10000	54000	18.5
兔肉产量	吨	15	83	18.6
肉类总产量	吨	9080	8657	104.9
奶类产量	吨	2677	2692	99.5
牛奶产量	吨	2051	2021	101.5
山羊毛产量	吨	14	14	99.2
绵羊毛产量	吨	24	28	86.9
羊绒产量	吨	4	3	106.0
蜂蜜产量	吨	9	8	118.9
禽蛋产量	吨	3583	3317	108.0

注：猪、牛、羊、禽、鸡蛋、牛奶产量为抽样推算数据

附录 20

水果生产情况

	单　位	2015 年	2014 年	2015 年为 2014 年%
水果总产量	吨	16311	15354	106.2
苹果	吨	15528	14594	106.4
梨	吨	146	149	98.1
葡萄	吨	48	49	99.0
红枣（鲜）	吨	115	113	101.8
柿子	吨	51	50	101.8
桃	吨	323	312	103.8
杏	吨	81	73	111.0
其他水果	吨	19	20	92.5
果园面积	公顷	845	845	100.0
苹果园	公顷	780	780	100.0
梨园	公顷	13	13	100.0
葡萄园	公顷	2	2	100.0
其他园林水果	公顷	50	50	100.0

行政区划

附录 21　　单位：个

	全市总计
街道办事处	5
镇	4
乡	3
社区居委员会	24
村（居）民委员会	199
鼓楼街道办事处	4
开元街道办事处	4
北环街道办事处	5
南环街道办事处	8
退沙街道办事处	8
白龙镇	14
辛置镇	20
大张镇	14
李曹镇	32
陶唐峪乡	27
三教乡	32
师庄乡	31
自然村	308

土地面积

附录 22　　单位：平方公里

	面　积
土地面积	764
李曹镇	235
陶唐峪乡	64
三教乡	154
辛置镇	47
白龙镇	54

续表

	面　积
师庄乡	90
退沙街道办事处	46
大张镇	36
北环路街道办事处	7
南环路街道办事处	17
鼓楼街道办事处	7
开元街道办事处	7
平原	238
丘陵	294
山地	233

附录 23　**主要工业产品产量**

	单　位	2015 年
原　煤	万吨	917.7
洗精煤	万吨	670.8
发电量	万度	1205486
焦　炭	万吨	—
生　铁	吨	—
钢	吨	—
水　泥	万吨	2.7
化肥（折纯）	吨	104505

附录 24　**运输、邮电**

	单　位	2015 年
公路通车里程	公里	1097
民用汽车	辆	16960
载货汽车	辆	2148
铁路货物运量（万吨）	万吨	—
公路旅客运输量	万人公里	191.6

续表

	单　位	2015 年
电信业务总量	万元	19282
邮政业务总量	万元	1620
电话机	部	29438
其中：农村	部	5908
移动用户电话	部	244033
固定电话普及率	部/百人	10.1
移动电话普及率	部/百人	84.1
国际互联网用户	户	43955

附录 25　**国民经济主要指标占临汾市比重（一）**

	单位	临汾市	霍州市	占%
年末总人口	万人	443.57	29.02	6.5
地区生产总值	亿元	1161.1	74.6	6.4
公路通车里程	公里	18231	1097	6.0
邮电业务总量	亿元	50.4	2.1	4.2
固定资产投资完成额	亿元	1401.2	164.9	11.8
财政总收入	亿元	156.6	14.4	9.2
公共财政收入	亿元	88.2	6.7	7.6
公共财政支出	亿元	287	16.2	5.6
社会消费品零售额	亿元	572	31.2	5.5
城乡居民储蓄存款余额	亿元	1373.41	100.97	7.4

附录 26　**国民经济主要指标占临汾市比重（二）**

	单位	临汾市	霍州市	占%
农村常住居民人均可支配收入	元	9376	11488	—
城镇常住居民人均可支配收入	元	25498	25446	—

续表

	单位	临汾市	霍州市	占%
在岗职工平均货币工资	元	—	47501	—
粮食总产量	万吨	236.2	6.7	2.8
小麦产量	万吨	107.2	4.66	4.3
水果产量	万吨	77.8	1.63	2.1
肉类产量	万吨	11.6	0.9	7.8
原煤产量	万吨	5647.8	917.1	16.2
发电量	亿千瓦时	211.2	120.5	57.1
焦炭产量	万吨	1754.1	0	0.0
水泥产量	万吨	253.2	2.7	1.1
洗精煤产量	万吨	4489.7	670.8	14.9

财政预算收支（一）

附录 27　　单位：万元

	2015 年
财政总收入	143728
一般预算收入	67018
增值税	8113
地方财政支出	161825
支援农业生产	4861
林业费	2172
水利费	3709
教育事业费	32356
行政管理费	12738

财政预算收支（二）

附录 28　　单位：万元

	2015 年
地方财政一般预算内收入	67018
其中：各项税收	46098

续表

	2015 年
其中：企业所得税	2814
个人所得税	1257
地方财政一般预算支出	161825
一般性公共服务支出	12738
科学技术支出	248
文化体育与传媒支出	2007
医疗卫生支出	16292
节能环保支出	3818
城乡社区事务支出	20008
交通运输支出	6307
社会保障和就业支出	25808
社保保险基金支出	14553
教育	32356
住房保障支出	6018

金融机构信贷现金收支

附录 29　　单位：万元

	2015 年
一、各项存款金额	1147948
单位存款	138238
城乡居民储蓄存款	1009710
二、各项贷款余额	756560
（一）短期贷款	525667
（二）中长期贷款	230892

居民消费价格指数

（以上年价格为 100）

附录 30　　单位：%

	2015 年
居民消费价格总指数	101.5
（一）食品类	100.7

续表

	2015 年
（二）烟酒及制品	103
（三）衣着类	108.4
（四）家庭设备及维修服务	106.2
（五）医疗保健和个人用品	102.1
（六）交通和通讯	99
（七）娱乐教育文化用品及服务	99.6
（八）居住	101.7
服务项目价格指数	101.3

分县市财政总收入

附录 31　　单位：万元

指标名称	2015 年	比上年增长%
财政总收入	1565491	－20.65
尧都区	311280	－18.66
曲沃县	50384	－19.59
翼城县	52106	－24.94
襄汾县	81161	－38.95
洪洞县	143841	－31.58
古　县	47313	－44.26
安泽县	80003	－4.65
浮山县	17492	－47.29
吉　县	20872	－19.9
乡宁县	203523	－12.58
大宁县	5601	－10.07
隰　县	14012	－11.67
永和县	11082	10.73
蒲　县	129714	－29.14
汾西县	8248	－53.01
侯马市	88711	1.43
霍州市	143728	－7.88

分县市公共财政收入

附录 32　　单位：万元

指标名称	2015 年	比上年增长%
公共财政收入	881811	−25.44
尧都区	116179	−27.19
曲沃县	27509	−8.79
翼城县	32411	−27.99
襄汾县	40006	−46.42
洪洞县	65335	−43.05
古　县	19617	−58.96
安泽县	31027	−36.46
浮山县	11604	−41.49
吉　县	10495	−12.69
乡宁县	84487	−34.62
大宁县	3300	−6.2
隰　县	8100	−12.9
永和县	5399	22.57
蒲　县	76105	−23.92
汾西县	5564	−60.42
侯马市	46557	6.23
霍州市	67018	−6.99

分县市城镇常住居民人均可支配收入

附录 33　　单位：元

指标名称	2015 年	比上年增长%
城镇常住居民人均可支配收入	25498	8.0
尧都区	28438	8.3
曲沃县	26521	9.2
翼城县	25213	7.1
襄汾县	25944	7.3
洪洞县	23344	8.0
古　县	26259	7.4
安泽县	23836	8.1
浮山县	25069	8.7
吉　县	17205	8.6
乡宁县	24602	7.6
大宁县	16541	7.0
隰　县	20003	8.9
永和县	18099	9.1
蒲　县	23075	6.8
汾西县	21998	8.8
侯马市	24500	7.5
霍州市	25446	7.9

分县市农村常住居民人均可支配收入

附录 34　　单位：元

指标名称	2015 年	比上年增长%
农村常住居民人均可支配收入	9376	7.1
尧都区	12120	7.2
曲沃县	12287	8.2
翼城县	9738	8.5
襄汾县	11056	6.4
洪洞县	9921	6.8
古　县	8601	7.6
安泽县	7811	7
浮山县	7478	6.9
吉　县	4312	8.4
乡宁县	8218	8

续表

指标名称	2015 年	比上年增长％
大宁县	2690	5.9
隰　县	4762	7.5
永和县	2974	7.7
蒲　县	7425	6.7
汾西县	3136	6.2
侯马市	12538	6.1
霍州市	11488	5.7

单位从业人员（一）

附录 35　　单位：人

	2015 年
全部单位从业人员年末数	41027
国有单位合计	10075
一、按隶属关系分组	
中央	1578
省	370
地区	
市及以下	8113
二、按企业、事业、机关分组	
企业	32588
事业	5304
机关	3135
三、按国民经济行业分组	
农、林、牧、渔业	
采矿业	22841

单位从业人员（二）

附录 36　　单位：人

	2015 年
制造业	3502

续表

	2015 年
电力、燃气及水的生产和供应业	2023
建筑业	2605
水利管理、环境和公共设施	761
交通运输、仓储和邮政业	296
批发和零售贸易	587
金融业	714
房地产业	77
租赁和商务服务业	49
卫生和社会工作	623
教育	2761
科学研究、技术服务业和地质勘查业	15
公共管理社会保障团体	3959
信息传输、计算机服务和软件业	59
住宿餐饮业	50
文化、体育和娱乐业	105

全部在岗职工平均工资

附录 37　　单位：元

	2015 年
全市平均	47501
按企业、事业、机关分组	
企业	48495
事业	42994
机关	46111
按国民经济行业分组	
农、林、牧、渔业	
采矿业	52598
制造业	32880

续表

	2015 年
电力、煤气及水的生产和供应业	62375
建筑业	16087
交通运输、仓储及邮电通信业、餐饮业	11189
批发和零售业	28452
金融业	35196
房地产业	39946
卫生和社会工作	48990
教育业	53302
科学研究技术服务和地质勘查业	54267
公共管理、社会保障和社会团体	44495
水利、环境和公共设施管理业	15198
文体、体育和娱乐业	34533

附录 38　**社会治安**

	单位	2015 年
交通事故件数	件	125
刑事案件立案数	件	164

附录 39　**教育、文化、卫生**

	单位	2015 年
中等专业学校数	个	1
中等专业学校在校学生数	人	1115
中等专业学校任教师数	人	110
普通中学校	个	22
普通中学在校学生数	人	14478
普通中学任课教师数	人	1345
小学校数	个	73
小学在校学生数	人	20346

续表

	单位	2015 年
小学专任教师数	人	1502
剧场、影剧院数	个	2
医院、卫生院数	所	41
医院、卫生院床位数	张	1340
医院、卫生技术人员数	人	1997
医生数	人	741
参加农村合作医疗保险人数	万人	16.24

附录 40　**旅游**

	单位	2015 年
旅客人数	人	41000
其中：七里峪景区	人	6000
陶唐峪景区	人	—
霍州署	人	35000
门票直接收入	万元	124
其中：七里峪景区	万元	100
陶唐峪景区	万元	—
霍州署	万元	24

附录 41　**社会福利事业**

	单位	2015 年
社会福利院数	个	8
社会福利床位数	床	298
城镇居民最低生活保障人数	人	3849
农村居民最低生活保障人数	人	2497
参加养老保险人数	人	116889
参加医疗保险人数	人	119998
参加失业保险人数	人	12915
离退休、退职人数	人	6784

续表

	单位	2015 年
城镇登记失业率	%	4
城镇新增就业	人	5086
转移农村劳动力	人	4534

附录 42　　市政公用事业

	单位	2015 年
年末实有铺装道路面	万平方米	140.733
排水管道总长度	公里	72.63
供水综合生产能力	万吨/日	3.3
全年供水总量	万吨	540
生活用水量	万吨	401
用水人口	万人	9
非农业用水人口	万人	7.3
天然气年供应总量	万立方米	2393
用天然气户数	户	29925
园林绿地面积	公顷	397.41

城乡居民收入

附录 43　　单位：元

	2015 年
居民人均可支配收入	19653
城镇常住居民人均可支配收入	25446
城镇居民 20%低收入户人均收入	11924
农村常住居民人均可支配收入	11488
农村居民 20%低收入户人均收入	4019

规模以上工业总产值行业构成

附录 44　　单位：千元

	2015 年现价产值	构成%
规模以上工业总产值	8493165	

续表

	2015 年现价产值	构成%
煤炭采选业	3304806	38.9
化学原料及制品制造业	361106	4.2
橡胶制品业	164326	1.9
非金属矿物制品业	41283	0.5
电力蒸汽热水生产和供应业	3464123	40.8
金属制品业	739763	8.7

注：行业分类不全

分县市区居民人均可支配收入

附录 45　　单位：元

指标名称	2015 年	比上年增长%
居民人均可支配收入	16347	8.6
尧都区	22509	8.1
曲沃县	17078	8.7
翼城县	14718	7.7
襄汾县	16148	6.9
洪洞县	14772	7.5
古　县	14840	7.5
安泽县	13461	7.7
浮山县	13239	8.0
吉　县	8109	8.5
乡宁县	13228	7.8
大宁县	8183	6.7
隰　县	10723	8.5
永和县	8476	8.8
蒲　县	13874	6.8
汾西县	10426	8.3
侯马市	19737	7.1
霍州市	19653	7.3

分县市地区生产总值

附录 46　　单位：亿元

指标名称	2015 年	比上年增长％
地区生产总值	1161.11	0.2
尧都区	249.21	－1.1
曲沃县	86.65	4.8
翼城县	70.72	5.9
襄汾县	114.73	－4.3
洪洞县	161.71	2.1
古　县	43.03	2
安泽县	42.13	－3.3
浮山县	42.56	－2.7
吉　县	19.03	3.5
乡宁县	80.38	2.5
大宁县	4.5	－3.3
隰　县	13.2	5.7
永和县	7.03	－1.4
蒲　县	53.85	13.6
汾西县	19.29	3.8
侯马市	88.89	2.5
霍州市	74.55	－11.3

分县市工业增加值

附录 47　　单位：亿元

指标名称	2015 年	比上年增长％
工业增加值	334.4	－7.1
尧都区	22.2	－28.2
曲沃县	33.2	0.9
翼城县	16.6	－0.4
襄汾县	32.6	－12
洪洞县	46.6	－2.6

续表

指标名称	2015 年	比上年增长％
古　县	21.4	1.0
安泽县	20.7	－6.0
浮山县	11.2	－11.0
吉　县	4.8	－3.3
乡宁县	37.8	－1.8
大宁县	0.16	0.1
隰　县	—	—
永和县	0.71	7.5
蒲　县	38.6	15.8
汾西县	3.2	－3.7
侯马市	13.1	－8.7
霍州市	31.65	－31.4

分县市固定资产投资

附录 48　　单位：万元

指标名称	2015 年	比上年增长％
固定资产投资	14012204	14
尧都区	2546938	－4.8
曲沃县	874090	20.0
翼城县	827247	20.0
襄汾县	1262726	20.1
洪洞县	1638015	42.5
古　县	603867	20.2
安泽县	633538	20.0
浮山县	456759	20.1
吉　县	329437	20.2
乡宁县	720658	18.6
大宁县	120888	16.2

续表

指标名称	2015 年	比上年增长％
隰　县	265816	19.7
永和县	127310	16.1
蒲　县	605088	20.1
汾西县	327461	21.3
侯马市	829151	20.2
霍州市	1648586	8.7

附录 49　**全社会用电量**

	单位	2015 年
全社会用电总量	万千瓦时	28041
第一产业用电量	万千瓦时	1390
占全部用电量比重	％	4.96
第二产业用电量	万千瓦时	6169
占全部用电比重	％	22
其中工业用电量	万千瓦时	5410
第三产业用电量	万千瓦时	6915
占全部用电量比重	％	24.66
城乡居民用电量	万千瓦时	11292
占全部用电量比重	％	40.27

分县市社会消费品零售额

附录 50　　单位：万元

指标名称	2015 年	比上年增长％
社会消费品零售总额	5719824	4.9
尧都区	2259381	4.6
曲沃县	208057	7.6
翼城县	379259	6.1
襄汾县	407536	5.9
洪洞县	530647	5.1
古　县	91746	5.5
安泽县	84876	7.3
浮山县	80579	5.0
吉　县	68058	7.5
乡宁县	188574	6.6
大宁县	29449	3.9
隰　县	89863	4.9
永和县	42404	2.8
蒲　县	72689	5.7
汾西县	109221	6.4
侯马市	765176	2.9
霍州市	312301	5.3